Anneliese und Peter Keilhauer

Südkorea

Kunst und Kultur im ›Land der Hohen Schönheit‹

DuMont Buchverlag Köln

Umschlagvorderseite: Trommelnder Mönch, Popchu-sa

Umschlagklappe vorn: Höllengericht, Songkwang-sa

Umschlagrückseite: Schamanenfächer

Frontispiz S. 2: Koreanische Dorfszene

CIP-Kurztitelaufnahme der Deutschen Bibliothek

Keilhauer, Anneliese:
Südkorea: Kunst u. Kultur im ›Land der Hohen Schönheit‹ / Anneliese u. Peter Keilhauer. –
Köln: DuMont, 1986.
(DuMont-Dokumente: DuMont-Kunst-Reiseführer)
ISBN 3-7701-1275-X
NE: Keilhauer, Peter:

Satz, Druck und buchbinderische Verarbeitung: Boss-Druck, Kleve

Printed in Germany ISBN 3-7701-1275-X

Inhalt

Zum Geleit

Aus abendländischer Sicht ist Korea noch kein ›großes‹ Reiseland, aber es rückt seit einigen Jahren zunehmend in das Bewußtsein der Europäer. Hervorragende Ausstellungen, vermehrte und breiter gefächerte Publikationen und nicht zuletzt die Olympischen Sommerspiele 1988 werden diese Entwicklung zusätzlich fördern.

Korea wird seine Besucher nicht enttäuschen, sondern seinen Namen als ›Land der Hohen Schönheit‹ rechtfertigen. Die Vielfalt koreanischer Kultur und die Lebendigkeit alter Traditionen sind erstaunlich. Als ›Wurmfortsatz‹ der eurasischen Landmasse kam Korea von altersher eine Sonderstellung zu: Einerseits diente die Halbinsel als Sammelbecken festländischer Kulturströme, zum anderen bildete sie eine Brücke zur vorgelagerten Inselwelt.

Dieses Buch stellt Korea bewußt in dem Umfeld zwischen Sibirien, der Mandschurei, China und Japan dar. So wird nicht nur die Empfänger- und Mittlerrolle, sondern auch die Schöpfung und Bewahrung einer kraftvollen, eigenständigen Kultur von besonderem Reiz verständlich. Korea schenkte der Welt die prachtvollsten Zeugen einer geheimnisvollen, ›goldflimmernden‹ Schamanenwelt und bewies seine Fähigkeit zur verfeinerten Umformung fremden Kunsterbes vor allem durch originelle Keramiken, wie das weltberühmte ›eisvogelfarbene‹ Seladon. Unter den Sehenswürdigkeiten dominieren buddhistische Klöster, Tempel, Felsheiligtümer und Pagoden – denn auch in diesem Bereich leistete Korea Meisterhaftes und bewahrte uralte, andernorts schon versunkene oder verfälschte Werte.

Erlauben Sie, verehrte Leser, den Autoren eine kleine Schilderung der Entstehung dieses Buches: Als wir vor fünfzehn Jahren während eines zweijährigen Japan-Einsatzes zum erstenmal nach Korea kamen, lockte uns weniger ein bestimmtes Anliegen oder Ziel, sondern eher Neugier. Aus dieser Begegnung wurden bald viele Reisen und längere Aufenthalte – beruflich und privat – und allmählich reifte der Wunsch, Korea und seiner liebenswürdigen Bevölkerung einen Kunst- und Kulturreiseführer zu widmen. In einer mehr als fünf Monate dauernden Rundreise ›entdeckten‹ wir dann auf recht landestypische und intensive Weise – mit Lokalbussen, Fahrrädern, Ochsenkarren oder auf Wanderpfaden – auch das unbekannte, damals für Europäer streckenweise noch wirkliche Neuland Korea.

Danken möchten wir allen Mönchen und Nonnen, die uns in Gastfreundschaft aufnahmen und bereitwillig Auskünfte und Anregungen gaben. Unsere tiefe Verehrung gilt dem mittlerweile verstorbenen großen Zen-Meister Kusan aus dem Songkwang-Kloster, dessen Orakelsprüche wir zwar noch nicht ergründeten, die uns aber manche neue Fährte wiesen.

Nun bleibt der Wunsch, daß Ihnen das ›Land der Hohen Schönheit‹ viel Freude bereiten und dieses Buch dazu beitragen möge!

Salzburg, im Dezember 1985 — Anneliese und Peter Keilhauer

Zur Umschrift koreanischer Wörter und Eigennamen

Hangul (vgl. S. 400), die einzige Buchstabenschrift Ostasiens – 24 Grundzeichen für 10 Vokale und 14 Konsonanten, aus deren Kombination 40 Lautzeichen entstanden –, gibt zwar die koreanische Sprache exakt wieder, eignet sich aber schlecht für eine korrekte Umschrift. So entwickelte sich ein undurchdringlicher Dschungel von Transkriptionen – alte Reiseberichte sprechen beispielsweise von 60 Schreibweisen für Pyongyang, die Zeitschrift ›Korea Journal‹ nannte vor einigen Jahren mehr als 25 Umschriftsysteme.

Leider gibt es bis heute keine befriedigende und verbindliche Wiedergabe des tatsächlichen Klanges der koreanischen Sprache durch lateinische Buchstaben. Das bekannteste und noch immer beste System stammt von McCune-Reischauer, in dem die meisten ausländischen, vor allem englischsprachigen Publikationen gehalten sind. Dem vom koreanischen Erziehungsministerium entwickelten System (MOE), das vor allem für Landkarten, Wegzeichen und amtliche Veröffentlichungen gedacht war, blieb der erhoffte Erfolg anscheinend versagt, denn die meisten topographischen Begriffe werden wieder nach McCune-Reischauer geschrieben. Staatliche koreanische Publikationen entschuldigen sich bei Lesern und Touristen für mögliche Verwirrungen und appellieren an die Phantasie.

Durch eine möglichst einfache Wiedergabe der gängigsten Schreibweisen – meist nach McCune-Reischauer – soll der Leser vor Verwirrungen bewahrt und entlastet werden. Stark voneinander abweichende Formen wurden – wenn nötig – zusätzlich angeführt und/oder in Klammern gesetzt, z. B. Cholla Nam-do (Jeonra Nam-do).

Als Faustregel mag folgendes gelten: K kann durch G, P durch B, T durch D, Ch durch J, R durch L oder N ersetzt sein (z. B. Kanghwa = Ganghwa, Pusan = Busan, Taegu = Daegu, Cheju = Jeju, Sokkuram = Sokkulam, Sokni = Sogri). Die Vokale o und u können durch eo und eu ausgedrückt werden und manche Umschriftformen ignorieren einige Assimilationen, z. B. Kumsan-sa = Geumsan-sa, Kyongju = Gyeongju, Sorak = Seolag, Songni = Sogri). Aussprache: ch und j werden wie tsch, dsch ausgesprochen (Cheju = Tschedschu), y wie j gesprochen (Yongmun = Jongmun).

Einige wichtige koreanische Wörter bzw. Silben

Am	Einsiedelei, Felsen
bong	Gipfel, Bergspitze
chon, gang	Fluß
do	Provinz, Insel
dong	Dorf, Stadtteil
gak, jong, ru	Schrein, Pavillon
gung (kung)	Palast
jon oder chon	Halle
kyo	Brücke
mun	Tor
nam	Süden
no (ro)	Straße
nung	Königsgrab
pudo	Kleinreliquiar
puk	Norden
sa	Tempel, Kloster
san	Berg, Gebirge
si oder up	Stadt
sin	Geist
so	Westen
song	Weiser, Festung
tae (dae)	groß
tang (dang)	Halle, Laube
tap (tab)	Pagode
tong	Osten
wang	König
won	Garten, Feld, Quelle

Sanskrit und Chinesisch

Für buddhistische Begriffe und Namen wurde *Sanskrit,* die allgemein verbindliche Sprache aller indischen Religionen gewählt, sinokoreanische Abwandlungen sind in Klammern gesetzt. Z. B. Erleuchtungswesen = Bodhisattva (Posal).

Auch für Sanskrit wurde eine vereinfachte, ungefähr indischen Publikationen in englischer Sprache folgende Schreibweise gewählt.

ZurAussprache: c=tsch-h (Cakra=Tsch-hakra)
j=dsch, y=j (Vajrayana=Vadschrajana)
sh=sch, v=w (Shiva=Schiwa).

Chinesische Wörter sind als solche ausgewiesen oder aus dem Sinngehalt erkennbar (vgl. Glossar).

Nationalschätze (NS) und Schätze (S)

Schon die Japaner begannen während ihrer Kolonialherrschaft mit der Registrierung und Klassifizierung koreanischer Kunst- und Kulturschätze. Die Koreaner setzten dieses Werk fort und ergänzen die Liste – zu der auch verstorbene und lebende Persönlichkeiten zählen – laufend, besonders durch archäologische Funde. Die Numerierung findet in der Fachliteratur und in Museen, oft auch in populärwissenschaftlichen Publikationen und in Übersichtsplänen vor Tempel- und Palastanlagen Verwendung. Daher wurde sie – soweit sie der Orientierung dienlich sein kann – auch in diesem Buch berücksichtigt.

Erstrangige Kulturdenkmäler oder Nationalschätze (National Treasures = NT, kor. Kukbo) sind im Text als *NS,* zweitrangige Schätze (Treasures = T, kor. Pomul) als *S* bezeichnet. – Die ebenfalls registrierten Natur- und historischen Denkmäler fanden keine numerische Erwähnung.

I Korea, das ›Land dazwischen‹ – ein landeskundlicher Überblick

Auf ihrer Flagge tragen die Südkoreaner die alten chinesischen Zeichen der ewigen Weltordnung. Das friedfertige und leidgeprüfte Volk verehrt in vielen Geschichten den weißen Hasen, der sich ohne Gewalt, nur mit List, aus allerlei Gefahren windet. Da kann es kein Zufall sein, daß auch der Landesgestalt Symbolwert zukommt: Bei einem Blick auf die politische Asienkarte formt Gesamtkorea die Seitenkontur eines ›männchenmachenden‹ Hasen. Diese Figur konnten die Einwohner vor der Entwicklung der exakten Landvermessung wohl kaum erkennen, und im Besitz von nur ungefähren Faustskizzen verstanden sie die Halbinsel in ihren Mythen als einen Walfisch, der von Garnelenschwärmen verletzt worden und dann am Ufer des Reiches der Mitte, also China, gestrandet war.

Auf amüsante Gleichnisse muß eine naturwissenschaftlich fundierte Landesbeschreibung verzichten, doch beschreibt auch sie das relativ kleine ›Anhängsel‹ Korea am riesigen asiatischen Kontinent als eine überraschend eigenständige Natur-, Lebens- und Kulturregion.

Die vom Berliner Professor Friedrich von Richthofen vor etwa einhundert Jahren entwickelte Theorie vom ostasiatischen Landstufenbau ist für das geographische Grundverständnis sehr hilfreich. Laut Richthofen formt die Ostseite des asiatischen Kontinents von Hochasien bis zum Pazifischen Ozean eine Treppe aus bogenförmigen Terrassen, zu deren unterster auch die Halbinsel Korea, nicht aber die japanische Inselkette gehört. Die einzelnen Ebenen bilden jedoch keineswegs waagrechte Flächen, sondern sogenannte *Pultschollen*, die meist zur Kontinentmitte hin geneigt sind und damit landeinwärts eine pultförmig schräge Abdachung und meerseitig einen relativ steil ansteigenden Stirnhang aufweisen.

Innerhalb des ostasiatischen Landstufensystems erstreckt sich der koreanische Bereich über Teile zweier benachbarter Terrassen, die schwer zu unterscheiden sind, weil ihre Bergketten ineinander laufen. Zur hochaufragenden Gebirgskante der mandschurischen Scholle gehören etwa 40% des Landes nördlich des ›Hasenhalses‹, der Einschnürung zwischen Ost- und Westkorea-Golf. Dagegen ist der ›Hasenrumpf‹ mit 60% Anteil der nordöstliche Rest einer südlichen Scholle, die sich unter dem Gelben Meer hindurch bis weit in das mittlere China fortsetzt. Seit ungefähr 10 Millionen Jahren ragt die Halbinsel in dieser zufälligen Form aus dem Ozean.

In einer *Entstehungsphase* während der Erd-Urzeit vor mehr als zwei Milliarden Jahren wurden beide Schollen aus der sich abkühlenden Erdkruste als etwa 30 km dicke Urgesteinsschichten aus kristallinem Schiefer, Gneis und grauem Granit geformt. Hauptsächlich der alte, witterungsbeständige Granit, unübersehbar an Seouls Hausbergen, prägte und beeinflußte die spätere Gebirgsbildung.

Eine *Ablagerungsphase* im Erdaltertum und Erdmittelalter dauerte 400 Millionen Jahre als Folge mehrerer Hebungen und Senkungen, teils bis weit unter Meeresniveau. Gleichzeitig kam es zum Aufbau verschiedener, bis zu 1000 m dicker Schichten aus erdigen, meerestierlich-kalkigen und pflanzlichen Ablagerungen.

Die wichtige *Faltungsphase* hinterließ die Grundformen der heutigen Gebirge. Im Jura wurden vor etwa 150 Millionen Jahren die Schollen durch gewaltige Schubkräfte bis in Tiefen von 6000 m vielfach durchgeknetet. Dabei entstand eine Reihe paralleler, nordost-südwestlich, sogenannt chinesisch gerichteter Gebirgsketten, die sich unter dem Gelben Meer bis weit nach China fortsetzen. Durch die gelockerten Gesteinsschichten drangen in der Kreidezeit, 30 Millionen Jahre später, große Mengen neuen Tiefengesteins aus rosafarbenem, weniger witterungsbeständigem Granit an die Oberfläche. Den Abschluß der Faltungen bildete erst vor etwa 30 Millionen Jahren die Aufwerfung des nordsüdlich, sogenannt koreanisch gerichteten Hauptgebirges im Abstand von durchschnittlich 30 km parallel zur Ostküste. Eine gleichzeitige Anhebung der ganzen Halbinsel auf der Ostseite schuf eine Pultscholle mit allgemeiner Flußlaufrichtung nach Westen.

Als eine ›Störung‹ des mandschurischen Hauptgebirges darf die weit und breit höchste Erhebung, der 2744 m hohe Päktu-san (Weißkopfberg) gelten. Die Spitze des heiligen Berges der Koreaner liegt schon auf chinesischem Gebiet, weil die Landgrenze zwischen den Quellen der Grenzflüsse, des nach Südwesten fließenden Amnok und des nach Nordosten gerichteten Tuman, über die Südhänge verläuft. Dagegen gehören zwei Inseln, die 150 km vor der Ostküste aufragende Ullung-do und die 90 km vor der Südküste gelegene Cheju-do mit dem 1950 m hohen Halla-Vulkan, noch zum südkoreanischen Staatsgebiet, obwohl sie eher der japanischen Vulkanzone zuzuordnen sind.

Als Ergebnis der geologisch relativ jungen und dennoch stark verschachtelten Faltungen auf uralten Schollen gewann die koreanische Landschaft das Aussehen einer hochgradig zergliederten Mittelgebirgsregion, der die einebnende Wirkung von Eiszeiten erspart blieb. Hauptmerkmal der recht gleichartigen Oberflächengestalt ist die enge Nachbarschaft kleinteiliger Schwemmlandebenen neben steilen und teils bizarr verwitterten Felsformationen. Zwar erreichen nur etwa 8% der Erhebungen Höhen über 1000 m, doch ein Berglandanteil von 70% findet sich weltweit nur selten. Entsprechend schwierig waren daher die ackerbauliche Nutzbarmachung und die verkehrsmäßige Erschließung.

Südkorea – das ›Land der Hohen Schönheit‹

Die Einwohner Koreas verehren als Pionier der exakten Landbeschreibung ihren Geographen Kim Chong-ho. Vor 150 Jahren erstellte er nicht nur erstaunlich genaue Kartenwerke, sondern fand auch die richtigen Worte für das Empfinden seines Volkes, das die Heimat als ein Land der Berge und Flüsse verstand, als das ›Land der Hohen Schönheit‹ (abgeleitet von Koguryo, latinisiert Korea, vgl. 24). Die beste Landeskunde verfaßte vor rund 40 Jahren der Greifswalder Professor Hermann Lautensach.

Daten der koreanischen Staaten

Gesamtkorea

Gesamtfläche: 221 325 km² (BRD: 247 989 km²)
Nord-Süd-Ausdehnung: Etwa 1100 km vom nördlichsten Tuman-Bogen bis zur kleinen Insel Marato an der Südküste von Cheju. *Ost-West-Ausdehnung:* Etwa 550 km zwischen der Amnok-Mündung und der Nordost-Grenze
Halbinsel-Breiten: Durchschnittlich 300 km, an der Einschnürung am fiktiven Festlandrand zwischen dem Ost- und dem Westkorea-Golf etwa 170 km
Länge der Landesgrenze: 1329 km, davon nur 17 km mit der Sowjetunion. Die Grenze bilden die beiden Flüsse Amnok mit 813 km und Tuman mit 516 km
Länge der Küsten: Ohne Inseln 8637 km, mit Inseln 18 204 km
Administration: Die Ende des 14. Jahrhunderts nach chinesischem Vorbild mit Rücksicht auf Natur- und Wirtschaftsregionen vorgenommene Gliederung in acht Provinzen – entsprechend der wichtigsten Glückszahl – hat sich sehr bewährt. Eine vom koreanischen Kaiser 1897 verfügte Spaltung von fünf Provinzen in Nord- und Südhälften erhöhte die Gesamtzahl auf 13

Nordkorea

Eigenname: Choson Minchu-chui Inmin Konghwa-guk = Koreanische Volksdemokratische Republik, volkstümlich Pukhan = Nordhan
Fläche: 120 538 km² (Tschechoslowakei: rund 127 900 km²)
Einwohner 1982: 18,49 Millionen, Bevölkerungsdichte: 145 pro km²
Staatsform: Kommunistisch geführte Volksrepublik
Hauptstadt: Pyongyang am Taedong-Fluß

Südkorea

Eigenname: Taehan (Daehan) Minguk = Republik Korea, volkstümlich Hanguk = Land der Han. *Englischsprachige Bezeichnung:* ROK = Republic of Korea
Staatsform: Präsidiale Republik, seit dem 22. 10. 1980 fünfte Republik
Amtsdauer des Präsidenten: einmal 7 Jahre
Fläche: 98 992 km² (BRD 247 989 km²)
Einwohner 1983: 40 Millionen. Erwartung für 2000: 50 Millionen
Bevölkerungsdichte: 404 Einwohner pro km² (BRD 236 Einwohner pro km²)
Hauptstadt: Seoul mit 8.9 Millionen Einwohnern (1982) am Han-Fluß
Administration: 8 alte Provinzen und die neue Provinz Cheju, vier selbständige Städte Seoul, Pusan, Taegu und Inchon. Unterteilung der Provinzen in 46 größere Städte, 139 Kreise und 1266 Ämter (Großgemeinden)
Provinzen: Kyonggi-do = Hauptstadtprovinz, Südteil von Kangwon-do = Fluß- und Wiesenprovinz, Nord- und Süd-Chungchong-do = Provinz der heiteren Loyalität, Nord- und Süd-Cholla-do = Provinz des vollkommenen Netzwerks, Nord- und Süd-Kyongsang-do = Provinz des ehrfurchtsvollen Glückwunsches und Cheju-do = Provinz jenseits des Stromes (Inselprovinz)

Das **Taebaek-sanmaek, das Große Weiße Gebirge,** erhielt seinen Namen von zahlreichen nackten Granitkuppen. Im Abstand von 15 bis 30 km parallel zur Ostküste bildet es in der ›koreanisch‹ genannten Nord-Süd-Richtung die jüngste und höchste Faltung, Hauptgebirge und Wasserscheide zugleich, kurz: das Rückgrat der Halbinsel. Aus der etwa 450 km langen Kette ragen einige als Ausflugsziele sehr beliebte Felsmassive um den 1546 m hohen **Taebaek-san** und die Nationalparks um den 1563 m hohen **Odae-san** sowie um Südkoreas dritthöchste Erhebung, den 1708 m hohen **Sorak-san.** Als landschaftlich schönste Region mit vielen bizarr verwitterten Gesteinsformationen gilt das von namhaften Klöstern besiedelte Diamantgebirge um den 1638 m hohen **Kumgang,** heute Teil Nordkoreas. Vom Taebaek-Gebirge nehmen alle ›chinesisch‹ nach Südwesten streichenden Nebengebirge und die dazwischen gelegenen Einzugsebenen der großen Flüsse ihren Ausgang.

Der **Imjin-Fluß** entwässert die von der Waffenstillstandslinie durchschnittene Ebene nördlich von Seoul und mündet als Grenzgewässer in das Gelbe Meer.

Die **Kwangju-Kette** erstreckt sich vom nordkoreanischen Diamantgebirge mit einigen 1200 m hohen Bergen im Mittelteil bis zu den Stadtbergen von Seoul und Umgebung.

Der **Han-Fluß,** Seouls südlicher Wasserlauf, ist mit 514 km zwar nur der zweitlängste Südkoreas, doch werden von seinen beiden Teilflüssen Nord- und Süd-Han jährlich 16,7 Millionen Kubikmeter Wasser, 30% der südkoreanischen Entwässerungsmenge, ins Meer geleitet.

Das **Charyong-Gebirge** beginnt ebenfalls am Hauptgebirge, doch ist seine wasserscheidende Wirkung gering, da es beidseitig vom Han entwässert wird.

Der **Kum-Fluß** erreicht zwar in einem Dreiviertelkreis die Länge von 401 km, doch ist sein Einzugsgebiet nicht ganz so umfangreich. Um so größer ist seine historische Bedeutung als Hauptfluß des alten Paekche-Reiches.

Das **Sobaek-sanmaek, das Kleine Weiße Gebirge,** durchteilt Südkorea als sogenanntes Diagonalgebirge von der Mitte der Hauptkette bis weit nach Süden. Auf seinen 270 km Länge reihen sich drei Nationalparks, einige der wichtigsten Klöster und reichlich Felsnadeln zwischen 1000 und 1500 m Höhe. Den Südabschluß bildet der 1915 m hohe **Chiri-san,** Südkoreas höchste Festlanderhebung.

Das **Noryong-Gebirge** trennt als Ausläufer der Sobaek-Kette zwei kleinere, aber ertragreiche Reisbauebenen.

Der **Naktong-Fluß** ist mit 521 km Südkoreas längster Wasserlauf. In seinem Becken werden 33% der südkoreanischen Reiserträge, 40% Gerste und Weizen und Dreiviertel der Apfelernte eingebracht.

Die Watte vor Koreas **Westküste** mit dem weltweit zweithöchsten Gezeitenhub von maximal 10 m reichen weit in das nur bis zu 90 m tiefe Gelbe Meer hinein. Großräumige Landgewinnung scheitert noch an den gewaltigen Erdbewegungen und einer mindestens sechsjährigen Salzauswaschung.

Die **Ostküste** mit nur etwa 1,3 m Tidenhub ist im deutlichen Gegensatz zur Westseite eine ausgeprägte Steilküste, an der kaum Buchten oder natürliche Häfen und wenige kleine Inseln liegen.

Die **südliche Riasküste** nimmt eine Mittelstellung zwischen der Ost- und Westseite der Halbinsel ein. Ihre 382 Inseln und auch die als Tadohae = Vielinselsee bezeichneten 1430 Inselchen und Eilande im Südwesten sind als Kuppen und Spitzen eines im Meer versunkenen kontinentalen Randgebirges zu verstehen.

Die **Insel Cheju,** der übermeerische Teil des 1950 m hohen, erloschenen Halla-Vulkans, unterscheidet sich wegen ihres feurigen Ursprungs sehr stark vom Festland. So ist auf dem porösen Lavagestein Reisanbau unmöglich. Schon eine alte koreanische Redensart empfiehlt die Insel als ideale Pferdeweide.

Aus Koreas Lage am Rande Asiens, in der Übergangszone zwischen dem sibirischen Kältezentrum und dem subtropischen Ozean ergibt sich für die Halbinsel mehr als nur ein gemäßigtes Klima: Der kontinental-maritime Wetterwechsel erzeugt als koreanische Besonderheit ein regelrechtes *Klimagefälle.* Auf nur 1100 km Distanz erlebt der hohe Norden subarktische Winter neben ausgeglichenen Sommern, der tiefe Süden dagegen erfreut sich gemäßigter Winter und subtropischer Sommer. So schwanken die Durchschnittstemperaturen zwischen Sommer und Winter im Süden um erträgliche 20°, im Norden jedoch um 42°! Dazwischen lebt es sich

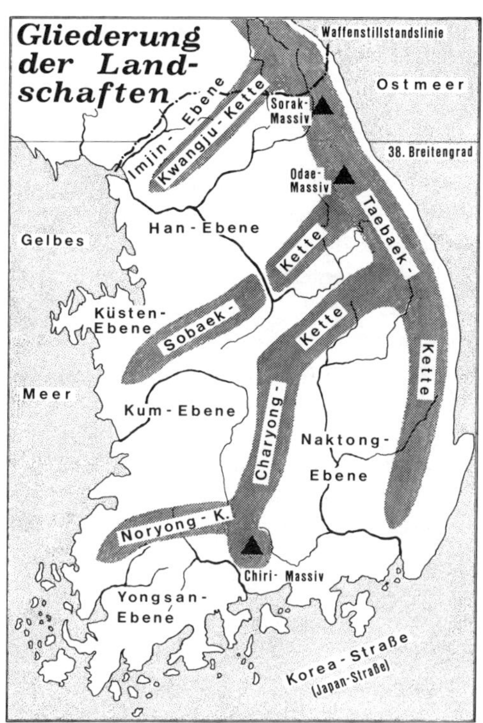

Südkoreas Landschaft wird von einem ständigen Wechsel von Gebirgsketten und Flußebenen geprägt. Wegen der Lage zwischen Festland und Japan nannten die Chinesen die Halbinsel Korea gerne das ›Land dazwischen‹.

z. B. in Seoul mit etwa 30° Unterschied – minus 4,9° Januar-Mittel und 25,4° August-Mittel – leidlich angenehm.

Wie in Europa werden in Korea vier Jahreszeiten unterschieden, die jedoch ungleichmäßig lang sind. Die strengen, sechsmonatigen *Winter* von Anfang November bis Ende März sind Folge der kalt-trockenen Hochdrucksysteme aus Innerasien. Als koreanisches Naturwunder wechseln dann je drei sehr kalte, windige Tage mit vier erträglichen, windstillen. Die wenig ergiebigen Schneefälle beginnen in Seoul etwa Ende November, bringen aber selten mehr als 10 cm Schnee.

Als *Frühling* und gute Reisezeit gelten die schönen und durchschnittlich regnerischen Monate April und Mai mit der sehr eindrucksvollen Kirschblüte ab Mitte April und allgemein höheren Temperaturen als in Deutschland.

Die *drei Sommermonate* Juni, Juli, August werden geprägt vom Durchzug stürmischer Tiefdruckfronten aus Südwesten und einiger Taifune aus Südosten. Als zwingende Voraussetzung für das Reiswachstum fallen dann regional schwankend 500 bis 750 mm Regen (50 bis 60% der Gesamtjahresmenge). Normal sind Ende Juni einsetzende, mehr als dreiwöchige Dauerregen mit nachfolgendem Wechsel zwischen heftigen Regentagen und schönen, im August sehr heißen und feuchten Sonnentagen.

Die *zwei Herbstmonate* September und Oktober mit durchschnittlichen Regenfällen sind gleichermaßen eine gute Reisezeit. Im Oktober überraschen die herrliche Laubfärbung und längere Perioden zwar schon kühlerer, aber besonders schöner, klarer Tage, die die Koreaner die ›Zeit des hohen Himmels‹ nennen.

Korea erfreut sich einer beträchtlich artenreicheren **Pflanzenwelt** als Mitteleuropa. Während die Vegetation der Alten Welt mehrfach durch Eiszeiten vermindert wurde, blieben solche Katastrophen der Halbinsel erspart. Eine zusätzliche Arten-Vielfalt ergab sich aus den ungewöhnlich großen Klimaunterschieden auf engstem Raum. Allein die leicht sichtbaren höheren Pflanzen sind mit etwa 3400 Arten und Unterarten in 880 Gattungen vertreten. So reicht Koreas Pflanzen-Palette von alpinen Latschen und Rhododendren oberhalb der Baumgrenze im Nordgebirge bis zum subtropischen Bambus, Lorbeer und Kamelien an der warmen Südküste und auf Cheju. Den Raum dazwischen füllen unter anderem die aus Europa bekannten, doch vielfältigeren Fichten, Lärchen, Kiefern, Eichen und Eschen. Gut gedeihen die seit einigen Jahren in Plantagen angebauten Obstarten Apfel, Birne, Pfirsich, Kaki, Orange, Mandarine, Feige und sogar die chinesische Quitte. In Südkorea besonders charakteristisch und häufig ist die entsprechend genannte Korea-Kiefer. Als *Nationalblume* verehrt das Volk den vom späten Frühjahr bis zum Herbst blühenden Hibiskus.

Über die koreanische **Tierwelt,** vor allem über die jagdbaren Tiere, kann leider nur in der Vergangenheitsform berichtet werden. Zum Teil regional beschränkt, waren ursprünglich ähnliche Arten wie in Europa heimisch. Unter den Zuwanderern aus der Mandschurei waren Schneeleoparden und Koreas königliche Wappentiere, die mandschurischen Tiger. Nach jahrhundertelanger intensiver Bejagung gelten alle wertvollen Pelztierarten ebenso als ausgestorben wie der frühere, mit Europa vergleichbare Besatz mit Jagd- und Raubvögeln. Für die gefährdeten Tierarten wurden inzwischen Schutzbestimmungen erlassen.

Charakteristisch für die Koreaner ist die Wahl des *Nationalvogels:* Nicht etwa ein Adler, sondern die in den Yin-Yang-Farben der kosmischen Harmonie schwarz-weißgefiederte Elster gilt als Glücksbote.

Im alten Korea stützte sich der Feudalstaat ganz bewußt auf eine kleinbäuerliche **Landwirtschaft** ohne große Städte, Manufakturen oder gar Industrie. Auch die japanischen Kolonialherren nutzten zur Reisversorgung ihrer Heimatinseln weiterhin das altüberlieferte Großgrundbesitzer-System, das den Pächtern nur knappe 30% des Ertrages beließ. Seit einer Landreform im Jahre 1949 ist Grundeigentum theoretisch nur bei selbständiger Bearbeitung erlaubt, auf etwa 3 Hektar begrenzt, doch im Landesdurchschnitt mit ungefähr einem Hektar pro Haushalt und einigen heimlichen Zupachtungen verwirklicht. Nach zahlreichen staatlichen Förderungsmaßnahmen erreichen gegenwärtig ungefähr 11 Millionen Landbewohner (rund 25% der Gesamtbevölkerung) auf etwa 2 Millionen Hektar (22% der Gesamtfläche Südkoreas) bei Siedlungsdichten von 500 bis 1000 Personen pro Quadratkilometer etwa gleiche Jahreseinkünfte wie die städtischen Industriearbeiter. Durch moderne Anbauverfahren konnte bereits Mitte der 70er Jahre eine Ertragsverdoppelung und die landesweite Selbstversorgung mit Agrarprodukten erreicht werden. Obwohl der Anbau des Grundnahrungsmittels Reis den Bauern immer noch mit Abstand die höchsten Einkünfte bringt, geht der Reisertrag seit Jahren stark zurück. Derzeit müssen etwa 15% Reis im Austausch gegen Seide, Tabak und Ginseng eingeführt werden, weil ausreichende Arbeitskräfte fehlen und die Mechanisierung der Landwirtschaft noch nicht weit genug fortgeschritten ist.

Geradezu modellhafte Erfolge resultierten aus dem Verzicht auf weiteren Brandrodungs-Feldbau und aus der Aufforstung abgeholzter Berggebiete, die immerhin 67% der Landesfläche einnehmen. Ein vervielfachter Nutzholzertrag ging einher mit verringerter Bodenerosion.

Eine stark vergrößerte und modernisierte Fischfangflotte sichert durch beachtliche Fangergebnisse nicht nur die gewachsene Inlandnachfrage, sondern auch einen stolzen vierten Platz unter den fischexportierenden Ländern.

Keineswegs zufällig oder etwa aus Ackerbaugründen, sondern gezielt nach der konfuzianischen Staatsordnung der Yi-Dynastie entwickelte sich als Siedlungsform der ländlichen Bevölkerungsmehrheit das ›*Koreanische Dorf*‹. Während in einigen Nachbarländern die Streusiedlung aus Einzelanwesen inmitten der Reisfelder üblich ist, entstanden in Korea je nach Geländeform sehr unregelmäßig angelegte Haufendörfer.

Traditionelles Dorf in den Südprovinzen. Strohdächer waren im alten Korea für die breiten Volksmassen bestimmt, Ziegeldächer galten als Privileg der führenden Gesellschaftsschichten.

Eine frühere, klare Trennung in Dörfer der landbesitzenden Yangban-Führungsschicht und der einfachen Feldarbeiter ist trotz 80jähriger Durchmischung heute oft noch deutlich erkennbar. Vorwiegend dem gegenseitigen Schutz dienten die Adligen-Dörfer in landschaftlich reizvoller Lage und weitläufiger Gruppierung. Als Musterbeispiele und beliebte Filmkulissen gelten die stattlichen Gehöfte mit ziegelgedeckten Holzhäusern hinter hohen Mauern und festen Toren von Hahoe bei Andong und Yangdong nördlich von Kyongju. Zum Gemeinbesitz gehörte fast immer ein prächtiger Pavillon für besinnliche Mußestunden oder ausgelassene Sommerfeste sowie ein Ahnenschrein; Reste von Wehranlagen erinnern hingegen an die Gefahr örtlicher Revolten.

Die Masse der armen Landpächter drängte sich auf kleinster Fläche in den sogenannten Burak, Dörfern mit meistens 300 bis 600, selten bis 1000 Einwohnern. Mit kurzen Wegen zu den talwärts gelegenen Reisäckern und den hügelan steigenden Feldern der Trockenfrüchte galt die Basis sonniger, windgeschützter Südhänge als idealer Siedlungsort. Gleichzeitig genügten die

Bergwälder dem Heizmaterialbedarf, eine bequeme Trinkwasserversorgung aus Bergquellen ersparte teure Brunnenbauten. Für die Bauernfamilien gab es auf kleinen, lehmummauerten Grundstücken nur sehr einfache, strohgedeckte Häuser und Schuppen. Weitverbreitet war der L-förmige Gebäudegrundriß. Auffallend an Ortschaften ist das Fehlen von Marktplätzen, religiösen und sonstigen Dorfzentren nach europäischen Vorstellungen.

Seit dem Koreakrieg wandelte sich das Aussehen der Dörfer beträchtlich. Nahezu der gesamte Gebäudebestand wurde nach und nach erneuert. Zunächst wurden die Kriegsschäden notdürftig behoben, dann führte die Bevölkerungsverdopplung zur Verstädterung einstiger Kleinsiedlungen, der wachsende Wohlstand schließlich zu komfortableren Hausformen. Trotz aller Modernisierung ist hier und da bereits wieder eine Hinwendung zur historisierenden Architektur bemerkbar. Nur das klassische koreanische Haus mit Strohdach scheint endgültig zu verschwinden.

Unter dem Schlagwort ›*Saemaul Undong*‹ (*Neues Dorf*) und dem Symbol des Baumes auf grüner Flagge regte Präsident Park 1971 eine Bewegung zur Modernisierung der gegenüber der Industrie vernachlässigten Landwirtschaft an. Es sollten jedoch keine Milliardensummen für Investitionen oder Subventionen verschleudert werden, sondern durch persönliche Motivation, örtliche Initiativen und dörfliche Zusammenarbeit das Vertrauen auf Besserung ›von innen heraus‹ geweckt werden. So entstanden preisgünstig gebaute Straßen, Brücken, Kanäle, Trinkwasser- und Stromleitungen und kommunale Sozialbauten. Zum auffälligsten Nachweis des ländlichen Fortschritts wurde ein moderner Bauernhaustyp, ein schematisch einheitlich gebauter Beton-Bungalow, der mit dem überlieferten Koreabild allerdings nicht harmoniert.

Koreas wichtigste Zukunftsaufgabe bleibt die Gesundschrumpfung der Landwirtschaft durch Flurbereinigung der Reisäcker. Eine dringend nötige Zusammenlegung der winzigen Vieleck-Felder zu großen, maschinell zu bearbeitenden Rechteck-Flächen und die damit verbundene Verringerung der Landbevölkerung um etliche Millionen bergen schwerste soziale Probleme.

Koreas Südteil ist rohstoffarm; die überreichen Kohle- und Erzvorkommen in Nordkorea, teils knapp nördlich der Waffenstillstandslinie, waren schon eines der Hauptziele der japanischen Besatzungsmacht. Obwohl Südkoreas Bergbau nur 1% des Bruttosozialproduktes erwirtschaftet, wird dennoch der städtische Hausbrandbedarf einigermaßen gedeckt und ein achtbarer Mineralienexport ermöglicht.

Mangels eigener Energiequellen muß Südkorea fast 80% seines Bedarfes an Rohöl, Atombrennstoffen und Kohle teuer importieren. Wegen der Massierung der Regenfälle in nur wenigen Sommermonaten ist eine kontinuierliche Wasserkraftnutzung problematisch und kostspielig. Mit Geschick und Lehmbeimengung formen die örtlichen Kohlehändler aus der bröckeligen einheimischen Kohle das koreanische Brikett Yontan. Von den preiswerten 3-kg-Zylindern mit 19 Brennkanälen braucht eine Familie täglich 2 bis 4 Stück zum Betrieb ihrer Ondol-Fußbodenheizung. Daneben wird auf dem Lande unverändert viel Holz verheizt.

Auf dem beschwerlichen Weg von einer rückständigen Agrargesellschaft zur modernen Industrienation hat das fernöstliche Volk unter gewaltigen Anstrengungen in nur 30 Jahren den Status eines wirtschaftlichen Schwellenlandes erreicht. Die enorme Bedeutung der Industrialisierung ist unübersehbar. Während 1949 der ländliche Bevölkerungsanteil noch 80% betrug, erwirtschaften derzeit 4,4 Millionen Bauern ein Siebtel, aber 4,1 Millionen Arbeiter immerhin ein Drittel des Bruttosozialproduktes. Bei jährlichen Zuwachsraten von 11% konnte das Handelsbilanzdefizit unter 5% gesenkt werden. Heute ist die Großhütte von Pohang ein gefürchteter Konkurrent auf dem Stahlmarkt; die Superwerft in Ulsan zieht jeden nennenswerten fernöstlichen Schiffbau- und Reparaturauftrag an sich. Eine beträchtliche Budgetbelastung bedeuten die allerdings ungewöhnlich hohen Ausgaben von 6% des Bruttosozialproduktes allein für die Verteidigung.

Das Geheimnis des koreanischen Erfolges erklärt sich hauptsächlich aus der Lern- und Arbeitsbereitschaft der Bevölkerung. Fach- und Hochschulen decken inzwischen nicht nur den heimischen Bedarf an Ingenieuren, sie erlauben dem Land die Entsendung von derzeit 160 000 hochqualifizierten Fachkräften in andere Entwicklungsländer.

Die Entwicklung des modernen Südkorea wäre undenkbar ohne die Erschließung des Landes mit leistungsfähigen **Massenverkehrsmitteln.** Das Zeitalter der Eisenbahn begann 1899 mit dem noch heute meistfrequentierten 40-km-Abschnitt Inchon – Seoul. Die Japaner hatten sich damals unter privatrechtlichem Deckmantel alle Betriebsrechte vom machtlosen koreanischen Kaiserhaus ertrotzt. Schon 1905 wurde die Strecke Pusan – Seoul eröffnet, 1908 mit strategischen Absichten bis zur mandschurischen und russischen Grenze weitergeführt und damit über die transsibirische Eisenbahn sogar der Anschluß nach Europa ermöglicht. Fast alle Erweiterungen bis zum Zweiten Weltkrieg dienten dem Abtransport von Reis und Bodenschätzen. Die jetzigen koreanischen Staatsbahnen haben ihr Streckennetz auf 6000 km verdoppelt und sehr modernisiert.

Es ist heute kaum vorstellbar, daß Korea den Überlandverkehr fast überhaupt nicht kannte und erst die Japaner 1917 ein Straßennetz planten sowie die erste Straßenbrücke über den Han-Fluß bauen ließen. Nach dem Koreakrieg wurde auf der Landesdiagonale die 428 km lange Autobahn Pusan – Seoul als militärische Nachschublinie vorangetrieben und 1970 eröffnet. Inzwischen ist jede Provinz über Autobahnen rasch erreichbar, sind alle Überlandstraßen bestens ausgebaut und selbst abgelegene Dörfer und Tempel über Rohtrassen erreichbar. Unter staatlicher Förderung entwickelten sich die rasch und in kurzen Abständen verkehrenden Omnibusse zum beliebtesten und wichtigsten Personenverkehrsmittel.

Volk, Sprache, Schrift und Literatur

Die Vorfahren der Koreaner stammen aus dem Wald- und Grassteppengürtel westlich und nördlich der Wüste Gobi, vor allem aus dem Altai-Gebirge (Dreiländereck der Sowjetunion, der Mongolischen Volksrepublik und Chinas), der Mandschurei und dem Amur-Bogen. Etwa vom dritten Jahrtausend v. Chr. an stießen *altaische und tungusische Stämme* zur Halbinsel Korea vor, wo sie mit der paläoasiatischen Bevölkerung verschmolzen oder sie verdrängten. Heute überwiegen im rassischen Erscheinungsbild Tungusen. Im Norden herrscht ein sinid und sibirid beeinflußter, großer und schlanker Menschentyp mit ovalen Gesichtern vor. Altasiatische – den Südostasiaten verwandte – Merkmale, wie untersetzter Körperbau, bräunliche Hautfarbe und abgeflachte Gesichter mit breiten Nasen, hielten sich am ausgeprägtesten im Süden.

Koreanisch zählt zur ural-altaischen Sprachfamilie und innerhalb dieser zur altaischen Gruppe. Die Altai-Gruppe teilt sich in den mongolischen, den turksprachigen und den tungusisch-mandschurischen Zweig, zu dem Koreanisch gehört. Früher waren im Norden Koreas die Puyo- und im Süden die Han-Sprachen verbreitet, aus denen sich die Hochsprache von Groß-Silla entwickelte. Heute unterscheidet man im gesprochenen Koreanisch sechs Dialekte.

Keinerlei Verwandtschaft weist die koreanische Sprache mit Chinesisch auf. Ähnlich wie Japanisch ist aber auch das Koreanisch von vielen chinesischen Lehnwörtern durchsetzt, die etwa 50% des heutigen Wortschatzes, allerdings angepaßt an die koreanische Aussprache, betragen.

Schriftsprache und Grundlage höherer Bildung blieb lange Zeit – ähnlich wie Latein in Europa – das Chinesisch. Schon das älteste Schriftdenkmal, eine Stele des frühen 5. Jh. aus Koguryo, war chinesisch verfaßt. Während der Groß-Silla-Zeit (7.–10. Jh.) wurden zahlreiche konfuzianische und buddhistische Schriften aus Tang-China eingeführt. Trotz der hohen Wertschätzung des Chinesischen fallen gerade in diese Epoche die ersten Ansätze der **koreanischen Literatur.** Zur Niederschrift von ›Ländlichen Liedern‹ (Hyangga) bediente man sich nur dem Lautwert nach chinesischer Schriftzeichen ohne Berücksichtigung ihres Sinngehalts. Dieses System, die Idu-Schrift, besteht heute noch, wirkt allerdings auf Chinesen wie ein wirres Durcheinander.

Seit Ende des 12. Jh., rund 250 Jahre vor Gutenberg, wurden erstmals bewegliche Drucktypen verwendet, doch konnten sich diese Versuche ebensowenig wie in China auf breiter Basis durchsetzen. Das älteste erhaltene Druckwerk stammt aus dem Jahre 1403. Lange blieb man dem altüberlieferten Blockdruckverfahren treu, dessen großartigstes Werk die 80 000 beidseitig handgeschnitzten Druckstöcke des buddhistischen Kanons (Tripitaka Koreana, vgl. S. 349) sind.

Eine der herausragenden Leistungen des koreanischen Volkes war die Schaffung einer *eigenen Schrift,* der einzigen phonetischen Ostasiens, mit 28 (17 Konsonanten und 11 Vokale), später 24 Schriftzeichen. Dieses heute *›Hangul‹* (Han-Schrift) genannte System wurde von Gelehrten unter Leitung von König Sejong (1418–1450) ausgearbeitet. Die herrschende Yangban-Elite blickte auf diese ›Schrift des gemeinen Volkes und der Weiber‹ verächtlich herab, so daß Chinesisch weiterhin Grundlage der Bildung blieb.

Hangul gibt zwar die koreanische Sprache exakt wieder, ist aber für eine korrekte Umschrift des tatsächlichen Klanges in das lateinische Alphabet schlecht geeignet.

Als älteste Zeugnisse koreanischer *Poesie* sind einige kurze ländliche Gedichte (Hyangga) aus der Groß-Silla-Zeit überliefert. Während der anschließenden Koryo-Epoche (10.–14. Jh.) entstanden Langgedichte (Changga) entweder in Adels- und Hofkreisen unter chinesischem Einfluß oder in volkstümlich-koreanischer Weise im Milieu der Kisaeng, jenen japanischen Geishas vergleichbaren, gebildeten Gesellschaftsdamen. Gelehrte und Damen der Yangban-Aristokratie oder Kisaengs verfaßten während der konfuzianischen Yi-Zeit (15.–19. Jh.) musikalisch untermalte Dreizeiler (Sijo) und Erzählgedichte (Kasa).

Als früheste *Prosawerke* und unschätzbar wertvolle Geschichtsquellen blieben zwei Sammlungen alter Legenden, Mythen, Wunder- und Zaubergeschichten, durchsetzt von historischen Fakten, erhalten. Der konfuzianische Gelehrte Kim Pusik verfaßte Mitte des 12. Jh. die ›Geschichte der Drei Königreiche‹ (Samguk Sagi), im 13. Jh. schrieb der Zen-Mönch Iryon die ›Überlieferung der Drei Königreiche‹ (Samguk Yusa).

Seit der Koryo-Zeit entstanden unter chinesischem Einfluß zahlreiche Satiren, erotische Erzählungen und Anekdoten, während der Yi-Zeit auch Romane und Novellen. Besonders bekannt sind die ›Neue Geschichte von Kumo‹ vom Kim Sisup und der ›Neunwolkentraum‹ von Kim Manchung, in dem sich buddhistisches Gedankengut mit der neuen Geistesströmung der Praktischen Wissenschaft (Sirhak) vermischte. Großer Popularität erfreut sich in allen

Kisaeng mit einer koreanischen Wölbbrettzither (Kayagum) zur Untermalung von Dreizeilern und Erzählgedichten. Albumblatt von Sin Yun-bok, Mitte 18. Jh. Viele seiner zauberhaften Genrebilder spielen im Milieu der Kisaengs, jener japanischen Geishas vergleichbaren Gesellschaftsdamen.

Bevölkerungsschichten die Novelle ›Die Erzählung von Fräulein Frühlingsduft‹ (Chunhyang-jon), eine Liebesromanze zwischen einem Yangban-Adligen und der Tochter einer Kisaeng (vgl. Namwon S. 267). Märchen und Fabeln sind auch beliebte Themen volkstümlicher Malereien. Sehr viele Geschichten handeln vom wohlwollenden Tiger oder vom klugen Hasen, der die Schildkröte des Drachenkönigs auf der Suche nach dem Unsterblichkeitselixier überlistete.

Geschichtlicher Überblick

Die wechselnden Landesnamen

Der erste koreanische Staat hieß **(Alt)-Choson,** was meistens mit ›Morgenstille‹ oder ›Morgenruhe‹ wiedergegeben wird. Koreaner versichern jedoch immer wieder, daß ›Morgenfrische‹ die bessere Übersetzung sei.

Um die Zeitenwende formierten sich drei Königreiche: **Koguryo** im Norden, **Paekche** im Südwesten und **Alt-Silla** im Südosten. Mitte des 7. Jh. entstand aus dem Zusammenschluß dieser drei Staaten das erste gesamtkoreanische Reich Groß-Silla oder Vereintes Silla.

Nach dem Zerfall des **Groß-Silla-Reiches** lebte mit der neuerlichen Einigung im 10. Jh. der Name des mächtigsten der drei Königreiche als Neu-Koguryo oder Koryo wieder auf. **Koryo,** was ›Land der Hohen Schönheit‹ bedeutet, wurde vermutlich durch Marco Polo im Abendland bekannt und zu Korea latinisiert.

Auf **Choson,** den Namen des ältesten koreanischen Staates, griff die letzte Herrscherdynastie der Yi (1392–1910) zurück. 1897, drei Jahre nach Erlangung der Unabhängigkeit von China, ernannte der damalige König sein Land zum Kaiserreich **Groß-Han (Taehan Cheguk).** Zwischen 1910 und 1945 war Korea japanische Kolonie unter dem Namen Generalgouvernement Chosen.

1948 entstanden die **zwei koreanischen Staaten,** die Demokratische Volksrepublik Choson, kurz Nordkorea, und die Republik Korea, kurz Südkorea.

Völkerschmelztiegel und Kulturbrücke

Entscheidend für die historische und kulturelle Entwicklung Koreas war die ›blinddarmartige‹ Lage am Ostrand der eurasischen Landmasse. Für die Menschen der Frühzeit, die sich kaum auf das offene Meer hinauswagten, war die Halbinsel eine Sackgasse. In diesem Sammelbecken vermischten sich Einwanderer aus Sibirien und der Mandschurei mit Resten der Urbevölkerung zu einem sehr homogenen Volk. Begünstigt wurde dieser **Verschmelzungsprozeß** durch die Enge des Siedlungsraumes und die politische Einigung im 7. Jh., wodurch sich auch ursprüngliche Stammesunterschiede verwischten.

Maßgebliche Kulturimpulse empfing Korea, besonders seit dem 4. Jh. v. Chr., aus China. Die Halbinsel wandelte sich von einer Sackgasse zur **Kulturbrücke** – freiwillig oder zwangsweise wurde Korea der große Lehrmeister Japans.

Die erste Staatenbildung

Am 3. Oktober feiern die Koreaner alljährlich mit dem ›Tag der Öffnung des Himmels‹ die Gründung ihres ersten Staates Choson im Jahre 2333 v. Chr. durch den Himmelsenkel König Tangun sowie den Beginn der traditionellen Zeitrechnung (als offizieller Kalender gilt der westliche).

Der **Tangun-Mythos** (vgl. S. 37f.) gibt die Einwanderung altaischer Stämme aus Südsibirien, ihre allmähliche Seßhaftwerdung und den Übergang zur Ackerbaukultur wieder.

Ungefähr seit dem 4. Jh. v. Chr. bestand der **erste tungusische Stammesstaat Choson.** Chinesische Annalen bezeichneten die Bewohner der Halbinsel Liaotung und Nordkoreas als

Tungusische Bogenschützen bei der Hirsch- und Tigerjagd. Wandmalerei aus einem Koguryo-Grab in der Mandschurei, 5. Jh. n. Chr. Das Reitermilieu geht auch aus dem Beinamen des ersten Koguryo-Königs Tongmyong hervor: Sein Epitheton Chumong weist ihn als großen Bogenschützen aus.

Ostbarbaren oder Östliche Bogenschützen (Tung-i, Tung-hu). Sie selbst nannten sich Ye-Maek und waren von gleicher Herkunft wie die Stämme, die um die Zeitenwende das Koguryo-Reich gründeten.

Der erste historisch erwähnte Herrscher Chosons war **Wiman,** ein Feldherr aus dem chinesischen Staate Yen, der seit 198 (oder 194) v. Chr. regierte. Das Reich Wiman Choson scheint Beziehungen zu den Hsiung-nu-Nomaden außerhalb der chinesischen Mauer unterhalten zu haben, denn 108 v. Chr. entsandte der große Han-Kaiser Wu eine Armee, um die Einwohner von Choson zu unterwerfen. Nach dem erfolgreichen Feldzug errichtete China vier Präfekturen, von denen aber nur Lolang mit der Hauptstadt bei Pyongyang Bestand hatte. Rund vierhundert Jahre, von 108 v. – 313 n. Chr., war Lolang (kor. Nangnang) eine blühende chinesische Militärkolonie, von der entscheidende Impulse für Koreas Kultur ausgingen (vgl. S. 61).

Exkurs: Der zweifellos sehr bedeutende Kulturstrom aus China wird in konfuzianischen Geschichtsquellen weit zurückdatiert und für diesen Zeitpunkt überbewertet. Sie berichten von dem chinesischen Edelmann und Verwandten des letzten Shang(Yin-)Herrschers **Kija,** der im Jahre 1122 v. Chr. sein Reich gegründet haben soll, das sich von der Mandschurei bis in das Gebiet von Seoul erstreckte. Trotz ausführlicher Schilderungen seiner vierzigjährigen Segensherrschaft und einiger Kija-Gedenkstätten fällt dieses erste Goldene Zeitalter in den Bereich der Legende.

Die Drei Reiche (Samguk) 1. Jh. v. Chr.–7. Jh. n. Chr.

Neben der chinesischen Kolonie Lolang konnten einige Tungusenstämme ihre Selbständigkeit bewahren, so die Puyo in der Mandschurei, die Okcho und Tong-Ye im Norden und Osten der Halbinsel und die drei Han-Stämme (Samhan) Mahan, Pyonhan und Chinhan im Süden. Aus ihnen entstanden um die Zeitenwende die drei Königreiche Koguryo im Norden, Paekche im Südwesten und Silla im Südosten als erbliche Monarchien mit einer nach chinesischem Muster organisierten Zentralgewalt. Da sie sich aus Stammesverbänden entwickelt hatten, bestanden Adelsgruppen, die in die neuen Regierungsämter einrückten. Diese vornehmen Sippen bildeten den Kern jener Führungsschicht, die später als Yangban (wörtlich ›zwei Gruppen‹) den militärischen und zivilen Zweig der Beamtenaristokratie stellten. Unter ihnen lebten die Sangnom, die Masse der ›einfachen‹ Leute; die Grundlage der bis in die Neuzeit geltenden Gesellschaftsstruktur war damit geschaffen.

Rund 700 Jahre existierten die Drei Reiche, jedes von ihnen leistete seinen unverwechselbaren Beitrag zur Entwicklung des Landes, die seit dem 7. Jh. in eine gesamtkoreanische mündete.

Kleine Karte links oben: Tungusische Stammesverbände und der erste Staat Alt(Ko)-Choson im 2. Jh. v. Chr. Nangnang (chin. Lolang) und Taebang standen seit 108 v. Chr. unter chinesischer Oberhoheit. ▷
Hauptkarte: Die Drei Königreiche (Samguk) um 500 n. Chr. Koguryo, der mächtigste der drei Staaten, reichte bis weit in die Mandschurei, Paekche lag an der Südwestküste und Alt-Silla an der Südostküste. Dazwischen schob sich das kleine, zeitweise japanisch beherrschte Königreich oder Fürstentum Kaya.

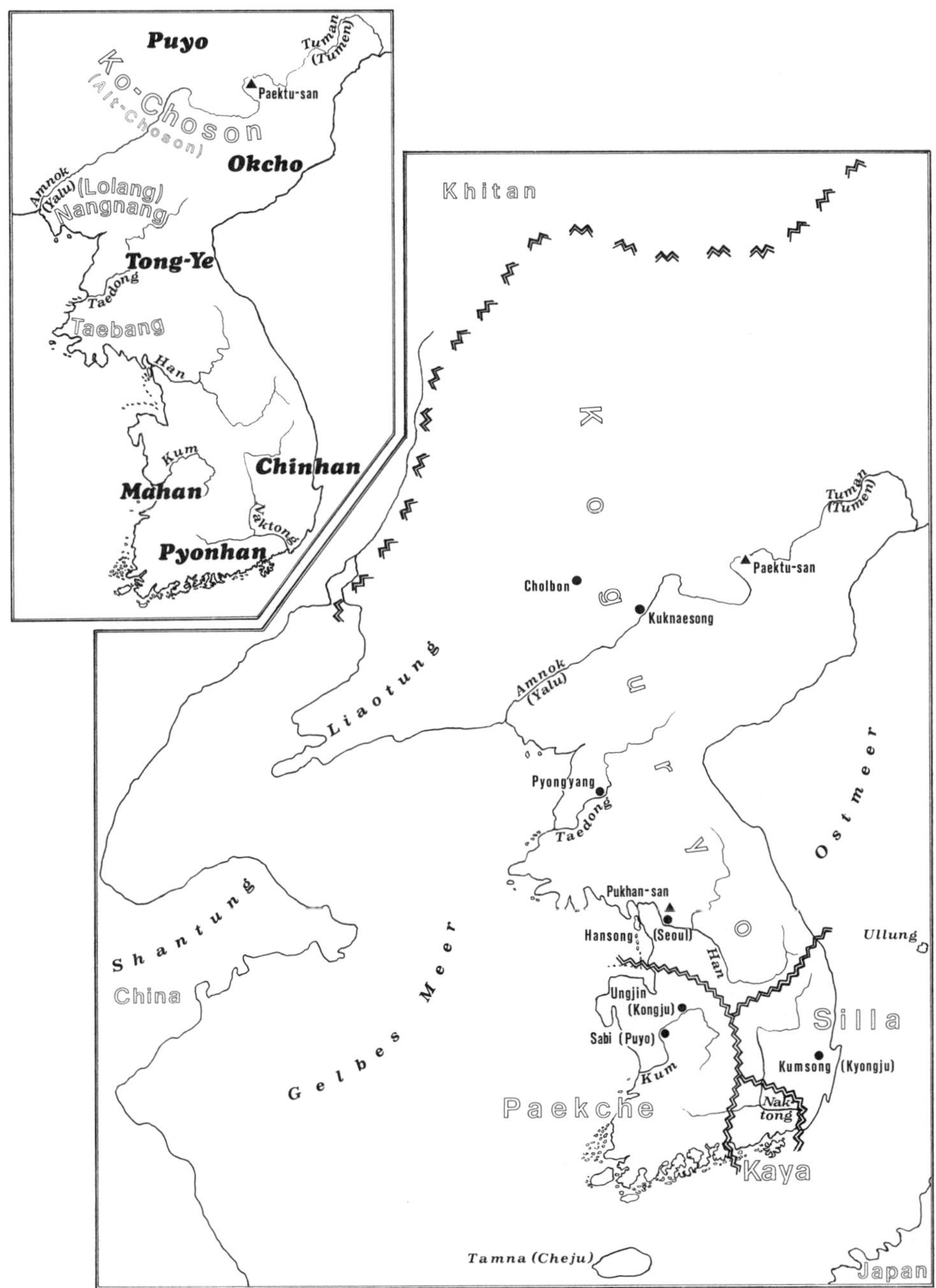

Puyo
Tuman (Tumen)
Ko-Choson (Alt-Choson)
Paektu-san
Okcho
Amnok (Yalu)
(Lolang) Nangnang
Tong-Ye
Taedong
Taebang
Han
Kum
Chinhan
Mahan
Naktong
Pyonhan
Khitan
Koguryo
Tuman (Tumen)
Paektu-san
Cholbon
Kuknaesong
Liaotung
Amnok (Yalu)
Pyong'yang
Taedong
Ostmeer
Pukhan-san
Hansong
(Seoul)
Han
Ullung
Shantung
China
Gelbes Meer
Ungjin
(Kongju)
Sabi (Puyo)
Kum
Silla
Kumsong (Kyongju)
Paekche
Nak tong
Kaya
Tamna (Cheju)
Japan

Das Reich Koguryo (Goguryo) 37 v. Chr.–668 n. Chr.

Das älteste, lange Zeit größte und mächtigste der drei Königreiche dehnte sein Kernland am Amnok-gang auf das Fürstentum der Puyo in der Mandschurei und die Gebiete der Okcho und Tong-Ye aus und unterwarf im Jahre 313 n. Chr. die chinesische Kolonie Lolang. Cholbon, die erste Hauptstadt Koguryos, lag in der Mandschurei, die zweite war Kuknae-song am Yalu (heute Tonggou) und die dritte, seit 427, Pyongyang am Taedong. Dem Reichsgründer Tongmyong folgten 27 Könige. Wegen Chinas Nachbarschaft und der Eroberung von Lolang war der chinesische Kultureinfluß besonders intensiv. Im Jahre 372 ließ König Sosurim zwei Klöster in Pyongyang und kurze Zeit später auch die erste staatliche Hochschule (Taehak) errichten.

Das Reich Paekche (Bägje) 18 v. Chr.–660 n. Chr.

Als König Tongmyong das Koguryo-Reich gründete, floh die Elite Puyos nach Südwesten. Aus nachdrängenden Puyo-Stämmen und den Mahan-Stämmen entwickelte sich das Reich Paekche, dessen erster König Onjo, ein Sohn des Tongmyong, war. Die unruhige Frühzeit des jungen Staates zeigt sich im mehrfachen Wechsel seiner Hauptstadt. Vom Jahre 384 an verbreitete sich der Buddhismus und in den folgenden zwei Jahrhunderten erlebte Paekche eine sprichwörtliche Kulturblüte, die großen Einfluß auf Silla und Japan ausübte (vgl. S. 63).

Das Reich Alt-Silla 57 v. Chr.–668 n. Chr.

Im Südosten der Halbinsel vereinten sich die Sarostämme der Chinhan zum Reich Kyerim, das später Silla hieß, mit der Hauptstadt Kumsong. Die Schamanenherrscher führten ursprünglich verschiedene Titel und nahmen erst mit der offiziellen Anerkennung des Buddhismus im Jahre 527 neben dem chinesischen Königstitel Wang auch posthume Königsnamen an. Sillas Gesellschaft war streng nach Ständen gegliedert und sehr konservativ. Fremdeinflüsse konnten nur zögernd Fuß fassen und so blieben im ›barbarischen‹ Alt-Silla archaische Sitten und Bräuche aus der tungusischen Heimat der Koreaner bis in das 6. Jh. erhalten.

Zwischen Silla und Paekche schob sich von der mittleren Südküste bis zu den Kaya-Bergen im Landesinneren keilförmig das kleine **Königreich Kaya** (auch Kara oder Karak genannt). Im Jahre 414 annektierte Japan dieses Gebiet als Kolonie Mimana, Mitte des 6. Jh. ging Kaya im Alt-Silla-Reich auf.

Die Reichseinigung – Groß-Silla oder Vereintes Silla 668–918

Silla, militärisch einst das schwächste der drei Königreiche, begann sein Vormachtsstreben unter König Muyol, der mit Hilfe des berühmten Generals Kim Yu-sin und in Allianz mit Tang-China im Jahre 660 Paekche eroberte. Sein Sohn und Nachfolger König Munmu (661–681) unterwarf, ebenfalls vereint mit chinesischen Truppen, Koguryo und verband 668 die drei Staaten zum ersten gesamtkoreanischen Reich Groß-Silla oder Vereintes Silla. Als China jedoch Gebietsansprüche erhob, schlugen 676 die Koreaner die chinesische Armee nach mehreren Kriegszügen bis zum Taedong zurück. Dieser Fluß bildete ungefähr seit 800 auch die

Das Reich Groß-Silla oder Vereintes Silla, der erste gesamtkoreanische Staat, um 800. Zwischen Taedong-Fluß und Tang-China schob sich der Pufferstaat Palhae (chin. Pohai), ein historisch weitgehend unerforschtes Land, das im frühen 10. Jh. von den tungusischen Khitan erobert wurde und dann allmählich im Koryo-Reich aufging.

Grenze zu dem von China begünstigten **Pufferstaat Palhae,** einem noch weitgehend unerforschten Land, das sich bis tief in die Mandschurei erstreckte. – Die Beziehungen zwischen China und Groß-Silla wurden jahrhundertelang im Tributsystem geregelt, jährliche Gesandtschaften überbrachten die Abgaben an den Kaiserhof und erhielten dafür Geschenke.

Das politisch stabile 8. Jh. bot die Grundlage für eine *außergewöhnliche kulturelle Blüte.* Sillas Hauptstadt Kumsong (Kyongju) wurde nach dem Vorbild der Tang-Metropole Changan (Sian) zu einer der glanzvollsten Residenzen Ostasiens ausgebaut. Zahlreiche Koreaner studierten in China klassisches und buddhistisches Schrifttum. Regierung und Verwaltung orientierten sich am chinesischen Muster. Königshaus und Adel sicherten sich jedoch trotz der Einführung des Examensystems die wichtigsten Staatsämter allein durch Geburt (Kolpum-System). Der **Buddhismus** war als Staatsideologie von bedeutenden Denkern, wie Wonhyo und Uisang geprägt worden. Aus einer Mischung von konfuzianischen und buddhistischen Elementen formulierte der Mönch Wonkwang die fünf Moralregeln für das weltliche Leben: Erweise Deinem König Loyalität – Sei Deinen Eltern gegenüber pietätvoll – Deinen Freunden begegne mit Ernsthaftigkeit und Vertrauen – Im Kampf sei tapfer – Töte nur nach barmherziger Abwägung und Notwendigkeit.

Im 9. Jh. begann die Gesellschaft Sillas sich aufzulösen. Die meisten der letzten 20 Könige fielen Palastrevolten zum Opfer, Verschwendung und Dekadenz des Hofes und der Aristokratie, Enteignung und Versklavung der Landbevölkerung führten zu schweren Bauernunruhen. Der ehemalige Rebellenführer Wang Kon proklamierte sich zum König von Neu-Koguryo (Koryo) und zwang den letzten Silla-Herrscher Kyongsun 935 zur Abdankung.

Das Koryo (Goryo)-Reich 918–1392 – Glanz und Niedergang

Der neue Reichseiniger Wang Kon, mit Königsnamen Taejo, ›großer Vorfahr‹, erwies sich als fähiger Herrscher, der dringende Reformen einleitete. Unter seinen Nachfolgern wurden Neuerungen durch Thronzwistigkeiten, Verschwendungssucht, Korruption, Hofintrigen und Fehden zwischen Militärs und Literaten verhindert. Der Buddhismus war Staatsreligion, Mönche bekleideten höchste Regierungsämter, reiche Klöster und Adlige beuteten landlose Bauern und Sklaven aus. Das Land mit tiefen sozialen Klüften erlebte seit dem frühen 11. Jh. mehrere verheerende **Nomadeneinfälle.** Die tungusischen Khitan brannten die Hauptstadt Songdo (Kaesong in Nordkorea) nieder, rund hundert Jahre später verunsicherten die Jurchen die Nordgrenzen und im 13. Jh. verwüsteten die Mongolen weite Landesteile.

So erscheint die Kunst- und Kulturblüte Koryos fast wie ein Wunder. Der gesamte buddhistische Kanon wurde auf rund 81000 Druckplatten geschnitzt (vgl. S. 349 f.). Koreanisches Seladon übertraf die besten Erzeugnisse Chinas und erlangte über die innerasiatischen Karawanenrouten Berühmtheit bis in den Mittelmeerraum.

1270 wurde Frieden mit Kublai Khan geschlossen. Die Beziehungen zu den **Mongolen,** die seit 1280 als Yuan-Dynastie über China herrschten, gestalteten sich nun sehr eng. Koreanische Könige heirateten mongolische Prinzessinnen, Mongolisch wurde Amtssprache, mongolische Mode und Sitten fanden Eingang bei Hof. Als die Macht der Yuan-Kaiser zu schwinden begann, zwang König Kongmin die Mongolen aus dem Land. General Yi Songgye widersetzte sich dem königlichen Befehl, die sogenannte ›Bande der Rotturbane‹ bis in die Mandschurei zu verfolgen, er marschierte vielmehr gegen die Hauptstadt und setzte den König ab. Aus den zwanzig Jahre andauernden Machtkämpfen ging Yi Songgye schließlich als Sieger hervor und bestieg nach Ermordung des Königs als Yi Taejo den Thron.

Das Reich Choson 1392–1910 – der konfuzianische Staat

Die Zeit der Yi-Dynastie kann in zwei Abschnitte unterteilt werden. Von den ersten zweihundert Jahren waren besonders die anfänglichen siebzig bis zur Regierung des Königs Sejong eine Ära bedeutender Reformen und Kulturschöpfungen, die zweite Phase war hingegen von innerer Schwäche, den verheerenden Invasionen der Japaner und Mandschu, dem Herabsinken zu einem chinesischen Vasallenstaat und der völligen Abkapselung zum ›Einsiedler-Königreich‹ gekennzeichnet.

Bald nach seiner Thronbesteigung begann der erste König Yi Taejo mit dem Bau der neuen Hauptstadt Hanyang (Seoul) und der Sanierung des Staatsgefüges. König Taejong (1400–1418) ergriff drastische Maßnahmen gegen den verfemten Buddhismus; er ließ Hunderte von Tempeln zerstören und den riesigen Klosterbesitz samt Sklaven konfiszieren. Der Titel Nationallehrer (Kuksa) wurde hochrangigen Mönchen aberkannt, die einstige Staatsreligion verlor ihre gesellschaftliche Stellung und ihre politische Macht. Das Ansehen des Buddhismus sank auf das Niveau eines Aberglaubens für Ungebildete und Frauen.

Die Regierungszeit **Sejongs des Großen** (1418–1450) ging als ›Konfuzianischer Humanismus‹ und letztes ›Goldenes Zeitalter‹ in die Geschichte ein. Bedeutende wissenschaftliche Werke und Lexika wurden verfaßt und die schon während der Koryo-Zeit begonnenen Jahrbücher nach chinesischem Vorbild erweitert. Gleichzeitig förderte der König das Nationalbewußtsein und die Volksbildung durch die Schaffung der Hangul-Schrift (vgl. S. 11, 23, 400).

Staatsdoktrin war der extreme konservative **Neu-Konfuzianismus,** durch den ein schlichter Lebensstil gefördert, Korruption und Luxus eingedämmt und die Staatskassen wieder gefüllt werden sollten. Das staatliche Prüfungssystem sollte Regierungsämter zwar allen Volksschichten zugänglich machen, in der Praxis blieben sie jedoch der Yangban-Aristokratie vorbehalten. Immer mehr erstarrte die konfuzianische Männergesellschaft – Frauen waren vom öffentlichen Leben ausgeschlossen – zu hemmendem Formalismus. Splittergruppen des Yangban stritten um die Staatsposten, Selbstgefälligkeit, Cliquenwirtschaft und Haarspaltereien über Etikette und Riten ließen die geistige Schöpferkraft erlahmen. Der Vorrang der Literaten vor den Militärs führte zur Vernachlässigung einer kampferprobten Armee, womit Japan die Tore geöffnet wurden.

Toyotomi Hideyoshi, der mächtige Shogun, wollte 1592 auf einem Feldzug gegen China koreanisches Gebiet mit 150 000 Mann durchqueren. Als ihm dies verwehrt wurde, griff er an. Die **Japaner** waren nicht nur zahlen- und ausbildungsmäßig überlegen, sondern verfügten auch über Luntenschloßmusketen, die sie portugiesischen Beutewaffen nachgebaut hatten. Choson wurde zum Schauplatz eines erbitterten Krieges: Hunderte von Tempeln, Palästen, viele Dörfer und Städte gingen in Flammen auf, Überlebende und bewegliche Kulturgüter wurden nach Japan verschleppt. Während des zweiten Großangriffs 1597 brachte erst die koreanische Flotte mit ihren gepanzerten ›Schildkrötenbooten‹ unter Admiral Yi Sun-sin (vgl. S. 345) die Wende. Nach dem Tod des Shoguns im Jahre 1598 zogen sich die Japaner endgültig zurück.

Von diesem ›Imjin-Krieg‹ konnte sich das Land jedoch kaum erholen: Zwischen 1627 und 1637 fielen die Mandschu zweimal ein. Nach der Niederlage unter König Injo mußten die Koreaner die **Oberhoheit der Mandschu** anerkennen, die unter dem Namen Qing (Ching) 1644 den chinesischen Kaiserthron bestiegen. Bis 1894 blieb Choson ein Vasallenstaat der Chinesen.

Choson schloß sich immer mehr von der Außenwelt ab, nur die jährlichen Tributgesandtschaften zum chinesischen Kaiserhof waren erlaubt. Dort lernten die Koreaner erstmals abendländische Geistesströmungen kennen. Aus einer Mischung von westlichem Pragmatismus und neu erwachtem Patriotismus entstand die **Sirhak(Silhak)-Bewegung,** was ›Praktische Wissenschaft‹ bedeutet. Dank dieser Impulse erlebte das Land im 18. Jh. einige Lockerungen im geistigen Leben sowie Bereicherungen der Schönen Künste. Den entscheidenden Durchbruch der Sirhak erstickte jedoch die reaktionäre konfuzianische Bürokratie.

Zu Beginn des 19. Jhs. waren die sozialen Spannungen unerträglich geworden. Der Grundbesitz gehörte fast ausschließlich zwei Großfamilien, während die Landbevölkerung völlig verarmte. Aus diesem Nährboden wuchsen politisch und religiös motivierte Reformbewegungen, wie die Sohak (Westliche Lehre) und die Tonghak (Östliche Lehre).

Choson geriet immer mehr in die Interessensphäre der Russen, Japaner, Franzosen und Amerikaner. 1876 erzwangen die Japaner im ›Freundschaftsvertrag‹ von Kanghwa die Öffnung einiger koreanischer Häfen. An der Spitze der japanfeindlichen, konservativen Partei stand Prinz Hungson, der seit 1863 als Prinzregent für seinen minderjährigen Sohn herrschte und auch nach dessen Volljährigkeit weiterhin die politischen Fäden zog. Die folgenschwerste aller Revolten kam aus der **Tonghak-Bewegung,** die 1894 den ersten chinesisch-japanischen Krieg auslöste. Der Friede von Shimonoseki brachte den Koreanern 1895 zwar die Unabhängigkeit von China, aber der Verzicht auf die Schutzmacht war für die Japaner erst recht eine Aufforderung, sich auf dem Kontinent festzusetzen. Im gleichen Jahr fiel Königin Min im Kyongbok-Palast einem projapanischen Mordkomplott zum Opfer. Ihr Gemahl, König Kojong, floh mit dem Thronfolger in die russische Gesandtschaft. 1897 rief er in einem verzweifelten Versuch, die Selbständigkeit seines Landes zu retten, das Kaiserreich Groß-Han (Taehan Cheguk) aus.

Die Japaner verfolgten zielstrebig ihre Expansionspolitik und überfielen 1904 die vor Port Arthur liegende russische Flotte. 1905 bestätigte der Friede von Portsmouth Japan als eindeutigen Sieger. Korea hatte sich im russisch-japanischen Krieg zwar neutral erklärt, die Japaner brachten jedoch Truppen in das Land, übernahmen 1905 die außenpolitische Vertretung, setzten einen Generalgouverneur in Seoul ein und zwangen 1907 Kaiser Kojong zur Abdankung. Bis 1910 duldeten sie seinen Sohn Sunjong als Schattenkaiser, dann ›durfte‹ dieser ›die völlige und permanente Abtretung aller Souveränitätsrechte‹ dem japanischen Gottkaiser anbieten. Korea wurde als Generalgouvernement Chosen zur japanischen Kolonie erklärt.

Korea im 20. Jahrhundert

Der Widerstand gegen das harte japanische Militärregime kulminierte bei den Trauerfeierlichkeiten für den 1919 unter mysteriösen Umständen verstorbenen Ex-Kaiser Kojong. Widerstrebend hob der Generalgouverneur das Versammlungsverbot einen Tag lang auf und setzte den 1. März (Sam-il) als Trauertag fest. 33 Führer der Freiheitsbewegung verlasen im Pagodenpark von Seoul eine Unabhängigkeitserklärung und in Windeseile erfaßte der gewaltlose Aufstand das ganze Land. Die Japaner schlugen grausam zurück – etwa 6700 Tote, 16 000 Verwundete und 53 000 Inhaftierte waren die traurige Bilanz. Wiederholte Hilfegesuche an den Völkerbund und den amerikanischen Präsidenten fanden kein Echo. Flüchtlinge bildeten unter

Führung von Rhee Syngman in Hawaii eine Exilregierung mit späterem Sitz in Shanghai. Die Samil-Erhebung bewirkte zwar die Ablösung der Militärherrschaft durch eine humanere Zivilverwaltung, die Japaner beuteten Korea jedoch weiterhin als Lieferanten für Rohstoffe und Arbeitskräfte aus und versuchten, die koreanische Identität zu eliminieren. Zensur und Spitzel lauerten überall, Koreanisch war als Amts- und Unterrichtssprache verboten, japanische Monopole belasteten die Wirtschaft, Krongut, Kloster- und Gemeindebesitz wurden eingezogen.

Die 35 Jahre andauernde Kolonialregierung brachte jedoch auch einige Fortschritte. Die Japaner leiteten die Aufforstung des kahlgeschlagenen Landes ein, erschlossen Bodenschätze und Energiequellen, verbesserten die Landwirtschaft – vor allem die Reis- und Sojakulturen –, das Gesundheits- und Schulwesen (1912 gab es 350 Volksschulen, 1937 bereits 2600), führten ein modernes Währungssystem, Post- und Telegraphenwesen ein, bauten Straßen, Bahnen und Fabriken, begannen mit Landvermessung und der Pflege und Registrierung von Kunstwerken.

Koreas Appelle an das Ausland führten 1943 zum Beschluß von Kairo, daß ›eingedenk der Versklavung‹ das koreanische Volk ›in absehbarer Zeit frei und unabhängig‹ sein solle.

Im Februar 1945 kamen die Siegermächte des Zweiten Weltkrieges in Jalta überein, Korea so lange treuhänderisch zu verwalten, bis eine eigene Regierung gebildet sei. Noch im September des gleichen Jahres rückten sowjetische und amerikanische Truppen von Norden und Süden bis zum 38. Breitengrad vor. Diese militärische Linie sollte sich bald als Grenze erweisen. Im November 1947 beschloß die UNO freie Wahlen für ganz Korea. Nach gegenseitig nicht anerkannten Wahlen trat am 14. August 1948 das Kabinett Rhee Syngman für die Republik Taehan – in englischer Form Republic of Korea (ROK), kurz Südkorea – zusammen, am 9. September proklamierte der Oberste Volksrat die Demokratische Volksrepublik Choson, kurz Nordkorea. Die Sowjetunion und die USA zogen ihre Truppen ab.

Nach unterschiedlich ausgelegten Grenzkontroversen überschritten nordkoreanische Soldaten am 25. Juni 1950 den 38. Breitengrad und drangen rasch nach Süden vor. Die UNO forderte ihre Mitglieder auf, Südkorea zu helfen, worauf 16 Staaten Truppen entsandten. Unter dem Befehl von General Mac Arthur wurden die Nordkoreaner gestoppt und bis fast an die mandschurische Grenze zurückgedrängt. Erst der Einsatz von mehr als 850 000 chinesischen Soldaten zwang die Südkoreaner und ihre Verbündeten zum heutigen Grenzverlauf, fast auf die Ausgangsposition, zurück. Am 27. Juli 1953 wurde der Krieg nach drei Jahren und rund 760 ergebnislosen Verhandlungen mit dem Waffenstillstand von Panmunjom beendet, ein undurchdringlicher Vorhang senkte sich zwischen die beiden Landesteile.

Erklärtes Hauptziel beider Seiten bleibt das Bemühen um die Wiedervereinigung – angesichts des gleichzeitigen Anspruchs auf Vorherrschaft ihrer jeweiligen Gesellschaftsordnung ein kaum lösbares Problem. Erst in den letzten Jahren des wirtschaftlichen Aufschwungs und vor allem seit Beginn der fünften Republik sprießen im Süden aus den niemals gänzlich unterbrochenen Beziehungen mancherlei zarte Hoffnungen: Lockerung der strengen Verteidigungsvorkehrungen – u.a. die Aufhebung der nächtlichen Ausgangssperre –, Beginn eines gegenseitigen Besuchsverkehrs, Annahme nordkoreanischer Katastrophenhilfe, offizielle Aussöhnung mit den Japanern, völkerrechtlich betont korrektes Verhalten gegenüber der Volksrepublik China und Erwägung gemeinsamer Vorbereitung für die Olympischen Sommerspiele 1988.

Zeittafel

Um 3000 v. Chr.	Beginn der Einwanderung altaischer Stämme (›Kammkeramiker‹)
2333 v. Chr.	Der halbgöttliche Tangun gründet im Norden das Reich (Alt-) Choson, das Land der ›Morgenstille‹ oder ›Morgenfrische‹ (Großsteinsetzungen)
1122–194 v. Chr.	Kija-Reich, gegründet vom legendären Kija, einem Verwandten des letzten chinesischen Shang(Yin)-Herrschers
4. und 3. Jh. v. Chr.	Tungusische Reiterstämme stoßen bis zum Süden der Halbinsel Korea vor und leiten in Japan die Yayoi-Kultur ein. Erster tungusischer Stammesstaat Choson.
194–108 v. Chr.	Wiman (Weiman) aus China und seine Nachfolger gebieten über Wiman oder Wi-ssi Choson
108 v. Chr.	Der Han-Kaiser Wu unterwirft die ›Ostbarbaren‹ und errichtet die vier Präfekturen Hyondo, Imdun, Lolang, Chinbon und später Taebang, von denen nur Lolang Bestand hat.
108 v.–313 n. Chr.	Die blühende Militärkolonie Lolang (kor. Nangnang); der chinesische Kultureinfluß verstärkt sich
37 v.–668 n. Chr.	Tongmyong gründet das Koguryo-Reich; Einverleibung der tungusischen Fürstentümer Puyo, Okcho und Tong-Ye. Einführung des Buddhismus unter König Sosurim
17 v.–660 n. Chr.	Paekche-Reich. Machtzentrum von Wirye-song (Seoul-Umland) in das südlichere Mahan-Gebiet verlegt
57 v.–668 n. Chr.	Alt-Silla-Reich. Die Chinhan-Stämme formieren sich zum Reich Kyerim mit dem Zentrum Kumsong (Kyongju)
527	Offizielle Anerkennung des Buddhismus
532 (oder 562)	Annexion des Fürstentums Kaya oder Karak
668–918	Groß-Silla oder Vereinigtes Silla. In Allianz mit Tang-China unterwirft König Munmu von Silla das Paekche- und das Koguryo-Reich und eint die Drei Königreiche zum ersten gesamtkoreanischen Staat. Kunst- und Kulturblüte: Buddhismus und Konfuzianismus
892–935	Zerfall des Groß-Silla-Reiches
918	Erneute Reichseinigung unter Wang Kon, der als Taejo die Koryo-Dynastie und das gleichnamige Reich gründet
918–1392	Koryo (Neu-Koguryo)-Reich, Buddhismus wird Staatsreligion
1231–1356	Mongolische Oberhoheit (von König Wonjong anerkannt)

1392–1910	Yi-Dynastie, gegründet von Yi Songgye (Taejo). Neu-Konfuzianismus wird Staatsideologie
ab 1394	Bau von Hanyang (Seoul) als Reichshauptstadt
1400–1418	König Taejong; Buddhistenverfolgung
1418–1450	König Sejong der Große – Höhepunkt des konfuzianischen Humanismus; Schaffung der koreanischen Schrift (Hangul)
1592–1593	1. japanische Invasion unter dem Shogun Toyotomi Hideyoshi
1597–1598	2. Angriff; Admiral Yi Sun-sin rettet Korea vor der Niederlage; Rückzug der Japaner nach dem Tod des Shoguns
1627–1637	Zwei Mandschu-Invasionen
1637–1894	Choson ist Vasallenstaat der Mandschu-(Qing)Dynastie; Abschließung von der Außenwelt – ›Einsiedlerkönigreich‹. Im 18. Jh. unter westlichem Einfluß Sirhak-Bewegung
seit 1863	Regentschaft des ultrakonservativen Taewon-gun für seinen Sohn König Kojong
1876	Japan erzwingt im ›Freundschaftsvertrag‹ von Kanghwa die Öffnung einiger koreanischer Häfen
1894	Tonghak-Revolte; ›Kabo-Reformen‹ führen u. a. zur Aufhebung der Sklaverei
1894/95	Chinesisch-japanischer Krieg
1897	Kojong ernennt sich zum Kaiser von Taehan
1905–1910	Korea wird japanisches Protektorat
1910–1945	Korea als Generalgouvernement Chosen japanische Kolonie
1919	Samil-Volkserhebung und Proklamation der Unabhängigkeit, von den Japanern blutig niedergeschlagen. Bildung einer Exilregierung in Shanghai
1945	Teilung Koreas in eine sowjetische und eine amerikanische Besatzungszone, Demarkationslinie am 38. Breitengrad
1948	Ausrufung der beiden koreanischen Staaten: die Demokratische Volksrepublik Choson, kurz Nordkorea, die Republik Korea, kurz Südkorea
25. 6. 1950	Beginn des Korea-Krieges; 16 Staaten entsenden Truppen
27. 7. 1953	Waffenstillstand, Abkommen von Panmunjom: Grenzverlauf abwechselnd nördlich und südlich des 38. Breitengrades
27. 4. 1960	Ende der ersten Republik; Präsident Rhee geht ins Exil
1960–1981	Aufbaujahre der zweiten, dritten und vierten Republik
1979	Präsident Park ermordet
seit 1981	Fünfte Republik unter Präsident Chun

Religion und Philosophie

In Korea findet sich eine ungewöhnliche **Vielfalt an Religionen,** die im Laufe der Zeit Bedeutung gewannen und wieder verloren, einander beeinflußten und bekämpften und zeitweise staatstragende Ideologien waren, wie der Buddhismus zur Groß-Silla- und Koryo-Zeit und der Konfuzianismus während der Yi-Ära bis 1910.

Heute wird die Religion oft aus beruflichen Gründen gewählt. Ähnlich wie in Japan können konfessionelle Grenzen manchmal nur schwer gezogen werden, da Elemente der Volksreligion nach wie vor neben den Hochreligionen oder mit ihnen verschmolzen weiterleben.

Mit rund 12,5 Millionen Gläubigen führt der **Buddhismus,** *der* Kulturträger Koreas und ganz Ostasiens. An zweiter Stelle folgen rund 9,2 Millionen **Christen** (7,7 Millionen Protestanten und 1,5 Millionen Katholiken). Die Statistiken zählen den **Konfuzianismus** mit seinen rund 5,2 Millionen Anhängern den Religionen zu, obwohl seine Morallehren vor allem in Staat und Familie wirksam wurden. Im 19. und frühen 20. Jh. entstanden politisch-nationalistisch motivierte **neue Religionen** (Chondo-gyo mit 1,2 Millionen und Taejong-gyo mit 320 000 Mitgliedern) und die neubuddhistische Sekte Wonbul-gyo mit fast 1 Million Gläubigen. Der **Islam** kam durch türkische Soldaten während des Koreakrieges in das Land und ist heute mit etwa 25 000 Anhängern vertreten. Die Beziehungen zu arabischen Ölstaaten förderten die Errichtung der ersten großen Moschee im Seouler Stadtteil Itaewon.

Der **Taoismus** (Daoismus) hatte als selbständige Lehre kaum je Bedeutung, vermittelte jedoch das chinesische Weltbild der großen Einheit von Himmel, Erde und Mensch (Universismus) und bereicherte den Volksglauben. Keine Statistik kann diese tiefverwurzelte und weitverbreitete Volksreligion mit ihren farbigen Ritualen erfassen – gerade sie bildet den wertvollsten und echtesten Spiegel der Volksseele und die Brücke von den Anfängen bis zur Gegenwart.

Die Urreligion – die Koreaner als Söhne der Sonne

Wie bei anderen ural-altaischen Völkern, den Finnen, Esten, Lappen, Mongolen und Turkstämmen, scheinen auch beim tungusischen Zweig die Vorstellungen eines ›höchsten Wesens‹ und einer ›Urhebergottheit‹ anfänglich mit der Sonne verbunden gewesen zu sein, der in strenger Ostorientierung Opfer dargebracht wurden. Die älteste Einwanderungswelle aus dem Altai-Gebiet nach Korea läßt sich durch Bodenfunde (Kammkeramik), Steinsetzungen und Bestattungen nachvollziehen. So wurden bei Unggi in Nordkorea und bei Kimhae an der Südküste in riesigen Muschelhaufen Skelette freigelegt, die der aufgehenden Sonne zugewandt waren. Die zahlreichen monumentalen Steintische (nördlicher Dolmentyp) könnten nicht nur Fürstengräber, sondern auch Sonnenaltäre gewesen sein. Viel poetischer als archäologische Studien schildern alte Mythen, Sagen und Legenden die Frühzeit des koreanischen Volkes, ihre himmlische Heimat, die Herabkunft des Sonnengottes zur Erde und die erste Reichsgründung durch König Tangun. Aber auch die Abstammungsmythen der Drei Königreiche lassen noch immer den archaischen Eingottglauben in Verbindung mit der Sonne erkennen. So wurde beispielsweise Yuhwa, die ›Weidenblüte‹ und Flußtochter, von Sonnenstrahlen geschwängert und gebar Tongmyong (Chumong), den ersten König von Koguryo. Die Östlichen Puyo, ein Kernvolk des Paekche-Reiches, leiten ihre Herkunft von einem goldenen Frosch (Kumwa) ab, der beim verwandten südtungusischen Volk der Golden als Fruchtbarkeitszeichen gilt. Aus goldglänzenden Rieseneiern oder Goldschatullen sollen auch die ersten Herrscher Sillas hervorgegangen sein, und als Ahnin verehren sie die goldschnäbelige Tochter des Hühnerdrachens. Sonnenstrahlen, Goldglanz und Hühnertotem zeigen enge *Beziehungen zur japanischen Mythologie.* Im Kojiki, dem ältesten japanischen Geschichtswerk aus dem 8. Jh., wird vom ›Herüberkommen des himmlischen Sonnenspeers aus Shiragi‹ (Silla) berichtet. Nicht zuletzt weisen die Drei Göttlichen Reichskleinodien des japanischen Kaiserhauses, der Spiegel der Sonnengöttin, das Zeremonialschwert und die Krummjuwelen (vgl. S. 83 f.) Ähnlichkeiten mit den Drei Himmlischen Siegeln im Tangun-Mythos auf. Wie archäologische Funde verraten auch Mythen das starke tungusische Element im japanischen Volk. Schwerter, magische Spiegel und Halbmondjuwelen dienen noch heute koreanischen Schamaninnen als Ritualgeräte und Amulette.

Der Tangun-Mythos – die Verbindung von Himmel und Erde

In alten Zeiten, so erzählen Mythen und Legenden, erteilte Hwanin oder Hananim, der Herr des Himmels, seinem Sohn Hwanung die Erlaubnis, ein irdisches Königreich zu gründen. Ausgestattet mit Drei Himmlischen Siegeln und begleitet von 3000 Gefolgsleuten stieg er vom Gipfel des Weißkopfberges (dem rund 2700 m hohen Päktu-san) zur Erde hernieder und ließ sich unter einem Paktalbaum (Sandel- oder Birkenart) zum König ausrufen. Hwanung herrschte mit dem Wolkenlehrer, dem Windgeneral und dem Regenverwalter und lehrte die Menschen die ›360 Sachen, die das Leben betreffen‹, die Medizin, den Ackerbau, die Kochkunst, das Handwerk usw.

Geschnitzter Tiger-Fries von einem Sarg im Bašadar-Kurgan, Altai-Gebiet, ca. 5. Jh. v. Chr. Tiger- und Bärenmythen und -darstellungen weisen in die Urheimat der Koreaner, zum Amur-Bogen und nach Südsibirien.

Totenklage oder Rast, Goldplatte der altaischen Skythen, ca. 5. Jh. v. Chr., Eremitage, Leningrad
Ähnlich wie in Sibirien verbanden sich im alten Korea Vorstellungen der Weltenachse und Himmelsleiter mit dem Paktalbaum, einer Sandel- oder Birkenart. Von ihm leitet Tangun, der halbgöttliche Ahnherr der Koreaner, seinen Namen ab.

Zur gleichen Zeit lebten in einer Höhle eine Tigerin und eine Bärin, die sehnlichst wünschten, Menschen zu werden. Hwanung gab ihnen Beifuß, Wermut und Knoblauch zu essen und gebot ihnen, dreimal sieben Tage ohne Sonnenlicht auszuharren. Die hitzige Tigerin wurde ungeduldig, nur die Bärin erfüllte getreu die Gottesgebote und wurde in eine Frau verwandelt. Hwanung ›überströmte sie mit kraftvollem Hauch‹, sie gebar einen Sohn und nannte ihn **Tangun,** was Sandelfürst oder -wurzel bedeutet. Am 3. Tage des 10. Monats im Jahre 2333 gründete Tangun das Reich Choson mit der Hauptstadt Asadal bei Pyongyang. Nach 1500 Jahren segensreicher Herrschaft entschwebte er wieder zum Himmel.

Der Tangun-Mythos schildert die Herabkunft des Sonnengottes und seine stufenweise Verbindung zur Erde und Menschenwelt über Pflanzen und Tiere. Der Glaube an die geheimnisvolle **Abstammung vom Bären** (Bärentotem) war bei manchen Altai-Völkern verbreitet. Bei den Ainus, der vom Festland kommenden altsibiriden Bevölkerung Japans, gilt noch heute das Bärentabu. In alten japanischen Geschichtswerken wird Korea als Bärenland (Koma) mit mehreren Bärenflüssen genannt. Die Tigerin weist hingegen auf den tungusischen Zweig der Koreaner aus dem Amur-Bogen und der Mandschurei. Im Weltbild der Schamanen spielt der **Lebensbaum** als Achse der Dreiwelt, von Himmel, Luftraum und Erde, eine überragende Rolle.

Unter chinesischem Einfluß wandelte sich der Tangun-Mythos allmählich. Der altkoreanische Himmelsherr Hananim wurde mit Okhwang Sangje, dem taoistischen Jadekaiser, verknüpft, buddhistische Quellen nennen ihn Sokche oder Chesok. Während der konfuzianischen Vorherrschaft versiegte die einstige Tangun-Verehrung. Der Reichsgründer entstammte nicht mehr der Götter-, sondern der Menschenwelt in Gestalt des chinesischen Adligen Kija.

In Rückbesinnung auf die eigene Vergangenheit entstand 1909 die **Lehre des Großen Vorfahren** (Taejong-gyo). Diese Wiederbelebung der Urreligion spricht vom großen Ahnen des koreanischen Volkes, der sich dreifach offenbart: als Himmelsgott und Schöpfer heißt er Hananim oder Hwanin, als Kulturheros Hwanung und als Reichsgründer und König Tangun. Der 3. Oktober wird alljährlich als Staatsgründungstag im Gedenken an die ›Öffnung des Himmels‹ im Jahre 2333 feierlich begangen.

Chinesische Einflüsse

Der stark mystisch gefärbte **Taoismus** entwickelte sich im 5. Jh. v. Chr. in China als Gegenströmung zum rationalen Konfuzianismus. Beide Lehren schöpfen aus dem klassischen Weissagebuch ›I Ging‹, dem Buch der Wandlungen, einem der ältesten Texte der Menschheit, der schon um 2500 v. Chr. entstanden sein soll. Und beide Lehren verfolgen auf konträren Wegen das gleiche Ziel: die große Harmonie von Mikro- und Makrokosmos sowie edles Menschentum als Spiegel des Tao.

Tao ist der Weg, die Bahn des Universums, der harmonische Wandel der Natur, aber auch der Urgrund des Seins, aus dem alles hervorgeht und wieder zurückfließt. Im ›Buch vom Weg und der Tugend‹ (Tao te King, Dao de Jing), dem grundlegenden Werk des Taoismus, spricht der halblegendäre **›alte Meister‹ Laotse (Lao Zi)** im Rückgriff auf mutterrechtliche Überlieferungen vom Tao als ›Mutter aller Wesen‹ oder ›Führerin des Alls‹.

Die Große Einheit (Ta Tong) von Mensch und Kosmos wird nach Ansicht der Taoisten durch Nicht-Handeln (Wu Wei) erreicht, was jedoch nicht Trägheit bedeutet, sondern die geschmeidige Einordnung in die Gesetze der Natur.

Tao bedarf zur Offenbarung in der phänomenalen Welt der **beiden Seinszustände Yin und Yang.** Das Wechselspiel der polaren Urkräfte bewirkt Leben, das kosmische Gleichgewicht, ein ewiges Werden und Vergehen, Verringern und Anhäufen und die Forderung nach Ausgleich. Das Polaritätenpaar Yin und Yang äußert sich in unendlich vielen Formen im ganzen Universum: **Yang** ist das aktive, schöpferische und zerstörerische Prinzip, das Männliche, das Licht, das Leben, der Himmel, die Sonne, der Berg, das Feuer; **Yin** das passiv hervorbringende und beständige Prinzip, das Weibliche, das Dunkel, der Tod, die Erde, der Mond, das Tal, das Wasser.

Symbolisch wird das Tao als leerer Kreis dargestellt, das bei der Schöpfung des Kosmos, im Uranfang (Tai Ki) in Ruhe das dunkle Yin und in Bewegung das helle Yang hervorbringt. Die Zwillingsgegensätze sind durch den S-förmigen Lebensodem verbunden und bergen den Keim des Gegenpols als Punkt in sich (vgl. S. 101).

Seit dem 1. Jh. wurde die taoistische Philosophie zu einer Volksreligion mit einem unüberschaubaren Götter- und Geistergewirr verfremdet, das den Kosmos – 36 Himmelssphären, die Lüfte und Wolken, die Erde und das Totenreich – ›beseelt‹. Dem Streben nach Reichtum, Glück, langem Leben und Unsterblichkeit entsprang der Wunsch nach Beherrschung der Naturkräfte. Nun blühten Geisterbeschwörungen, Traum- und Sterndeuterei, Orakelwesen, die Erforschung der geheimnisvollen Erdkräfte (Geomantik), Sexualpraktiken zur Lebensverlängerung und Alchimie zur Herstellung des Unsterblichkeitselixiers. Aus dem mehr als 7000 m hohen Kunlun-Gebirge bezog China die schönsten Jaden, den begehrten Stein des Glücks und der Unsterblichkeit. Dort siedelten die Taoisten das Paradies der ›Königinmutter des Westen‹ an. Die dunklen Wälder am Fuße der Kunlun durchstreift der weißgefleckte Pflaumenblütenhirsch auf der Suche nach dem Unsterblichkeitspilz. In Tempeln und Klöstern zelebrierten Priester, Mönche, Magier und Gaukler jene farbenprächtigen Rituale, die häufig mit Vorstellungen vom alten China verbunden werden. Viele der taoistischen Götter und Geister, der Jadekaiser, Sterngottheiten, die Acht Unsterblichen und die Glücksgötter mit Shou Lao,

Der weißgefleckte ›Pflaumenblütenhirsch‹ der taoistischen Mythologie. Als einziges Lebewesen vermag er den Unsterblichkeitspilz in den tiefen Wäldern des Kunlun-Gebirges aufzuspüren. Dort, an den Grenzen des Reiches der Mitte (südlich der Takla Makan-Wüste), vermuteten die Chinesen das Paradies der ›Königinmutter des Westens‹ (Hsi Wang Mu). An den Gestaden des Jaspissees sollen herrliche Pfirsiche gedeihen, an denen sich Götter und Genien zur Erhaltung ihrer ewigen Jugend laben. Die ›Traumreise in das Pfirsichblütenland‹ zählt zu den Lieblingsthemen ostasiatischer Künstler.

dem Genius des Langen Lebens, bereicherten neben Zauberpraktiken, Geomantik und Totenzeremonien den koreanischen Volksglauben.

Erfolg und Glück der Lebenden sowie der Toten werden nach dem Volksglauben von der harmonischen Wechselwirkung der polaren Urkräfte Yin und Yang bestimmt. In der Erde ergießen sie sich als ›Bergseele oder Bergenergie‹ unter Einwirkung von Wind, Grundwasser und Regen in alle Richtungen, während Berge und Flüsse Barrieren bilden. Von Wind und Wasser (Feng Shui, kor. Pungsu), den Triebkräften des geheimnisvollen Erdfluidums, leitet sich daher auch im Chinesischen und Koreanischen die Bezeichnung der **Geomantik** ab.

Seit ältesten Zeiten wurden Städte, Paläste, Tempel, Häuser und Gräber in *Einklang mit den Naturgesetzen* angelegt, und auch heute versucht man, sogar Wolkenkratzer und Wohnblöcke nach dem gedeihlichen Strömen der Erdkräfte auszurichten. Zur Erkundung der günstigsten Lage und Stunde des Baus eines Hauses oder eines Grabes werden Geomanten (Chikwang = Erdbeamte) und Astrologen herangezogen.

Eng verbunden mit der Geomantik ist der Chonggam-Glaube an die schicksalhafte Verknüpfung der Landesgeschicke mit der Lage der Hauptstadt. Könige neuer Dynastien beriefen daher bald nach ihrer Thronbesteigung die berühmtesten Sterndeuter und Erdmagier zur Situierung ihrer Residenz.

Besondere Sorgfalt und viel Geld wird für die *Auswahl von Grabstätten* aufgewendet, gewährleistet das Wohlbefinden der Ahnen doch Segen für die ganze Familie und können andererseits Totengeister die Hinterbliebenen fürchterlich quälen.

Eine Grabhöhle soll möglichst warm sein, weil dadurch das Erdfluidum das Fleisch rasch zersetzen und so auf die Knochen einwirken kann, die wiederum mit dem Schicksal der Verwandten in Beziehung stehen. Bis zur Blanklegung der Gebeine lebt die im irdischen Yin-Prinzip verhaftete niedere Körper-(Po)-Seele weiter und kann als Totengespenst umherwandeln. Sind die Bedingungen ihrer möglichst raschen Ruhefindung erfüllt, so wendet sich der Geomant der kosmischen Ausrichtung des Grabes zu. Die unvergängliche, höhere Frei (Hun)-Seele aus dem himmlischen Yang-Prinzip verlangt eine Situierung des Grabes im Einklang mit den mythischen Schutztieren des Alls und des Universums. So soll sich im Norden, dem unheilvollen Bezirk des Dunklen Kriegers, ein hoher Berg zur Abschirmung bösartiger Dämonen erheben. Die Hügel rechts und links, die Gebiete des weißen Tigers im Westen und des blaugrünen Drachens im Osten, sollen den flachen Boden vor dem Grab ›umarmen‹ und im Süden, dem Bereich des roten Vogels, soll ›empfindliches‹ Wasser angrenzen.

Das chinesische Weltbild geht noch von zahlreichen anderen segensvollen Naturphänomenen aus – als Ideal gilt jedoch immer die große Harmonie von Mensch und Kosmos im Diesseits wie im Jenseits.

Nach uralten chinesischen Glaubensvorstellungen erlischt die erdgebundene Körper-Seele des Menschen mit der Verwesung des Fleisches, während die unvergängliche Frei-, Hauch- oder Traumseele (Hun) in Himmelssphären entschwebt oder als Naturwesen vergöttlicht wird. Diesem Unsterblichkeitsglauben entspringt der **Ahnenkult,** der seit Menschengedenken den Fortbestand der Familien und Sippen über das Ableben der einzelnen Mitglieder hinaus sichert. Mit der chinesischen Zivilisation sickerten die Ahnenriten nach Korea ein, die bis heute zentrales Anliegen aller Religionen und Ideologien sind.

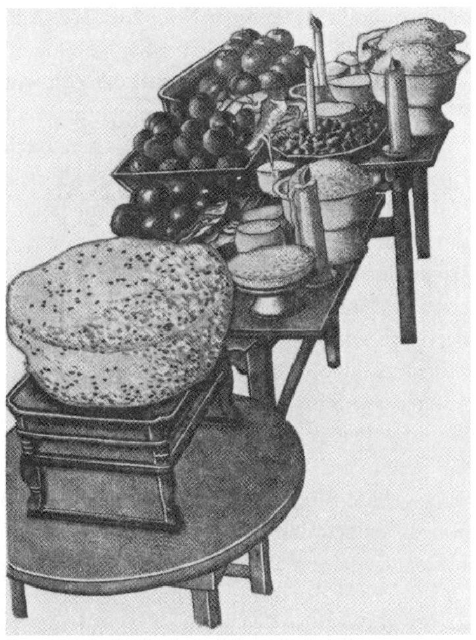

Opfertisch für Götter, Geister und Ahnen. Nach altchinesischem Glauben lebt eine der beiden menschlichen Seelen als Natur- oder Himmelswesen vergeistigt weiter. Zu bestimmten Anlässen und Feiertagen werden daher die Ahnengeister im Haus, bei den Gräbern, in Tempeln oder Schreinen mit Speise- und Trankopfern gelabt und durch Lichter, Räucherstäbchen, Blumen, Gebete und Verbeugungen geehrt. Der Ahnenkult bildet auch im modernen Korea einen wesentlichen Bestandteil im Lebensablauf aller Bevölkerungsschichten und Religionen.

Nach den traditionellen Bestattungszeremonien werden im Hause oder in Ahnenschreinen Geist- oder Seelentafeln, lange schwarze Holzlatten mit Namen und Daten der Verstorbenen, aufbewahrt. Sie bekunden die Anwesenheit der Ahnen im Kreise der Familie, vor ihnen vollzieht der älteste Sohn als ›Familienpriester‹ Opfer und Riten. Mit Speisen und Getränken, vor allem Schweineköpfen, Kuhfüßen, einer Kabeljauart, roten Bohnenkuchen und Reisbranntwein werden die Ahnen gelabt und mit Verbeugungen, Weihrauch, Lichtern, Blumen und Münzen geehrt.

Zu den Hausheiligtümern gehören auch kleine Grabhügel, bei denen sich besonders zu Neujahr und zum Chusok-Fest (vgl. S. 135) die ganze Familie zu Dank- und Ehrenbezeugungen und einem gemeinsamen Mahl mit den Ahnen versammelt.

Meister Kung (Kungfutse), bei uns bekannter unter dem lateinischen Namen **Konfuzius,** führte den *chinesischen Humanismus* zum Höhepunkt. Er lebte von 551–479 v. Chr. und wirkte, ›geleitet von der Liebe zum Altertum‹, für die Wiederherstellung der alten Ordnung. Als Wurzel der Großen Gemeinsamkeit von Familie und Staat galt ihm edles Menschentum (Ren). Dabei wird der Mensch nicht an göttlichen Idealen, sondern an sich selbst gemessen, und dieses Sittengesetz verbindet ihn mit der allumfassenden Ordnung. Die in Familie und Gesellschaft zu erfüllenden Pflichten faßte Konfuzius in den *Fünf Beziehungen* zwischen Fürst und Untertan, Mann und Frau, Vater und Sohn, älterem und jüngerem Bruder sowie zwischen Freund und Freund zusammen. Spekulationen über Jenseits und Götter waren für ihn ohne Belang.

Konfuzius hinterließ keine Schriften; seine Aussprüche wurden von seinen Schülern aufgezeichnet und von **Mengtse** (Menzius, 372–289 v. Chr.) zu einem staatspolitischen System ausgebaut. Leitbild war ein sittlich edler, gebildeter Mensch, ein Adliger durch eigene Anstrengung und nicht durch Geburt. Im Laufe der Zeit wurde Konfuzius fast vergöttlicht, ihm sowie seinen 72 Jüngern in Akademien, Schreinen und an Gräbern Ehrungen dargebracht.

In Korea fanden die fünf klassischen Bücher und die vier kanonischen Schriften seit der Eroberung der chinesischen Militärkolonie Lolang Eingang. König Sosurim von Koguryo ließ 372 die erste staatliche Hochschule (Taehak) errichten, Paekche folgte bald mit der Gründung von Akademien, beide Staaten spielten bei der Vermittlung des Schrifttums bis nach Japan eine bedeutende Rolle. Silla anerkannte den Konfuzianismus (kor. Yugyo oder Yuhak) erst im späten 6. Jh. König Sinmun gründete 682 die erste Staatsuniversität (Kukhak). Trotz der Vorherrschaft des Buddhismus während der Groß-Silla- und Koryo-Zeit blieb der Konfuzianismus als Grundlage von Regierung und Verwaltung und durch intensive Kulturbeziehungen zu China lebendig. Im 11. Jh. errichtete **Choe Chung,** der ›koreanischen Konfuzius‹, die erste Privathochschule. Während der Yi-Periode erlebte der **Neu-Konfuzianismus** des Chinesen Zhu Xi (1130–1200) als Staatslehre und Moralkodex für Familie und Gesellschaft seine größte Blüte. König Yi Taejo gründete in seiner neuen Hauptstadt Hanyang (Seoul) die Songgyungwan-Universität, unter König Sejong (1418–1450) erlebte der Konfuzianische Humanismus seinen Höhepunkt. Nach der Sejong-Ära führten Engstirnigkeit und Parteienzwistigkeiten der Beamten sowie tiefe soziale Klüfte zur Zerrüttung des Staates, die Starrheit des Konfuzianismus trug entscheidend zum Untergang des Choson-Reiches bei (vgl. S. 30 f.).

Während der Yi-Zeit galten vier Arten von Kultstätten als besonders verehrungswürdig: Schreine für Konfuzius und dessen Jünger, den Kriegs- und Literaturgott, Erd- und Erntealtäre für die offiziellen Frühlings- und Herbstopfer, Aufbewahrungsplätze der Ahnentafeln und Gräber, vor allem die der königlichen Familie. Koreanische Publikationen beziffern die Schreine im ganzen Lande heute mit rund 230.

Im Frühling und Herbst sowie zum Geburtstag des Konfuzius im August werden Gedenkfeiern für den großen Meister, seine Schüler und deren Nachfolger in der Halle der großen Weisen der Universität abgehalten (Sokchonje). Die Zeremonien beim königlichen Ahnenschrein (Chongmyo Cherye) finden am ersten Sonntag im Mai statt. Tänzer in schwarz-roten Roben schreiten zu Klängen von Glocken-, Stein-, Trommel-, Flöten- und Zimbelspiel und bringen Wein-, Speise- und Rauchopfer dar.

Der Buddhismus – vom Hinayana zum Vajrayana

Im 6. Jh. v. Chr. entstanden in Nordindien zwei Erlösungsreligionen, der Jainismus und der Buddhismus. Der spätere Buddha wurde um 560 v. Chr. als Prinz Siddhartha Gautama aus dem Geschlecht der Shakya im südnepalesischen Vorhimalaya geboren – worauf sein Ehrentitel Shakyamuni, der Weise der Shakya, Bezug nimmt. Erschüttert vom Leid der Welt, dem er in Gestalt eines Kranken, eines Greises und eines Toten begegnete, und tiefberührt von der heiteren Ruhe, die ein Bettelasket ausstrahlte, verließ er im Alter von 29 Jahren den elterlichen Fürstenhof von Kapilavastu. Er ging ›aus dem Haus in die Hauslosigkeit‹, schloß sich einer Gruppe von damals weit verbreiteten Wanderasketen an und suchte berühmte Yogalehrer auf, erkannte aber die strengen Selbstkasteiungen als falschen Weg zur Wahrheitsfindung. Im Alter von etwa 35 Jahren gewann er in tiefer Versenkung unter einem Feigenbaum beim Dorf Uruvela (Bodh Gaya) die Erleuchtung = Bodhi. Nahe der heiligen Stadt Varanasi verkündete der Erwachte, Erleuchtete = Buddha die **Vier Edlen Wahrheiten** von der Entstehung und der Überwindung des Leides:

1. Alles Leben ist vergänglich, ohne Wesenskern und leidvoll.
2. Die Ursache des Leides ist die Gier nach Lust, Leben und Vernichtung.
3. Die Aufhebung der Gier bewirkt das Ende des Leides.
4. Zur Befreiung vom Leid führt der Edle Achtfache Pfad der Selbstzucht: Rechter Entschluß, rechte Ansicht, rechte Rede, rechtes Verhalten, rechtes Leben, rechte Anstrengung, rechte Achtsamkeit, rechte Versenkung.

Fünf ehemalige Gefährten seiner Asketenzeit berief Buddha als erste Mönche. Die **Drei Juwelen** = Triratna bezeichnen den Erleuchteten = Buddha, die Lehre von der ewigen Weltgesetzlichkeit = Dharma und die Ordens- später auch Laiengemeinschaft = Sangha.

Buddha kündete keine Gottesidee, sondern das altindische Gesetz von Ursache und Wirkung: Aus den drei Grundübeln Gier, Haß und Verblendung entstehen Gedanken, Worte und Werke, die nicht im Einklang mit der Weltordnung stehen. Die ›Frucht‹ der wirkenden Tat = Karma, fesselt die Lebewesen an irdische Wiedergeburten = Samsara, das ›Umherwandern‹. Ziel des

Die vier wichtigsten Lebensstationen des historischen Buddha Shakyamuni, ca. 560–483 v. Chr. (nach einer Stele im Museum Kalkutta). Von unten: Geburt aus der Seite der Fürstin Maya im Hain von Lumbini, heute Südnepal; die Erdanrufungsgeste (die rechte Hand berührt die Erde als Zeichen seines Sieges über den Versucher Mara) nach seiner Erleuchtung bei Uruvela, heute Bodh Gaya in Nordostindien; die erste Lehrrede im Gazellenhain nahe der heiligen Stadt Varanasi (Benares); der Eingang des Buddha in das ›höchste‹ (Pari-) Nirvana bei Kushinagara (Kasia).

Erlösungsstrebens ist kein Paradies, sondern das Nicht-mehr-Geborenwerden, der Stillstand des Wiedergeburtenrades = Nirvana, das ›Verlöschen, Verwehen‹.

Buddha war Heilspragmatiker, Lehrer und ›Arzt‹, jedoch kein Revolutionär. Daher trat er auch nicht aktiv gegen die Entartungen des Kastenwesens und des brahmanischen Kults auf. Statt Tieropfern und sündentilgenden Bädern empfahl er Werke der Barmherzigkeit.

Vier Jahrzehnte durchwanderte er mit seinen Mönchen Nordostindien zur Verkündung der Heilslehre und starb mit achtzig Jahren in Kushinagara – er ging in das endgültige Nirvana (Pari-Nirvana), den Zustand der Todlosigkeit, ein. Buddhas Asche wurde auf die nordindischen Fürstengeschlechter verteilt und in acht Hügelgräbern = Stupas beigesetzt, die bald Ziel ausgeprägter Reliquienkulte wurden.

Der ältere Buddhismus, **Hinayana** – das ›kleine Fahrzeug‹ über den Ozean des Leidens –, war eine *elitäre Mönchsreligion,* das Nirvana konnte praktisch nur im Ordensstand erlangt werden. Buddha hielt auch Frauen für nicht erleuchtungsfähig und zögerte daher lange, die erste

Nonne in die Gemeinschaft aufzunehmen. Laien konnten nur durch den Unterhalt der Bettelmönche und Stiftung von Klöstern ›zum Regenzeithalten‹ Verdienste für eine erlösungsgünstige Wiedergeburt ansammeln. Kaiser Ashoka, der große Förderer des Buddhismus, entsandte im 3. Jh. v. Chr. Missionare in viele Länder, aber nur in Sri Lanka war der Verbreitung der Lehre dauernder Erfolg beschieden. Dort entstand nach langer mündlicher Überlieferung und mehreren Konzilien im 1. Jh. v. Chr. die erste Niederschrift des Kanons in der mittelindischen Pali-Sprache. Wegen der Aufbewahrung der Palmblattmanuskripte in drei großen Körben erhielt die Sammlung die Bezeichnung **Dreikorb = Tripitaka.** Er umfaßt die Ordensregeln = Vinaya, Buddhas Lehrreden = Sutra sowie Scholastik und Metaphysik = Abhidharma.

Die ›Urlehre‹ blieb am reinsten in der Schule der Alten = Theravada auf Sri Lanka erhalten. Sie bildet den Kern des südlichen Buddhismus, der sich über Burma, Thailand und Südostasien verzweigte.

Ideal des älteren Buddhismus ist der **Arhat** (oder Sthavira, kor. Nahan), ein Heiliger, der den von Buddha vorgezeichneten Edlen Achtfachen Pfad vollendet hat, aber nicht lehrt. Dieses egozentrische, auf Selbsterlösung abzielende Leitbild trug dem älteren Buddhismus die abwertende Bezeichnung Hinayana ein, was kleines, geringes Fahrzeug bedeutet.

Zur Verkündigung der Heilslehre erscheint nach Ansicht des Hinayana in jedem Weltzeitalter *ein* Buddha. Das Universum gilt nicht als einmalige Schöpfung, sondern unterliegt einem ewigen Wandel von Werden und Vergehen. Die kosmische Zeit unterteilt sich in auf- und absteigende Weltzyklen und diese wiederum in mehrere Weltzeitalter = Kalpa. In der gegenwärtigen Weltperiode predigte Shakyamuni die Lehre, sein Nachfolger wird in einigen tausend Jahren Maitreya sein. Ihr Lebenswandel gleicht dem aller Buddhas, denn sie werden weniger als einmalige historische Persönlichkeit gewertet, sondern als Wiederkehr eines geistigen Weltprinzips, das sich vorübergehend eines menschlichen Leibes bedient. Sie alle sind **Tathagatas,** ›So-Gekommene oder So-Gegangene‹ – wie die anderen vor und nach ihnen auch. Die nächsten Entwicklungsstufen des Buddhismus weiteten den Tathagata-Begriff auf unendlich viele Buddhas, ›zahlreich wie Sandkörner am Ganges‹, zu allen Zeiten in irdischen und mystischen Weltbereichen aus.

In seiner zweiten Phase öffnete sich der Buddhismus den Laien und bot Gläubigen mehrere Möglichkeiten der Heilssuche an – er wurde zum **Mahayana,** zum vielfältigen, **großen Fahrzeug** zur Erlösung. Den breiten Volksmassen stehen nun Erleuchtungswesen = **Bodhisattvas** als ›Nothelfer‹ bei, die in grenzenloser Barmherzigkeit so lange auf ihr eigenes Nirvana verzichten, bis alle Lebewesen aus dem leidvollen Kreislauf der Wiedergeburten befreit sind. Als Ziel verheißt das Mahayana nicht das unbegreifliche und für viele Gläubige wenig tröstliche Nirvana, sondern ein Fortleben in Buddha-Paradiesen. Im unendlichen Universum wird eine Vielzahl von Weltsystemen mit Reinen und Unreinen Buddha-Ländern angenommen. Der ›Kranz des Buddha‹ = Avatamsaka-Sutra, einer der wichtigsten Mahayana-Texte, vergleicht die Zahl der Buddha-Länder mit Staubteilchen. Unreine Länder werden noch in natürlichen Weltbereichen vermutet, reine Länder liegen hingegen weit entfernt in einem mystischen Kosmos. In diese Paradiese gelangen die Gläubigen mit Hilfe der Bodhisattvas und durch die Gnade der

Buddhas. Besonderer Beliebtheit erfreut sich in ganz Ostasien das Westliche Paradies Sukhavati des Amitabha (Amida)-Buddha.

Aus der Vielzahl der Heilswesen und der Verknüpfung mit Volksreligionen entwickelte sich ein breitgefächertes Pantheon. Die Grundlage der Rangordnung bildet die **Lehre vom Ur- oder All-Buddha,** aus dem alle Wesenheiten der drei kosmischen Ebenen hervorgehen (vgl. Dreikörperlehre S. 119). In die alten Himmel der Hindugötter rückten nun Buddhas und Bodhisattvas mit ihrem Hofstaat ein, die im Volksglauben alle als Götter verstanden werden – was eigentlich falsch ist, denn Gottheiten sind im buddhistischen Sinne Wesen, die noch dem karmischen Kreislauf verhaftet sind, während Erleuchtete, Buddhas und Bodhisattvas, den Wiedergeburten bereits enthoben sind.

Neben dem Glaubensbuddhismus entwickelte das Mahayana **Philosophie und Metaphysik.** In Rückgriff auf die altindischen Upanishaden nimmt das Mahayana außerhalb der flüchtigen (illusionären) Erscheinungswelt ein Absolutes (altindisch Brahman, chin. Tao) als Urgrund allen Seins an. Geist und Materie, Transzendenz und phänomenale Welt unterscheiden sich in dieser Einheitsschau nicht dem Wesen nach, sondern nur im Feinheitsgrad vom Absoluten oder Ur-Buddha.

Die führenden Philosphenschulen entstanden zwischen dem 2.–5. Jh. n. Chr. in Süd- und Nordwestindien (Gandhara). Nagarjuna schuf den Mittelweg = Madhyamika mit dem Kernbegriff der universellen Leerheit = Shunyata (das Absolute ist leer, frei von Irdischem).

Die Brüder Asanga und Vasubandhu führten die Bewußtseinslehre = Vijnanavada, Meditation und Yoga = Yogacara in das Mahayana ein.

In seiner dritten Entwicklungsstufe wandelte sich der Buddhismus von einer Mönchs- und Laienreligion zu einer Geheimlehre für Eingeweihte auf der Grundlage des Tantrismus. Dieser Sammelbegriff umfaßt altindische Glaubenspraktiken, wie Magie, Okkultismus, Shaktismus und mikro-makrokosmische Spekulationen. Das Sanskritwort Shakti bezeichnet die aus Kulten der Großen Muttergöttin entspringenden Vorstellungen der weiblichen, aktiv-schöpferischen Urkraft des Alls.

Im **Vajrayana,** dem esoterischen **Diamant-Buddhismus,** wird der Mensch als Abbild des Kosmos in seiner Gesamtheit, in Körper, Rede und Geist, in den Reife- und Erlösungsprozeß einbezogen. Yoga und Meditation, unterstützt durch symbolhaltige Körperstellungen und Gesten = Hastas und Mudras, Bann- und Zauberformeln = Mantras, magische Diagramme und Kreise = Yantras und Mandalas, sollen im Menschen schlummernde kosmische Kräfte erwecken und zur Verschmelzung mit dem Absoluten führen. Manche Sekten setzen auch Sexualpraktiken zur Erlangung der mystischen Ureinheit der Mann-weiblichen Polaritäten ein.

Der Diamant-Buddhismus bildet den wichtigsten Zweig im weitgespannten tantrischen Buddhismus = Tantrayana und ist Grundlage des tibetischen Lamaismus. Der Name leitet sich vom **Diamantzepter = Vajra** ab, das ursprünglich den blitzesprühenden Donnerkeil der Himmels- und Gewittergötter und später das Symbol des männlichen Prinzips, der diamantklaren Erkenntnis und des Absoluten bezeichnete. In Ostasien fand der Diamant-Buddhismus nur in nicht-erotisierter oder sehr sublimierter Form Eingang.

Diamantzepter = Vajra, das wichtigste Symbol des Diamant-Buddhismus = Vajrayana. Ursprünglich war das Vajra der blitzesprühende Donnerkeil des altindischen Götterkönigs Indra oder Shakra, im esoterischen Buddhismus wurde es zum Zeichen des Absoluten, des Ur-Buddha und der allesdurchdringenden ›Leere‹ (der Erscheinungswelt), die gleich dem König der Steine unveränderlich, unzerstörbar und transparent wie der Äther ist. In Ritualen findet das Vajra als Sinnbild des männlichen Prinzips Verwendung, das sich mit der ›weiblichen‹ Glocke zur Ur-Einheit der polaren Kräfte paart (im chinesischen Weltbild entspricht ihnen die Wesensgleichheit der Zwillingsgegensätze Yang und Yin).

In China wurde der Buddhismus erstmals im Jahre 65 n. Chr. in einem Edikt des Han-Kaisers Ming erwähnt, dem im Traum ein goldener Buddha erschienen war. Durch Mönche, Pilger und Missionare kamen zahlreiche buddhistische Schriften, Bildwerke und Reliquien nach China.

Das Mahayana fand einen guten Nährboden im Taoismus. Die gegenseitige Durchdringung ging so weit, daß bei Übersetzungen aus dem Sanskrit philosophische und metaphysische Begriffe aus dem Taoismus entlehnt wurden; die große Harmonie von Yin und Yang entsprach der Polaritätenvereinigung im indischen Sinne.

Vom 6.–9. Jh. genoß der Buddhismus die großzügige Förderung der Liang- und Tang-Kaiser. Schärfste Gegner erwuchsen der fremden Religion in den konfuzianischen Staatsphilosophen. Sie betrachteten die steuerbefreiten, zölibatären Mönche als Parasiten der Gesellschaft. Ihre Hetzkampagnen führten in den Jahren 841–845 zu schweren Buddhistenverfolgungen, denen rund 4600 Klöster und 40 000 Tempel zum Opfer fielen. Der Buddhismus mußte in den Untergrund gehen und verband sich mit dem Zaubertaoismus zu einer echten Volksreligion.

Chinesische Gelehrte schufen aus Elementen des Hinayana, Mahayana und Vajrayana einen synkretistischen Buddhismus mit **zehn Schulen,** von denen **vier** für den koreanischen und japanischen Buddhismus von besonderer Bedeutung sind. Die **Tientai-Schule** vertritt die Meditationspraxis des ›Stillen Schauens‹, ihre hohe Gelehrsamkeit wird mit den Benediktinern verglichen. Die **Huayen-Schule** basiert auf dem ›Kranz des Buddha‹ oder den ›Blütengirlanden‹ – Sutren. Sie lehrt die Allgemeinheit der Buddha-Natur – das wahre Königreich liegt im Menschenherzen –, die Einheit allen Seins mit der Buddha-Wesenheit und strengen Vegetarismus.

Im Mittelpunkt des **Glaubensbuddhismus,** der volkstümlichen **Reine Land-Schule,** steht der Glaube an die Erlösungsgnade des Licht-Buddha Amitabha, die himmlische Entsprechung des historischen Buddha. In Ostasien entwickelte sich der Kult des Amitabha, was ›Unermeßlicher Lichtglanz‹ bedeutet, oder des Amitayus, der ›Unermeßlichen Lebensdauer‹, fast zu einer

Buddha-Bodhisattva-Triade, vergoldete Bronze, Groß-Silla, 7./8. Jh.
In der Mitte thront ein lehrender Buddha – vermutlich Amitabha – in Diamanthaltung auf einem Lotossockel. Amitabha (Amita), der Buddha des ›Unendlichen Lichtglanzes‹ und Herr des Westlichen Lotosparadieses, genießt im Volk höchste Verehrung. Seine Begleiter, die Erleuchtungswesen Avalokiteshvara (Kwanseum) und Mahasthamaprapta (Taesaechi) verkörpern Barmherzigkeit und Willensstärke.

monotheistischen Religion, die vereinfachend Amidismus oder Glaubensbuddhismus genannt wird. Die vertrauensvolle Gebetsformel ›Verehrung sei dem Buddha des Unermeßlichen Lichtglanzes‹ besitzt durch die Erweckung des in der tiefsten Seele wohnenden Buddha besondere Erlösungskraft. Unter dem Einfluß des chinesischen Ahnenkults, möglicherweise auch nestorianischer Christen, schenkt der Glaubensbuddhismus dem Totengericht und Totenmessen besondere Beachtung. Die Verstorbenen segeln im Seelenboot zum **Westlichen Lotosparadies des Amitabha,** das in der ›Ausführlichen Beschreibung des Glückslandes‹ = Sukhavati-vyuha, einem grundlegenden Mahayana-Text, geschildert wird. Der Lotos gilt in der buddhistischen Welt als Zeichen der Reinheit (vgl. S. 114f.). Nach einem Lotosteich im chinesischen Mutterkloster hieß die Lehre ursprünglich Lotosreligion und später Reine Land-Schule.

Die Legende schreibt die Anfänge der **meditativen Chan(Zen)-Schule,** bei uns bekannter in der japanischen Aussprache Zen, dem historischen Buddha zu. Befragt über die letzte Wahrheit soll Shakyamuni schweigend auf eine Blume gezeigt haben – nur einer seiner Jünger, der edle Maha-Kashyapa, verstand ihn und lächelte. In China begann die Zen-Tradition im Jahre 527 mit dem halblegendären Inder Bodhidharma, der eigentliche Initiator war der 6. chinesische Patriarch Huineng.

Die Zen-Schule wird von vielen Gelehrten als ›ur-chinesisch‹ bezeichnet, zieht sie doch den gesunden Menschenverstand allem ›Beiwerk‹ wie Anbetung, Liturgie und übertriebenem Schriftstudium vor. Im Mittelpunkt steht die gemeinsame Meditation. Die Erfahrung der höchsten Wahrheit (Satori) kann jedoch nicht erzwungen werden, sondern geschieht ohne eigenes Zutun, als Akt des Absoluten. Die befreiende Erkenntnis kann bei den banalsten Alltagsbeschäftigungen eintreten, so daß die Zen-Schule der Handarbeit große erzieherische Bedeutung beimißt. Zur Wahrheitsfindung werden zusätzlich die berühmten rätselhaften Sprüche (Koan) eingesetzt. Das Nachdenken über ihre Lösung bis zur geistigen Erschöpfung soll die spontane Erleuchtung auslösen.

Scheinbar Widersprüchliches findet sich auch in der **Zen-Kunst,** in Parabeln und Bildern, wenn beispielsweise Mönche lachend die (überflüssig gewordenen) heiligen Schriften und Buddha-Statuen zerreißen oder verbrennen. Die Zen-Schule fand viele Anhänger unter Intellektuellen und Künstlern und bereicherte mit ihren Naturstimmungen und Teezeremonien die Kunst und den Lebensstil der Song-Zeit. In Japan war Zen vor allem seit dem 12. Jahrhundert in Militärkreisen verbreitet, da es Todesfurcht überwinden hilft.

Der Tradition des berühmten Kloster Yujom im Diamantgebirge zufolge soll der Buddhismus schon nach der Zeitenwende aus Indien nach Korea eingeführt worden sein. Sicher ist die Verbreitung seit 372 durch die chinesischen Mönche Sundo und Ado in Koguryo. König Sosurim ließ in Pyongyang die ersten Klöster erbauen und erkor die neue Lehre zur Staatsreligion. Ungefähr zur gleichen Zeit entsandte der chinesische Kaiser den Inder oder Tibeter Marananda mit einigen Gefährten an den Hof von Paekche. Mönche aus beiden Königreichen studierten nun in Indien und China und kehrten mit Schriften, Kultbildern und Reliquien in ihre Heimat zurück. Zahlreiche koreanische Gelehrte wirkten in Japan. Die bedeutendsten waren Hyeja (jap. Eji) und Hyechong (jap. Eso), der Lehrmeister des Reichsverwesers Shotoku Daishi, der 594 den Buddhismus offiziell in Japan einführte.

Das schamanistische Silla-Reich widersetzte sich lange allen Fremdeinflüssen. Missionierungsversuche der Mönche Ado und des ›Schwarzen‹ Mukhoja scheiterten und forderten Buddhistenverfolgungen heraus. Erst das Martyrium und Wunder des Ichadon (Yi Chadon oder Yomchok) bewirkte die offizielle Anerkennung im Jahre 527 (vgl. S. 348). Die Könige Sillas, vor allem Pophung, der ›Dharmaerheber‹, und dessen Nachfolger Chinhung, überstürzten sich in religiösem Eifer und traten mit ihren Frauen als Mönche und Nonnen in die ersten Klöster ein. Seine Glanzzeit erlebte der Buddhismus im Groß-Silla-Reich während des 7. und 8. Jh. durch die Stiftung großartiger Staatstempel, turmhoher Pagoden, riesiger Glocken, kostbarer Statuen und goldener Reliquiare. In China geschulte, brillante Denker, wie **Chajang, Wonkwang** und **Uisang,** formten den Buddhismus als Staatsideologie und Lebensregel, die markanteste Persönlichkeit war **Wonhyo** (617–686).

Trotz bedeutender Kulturschöpfungen verflachte die geistige Kraft des Buddhismus während der Koryo-Zeit. Die große Tragödie brach während der konfuzianischen Yi-Epoche herein, als im 15. Jh. die zwei zugelassenen Sekten von ursprünglich 1500 Klöstern nur mehr 36 zugewiesen bekamen und ihr Landbesitz auf etwa 15% der einstigen Ausdehnung reduziert wurde. Die Mönche mußten entweder in das weltliche Leben zurückkehren oder sie sanken – gleichgestellt mit Schamanen, Gauklern, Gesellschaftsdamen oder Schlächtern – in die niederste soziale Schicht, den ›verächtlichen Menschen‹ herab. Einige buddhistische Herrscher, wie der Königsmörder Sejo (1456–1468) oder Injo (1623–1649), verhalfen den Klöstern zu zeitweiliger Erneuerung.

Im 7. Jh. führte Chajang die **Yul-jong (Vinaya-Schule)** in Silla ein, die besonderen Wert auf strengste Mönchsdiziplin legte. Uisang gründete zur gleichen Zeit die **Hwaom-jong (Avatamsaka-Schule),** deren einstige Bedeutung sich in mehreren Tempeln zu Ehren des All-Buddha Vairocana (vgl. S. 117f.) ablesen läßt. Im 11. Jh. kam die **Chontae-jong** (chin. Tientai) nach Koryo, konnte sich aber gegen die Zen-Schulen nicht durchsetzen. Die Grundlage des **Glaubensbuddhismus** bildet die Amitabha-Religion oder Reine Land-Schule (Chongto-jong). Bahnbrecher der meditativen **Zen-Schule (Son-jong)** war Sinhaeng im 8. Jh. Ungefähr seit 1200 dominierten die verschiedenen Zweige der Zen-Schule, die mit Hwaom-Elementen angereichert in der Chogye-Sekte aufgingen.

Während der japanischen Herrschaft zwischen 1910 und 1945 erlebte der Buddhismus nach langer Stagnation einen großen Aufschwung. Viele Klöster wurden erneuert und die in Japan bei manchen Schulen verbreitete Mönchsheirat eingeführt. Nach 1945 kam es zu schweren Auseinandersetzungen zwischen verheirateten und unverheirateten Mönchen. Den Sieg trug die zölibatäre **Chogye-jong** davon, die heute fast sämtliche Klöster mit dem Hauptsitz Chogye-sa in Seoul innehat und nach Regierungsangaben etwa 80% der Buddhisten um sich schart. Die verheirateten Ordensmitglieder der **Taego-Sekte** werden wegen ihres Umhanges auch als ›rote Mönche‹ bezeichnet; ihr Hauptsitz ist der Pongwon-sa in Seoul.

Im ganzen Land sind heute rund 7000 Tempel sowie 21000 Mönche und Nonnen registriert, deren geistiges Zentrum die Tongguk (Dongguk)-Universität in Seoul ist. Buddhas Geburtstag am 8. Tag des 4. Mondmonats, nach westlichem Kalender ungefähr im Mai, wird als gesetzlicher Feiertag und von den Gläubigen als farbenprächtiges Laternenfest begangen.

Die Volksreligion – der Spiegel der Volksseele

Einem buntschillernden Regenbogen vergleichbar spannt der Volksglaube eine Brücke von uralten Zeiten, als noch die Götter auf Erden wandelten, bis zur gegenwärtigen Menschenwelt. In ihm verschmolzen archaische Abstammungsmythen mit dem Glauben an die Beseelung der ganzen Natur und den unlösbar damit verbundenen Beschwörungsritualen. Diese dem japanischen Shintoismus verwandte Natur- und Zauberreligion nahm den chinesischen Ahnenkult und Elemente des volkstümlichen Taoismus, des Glaubensbuddhismus und sogar des Konfuzianismus auf.

Besonders eng verbanden sich Volksreligion und Buddhismus während der konfuzianischen Yi-Periode. Verachtete der Gelehrtenadel diesen ›Aberglauben‹, so huldigte der Königshof insgeheim Göttern und Geistern. Schamaninnen spielten daher als Wahrsagerinnen im Palast stets eine große Rolle.

Noch heute erfreuen sich schamanistische Beschwörungsrituale großer Beliebtheit in allen Bevölkerungskreisen. In der Götterwelt der Schamanen vereinen sich altkoreanische Himmels- und Berggötter, taoistische Sterngenien, konfuzianische Kriegsgötter und Volksheroen, Buddha-Jünger und Höllenkönige mit historischen Gestalten, Buddha, Laotse und Konfuzius, zu friedlicher Eintracht.

Älteste Quellen erwähnen Samsin sungbae, die ›**Verehrung von drei (Arten von) Geistern**‹, nämlich des Himmels, des Zwischenreichs und der Erde. Geister heißen im allgemeinen Sin oder Song; Kwi(sin) bezeichnen hingegen ruhelose Totengeister, die der menschlichen Körperseele entspringen.

Der altkoreanische Himmelsherr Hwanin oder Hananim verschmolz unter buddhistischem Einfluß mit dem altindisch-vedischen Götterkönig Indra oder Shakra zu **Sokche oder Chesok,** unter taoistischer Inspiration mit Okhwang Sangje, dem mythischen Jadekaiser und Herrscher über die Erscheinungswelt. Diese Triade entspricht den drei Aspekten des taoistischen Himmelsgottes in drei Reinheitssphären und im Bereich der Hausgötter den Drei Geistern (Samsin).

Unter den vergöttlichten Himmelskörpern nehmen **Sonnen- und Mondlicht (Ilkwang und Wolkwang)** den höchsten Rang ein. Alle Sternengötter sind männlich und gütig, sie bescheren Glück, langes Leben, Kindersegen und Unsterblichkeit. Höchste Verehrung genießen der **Siebensterngeist (Chilsong)** oder der Herr des Großen Bären (Chilsong-nim) und der Südpolarstern, ›**Der Alleinige**‹ **(Taeul oder Insong).** In Lüften und Wolken schweben **Drachengeister (Yongsin),** die Regen und Fruchtbarkeit gewähren. Ihr Gebieter, der Drachenkönig (Yongwang), herrscht in einem prächtigen Kristallpalast über einen großen Hofstaat. **Fünf göttliche Generäle (Sinchang)** beschützen mit ihren Geisterarmeen die überirdischen Sphären in den Hauptwindrichtungen.

In der Natur hausen wohlwollende und bösartige Geister, von denen Wassergeister (Susin), Erdgeister (Tosin), Dorf- und Bezirksgeister (Tongsin, Songhwangsin) die bekanntesten sind. Besondere Verehrung, auch in buddhistischen Klöstern, genießen der **Berggeist (Sansin)** und der **Einsiedlergeist (Sonsin oder Toksong).**

Die Sieben Weisen oder das Siebengestirn (Chilsong), eine Personifizierung des ›Großen Bären‹. Schon die Urahnen der Koreaner im Altai-Gebiet verehrten dieses markante Sternbild. Sie erblickten in ihm die Fußspuren des kosmischen Elches (oder Rens), der die Sonne auf seinem Geweih entführte, und den Bogen eines gewaltigen Jägers, mit dem dieser den Tag zurückholte. Uralte Jägermythen verschmolzen im koreanischen Volksglauben mit taoistischen Sternkulten. Alle Sterngenien sind männlich und gütig, sie bescheren Glück, Kindersegen und langes Leben.

Die Fülle der **Hausgeister** reicht vom Schutzgott der Familie über Geister der Gründung und des Tores, des Gartens, des Stalls und der Küche bis zu den gefürchteten weiblichen Abortgeistern. **Samsin,** die Triade des taoistischen Himmelsgottes Songjo, des indisch-buddhistischen Chesok und des koreanischen Taegam, waltet über Glück und Fruchtbarkeit des Hauses und der Felder. **Songjo** wohnt als Gebieter über alle Hausgeister im Firstbalken, **Chesok** ist Zeugungs- und Erntegott, der **›Exzellenz‹ (Taegam)** unterstehen die Geister der Erdebene. Als wichtigste Geburtshelferin wird die Heilige Großmutter Halmoni angerufen, für das leibliche Wohl ist der Küchenkönig (Chowang) und für das Gesinde der Geisterbote Kollip zuständig, Wohlstand soll der Reichtumsgott Opchu bescheren.

Das breite Spektrum der **Ahnengeister** reicht von Tangun über Sippen- und Familienahnen bis zu Schamanenvorfahren. Unter konfuzianischem Einfluß wurde die Verehrung des chinesischen **Kriegs- und Literaturgottes Kuan Ti** (Kwanun) und von vergöttlichten Generalen (Changgun) und Volksheroen (Kunnung) populär. Aus dem buddhistischen Bereich stammen Sokka(moni), Miruk und Chijang als Erdgeister, Kwanseum als Spenderin von Kindersegen, Anan Chonja als Schutzgeist der Schamanen und die Zehn Könige der Höllen (Myongbu Siwang) mit ihren Botschaftern (Sajasin). **Böse Geister** können von Menschen und Tieren Besitz ergreifen, vor allem von Füchsen, Hunden, Fischottern und Schlangen, denen früher

Der chinesische Kriegs- und Literaturgott Kuan Ti (Kwanun) mit seinen beiden Hauptgeneralen. Unter konfuzianischem Einfluß und begünstigt durch die Mandschu-Dynastie, gewann er besonders seit der japanischen Invasion im Jahre 1592 große Bedeutung in Korea. Der chinesische Kaiser stiftete fünf Kriegsgott-Schreine in Hanyang (Seoul).

Gehörnte Dämonenmaske (Kwimyon) an einer Totenbahre. Reliefierte Dachziegel und geschnitztes Konsolgebälk mit ähnlichen Darstellungen sollen vor bösen Geistern und Kobolden (Tokkaebi) schützen.

Menschen und Tiere geopfert wurden (vgl. Cheju S. 361ff.). Besonders gefürchtete Kobolde (Tokkaebi) hausen auf Friedhöfen, in Irrlichtern und Abgründen.

Heilige **Stätten des Volksglaubens** (Sodo oder Sottae) lagen ursprünglich unter freiem Himmel und standen meist in Verbindung mit Bäumen und Steinen. In früheren Zeiten waren sie auch Zufluchtsstätten für Verfolgte und Verbrecher. Auf dem Lande findet man noch heute **Dorfgeistbäume und -felsen** (Tongsin-namu und Tongsin-bawi), die durch Strohseile und bunte Stoffetzen als Geistersitz gekennzeichnet sind. Wie in Japan schirmen solche **Tabuschnüre** und ›Geistkleider‹ den heiligen Bezirk vor feindlichen Einflüssen ab. Als Votivgaben dienen Strohpuppen und -sandalen, Papierwedel, Reiskörner in Tuchsäckchen, Amulette, Fadenkreuze, Federn usw.

Weit verbreitet sind große **Steinhaufen,** auf die Vorübergehende Steine zur Erweckung des Berggeistes werfen, der dann durch Aufpflanzen von bunten Wimpeln und Weihegeschenke gnädig gestimmt werden soll.

Geister werden auch in Geisterschreinen (Sindang) und Ahnenschreinen (Sadang) verehrt. Hausgeister wohnen oft in **Fetischen,** so die Fruchtbarkeitsgötter und die Heilige Großmutter in Kürbissen und papierbedeckten Reis- und Hirsetöpfchen, der Reichtumsgott in Glücksschweinchen, -wieseln oder -schlangen, dienstbare Geister in alten Strohhüten, Reisbündeln, Sandalen usw. Speise- und Trankopfer sowie Münzen sollen ihr Wohlwollen sichern.

Vereinzelt finden sich noch Reste von **Fruchtbarkeitskulten.** In Dorfschreinen werden manchmal Phallusnachbildungen in Holz oder Stein aufgehängt. Ausgehöhlte Felsbänke, Schalensteine und Grotten gelten als Sinnbilder weiblicher Genitalien, mit Opfergaben werden sie um gesunde Nachkommen gebeten.

Grellbunte Holzstämme mit furchteinflößenden Fratzen bewachen heute noch manches Dorf. Landläufig gelten die übermannshohen Holzpfosten als Sitz der Ahnen-, Bezirks- und Dorfgeister, die vor Unheil, Krankheiten und Naturkatastrophen schützen sollen (Farbt. 13). Manche Forscher sehen den Ursprung der **Changsung-Pfähle** in Menhiren und phallischen Steinen, wie sie auch in Japan die Wege säumten.

Holzpfähle werden in alten koreanischen Erzählungen als Meilen- und Grenzsteine für Wanderer und Reiter oder als Verbots- und Schandmale erwähnt, mit denen u. a. das Fischen vor einem Kloster untersagt oder Blutschande geahndet werden sollte. Eine Legende erwähnt einen ›Pfeiler des langen Lebens‹ zu Ehren eines Mönches aus dem Porim-sa, der nach Indien und China pilgerte. Vor Reisen und anderen gefahrvollen Unternehmungen wurden mit solchen Lebenspfeilern Bündnisse geschlossen und ihnen bei glücklichem Abschluß Votivgaben geopfert. Taoistischen Yin- und Yang-Vorstellungen entspringt die meist paarweise Aufstellung der Pfähle. Die männliche Figur – erkennbar an der Beamtenmütze – vertritt als ›General über der Erde‹ das geistige Yang-Prinzip, die weibliche Gestalt als ›Kommandierende unter der Erde‹ die irdische Yin-Kraft. Rote und blaue Bemalungen sollen vor den polaren Naturgewalten Feuer und Wasser schützen.

›Herabbannen der Götter‹ heißt die Weihezeremonie, bei der Schamaninnen ihre wichtigsten Ritualgeräte empfangen und von ihrer persönlichen Schutzgottheit ›ergriffen‹ werden, die sie dann zeitlebens bei ihrer Verbindung zu außerirdischen Sphären geleiten soll. **Schamaninnen (kor. Mudang oder Mansin,** was 10 000 Geister heißt) sind keine Priesterinnen, sondern psychisch außergewöhnlich begabte und medial veranlagte Frauen, die – in gewissen Zügen den im Mittelalter als Hexen verschrienen Frauen vergleichbar – manche Naturgeheimnisse kennen und aus uralten Überlieferungen Methoden zur Beherrschung übersinnlicher Mächte entwickelt haben. Sie walten als Geisterbeschwörerinnen, Wahrsagerinnen und Traumdeuterinnen, fallen in Trance und künden mit ›Geisterstimme‹ den Willen der Götter, sie geleiten Tote ins Jenseits, vertreiben Dämonen und zaubern Regen, Gesundheit, Fruchtbarkeit, Wohlergehen und Schutz herbei. Heute sind fast nur Frauen in diesem Gewerbe tätig, männliche Schamanen (Paksu oder Pansu, auch Pongsa ›Blinder‹ genannt) sind selten und am ehesten noch auf der Insel Cheju anzutreffen. Männer wirken jedoch als Gehilfen (Kidae) der Mudangs, sie schlagen Trommeln, tanzen, singen und schwingen Geisterfallen.

Zwei Gehilfen von Schamaninnen. Sie schlagen eine Trommel und Zimbeln zum ›Herabbannen von Göttern und Geistern‹, wie Weihe- und Beschwörungsriten ihrer Meisterinnen heißen. Federn auf ihrem Hut verraten das Hühnertotem des Silla-Volkes und die uralte Sonnenverehrung, denn der Hahn, der Herold der Morgenstunde, galt in Korea und Japan als Lichtbote.

Schamanin (Mudang) bei einer Beschwörungszeremonie (Kut). Albumblatt, Tusche und leichte Farbe auf Seide, von Sin Yun-bok, Mitte 18. Jh.

Schamaninnen sind auf dem Lande noch weitverbreitet – vor einigen Jahren wurden sie auf 70 000 geschätzt – aber auch in den Städten ist ihre Zahl keineswegs rückläufig: Beton und Wohnsilos scheinen die Sehnsüchte nach Naturspekulationen zu beleben. Der Schamanenberuf wird vornehmlich innerhalb der Familie, meist von der Mutter auf die Tochter vererbt, manchmal jedoch wegen wirtschaftlicher Erwägungen oder aus echter Begabung, der sogenannten ›Schamanenkrankheit‹, einer Neigung zu Halluzinationen, gewählt.

In alten Zeiten fanden **Schamanenrituale** im Freien, bei strohumgürteten Geisterbäumen und -felsen, an Erntedankaltären oder Dorfheiligtümern statt. Beim Regenzauber wurden beispielsweise den Wassergeistern Hunde- und Schweineköpfe geopfert, beim Auslaufen von Schiffen und Fischerbooten brachten Mudangs glückbringende Amulette und Münzen mit unheilabwehrenden Zeichen am Bug an. Zur Krankenheilung kamen Mudangs früher ins Haus. Sie bereiteten mit Wunderkräutern den ›Medizinreis‹ in seilumwundenen Töpfen oder versuchten, den bösen Geist in ein Abbild des Kranken, in Geisterfallen oder Fadenkreuze zu bannen, die dann verbrannt wurden. Weniger angenehm müssen Dämonenaustreibungen unter

Schamaninnen-Amulett mit magischen Schriftzeichen und Weissagestäbchen zur Vertreibung von Krankheiten und bösen Geistern, zur Zukunftsbefragung oder zur Herbeizauberung von Segen jeglicher Art.

Anleitung der chinesischen Medizin durch Schock, Prügeln, Brennen, Ätzen, Punktion oder Einschlagen von Nägeln gewesen sein.

Diese urtümlichen Methoden gehören der Vergangenheit an. Eine sehr wichtige Rolle spielen aber heute noch Totenrituale, ständig zunehmender Beliebtheit erfreuen sich die farbenprächtigen **Beschwörungs-, Tanz-, Opfer- und Gebetszeremonien (Kut).** Begüterte Schamaninnen verfügen über eigene, kostspielig ausgestattete Zeremonialräume mit einem Altar (Kuttan). Zur Labung der Götter und Totengeister werden üppige Festtafeln gedeckt. Eine wohlabgestimmte Speisen- und Getränkefolge, ganze Schweine und Fische, gekochte Getreide- und Gemüsesorten, Früchte, Süßigkeiten, Suppen und Reisbranntwein werden auf Platten, in Schälchen und Krügen kunstvoll nach zahlenmystischen und kosmologischen Regeln angeordnet und mit Lichtern, Fächern, Spiegeln, Amuletten, Schwertern, Dreizacken, Federn, Blumen und Götterbildnissen umrahmt. Davor qualmen Räucherstäbchen als ›aufsteigendes Gebet‹ zur Einladung von Göttern und Geistern. Die Mudang betritt in langwallenden, bunten und ›geisterbannenden‹ Kostümen die Tanzfläche. Hahnenfedern auf ihrem Hut verraten Reste des alten Sonnenkults und das Hühnertotem des Silla-Volkes (vgl. S. 288f.). In den Händen schwingt sie ihre wichtigsten Ritualinstrumente: Klappfächer, Krummschwert, magische Spiegel, Rasseln und Papierwedel. Ihr Gefolge schlägt Stundenglastrommeln (Changgo), Gongs, Glocken und Zimbeln und untermalt ihre Gesänge mit Flöten, Klarinetten und Fiedeln. Mit erhobenen Armen beginnt die Mudang auf und ab zu schreiten. Schwingende Fächer, lange Stoffbahnen und Ärmel unterstützen die Beschwörungsgesten der Schamanin. Sie murmelt oder singt Gebete und Zauberformeln. Die Musikinstrumente steigern ihren schrill-klirrenden Klang und Trommelwirbel zu höllischem Lärm. Endlich fällt die Mudang in **Trance,** wälzt sich stöhnend am Boden und äußert mit hohler ›Geisterstimme‹ Laute, die ihr das Jenseits diktiert.

Nicht jeder Schamaninnenauftritt verläuft so dramatisch, Anliegen der Beschwörungen und Begabung der Medien sind sehr unterschiedlich. Eine große Kut kann die ganze Nacht, mit Pausen sogar Tage dauern. In zwölf Akten (Kori) werden nacheinander Gottheiten aus dem weitgespannten Pantheon des Volksglaubens oder Totengeister angerufen und magisch gebannt.

Die Begeisterung der Koreaner für Zauberrituale ist nicht verwunderlich, reichen doch die **Wurzeln des Schamanismus** in alte Jägerkulte ihrer Urheimat, den Wald- und Steppengürtel Sibiriens, zurück. Wichtigstes Merkmal dieser archaischen Religionspraktik ist die spiritistische Ekstase eines Mediums (das Wort Schamane stammt aus dem Tungusischen) nicht zum eigenen Nutzen, sondern zum Wohle einer Gemeinschaft, einer Sippe oder eines Stammes. Während der Trance verläßt die Seele des Schamanen den Körper und bereist die Stockwerke der Ober- und Unterwelt, die durch den Lebens- und Weltenbaum (oder eine Säule) verbunden sind. Er schildert in Gesängen seine Erlebnisse im Jenseits zur Herbeizauberung von Jagdglück und Regen, zum Totengeleit, zur Orakelbefragung oder Krankenheilung. Für ihre Himmel- und Höllenfahrten bekleiden sich Schamanen mit Geweihen, Fellen und Federn ihrer Hilfsgeister und ›Tiermütter‹ oder sie ahmen Flugbewegungen auf großen Holzvögeln nach. Besonders Geweihträger und große Vögel verleihen ihnen magische Kräfte bei der Begegnung mit außerirdischen Wesenheiten. Zur Herbeiführung der Trance dienen Fliegenpilzsud, Wacholderdämpfe, Alkohol, Trommelwirbel, Rasseln und Spiegel.

In Korea blieb das ursprüngliche Schamanentum am reinsten in Grabfunden aus Alt-Silla erhalten. Der Aufbau der prachtvollen Goldkronen und Stirnaufsätze – stilisierte Geweihstangen, Zweige und Flügel – spiegelt den Weltenbaum, die Hilfsgeister und die Jenseitsvorstellungen der frühen Bewohner wider.

Die religiöse Erneuerung im 19. und 20. Jahrhundert

Bei den jährlichen Tributgesandtschaften lernten Koreaner in Peking westliche Geistesströmungen kennen, die im 18. Jh. die Sirhak-Bewegung beeinflußten. Trotz der Abkapselung Koreas kamen christliche Missionare heimlich ins Land; Mitte des 19. Jh. gab es ungefähr 20 000 Christen. 1866 fielen zahlreiche Gläubige und Missonare der großen konfuzianischen Christenverfolgung zum Opfer. Handelsverträge erzwangen jedoch die Öffnung Koreas, und nach 1882 setzte die Missionierung auf breiter Basis ein. Franzosen und Deutsche verbreiteten den Katholizismus. Die protestantische Mission ging überwiegend von den Vereinigten Staaten aus.

Im 19. und frühen 20. Jh. entstanden rund 200 neue religiöse Bewegungen, die alle von Synkretismus, Nationalismus und der Erwartung eines künftigen Heilsreiches auf Erden geprägt sind.

Die wichtigste der politisch motivierten Religionen war die **Östliche Lehre (Tonghak),** die als Gegenströmung zu westlichen Einflüssen um 1850 in den Südprovinzen entstand. Ihr Hauptvertreter Choe Che-u schuf aus konfuzianischer Ethik, buddhistischen und taoistischen Glaubenspraktiken und Elementen des bekämpften Christentums eine Lehre der Einheit aller gleichberechtigten Menschen mit Gott in Erwartung Seines kommenden Erdenreichs. Die Tonghak initiierten mehrere Bauernaufstände, von denen der folgenschwerste den japanisch-chinesischen Krieg 1894/95 auslöste. Nach der Jahrhundertwende wurde der Name in Chondo-gyo, die Lehre vom Weg des Himmels, geändert. Im Laufe der Zeit bildeten sich 17 Splittergruppen unter den 1,2 Millionen Anhängern heraus.

Von den übrigen Reformreligionen sind die **Taejong-gyo (oder Tangun-gyo)** und die **Wonbul-gyo** die wichtigsten. Die Taejong-gyo, die Lehre des großen Ahngottes, bemüht sich um eine Wiederbelebung der über 4000 Jahre alten Urreligion (vgl. S. 38). Die neubuddhistische Wonbul-Sekte wurde 1916 von Pak Chungbin gegründet. Sie hat ihren Hauptsitz mit einer Universität in Iri (Ili) in der Provinz Nord-Cholla.

Kunstgeschichtlicher Überblick

Vor- und Frühgeschichte

Korea war vermutlich schon während des Mittleren Pleistozäns, vor etwa 200 000 Jahren, bewohnt. Da sich die koreanische Archäologie noch wenig mit der Erforschung der vorkeramischen Zeit beschäftigt hat, schwanken die Datierungen der Fundobjekte sehr stark. Aus der Jüngeren Altsteinzeit wurden etwa 30 000–35 000 Jahre alte Werkzeuge und Pfeilspitzen aus Obsidian, Kieselstein und Kieselschiefer in großer Zahl gefunden.

An drei Beiltypen und anderen Bodenfunden aus der **Jungsteinzeit** (4000–1000 v. Chr.) lassen sich weite Wander- und Beutezüge von Jägern, Fischern und Sammlern, deren Seßhaftwerdung, der Übergang zu Ackerbau, Haustierhaltung und Viehzucht und das Nebeneinander unterschiedlicher Kulturstufen ablesen. Schulterbeile scheinen mit einer von Süden nach Norden verlaufenen Einwanderung altmongolider Volksgruppen in Verbindung zu stehen, da dieser Beiltyp gehäuft in Nordostindien, Burma und Südostasien vorkommt, sich aber in Nordchina verliert. Rechteckige oder trapezförmige Vierkantbeile kennzeichnen die Kultur der ausklingenden Jungsteinzeit um 1000 v. Chr. und eine von Norden nach Süden weisende Besiedlungslinie.

Die ältesten Töpfererzeugnisse werden nach neueren Forschungen in das 6. Jahrtausend v. Chr. datiert. Die ›klassische‹ Keramik der Mittleren Jungsteinzeit – um 3000 v. Chr. – ist V-förmig und meist mit fischgrätartigen Mustern überzogen. Im Laufe der Südwärtsbewegung entstanden regionale Stilarten, die unter dem Begriff **›Keramik mit geometrischem Dekor‹** zusammengefaßt werden. Die Verzierungen wurden mit Fingernägeln oder Vogelknochen eingekerbt oder mit einem kammartigen Gegenstand eingeritzt. Daher wird die Bezeichnung **Kammkeramik** (Chulmun) häufig verwendet. Aus dem südlichen Sibirien verzweigte sich die Kammkeramik nordwestwärts bis nach Skandinavien und in östlicher Richtung über ganz Korea. Die Fundstätten liegen meist in Flußnähe, so am Tuman und Han (Amsadong bei Seoul), oder nahe der Küsten. Harpunenspitzen aus Horn, Knochen und Stein erhärten die Annahme, daß die Kammkeramiker überwiegend vom Fischfang lebten.

Keramik mit geometrischem Dekor, Jungsteinzeit, 3000–1000 v. Chr.:
Die ›klassische‹ Kammkeramik der mittleren Jungsteinzeit ist V-förmig. Vorratstopf, ca. 40 cm hoch, aus Amsadong bei Seoul (rechts).
Die sogenannte ›Kreiselform‹ – Gefäße mit engem Boden und weitausgreifender Wölbung – kennzeichnet die Wende von der Jungsteinzeit zum Metallikum, um 1000 v. Chr.

Im Landesinneren wurde in Verbindung mit Funden, die auf Ackerbau deuten, die ganz andersartige **Glattkeramik** freigelegt. Sie ist grob und dickwandig, fast oder ganz ohne Dekor und von rötlicher, gelblicher oder schwärzlicher Farbtönung. Mit dem Schwinden der Musterung hatten sich um 1000 v. Chr. auch die Formen geändert. Die Gefäße der ausklingenden Jungsteinzeit sind kleiner und flachbodig. Vorherrschend ist die ›Kreiselform‹, Behälter mit sehr engem, flachem Boden und weit ausgreifender Wölbung.

Korea bezog in frühesten Zeiten weit weniger kulturelle Anregungen aus China, als lange Zeit angenommen wurde. Bis zum Ende der **Bronzezeit** zeigten sich hingegen erhebliche Übereinstimmungen mit Funden aus der Mandschurei, besonders mit Gräbern in Liaoning, und Südsibirien, vor allem mit der Karasuk-Kultur im Minusinsker-Talbecken am unteren Jenissei.

Trotz der Kenntnis der Metallbearbeitung dauerte die Steinzeit in manchen Landesteilen bis in das 2. Jh. n. Chr. weiter an. In bronzezeitlichen Siedlungsplätzen und Gräbern mischen sich Metall- und Steinobjekte. Die vorherrschende Bestattungsart waren Steinkistengräber (oder ›südliche Dolmen‹), mit Kieseln und Steinplatten ausgelegte und mit einer schweren Deckplatte verschlossene rechteckige Erdgruben. Besonders ergiebige Gräber aus der Zeit um 500 v. Chr. wurden in Mugye-ri bei Kimhae und Songkuk-ri bei Puyo geöffnet. Sie bargen neben Keramiken zahlreiche Waffen, Werkzeuge und Kultobjekte aus Bronze und Stein. Polierte Steindolche aus gemasertem Lehmschiefer scheinen eine koreanische Eigenart zu sein, da Vergleichsbeispiele in anderen Gebieten fehlen. Besonders elegant ist der sogenannte Liaoning-Bronzedolch, dessen stark geschwungenes Blatt an den Klangkörper einer Laute erinnert. Hohlkugeln, Handglocken, Spiegel und achtstrahlige Rasseln (vgl. S. 60) mit Schraffierungen, Spiralen und Kreisen dienten wohl als schamanistische Ritualinstrumente. Mit Jenseitsvorstellungen scheinen auch die röhren- und halbmondförmigen Ornamente aus Jaden und anderen Halbedelsteinen in Verbindung zu stehen, wie sie rund tausend Jahre später zahlreich in Alt-Silla-Gräbern vorkommen (vgl. S. 305 f.).

Die **Eisenzeit** setzte ungefähr im 4. Jh., im Süden erst rund 300 Jahre später ein. Bronze blieb weiterhin das bevorzugte Material. Seit der Eisenzeit kam auch die Töpferscheibe in Gebrauch. Zu den prächtigsten Funden jener Periode zählen bronzene Gewandschließen in Pferde- und Tigerform (2.–1. Jh. v. Chr.; vgl. S. 60).

Achtstrahlige Rassel (NS 143), Bronze, Durchmesser rund 12 cm, mit ziselierten Schrägstrichen und Punkten verziert. Späte Bronzezeit, 3.–2. Jh. v. Chr., aus der Provinz Süd-Cholla. Wie ähnliche Fundstücke dürfte sie ein Schamaneninstrument zur Herbeilockung wohlwollender oder Verscheuchung böser Geister gewesen sein.

Steintische (bretonisch Dolmen) und **Langsteine** (Menhire) sind weit verbreitet – allein die Zahl der Dolmen wird in Nord- und Südkorea auf 5500 geschätzt. Die Großstein (Megalith)-Kultur weist nach Eurasien, in die sibirische Urheimat der Koreaner, und zeigt Ähnlichkeit mit westeuropäischen Steinsetzungen. Sie entstand somit vor dem Eindringen oder unabhängig von chinesischen Einflüssen.

In Korea findet man zwei Arten von Steintischen. Der **nördliche Typ** erinnert stark an westeuropäische Dolmen, etwa in der Bretagne, mit senkrechten, meistens vier Tragesteinen und einer monumentalen waagrechten, bis zu 6 m langen Deckplatte. Um Datierung und Bestimmung der Dolmen als Fürstengräber oder Sonnenaltäre wird viel gerätselt. Die ältesten Dolmen fallen mit den Anfängen der Kammkeramik um 3000 v. Chr. zusammen, die meisten stammen aus der Übergangsphase von der Jungsteinzeit zum Metallikum um 1000 v. Chr.

Der **südliche Dolmentyp** unterscheidet sich grundlegend vom nördlichen. Die Deckplatte liegt unmittelbar auf der Erde und verschließt einen unterirdischen Bestattungsort, meist Steinkistengräber oder Steinkammern, die bronzezeitliches Grabgut um 500–300 v. Chr. bargen. Die bodennahe, schwere Platte ließ den Vergleich mit japanischen Go- und koreanischen Paduk-Spieltischen aufkommen.

In manchen Landesteilen blieben wegen des Reichtums an plattig abgesonderten Steinen (Phyllite, Gneise, Granite) Steinsetzungen bis in die Gegenwart lebendig. **Menhire** sind entweder einfache, roh belassene Stelen oder figürlich ausgearbeitet und dienen wie die hölzernen Changsung-Pfähle als Ahnen- und Geistersitz der Abwehr von Unheil. Mit dem Aufkommen

Gürtel- oder Gewandschließen in Form eines Pferdes und eines Tigers, Bronze, Länge rund 18–22 cm. Gefunden mit Eisenobjekten, daher in die frühe Eisenzeit, 2.–1. Jh. v. Chr., zu datieren. Verwandtschaft mit Tierdarstellungen aus Sibirien und dem Hoangho-Bogen (Ordos-Bronzen).

des Buddhismus wandelten sich die urtümlichen ›Großväter‹ zu buddhistischen Heilsgestalten, in Korea meist zum künftigen Buddha Maitreya (Miruk). Wie bei den Changsung-Pfählen vermuten manche Forscher auch bei den Langsteinen phallischen Ursprung.

Im alten Korea waren unterschiedliche **Bestattungsweisen** üblich: Entlang der Küsten wurden Tote in große Muschelhaufen gebettet (Unggi im äußersten Nordosten, Kimhae/Pusan im Süden der Halbinsel). Aus Eurasien stammen verschiedene Arten von Stein- und Hügelgräbern und aus China Urnenbeisetzungen. Steingräber – oberirdisch als Pyramiden oder Steintische, unterirdisch als Kisten- oder Kammergräber – waren im windigen Nordostasien verbreitet und sind in Korea seit der Jungsteinzeit, vermehrt seit der Bronzezeit überliefert. Hügelgräber von Königen und Adeligen nahmen gewaltige Ausmaße an und bargen kostbare Beigaben. Als kleine Rasenkuppen blieben sie bis heute die übliche Grabform der Bevölkerung.

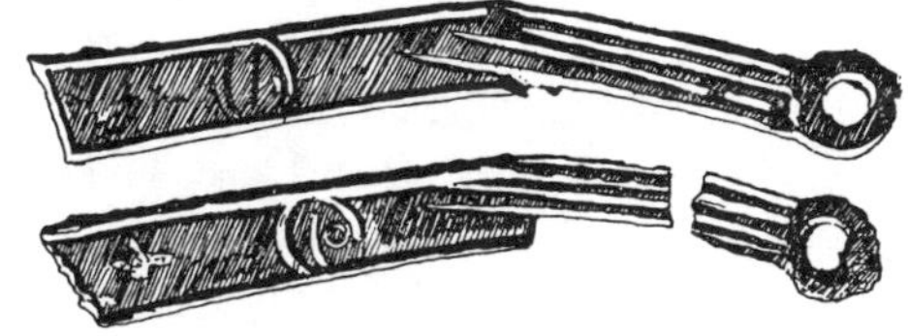

Messerförmige Münzen aus China, ca. 14 cm lang, 4./3. Jh. v. Chr., gefunden im Yalu-Gebiet, Nationalmuseum Seoul.

Die frühesten **Beziehungen zu China** lassen sich an spätneolithischen Töpferwaren ablesen. Handgeformte, polierte Rotkeramik aus feinem Ton, dünnwandig und ohne Dekor, wurde neben Bronze- und Steinobjekten in bronzezeitlichen Gräbern entdeckt. Da die bauchigen oder langhalsigen Gefäße nur vereinzelt vorkamen, dienten sie anscheinend kultischen Zwecken.

Während des Übergangs von der Bronze- zur Eisenzeit (um 400 v.Chr.) verstärkte sich als Folge politischer Unruhen der chinesische Einfluß auf Korea. So gelangten zahlreiche chinesische Bronzen, vor allem Spiegel und messerförmige Münzen, in das Yalu-Gebiet. Tungusische Reiterstämme stießen um diese Zeit bis zum Süden der Halbinsel vor und setzten teilweise nach Nord-Kyushu über. Sie vermittelten die von China übernommenen fortschrittlicheren Anbaumethoden, vor allem den Naßfeldbau von Reis, die Töpferscheibe, die Metallbearbeitung und die Rotkeramik als Grundlage der **Yayoi-Kultur** (300 v.–300 n. Chr.). Den künstlerischen Höhepunkt stellen prächtige Bronzeglocken (Dotaku) dar. Neue Tungusenstämme brachten aus ihrer Heimat die Hügelgräberkultur, die Japans Kofun- oder Tumuli-Zeit beherrschen sollte.

Eine Schlüsselrolle für die koreanische Kunstentwicklung nahm die **han-chinesische Kolonie Lolang** (108 v.–313 n. Chr.) ein. Künstler und Kunsthandwerker aus den Drei Königreichen lernten hier die Herstellung von Dachziegeln und Dekorfliesen, Seiden-, Lack- und Goldarbeiten sowie Maltechniken kennen. Aus dem Grabgut hoher Militär- und Zivilbeamter ragen zwei Funde hervor: eine Goldschnalle mit Türkiseinlagen und ein bemalter Lackkorb mit einem köstlichen Fries diskutierender Herren. Die etwa 10 cm lange zungenförmige Gürtelschnalle aus dem 1. oder 2. Jh. n. Chr. verbindet im Dekor den Tierstil der Steppe mit chinesischen Wolken- und Drachenmotiven. Goldgranulat- und Filigrantechnik stammen jedoch aus dem östlichen Mittelmeerraum und gelangten über die Seidenstraße nach Han-China.

Die Kunst der Drei Königreiche mit dem Fürstentum Kaya

Das künstlerische Erbe des nördlichsten Königreiches **Koguryo** (37 v.–668 n. Chr.) offenbart sich am eindrucksvollsten in seinen großartig bemalten Grabkammern.

Nahe der zweiten und dritten Hauptstadt, in der Tungkou-Ebene am Yalu und bei Pyongyang, liegen Tausende von Stein- und Hügelgräbern. Das sogenannte ›Grab des Generals‹, eine etwa 14 m hohe pyramidenartige Plattenaufschichtung aus dem 5. Jh., gilt als besterhaltenes Steingrab. Malereien in Hügelgräbern, so im ›Grab der Tänzer‹ (um 400) und im ›Zwillingspfeilergrab‹ (5. Jh.) schildern voll Natürlichkeit, Bewegung und in leuchtenden Farben das Alltagsleben und den Jenseitsglauben vor rund 1600 Jahren. Eine Sensation bedeutete die Öffnung einer Grabkammer nahe der alten japanischen Kaiserstadt Nara (Takamatsu-zuka), deren Malereien in den Frauentrachten Darstellungen in Koguryo-Gräbern gleichen.

Dem Realismus des tungusischen Reitermilieus steht das mikro-makrokosmische Weltbild Chinas gegenüber. Stil und Inhalt dieser Malereien stammen aus Lolang. In ihnen trennen Bergketten und Wolkenbänke die Menschenwelt von Himmelssphären, wo Unsterbliche auf Kranichen zwischen Gestirnen, Fabelwesen und Blüten durch die Lüfte schweben. Die mythischen Schutztiere des Alls – Drache, Phönix, schlangenumwundene Schildkröte und Tiger – begrenzen diesen phantastischen Kosmos.

Südkorea besitzt zwar nur wenige Funde aus Koguryo, sie geben jedoch wertvolle Aufschlüsse über die Frühzeit des Landes und die Anfänge der buddhistischen Kunst.

›Grab von Kangso‹, Nordkorea, 7. Jh. Unter den Drei Königreichen besaß Koguryo die prächtigsten Grabmalereien, deren Bedeutung bis nach Japan ausstrahlte. Neben realistischen Schilderungen des tungusischen Reitermilieus zeigen sie mikro-makrokosmische Jenseitsvorstellungen nach dem chinesischen Weltbild, besonders die mythischen Schutztiere des Alls: den Drachen im Osten, den Phönix im Süden, den Tiger im Westen und den Schwarzen Krieger (symbolisiert durch die schlangenumwundene Schildkröte) im Norden.

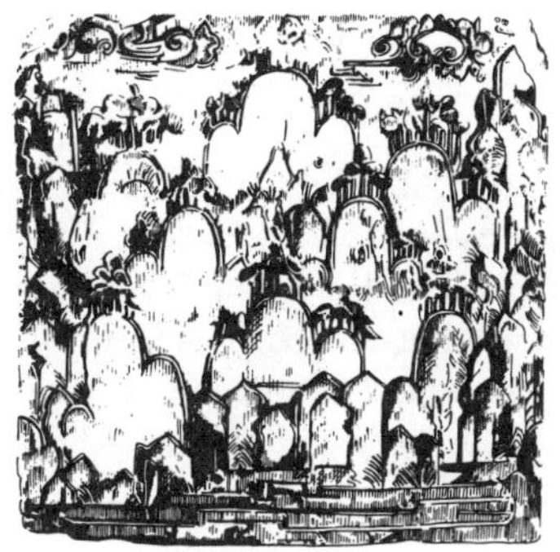

Zierkacheln mit Landschaftsidylle und Phönix, Paekche, 6. Jh. Die Herstellung prächtiger Dekorziegel und -kacheln erlernten die Koreaner in der Han-chinesischen Militärkolonie Lolang.

Die hohe Kunstfertigkeit **Paekches** (18 v.–660 n. Chr.) war einst sprichwörtlich. In zweifacher Weise zeichnet sich das mittlere der Drei Königreiche im koreanischen Kunstschaffen aus: einerseits durch ungewöhnliche Grabfunde und die schönsten Zierkacheln des Landes und andererseits durch die Führungsrolle in der buddhistischen Architektur und Bildnerei. Baumeister, Bildhauer und Kunsthandwerker aus Paekche wirkten im benachbarten Silla und in Japan. Als Ironie des Schicksals stehen die berühmtesten Meisterwerke Paekches, zwei überlebensgroße Holzfiguren von Erleuchtungswesen – der sogenannte Avalokiteshvara von Paekche, in japanischer Aussprache der Kudara-Kannon (Kudara ist der japanische Name für Paekche), und der Guse-Kannon – im Horyu-ji in Nara. Korea besitzt in Museen oder Felsreliefs noch einige buddhistische Plastiken mit dem zauberhaften ›Lächeln von Paekche‹.

Die Auffindung des *Grabes des Königs Munyong* (501–523) und seiner Gemahlin in Kongju (vgl. S. 251) bedeutete eine Sternstunde der koreanischen Archäologie: Aus der einzigartigen, tonnengewölbten und mit glasierten Dekorziegeln geschmückten Grabkammer kamen ungewöhnliche Funde ans Licht, die heute im Museum von Kongju zu sehen sind. An chinesische Vorbilder erinnert auch der einzige Wächter (NS 162), der bisher in einem Grab gefunden wurde: ein steinernes Fabelwesen mit Flammen- und Flügelformen an den Flanken. Größte Bewunderung verdienen zwei flammenförmige Goldornamente (NS 154 und 155). Wichtige

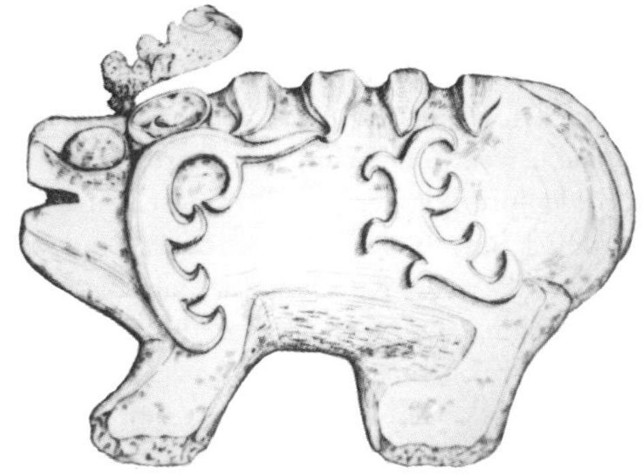

Steinernes Fabeltier als Grabwächter (NS 162), Länge rund 47 cm, mit Spuren roter Bemalung, Flammen und stilisierten Flügeln an den Flanken und einem Metallgeweih auf der Stirn. Gefunden im 523 datierten Grabmal des Königs Munyong von Paekche, Nationalmuseum Kongju. Dieses chinesisch beeinflußte Geisterwesen ist die älteste Vollplastik Koreas und gleichzeitig der einzige Wächter, der in einem Grab entdeckt wurde.

historische Erkenntnisse boten zwei Epitaphe – die einzigen bisher in einem Grab freigelegten – auf den König und seine Frau. Neben Namen und Daten enthalten sie einen ›Kaufvertrag‹ mit dem Erdgeist zur Errichtung der Grabanlage, der mit einer Münzschnur bezahlt wurde. Steinzeug, Bronzespiegel chinesischer Herkunft, Weinschalen, Goldschmuck und hölzerne Nackenstützen mit goldenen Lotosrosetten aus heimischen Werkstätten ergänzen das erlesene Grabgut.

Höchste Meisterschaft entwickelte Paekche bei der aus China inspirierten Herstellung von Zierkacheln mit Lotosblüten, Dämonenfratzen, ganzfigurigen Monstern und Landschaftsidyllen, die zu den schönsten Beispielen frühen Naturempfindens in Ostasien zählen. An Keramikgefäßen blieb nur wenig erhalten: Sowohl die weichen, eierschalfarbenen Formen als auch die hartgebrannten, grau-braunen mit Ritzdekor wurden in Kaya und Silla weiterentwickelt.

Diadem (NS 138), punziertes Goldblech mit baumartigen Aufsätzen, Goldflitter und kommaförmigen Jadeanhängern, Höhe rund 21 cm. Dreireichszeit, 5./6. Jh. aus dem Fürstentum Kaya, gefunden in Koryong, Provinz Nord-Kyongsang. Hoam Art Museum, Yongin bei Seoul.

Das kleine Königreich **Kaya** (42–532 n. Chr.) spielte für die Entwicklung der Töpferkunst in Silla und Japan eine bedeutende Rolle. Hier wurden die ersten kaskadenartig gestaffelten Tunnelöfen angelegt, die Brenntemperaturen von 1000 und mehr Grad erlaubten.

In Fürstengräbern aus dem 5. und 6. Jh. fand man originelle Keramikformen, vergoldete Sattelbögen und Diademe aus punziertem Goldblech mit baumartigen Aufsätzen und Jadegehängen. Als begeisterte Pferdezüchter legten die Bewohner Kayas ihren Toten prächtige Reiterobjekte in das Grab. Diesem Milieu entspringen auch mit Tier- und Reiterfiguren dekorierte Becher und Trinkhörner.

Im Südwesten der koreanischen Halbinsel konnte sich – fernab von allen Fremdeinflüssen – die tungusische Eigenart der Koreaner bis in das 6. Jh. erhalten und zu großartigen Kunstschöpfungen entfalten. Selbst als Koguryo und Paekche schon längst buddhistisch und konfuzianisch geworden waren, lebten im ›barbarischen‹ **Alt-Silla** (57 v.–668 n. Chr.) archaische Sitten und Bräuche weiter. Die Herrscher waren ursprünglich selbst Schamanen und walteten als ›Oberpriester‹ prunkvoller Rituale inmitten einer phantastischen Schamanenwelt. Herrlicher Goldschmuck umgab die Könige und ihre Frauen auch im Tod. Goldminen um Sillas Hauptstadt, die ›Goldfestung‹ Kumsong (der alte Name für Kyongju) begünstigten die Fülle des reichen Totenschmucks. Mit der offiziellen Annahme des Buddhismus im Jahre 527 versiegten die prächtigten Schamanenrituale sowie die ›heidnischen‹ Totenbräuche.

In Alt-Silla waren verschiedene Bestattungsarten, sogar Urnengräber in vor-buddhistischer Zeit, üblich. Könige und Hochadlige wurden in gewaltigen **Hügelgräbern** beigesetzt, die Ein-

2 SEOUL Blick vom Toksu-Palast auf die Hochhäuser am Rathausplatz

◁ 1 SEOUL Changdok-Palast, Pavillon im Geheimen Garten (Pi-won)

3 HAEIN-SA Ziegeldächer der Mönchsquartiere

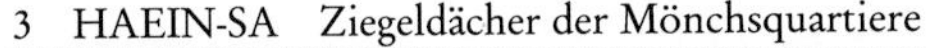

4 SEOUL Blick vom Nationalmuseum über den Garten und die Thronhalle des Kyongbok-Palastes zur Kuppel des Kapitols. Drei Stile: Königszeit, japanische Kolonialzeit (Kapitol), Republik

5 Koreaner in Landestracht bei einem Ausflug in Kyongju

6 HAEIN-SA, Zen-Novizinnen

7 Im Sorak-Nationalpark

8 Bizarre Urgesteinsformationen im Sorak-Gebirge ▷

9, 10 Schamanengehilfen

11 Koreaner in Trauerkleidung

9–18 Koreaner verschiedener Generationen

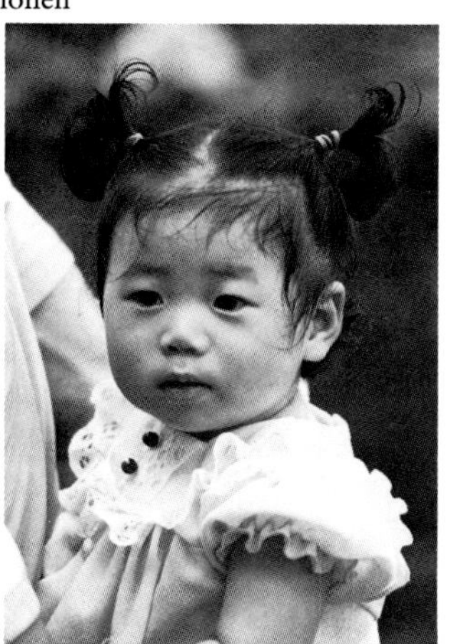

12 Mönch

13 Kleines Mädchen

14 Junge Koreanerin

15, 16 Älteres Ehepaar

17 Yangban-Beamter

18 Junge vor der landestypischen Papier-Holz-Schiebetür seines Elternhauses

19 Mittagsrast nach dem Reispflanzen

20 TAMYANG in Süd-Cholla, Bambusmarkt

21 Einlegen des Nationalgerichtes Kimchi ▷

22 HAHOE Historische Gehöfte

23 SSANGBONG-SA Die dreistufige Holzpagode aus dem 17. Jh. und die Klostergebäude

24 Blühender Ginseng nördlich von Seoul

25 SUWON Folkvillage, Frühlingstanz der jungen Männer ▷

heimische lange Zeit für natürliche Erhebungen hielten. Hunderte solcher Tumuli ragen in und um Kyongju empor. Sie erreichen Durchmesser bis zu 85 m und Höhen bis zu 25 m. Die Konstruktion der Grabkammern, das Grabgut und die Mitbestattung von Pferden weisen zu den Erbauern der eurasischen Kurgane im Altai und in Südrußland. Anders als in Koguryo und Paekche baute man in Alt-Silla keine Stein- oder Ziegelkammern mit Malereien oder Dekorfliesen, sondern türmte über einer ebenerdigen Holzkammer oder Blockhütte Kieselgeröll und Erdreich auf. In jedem Hügel wurde nur *ein* Toter beigesetzt, bei Mitbestattung wurde eine zweite Erdkuppe angefügt (vgl. Doppelhügelgrab Nr. 98 S. 308). Das Fehlen von Gängen und das Einsacken der Holzkammern machte Grabraub nahezu unmöglich, so daß spektakuläre Goldfunde ausschließlich aus Gräbern des Alt-Silla-Reiches stammen.

Den Toten wurden zahlreiche Gebrauchs- und Zeremonialgegenstände ins Grab gelegt. Die zierlichen Kronen, durchbrochenen Helme, Diademe, Gürtel und Schuhe dürften kaum zu Lebzeiten getragen worden sein. Gold wurde fast ausschließlich in Form von dünngewalztem Blech oder Draht verwendet. Neben den besten Erzeugnissen heimischer Werkstätten waren importierte Luxusgüter – reliefierte Gold- und Silberschalen, Gläser und Glaskaraffen – vorderorientalischer, wahrscheinlich syrischer Herkunft begehrt.

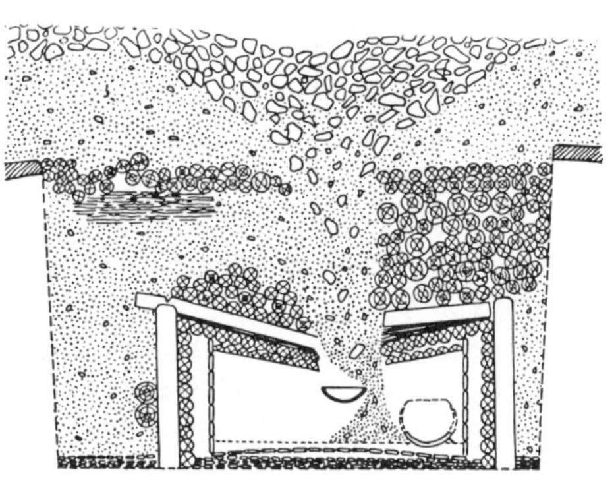

Grabkammer eines Kurgans der altaischen Skythen in Pazyryk, 5. Jh. v. Chr. Alt-Silla-Gräber sind in ähnlicher Weise angelegt: Über einer Holzkammer oder Blockhütte wurde (lehmgebundenes) Kieselgeröll und darüber Erde zu einem riesigen Tumulus aufgeschüttet. Das Fehlen von Gängen erlaubte nur Einmalbestattungen, das Einsacken der Grabkammer verhinderte den Raub des erlesenen Grabgutes.

Die prächtig gekleideten und geschmückten Toten waren mit dem Kopf nach Osten in einen Holzsarg gebettet. Daneben lagen Geschenke, die Begräbnisteilnehmer dargebracht hatten. Quer zum Kopfende stand eine ›Schatztruhe‹ mit den übrigen Beigaben: Diademe, Helmkronen, Stirnaufsätze, Gürtel, Schmuck, Waffen, Reiterobjekte, Eß- und Vorratsgeschirr, Gläser, Metallbarren usw.

Leider fehlen Inschriften, die Aufschluß über die Identität der Toten geben könnten. Die Gräber wurden daher nach dem jeweiligen Hauptfundobjekt benannt, so z. B. das 1921 als erste Anlage geöffnete Goldkronengrab.

◁ 26 SEOUL Korea-Haus, Schamanenfest

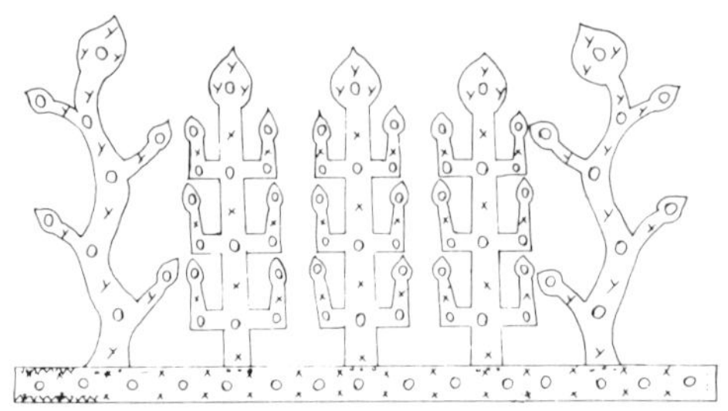

Schema der Goldkronen aus Alt-Silla, 5./6. Jh. Die Symbolik wurzelt im schamanistischen Weltbild und weist in die Urheimat der Koreaner, nach Südsibirien und in die Mandschurei. Über einem punzierten Goldblechreif ragen drei stilisierte Bäume und nach hinten zwei Geweihstangen auf. Der Baum gilt als Achse des Universums, Hirsche oder andere Geweihträger standen bei frühen Völkern Eurasiens, beispielsweise bei den Skythen und Kelten, in Verbindung zur Sonne als Lebensquell.

Einzigartige **Goldkronen** und **Diademe** spielen in den reichsten Silla-Gräbern des 5. und frühen 6. Jh. die dominierende Rolle. Bisher wurden fünf nahezu gleichartige Kronen aus Goldblech, einige aus vergoldeter Bronze und mehrere Diademformen entdeckt. Der Kronentyp aus Goldblech stellt eine Besonderheit Alt-Sillas dar, für den keine Vergleichsbeispiele in Fernost bekannt sind. Auf einem mit Wellenlinien punzierten Goldreif erheben sich fünf, etwa 30–44 cm hohe Aufsätze. In der Mitte und an beiden Seiten ragen drei baumartige Gebilde und nach hinten zwei stilisierte Geweihstangen auf. Vom Stirnreif fallen seitlich zwei bis sechs, rund 13–30 cm lange Gehänge herab. Aufsätze und Gehänge sind mit runden Goldplättchen und häufig auch mit kommaförmigen, weißlich grünen Jaden übersät.

Die filigranartige Beschaffenheit der Kronen und einige andere Hinweise sprechen dafür, daß es sich nicht um das übliche Zeichen der Königswürde, sondern um **Zeremonialkronen** handelt. Diese Annahme wurde seit der Öffnung des Doppelhügelgrabes Nr. 98 noch verstärkt: Die Krone trug nicht der Mann – vermutlich der regierende König –, sondern die einige Jahre später im Nordhügel beigesetzte Frau, wahrscheinlich seine Gemahlin (oder Schwester?). Diademe, Goldkappen, helmartige Kronen und Stirnaufsätze in Flügel-, Masken- und Gehörnformen lagen hingegen in der Schatztruhe. Soweit einige dieser Objekte bei Lebzeiten getragen worden waren, mußten die engen Kronreifen mit Schnüren festgebunden und die Stirnaufsätze mit Goldnadeln an Hauben befestigt werden.

Die **Symbolik** der Kronen und Stirnaufsätze – Baum, Geweih und Flügel – wurzelt im schamanistischen Weltbild. Der **Baum** galt als Sinnbild des Lebens und Achse des Universums, auf der sich die einzelnen Stockwerke des dreistufigen Kosmos staffeln. Die drei Astpaare der Kronenaufsätze könnten als Sinnbild dieser Dreiwelt verstanden werden. Goldplättchen und Kommajaden verliehen dem Kopfputz zusätzliche Pracht. Vorbilder könnten in Birkenblättern zu suchen sein. Die Wertschätzung der Birke geht auch aus der Verwendung der schönen, weißen Rinde für kostbare Grabmalereien hervor.

Geweihträger – Hirsch, Elch und Ren – genossen in Jägerkulturen der Frühzeit große Verehrung. Geweihkronen müssen den Bewohnern der eurasischen Wälder und Tundren einst wie das Geäst des Lebensbaumes erschienen sein, in dem sich die Strahlen der Sonne fingen. Aus Lichtbündeln entsprangen die Vorstellungen der Verbindung von Geweihträgern zur Sonne. Bei den Saken (griech. Skythen) galten Hirsche als Totemtiere – Saken bedeutet ungefähr

›Hirschleute‹. Im skythischen Totengeleit wurden Pferde mit prächtigen Leder- und Filzmasken als Hirsch, Elch oder Ren verkleidet. Im keltischen Europa galt der Hirsch als Sonnenzeichen, der die Nacht des Todes zu durchdringen vermochte und die Pforten zum ewigen Leben öffnete. So spannte sich über ganz Eurasien, von Gallien bis nach Silla, der Bogen der Verehrung des Hirsches als Siegel zum Jenseits.

Verschiedene **Flügelformen,** das dritte Element des Kopfschmucks, weisen ebenfalls zur Sonne als Lebensborn. Chinesische Quellen berichten, daß die Chinhan (einer der drei Han-Stämme, aus denen sich das Silla-Reich bildete) den Toten große Vogelschwingen mitgaben, damit sich ihr Geist zum Himmel erheben könne. Im alten Korea deuten neben flügelförmigen Stirnaufsätzen auch das Hühnertotem der Silla-Leute (vgl. S. 288f.) und Federschmuck in Wandmalereien in Koguryo auf Jenseitsvorstellungen in Verbindung mit Vögeln. Federn als Seelensymbole blieben bis heute im Kopfputz von Schamanen erhalten.

Schmuckanhänger in Halbmond-, Sichel-, Komma- oder Larvenform sind nur aus Korea und Japan bekannt. Den Prototyp stellt ein Amazonitgehänge aus einem südmandschurischen Grab dar. In Japan fand man gekrümmte Ornamente häufig in Gräbern, vor allem aus der Kofun-Zeit (300–600 n. Chr.). **Krummjuwelen (Magatama)** spielen in der japanischen Mythologie und Kaiserideologie eine herausragende Rolle – sie bilden mit dem rituellen Reismähschwert und dem Spiegel der Sonnengöttin Amaterasu die Drei Reichskleinodien. In Korea kommen halbmondförmige Ornamente (Gok-ok) in Gräbern der Bronze- und Dreireichszeit vor. Sie sind aus Amazonit, Achat, Amethyst, Bernstein, Bergkristall, Rauchquarz, Glas, Gold, zumeist jedoch aus Jade, dem Stein des Glücks und der Unsterblichkeit, gefertigt. Grünlich-weiße Jaden zierten einst Kronen, Ketten, Gürtel und Ohrschmuck oder mit granulierten Goldkappen überzogen Kleider und Kappen. Wie zu alten Zeiten tragen Schamaninnen auch heute noch tropfenförmige Talismane.

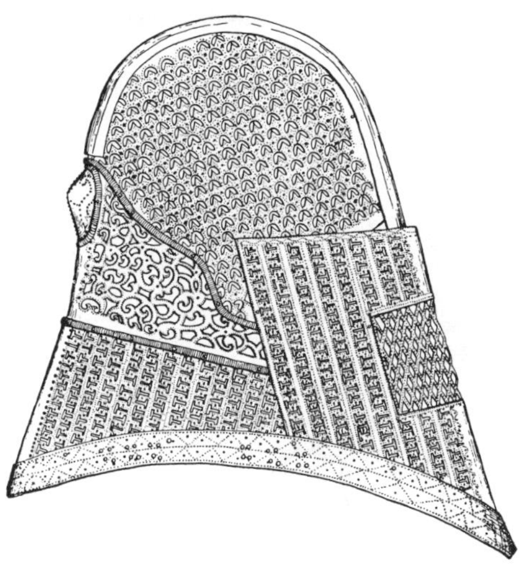

Kappe (NS 189) aus durchbrochenem Goldblech, Höhe rund 16 cm. Alt-Silla, 5./6. Jh., aus dem Grab des Himmlischen Pferdes, Nationalmuseum Kyongju. Der Durchmesser war – wie auch bei Vergleichsobjekten – so eng, daß Schnüre oder Bänder zum Festhalten des Kopfschmucks dienten. An der Vorderseite wurden große Flügelornamente aufgesteckt. Diese goldenen Vogelschwingen legte man den Toten in das Grab, damit sich ihr Geist zur Sonne erheben könne.

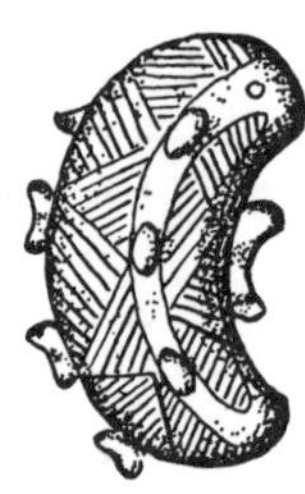

Steinerne Krummjuwelen (Magatama) aus japanischen Hügelgräbern bei Osaka. Kommaförmige Ornamente sind nur aus Korea und Japan bekannt; sie begleiten den Weg tungusischer Stämme vom Festland zur vorgelagerten Inselwelt. Ihr Ursprung ist in frühen Jägerkulten Sibiriens zu suchen, wo Zähne wilder Tiere magische Potenzen speichern sollten. Nachbildungen aus verschiedenen Werkstoffen, vor allem in Jade (Nephrit), zieren den Totenschmuck der koreanischen Bronzezeit und besonders des Alt-Silla-Reiches.

Der Ursprung gekrümmter Schmuckanhänger dürfte in alten Jägerkulturen Sibiriens zu suchen sein. In Gräbern der Okunev- und Karasuk-Kultur (Anfang 2. Jt. v. Chr.) im Jenissei-Gebiet sollten Zähne wilder Tiere vermutlich deren magische Potenzen speichern. Halbmondformen könnten sich aber auch aus Vorstellungen von den alles sehenden, nachterhellenden Augen des Himmelsgottes ableiten. Auf das tungusische Erbe der Koreaner lassen Verbindungen mit Tigerklauen schließen. Ob aus Bärenzähnen oder Tigerklauen entwickelt: Krummjuwelen begleiten die Einwanderung tungusischer Stämme aus Nordostasien nach Korea und Japan.

Keramiken aus Silla werden von Kennern besonders geschätzt, da sie trotz formaler Einflüsse aus China spezifisch koreanisch blieben. Aus Alt-Silla-Gräbern des 5.–7. Jh. wurden zahlreiche Töpferwaren geborgen, die sich durch originelle und verfeinerte Gefäßformen, fortgeschrittene Brenntechnik und ein ungewöhnliches Dekor – Profilbänder, Wellenlinien und Kreise – auszeichnen. Besonderes Merkmal ist ein geschwungener und mit rechteckigen Schlitzen durchbrochener Fuß. Diese geometrischen Öffnungen hatten nicht nur ornamentale Wirkung, sondern verringerten auch das Gewicht und damit die Rißgefahr während des Brandes. Herzförmige Gehänge (Yong-nak) verweisen in den kultischen Bereich. Außer dickbauchigen Schultertöpfen und Schalen mit Tüllen und Deckeln werden Tonfiguren von Menschen und Tieren, teilweise kombiniert mit Trinkhörnern und Bechern bevorzugt. Ein Kultgefäß in Form eines Reiters (NS 91) aus dem Goldglockengrab, das vermutlich bei Pferderiten zum Auffangen

Schale mit hohem, durchbrochenem Fuß, gelblich-braunes Steinzeug mit eingestempeltem Dekor. Alt-Silla, 6./7. Jh., Museum der Dong-A University Pusan. Fußschlitze sind typisch für Keramiken aus Kaya und Silla.

Kultgefäß in Form eines Reiters (NS 91), hartgebranntes, graues Steinzeug mit Spuren von Aschenglasur, Höhe rund 21 cm, Länge rund 27 cm, Alt-Silla 5./6. Jh., gefunden im Goldglockengrab, Nationalmuseum Seoul. Das Gefäß wurde wahrscheinlich bei Pferderiten zum Auffangen des ›Herzblutes‹ verwendet und gibt wichtige kulturgeschichtliche Aufschlüsse, beispielsweise über die Kenntnis des Steigbügels.

und Trinken des ›Herzbluts der Pferde‹ diente, bietet wichtige kulturgeschichtliche Aufschlüsse über Trachten und Bräuche der damaligen Zeit. Nicht minder reizvoll ist ein rundbodiger Halstopf mit erotischen und humorvollen Menschen- und Tierdarstellungen, eine Art Fruchtbarkeitszauber und kosmischer Kreislauf in theriomorphen Symbolen: Ein kopulierendes Paar und eine schwangere Kayagum-Spielerin werden von Schildkröten, Enten und Schlangen umringt.

Groß-Silla 668–918 – der Höhepunkt der buddhistischen Kunst

Die ersten 150 Jahre nach der Reichseinigung gingen zu Recht als Goldenes Zeitalter der Künste und Wissenschaft in die Geschichte Koreas ein. Der Buddhismus war Staatsreligion, Könige und Adlige wetteiferten in religiöser Euphorie bei der Stiftung von Tempeln, Klöstern, Pagoden, Bildwerken, Reliquiaren und Riesenglocken.

Sillas Hauptstadt Kumsong, das heutige Kyongju, wurde nach dem Vorbild der Tang-Metropole Changan mit prächtigen Palästen, Tempeln und hochragenden Klostertürmen geschmückt. Den absoluten Höhepunkt erreichte das Kunstschaffen um die Mitte des 8. Jh., als die großen Staatstempel und die Sokkuram-Grotte errichtet und die besten Plastiken und Glocken gegossen wurden. Von den monumentalen Holzbauwerken blieben nur Fundamente erhalten. Dafür legen Steinbauwerke, Plastiken, Glocken und Kleinkunst Zeugnis der Kunstblüte des Groß-Silla-Reiches ab.

Zu den herausragenden eigenständigen Leistungen der koreanischen Kunst zählen **Bronzeglocken,** deren Guß im 8. Jh. technische und künstlerische Vollendung erreichte. Die größte dieser Riesenglocken im Staatstempel Hwangryong-sa kennt man nur noch aus – möglicherweise übertriebenen– Berichten: fast 80 t Gold sollen in der 330 t schweren Glocke verarbeitet worden sein.

Die älteste datierbare Glocke stammt aus dem Jahre 725. Knapp 50 Jahre später entstand die meisterhafte Riesenglocke aus dem Pongdok-sa, die sogenannte Emille-Glocke, eine der größten der Welt, die heute im Hof des Nationalmuseums von Kyongju hängt (vgl. S. 333).

Koreanische Glocken unterscheiden sich deutlich von chinesischen und japanischen, die netzartig mit Seildekor umspannt sind. In Korea ist der Glockenkörper gewölbt und nach oben verjüngt, florale Dekorbänder und gezackte Lotosblätter bilden den Abschluß. Auf der Krone sitzt neben der U-förmigen Halterung noch ein Drachenkopf, der eine ›Wunschperle‹ (vgl. S. 102) im Maul halten kann. Das obere Drittel des Glockenmantels zieren vier trapezförmige, blütenumrankte Felder mit je neun Reliefnoppen. Im unteren Teil markieren reliefierte Lotosrosetten jene Stelle, an der die Glocke mit einem waagrechten Holzbalken angeschlagen wird. Zwischen dem Floraldekor schweben oder knien graziöse Himmelswesen (vgl. S. 239) auf Wolken- oder Blütenkissen. Ein langer Wolkenschweif umflattert sie, ihre Hände sind in der Anbetungsgeste gefaltet oder halten Musikinstrumente und Weihrauchschalen. Weiheinschriften geben den Stifter und sein Anliegen, das Herstellungsdatum sowie Widmungen wieder.

Mit zunehmendem Einfluß des Buddhismus änderte sich die Bestattungsart: Die Verbrennung der Toten erforderte als neue Gefäßtypen Urnen und Reliquiare. Da gläubige Buddhisten nach ihrem leiblichen Tode ein Paradies erhoffen, bedürfen sie im Grabe keiner Alltags-, Schmuck- und Zeremonialgegenstände mehr. Die **Graburnen** sind meist mit farbigen Glasuren überzogen und mit gestempeltem Lotosdekor geschmückt.

Sarira-Kästchen (S 366), vergoldete Bronze. Groß-Silla, um 680, aus der Westpagode des Kamun-sa bei Kyongju, Nationalmuseum Seoul. Der Schrein ist einer Pagodenbasis nachempfunden; in den Nischen sitzen acht Musikanten und Adoranten. Von der Terrasse ragt ein kleiner Stupa auf, der die kristallgefaßte Reliquie enthielt. Vier himmlische Musikanten = Gandharvas spielen koreanische Instrumente.

Das Sanskritwort **Sarira (Sharira)** bezeichnete ursprünglich Reliquien des historischen Buddha oder seiner Jünger, im weiteren Sinne auch von großen Heiligen, Äbten und Mönchen. Unter Reliquien versteht man die Hinterlassenschaft dieser Heilsgestalten in Körper, Rede und Geist, jenen drei ›Ebenen‹, die im mikro-makrokosmischen Sinne dem Läuterungsprozeß unterlagen und beim Hinscheiden den Grad höchster Vergeistigung erlangt hatten. Der Leib wird durch Verbrennungsrückstände und/oder persönliche Gebrauchsgegenstände (Almosenschale, Mönchsrobe) konserviert, die Rede, der ›Wortleib‹, durch heilige Schriften und der nicht darstellbare Geist durch ein Symbol des ›Weisheitssamens‹ in Form von Kristall- oder Goldkügelchen oder Getreidekörnern.

Sarira wurden in Urnen oder in kostbare Schatullen gefaßt und mit Votivgaben, Schriftrollen und einem Stück ›Lebensholz‹ – Relikt des Weltenbaumes der Schamanen – in Pagoden eingemauert, wodurch sie erst ihre Weihe als Behälter der ›Drei Geheimnisse‹, von Wort, Leib und Geist eines Buddha oder Heiligen erhielten. Sarira-Kästchen aus Gold, vergoldeter Bronze und kombiniert mit edlen Glasflaschen, kleinen Wächterfiguren und Jadegehängen stellen oft kunst- und kulturhistorische Kleinodien dar. Manche von ihnen enthielten illuminierte Handschriften oder das Diamant-Sutra auf Goldplatten gehämmert (vgl. Wanggung-tap S. 270).

Buddhistische Plastik

Eine höhere Bildnerei setzte in Korea erst mit dem Buddhismus ein. Kleinplastiken oder Triptychen aus Holz, Ton, Bronze oder Speckstein schmückten Hausaltäre, Palast- und Abtskapellen. Votivfiguren waren meistens aus Gold oder vergoldeter Bronze gearbeitet. Für den Tempelkult wurden Großplastiken aus Holz, Ton, Bronze oder seltener aus Stein geschaffen. Seit der Wende vom 9. zum 10. Jh. war Gußeisen das bevorzugte Material. Die meisten der gegenwärtigen Tempelfiguren sind aus Ton modelliert und mit Hanfgewebe und vergoldetem Lack überzogen.

Die Ausführung der Plastiken ist weitgehend vom Rohstoff abhängig. Stein, besonders Granit, erlaubt fast nur massive, blockige Formen. Metallguß, Speckstein oder Holz ermöglichen hingegen weiche, elegante und kleinteilige Figuren.

Die älteste datierbare Plastik, ein vergoldeter Bronze-Buddha (Shakyamuni) aus dem Jahre 539, stammt aus Koguryo. Im 6. Jh. stand die Bildnerei der Drei Königreiche deutlich unter dem Einfluß der nordchinesischen Wei-Dynastien. Köpfe, Hände und Füße der Plastiken sind relativ groß und plump, die Gesichter breit und weich modelliert. Die fließenden Faltenbahnen stehen seitlich in Zacken ab oder sie schwingen flossenartig aus, bei thronenden Figuren fallen sie kaskadenartig herab. Ein bootförmiger Nimbus mit Flammen- und Wolkengravuren ummantelt die Figuren, die von der Seite fast reliefartig flach wirken.

Paekche war unter den Drei Reichen führend in Architektur und Plastik. Berühmtheit erlangte das eigentümliche friedvolle und warme **›Lächeln von Paekche‹**, das stark auf das Kunstschaffen von Silla und Japan einwirkte. Die Stille des Gemüts, das wunschlose Glück im buddhistischen Sinne, fand eine später nie mehr erreichte Vollendung.

Buddha mit zwei Bodhisattvas, vergoldete Bronze. Dreireichszeit, 6. Jh. Der bootförmige Körpernimbus mit Flammen- und Wolkengravuren sowie fließende und flossenartig ausschwingende Faltenbahnen verraten den Einfluß der nordchinesischen Wei-Dynastien.

Der Reiz des Kunstschaffens von Paekche liegt in der Verbindung von Steppentradition mit süd- und nordchinesischen Stilelementen der Ost Jin-, Liang- und Wei-Dynastien. Von den chinesischen Einflüssen war der nördliche, über Lolang und Koguryo laufende Zweig der wichtigere. Über die Seidenstraße drangen Anregungen der indischen Gupta-Klassik nach Nordchina, die in den großartigen Grottentempeln der Wei, so in Yünkang (Yungang), ihren Niederschlag fanden.

Aus Alt-Silla, das den Buddhismus erst 527 offiziell annahm, blieben nur wenige, jedoch meisterliche Buddha- und Bodhisattva-Statuetten und die Steinplastiken des Punhwang-sa (vgl. S. 316f.) aus dem 7. Jh. erhalten.

Seit dem 6. Jh. genoß der Bodhisattva Maitreya unter anderem als Leitbild der ›Blütenjunker‹ (Hwarang) große Verehrung. In einer charakteristischen Pose als ›**Nachdenklicher Maitreya**‹ wurde er zum bekanntesten Bildtypus des 6. und 7. Jh., von dem in Korea und Japan einige hervorragende Beispiele überliefert sind. Das Format dieser vergoldeten Holz- oder Bronzefiguren reicht von 15 cm bis zu 1,20 m.

Maitreyas gelöste Haltung wird oft fälschlich als meditativ bezeichnet, heißt aber richtig: ›Mit halbverschränkten Beinen nachdenklich dasitzen‹. Sie zeigt den Bodhisattva in seinem Tushita-Paradies über seine kommende Wiedergeburt in der Menschenwelt nachsinnend. Er trägt die für Erleuchtungswesen übliche indische Fürstenausstattung mit landestypischen Abwandlungen, z.B. einer Kappe mit knaufartigem Aufsatz. Über die Hüften schmiegt sich ein durchsichtiger Wickelrock = Dhoti, Kollier, Armreifen und Diadem bilden den Schmuck. Die Diademformen variieren von schlichten Stirnreifen bis zu prächtigen dreifachen Blütenkronen.

Die Zeit des Geeinten Silla bedeutete in jeder Hinsicht den Gipfel der buddhistischen Kunst. Buddhas, Bodhisattvas und Arhats wurden nun von einem noblen himmlischen Hofstaat umringt. Prächtige Krieger und kraftvolle Athleten schützten Buddha-Paradiese, Tempel, Klöster und Reich.

Stilistisch steht die **Groß-Silla-Zeit** deutlich unter chinesischem Einfluß der Sui- und seit dem frühen 7. Jh. der glanzvollen Tang-Zeit. Plastische Fülle, Spannkraft und Ausgewogenheit der Körperpartien setzten sich nun durch, die Figuren gewannen zunehmend an Natürlichkeit, Bewegung und Eleganz, die Faltenbahnen gleiten rhythmisch und dennoch ruhig herab.

Diese künstlerische Reife sollte nie wieder, auch nicht während der buddhistischen **Koryo-Zeit,** erreicht werden. Im 9. und 10. Jh. entstanden einige Gußeisenplastiken von würdevoller Ausstrahlung (Shakyamuni aus dem Powon-sa im Nationalmuseum Seoul, Vairocana im Porim-sa). Insgesamt verlor die Bildnerei seit dem 9. Jh. jedoch an Ausdruckskraft, sie wurde steif und schematisch, gleichzeitig gewannen die Gesichter zunehmend koreanische Züge.

Während der konfuzianischen **Yi-Zeit** mußte der Buddhismus schwer um seine Existenz ringen. Eine Katastrophe bedeutete die japanische Invasion im Jahre 1592, bei der fast alle Tempel in Flammen aufgingen und bewegliche Kulturgüter nach Japan verschleppt wurden.

Viele Stätten des Volksglaubens bezeugen den seit frühesten Zeiten verbreiteten Steinkult und die daraus entstandene Vorliebe für **Felsbearbeitungen.** Wie selbstverständlich übernahm der Buddhismus diese Tradition, die mit dem altindischen Mönchsideal von Andachtsplätzen in

Sitzender Maitreya (Miruk), frühes 7. Jh. Der Bildtypus des ›Nachdenklichen Maitreya im Tushita-Himmel‹ ist in mehreren vorzüglichen Beispielen des 6. und 7. Jh. aus Korea und Japan überliefert. Als Material für die 15 cm bis 1,20 m hohen Plastiken dienten vergoldete Bronze und Holz.

meditativer Wald- und Bergeinsamkeit übereinstimmt. Ähnlich wie in den Himalaya-Ländern und der Mongolei entstanden in Korea zahlreiche monumentale Felsskulpturen und -reliefs als Kultstätten unter freiem Himmel oder als Wegmarken entlang von Wander- und Pilgerpfaden. Sie stellen eine koreanische Besonderheit dar, die im holzfreundlichen Japan nahezu fehlt. Eindrucksvolle Bergkulissen, wie der Nam-san nahe der Silla-Hauptstadt Kumsong (Kyongju), boten sich geradezu als Skulpturenberge an. Im Süden des Landes reihen sich im Tal der 1000 Buddhas und Pagoden (vgl. Unju-sa S. 284) eigenartige Steinschreine und Felsreliefs aneinander.

Kennzeichen der koreanischen Steinbearbeitung ist die Vorliebe für flächige Gesichter und Körperpartien und das Auflegen von Gewandbahnen in plastischen Wülsten. Die Köpfe werden in Hochrelief oder vollplastisch ausgearbeitet, die Körper- und Gewandlinien oft nur als Gravuren skizziert (Kolgul-am bei Kyongju, Chebi-won bei Andong).

Während der Koryo-Zeit herrschten Monumentalplastiken des Zukunftsbuddha Maitreya vor. Sie verraten die Sehnsucht des Volkes nach einem kommenden Reich des Friedens und der Gerechtigkeit in dem von sozialen Unruhen und Barbareneinfällen erschütterten Land.

Verglichen mit China gibt es in Korea und Japan kaum natürliche Höhlen und daher nur wenige **Grottenheiligtümer** (Kunwi-Höhle bei Taegu, Usuki auf der japanischen Insel Kyushu). Diesem Mangel half Korea durch die einzigartige künstliche Sokkuram-Grotte (Mitte 8. Jh.) ab, die gleichzeitig den Gipfel der koreanischen Steinmetzkunst unter Tang-chinesischem Einfluß darstellt.

Seladon – Meisterwerke der Koryo-Künstler

Zu den ›schönsten Dingen unter der Sonne‹ zählten Berichte aus Song-China die ›Geheimfarbe‹ von Kao-li (Koryo).

Koreanisches Seladon erregte dank seiner Eleganz, Farbschönheit und einzigartigen Einlegetechnik nicht nur die Bewunderung Chinas, sondern erlangte von allen koreanischen Kunstgattungen am raschesten Weltruhm. Wurde Porzellan, das ›weiße Gold‹, zum Synonym für China, so gilt das gleiche für Seladon und Korea, obwohl es nur eine Zeitspanne von rund 400 Jahren repräsentiert.

Seladon ist graues, bei hohen Temperaturen – um 1200 Grad – gebranntes, wasserundurchlässiges Steinzeug. Der besondere Reiz liegt in der von dunkelgrün bis blaugrün schimmernden Farbpalette, die von der Oxygenmenge im Brennofen und dem Eisengehalt der farblosen Feldspatglasur abhängig ist. Bei geringer Sauerstoffzufuhr färbt sich das Eisen grünlich, bei hohem Oxygengehalt rot. Seit dem späten 17. Jh. wird das französische Wort Seladon als Bezeichnung für asiatisches Steinzeug oder Porzellan mit grüner, blau-grüner oder grauer Glasur verwendet.

Das Goldene Zeitalter der keramischen Kunst dauerte in China und Korea vom 10.–14. Jh. Gegenüber den meist rituellen Gefäßen der Silla-Zeit wurden die Verwendungszwecke und damit die Formen vielseitiger. Dem einfachen Volk blieb weiterhin nur unglasiertes, dunkles Steinzeug erlaubt. Seladon und Porzellan spiegeln hingegen den luxuriösen Lebensstil und ver-

Grünliches Koryo-Seladon, 12./13. Jh.
Wassertropfer für Tusche in Entenform, Kansong Art Gallery, Seoul
Räuchergefäß, Nationalmuseum Seoul

feinerten Geschmack von Hof, Adel und buddhistischen Klöstern wider. Die führende Gesellschaft begeisterte sich an kostbarem Tafelgeschirr, Weinkannen in Kalebassen- und Melonenform, breitschultrigen und schmalhüftigen Maebyong-Vasen nach dem chinesischen Vorbild Mai ping, Kosmetikdosen, Räuchergefäßen in Mensch- und Tierformen, Zeremonialgefäßen, Kalligraphiegegenständen und Grabgut aus feinstem Seladon. In einem wahren Seladonrausch ließen die Adligen sogar ihre Paläste, Landsitze und Lustpavillons mit jadegrünen Seladonziegeln schmücken.

Als Seladon im späten 9. Jh. auf dem Land- und Seeweg aus China eingeführt wurde, hatte es im Mutterland schon eine mehrhundertjährige Entwicklung hinter sich. Die ersten koreanischen Erzeugnisse werden wegen der unregelmäßigen, olivgrün-braunstichigen Glasur ›Dunkelgrünes Seladon‹ genannt. Im 12. und frühen 13. Jh. erreichten die Koryo-Künstler unübertroffene Meisterschaft durch vollendete Formgebung, die herrliche ›Eisvogelfarbe‹ (Pisaek-chongcha) und die Erfindung der Einlegetechnik (Sǎnggam), den wichtigsten Beitrag Koreas zur keramischen Kunst. Nach dem Einritzen oder Einschneiden des Dekors in das unglasierte, harte Material werden die Vertiefungen mit weißem oder schwarzem Schlickerton ausgefüllt und die Ränder geglättet. Einem leichten Vorbrand folgt das Auftragen der Glasur und zum Abschluß das Brennen bei hoher Temperatur. Noch komplizierter ist die Umkehrtechnik (Yok-Sanggam), bei der die weiße Einlage den Untergrund für das Muster bildet.

Die von Seladon ausgehende Faszination wurde von Asiaten gerne mit Idyllen des Zen-Buddhismus in Verbindung gebracht. Sie ist aber eher der Spiegel erwachenden Naturempfindens der gehobenen Gesellschaft, das sich während der Mongolenherrschaft mit einem Hauch von Melancholie und Nostalgie paarte. Die Farbschattierungen von Oliv bis Grau und Blaugrün regten zu poetischen Vergleichen – mit den Flügeln des Eisvogels, dem geheimnisvollen Jadestein, mit spiegelblanken Seen oder dem schönen koreanischen Herbsthimmel – an.

Neben Seladon stellten die Koryo-Künstler auch Steinzeug mit Eisen- und Kupferoxydmalerei oder Marmorierungen, weißes Porzellan und die von den Japanern besonders geschätzte schwarzglasierte Keramik (Temmoku) her, die während der Yi-Zeit unter der Sammelbezeichnung Mishima – nach dem japanischen Namen für den Ausfuhrhafen – in den Handel kam.

Die Yi-Periode (1392–1910) – Keramik und Malerei der konfuzianischen Gesellschaft

Eleganz und Raffinement des Koryo-Seladons machte nun einer einfacheren Keramik Platz, deren herbe Schönheit in Ostasien längst geschätzt, in Europa aber erst sehr spät entdeckt wurde. Besonders japanische Teemeister priesen die schlichten Formen und sparsame Farbgebung der Yi-Keramik als natürlich, geheimnisvoll und durchdrungen von geistiger Reife und meditativer Einsamkeit.

Bis zur japanischen Invasion im Jahre 1592 wurde bearbeitete, blau-grüne Ware, die sogenannte **›Pudergrün‹ (Punchong)-Keramik,** hergestellt. Sie ist eine Umgestaltung des Koryo-Seladons für den konservativen Yangban-Beamtenadel und gehobene Volksschichten. Die Muster wurden eingestempelt, eingeschnitten oder in einer Art Sgraffito-Technik eingekratzt und mit weißem oder schwarzem Schlickerton ausgefüllt. Anschließend wurde die Oberfläche ganz oder teilweise mit weißem Schlickerton überzogen. Diese Engobe und der Dekor sollten die unschönen Farbtöne des Materials und der Glasur verdecken, aber gerade sie macht die Pudergrün-Keramik neuartig und charakteristisch.

Porzellan der Yi-Zeit, 17. Jh.
Schultertopf mit Weinlaubdekor, eisenbraune Unterglasurmalerei
Vase mit Fischerszene, kobaltblaue Unterglasurmalerei

Der Hof, besonders König Sejong, bevorzugte **weißes Porzellan** (Ding Yao), die Glanzleistung von Song-China, das koreanische Künstler schon während der Koryo-Zeit nachahmten. Die Farbnuancen reichen von gräulichem, milchigem und bläulichem Schimmer (Qing Bai) bis zu reinem Weiß und dem Elfenbeinton des Tang-Porzellans. Neben völlig undekoriertem Porzellan kommen sehr schöne Exemplare mit Eisenoxyd- und Kupferoxyd- (eigentlich Malachit-) und Kobalt-Malereien unter der Glasur vor. Blau verzierte Keramik war als ausgesprochener Luxus lange Zeit dem Königshof vorbehalten. China mußte Kobalt, das ›Mohammedanische Blau‹ anfänglich selbst aus Persien importieren. In geringen Mengen wurde Kobalt auch in Korea gefunden. Breiter gefächert scheint Blau-Weiß-Keramik erst mit einer Preissenkung von Kobalt geworden zu sein.

Exkurs: Grab- und Tempelmalerei

Den reichsten Schatz großartiger Malereien der Frühzeit besitzt Nordkorea. In Königsgräbern des Koguryo-Reiches aus dem 5. und 6. Jh. verbanden sich tungusische Reitertraditionen mit chinesischer Kosmologie und Maltechnik zu lebendigen Schilderungen des Alltagslebens und Jenseitsglaubens. Wie Fragmente aus Paekche, das ›Himmlische Pferd‹ aus Silla (vgl. S. 307) und eine Grabkammer bei Nara in Japan erkennen lassen, scheint Koguryo unter den Drei Königreichen führend in der Malerei gewesen zu sein.

Obwohl aus Groß-Silla und Koryo nur wenig überliefert ist, bedeutet diese Zeit keinen Stillstand der Malkunst. Im Gegenteil, chinesische Quellen rühmen die Bevölkerung Koryos als kunstsinnige Sammler chinesischer Bildrollen und Albumblätter und erwähnen einige bedeutende koreanische Maler, von denen einer sogar am chinesischen Kaiserhof lehrte. Wesentlich wichtiger als die weltliche Malerei war die buddhistische. Die ›Geschichte der Koryo-Dynastie‹ berichtet, daß die Herstellung illuminierter Sutren-Handschriften unter dem Patronat des Königs stand, und daß ein reger Austausch mit China stattfand. Einige Gold- und Silbermalereien auf purpur- und indigogefärbtem Papier zeigen das hohe Niveau und lassen die Pracht der Bildwerke erahnen, die einst die Tempel schmückten oder bei großartigen Ritualen und zur Bildmeditation Verwendung fanden. Alte Tempelmalereien gingen allerdings bis auf wenige Beispiele (Muwi-sa, Pusok-sa vgl. S. 275f., 339f.) durch Kriegswirren, Feuer und die Vergänglichkeit des Materials verloren. Ihr Inhalt änderte sich bis heute jedoch kaum, da die buddhistische Bildsprache auf alten Ikonographiehandbüchern basiert und nur geringfügige regionale und stilistische Abwandlungen zuläßt. Die gegenwärtigen, grellbunten Malereien beeindrucken weniger als Kunstwerke, als durch ihre religiöse Aussage und in Verbindung mit Plastiken, Schnitzwerk und meisterlichem Konsolgebälk.

Als Ideal der konfuzianischen Gesellschaft galt der Beamtengelehrte, der die **drei Künste** Malerei, Kalligraphie und Poesie gleichermaßen beherrschte. Kunst war nur, was als ›Spiel‹ während der Mußestunden der Gelehrten entstand. Auftragswerke, noch dazu aus den verachteten buddhistischen Klöstern, wurden abgelehnt, Architektur und Bildhauerei zählten daher nicht mehr zu den Künsten.

Frühes Beispiel eines konfuzianischen Beamtengelehrten war **Yi Je-hyon** (14. Jh.), von dem eine ›Winterliche Jagdszene‹ erhalten blieb. Im 15. Jh. gehörten **Kang Hui-an** und sein Bruder **Kang Hui-maeng** zu den führenden Malern, Kalligraphen und Dichtern. Kang Hui-an wirkte an der Schaffung des Hangul-Alphabets mit und schuf mit kraftvollem Pinselstrich Albumblätter, von denen der ›Weise auf dem Felsen ruhend‹ berühmt wurde. Inmitten der Männerwelt war **›Madam‹ Sin Saimdang,** die Mutter des großen Gelehrten Yi I (Yulgok) aus Kangnung (vgl. S. 236) eine feinsinnige Malerin und Kalligraphin.

Berufskünstler entstammten meist dem Mittelstand (Chungin) und genossen im Vergleich zu den hochangesehenen Yangban-Gelehrten nur wenig Ansehen. Sie unterstanden dem Büro der Künste (Tohwaso), in das sie nach Prüfungen in zwei der vorgeschriebenen Themen – Bambus, Landschaft, Blumen, Tiere, Porträt – aufgenommen wurden. Ihre Arbeiten wurden ihnen meist zugeteilt, so daß viele von ihnen nur mäßige Porträtisten blieben.

In der **Landschaftsmalerei** konnten sich einige bedeutende Künstler entfalten. Sie orientierten sich an Stil und Regeln des Song-chinesischen Malers **Guo Xi** und dessen Essay zur Landschaftsmalerei. Nach dem taoistischen Ideal sollte der Mensch als Teil der Natur und in Übereinstimmung mit ihren Gesetzen gesehen werden. Koreas führender Landschaftsmaler des 15. Jh. war **An Kyon.** Sein Hauptwerk, die ›Traumreise in das Land der Pfirsichblüten‹, beeinflußte die japanische Muromachi-Malerei. Korea besitzt seine Jahreszeitenbilder, Naturstimmungen wolkenähnlicher Felsen, krebsscherenartig verzweigter Bäume und bizarr ausufernde Teiche, über denen ein Dunstschleier liegt. Unter den Malern des 17. Jh. ragt **Kim Myong-guk,** genannt Yongdam, hervor. Er lehrte am Amt für Malerei und beherrschte Landschafts- und Porträtdarstellungen gleichermaßen. Besonders die Japaner bewunderten seine schnelle und sparsame ›Ein-Strich-Technik‹. Aus seiner Begegnung mit dem Zen-Buddhismus stammt sein berühmtes Bildnis des ersten Patriarchen Bodhidharma.

Im 18. Jh. begann, nicht zuletzt unter dem Eindruck der Sirhak-Bewegung, eine neue Blüte der Schönen Künste. Als bedeutendster Landschaftsmaler jener Zeit gilt **Chong Song,** genannt **Kyomjae,** der sich vorwiegend mit Szenerien aus dem Diamantgebirge beschäftigte.

Zu den reizvollsten und wertvollsten Malereien der Yi-Epoche zählen die **Genrebilder** des 18. und frühen 19. Jh. Sie schildern voller Poesie, Lebendigkeit und Humor das Leben der Yangban sowie der niederen Bevölkerungsschichten und stellen wichtige kulturgeschichtliche Dokumente dar. Während sich **Sin Yun-bok** (s. S. 236 f.) vor allem der gehobenen Gesellschaft, ihren Liebesabenteuern und Unterhaltungen im Kisaeng-Milieu widmete, verschrieb sich **Kim Hong-do,** genannt **Tanwon** (1745 – nach 1814), dem Alltag der ›kleinen‹ Leute. Sein breit gefächertes Ouevre umfaßt Landschaften, romantische Szenen, die ungewöhnliche Großbildrolle ›Zusammenkunft der Alten‹ und Genrebilder voll Realismus und Gesellschaftskritik.

Tanzender Jüngling, Albumblatt Tusche und Farbe auf Papier, von Kim Hongdo, genannt Tanwon, zweite Hälfte 18. Jh. Koreas größter Maler schuf Alltagsszenen der ›einfachen‹ Leute voll Natürlichkeit, Bewegung und Humor. Neben den starren Vorschriften der konfuzianischen Beamtengelehrten für die Schönen Künste – Malerei, Kalligraphie und Poesie – blühte unter dem Einfluß der Sirhak-Bewegung im geistig gelockerten 18. Jh. die Genremalerei, deren führende Meister Kim Hongdo und Sin Yun-bok waren.

Anlage, Symbolik und Ausstattung von Städten und Bauwerken

Grundzüge der chinesischen Architektur – die Harmonie von Mensch und Kosmos

Für Chinesen bedeutet Architektur Raumordnung, die Schaffung einer mikrokosmischen Entsprechung zur großen **Harmonie des Universums** (Makrokosmos). Ein Gebäude wird daher nie als Einzelwerk, sondern stets als Teil eines Gesamtkomplexes in **Einklang mit der Natur** gesehen. Schon das aus der Zhou-Zeit (1122–221 v. Chr.) stammende ›Buch der Riten‹ (Zhou Li) forderte die Einbindung von Bauwerken in die natürliche Umgebung, die Nord-Süd-Ausrichtung, die Symmetrie der einzelnen Gebäude und die Abgrenzung durch Mauern.

Da man sich den Himmel rund (gewölbt) und die Erde quadratisch vorstellte, wurden Städte, Paläste, Tempel und Wohnanwesen bevorzugt im **Geviert** angelegt.

Bei der Standortwahl spielte die **Geomantik** eine wichtige Rolle: Ein Gebäudekomplex sollte nach Norden, der unheilvollen Lage für die Geschicke der Menschen, möglichst abgeschirmt, nach Süden jedoch geöffnet sein.

Geistliche wie weltliche Bauten, Paläste, Amtssitze, Ahnenhallen, Klöster und Gehöfte, wurden in gleichartigen Grundformen, der vom Wohnhaus der Shang-Zeit abgeleiteten **Halle,** errichtet. Auch den formal mannigfaltigen **Pavillon** entwickelten die Baumeister aus der Halle oder Turmbauten (übereinandergestaffelten Hallen) zu runden, quadratischen, sechs-, acht- oder vieleckigen Zentralbauten mit einem Kegel- oder Zeltdach. Nur die Pagode diente ausschließlich religiösen Zwecken und stellt einen Sondertyp dar (vgl. S. 108 ff.).

Baukomplexe entstehen durch die wechselnde Zuordnung von Hallen mit unterschiedlicher Funktion in Giebel- und Breitseite. Die Hauptgebäude sind mit der Breit- und Eingangsseite an der Hauptachse aufgereiht, die Nebengebäude stehen mit der Giebelseite in rechtem Winkel dazu. Gedeckte Wandelhallen verbinden die einzelnen Baulichkeiten und umlaufen Höfe, die zusätzlichen Lebens- und Zeremonialraum bieten.

Der Reiz der chinesischen Baukunst liegt nicht in Formenreichtum und stilistischen Wandlungen, sondern in der Einbettung der Gebäudekomplexe in die Landschaft, in der Ausgewogenheit der Proportionen, im rhythmischen Wechsel von Firstlängen, Giebel- und Breitseiten sowie in der Schwingung und Farbigkeit der Dächer.

Aufbau und Ausstattung koreanischer Bauwerke

Fast alle Bautypen Koreas lassen sich von chinesischen Vorbildern ableiten. Elementarer Bestandteil ist wie in China die **Halle** (Dang oder Tang, Chon oder Jon), ein stets eingeschossiger Holzständerbau – auch wenn nach außen ein ›Doppeldach‹ vorgetäuscht wird. Die Halle,

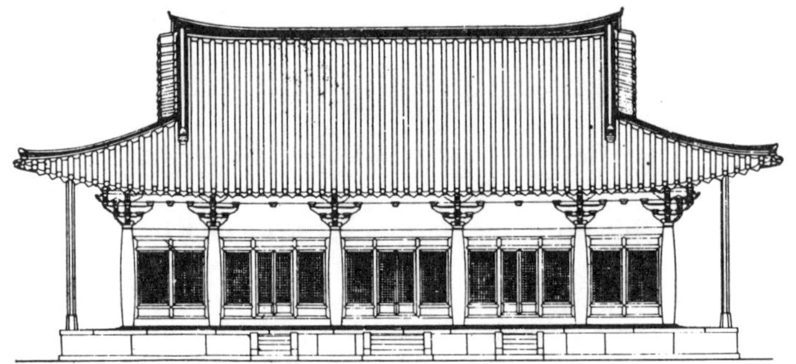

Muryangsu-jon, die ›Halle des Ewigen Lebens‹ im Pusok-sa, eine der ältesten erhaltenen Klosterhallen, spätes 14. Jh., in Korea

die durch keine Senkrechte unterbrochen wird, ist waagrecht in Basis, Wandzone und Dach mit Konsolgebälk dreigeteilt.

Die **Basis** bildet meist eine erhöhte Steinplattform (Kidan), zu der eine oder mehrere Treppen führen. Weit über die Steinbasis vorkragende Dächer verhindern, daß Regenwasser auf die Wände spritzt. Hochrangige Gebäude werden nicht durch mehrere Stockwerke oder Grundrißvarianten hervorgehoben, sondern durch eine aufwendige Sockel- und Treppenzone. Bei der Thronhalle des Kaiserpalastes in Seoul wurde beispielsweise die Basis zu einer repräsentativen Doppelterrasse mit umlaufenden Balustraden gestaltet, der in Verbindung mit dem Hof bedeutende Zeremonialfunktion zukam. Manche Tempelkomplexe, beispielsweise der Pulguk-sa in Kyongju, bilden mit Steinfundamenten, Brücken und Treppen eine prächtige Schaufront.

Die **Wandzone** mit Türen und Fenstern wird durch Holzstützen (selten Steinsäulen oder -pfeiler) unterteilt. Ein Säulenzwischenraum (Kan, etwa 3,3 m) bildet das Grundmaß, nach dem der Zimmermann das Balkenwerk zuschneidet. Die Wände haben ähnlich wie beim europäischen Fachwerkbau keine tragende Funktion, das Dach ruht vollständig auf Stützen.

Die dritte, architektonisch beherrschende Horizontalzone bildet das massive **Dach mit reichem Konsolgebälk.** Drei Dachformen haben ihre Vorbilder in China: das Giebel- oder Satteldach, das im Chinesischen ›herabhängender Berg‹ heißt, das Walmdach, ›überdachte Veranden‹ genannt und das Sattelwalm-, Krüppelwalm- oder Fußwalmdach, als ›angeschnittener Berg‹ bezeichnet. Bei dieser Dachform bleibt der obere Teil der Giebelwand sichtbar, darunter ragt ein Pultdach vor, dessen Traufkanten sich an den Ecken mit der großen Dachfläche vereinen.

Seit der Tang-Zeit begann man, die Traufen an den Ecken hochzuschwingen. Dieser ›schwebende‹ Charakter verleiht den Dächern besonderen Reiz. Eine andere Möglichkeit zur Auflockerung der massiven Dachzone ist die Absetzung in Stufen mit dazwischenliegenden kurzen Wandschichten. Zweistufige Dächer kommen bei Thronhallen vor, seltener jedoch bei Klöstern (Hwaom-sa, Muryang-sa). Einzigartig ist die dreifache Dachstaffelung des Miruk-jon im Kumsan-sa.

Das massive Dach wird nach chinesischem Vorbild von einem hölzernen **Stützsystem** getragen, bei dem klare rechtwinklige Strukturen vorherrschen: lediglich in der Architravzone gibt es gelegentlich schräge Streben. Die Konsolen der Architravzone übertragen den Druck der Dach-

Varianten von Konsolgebälk. In der Ausarbeitung phantasievoller Gesimskonsolen erzielten die Koreaner höchste Meisterschaft.

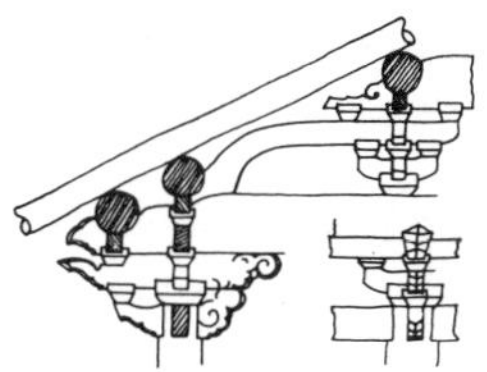

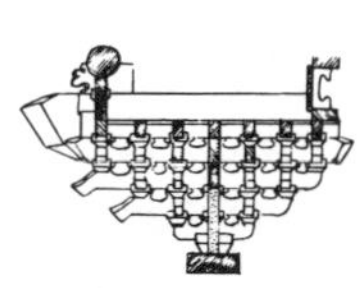

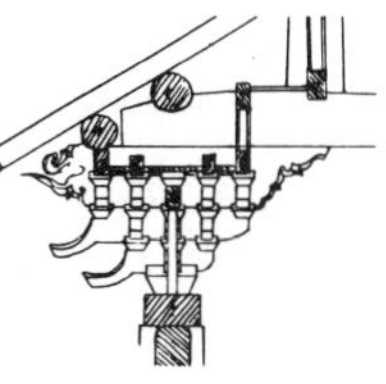

traufe auf die Stützen im Inneren. In der überreichen Ausbildung der Gesimskonsolen – hornartige Verlängerungen mit phantasievoller plastischer Durchgestaltung – erreichte Korea die höchste Meisterschaft und unübertroffene Pracht ganz Ostasiens.

Zur gleichmäßigen Verteilung der Dachlast auf die Stützen sitzt auf dem Säulen- oder Pfeilerkopf eine kapitellartige Konsole, von der kreuzförmig Trägerarme zur stufenweisen Abstützung des Rahmenwerks und der Dachpfetten ausgreifen. Man unterscheidet zwei Typen von Konsolsystemen:

Beim älteren Chusimpo-Stil ruhen die Konsolen direkt auf den Säulen- oder Pfeilerköpfen. Außerdem gewährt dieses System den freien Blick auf den kunstvollen Dachstuhl.

Während der Koryo-Zeit wurde der Tapo-Stil eingeführt, bei dem die Konsolen ›vermehrt‹ sind und auch zwischen den Stützen auf dem untersten Rahmenwerk aufsitzen (Interkolumnial-Stil). Eine zusätzliche Kassettendecke verbirgt den Blick in die Dachkonstruktion.

Der **Pavillon (Jong, Gak oder Ru)** regte Baumeister und Gartengestalter zu phantasievollen Varianten an. Die Palette der Formen und Bestimmung dieses reizvollen Gebäudetyps reicht von großen Festhallen und Versammlungsplätzen der Dorf- und Stadtältesten bis zu Aussichtshäuschen und schattigen Ruheplätzen an landschaftlich bevorzugten Plätzen.

Das koreanische Wort **Jong** bezeichnet im allgemeinen Lust-, Garten- und Teehäuschen der gehobenen Gesellschaft als wichtigen Bestandteil von Landschaftsgärten.

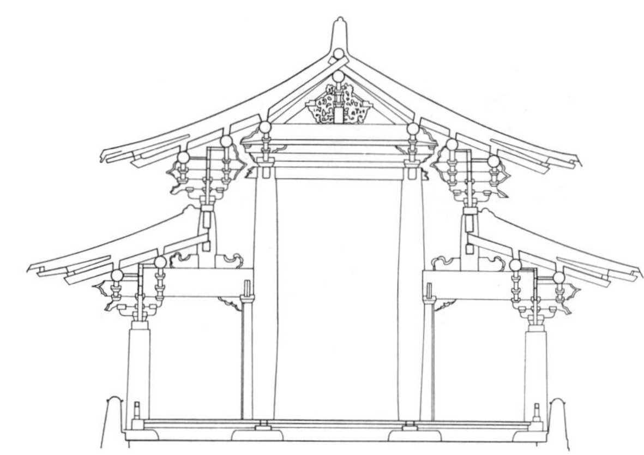

Kunstvolles Stützsystem und Konsolgebälk eines koreanischen Tempelbaues: Wie in China tragen nicht die Wände, sondern Stützen – Säulen oder Pfeiler – das Dach.

Unter **Ru** versteht man einen Großpavillon mit festem Holzfußboden und eingezogener Zwischendecke. Das ›Obergeschoß‹ diente vorwiegend für Festgelage oder als militärische Ausguckposten.

Gak sind kleine Schreine zur Aufbewahrung von Zeremonialgeräten (Glocke, Trommel usw.) oder Andachtsstätten für Götter und Geister des Volksglaubens.

Die Herstellung von **Dachziegeln** und **Dekorfliesen** (Wand- und Bodenbelag) erlernten die Koreaner in der Militärkolonie Lolang von den Chinesen. Bereits während der Drei Königreiche erlangten sie in diesem Kunsthandwerk hohe Meisterschaft. Groß-Silla rühmte sich im 9. Jh., in den Mauern von Kyongju kein einziges strohgedecktes Haus zu haben. Aus Silla sind einige Glasurfragmente überliefert – im Vergleich zu China waren jedoch buntglasierte Dächer selten.

Im allgemeinen unterscheidet man fünf Arten von Dachziegeln: flache, leicht konkave ›weibliche Ziegel‹ (Am-maksae), konvexe ›männliche Ziegel‹ (Sud-maksae), dekorierte Endziegel zum Aufnageln an Gebälkabschlüssen, Firstbekrönungen, die sogenannten ›Eulen- oder Delphinschwänze‹ (Chimi) und meist trapezförmige Dämonenmasken, eine Mischung aus gehörntem Löwenantlitz mit kugelförmigen Drachenaugen.

Groteske Tonfiguren auf Firsten und Walmgraten sollen wie Dämonenfratzen und Fabelwesen Unheil abwenden. Ein Mischwesen, halb Fisch, halb Drache, schützt dem Volksglauben zufolge vor Feuer, eine Gruppe von Dachreitern (Chapsang) vor bösen Geistern. Sie basieren auf der berühmten Märchenerzählung »Die Reise nach Westen« des Forschermönchs Xuan Zang (Hsüan Tsang), der im frühen 7. Jh. über die Seidenstraße nach Indien pilgerte und mit wertvollen buddhistischen Schriften heimkehrte. Auf der Wanderung in das Westliche Paradies müssen die vier Protagonisten – die Mönche Xuan Zang (kor. Hyongjang) und Ho-shang (kor. Hwasang), der zauberkundige Affe Son Haeng-ja (der indische Hanuman) und das Schwein

Dachziegel mit Dämonenmaskenrelief, grün glasiertes Steinzeug, Höhe rund 39 cm. Groß-Silla, 7./8. Jh., ausgegraben im Gartenpalast Anap-ji in Kyongju. Dämonenmasken und groteske Dachreiter sollen vor Feuer und feindlichen Einflüssen schützen.

Cho Pal-gye, die Verkörperung der Leidenschaft – 81 (9 mal 9) Proben bestehen. Unter anderem begegnen sie dem Versucher Mara, dem ›Teufel‹, als Bettler verkleidet. Die Gruppe kann bis zu neun Figuren erweitert werden und dabei den berühmten chinesischen Priester Samsong Popsa, einen Drachen, eine Schlange, einen Dämonen und einen Ameisenfresser umfassen.

Seit der Groß-Silla-Zeit waren farbenprächtige Malereien nur noch für Tempel, Paläste und öffentliche Gebäude, nicht aber für Privathäuser erlaubt. Der Name der Architekturmalerei leitet sich von den chinesischen Schriftzeichen für die beiden Hauptfarben Rot (Tan) und Blau (Chong) ab.

In Klöstern wirkten Mönche als Maler, für Amtssitze und Paläste war während der Yi-Zeit ein eigenes Büro zuständig. Die Farben schützten das Holz, meistens Kiefer, zusätzlich vor Ungeziefer.

Die einzelnen Motive werden zuerst mit Hilfe von Farbpulver und durchlöcherten Schablonen in Umrissen skizziert. Anschließend werden die Farben – fünf Grundtöne und sechzehn Varianten – in Temperatechnik mit verschiedenen Bindemitteln, vor allem warmem Fischleim, verrührt und dann auf den Werkstoff, meistens Holz oder Leinwand, aufgetragen.

Inhaltlich verbindet die altüberlieferte **Tan-chong-Malerei** Symbole der chinesischen Kosmologie, des taoistischen Paradieses und des buddhistischen Glaubens mit Schilderungen aus der koreanischen Märchen-, Sagen- und Schamanenwelt sowie der Geschichte von regionalen Klöstern und Palästen. Im mikro-makrokosmischen Sinne werden die aus den Urkräften Yin

Das mikro-makrokosmische Grundschema:

Farbe	Blau/Grün	Rot	Weiß	Schwarz	Gelb
Makrokosmos:					
Element	Holz	Feuer	Metall	Wasser	Erde
Himmelsrichtung	Osten	Süden	Westen	Norden	Mitte
Jahreszeit	Frühling	Sommer	Herbst	Winter	Übergang (Spätsommer/ Frühherbst)
Klimazustand	Wind	Hitze	Trockenheit	Kälte	Feuchtigkeit
Mikrokosmos:					
Innere Organe	Leber	Herz	Lunge	Niere	Milz
Sinnesorgane/ Leibesöffnungen	Augen	Ohren	Mund	Genitalien	Nase
Gemütsregung	Ärger	Freude	Trauer	Furcht	Mitfühlen

Das Moricho-Motiv, eine Lebenswasservase mit Fruchtbarkeitszeichen – Lotos und Granatapfel – und Flechtmuster zählt zu den bevorzugten Symbolen der Tan-chong-Malerei in Tempeln und Palästen.

und Yang hervorgehenden fünf ›Elemente‹, Jahreszeiten, Klimazustände und Gemütsregungen durch die fünf Grundfarben versinnbildlicht.

Unter den zahlreichen Motiven dominiert das **Moricho,** eine Vase mit einem bekrönenden Wassertropfen als Sinnbild des Lebenswassers und der Weisheitsessenz. Rankenähnliche Wolkengebilde und verschiedene Fruchtbarkeitszeichen, der mit Weisheitssamen gefüllte und berstende Granatapfel, die ›Grüne Blume‹ und der rote Lotos als Lebenszeichen, vollenden das Moricho-Motiv. Zwei mit den Hälsen zueinandergekehrte und mit ›hängenden Bändern‹ (Kol-swi) verbundene Flaschen ergeben eine Stundenglastrommel, Koreas beliebtestes Musikinstrument – in diesem Falle das Sinnbild der Verbreitung des ›gedeihlichen Sprießens des Lebens und der Weisheit‹ in alle Himmelsrichtungen.

Flechtmuster (Hwi) in zwei Grundformen, als regenbogenartige Fischschuppen (Lin-hwi) und als Flechtzaun (Pacha-hwi), schaffen Abgrenzungen zwischen einzelnen Motiven und Symbolen. Als Friese und Säulenabschlüsse werden **Draperiemuster** bevorzugt und als unendlicher Rapport das aus der Weberei entlehnte **Seiden- oder Goldmuster** (Kum tan-chong).

Blumen und Zweige sind häufig in Kassettenfelder eingebettet. Päonien, Pflaumenblüten, Chrysanthemen und der in buddhistischen Klöstern dominierende Lotos prangen zwischen Kiefern und Bambuszweigen. Die **realistische Kyepung-Malerei** wählt Tiere und Fabelwesen als ›Götterboten‹, Sinnbilder des langen Lebens sowie als Darstellung von Charaktereigenschaften. Dämonenfratzen sollen wie auf Dächern Unheil abwehren.

Die Symbolik – Weltbild, Paradies, Glück und langes Leben

Die breitgefächerte Symbolsprache koreanischer Bau- und Kunstwerke, vieler Sitten und Bräuche und der Volkskunst wurzelt im chinesischen Weltbild, im taoistischen Paradies und dem Wunsch nach Glück, langem Leben und verfeinertem Lebensstil.

Tai-chi, der ›Uranfang‹, die Kreation des Kosmos. Der leere Kreis symbolisiert das Tao, den Urgrund des Seins, den Lauf des Universums. Er wird unterteilt in die polaren Seinszustände, die helle Hälfte als Zeichen der ›kraftvollen Härte‹ des (männlichen) Yang und die dunkle Hälfte der ›geschmeidigen Milde‹ des (weiblichen) Yin. Beide sind durch den S-förmigen Lebenshauch miteinander verbunden und bergen den Keim des Zwillingsgegensatzes in sich. Umlaufend sind die acht Trigramme (Pakua) nach dem altchinesischen Weissagebuch I Ging zu sehen, das dem mythischen Kaiser Fu Xi zugeschrieben wird. Aus den acht Strichzeichen zur ›Offenbarung des Tao‹ entstanden in Verbindung mit den fünf ›Elementen‹ – Holz, Wasser, Feuer, Metall, Erde – die 64 Hexagramme zur magischen Beherrschung des Kosmos, die als Grundlage der altchinesischen Weissagekunst dienten.

Die Theorie der **polaren Urkräfte Yin und Yang** stammt aus dem klassischen Weissagebuch Yi Jing (I Ging). Im Altertum, so heißt es im ›Buch der Wandlungen‹, zog der heilige Mensch die **acht Trigramme (Pakua)** und ›von da an war die Offenbarung des Tao möglich‹. Die ungebrochenen Stäbe stehen für die ›kraftvolle Härte‹ des Yang, die geteilten für die ›geschmeidige Milde‹ des Yin. Aus den ursprünglichen Strichzeichen entstanden die 64 heiligen Hexagramme ›um die Gesamtheit des Kosmos zu erfassen‹. In Verbindung mit zahlenmystischen Spekulationen bilden die 64 Kua die Grundlage der komplizierten chinesischen Elementensymbolik und Weissagekunst.

Ein leerer Kreis symbolisiert das Tao, den Urgrund des Seins, den Lauf des Universums (vgl. S. 39). Als S-Linie durchzieht der Lebensodem das Zeichen des Tao und verbindet die Urkräfte Yin und Yang. Der ständige Wandel des Lebens kann durch Farbabstufungen ausgedrückt werden: Ist das Yin beispielsweise blau statt schwarz, so ist es gemildert und neigt sich im Vergehen bereits dem erwachenden Yang zu. Die Ausgewogenheit der polaren Kräfte schrieb sich Korea auch in die Nationalflagge (vgl. S. 399).

Das chinesische Weltbild rückt Erde und Mensch in den Mittelpunkt und basiert auf der Fünfzahl. **Fabelwesen** stehen für die fünf ›Elemente‹, Himmelsrichtungen, Jahreszeiten usw.

Grüner Regendrache	: Osten, Frühling, Holz
Roter Vogel (Phönix oder Hahn)	: Süden, Sommer, Feuer
Weißer Tiger	: Westen, Herbst, Metall
Dunkler Krieger (Schildkröte und Schlange)	: Norden, Winter, Wasser
Tao Tie-Maske	: Mitte, Übergang, Erde

In archaischen Bronzen der Shang- und frühen Zhou-Zeit (2. Jt. v. Chr.) nimmt die **Tao Tie-Maske** eine zentrale Stellung ein. Sie bezeichnet die Symbolhäufung des Erddämons als völlig stilisiertes oder relativ realistisches Antlitz mit Zügen von Drache oder Schlange, Tiger oder Elefant, mit Rinder- und Widderhörnern und Kauri (Porzellan)-Schnecken. Der Legende zufolge verlor

Der Quirl, eine dreifache Spirale in einem Kreis, symbolisiert den ständigen Wandel des Kosmos aus einem unveränderlichen Zentrum. Als Sinnbild des harmonischen Wechselspiels polarer Kräfte taucht er auch im buddhistischen Radsymbol auf.

Das Webmuster mit der Donnerbordüre. Schon in der altindisch-vedischen und der klassischen chinesischen Literatur wird die geheimnisvolle Verknüpfung von Mensch und Kosmos mit einem Gewebe verglichen. Das Donnermuster (oder der ›griechisch gebrochene Stab‹ = Mäander) ist wie das Hakenkreuz ein altes kosmisches Zeichen. Seine ursprüngliche Bedeutung ist ungeklärt; es dürfte aber schon sehr früh mit Donner und Licht, den wohlwollenden und zerstörerischen Naturgewalten, gleichgesetzt worden sein.

der ›Vielfraß‹, ein drachen- oder tigerähnliches Ungetüm, als Strafe für Menschenfraß seinen Kopf. Die wirkliche Bedeutung des erst im 4. Jh. n. Chr. nachweisbaren Wortes ist ungeklärt.

In Korea heißen furchteinflößende und daher unheilabwehrende Köpfe gehörnter Fabelwesen Kwi-myon, Yongdu (Drachenhaupt) oder Chwidu (Geierkopf).

Der **Drache** (Lung, kor. Yong), das erste der ›Vier übernatürlichen Wesen‹, führt die chinesische Tierhierarchie an. Er ist der große, wohlwollende und strenge **Geist des Wandelns,** ›das Leben an sich‹. Seine phantastischen Formen und Farben kennzeichnen seine Machtfülle und die Kraft der ständig wiederkehrenden Erneuerung des Lebens: Er schillert in den Regenbogenfarben, er kann flammenumlodert, gehörnt und geflügelt sein und seine Krallen variieren zwischen drei und fünf. Die kosmische Fünfzahl war kaiserlichen Drachen vorbehalten, Korea ›maßte‹ sich zeitweilig siebenkrallige Drachen an.

Auf- und absteigende Drachen stehen für Wachstum (Yang) und Ruhe (Yin) der Natur oder für Himmel (Yang) und Erde (Yin), die sich im Geist des Wandelns vereinen.

Kaiserliche Drachen: Machtfülle und Lebenskraft zeichnen den Drachen vor allen anderen Tieren aus und prädestinieren ihn zum Sinnbild des Himmels (Yang), der sich in Gestalt des Kaisers auf Erden präsentiert.

Der Drache und die Perle oder Kugel: Drachen können Perlen oder Kugeln (auch Sonnen- oder Feuerbälle) in den Klauen oder im Maul halten oder damit spielen. So vertritt der Drache die wandelbare Erscheinungswelt, die auf der Suche nach der Vollkommenheit und Ewigkeit, symbolisiert durch die Kugel, ist.

Im Buddhismus übernimmt der Drache die Funktion der altindischen Schlangengottheiten = Nagas, die Schätze der Wassertiefe, im weiteren Sinne geistige Kostbarkeiten und im besonderen buddhistische Schriften bewachen.

Der **Rote Vogel** oder **Phönix** (Feng Huang, kor. Ponghwan) ist ein vermutlich aus dem Fasan entwickeltes Fabeltier und wie im Abendland und im Vorderen Orient ein Sonnenvogel. Nach ostasiatischen Vorstellungen erhebt er sich nicht aus der Asche, sondern labt sich an seinem ›Lebensholz‹, dem Blauglockenbaum. Als König der Vögel rangiert der Phönix in der Tiersymbolik hinter dem Drachen und ist Zeichen der Kaiserin, des Südens, des Feuers und des Sommers. Feng bezeichnet den männlichen, Huang den weiblichen Phönix.

In ältesten Zeiten verglich man in China den Leib der **Schildkröte** mit der Erde, ihren Panzer mit dem Himmelsgewölbe. Als Landtier und ›Träger‹ wurde sie zum ›klassischen‹ Yin-Symbol. Zahlreiche Steinlaternen und -stelen werden von Schildkröten auf dem Rücken getragen. Den oberen Abschluß bilden häufig Drachen als Zeichen des himmlischen Yang. Die Schildkröte gehört zu den Sinnbildern des Langen Lebens und dient mit der Schlange als nördlicher Wächter des mythischen Universums.

Das **Einhorn** (Chilin, kor. Kirin) ist ein weissagekundiges Fabelwesen mit dem Körper eines Hirsches, dem Schwanz eines Ochsen, mit Fischschuppen und Pferdehufen und einem Horn auf der Stirn. Es schreitet leichtfüßig, ohne die Erde zu berühren, und verheißt als gutes Omen des Himmels die Geburt großer Herrscher, Feldherrn und Gelehrter. Das Chilin verkörpert auch Güte, beschert reiche Nachkommenschaft und eine gute Ehe.

Aus Orakelinschriften der Shang-Hauptstadt Yin (Anyang) geht hervor, daß der **Tiger** als Sinnbild der Erde galt. Wie alle haarigen Tiere vertritt er das weibliche Yin-Prinzip – besonders in bezug zum Yang-Drachen – obwohl er temperamentsmäßig eher vom Yang bestimmt wird. So symbolisiert das sanfte Schaf die Yin-Potenz und der hitzige Tiger als Grabwächter die Yang-Kraft. Er wird als König der Landtiere verehrt und gilt als Symbol der Tapferkeit und des Militärs. Im koreanischen Volksglauben spielt er als Verkörperung oder Begleiter des Berggeistes

Der blaugrüne, lebensspendende Drache des Ostens. Im Frühling erhebt er sich vom Meer zum Himmel. Herabfallender Schlamm, Regen und Tau befruchten die Erde zu frischem Grün und Blütenpracht. Schuppen und Klauen blinken als Blitze aus den Wolken, sein Röhren durchdringt Donner und Sturm. Koguryo-Malerei, 7. Jh.

Tiger-Amulett zum Schutz gegen Dämonen und Tiere, die besessen machen, beispielsweise Fuchs, Dachs oder Fischotter. Im Volksglauben gilt der Tiger als Verkörperung oder Begleiter des Berggeistes und als Wohltäter der Menschen. An chinesisch orientierten Grabanlagen verkörpert er die himmlische Yang-Kraft, das sanfte Schaf das irdische Yin.

und wohlwollender Schützer gegen Dämonen und Tiere, die besessen machen, eine bedeutende Rolle.

Mit dem Buddhismus gelangten **Löwendarstellungen** nach China und wurden mit mythischen Bestien (wilder Ochse, Schaf, Hirsch) zu einem oft Buddha(Fo)-Löwe genannten Fabelwesen verbunden, das Dämonen verscheucht, Feuer schluckt und Recht von Unrecht unterscheidet. Der **Hundelöwe** (Chieh-Chai, kor. Haetae) sperrt oft den Rachen auf oder hält eine ›Glückskugel‹ als Zeichen der Vollkommenheit und Ewigkeit. Die Löwin schließt das Maul und umfaßt mit den Tatzen ihr Junges. In Japan heißen sie ›Koreanische Hunde‹ (Koma Inu).

Himmlische Rosse oder **Meerespferde** (Haema) künden als Götterboten die Geburt großer Könige und Feldherrn an, die sie dann zeitlebens begleiten. Generale halten mit ihren Pferden Totenwacht an Königsgräbern.

Elefant: Symbol des Friedens und Wächter an Königsgräbern. **Pfau:** Sonnenvogel, Zeichen von Würde und Schönheit, Wohltäter der Menschen. **Enten und Gänse:** Zeichen ehelicher Liebe und Treue. **Hase:** Mondtier und Sinnbild der Klugheit, überlistet u. a. die Schildkröte des Drachenkönigs und den Tiger. **Schlange:** Symbol der Erde und der ständigen Erneuerung

Die Pflaumenblüte symbolisiert den Mut, da sie den Frühling einleitet und oft noch die Last des Schnees tragen muß. Die letzte koreanische Herrscherdynastie der Yi (Li) schreibt sich mit denselben glückverheißenden chinesischen Schriftzeichen wie die Pflaumenblüte. Der Pflaumenbaum gilt wegen seines hohen Alters als Zeichen des langen Lebens; mit dem Bambus und der Kiefer zählt er zu den ›Drei Freunden der kalten Jahreszeit‹.

Die Baumpäonie, eine kleinere Abart der Pfingstrose, kommt als ›Königin der Blumen‹ oft in der Malerei vor; sie gilt als Sinnbild von Vornehmheit und Reichtum. Im alten China zählten die weißen Pfingstrosen von Loyang zu den ›zehn schönsten Dingen unter der Sonne‹.

des Lebens. **Elster:** Vogel der Freude, der gute Nachricht oder Besuch verspricht. Verkündet im Alt-Silla-Reich die Geburt mancher Könige, koreanischer Nationalvogel.

Die **›Vier Noblen‹ – Orchidee, Pflaumenblüte, Bambus, Chrysantheme** – stehen für die Tugenden Kultiviertheit, Mut, Lebenskraft und Redlichkeit; die **›Drei Freunde der kalten Jahreszeit‹** sind **Pflaumenbaum, Bambus und Kiefer.** Der Pflaumenbaum gilt wegen seines hohen Alters als Symbol des langen Lebens, die Blüte als Zeichen des Mutes, da sie den Frühling einleitet und oft noch Schnee tragen muß. Geschmeidigkeit und Stärke des Bambus symbolisieren den tugendhaften Menschen. Die immergrüne Kiefer wird wegen ihrer Knorrigkeit und ihres hohen Alters als Zeichen des langen Lebens verehrt. **Baumpäonie:** Kleinere Abart der Pfingstrose, Königin der Blumen – die weißen Pfingstrosen von Loyang zählten im alten China zu den ›zehn schönsten Dingen unter der Sonne‹. Zeichen von Vornehmheit und Reichtum. **Chrysantheme:** Symbol von Dauerhaftigkeit und Fröhlichkeit; **Granatapfel:** Zeichen von Fruchtbarkeit; **Pfirsich:** Blüte Sinnbild der Ehe; Frucht Symbol des langen Lebens. **›Acht Kostbare Dinge‹ (Pa Pao):** Magische Perle – Wunscherfüllung, Münze – Wohlhabenheit, offene Raute – Sieg und Erfolg, zwei Bücher – Gelehrsamkeit, Bild – kulturelle Tätigkeit, Jade-Klangstein – Glück, 2 Rhinozeroshornbecher – Überfluß und Glück – Artemisia (Wermut)blatt – gute Vorzeichen; **Wolke (Yün):** Fahrzeug der Götter und Genien, Glückszeichen; **Fledermaus:** Glückszeichen, weil die Aussprache der Schriftzeichen für Fledermaus und Glück (Fu, kor. Pok) gleichlautend sind.

Zahlreiche Symbole stammen aus taoistischen Paradiesvorstellungen. **Drei Bergspitzen, Kiefern, Wasser, Sonne und Mond,** versinnbildlichen das Inselreich der Seligen und zieren oft

Kunstvoll verzierte Schriftzeichen als Symbole für Glück und langes Leben.

königliche Thronhallen. Als Reittier der Unsterblichen und Symbol des Glücks und langen Lebens, auch der Literatur, gilt der **Kranich.** Ein Kranichpaar symbolisiert Treue. **Hirsch:** Der weißgefleckte Pflaumenblütenhirsch kann als einziges Lebewesen den Pilz oder das Kraut der Unsterblichkeit (Pullocho) finden. **Pfirsich:** An der aus Persien stammenden Paradiesfrucht laben sich Unsterbliche, Genien und Elfen im Reich der Königinmutter des Westens zur Erhaltung ihrer ewigen Jugend (vgl. S. 39).

Anlage und Bildsprache buddhistischer Klöster

Städtische Großtempel und Staatsklöster aus der Blütezeit Paekches und Sillas sind nicht mehr erhalten. Der klassische, aus China übernommene Tempelplan läßt sich am besten in frühen japanischen Tempeln und im wiedererbauten Pulguk-sa in Kyongju studieren. Stets in der Ebene gelegen, basiert er auf einer axialen Hintereinanderreihung der Hauptgebäude, die von einem rechteckigen **Hof mit umlaufenden Wandelgängen** (Hoerang) umschlossen werden. An der Stirnseite des Tempelkomplexes öffnet sich das nach dem Hallenprinzip konstruierte **große Zugangstor** (Chung-mun = Mitteltor). Frei im Hof stehen an der Mittelachse eine Pagode und die **Haupthalle oder Bilderhalle** mit den wichtigsten Kultfiguren (auch **Goldene Halle,** Kum-dang, jap. Kondo, oder Gesetzes- = Dharmahalle, Pob-dang). Die **Predigt- oder Lehrhalle** (Kang-dang oder Musol-jon, jap. Kodo) ist hinter der Haupthalle in den Wandelgang eingebunden. Sie dient den Mönchen für Sutrenrezitationen, Versammlungen und Meditation. **Glocken- und Trommelpavillon** und **Mönchsquartiere** sind unerläßliche Bestandteile eines Klosters, aber standortmäßig nicht genau fixiert. Im allgemeinen liegen die Wohngebäude außerhalb des Kultbezirks.

Anfänglich stand die **Pagode** im Mittelpunkt des Kults und daher an der Mittelachse vor der Haupthalle. Dieser Einpagodentyp gelangte von Paekche (Tempel von Kunsu-ri, Chongnim-sa in Puyo) nach Silla und Japan. Nach dem bekanntesten Beispiel, dem neu errichteten Shitenno-ji in Osaka, heißt der **Einpagodentyp** auch Shitenno-ji-Plan. In Silla gehörten die großen Staatstempel Hwangryong-sa und Punhwang-sa zum Einpagodentyp.

Im späten 7. Jh., während der Groß-Silla-Zeit, scheint die Bilderhalle auf Kosten der Reliquienverehrung an Bedeutung gewonnen zu haben. Die Pagode wurde zur Seite gerückt und gleichzeitig verdoppelt; die Zwillingspagoden standen nun paarig zur Mittelachse. Dem **Zweipagodentyp** folgten der Kamun-sa, Mangdok-sa, Sachonwang-sa und Pulguk-sa in Silla und der Yakushi-ji in Nara.

Die meisten koreanischen Klöster liegen abseits der städtischen und dörflichen Betriebsamkeit inmitten meditativer Wald- und Bergeinsamkeit. Viele von ihnen können auf eine mehr als tausendjährige Vergangenheit zurückblicken. Während der Mongolenstürme und der konfuzianischen Buddhistenverfolgungen zogen sich viele Ordensgemeinschaften auch aus Sicherheitsgründen in abgelegene Täler zurück.

Die heutigen Klöster sind keine klassischen Anlagen, folgen jedoch den Grundzügen der chinesischen Baukunst und Geomantik. Durch unterschiedliche Geländeformen bedingte Grundrißvarianten erhöhen ihren Reiz. Den meisten Klöstern sind Einsiedeleien angeschlossen, die untereinander und mit Nachbartempeln durch Wander- und Pilgerpfade verbunden sind.

Der Klosterbezirk gilt als Abbild eines außerirdischen Buddha-Landes, als Ort des Friedens und der Stille des Gemüts, wo alles Weltliche bereits auf dem Wege versiegen soll. Pfade durch dunkelgrüne Kiefernwälder, an kristallklaren Bächen und gesäumt von Stelen, Felsreliefs, Steinlaternen und Kleinreliquiaren sollen auf den Besuch einstimmen.

Mehrere Tore leiten in den inneren Klosterbezirk. Das äußerste und einfachste ist das meist rot gestrichene **Einsäulentor (Ilju-mun),** bei dem Stützen nur in einer Reihe, nicht hintereinander stehen. Rot soll Dämonen abhalten und gilt gleichzeitig als Farbe der Freude. Im **Erlösungstor (Haetal-mun)** oder Diamanttor (Kumgang-mun) sollen ›Hundelöwen‹ vor Feuer und zwei grimmige Torhüter, im Koreanischen ›Zwei wohlwollende Könige‹ oder ›Diamantgenerale‹ (Inwang oder Kumgang Sinchang), vor Dämonen schützen. Die Erleuchtungswesen Manjushri (Munsu) auf einem Löwen und Samantabhadra (Pohyon) auf einem Elefanten verheißen die Tugenden der Weisheit und Willensstärke bzw. Meditation. Im letzten und größten Eingangsbau, dem **Tor der Vier Himmelskönige (Sachonwang-mun,** kurz auch Tor der Himmelskönige = Chonwang-mun), stehen die prächtig gerüsteten Herrscher der Haupthimmelsrichtungen (vgl. S. 123).

Die Studien-, Lehr- oder Versammlungshalle ist heute häufig im Erdgeschoß als **Torhalle (Kyonggo-mun)** gestaltet. Den Mittelpunkt des klösterlichen Gevierts bildet wie in frühen Zeiten die **Haupt- oder Bilderhalle,** die nach dem wichtigsten Kultbild unterschiedliche Namen trägt: **Taeung-jon** (Daeung-jon), die Halle des Großen Helden beherbergt den historischen Buddha Shakyamuni, **Kuknak- oder Kukrak-jon** (Geugrag-jon), die Paradieseshalle, ist dem Reinen Westlichen Land oder dem Lotosparadies des Amitabha geweiht, **Taekwang-jon** (Daekwang-jon), die Halle des Großen Lichts, ist dem esoterischen Ur-Buddha Vairocana gewidmet. Nach seinem koreanischen Namen heißt diese Halle auch Piro-jon. Ist die Silbe -bo in den Hallennamen eingeschoben, so bedeutet sie ›Schatz‹.

Chonbul-jon, die **Halle der Tausend Buddhas,** erinnert an das Wunder von Shravasti, wo sich Shakyamuni nach allen Seiten hin vervielfachte. Tausend (richtig 999 – denn die letzte Weisheit bleibt auf Erden verborgen) kleine, weiße Buddha-Figuren hinter einer vergoldeten Buddha-Triade gestaffelt, versinnbildlichen auch die Glaubensvorstellungen des Mahayana, daß Buddhas so ›zahlreich wie Staubteilchen‹ (Avatamsaka-Sutra) den geheimnisvollen Kosmos bevölkern, daß die Buddhaschaft verborgen in jedem Lebewesen ruht.

Yongsan-jon, die **Halle des Heiligen Berges,** erinnert an die Predigten Buddhas auf der Geierkuppe = Ghridhrakuta bei Rajgir, wo er u. a. die Große Lehre vom endgültigen Scheiden = Maha Parinirvana-Sutra und das Surangama-Sutra verkündete.

Ungjin(Eungjin)-jon, die **Halle der Buddha-Jünger,** zeigt Shakyamuni im Kreise der 16, 18 oder 500 Arhats. Die bunt bemalten kleinen Figuren mit interessanten Charakterköpfen, manchmal mit ›Spieltieren‹, gehören zu den reizvollsten Beispielen der bedürfnislosen, lächelnden Weisheit.

Manwol-jon, die **Vollmondhalle,** ist dem Buddha der Heilkunst und den Erleuchtungswesen des Sonnen- und Mondlichts geweiht.

Unter den Bodhisattva-Hallen sind die **Wontong-jon** für Kwanseum und **Yonghwa-jon** für Miruk die wichtigsten.

Fast jedes Kloster besitzt eine **Gerichts- oder Höllenhalle (Myongbu-jon),** die dem Bodhisattva der Unterwelt (Chijang) und den Zehn Richterkönigen der heißen und kalten Höllen gewidmet ist (vgl. S. 121ff.). Totengericht, Ahnengedenken und Seelenmessen wurzeln im chinesischen Glauben und flossen über die Reine Land-Schule in den Buddhismus ein.

Chosa-dang und Kuksa-dang bezeichnen die Bildergalerien der Klosterhierarchie, von bedeutenden Äbten, Mönchen und Nationalpriestern (Kuksa).

Unerläßlich sind in jedem Kloster mindestens eine **Pagode,** eine **Bibliothek** und ein **Pavillon für die Ritualinstrumente (Pongum-gak).** Die Trommel ruft zur Morgenandacht, die Glocke zu Abend- und Gebetszeremonien, der Gong zu verschiedenen Zusammenkünften und der hölzerne Klopffisch zum Essen. Auf dem **Friedhof** werden die Aschenurnen aufbewahrt, in der Nähe steht ein steingebautes Krematorium.

Besonders während der konfuzianischen Yi-Zeit mußten sich viele Klöster dem Volksglauben öffnen und integrierten **Schreine bodenständiger Götter:** Samsin- oder Samsong-gak zu Ehren der Drei Geister, Sansin-gak für den Berggeist, Chilsong-gak für den Siebensterngeist und Toksong-gak für den Einsiedlergeist.

Stupa und Pagode

In der buddhistischen Welt blieb der Stupa bis heute das ›heiligste Heiligtum‹ (Seckel), unerläßlicher Bestandteil der Tempel und Klöster.

Der Ursprung des Stupa liegt in dem einst in Eurasien verbreiteten Hügelgrab als Beisetzungsstätte für ›Weltherrscher‹, Könige und Fürsten oder große Heilige. Der historische Buddha erkor selbst einen Tumulus als Ruhestätte, seine Reliquien wurden auf acht Hügelgräber, die ältesten Wallfahrtsorte, verteilt.

Trotz starker formaler Veränderungen behielt der älteste buddhistische Kultbau bis heute seine ursprüngliche Bestimmung: Er ist **Reliquien- und Erinnerungsmal** des historischen Buddha oder anderer Heilsgestalten, im weiteren Sinne ein Behälter von Votivgaben und des ›Wortleibes‹ (der heiligen Schriften). Als Kosmo- und Psychogramm steht der Stupa für das mystische Weltbild und den stufenweisen Heilspfad.

Jedem Bauteil kommt tiefer Symbolgehalt zu. Der frühbuddhistische Stupa legte die Dreiteilung bereits fest: Die radförmige Basis veranschaulicht den Kreislauf des Lebens und im esoterischen Sinne die ewige Weltgesetzlichkeit, die sich im täglichen Sonnenlauf und der

Die Entwicklung vom indischen Stupa zur chinesischen Stockwerkpagode. Von links: Der vom Grabhügel abgeleitete indische Grundtypus, der spätere indische Typus (2./3. Jh. n. Chr.) in Gandhara, zwei Formen der von Wachttürmen oder dem Turmhaus der Han-Zeit inspirierten chinesischen Stockwerkpagode in Steinbau und in Holz mit Ziegeldächern (Relief in den Grottentempeln von Yünkang, Nordchina).

buddhistischen Lehre offenbart. Durch das wichtigste Ritual, die Rechtsumkreisung = Pradakshina, vollzieht der Gläubige die Weltordnung nach und wandelt aus der leidvollen Kette der Wiedergeburten zur Erlösung.

Die halbkugelige Wölbung (Anda = Ei, ›Weltenei‹ oder Garbha = Schoß, Höhle) versinnbildlicht den Weltberg Sumeru oder Meru, aus dessen ›Schoß‹ die vielfältige Erscheinungswelt hervorgeht. Diese Höhle birgt häufig Reliquien als Zeichen der Weisheitsessenz, die irdisch Grobstoffliches zu höchster Geistigkeit verwandelt.

Auf dem Scheitel der Wölbung ruht ein quadratisches Steingitter oder ein viereckiger Kasten. Diese ›begrenzte‹ Würfelform steht für den (vergänglichen) Himmel des Götterkönigs Indra auf dem Gipfel des Meru. Aus der Wölbung ragt die Schirmstange, das ›Lebensholz‹ auf – ein Relikt des schamanistischen Weltenbaums oder der Weltensäule und im buddhistischen Sinne der Baum der Erkenntnis und Erleuchtung. Der Schirm gebührt als Würde- und Hoheitszeichen geistigen Weltherrschern.

Im Laufe der Zeit wurde die Anzahl der Schirme vermehrt und diese zu Scheiben oder Ringen verflacht. Nach oben läuft der Stupa in Symbolen der Polaritätenvereinigung (Sonne und Mond usw.) und einer Flammenzunge oder -perle = Cintamani, dem Zeichen der Beendigung des Erlösungspfades, aus.

Aus der portugiesischen Abwandlung der besonders auf Ceylon verbreiteten Bezeichnung Dagoba für buddhistische Reliquienbehälter wurde das Wort **Pagode** abgeleitet.

Baugeschichtlich versteht man darunter die ostasiatische, turmartige Weiterentwicklung des indischen Stupa. In den ostasiatischen Ländern des Nördlichen Buddhismus trat das Turmmotiv stark in den Vordergrund. Die ursprüngliche Dreiteilung des Stupa – Basis, Halbkugel und Schirmbekrönung – blieb nur noch rudimentär erhalten.

Die Ausbildung des Stupa zur **Stockwerkpagode** war ansatzweise schon in Indien (Gandhara) vorhanden, wurde jedoch erst in China nach dem Vorbild des Turmhauses und Wehr- und Wachtürmen der Han-Zeit vollendet. Reliefs in den Grottentempeln von Yünkang und Lungmen und literarische Quellen beweisen mehrstöckige Holzpagoden schon um die Mitte des 4. Jh.

Die Wandlung des halbkugeligen Stupa zur Stockwerkpagode vollzog sich in dreifacher Weise durch eine vertikale Streckung, eine Grundrißänderung (vom Kreis zu quadratischen bis vieleckigen Formen) und eine Gesims- und Dachausbildung.

Einen entscheidenden Beitrag leistete auch die taoistische Kosmographie. Im Sinn der Ausgewogenheit der polaren Urkräfte ist die Basis als Symbol des erdgebundenen Yin stets vier-, sechs-, acht- oder zwölfeckig. Die Geschoßzahl ist als Sinnbild des himmelwärts stürmenden Yang immer ungerade.

Kerzen und Lampions erhellten Pagoden zu ›Leuchttürmen der Lehre‹, Windglöckchen tragen ähnlich wie flatternde Fahnen Gebete hinaus in den Äther.

In ihrer Gesamtheit steht die Pagode für den Weltberg Meru und den stufenweisen Pfad zur Vollendung. Die **Basis** – sie kann als Kapelle ausgebildet sein – repräsentiert die irdische Wiedergeburtszone (Kamadhatu = Region der Begierde, des Wunschdenkens). In der Menschenwelt soll der grobstoffliche Verwesungsleib durch die buddhistische Lehre zur Vergeistigung und Erlösung verwandelt werden (Nirmanakaya = Verwandlungsleib).

Die **Stockwerke** oder gesimsartigen Dachkränze symbolisieren die stufenweise Läuterung in verschiedenen kosmischen Ebenen. Bekrönende Metallringe zeigen die höchsten Meditationsstufen und Erleuchtungsstadien an (vgl. Dreikörperlehre S. 118f.).

Auf der **Pagodenspitze** repräsentiert die baldachinartige Scheibe von Himmel und Erde (chin. Tian Di Ban) die Vereinigung der Gegensätze Yin und Yang. Das Flammenjuwel = Cintamani ragt als Wegweiser in die transzendente Region der Formlosigkeit = Arupadhatu des Ur-Buddha.

Die Pagode in Korea

Chinesische Pagoden wurden vom 5.–8. Jh. maßgebendes Vorbild für Korea und Japan, beide Länder entwickelten jedoch wesentlich weniger Varianten. Japan übernahm aus Korea die hölzerne Stockwerkpagode. Trotz großartiger Holzpagoden wurde in Korea Stein als Baumaterial bevorzugt.

Der gewaltigste Reliquiarbau Koreas war die neunstöckige **Holzpagode** des Hwangryong-sa in Kyongju aus dem 7. Jh. Sie soll an der Basis 24 × 24 m gemessen haben und 68 m hoch gewesen sein. Fast alle Holzpagoden wurden durch Feuer oder Kriege zerstört. Heute besitzt Korea nur noch zwei ältere Holzpagoden aus dem 17. Jh.: die besonders kunstvoll konstruierte im Ssangbong-sa und die fünfgeschossige im Popchu-sa, deren Original im 7. Jh. als Vorbild für die Pagode des Horyu-ji in Nara gedient hatte. Charakteristikum dieser Pagoden ist der ›Herzpfeiler‹, ein durchgehender Mast, der sich vom schamanistischen Weltenbaum bzw. der Schirmstange des archaischen Stupa ableitet.

Varianten koreanischer Steinpagoden, 7.–14. Jh.
a Miruk-sa und b Punhwang-sa in Kyongju, c Reliefpagode des Chinchon-sa, d Shakyamuni- und e ›Schatzpagode‹ des Pulguk-sa, f dreizehnstufige Pagode des Chongnye-sa, g siebenstufige Pagode von Tabpyong-ri, h Löwenpagode des Hwaom-sa, i Oktogonpagode des Wolchong-sa, k Marmorpagode im Kyongbok-Palast, Seoul.

Die in China besonders beliebte **Ziegelpagode** mit reichem Skulpturenschmuck und buntglasierten Dächern findet man in Korea nicht. Einfache, formschöne Ziegelbauten entstanden beispielsweise in Andong und im Silluk-sa. In Silla ahmte man Ziegel in Stein nach (Punhwang-sa).

Korea kann sich der meisten **Steinpagoden** in Ostasien rühmen – allein im Umkreis von Kyongju stehen noch etwa sechzig. Die ältesten Beispiele, die Pagode des Chongnim-sa in Puyo und die pyramidal gestaffelte Pagode des Miruk-sa, ahmen Holz nach. Aus der schlichten, edlen Paekche-Pagode entwickelte sich im 7. Jh. die Silla-Pagode, die nach der Reichseinigung (668) Vorbild für ganz Korea wurde.

Den ›klassischen‹ **Silla-Typ** stellt die dreigeschossige Zwillingspagode des Kamun-sa dar: Die quadratische Doppelbasis besteht aus einem flachen, gestuften Sockel und einem höheren Kubus mit Pilastergliederung. Erst darauf erhebt sich der massive, mit pilasterartigen Eckpfeilern gegliederte und mit Steinplatten verkleidete Pagodenkörper. Jedes Stockwerk ist deutlich kleiner als das darunterliegende. Fünf getreppt vorspringende Steinplatten tragen jeweils die schrägen Dachflächen. Auf der Spitze ruht ein quadratischer Block, aus dem eine Eisenstange für die Ehrenschirme oder eine Flammenperle aufragt.

Der Grundriß koreanischer Pagoden, die häufig drei, aber auch bis zu dreizehn Stockwerke haben, ist fast ausschließlich quadratisch – die Pagode des Wolchong-sa stellt das seltene Beispiel eines Achtecks dar. Reizvolle Varianten sind Löwen- und ›Schatzpagoden‹.

Kleine Stupas und Grabmale bewahrten oft viel klarer als die Stockwerkpagode die ursprüngliche indische Form. Grabmale mit einem kugel-, ei-, trommel- oder laternenförmigen Körper werden in Korea **Pudos** genannt. Ihr Sockel ist meist achteckig, das ausschwingende Dach bekrönen Sonnen- und Mondzeichen, eine Spitzperle oder eine Lotosblüte.

Eine vor allem in Japan beliebte Sonderform ist das **Gorinto,** eine pagodenartige Aufeinandertürmung der fünf ›Bausteine‹ des Kosmos. Diese Elementensymbolik liegt lamaistischen Reliquiarbauten (Tschörten) in Tibet und seinen Nachbarländern zugrunde.

Grabpagode im Gorinto-Typ für den Zen-Meister Hongpop (NS 102), 11. Jh., im Kyongbok-Palast, Seoul. Fünf verschiedene Bauteile symbolisieren die sich nach oben ›verfeinernden‹ Elemente des Kosmos:
Kubus oder Oktogonplatte = Erde
Wölbung (Kugel, Glocke, Ei, Trommel) = Wasser
Dreieck (Pyramide, oft zu einem Dach geschwungen) = Feuer
Kleine Halbkugel nach oben = Luft
Spitzperle oder Flammenzunge = Äther, ›Leerheit‹, Absolutes.

Tempelausstattung und Kultgerät

Kultfiguren bilden räumlich wie geistig den Mittelpunkt einer Tempelhalle. Sie thronen auf einer tischartigen Plattform, die eine Terrasse des Weltachsenberges Sumeru (oder Meru) symbolisiert. Über dem Thron des Buddha in der Weltmitte spannt sich eine **Decke** – ein Baldachin oder eine Art Kuppel –, die das Himmelsgewölbe repräsentiert. **Kopf- und Körpernimben** hüllen die Figuren in die ›Wolke‹ oder den Nebel des Mysteriums. Die scheiben-, strahlen- oder bootförmigen Nimben können nach oben spitz auslaufen und nach vorne gekippt sein. Aus ihnen bricht die ›Welterleuchtende Weisheitsstrahlung‹ – Flammen oder Strahlen – hervor.

Figurensockel, Baldachin und Nimben sind oft kunstvoll mit Blüten, Ranken, Wolken, verehrenden Himmelswesen, Vögeln, Fabeltieren, abstrakten Symbolen und kleinteiligem Kassettenwerk geschnitzt und bunt gefaßt.

Inmitten dieser Pracht fallen die Buddhas durch größte Schlichtheit auf. Als Zeichen ihrer Erhabenheit und ›Leere‹ vom Irdischen tragen sie einfache Mönchskleider und keinerlei Schmuck. Dem Kreislauf der Wiedergeburten enthoben und jenseits von ›Form und Farbe‹, sind sie in überirdisches Gold getaucht. Golden erstrahlen auch Erleuchtungswesen = Bodhisattvas, sie ziert aber fürstlicher Schmuck, denn sie greifen in ihrem Erlösungswerk noch in das irdische Geschehen ein. Figuren unterhalb der Buddha- und Bodhisattva-Ebene sind bunt – Farbe ist ein Zeichen der vielfältigen, ›befleckten‹, vergänglichen und leidvollen Erscheinungswelt.

Einfache Tische dienen zur Darbringung von **Opfergaben** – Blumen, Früchten, Getreide (Reis), Weihrauch, wohlriechendem Wasser, Salben, Pulver, Essenzen, Geld. Unerläßlicher Bestandteil jedes Klosters ist ein **Ahnengedenktisch** mit Geisttafeln und Bildern der Verstorbenen.

Als **Zeremonialgeräte** dienen den Mönchen Handglocken, Diamantzepter, Gongs, Klangplatten, Weihrauchbrenner, verschiedene Vasenformen etc. Eines der ältesten Ritualgefäße und ein Hauptattribut des Bodhisattva Kwanseum (vgl. S. 119f.) ist die Kundika, ein ›Lebenswasserbehälter‹. Liturgische Gegenstände sind häufig sehr feine Metallarbeiten mit Gold- und Silberdrahtdekor. Priester und Äbte tragen als Würdezeichen Priesterstab, Zepter, Fliegenwedel aus Yakhaar und Rosenkranz, meistens mit 108 Perlen entsprechend der heiligen Zahl des Buddhismus, abgeleitet von den 108 Lehrreden Buddhas.

Einige buddhistische Symbole

Die frühbuddhistische Kunst stellte den historischen Buddha nur symbolisch dar. Vier Bildzeichen markierten die wichtigsten Stationen seines Erdenwandels: Der Elefant steht für die Geburt, der Baum für die Erleuchtung, das Rad für die Weltgesetzlichkeit und die darin begründete Lehre, der Stupa für das ›Verlöschen, Verwehen‹.

Durch die Begegnung Indiens mit der Spätantike setzte sich die figürliche Darstellung von Buddhas, Bodhisattvas und einer umfangreichen Himmelshierarchie durch. Gleichzeitig vermehrte sich die Anzahl der Bildzeichen. Sämtliche Symbole unterliegen einer **Vielzahl von Deutungen,** je nach ihrem Zusammenhang, der Auslegungen unterschiedlicher Lehrrichtungen oder den manchmal recht gegenständlichen Ansichten des Volksglaubens.

Drei Kugeln oder ein Dreizack bezeichnen die Drei Juwelen = Triratna – Buddha, Lehre und Gemeinde – oder die Überwindung der drei Grundübel Gier, Haß und Verblendung. Das rechts- oder linksläufige **Hakenkreuz = Swastika** ist ein uraltes, aus dem Sonnenrad entwickeltes Glückszeichen. Der **Lotos** symbolisiert die Entfaltung der Erscheinungswelt aus den Urwassern, den Mutterschoß oder die vom Schlamm der Welt unbefleckte Reinheit und Vollkommenheit der Buddha-Natur. Die **Glocke** ist eine aus dem Lotos hervorgegangene Klangform mit derselben Bedeutung. Töne verkünden die Vergänglichkeit der materiellen Welt, erwecken aber auch zur geistigen Erneuerung. Das **Diamantzepter = Vajra** repräsentiert das Absolute und die alles durchdringende ›Leere‹ (vgl. S. 47). Vajra und Glocke stehen als Symbol des männlichen und weiblichen Prinzips, ebenso wie das Dreieck nach oben (männlich) oder nach unten (weiblich). Das **Schwert** symbolisiert Erkenntnis – das Durchschlagen der Wolken oder der Knoten der Unwissenheit – und ist Zeichen des Manjushri (vgl. S. 121). Die **Almosenschale** als Hoheitszeichen von Mönchen und Äbten versinnbildlicht Entsagung von der leidhaften, trügerischen Erscheinungswelt.

Die religiösen Acht Glückszeichen = Astamangala. Der Schirm gebührt als Hoheitszeichen ›Weltherrschern‹ und Buddhas und schützt vor allem Übel; die Lotosblüte bedeutet die harmonische Entfaltung der Erscheinungswelt und geistige Erneuerung; zwei Fische stehen für Fruchtbarkeit und Ausbreitung und das Entweichen aus dem Kreislauf der Wiedergeburten; das Muschelhorn verkündet den Ruhm der Heilslehre; der Krug bewahrt ›Lebenswasser‹ oder den Nektar der Todlosigkeit; das Rundbanner ist die Siegesstandarte des Buddhismus; das Rad gilt seit Urzeiten als Abbild des Weltgesetzes = Dharma und der ihm innewohnenden buddhistischen Lehre; der Unendliche Knoten symbolisiert die Verwobenheit der geistigen und materiellen Welt und die Ewigkeit des Lebens.

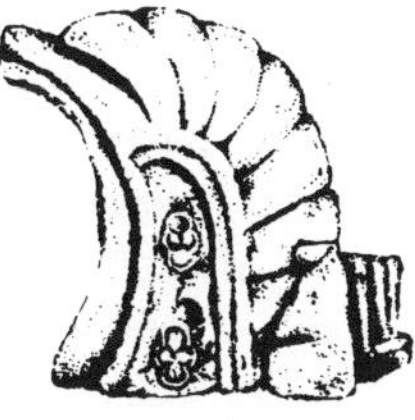

Triratna, die Drei Juwelen des Buddhismus – Buddha, Lehre und Gemeinde – in symbolischer Form (links). Personifiziert kommen sie in vielen Tempeln als drei Buddhas, nämlich Shakyamuni, Amitabha und Bhaishajyaguru vor. Padma, der vollerblühte Lotos, ist eines der wichtigsten buddhistischen Symbole. Er bedeutet die Entfaltung der Erscheinungswelt aus den Urwassern und die vom Schlamm der Welt unbefleckte Reinheit der Buddha-Natur. Dachziegel und Firstbekrönung aus Paekche, 7. Jh.

Hauptmerkmale der Bildsprache und koreanische Besonderheiten

In Korea ist die Figurenpalette der buddhistischen Ikonographie wesentlich bescheidener als in Japan, aber dennoch in mancher Hinsicht schwierig. Durch die enge Verquickung mit dem Volksglauben – Lokalgötter können wie Buddhas, Bodhisattvas oder konfuzianische Beamte aussehen – kann Verwirrung entstehen. Das Fehlen von Attributen, Symboltieren und charakteristischen Handhaltungen bei den meisten Buddhas und die spärlichen Embleme der Bodhisattvas erschweren die Identifizierung.

Da Korea keinen Shaktismus wie Indien oder Tibet kennt – Shakti ist die weiblich-hervorbringende Energie – fehlen Göttinnen sowie erotische Darstellungen.

Buddhas und Bodhisattvas sind übergeschlechtliche Wesen. In ihnen ist die mann-weibliche Polarität – wie alle anderen Gegensätzlichkeiten der Erscheinungswelt – aufgehoben. Die weichen indischen Gesichts- und Gestaltstypen wurden bereits in der frühbuddhistischen Kunst bewußt gewählt, um eine jenseits von Mann und Weib ›schwebende‹ Wesensnatur auszudrücken. Ein Bart ist nicht als Betonung der Geschlechtlichkeit aufzufassen, sondern als Hinweis, daß die Erleuchtung nur in einer Wiedergeburt als Mann möglich ist.

Geschlechtsmerkmale zeigen nur Gestalten unterhalb der Buddha- und Bodhisattva-Ebene, also Götter, Himmelskönige, Wächter und Begleitfiguren, beispielsweise Apsaras.

Buddhas und Bodhisattvas sind mit Goldlack überzogen (oder weiß), da sie der materiell ›befleckten‹ Erscheinungswelt entrückt sind.

Alle Erleuchteten (Buddhas, Bodhisattvas, eventuell auch Arhats) tragen einen ›Heiligenschein‹. Dieser Nimbus hebt sie von Wesen ab, die noch dem Kreislauf der Wiedergeburten verhaftet sind.

Buddhas oder Buddhas mit Bodhisattvas werden meist als Triaden dargestellt.

Sehr populär sind Wiedergaben des Totengerichts und der Höllentorturen. Als Herr der Unterwelt waltet der Bodhisattva Kshitigarbha (Chijang) mit den Zehn Richterkönigen.

Tantrische Manifestationen, über das menschenähnliche Bild hinaus gesteigerte Gestalten, sind ebenso wie zornvolle Buddhas und Gottheiten selten. Mehrere Köpfe symbolisieren universelle Geistigkeit, Vielgliedrigkeit übernatürliche physische Potenzen.

Im Volksglauben werden Buddhas und Bodhisattvas ebenso wie Lokalgeister als ›Gottheiten‹ aufgefaßt. Dies steht jedoch in schärfstem Widerspruch zum orthodoxen Buddhismus: Götter unterliegen ebenso wie Titanen, Menschen, Höllenbewohner, Hungergeister und Tiere dem vergänglichen Lebensrad. Zur Erlangung der Erleuchtung und Erlösung müssen sie in der Menschenwelt wiedergeboren werden, da nur hier Buddhas die Heilslehre verkünden.

Das Bild des Buddha (Pul oder Bul)

Das Buddha-Bildnis entstand im Nordwesten Indiens (Gandhara) unter hellenistischem, römischem und persischem Einfluß. Während der Gupta-Ära im 4./5. Jh. erhielt es seine klassische, für die buddhistische Welt verbindliche Prägung.

32 große und 80 kleine Glücksmerkmale = Lakshanas weisen den Buddha als geistigen Weltherrscher aus. Diese Zeichen übernatürlicher Fähigkeiten und Schönheit stammen teilweise aus einem altindischen Astrologiehandbuch und aus der Buddha-Legende.

Erleuchtungserhöhung = Ushnisha: knotenartiger Kopfauswuchs als Zeichen geistiger Potenz auf dem Scheitel. In Korea zusätzlich eine zweite Wölbung zwischen den Haaren auf der Stirn.

›Weisheitsauge‹ = Urna: drittes, übernatürliches Auge – meist als Punkt zwischen den Brauen. Ursprünglich eine rechtsdrehende (Sonnenlauf!), lichtausstrahlende Locke.

Kräuselhaar: die kurzen, rechtsdrehenden Löckchen leiten sich aus der Legende ab, daß die ganze Natur, auch Schnecken und Schlangen, an dem weltbewegenden Ereignis der Erleuchtung Anteil nahm.

Langgezogene Ohren: Zeichen fürstlicher Herkunft, da altindische Fürsten schweren Ohrschmuck trugen. Sinnbild menschlichen Adels, höherer Weisheit und des ›Lauschens der inneren Stimme‹.

Nimbus: Kopf- und Körpernimbus bilden die ›Wolke‹, den Nebel und die welterhellende Weisheitsstrahlung. Der Lichtkranz stammt aus dem Iran.

Symbolische Gesten = Mudras, Siegel, geben den Wirkungsbereich eines Buddha wieder:

Geste der Erdanrufung = Bhumisparsha-mudra: Die rechte Hand berührt die ›Mutter Erde‹ als Zeugin des Sieges über den Versucher Mara, die Verkörperung des Bösen.
Geste der Meditation = Dhyana-mudra: Beide Hände liegen entspannt im Schoß.
Geste der Predigt oder des Lehrrades = Dharmacakra-mudra: Die Finger der rechten Hand formen das Rad des Weltgesetzes oder der Lehre.
Geste der Schutzgewährung = Abhaya-mudra: Die erhobene Rechte weist mit der Handfläche zum Beschauer ›Fürchte Dich nicht‹.
Geste der Wunschgewährung = Dana-mudra: Die gesenkte Rechte mit dem Handrücken nach außen.

In Korea können alle Haupt-Buddhas diese unterschiedlichen Mudras zeigen. Nur **Vairocana** ist an seiner charakteristischen Bodhyagri-mudra erkennbar: Ein Zeigefinger wird von einer Hand umschlossen oder eine Hand umfaßt die andere.

Sieben symbolhaltige Handgesten = Mudras Oben, von links: zwei Formen der Meditationsgeste – die Hände liegen entspannt im Schoß – und die Geste des Lehrens. Unten, von links: die Geste des Ur-Buddha; die Gesten der Argumentation, der Schutzgewährung und der Gnade oder Wunscherfüllung.

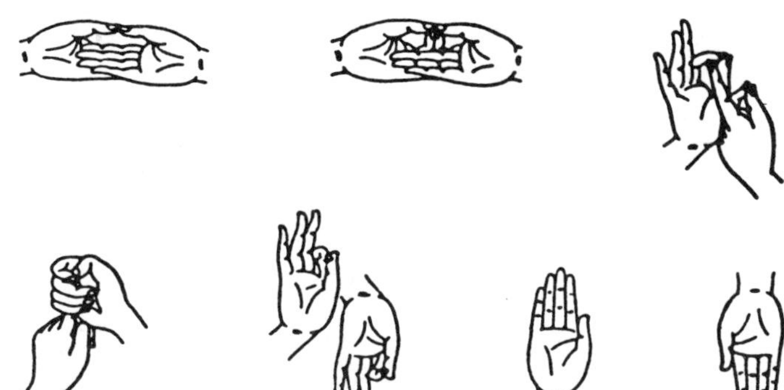

In der Frühzeit des koreanischen Buddhismus herrschte die Verehrung von Shakyamuni, Bhaishajyaguru und Maitreya vor, später wurde Amitabha sehr populär. Mit der Avatamsaka-Schule kam im 7. Jh. der Kult des mystischen Ur- oder All-Buddha Vairocana auf. Im Volksglauben werden alle Buddhas häufig nur Pul genannt und oft als Gott verstanden.

Der historische Buddha **Shakyamuni (Sokkamoni),** der ›Weise aus dem Geschlecht der Shakyas‹, blieb in allen buddhistischen Ländern der bedeutendste Buddha. Tempelhallen mit Shakyamuni als Hauptkultbild heißen in Korea Taeung-jon, die ›Halle des Großen Helden‹. Palsang, die ›Acht Bilder‹, bezeichnet einen Gemäldezyklus mit seinen acht wichtigsten Lebensstationen (vgl. S. 132).

In ganz Ostasien wird der Gnaden-Buddha Amitabha hochverehrt. In Ostasien bedeutet die Gebetsformel ›Namu Amita Bul‹ – ›Ich vertraue auf Amitabha-Buddha‹ – für Millionen Gläubige die Hoffnung auf Erlösung.

Amitabha (Amita), der Buddha des Unbegrenzten Lichts, und seine gekrönte Form **Amitayus,** der Buddha der Unbegrenzten Lebensdauer, sind stark von iranischen Lichtkulten und der Lehre der Unbegrenzten Zeit (Zervanismus) beeinflußt. Besondere Popularität erlangte er seit der Gründung der Lotos- oder Reine-Land-Schule im 4. Jh. In Korea wird Amitabha vor allem in der Paradieseshalle (Kuknak-jon) verehrt.

Seit dem 4. Jh. erlangte **Bhaishajyaguru,** der ›Lehrer oder König der Heilmittel‹, in China, später auch in Tibet, Korea und Japan (Yakushi Nyorai) große Popularität. Er gebietet über die östliche Welt Abhirati, die mit dem westlichen Paradies = Sukhavati des Amida rivalisierte. Der **Medizin-Buddha** scheint eine Verbindung lokaler Heilgottheiten mit dem Arhat Pindola zu sein. Dieser wird im älteren Buddhismus als Ideal an Mönchsdisziplin gepriesen, da er völlig regungslos den Finger eines Leprakranken, der beim Bettelgang in seine Almosenschale gefallen war, verzehrte (Bettelmönche dürfen sich die Nahrung nicht aussuchen). In Korea heißt der Medizin-Buddha **Yaksha Yorae;** als einziger Haupt-Buddha kann er weiß sein und eine Medizinschale halten. Seine Begleiter sind meistens Sonnen- und Mondlicht.

Die Verehrung des Buddha (Maha) **Vairocana (Pirochana)** des (Großen) Sonnengleichen oder Strahlenden, entstand vermutlich im nordwestindischen Gandhara-Reich unter dem Ein-

Der Ur-Buddha Vairocana (Pirochana) formt seine spezifische Geste des Aufgehens der vielfältigen Erscheinungswelt in der Ur-Einheit des Absoluten: Die Finger der linken Hand symbolisieren die Zerstreuung der empirischen Welt, der Zeigefinger der rechten Hand soll das ungeteilte Absolute andeuten. Im esoterischen Diamant-Buddhismus verkörpert Vairocana das ewige Weltgesetz = Dharma, den Urgrund allen Seins. Alle Buddhas und Bodhisattvas, letztlich die ganze Erscheinungswelt, sind mannigfache Offenbarungen des Ur-Buddha auf verschiedenen kosmischen Ebenen, die sich nicht wesensmäßig, sondern nur im ›Feinheitsgrad‹ unterscheiden.

fluß iranischer Lichtkulte. Im esoterischen Diamant-Buddhismus Ostasiens gilt er als **Ur- oder All-Buddha,** aus dem die fünf Meditations-Buddhas = Dhyanibuddhas und die ganze Welt hervorgehen. Als All-Einer, als Große Sonne oder Licht der Welt, heißt er in Japan Dainichi und in Korea Tae-il, meistens mit dem Beinamen Nyorai bzw. Yorae.

In der Frühzeit des koreanischen Buddhismus war Vairocana noch unbekannt. Durch die um 630 in China entstandene Avatamsaka(Hwaoam)-Schule fand er in vielen Klöstern Eingang; die Halle des Großen Lichts (Taekwang-jon) ist ihm geweiht.

Viele Klöster haben eine Halle der **Tausend Buddhas** (Chonbul-jon) zur Versammlung zahlreicher kleiner weißer Buddha-Figuren hinter einer zentralen goldenen Triade. Die Vorstellung der Tausend Buddhas geht auf eines der berühmten Wunder von Shravasti zurück, wo sich Shakyamuni nach allen Richtungen vervielfachte.

Triaden und die Buddha-›Familie‹ = Parivara

Die **Urform** aller Konfigurationen bildet Shakyamuni mit zwei Mönchen, vor allem mit seinen Lieblingsjüngern Ananda und Kashyapa, die als Jüngling und Greis die Urgemeinde verkörpern, der gütige Ananda symbolisiert zugleich den Glaubensbuddhismus und Maha-Kashyapa als erster Patriarch die Meditationsschule (Zen).

Die wichtigsten Buddha – Bodhisattva – Triaden sind:
Shakyamuni oder Amitabha mit Avalokiteshvara und Mahasthamaprapta,
Shakyamuni oder Vairocana mit Manjushri und Samantabhadra,
Der Medizin-Buddha Bhaishajyaguru mit Sonnen- und Mondlicht.

Eine **Buddha-Triade** bildet häufig die Figurengruppe der Haupthallen. Diese Buddhas sind Namen bzw. Verkörperungen von Dreierkonstellationen aus verschiedenen Entwicklungsstufen des Buddhismus. Die exoterischen **Drei Juwelen** (Buddha – Lehre – Gemeinde) wandelten sich im Mahayana und Vajrayana zur esoterischen Dreieinigkeit der **Drei Körper oder Seinsebenen** des absoluten Ur-Buddha. Dieses schwierige Dogma besagt, daß Geist und Materie wesensmäßig identisch sind und sich nur im ›Feinheitsgrad‹ unterscheiden. Im Mikrokosmos offenbart sich das Absolute in den ›Drei Geheimnissen‹ Körper – Rede – Geist, im Makrokosmos in den Drei Leibern eines Buddha. In der grobstofflichen Region der Begierde = Kamadhatu umhüllt ihn der Verwandlungsleib = Nirmanakaya, in der meditativ ›schaubaren‹ Region der reinen, himmlischen Formen = Rupadhatu erstrahlt er als feinstofflicher Leib der himmlischen Wonne = Sambhogakaya, und in der Zone der Formlosigkeit = Arupadhatu ruht der absolute Gesetzesleib = Dharmakaya.

Drei Juwelen exoterische Triade des Hinayana	Gemeinde Bhaishajyaguru	Lehre Shakyamuni	Buddha Amitabha
Drei Geheimnisse (Mikrokosmos)	Körper	Rede	Geist
Drei Körper oder Seinsebenen esoterische Triade des Diamant-Buddhismus (Makrokosmos)	Verwandlungsleib Nirmanakaya	Leib der Wonne Sambhogakaya	Leib des Weltgesetzes Dharmakaya
	Region der Begierde Kamadhatu	Region der reinen, himmlischen Formen Rupadhatu	Region der Formlosigkeit Arupadhatu
	Shakyamuni Inkarnation	Nosana Emanation	Vairocana Transzendenz

Parivara-Bilder zeigen einen Buddha mit reichem Gefolge: Bodhisattvas, Arhats, Zen-Patriarchen, die Zwei Wohlwollenden Könige oder Torhüter, die Vier Himmelskönige oder Welthüter, Schützer der Lehre, verehrende Himmelswesen und Musikanten, Himmelsgötter, die Zehn Richterkönige der Höllen, himmlische Generäle.

Erleuchtungswesen = Bodhisattvas

Avalokiteshvara (Kwanseum), der geistige ›Sohn‹ des Amitabha, ist in der buddhistischen Welt der höchstverehrte Bodhisattva. Im chinesischen Volksglauben verschmolz er mit gütigen, aufopfernden Mädchengestalten, wie Miao-chen, und der Prinzessin der azurblauen Wolke vom Ostberg (Tai Shan) zu Guan Yin, dem Nothelfer, »der auf das Schreien hört«. Ähnlich wie die japanische Kwannon wird sie vom Volk als Göttin der Barmherzigkeit verstanden und um Kindersegen angefleht. ›Sie‹ ist aber – wie alle Bodhisattvas – übergeschlecht-

Bodhisattva und Arhat, zwei Haupttypen der buddhistischen Bildsprache: Erleuchtungswesen = Bodhisattvas sind nach der Art indischer Prinzen reich geschmückt, da sie als Erlösungsbeistand noch in das irdische Leben eingreifen. In krassem Gegensatz dazu wird ein Arhat, das Mönchsideal des älteren Buddhismus = Hinayana, in einer schlichten Kutte und mit kahlgeschorenem Haupt dargestellt. Beide Zeichnungen geben Reliefs aus der Sokkuram-Grotte bei Kyongju wieder: Avalokiteshvara (Kwanseum), der Bodhisattva der Barmherzigkeit, erscheint hier in seiner elfköpfigen Form, die seine übernatürlichen geistigen Fähigkeiten im Dienste der notleidenden Lebewesen ausdrücken. Der Arhat zählt zu den zehn Hauptjüngern des Shakyamuni.

lich und daher auch keine heilige Mutter oder gar ›chinesische Madonna‹! Hauptkennzeichen sind ein Amitabha-Bild im Diadem und ein Lebenswasser-Krug in der Hand. Der weißgewandete Avalokiteshvara ist von lyrischen Stimmungen der Zen-Kunst inspiriert. In dieser Form geleitet er die Seelen der Verstorbenen im Drachenboot der Weisheit in Amitabhas Westliches Paradies.

Maitreya (Miruk), der Liebende, Gütige, weilt gegenwärtig als Bodhisattva im Tushita-Himmel und wird etwa 5000 Jahre nach dem Hinscheiden des historischen Buddha im künftigen Weltzeitalter dessen Nachfolge antreten. Unter dem Einfluß altpersischer und islamischer Endzeitvisionen und dem Glauben an die Wiederkehr des Hindugottes Vishnu am Ende unserer Tage erhielt Maitreya Züge eines Messias. Zahlreiche Felsreliefs entlang der alten Pilgerpfade durch den Himalaya künden von seiner großen Popularität.

In der klassischen Bildsprache trägt Maitreya einen kleinen Stupa im hochgetürmten Haar. Dieses charakteristische Merkmal beruht auf einer Fehlinterpretation der berühmten Reiseerzählung des Mönches Xuan Tsang (Hsüan Tsang) aus dem 7. Jh. Sie besagt, daß bei Maitreyas Herabkunft zur Erde der Stupa auf dem Hahnfußberg = Kukkutapadagiri bei Bodh Gaya in Indien sich öffnen und Kashyapa, der Buddha eines verflossenen Weltzeitalters, ihm die Mönchsrobe überreichen werde. In Wirklichkeit ruht nicht ein wundertätiger Vorläufer des Shakyamuni, sondern dessen Jünger Maha-Kashyapa in diesem Hügelgrab.

In Korea nimmt Miruk eine besondere Stellung ein: Im Unterbewußtsein des Volkes lebt er als Archetyp des Drachen, des großen Genius des Wandels, des ›Lebens an sich‹. Im Silla-Reich war Miruk als Buddha des kommenden Weltzeitalters Ideal der militanten Blütenjunker. Wie kein anderes buddhistisches Heilswesen verschmolz er während der von Kriegen und sozialen Unruhen erschütterten Koryo-Zeit – im 11. und 12. Jh. – mit volkstümlichen Kulten. Klöster und Aristokraten suchten Bauern und Sklaven mit goldglänzenden, mild lächelnden Figuren des Amitabha-Buddha und hilfreicher Erleuchtungswesen auf ein Paradies nach dem Tode zu vertrösten. Die Anhänger der revolutionären Minjung-Bewegung (vgl. Unju-sa S. 284) erwarteten Miruk aber noch zu Lebzeiten als eine Art ›Gottkönig‹, der ein irdisches Heilsreich begründen sollte. Sie meißelten monumentale Miruk-Statuen und Reliefs in Felswände oder stellten sie wie Geisterpfähle auf die Felder. Als Leitbild einer Befreiungsideologie war Miruk während der Koryo-Zeit aus den orthodoxen Klöstern verbannt worden: Seine Anhängerschar rekrutierte sich aus landlosen Bauern und Sklaven.

Der in Tibet, Nepal, Japan und China hochverehrte Weisheits-Bodhisattva **Manjushri (Munsu)** drang in Korea nie ähnlich tief in das Volksbewußtsein ein wie Kwanseum oder Miruk. In Klöstern der Hwaom- und Zen-Schulen wird er meist paarweise mit Samantabhadra dargestellt oder bildet mit Vairocana oder Shakyamuni eine Triade. Er verkörpert die transzendente Weisheit, sein – meist blauer – Löwe die Herrschaft des Geistes. Samantabhadra steht für die Kraft des Intellekts, die Güte und die Meditation, sein – weißer – Elefant für Stärke, Klugheit und Frieden. Beide tragen häufig langstielige Lotosblüten und/oder ein Glückszepter – Manjushris traditionelle Hauptattribute, Buch und Schwert sind hingegen selten. In der berittenen Form heißen Manjushri und Samantabhadra Pilger und Besucher der Klöster in Torbauten, bevorzugt im Haetal-mun, willkommen. **Samantabhadra (Pohyon),** der ›All-Gute‹, gilt in den alten Schulen des Nördlichen Buddhismus als Inbegriff der Intelligenz und universellen Güte. In Ostasien wird er als geistiger ›Sohn‹ des Vairocana angesehen und tritt paarweise mit Manjushri auf.

Religionsgeschichtlich gilt **Mahasthamaprapta (Taesaechi)** als himmlische Projektion des Buddha-Jüngers Maudgalyayana. Sein Name bedeutet ›Derjenige, der große Kraft erworben hat‹. In Korea tritt er paarweise mit Kwanseum auf, meistens als Begleiter des Shakyamuni oder Amitabha. Mahasthamaprapta verkörpert Willensstärke, sein Hauptmerkmal ist ein Krug im Diadem.

Die altindischen Sonnen- und Mondgötter Surya und Chandra wurden als **Sonnen- und Mondlicht (Ilkwang und Wolkwang)** zu Bodhisattvas, die häufig den Medizin-Buddha Yaksha Yorae oder den Himmelskönig Chesok in Hallen des Siebengestirns begleiten. Sie sind an einer roten Sonnenscheibe und einer weißen Mondscheibe im Diadem oder an gleichfarbenen Bällen in den Händen leicht erkennbar.

In ganz Ostasien wird **Kshitigarbha (Chijang oder Jijang,** jap. Jizo; der Name ist von einer Erdgottheit abgeleitet) als einer der beliebtesten Nothelfer verehrt. Im 5. Jh. wurde er an der Seidenstraße als Patron der Pilger und Reisenden sehr populär. Viele Mythen und Legenden ranken sich im Volksglauben um den gütigen Kshitigarbha. Er soll ursprünglich ein indisches Mädchen gewesen sein, das täglich vor einem Buddha-Bildnis opferte und betete, um ihre

Mutter aus den Qualen des Fegefeuers zu befreien. Im Meditationsschlaf wanderte die Seele des Mädchens durch die Höllenregionen, bis ihr der Drachendämon die Errettung ihrer Mutter verkündete. Erschüttert vom Elend in der Unterwelt schwor sie, unzählige Weltzeitalter im Dienste der armen Seelen zu verbringen, und so wurde sie zum Erlöser aus der Höllenpein.

Nach koreanischen Legenden und einem japanischen Text aus der Tokugawa-Zeit wurde Kshitigarbha im Jahre 628 als Prinz aus dem königlichen Kim-Clan in Silla geboren und starb als berühmter Mönch hochbetagt auf dem ›Berg der Neun Lotosblüten‹ in der chinesischen Provinz Anhui.

Kshitigarbha wird als einziger Bodhisattva als Mönch dargestellt, trägt aber ein Stirnauge, einen Nimbus und ist von goldener Farbe. Von Buddhas unterscheidet er sich vor allem durch sein kahlgeschorenes Haupt. Als Attribute hält er den Rasselstab der Bettel- und Wandermönche und ein Flammenjuwel. Die sechs Metallringe des Stabes versinnbildlichen die sechs Daseinsbereiche – die Welt der Götter, Titanen, Menschen, Tiere, Hungergeister und Höllenwesen –, in denen nach buddhistischem Glauben unerleuchtete Lebewesen wiedergeboren werden. Mit dem flammenden Juwel weist Kshitigarbha den Seelen den Weg aus der Höllenfinsternis. In Gerichts- oder Höllenhallen wird er von seinem legendären Vater **Mudokkwi Wang** (König Mudokkwi von Silla), der ein Kästchen mit den Paradiesesschlüsseln hält, und von seinem Sohn, **Prinz (Chonja) Tomyong** flankiert. In seltenen Fällen nimmt seine Mutter diesen Platz ein.

Die **Zehn Richterkönige (Myongbu Siwang)** der Hölle umgeben Chijang zu beiden Seiten. Sie sind würdige Gestalten in prächtigen Roben, mit hohen Beamtenmützen und Rang-

Ausschnitt aus dem Zyklus der Höllentorturen, wie sie in Gerichts- oder Höllenhallen buddhistischer Klöster gemalt sind: Sünder erwarten in den heißen und kalten Unterweltsregionen schaurige Martern, u. a. das Pflügen auf der riesenhaft ausgewalzten Zunge.

abzeichen in den Händen. Jeder von ihnen gebietet über eine der zehn Haupthöllen, in denen nach dem Tode Gericht gehalten wird. (Insgesamt kennt der Buddhismus bis zu 128 heiße und kalte Unterweltsregionen.) Nach buddhistischem Glauben durchwandert die Seele eines Verstorbenen 49 Tage lang das Zwischenreich = Bardo bis zur nächsten Wiedergeburt. In diesen sieben Wochen findet an jedem siebten Tag ein Gericht über die Hauptsünden statt, dann noch am 100., 101. und 103. Tag. Wandgemälde hinter den Höllenrichtern schildern die Gerichtsszenen und die drastischen Torturen der Hölle, die unter dem Eindruck grausamer Folterungen während der Mongoleneinfälle noch zusätzlich an Scheußlichkeit gewonnen haben.

Der bekannteste Höllenkönig ist der Gebieter der fünften Region, der altindische Totenkönig **Yama-raja (Yomma Wang oder Taewang).**

Den Höllenkönigen steht ein großer Beamtenstab zur Verfügung. Sie senden **Botschaftsgeister (Sajasin)** oder die **Acht Diamant-Bodhisattvas (Pal Kumgang Posal)** aus, die im ganzen Land umherreiten und das Verhalten der Menschen erforschen. Manchmal gelingt es, mit Augenbinden ihre Blicke zu verhüllen. Kleine Jungen mit verschmitzten Gesichtern und kleinen Lotoshüten begleiten sie oder tragen Chijangs Rasselstab. Grimmige Torhüter bewachen die Pforten der Gerichtshalle. Malereien des Drachenboots der Weisheit (Panyayong-son), in dem die Seelen mit Chijang und dem weißgewandeten Kwanseum über den westlichen Ozean zum Paradies des Amitabha segeln, bilden manchmal den hoffnungsvollen Gegenpol zu den Höllenqualen.

Götter = Devas

Stärker als im Mahayana spielen im Vajrayana Götter eine große Rolle. Sie sind wie Buddhas und Bodhisattvas zwar übermenschliche, aber noch keine überweltlichen Wesen, da sie irgendwann in der Menschenwelt wiedergeboren werden müssen, um die Erlösung zu erlangen. Die meisten Götter sind altindischen Ursprungs, die als Schützer der Lehre, des mystischen Universums oder der Tempeltore in den Buddhismus aufgenommen wurden. Vom Volk werden sie als machtvolle Nothelfer, Glücksspender und Vorbilder verehrt. Sie sind eindrucksvolle, wirklichkeitsnahe Erscheinungen in prächtigen Kleidern, Rüstungen oder Nationalkostümen.

Die **Vier Welthüter oder Himmelskönige = Lokapalas (Sachonwang)** schützen den Himmel des Götterkönigs Indra auf dem Gipfel des Weltberges Meru und im weiteren die Tempel, die als Abbilder von Buddha-Ländern und -Paradiesen gelten. Im Groß-Silla-Reich und im frühen Japan dienten militante Götter zur Festigung des Dynastiegedankens, denen große Tempel geweiht waren (Shitenno-ji in Osaka und Sachonwang-sa in Kyongju). In allen koreanischen Klöstern werden die Vier Himmelskönige als Monumentalplastiken in dem nach ihnen benannten Tor (Sachonwang-mun) oder in Wandbildern im Buddha-Gefolge dargestellt. Sie tragen langwallende, bunte Roben und prächtige Rüstungen nach der zentralasiatisch inspirierten Mode der Tang-Zeit. Unter ihren Füßen kauern Feinde der buddhistischen Lehre, Erdgnomen und Verkörperungen des Bösen.

Vaishravana oder Kubera (Tamun Chonwang) ist der König des Nordens und des Winters (Dunkler Krieger). Seine Attribute sind eine kleine Schatzpagode oder ein Turm, eine Dreizacklanze mit Flagge und eine zepterähnliche Keule mit Flammenjuwel, die die Vollkommenheit

Vaishravana oder Kubera (Tamun Chonwang), einer der Vier Welthüter oder Himmelskönige (Sachonwang), die in jedem buddhistischen Kloster anzutreffen sind. Er gebietet über den Norden und den Winter und hält als wichtigstes Attribut eine kleine Pagode empor. Diese symbolisiert den ›Eisernen Turm‹, einen der heiligsten Plätze des Buddhismus, aus dem der indische Mahayana-Philosoph Nagarjuna von den Schlangengeistern die Schriften der transzendenten Weisheit = Prajnaparamita-sutra empfangen haben soll. In der indischen Mythologie ist Kubera der Anführer der Erd- und Fruchtbarkeitsgnomen = Yakshas und daher wird er von einem dieser halbgöttlichen Wesen getragen.
Zeichnung nach einer Bronzefigur auf der Schatulle, die das Sarira-Kästchen (S 366) von der Westpagode des Kamun-sa bei Kyongju ummantelte (vgl. S. 86).

von Glück und Tugend symbolisiert. Die kleine Pagode repräsentiert den Eisernen Turm, einen der heiligsten Plätze des Buddhismus, in dem der indische Mahayana-Philosoph Nagarjuna von den Schlangengeistern die heiligen Texte empfing.

Virudhaka (Chungjang Chonwang), an seinem Attribut, dem Schwert, zu erkennen, ist der König des Südens und des Sommers, Führer der Titanen. **Dhritarashtra (Chikuk Chonwang),** der König des Ostens und Herr der himmlischen Musikanten = Gandharvas sowie des Wetters, steht für Herbst und Erntezeit. Mit seinem Attribut, der Laute, wird er oft als alter, weißbärtiger Mann dargestellt. **Virupaksha (Kwangmok Chonwang),** König des Westens, der schatzhütenden Schlangengeister = Nagas und der Regenzeit, hat als Attribut einen kleinen Drachen mit einer Glücksperle im Maul.

Die **zwei Torhüter = Dvarapalas** heißen in Ostasien die Zwei Wohlwollenden Könige (chin. Erlwang, kor. Inwang), in Korea auch Diamantgeneräle (Kumgang Sinchang). In Ostasien werden sie als kraftstrotzende Kämpferheroen dargestellt, die mit grimmigen Gesichtern und geballten Fäusten paarweise Eingänge vor dämonischen Einflüssen schützen. Im Gegensatz zu den ritterlich gerüsteten Vier Himmelskönigen sind sie meist halbnackt, mit Ketten, flatternden Gewandbahnen behängt und mit Donnerkeilen, Keulen, Krummschwertern und Dreizacken bewaffnet. Die paarweise Aufstellung der ›Könige‹ versinnbildlicht die polaren Ur-Kräfte Geist und Materie.

Die **Schützer der Lehre = Dharmapalas** werden als Versammlung vergöttlichter Heroen, angereichert durch mythologische Gestalten auf großflächigen Gemälden **(Sinchang-tan)** – meistens an der rechten (östlichen) Tempelwand – dargestellt. Ihre Popularität stammt aus der vom zivilen und militärischen Beamtenstaat geprägten Yi-Ära, als sie in den Buddhismus integriert und zu Schützern der Lehre wurden. Im Mittelpunkt dieser göttlichen Krieger- und Beamtenschaft prangt oft der **jugendliche General Veda (Tongjin)** in roten Gewändern mit goldenem Flügelhelm und Goldwaffen. In Korea zählt er zu den Bodhisattvas (Posal), in Japan rangiert er unter den Göttern (Ten) und leitet als Patron des Lotos-Sutra die Seelen von der irdischen Welt in den untersten Himmel.

Die beliebtesten **Geister des Volksglaubens** werden entweder in eigenen Schreinen verehrt oder zieren als Wandgemälde die Haupthallen der Klöster. Der Samsin- oder Samsong-gak ist den Drei Geistern oder Drei Weisen – dem Berg-, Einsiedler- und Siebensterngeist – geweiht. (Im Haus bezeichnet Samsin die Drei Geister Songjo, Chesok und Taegam.) Dabei nimmt der Siebensterngeist die Mitte ein, der Berggeist vom Betrachter aus die linke Seite und der Einsiedlergeist die rechte. Gemeinsam mit den Drei Geistern wird häufig der Drachenkönig dargestellt.

Die Verehrung des **Berggeistes (Sansin)** reicht in älteste Zeiten zurück. Tangun, der Stammvater der Koreaner, soll ein Berggeist auf dem Asadal geworden sein, der Tiger des Tangun-

Der Berggeist (Sansin), der beliebteste koreanische Volksgott, der auch in buddhistischen Klöstern verehrt wird. Ursprünglich nahm er selbst Tigergestalt an, später wurde der Tiger sein Begleiter und Diener. Die idyllische Bergszenerie ist taoistischen Paradiesvorstellungen entlehnt. Kiefern galten aber schon lange vor dem Eindringen chinesichen Glaubensgutes als Sitz des Berggeistes. Noch heute kann man auf dem Lande strohseilumgürtete Bäume antreffen. Diese Schaffung heiliger Bezirke durch Tabuschnüre (Isoliermethode) wurzelt in der uralten Natur- und Zauberreligion Koreas, die eng mit dem japanischen Shintoismus verwandt ist.

Mythos entstammt dem tungusischen Mythenkreis. Steinhaufen, Felsblöcke und Kiefern gelten im Volksglauben als Sitz des Berggeistes, seine erste Verkörperung war anscheinend der Tiger. Allmählich wurde der Berggeist als würdiger Greis dargetellt, der Tiger begleitete ihn als sein Botschafter. Der koreanische Berggeist erscheint als alter Mann in langwallenden Gewändern – unter konfuzianischem Einfluß in Beamtentracht – mit einem Fächer in der Hand und umgeben von Feen, Genien, Dienern. Manchmal steht **Songmo, die Geistmutter,** an seiner Seite und in seltenen Fällen wird der Berggeist in weiblicher Gestalt dargestellt. Taoistischen Paradiesesvorstellungen entstammt die idyllische Wald- und Bergszenerie mit Kiefern, Wasserfällen, bizarren Felsen, dem Pflaumenblütenhirsch auf der Suche nach dem Unsterblichkeitspilz, Kranichen und Pfirsichen, den Früchten des langen Lebens.

Die Verehrung des **Siebensterngeistes (Chilsong)** – aus der griechischen Mythologie als ›Große Bärin‹ bekannt – reicht in die Frühzeit des altaischen Zweiges der Koreaner zurück. Altaische Mythen verschmolzen mit der taoistischen Sternenverehrung: Himmelskörper sind gütig, verlängern das Leben, bescheren Glück und Fruchtbarkeit. Der Siebensterngeist wird in vielen Formen dargestellt – als funkelnder Sternenkranz, figürlich als sieben Buddhas oder in konfuzianischer Beamtenrobe, in Schamanentracht usw. In buddhistischen Schreinen umringen sieben Gestalten den **Himmelsgott Chesok.** Er sieht wie ein Buddha aus, hält ein goldenes Lebensrad in den Händen, wird von Sonnen- und Mondlicht flankiert und ist daher leicht mit dem Medizin-Buddha zu verwechseln.

Der dritte der Drei Geister, der **Einsiedlergeist Toksong** oder Sonsin, vertritt den Typ eines buddhistischen Mönches und einen der Acht Unsterblichen des Taoismus. Er wird in koreanischen Tempeln als kahlköpfiger, alter Weiser, mit langen Ohren (wie ein Buddha oder Laotse), einem Nimbus, in Mönchsrobe oder lässiger Kleidung und nackter Brust, bisweilen dickbäuchig und lächelnd wie der chinesische ›Dickbauch-Buddha‹ Mi-lo Fo (Maitreya), mit Gebetskranz und Fächer dargestellt. Ein Diener mit einem Teekessel weist auf die im Zen-Buddhismus wichtige Teezeremonie hin, die Landschaftsidylle entspricht sowohl dem taoistischen Paradies als auch den zen-buddhistischen Naturschilderungen.

Drachen sind wie in der chinesischen Mythologie sehr mächtige Himmelsgeister, die in Wolken oder Meerestiefen hausen und Regen und Fruchtbarkeit spenden. Die **Drachenkönige (Yongwang)** der vier Meere bilden mit ihren Gattinnen, Kindern, Generälen, Dienern und Beamten ein eigenes kleines Pantheon. Der bekannteste von ihnen ist Yongwang der Drachenkönig des Ostmeeres, eine Vergöttlichung des Silla-Königs Munmu, der sich zum Schutz gegen die Japaner vor der Küste bestatten ließ (vgl. S. 312).

Buddhistische Heilsgestalten, Götter und Geister

I) Buddha (Pul oder Bul)
der Erwachte, Erleuchtete
Beinamen: **Tathagata (Yorae)**
der So-Gegangene oder So-Gekommene (wie die anderen vor und nach ihm auch) = Buddha als immer wiederkehrendes Weltprinzip

Merkmale eines Buddha:
Mönchsausstattung, in Plastiken
golden oder weiß
32 große und 80 kleine Glückszeichen = Lakshanas
Erleuchtungserhöhung auf dem Scheitel, ›Weisheitsauge‹ auf der Stirn, Kräuselhaar, langgezogene Ohren, Nimbus
5 Hauptgesten = Mudras
Haltung: Meist im Lotos- oder Diamantsitz, selten stehend, kaum schreitend oder liegend.

Hauptbuddhas:
Shakyamuni (Sokkamoni) – der historische Buddha
Amitabha (Amita) – Herr des Westlichen Reinen Landes oder Lotosparadieses
Bhaishajyaguru (Yaksa oder Yaksha) – in Triaden golden, sonst oft weiß und als Medizin-Buddha mit einer Arzneibüchse
Vairocana (Pirochana) – Ur-Buddha
Geste der allumfassenden Einheit des Absoluten: eine Hand umfaßt den Zeigefinger der zweiten oder eine Hand die andere
Maitreya (Miruk) – Buddha des künftigen Weltzeitalters oder gegenwärtiger Bodhisattva
Prabhutaratna (Tabo) – der ›Buddha vieler Schätze‹, Vorläufer des Shakyamuni
Locana (chin. Lushena, Nosana) – nur in Triaden als himmlischer Strahlungsleib des Vairocana
Tausend Buddhas (Chonbul) – Ansammlung kleiner, meist weißer Figuren in Tausend Buddha-Hallen (Chonbul-jon).

II) Bodhisattva (Posal)
Erleuchtungswesen
In Plastiken **golden wie Buddhas,** aber mit **Kleidung und Schmuck indischer Fürsten**
Ausnahme: Kshitigarbha, der als Mönch dargestellt wird.

Die Haupt-Bodhisattvas
Avalokiteshvara (Kwanseum) – Verkörperung der Barmherzigkeit, im Volksglauben als ›Göttin‹ mißverstanden
Begleiter des Amitabha oder Shakyamuni, Bildnis des Amitabha im Diadem, Weihwasserflasche in der Hand, als Seelengeleiter in weißem Schleiergewand
Mahasthamaprapta (Taesaechi) – Verkörperung der Liebe und Willensstärke, Krug im Diadem, meist in Triaden mit Amitabha und Avalokiteshvara
Manjushri (Munsu) – Verkörperung der Weisheit
Schwert oder Lotos in der Hand, oft reitend auf einem Löwen
Samantabhadra (Pohyon) – Verkörperung von Güte, Willenskraft und Meditation, Lotos in der Hand, reitend auf einem Elefanten – meistens paarweise mit Manjushri
Maitreya (Miruk)
kommt als Buddha oder Bodhisattva vor. Hoher, stupaartiger Kopfauswuchs mit Herrscherhut in Kolossalplastiken unter freiem Himmel
Spezifische Haltung mit angewinkeltem rechten Bein in frühen Plastiken der Dreireichszeit und des Geeinten Silla
Kshitigarbha (Chijang) – Herr der Unterwelt, aus deren Torturen er die Seelen rettet.
Als einziger Bodhisattva in Mönchsausstattung mit einem Rasselstab und Flammenjuwel
Sonnenlicht = Suryaprabha (Ilkwang)
Mondlicht = Chandraprabha (Wolkwang)
begleiten entweder den Medizin-Buddha oder den Himmelsgott Chesok, Sonnen- und Mondball (rot und weiß) im Diadem oder in Händen
Veda (Tongjin) – Schützer des Lotos-Sutra. Der jugendliche Himmelsgeneral zählt als Religionsschützer = Dharmapala rangmäßig zwar zu den Bodhisattvas (Posal), entspricht aber typologisch den Göttern

III) Arhat (chin. Lohan, kor. Nahan)
Heiligenideal des Hinayana, Buddha-Jünger und deren Nachfolger
Asketen in Mönchskutte mit kahlgeschorenem Kopf, Mönchsattributen (Almosenschale, Rasselstab, Rosenkranz usw.) und einem Nimbus, da sie bereits erleuchtet sind.
In volkstümlichen Formen mit lebensnahen Charakterköpfen, als Waldeinsiedler und mit ›Spieltieren‹ als Gefährten.
Im Gegensatz zu Buddhas und Bodhisattvas sind Arhats buntbemalt, da sie noch auf Erden wandeln.
Meistens mit Shakyamuni in Gruppen zu 16, 18 oder 500. Eigene Hallen der Buddha-Jünger (Ungjin-jon).
Die beiden wichtigsten sind **Ananda** und Maha-Kashyapa, kurz **Kashyapa.** Ananda, Buddhas gütiger Vetter, wird als Jüngling dargestellt und vertritt den Glaubensbuddhismus, Kashyapa, ein würdiger Greis, gilt als Ahnherr des Meditations(Zen)-Buddhismus.

Konfigurationen
A) Buddha-Triaden
Exoterische Dreieinigkeit der **Drei Juwelen des Buddhismus (Buddha – Lehre – Gemeinde),** verkörpert in **Shakyamuni** in der Mitte, **Amitabha** im Westen (links vom Beschauer) und **Bhaishajyaguru** (rechts)
Esoterische Dreieinigkeit der **Drei Körper des Ur-Buddha** auf verschiedenen kosmischen Ebenen:
Vairocana in der Mitte vertritt den absoluten, transzendenten Gesetzesleib, **Locana (Nosana)** seinen visionär wahrnehmbaren himmlischen Strahlungsleib und **Shakyamuni** seinen irdisch-grobstofflichen Verwandlungsleib
In zeitlichen Triaden steht **Shakyamuni** für die Gegenwart, sein Vorläufer **Dipankara** für die Vergangenheit und **Maitreya** für die Zukunft.

B) Buddha – Bodhisattva – Triaden
Zwei Bodhisattvas an der Seite eines Buddha verkörpern polare Wege der Heilssuche oder gegensätzliche Naturkräfte (Sonne und Mond)
Amitabha oder Shakyamuni mit **Avalokiteshvara** = Mitleid und **Mahasthamaprapta** = Willensstärke
Shakyamuni oder Vairocana mit **Manjushri** = Weisheit, sein Löwe symbolisiert die Macht des Geistes, und **Samantabhadra** = Güte oder Meditation, sein Elefant steht für Willenskraft und Klugheit (Intellekt).
Bhaishajyaguru (Yaksha) oder der Himmelsgott Chesok werden von **Sonnen- und Mondlicht** (Ilkwang und Wolkwang) als Zeichen der Ausgewogenheit der gegensätzlichen kosmischen Kräfte begleitet.
Volkstümliche Triaden des Glaubensbuddhismus verkörpern drei kosmische Ebenen, Weltzeitalter und Lebensstadien:
Shakyamuni, Amitabha oder Chesok stehen für den Himmel und die Ewigkeit
Avalokiteshvara für die Erde und das gegenwärtige Leben
Kshitigarbha für die Unterwelt und die künftige, nachtodliche Existenz.

C) Buddha – Arhat – Triade
Shakyamuni mit Ananda und Kashyapa
Der jugendliche Ananda und der greise Kashyapa vertreten verschiedene Lebensalter und Möglichkeiten der Heilssuche. Ananda verkörpert den Glauben und die breiten Volksmassen, Kashyapa die Erkenntnis und die elitären Zen-Mönche.

IV) Götter = Devas
Die altindischen Götter **Indra oder Shakra (Chesok)** und **Brahma (Taebom)** stehen meist in Verbindung mit Geistern des Volksglaubens
Schützer der buddhistischen Lehre = Dharmapalas zählen rangmäßig zu den Bodhisattvas, sind aber typologisch den Göttern zuzurechnen. Sie kommen nie als Plastiken, sondern nur in Gemälden vor (vgl. Sinchangtan)
Torhüter = Dvarapalas bewachen paarweise Kloster- und Tempelpforten, vor allem das Erlösungstor (Haetal-mun). In Korea heißen sie die Zwei Wohlwollenden Könige **(Inwang)** oder Diamantgeneräle **(Kumgang Sinchang)**

Halbnackte, grimmige Athleten mit Schwertern, Hellebarden und Dreizacken oder mit geballten Fäusten und drohenden Gebärden

Die **Vier Himmelskönige = Chaturmaharajas (Sachonwang)** oder **Welthüter = Lokapalas** beschirmen als prächtig gerüstete und geschmückte Krieger den Buddha, das Kloster und die Glaubensgemeinde. Als Plastiken stehen sie im größten Klostertor, dem nach ihnen benannten Sachonwang- oder Chonwang-mun. In Gemälden kommen sie im Kreis der ›Buddha-Familie‹ = Parivara, bei den göttlichen Generälen (Sinchang-tan) usw. vor.

Zehn Richterkönige der Höllen (Myongbu Siwang)

Als bunte Plastiken umringen sie in Gerichts- oder Höllenhallen (Myongbu-jon) den Unterweltsherrn Kshitigarbha. Als würdige Beamte begleiten sie ihn auch in Gemälden oder sind in Bildern der Himmelsgeneräle oder des Siebensterngeistes (Chilsong) dargestellt.

V) Lokalgötter und -geister

Die beliebtesten Volksgottheiten werden fast nur in Gemälden dargestellt, entweder in Haupthallen oder in eigenen Schreinen, die nach den einzelnen Genien benannt sind oder Dreigeistschrein (Samsin- oder Samsong-gak) heißen.

Der altkoreanische **Berggeist (Sansin)** wird unter taoistischem, schamanistischem und konfuzianischem Einfluß verschieden dargestellt. Als alter Weiser residiert er im taoistischen Paradies, kann aber auch als Mann mittleren Alters in konfuzianischer Gelehrtentracht abgebildet sein. Wichtigstes Erkennungszeichen ist sein Tiger.

Der **Einsiedlergeist (Toksong)** vertritt als kahlköpfiger, alter Weiser den Typ eines buddhistischen Einsiedlers oder eines taoistischen Unsterblichen.

Der **Siebensterngeist (Chilsong)** ist eine Verkörperung der 7 Sterne des Großen Bären (der Großen Bärin), die wie 7 Buddhas oder 7 konfuzianische Gelehrte aussehen können. Im Zentrum thront **Chilsong-nim,** der Herr des Siebengestirns, der mit dem Himmelsgott **Chesok** identisch ist.

Chesok waltet als Gottheit des höchsten Lebensglücks und gewährt wie alle Sterngötter langes Leben, Gesundheit und Kindersegen. Er hält ein goldenes Lebensrad in Händen, wird von Sonnen- und Mondlicht begleitet und ist leicht mit dem Medizin-Buddha zu verwechseln.

Der **Drachenkönig (Yongwang)** wird vor allem als Fruchtbarkeitsgenius verehrt. Er wird entweder als verschiedenfarbener Himmels- oder Meeresdrache oder als zackenbärtiger König dargestellt.

Einige Gemäldetypen

Parivara bezeichnet das Gefolge, die ›Familie‹ eines Buddha. Diese Hintergrundbilder wiederholen meist die großen Kultfiguren, umringt von Buddhajüngern, Erleuchtungswesen, den Vier Welthütern, verehrenden Himmelswesen usw.

Die **zen-buddhistische Rinderparabel:** Acht oder zehn Bilder veranschaulichen die Stadien der Erleuchtung, symbolisiert durch die Suche eines Hirten nach dem Rind.

Palsang bedeutet ›acht Bilder‹ und bezeichnet einen Zyklus der wichtigsten Stationen aus dem legendär verwobenen Lebensweg des historischen Buddha Shakyamuni.

Sinchang-tan

Große Versammlung himmlischer Generäle, Krieger und Beamter, meistens mit dem flügelhelmbewehrten, jugendlichen **Veda (Tongjin)** im Zentrum, die als Schützer der buddhistischen Lehre und des Lotus-Sutra walten. Dazu ein Gefolge von Göttern und Geistern des Volksglaubens: Der Berg-, Einsiedler- und Siebensterngeist, der Drachenkönig, Sonnen- und Mondlicht, Taeul oder Insong: Der Alleinige oder Alte Mann des Südpols, identisch mit Shou Lao, dem taoistischen Gott des langen Lebens, mit kahlem Turmschädel, der (zackenbärtige) Küchengott, historische Gestalten (Konfuzius, Laotse, der chinesische Kriegsgott Kuan Ti und seine Generäle usw.). In der Himmelsregion kann der Götterkönig Indra oder Shakra (Chesok) diese Figurenanhäufung krönen.

Gemäldezyklen

Gamlo(Kamno)-tan heißt ein sehr populärer Gemäldetyp, der meist in Verbindung mit dem Totengedenken steht. Schon während der Silla-Zeit türmte man vor diesen Bildern Opfergaben und Weihrauch auf. In einer Reihe stehen 5 oder 7 Buddhas – die im Volksglauben als Siebengestirn verstanden werden – mit langen Schriftrollen des Sündenregisters und Sutratexten. Der weißgewandete Avalokiteshvara und Kshitigarbha mit seinem Rasselstab walten als Seelengeleiter. Kleinteilige Malereien zeigen den dreischichtigen Kosmos: die Glorie des Himmels, den Alltag der Menschen und die Torturen der Höllen.

Die zen-buddhistische Rinderparabel

Die Zen-Kunst bedient sich gerne verschiedener Gleichnisse zur Erläuterung richtiger oder falscher Methoden der Weisheitssuche. Ein positives Beispiel stellt die Folge der zehn – in Korea häufig acht – Bilder der sogenannten ›Rinder-Serie‹ dar, die oft an die Außenwände von Tempelhallen gemalt ist. Dieser Zyklus stammt von zwei berühmten Zen-Meistern der chinesischen Song-Zeit. In der ersten Version wird ein dunkles Rind immer heller und schließlich unsichtbar, am Ende steht als Sinnbild höchster Erkenntnis ein leerer Kreis. Die zweite Fassung setzt die Einsicht der ›Leerheit‹ nicht an den Schluß, sondern endet mit der Rückkehr zum Alltagsleben. Nach der Erfahrung der höchsten Wahrheit werden ›Berge wieder zu Bergen und Gewässer wieder zu Gewässern‹, fesseln jedoch nicht mehr an die Welt der Begierde, sondern sind ›transparent‹ vor dem ›Hintergrund‹ der Leerheit. Die **Stadien der Erleuchtung** werden in zehn Phasen veranschaulicht:

1. Die Suche des Hirten nach dem Rind – aus der Verkennung der Wahrheit entsteht Furcht und ›Lebensdurst‹. 2. Entdecken der Spuren des Rindes – Beginn der Einsicht auf dem Pfade der buddhistischen Lehre. 3. Erblicken des Rindes – Einsicht in die Wesensgleichheit von ›Ich‹ und Erscheinungswelt (Subjekt und Objekt). 4. Einfangen des Rindes – Bändigen der widerspenstigen Macht der Begierden. 5. Betrachten des heller werdenden Rindes (oder Führen des Rindes am Leitseil) – langsame Erkenntnis der Wahrheit und Verbindung mit dieser. 6. Heimritt auf dem nun frei und zahm laufenden Tier, begleitet vom Flötenspiel – die freudige und sichere Ruhe der Wahrheit – der harmonische Lauf der Natur und aller Dinge. 7. Alleinsein zu Hause – das ›verschwundene‹ Rind beunruhigt nicht mehr, da die wesensmäßige Wandlung zur Erkenntnis vollzogen ist. 8. Leerer Kreis, Rind und Mensch verschwunden – alle Gegensätzlichkeit ist in der Erkenntnis der ›Leerheit‹ aufgelöst. 9. Rückkehr zum Ursprung, Idylle am Bach – die Beglückung, die in den einfachen Dingen liegt, deren Wesen nun klar ist. 10. Gang auf den Markt, Rückkehr zum Alltag – der weltüberlegene, heitere und bedürfnislose ›Hanfsack-Mönch‹ (Putai Hoschang) geht unter das Volk – letztlich erreichen alle Menschen die Buddhaschaft. Die Chogye-Sekte setzt an diese Stelle einen meditierenden Mönch im Wald.

Der legendär angereicherte Erdenweg des **historischen Buddha Shakyamuni** zählt in Korea zu den Lieblingsthemen der buddhistischen Malerei. Die in verschiedenen alt- und mittelindischen Sanskrit- und Prakritschriften geschilderten zehn oder zwölf Hauptereignisse werden in Korea häufig zu **acht Bildern (Palsang)** zusammengefaßt (vgl. S. 41, 42, 132).

Die Rinderparabel

am Beispiel der Außenmalereien des Kuknak-jon im Shinhung-sa, Sorak-Gebirge, Kangwon-Provinz

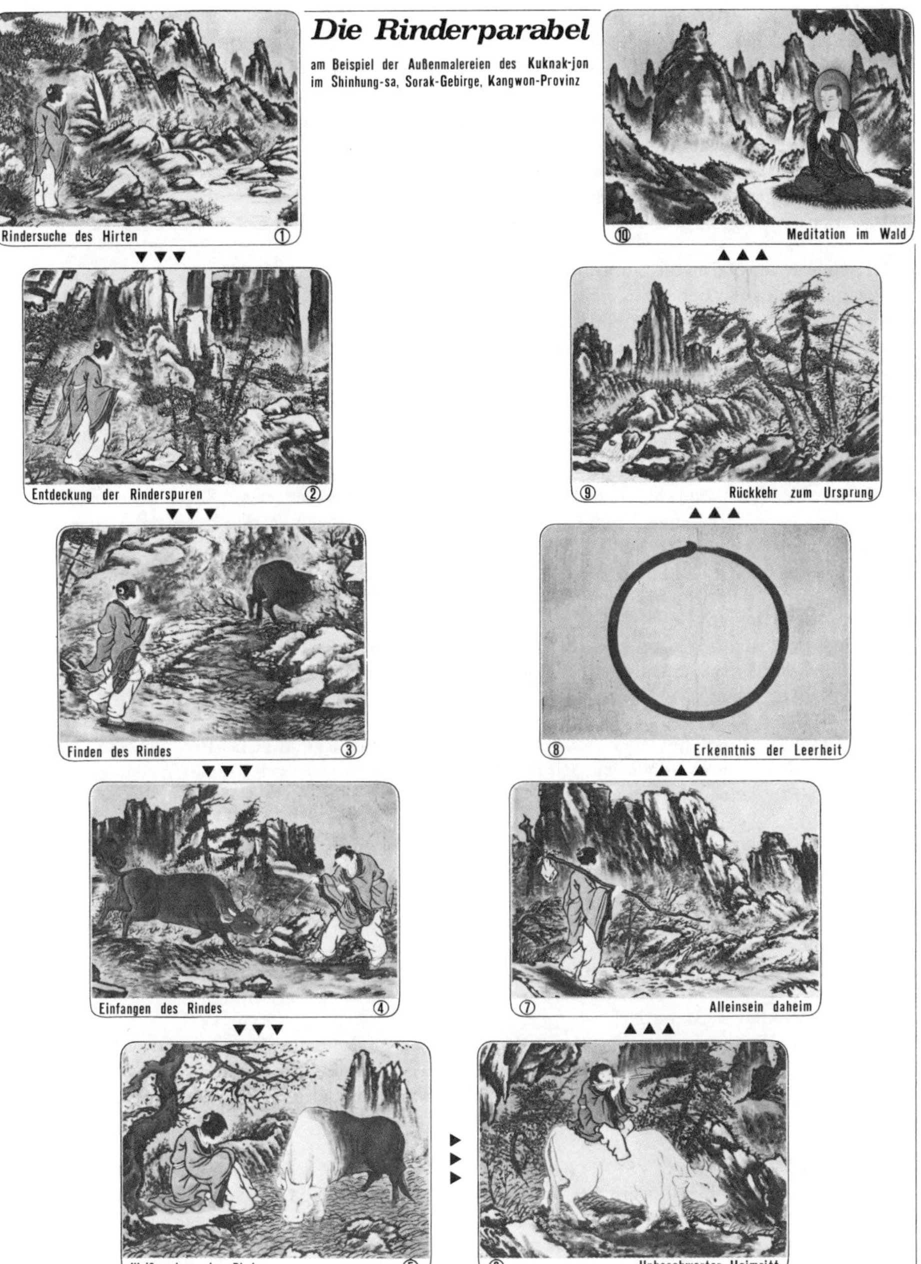

Rindersuche des Hirten ①

Entdeckung der Rinderspuren ②

Finden des Rindes ③

Einfangen des Rindes ④

Weißwerdung des Rindes ⑤

⑥ Unbeschwerter Heimritt

⑦ Alleinsein daheim

⑧ Erkenntnis der Leerheit

⑨ Rückkehr zum Ursprung

⑩ Meditation im Wald

1. Herabstieg vom Tushita-Himmel
Nach vielen Geburten in unterschiedlichen Verkörperungen hat der künftige Buddha den Reifegrad eines Erleuchtungswesens erlangt und weilt im Tushita-Himmel. Die Götter erklären die Zeit zur Verkündung der Heilslehre im gegenwärtigen Weltzeitalter für gekommen. Der Bodhisattva steigt auf den südlichen Erdteil, den ›Rosenapfelbaumkontinent‹, zur Menschenwelt nieder, da nur dort künftige Buddhas abwechselnd als Söhne des Kriegeradels = Kshatriya oder des Priester- und Gelehrtenstandes = Brahmana geboren werden. Diesmal wird das edle Geschlecht der Shakya im südlichen Himalaya erkoren. Als **weißer Elefant** geht der Bodhisattva in den Schoß der Fürstin Maya ein. Im Tushita-Himmel weilt nun Maitreya, der etwa 5000 Jahre nach dem Pari-Nirvana des Shakyamuni dessen Nachfolge auf Erden antreten wird.

2. Die Geburt im Hain von Lumbini
An einem Feigenbaum stehend und ohne Schmerzen gebiert Maya. Der Knabe tritt aus ihrer rechten Seite hervor, unter seinen Füßen sprießen Lotosblüten. Bei acht Schritten in jede Himmelsrichtung verkündet er ›Dies ist meine letzte Geburt, beenden werde ich das Leiden von Geburt, Alter und Tod‹. Wunder ereignen sich, die Götter Indra und Brahma – die Vertreter des Krieger- und Priesterstandes – und die Schlangenkönige bringen ihre Huldigung dar und lassen Ströme zum ersten Bad fließen. Seher erkennen den künftigen Buddha.

3. Vier Ausfahrten im Palastwagen
Der Prinz erhält den Namen Siddhartha. In vier Ausfahrten im Palastwagen von Kapilavastu, der Residenz seines Vaters, begegnet er einem Kranken, einem Greis und einem Toten – sanfte Ruhe strahlt nur ein Asket aus. Siddhartha erkennt Leidhaftigkeit, Vergänglichkeit und Wesenlosigkeit der Geschöpfe und beschließt, die Wahrheit als heimat- und besitzloser Wanderasket zu suchen.

4. Das große Scheiden
Der Prinz bricht nachts mit einem weißen Pferd auf, nur begleitet von einem Diener. Seine wehklagende Gattin, sein Sohn Rahula und seine Konkubinen bleiben im Frauengemach zurück.

5. Die Zeit der Askese
Siddhartha schneidet sich mit einem Schwert die langen Haare ab, legt die gelbe Robe der Bettelasketen an und schickt Diener und Pferd zurück. Mit fünf Gefährten unterwirft er sich strengsten Askese- und Yogaübungen, erkennt jedoch die Sinnlosigkeit extremer Kasteiungen. Enttäuscht verlassen ihn die fünf Yogis.

6. Die Erleuchtung
Siddhartha meditiert unter einem Feigenbaum nahe dem Dorf Uruvela (heute Bodh Gaya). **Mara,** die Verkörperung des Bösen oder der ›Gott der Lüste‹ versucht, ihn zu erschüttern und sendet Dämonenheere, feuerspeiende Berge, Giftschlangen und seine verführerischen Töchter. In tiefer Versenkung erlangt Siddhartha die Erleuchtung und wird zu einem ›Erwachten‹. Zum Zeichen seiner Standhaftigkeit ruft er mit seiner gesenkten rechten Hand die Mutter Erde zur Zeugin an (Erdberührungsgeste).

7. Die erste Predigt in Sarnath
Buddha begibt sich zur alten, heiligen Stadt Varanasi (Benares). Im nahen Gazellenhain verkündet er den fünf Asketen, die ihn einst verließen, die ›Vier Edlen Wahrheiten‹ von der Entstehung des Leides und dessen Überwindung. In dieser sonnengleichen, welterleuchtenden Predigt dreht er das Rad der Lehre – ein Abbild der kosmischen Ordnung und des ewigen Weltenlaufs – an.

8. Das große Pari-Nirvana
Im Kreise seiner klagenden Jünger scheidet Buddha in Kushinagara endgültig von der Erde und geht in das ›höchste Nirvana‹ ein. Er bestimmte keinen Nachfolger, sondern die Lehre als einzige Autorität. Nach der Verbrennung wurden Buddhas Reliquien auf die acht führenden Fürstengeschlechter Nordindiens verteilt und in acht Hügelgräbern beigesetzt.

Sitten, Bräuche, Unterhaltung und Feste – eine kleine Kulturgeschichte

Namen

Früher galt ein Name als Auszeichnung und Hinweis auf die Zugehörigkeit zur Oberschicht. Heute gibt es rund 250 Familiennamen, von denen Kim, Yi/Li (Lee oder Rhee) und Pak (Park) die häufigsten sind – so heißt ungefähr jeder fünfte Koreaner Kim. Diese drei Familiennamen und noch sechzehn weitere werden von ungefähr 80% der Koreaner getragen. Die restlichen 20% der Bevölkerung teilen sich etwa 230 Namen. Kein Wunder, daß bei Vorstellungen häufig der Ortsname zugefügt wird, z. B. Kim aus Taegu oder Kim aus Inchon usw. Frauen behalten nach der Eheschließung ihren Familiennamen. Das fast zweitausendjährige Heiratsverbot zwischen Mitgliedern eines Klans besteht heute noch.

Wie bei den Chinesen steht der Familienname vor dem – meist zweiteiligen – Vornamen, den das Kind am hundertsten Tag nach der Geburt nach sorgfältigen Überlegungen und Beratungen mit Wahrsagern und Sterndeutern erhält, da der Name als schicksalsbestimmend angesehen wird. Mädchen werden häufig mit Attributen von Schönheit und Tugend geschmückt und heißen dann etwa ›Glänzende Perle‹, ›Jadeprinzessin‹ oder ›Tugendhafte Blume‹. Jungen sollen Namen wie ›Strahlender Held‹, ›der Langlebige‹ oder ›der ruhmreiche Tapfere‹ Ansehen, Wohlstand und hohes Alter bescheren.

Im Koreanischen gilt es als Unsitte, mit dem Namen angesprochen zu werden, vielmehr werden Titel und Ehrenbezeichnungen – so etwa Sonsaeng (Lehrer) – als Anrede benutzt.

Kleidung

Die traditionelle **Tracht** (Hanbok) ist der mongolischen eng verwandt. Frauen tragen noch häufig das bauschige Rockkleid (Chima) und darüber ein sehr kurzes, weitärmeliges Bolerojäckchen (Jogori), von dem eine bunte Schleife bis über die Knie herabfällt. Die Männerkleidung besteht aus einer losen Hemdjacke, einem halblangen Gehrock und Pluderhosen, die über den Knöcheln gebunden werden. Besondere Vorliebe hatten die Koreaner einst für die Farbe Weiß. Weiß, die Trauerfarbe der chinesischen Ming-Zeit, wurde in Korea zur Alltagstracht, die heute noch von würdigen ›Großvätern‹ (Haraboji) und seltener von älteren Frauen getragen wird. Sehr reizvoll ist der landestypische Männerhut (Kat) aus schwarzem Roßhaar oder Bambusgeflecht, unter dem der Haarknoten aufgebunden wird. Die Trauerkleidung aus gelblichem, grobem Hanfgewebe wird außer zu Begräbnissen noch zu Schamanenriten und Totengedenkfeiern angezogen. Früher trug man sie beim Tod der Eltern drei Jahre und bei Kindern ein Jahr lang, beim Hinscheiden der Gattin erachtete man sie für überflüssig; Frauen waren leicht zu ersetzen.

Hausformen

Ländliche Anwesen sind meist im Geviert, in L- oder in U-Formen angelegt und durch eine Mauer von der Außenwelt abgeschirmt. Der Hof wird während der warmen Jahreszeit als zusätzlicher Wohnraum und ganzjährig zur Vorratshaltung genutzt. An den Dächern erkennt man noch das alte Prestigedenken; Ziegel waren einst der herrschenden Klasse vorbehalten, das Stroh den ›Gemeinen‹. Unter einem Strohdach zu wohnen, galt als Zeichen von Armut und Schande. Heute wird Stroh durch Ziegel und zunehmend durch das häßliche, im Sommer heiße und im Winter kalte, Blech ersetzt. Das Fundament der Häuser bildet der Ondol, das alte Heizsystem aus gemauerten Röhren, durch die von der Kochstelle aus die heiße Luft strömt. Früher waren Stühle und Betten unbekannt, man saß und schlief auf dem – im Winter warmen – Fußboden.

Überdachte Veranden spenden vor den Häusern Kühle und dienen zum Abstellen der Schuhe. Fenster und Türen bestehen aus Holzrahmen, die mit Ölpapier verklebt sind. Schlösser und Schlüssel waren früher auf dem Lande unbekannt. Der vom Eingang am weitesten entfernte Teil des Anwesens, das Innenzimmer (Anbang), ist Frauen und Kindern vorbehalten, daran schließen sich die Wirtschaftsräume an.

Die Frauen- und Männerräume sind in traditionsbewußten Familien streng getrennt, gilt doch noch die konfuzianische Regel, daß vom siebten Lebensjahr an die Geschlechter nicht im selben Raum zusammensitzen sollen. In größeren Anwesen schließt sich an das Herrenzimmer noch eine Halle (Sarangbang oder Marubang) an, der einst im Dorfgeschehen große soziale Bedeutung zukam. Hier wurden Gäste empfangen, mit Wein bewirtet und mit Brettspielen und Musik unterhalten. Dieser Raum trägt als Besonderheit einen Holzfußboden (Maru), der auf alte tungusische Überlieferungen zurückgeht und einst als heilig galt. Gegenüber vom Herrenzimmer befindet sich in größeren Häusern der Ahnenschrein (Sadang).

Spiele und Familienfeste

Beliebte Männerspiele sind Yut, Paduk und Changgi. Yut, ein Glücksspiel mit Stäbchen, wird gerne zu Neujahr als Orakel gespielt. Das mehr als 2000 Jahre alte Paduk entspricht dem japanischen Go und ist wie Changgi vom Schach abgeleitet. Zwei Partner sitzen einander an dem charakteristischen, sehr niedrigen Tisch mit einer schweren Platte gegenüber. Paduk-Wettbewerbe werden in Korea wie in anderen Ländern Schach oder Fußball im Fernsehen übertragen. Das Neue Jahr wird mit Wettkämpfen im Drachensteigen begonnen. Aus der Konstellation der Drachen versucht man gleichzeitig, günstige Vorzeichen abzulesen. Mädchen schwingen stehend auf einer Wippe und vollführen in ihren bunten, bauschigen Chima-jogoris gewagte Sprünge.

Der **erste und der 60. Geburtstag** (Tollal und Hwangap) werden besonders feierlich begangen. Dieser Brauch entspringt der einstigen hohen Säuglingssterblichkeit. Hatte das Kind das erste Jahr überstanden, so schien die kritische Phase überwunden. Mit dem 60. Geburtstag beginnt nach dem chinesischen Sechzigjahreszyklus der zweite Lebensabschnitt.

Hochzeiten sind mittlerweile recht nüchtern geworden. Nur mehr selten reitet der Bräutigam zum Haus der Braut, wo er mit Reiswein empfangen wird. Als Zeichen seiner Liebe und Treue überreicht er ihr das alte ostasiatische Symbol einer glücklichen Ehe, eine Gans oder eine hölzerne Nachbildung.

Bestattungen sind nach der konfuzianischen Gesellschaftsordnung noch immer ein wichtiges Ereignis für jede Familie. Jeder pietätvolle Sohn wird seine Kindespflicht mit größtem Respekt erfüllen. Der Tote wird an der Bahre drei Tage lang mit seinen Lieblingsspeisen ernährt, beim Verlassen des Trauerzuges werden Wein, Früchte und Münzen geopfert. Die Frauen nehmen an der Schwelle Abschied. Nur Männer tragen den prächtig geschmückten Sarg, Freunde und Klageweiber folgen ihm. Voraus springen maskierte Teufelaustreiber, die mit brennenden Reisigbündeln Dämonen verscheuchen. Nach einer kurzen Zeremonie wird der Sarg in das vorher nach geomantischen Richtlinien (vgl. S. 40f.) sorgsam erkorene Grab gesenkt.

Jahresbrauchtum

Die altüberlieferten Jahresfeste orientieren sich noch am Mondkalender. Der Unterschied zu unserer Zeitrechnung beträgt ungefähr einen Monat, daher fällt **Neujahr (Sol)** zwischen Mitte Januar und Februar. Dieses Fest wird in allen Landesteilen einige Tage lang mit Ahnengedenken, Ehrenbezeugungen der Kinder vor ihren Eltern und Großeltern, Austausch kleiner Geschenke, Überreichung der Glückslöffel an die Hausfrau, Drachenwettkämpfen, Besuchen und einem Festmahl mit segenverheißender Reiskuchensuppe begangen. Auf dem Lande errichten die Bauern 14 Tage später den Reisstrohpfahl mit Musik, Tanz und Gebeten um Erntesegen. Dann tragen sie Tauwettkämpfe, dualistische Spiele zwischen dem ›männlichen‹ und dem ›weiblichen‹ Seil aus. Ein Stück des Siegestaues wird als unheilabwehrendes Mittel auf den Dächern befestigt. In der ersten Vollmondnacht des Jahres ziehen die Bauern mit Fackeln zur Mondbeobachtung auf die Berge. Ein goldener Mond wird freudig begrüßt, verspricht er doch Glück und Erntesegen, ein rot gefärbter Mond bedeutet hingegen Dürre, ein weißlicher Überschwemmungen.

Das **Frühlingsfest Tano (Dano)** wird am 5. Tag des 5. Monats – etwa Juni – nach Beendigung des Reispflanzens mit Gebeten und Opfern, Bereitung dämonenabwehrender Amulette, Wunderpillen und Zaubertränke und allerlei Wettspielen gefeiert. Die Mädchen hüpfen auf der Wippe um die Wette, die Männer tragen Ringkämpfe und ›Holzrinderkämpfe‹ aus. Dabei schlagen sie mit Holzschwertern auf große pyramidenförmige Gebilde, die ›Holzrinder‹ ein. In der Stadt Kangnung an der Ostküste lockt das Tano-Fest alljährlich Tausende Besucher an.

Chusok, das Erntemond- oder Mittelherbstfest, fällt auf den 15. Tag des 8. Monats (Ende September) und vereint Erntedank und Ahnengedenken. Die Familien versammeln sich an den Gräbern der Vorfahren zu Dank- und Ehrenbezeugungen und einem anschließenden Mahl, bei dem halbmondförmige Reiskuchen und Reiswein verzehrt werden. Bauern ziehen in bunten Kostümen musizierend und fahnenschwingend über die Felder, Mädchen und Jungen tanzen. (Feste nach dem westlichen Kalender vgl. S. 398).

Musik, Tanz, Drama und Pantomime

Alte chinesische Schriften bezeichneten die Koreaner als das gesang- und tanzliebende Ostvolk.

Die Anfänge der **Volks- und Bauernmusik** (Sok-ak und Nong-ak) reichen in die frühe Ackerbaukultur zurück; manche Tanzbewegungen ahmen noch Pflügen, Säen oder Dreschen nach. Vermischt mit Tigerabwehrgetrommel und Schamanenmusik entwickelte sich eine reizvolle Volksmusik, die nicht nur zum Feiern gespielt wurde, sondern auch zur Arbeit anspornen sollte. Zigeunerähnliche Wandertruppen (Sadang) bereicherten während der Koryo-Zeit die Bauerntänze durch Farbenpracht, feurige Rhythmen und akrobatische Einlagen.

Im Gegensatz zur Volksmusik ist die **Hof-, Zeremonial- und Kammermusik** stark chinesisch beeinflußt. Tang-ak bezeichnet die chinesische Siebentonmusik der Tang- und Song-Zeit, Hyang-ak die koreanische Fünftonmusik. Chong-ak war die aristokratische Kammermusik, A-ak die Zeremonialmusik für konfuzianische Ahnenrituale, Staatsempfänge, Bankette und Prozessionen. Bei voller Besetzung hatte die Ahnen-Schreinmusik 64 Tänzer in scharlachroten Roben – die Zivilbeamten mit Flöten und Federn, die Militärs mit drachenbekrönten Holzschilden und Kriegsbeilen – sowie 62 Musiker.

Zahllose **Volkslieder** (Minyo) sind ein lebendiger Spiegel der Volksseele. Sijo heißt die populärste Form kurzer lyrischer Gedichte zu Musikbegleitung. Balladen (Kasa, Chapka), längere lyrische Gesänge (Kagok) und Pansori, eine Art Volksoper mit nur einem Singschauspieler, der von einer Trommel und zwei weiteren Instrumenten begleitet wird, werden von Berufssängern und -musikern dargeboten.

Überaus reichhaltig und farbenprächtig ist die Palette der **Tänze.** Allein rund 50 elegante Hoftänze sind bekannt. Viele Tänze, wie Fächer-, Schwert-, Trommel- und Totentänze sind schamanistischen, manche buddhistischen Ursprungs. Salpuri ist ein spezieller Frauentanz der Südprovinzen zur Rückholung des verstorbenen Gatten aus dem Schattenreich.

Pansori, eine Art Volksoper oder Sing-Schauspiel mit nur einem Solodarsteller und Trommelbegleitung

Masken für Pantomimen satirischen Inhalts: Konkubine, blinder Wahrsager oder Schamane, alte Frau und Bettler

Maskentänze, Pantomimen und Puppenspiele (Sandae, Pyolsin, Pongsan, Kkoktukaksi) werden noch teilweise mit wertvollen alten Masken und Kostümen aufgeführt. Sie sind meistens satirischen und moralischen Inhalts und schildern den Kampf zwischen Winter und Frühling, Gut und Böse, die Untreue der Männer und die Eifersucht der Frauen gegen Konkubinen, oder sie verulken korrupte Mönche und ihre Beziehungen zu Kurtisanen (Kisaeng).

Sanjo bezeichnet die bekannteste Art der Volksmusik mit einem improvisierenden Soloinstrument, Sinawi das traditionelle Konzert mit acht **Instrumenten.**

Von drei Zitherarten (6-, 7- oder 12-saitige Wölbbrettzither) ist die aus Kaya stammende Kayagum die berühmteste. Die zweisaitige Fidel (Haegum) wird auf den Knien gespielt und

Glockenspiel für konfuzianische Zeremonien. Die Pflege der konfuzianischen Schreinmusik obliegt vor allem der Songgyungwan-Universität in Seoul. Im Frühling und Herbst, zu Konfuzius' Geburtstag und an Gedenktagen der Königsfamilie finden Schreittänze und Opferriten mit 64 Tänzern und zahlreichen Musikanten statt.

stimmt meistens mit der siebensaitigen Zither (Ajaeng) überein. Die chinesische und koreanische Laute heißt Pipa.

Sowohl bei höfischer als auch bei volkstümlicher Musik gibt die Oboe (Piri) die Melodie an. Dazu kommen Bambusflöte (Taegum), Langflöte (Tanso), Okarina (Hun) und Muschelhorn (Sora oder Nagak) vor allem bei Militärmusik. Besonders schwer zu spielen ist die Mundorgel (Saenghwang) mit 17 Pfeifen und die kleine Harfe (Sokonghu). Glocken- und Steinspiele (Pyonjong, Pyongyong) mit 16 Bronzeglocken oder Jadeplatten, die mit einem Hornhammer angeschlagen werden, und hölzerne Tiger sind charakteristisch für konfuzianische Rituale. Faßtrommeln (Puk, Sogo) ertönen bei buddhistischen Zeremonien und Prozessionen. Fächerförmige Holzklappern (Pak), großer und kleiner Gong (Ching und Kkwaenggwari), Zimbeln (Chegum), Schellen und Weidenkörbe, die mit einem Lackbaumast gekratzt werden, bevorzugen die Schamanen.

Das berühmteste und beliebteste aller koreanischen Musikinstrumente ist die sehr alte Stundenglastrommel (Changgo), die in allen Sparten von Musik und Tanz vertreten ist. Trommelschlagende Frauen in farbenprächtigen Chima-jogoris sind in jüngerer Zeit geradezu ein Nationalemblem geworden und rühren im wahrsten Sinne des Wortes auch – zu Recht – die ›Werbetrommel‹ für Korea.

II Seoul und die Provinz Kyonggi

Seoul mit der näheren Umgebung

(vgl. Karte S. 189)

Seit fast 600 Jahren ist Seoul, das alte Hanyang, die Hauptstadt Koreas, die Geschichte der Stadt ist jedoch viel älter. Bodenfunde aus Amsadong bezeugen eine kontinuierliche Besiedlung im Becken des Han-Flusses seit der Jungsteinzeit um 3000 v. Chr. Um die Zeitenwende bildete sich das erste Machtzentrum des Paekche-Reiches. König Onjo ließ im Jahre 18 v. Chr. die Wirye-Burg (Wirye-song) vermutlich auf dem Gelände der Nordhan-Bergfestung (Pukhan-sansong) und seine ›Hauptstadt‹ im Tobong-Tal errichten. Zum Schutz vor den Chinesen verlegte er 6 v. Chr. Burg und Siedlung an die Südseite des Han in den Bereich der Südhan-Bergfestung (Namhan-sansong). Nach dem Abzug der Paekche-Bevölkerung weiter südwärts besetzte Koguryo für rund 80 Jahre das Gebiet. König Chinhung (Jinheung) von Silla markierte anläßlich seines Besuches im Jahre 568 die Grenze zwischen beiden Staaten in den Bergketten nördlich des Han. Eine Kopie der berühmten Inschriftenstele steht auf dem Monumentgipfel (Pi-bong), das Original wird im Nationalmuseum Seoul aufbewahrt.

Das strategisch wichtige Han-Tal wechselte Herrscher und Namen sehr oft. Von allen Bezeichnungen sind Hansong (bu), Hansan (bu) oder Hanyang die wichtigsten: Han bezieht sich auf den Fluß, yang heißt nördliches Ufer, song bedeutet Festung, san Berg, und bu steht für Regierungssitz. Der Name Hanyang tauchte schon während der Silla-Zeit auf, war die offizielle Bezeichnung der Stadt während des Choson-Reiches und blieb bis in das 20. Jh. populär. Sorabul oder Seoul, was Regierungssitz oder Hauptstadt bedeutet, kam erst später auf. Im 11. Jh. hieß das heutige Seoul ›Südhauptstadt‹ (Namkyong) und zählte mit der ›Osthauptstadt‹ (Tongkyong = Kyongju) und der ›Westhauptstadt‹ (Sokyong = Pyongyang) zu den ›drei kleinen Hauptstädten‹, die der Koryo-Metropole Songdo (Kaesong) untergeordnet waren.

Während der Koryo-Zeit tauchten immer wieder Prophezeiungen einer neuen Reichshauptstadt im Han-Tal auf. Visionen einer blühenden, langlebigen ›Pflaumenbaumstadt‹ inspirierten die Koryo-Könige zur Anlage von Lustgärten und Sommerpalästen. Die dichten Wälder des Pukak-san, in denen noch Tiger hausten, mußten Pflaumenplantagen weichen.

Weissagungen im segensreichen Zeichen des Pflaumenbaumes sollten sich bewahrheiten: Das neue Herrscherhaus der Yi (Li) schreibt sich mit demselben chinesischen Schriftzeichen wie die Pflaumenblüte. **Yi Taejo,** der Gründer der Dynastie, begann bald nach seinem Regierungsantritt im Jahre 1392 mit der Errichtung von Palästen und des königlichen Ahnenschreines als Zentrum seiner neuen Residenz. 1394 verlegte er die Hauptstadt von Songdo nach Hanyang.

Geomantische Untersuchungen legten den Verlauf der Stadtmauer nach chinesischem Muster im Geviert, abgeschirmt nach Norden und geöffnet nach Süden, fest. Im Norden boten

Hanyang (Seoul) als Idealstadt nach chinesisch-geomantischen Regeln. Aus dem Gassengewirr heben sich die Paläste wie Inseln ab. Im Norden erhebt sich das glockenförmige Gelände des Kyongbok-Palastes, weiter im Osten der Changdok-Palast mit dem Geheimen Garten, der Changgyong-Palast und Chongmyo, der königliche Ahnenschrein. Der Toksu-Palast war damals nur eine kleine Prinzenresidenz, der ›Maulbeer‹-Palast nahe dem ehemaligen Großen Westtor besteht nicht mehr. Vom Großen Osttor durchzog die Hauptverkehrsader, die heutige Chong-ro, die Stadt nach Westen.

die schroffen Felsen des Pukhan-san den geforderten Schutzwall gegen Dämonen, im Süden bildete der Han-Bogen die begehrte Barriere ›empfindlichen‹ Wassers.

Thronzwistigkeiten und Hofintrigen veranlaßten Taejos Nachfolger König Jongjong zur Rückkehr nach Songdo. Erst Taejong, der dritte Yi-König, nahm 1405 endgültig Residenz in der neuen Stadt. Um 1430 zählte Hanyang rund 100 000 Einwohner. Zwischen der Stadtumwallung und den Gehöften der Vorstadt mit ihren rund 6000 Einwohnern war ein Grüngürtel vorgeschrieben, auf dem nicht bestattet werden durfte.

Schwere Schäden erlitt Hanyang während des japanischen Krieges zwischen den Jahren 1592 und 1598 und durch die Mandschu-Invasion 1636. Zwischen dem 17. und dem späten 19. Jh. pendelte sich die Bevölkerungszahl immer wieder bei rund 200 000 ein.

Alte Ansichten um die Jahrhundertwende können ein wenig wehmütig stimmen. Rikschas und Ochsenkarren beherrschten das schachbrettartige, ungepflasterte Straßennetz. Wie Inseln lagen die Paläste mit ihren weitläufigen Landschaftsgärten und der königliche Ahnenschrein zwischen einem Meer ebenerdiger, strohgedeckter Häuser. Ziegeldächer waren Palästen, öffentlichen Gebäuden, Tempeln und den Anwesen des Yangban-Adels vorbehalten. Als 1890 der neugotische Turm der Myong Dong-Kirche St. Mary errichtet wurde, protestierte der Hof, weil nun der Einblick in Paläste und Gärten möglich war. Nach der Öffnung Koreas 1876 wurden im Stadtbild von Hanyang langsam westliche Einflüsse deutlich. Aber erst die Japaner bauten Kyongsong oder Keijo – so hieß die Stadt während der Besatzung – zwischen 1905 und 1945 zu einer für damalige Verhältnisse modernen Kolonialstadt aus. Leider fiel dabei Altes und Wertvolles, vor allem die Stadtmauer und einige Tore, der Stadterweiterung zum Opfer. Ihrer Herrschaft über das Generalgouvernement Chosen setzten die Japaner mit dem Kapitol (Abb. 4), dem alten Bahnhof (Abb. 49) und dem Rathaus ein bleibendes Denkmal.

Nach dem Ende der japanischen Kolonialherrschaft im Jahre 1945 wurde die Stadt Seoul = Hauptstadt genannt. Im Juli 1953, mit dem Ende des Korea-Krieges, lag Seoul in Trümmern. Der atemberaubende Wiederaufbau und das immense Wachstum trugen Seoul, besonders in amerikanischen Kreisen, den Ruf einer ›Phönixstadt‹ ein; der Vergleich scheint insofern unzutreffend, als der rote Sonnenvogel in Ostasien anders als in antiker und christlicher Schau verstanden wird. 1970 war die Bevölkerung auf rund 5 Millionen und 1985 auf mehr als 9 Millionen angewachsen. Alte Prophezeiungen erwarten eine neue Hauptstadt im Hühnerdrachen (Kyeryong)-Gebirge.

Seoul ist eine der modernsten Großstädte Asiens. Neue Wohnviertel kriechen zwar als amorphe Masse in die Täler der Nordberge oder ragen mit gesichtslosen Hochhäusern südlich des Han auf, aber die Lage im Han-Bogen, begrenzt von der eindrucksvollen Kulisse der Nordberge (Pukhan-san) und dem Ring der Südberge (Kwanak-san) sowie zahlreiche Grüninseln im innerstädtischen Bereich, wie etwa der Süd-Berg (Nam-san) oder die Palastgärten, lassen Seoul reizvoller erscheinen als andere, beispielsweise japanische Großstädte.

Dem Besucher bietet Seoul eine Fülle herausragender Sehenswürdigkeiten – Königspaläste und -gräber, buddhistische Tempel, konfuzianische Schreine, großartige Museen, landestypische Märkte – und nicht zuletzt alle touristischen Annehmlichkeiten.

Seoul wurde einst von drei mächtigen **Festungen** in den Bergen nördlich und südlich des Han und auf der Insel Kanghwa (vgl. S. 190 f.) geschützt.

Die Südhan-Bergfestung (Namhan-sansong)

Lage: Rund 30 km südöstlich von Seoul, ein beliebtes Ausflugs- und Wandergebiet, gute Busverbindungen.
Geschichte: König Onjo von Paekche ließ im Jahre 6 v. Chr. eine Burg auf dem Namhan-san, vermutlich zum Schutz seiner nördlich im Tal gelegenen ›Hauptstadt‹, errichten. Im 7. Jh. wird die Zitadelle als Bollwerk Sillas gegen Tang-China und während der Koryo-Zeit als Schutzwall der Provinzstadt Kwangju erwähnt.

Der Ausbau auf 8 km Länge mit vier Haupt- und 17 Nebentoren geht auf König Injo zurück. Beim zweiten Mandschu-Einfall 1636 verschanzte sich der König mit 14 000 Soldaten und 2000 Gefolgsleuten in der Festung, die zwar nicht erobert, aber binnen 45 Tagen ausgehungert wurde. Wenige Jahre später, 1644, bestieg die Mandschu-Dynastie unter dem Namen Qing (Ching) den chinesischen Kaiserthron und zwang Korea bis 1894 in den Vasallenstatus.

Obwohl die Mauerzüge seit dem 18. Jh. verfielen, ist die Festung noch immer eindrucksvoll (Abb. 47). Unter den Eingangsbauten verdient vor allem das **Südtor,** ein wichtiges Beispiel der mittleren Yi-Architektur, Beachtung. Vom **Suojang-dae,** dem ›Ausguck des Befehlshabers der

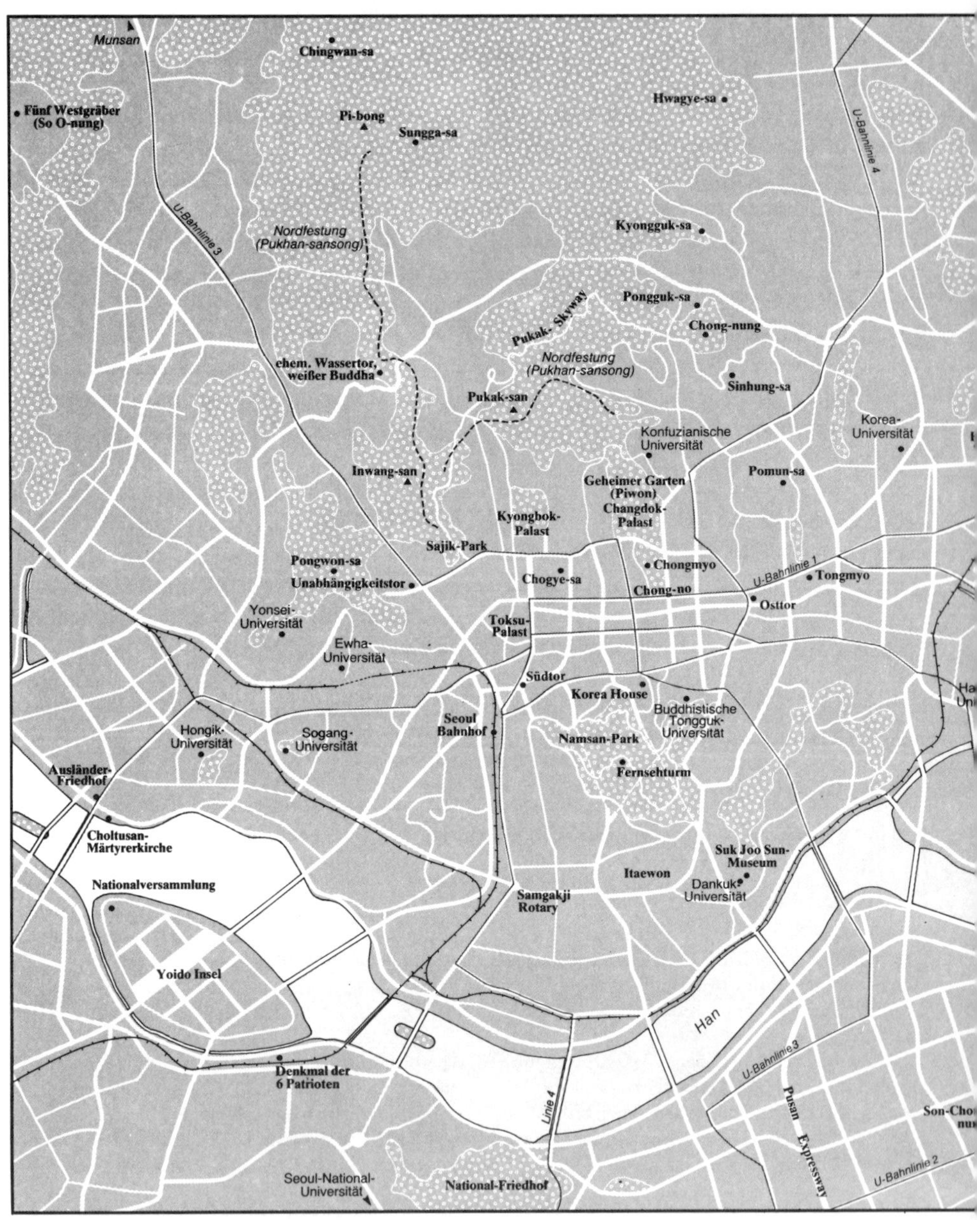

Seoul und Umgebung. Emille-Museum und Kimpo-Flughafen liegen rund 25 km westlich.

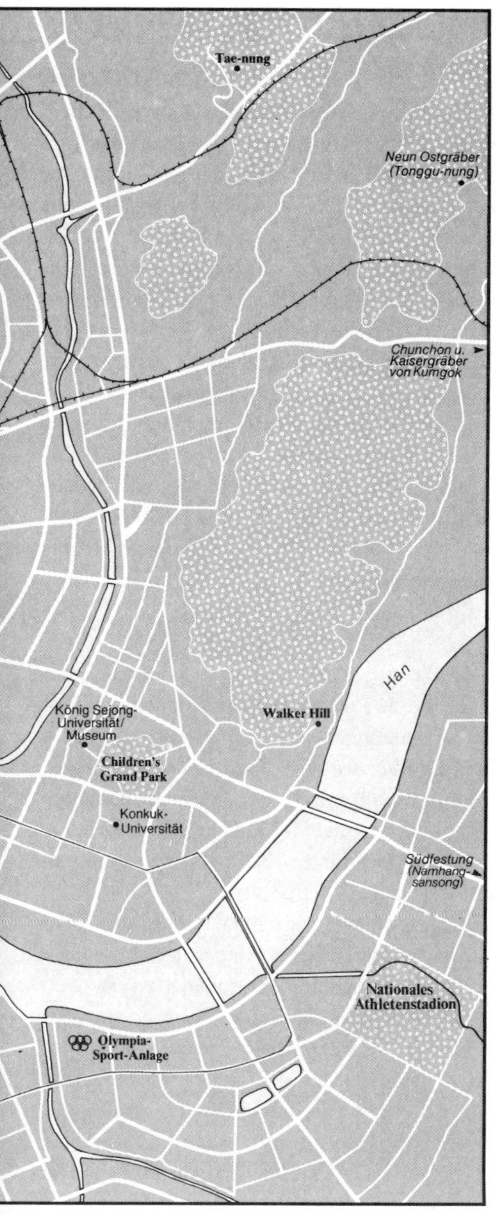

Verteidigung‹, auf dem Gipfel des rund 460 m hohen Namhan-san, beobachtete König Injo das riesige Mandschu-Lager am Han. Der Volksmund nennt den Pavillon auch die ›Halle des Nicht-Vergessens‹ eingedenk der Schmach, die Korea damals erleiden mußte. In der Nähe ließ König Injo den **Chonggye-Schrein** zu Ehren des Festungsbaumeisters Yi Hoe errichten.

Von den ursprünglich neun kleinen Tempeln blieb nur der **Changgyong-sa** nahe der Ostmauer erhalten. Die Legende schreibt seine Gründung dem indischen Mönch Marananda im Jahre 385 zu.

Die Nordhan-Bergfestung (Pukhan-sansong)

Nach der folgenschweren Niederlage gegen die Mandschu traute man den ›dämonenabwehrenden‹ Bergen nördlich der Stadt nur noch wenig und begann daher Mitte des 17. Jh. mit der Planung einer Festung, die vor allem dem König durch das Nordtor als Fluchtburg dienen sollte. Geldknappheit verzögerte die Fertigstellung der gewaltigen Bastionen bis zum Jahre 1711 unter König Sukchong. Über sieben Gipfel des rund 850 m hohen, schroffen Pukhan-Gebirges zieht sich die rund 8 km lange und in großen Abschnitten noch gut erhaltene Umwallung mit acht Haupt- und mehreren Nebentoren hin. Ein Arm verband sie direkt mit der Stadtmauer.

Der südliche Festungsteil liegt heute im Militärsperrgebiet und kann daher nicht besichtigt werden, der nördliche Bereich ist ein beliebtes Ausflugs-, Wander- und Klettergebiet.

Mehrere Wanderpfade führen zu den Bastionen, am bequemsten ist die Zufahrt zum **Großen Westtor** (Taeso-mun). Innerhalb des Mauerrings laden einige schamanistische Heiligtümer, buddhistische Einsiedeleien und kleine Klöster, Aussichtspavillons und Inschriftenstelen zum Verweilen ein.

Nojok-sa, ein kleiner Tempel unterhalb des Weißwolkengipfels (Paekun-dae), erhebt sich an der Stelle des Chinguk-Klosters aus der Silla-Zeit. 1592 brannten die Japaner alle Gebäude nieder. Beim zweiten Angriff soll Samyong Taesa, der berühmte Führer der Mönchsarmee, zu einer List gegriffen haben. Er ließ – so erzählt die Legende – den zuckerhutförmigen Bergkegel und die ganze Umgebung in Windeseile mit Reisstrohbündeln bedecken. Als der Feind abzog, erhielten der neuerbaute Tempel und der Berg den Namen Nojok, was Getreidehaufen bedeutet.

Die gegenwärtigen Klostergebäude sind erst rund zwanzig Jahre alt. In der Haupthalle werden der historische Buddha Shakyamuni, zwei Erleuchtungswesen und Kshitigarbha, der Retter aus Höllenqual, verehrt. Ein kleiner Schrein ist den Göttern des Volksglaubens geweiht.

Taego-sa, ein zweites Kloster innerhalb der Nordhan-Bergfestung, erhielt den Namen vom Mönch Taego, dem Günstling des Koryo-Königs Kongmin (1351–1374). Studenten setzten ihm und anderen bedeutenden Lehrern, die sich zur Meditation in die Einsamkeit der Nordberge zurückzogen, Denkmale in Form von Kleinreliquiaren und Inschriftensteinen (Abb. 61).

In der kleinen Klosterhalle sind Figuren des Lichtbuddha Amitabha und zweier Erleuchtungswesen eingeschreint, die Malereien zeigen Kshitigarbha und Schützer der buddhistischen Lehre. In der Nähe lassen Fundamente noch das Chunghung-Kloster, das ehemalige Hauptquartier des Samyong Taesa und seiner Mönchsarmee, erkennen.

Stadtmauern und -tore

Bevor König Yi Taejo einen Teil seines neuen Palastes bezog, ließ er im Jahre 1396 innerhalb weniger Monate eine rund 16 km lange Stadtmauer vom Pukhan-san im Norden bis zum Nam-san im Süden ziehen. Die Planung stammt nach geomantischen Untersuchungen von dem konfuzianischen Gelehrten Chong Do-jon und dem buddhistischen Nationallehrer Muhak. Das gewaltige Werk wurde in 98 Abschnitte eingeteilt und nach den chinesischen Schriftzeichen für Himmel, Erde, Schwarz, Gelb usw. benannt. Fronarbeit von 200 000 Bauern verklärte die Legende als Werk des Himmels. Sie erzählt, daß einst schwere Stürme über die Berge fegten und sich innerhalb einer Nacht von Geisterhand hohe Wälle auftürmten.

König Taejos Stadtmauer war aus Lehm, Erde, Geröllsteinen und abschließenden Granitplatten sehr rasch aufgeschichtet worden und mußte daher bald ausgebessert und erneuert werden. 1422 begann König Sejong, große Abschnitte durch exakt behauene Granitquader zu ersetzen. Die monumentalen Stadttore, beispielsweise das Große Südtor, stammen überwiegend vom Ende seiner Regierungszeit (1448). Umfangreiche Instandsetzungsarbeiten fanden im 18. Jh. statt. Teile der alten Umwallung blieben im Norden der Stadt (Songbuk Dong zum Inwang-san) erhalten, die übrigen Mauerzüge fielen zu Beginn des 20. Jh. der Stadterweiterung zum Opfer.

Von den **ursprünglich neun Stadttoren** – je zwei in den Haupthimmelsrichtungen und ein Wassertor – stehen noch fünf, von denen das Große Süd- und das Große Osttor die mit Abstand

27 YONGAM-SA Zwei Kolossalstatuen des Zukunfts-Buddha Maitreya, die sogenannten ›zwei Miruk ▷ von Yongmi-ri‹, 11. Jh.

29 CHIKCHI-SA Mahl der Mönche

◁ 28 KUMSAN-SA Andacht in der Haupthalle (Taekwang-jon)

31 Morgenandacht im Unju-sa

30 KUMSAN-SA Mönchsgedenken auf dem Friedhof

32 SILLUK-SA Haupthalle, der Gnaden-Bodhisattva Avalokiteshvara (Kwanseum)

33 SINHUNG-SA Haupthalle, der thronende Bodhisattva Avalokiteshvara

34 MAKOK-SA Die Halle der Tausend Buddhas (Chonbul-jon)

35 KOLGUL-AM bei Kyongju, Buddha-Relief aus dem 8. Jh.

36 WOLCHONG-SA Außenmalereien an der Lehrhalle: der Weisheits-Bodhisattva Manjushri (Munsu) auf seinem Löwen

37 WOLCHONG-SA Außenmalereien an der Lehrhalle: der Meditations-Bodhisattva Samantabhadra (Pohyon) auf seinem Elefanten

38 POPCHU-SA Halle der Buddha-Jünger, Arhats mit Tiergefährten

39 HWAGYE-SA Seoul, Torwächter in der Gerichtshalle

40 PYOCHUNG-SA Kunstvoll geschnitztes und bemaltes Konsolgebälk ▷

42 Die erste Lehrrede Buddhas und die fünf ersten Mönche im Gazellenhain nahe der heiligen Stadt Varanasi

41 Kumryong-sa im Folkvillage, Palsang – zwei der acht Gemälde der wichtigsten Lebensstationen des historischen Buddha Shakyamuni. Die Zeit der Askese: Prinz Siddhartha Gautama, der künftige Buddha, schneidet sich die Haare ab

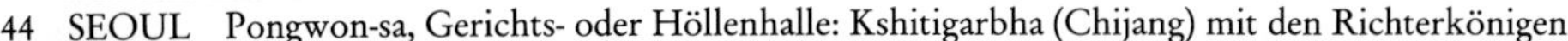

43 WOLCHONG-SA Schrein der Drei Geister (Samsong-gak), Plastiken des Siebensterngeistes (Chilsong) in konfuzianischen Beamtenroben

44 SEOUL Pongwon-sa, Gerichts- oder Höllenhalle: Kshitigarbha (Chijang) mit den Richterkönigen

45 SEOUL Pongwon-sa, Gerichts- oder Höllenhalle: Kshitigarbha (Chijang), der gütige Bodhisattva der Unterwelt

46 SANGWON-SA Versammlungshalle: Manjushri (Munsu), der Bodhisattva der Weisheit ▷

großartigsten und wegen der nahen, landestypischen Märkte auch die reizvollsten sind. Beide Westtore, das kleine Osttor und das Wassertor wurden zerstört.

Die Tore tragen Namen von Stadtteilen, Funktionen oder Himmelsrichtungen, die nach dem chinesischen Weltbild mit Jahreszeiten, mythischen Schutztieren, Farben, sogenannten Elementen und Tugenden verknüpft sind. So sind Osttore dem Frühling, dem blauen Drachen und dem Holz zugeordnet und verheißen Wohlwollen und Gnade. Westtore stehen für Herbst, weißen Tiger, Metall, Treue und Rechtschaffenheit; Südtore für Sommer, roten Vogel (Phönix), Feuer, Zeremonien und Riten; Nordtore für Winter, den verhängnisvollen Schwarzen Krieger (Schildkröte und Schlange), Wasser, Weisheit und Reinheit.

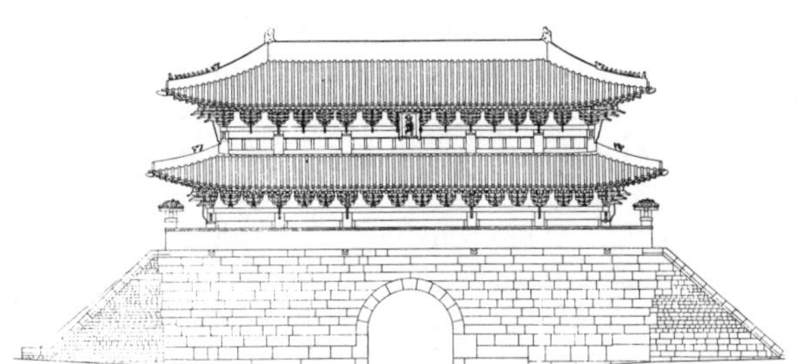

Das Große Südtor (Namdae-mun, NS 1) aus dem Jahre 1448 blieb als einziges Monumentaltor der Stadtmauer erhalten.

Das **Große Südtor (Namdae-mun,** NS 1) oder das ›Tor der erhabenen Zeremonien‹ (Sungnyemun) blieb als einziges Monumentaltor aus der Entstehungszeit – 1448 – erhalten.

Vom **Kleinen Südtor,** das nach dem benachbarten Stadtteil Kwanghui-mun genannt wird, steht noch ein Steinbogen. Früher hieß es auch Leichentor, da Verstorbene nur durch diese Pforte oder das Kleine Westtor getragen werden durften. Zum Tode Verurteilte mußten durch das Kleine Westtor abgeführt werden.

Das **Große Osttor (Tongdae-mun,** S 1) oder das ›Tor der erhabenen Gnade‹ (Hunginji-mun) wurde 1869 rekonstruiert, ist allerdings wegen der halbmondförmigen Wehrmauer das schönste aller Stadttore.

Das **Große Nordtor (Pukdae-mun)** wurde wegen der geomantisch unheilvollen Lage meist geschlossen gehalten. Zudem fielen fast alle Besetzer der Stadt durch den Nordteil ein. Im Volksmund heißt das Tor auch Sukchong- oder Samchong-mun, nach einem ehemaligen taoistischen Tempel der ›Drei Reinheiten‹ im benachbarten, gleichnamigen Park.

Im **Kleinen Nordtor (Puk-mun)** ist noch das alte Pflaster zu sehen. Bekannter ist es als ›Tor des Purpurnebels‹ (Chaha-mun). Diesen Weg wählte im Jahre 1623 der spätere König Injo, um mit seinen Konspiranten den mandschu-freundlichen König Kwanghae zu entthronen, ein Coup, der sich bald als äußerst folgenschwer erweisen sollte. Die ›Treue‹ König Injos zu den entmachteten Ming-Kaisern Chinas löste die zweite Mandschu-Invasion im Jahre 1636 und die schmachvolle Niederlage der Koreaner auf der Südhan-Bergfestung (Namhan-sansong) aus.

Königs- und Kaiserpaläste

Der Kyongbok-Palast (Gyeongbog-gung)

Geschichte: Im Jahre 1394 begann König Yi Taejo mit dem Bau des Kyongbok- oder Nordpalastes als offizieller Residenz seiner neuen Dynastie. Dieser größte Palast der Hauptstadt mit rund 200 Gebäuden ging 1592 im Imjin-Krieg gegen die Japaner in Flammen auf – böse Zungen behaupten, koreanische Bauern hätten ihn aus Haß gegen König und Adel angesteckt. Rund 270 Jahre lang blieb die Ruine unverändert. Während dieser Zeit diente der Wohnpalast des Herrscherhauses, der Changdok-gung, als Regierungssitz. 1867 befahl Prinz Hungson, der mächtige Prinzregent, die Wiedererrichtung des Kyongbok-Palastes. König Kojong residierte bis 1896 in den Gemächern, dann floh er in Begleitung des Thronfolgers in die russische Botschaft und bezog anschließend den Toksu-Palast. Im Kyongbok-Palast fanden aber weiterhin Staatszeremonien statt.

König Yi Taejo berief die berühmtesten Geomanten seiner Zeit zur Erforschung der günstigsten Lage für den ›**Palast der strahlenden Glückseligkeit**‹. Wie kein anderer Palast von Seoul entspricht der Kyongbok den Idealvorstellungen des chinesischen Weltbildes: Gegen Norden abgeschirmt, öffnen sich die Hauptgebäude nach Süden. Der fast rechteckige Palastbezirk wird häufig mit einer Glocke verglichen. Die Südseite der Umfassungsmauer wurde völlig, die Westfront teilweise zerstört. Auf einer Straßeninsel an der Südostecke erinnert ein ehemaliger Wachtpavillon (Tongsipcha-gak) an den alten Mauerverlauf, der Zwillingspavillon im Westen ist nicht mehr vorhanden.

Vier Haupt- und acht Nebentore führten einst in den Palastbezirk. Wie die Stadttore sind sie nach dem chinesischen Weltbild mit Himmelsrichtungen, Jahreszeiten, mythischen Schutztieren, sogenannten ›Elementen‹, Farben, Tugenden usw. verbunden. Das ›Tor des göttlichen Kriegers‹ (Sinmu-mun) im Norden war dem König als Fluchtweg durch das nördliche Stadttor in die Nordhan-Bergfestung vorbehalten. Durch das Ost- und Westtor gingen die Höflinge aus und ein. Von diesen beiden Eingängen steht nur noch das östliche ›Tor des erwachenden Frühlings‹ (Konchun-mun) des blauen Drachens, das heute als Haupttor dient. An das gegenüberliegende westliche ›Herbst-Willkommentor‹ (Yongchu-mun) des weißen Tigers erinnern nur noch alte Ansichten.

Während der japanischen Kolonialherrschaft nahm man bauliche Veränderungen an der Südseite des Palastkomplexes vor. Das repräsentative Südtor wurde an die Ostmauer übertragen, um das **Kapitol** voll zur Geltung kommen zu lassen. Diesen weißen Kuppelbau hatten die Japaner zwischen 1916 und 1925 als Regierungssitz des Generalgouvernements Chosen errichten lassen. 1950 brannte das Gebäude aus, seit der Renovierung wird es für Konferenzen und administrative Zwecke genutzt. 1969 wurde das Südtor wieder in der ursprünglichen Himmelsrichtung aufgestellt.

Auf dem Kyongbok-Gelände befinden sich der Palast mit den Gartenanlagen, das Freilichtmuseum (Steinmonumente des Nationalmuseums) und das National- sowie das Volkskundemuseum (vgl. S. 166).

Durch das Osttor, vorbei an der eleganten Marmorpagode (vgl. S. 165) führt der Weg zu einer prächtigen, 1426 errichteten **Steinbrücke** (Jong Je-kyo), die – wie bei allen Yi-Palästen – Geister abwehren soll. Die ›Wächterlöwen‹ scheinen aber außer Dienst zu sein, denn sie ruhen gelöst auf der Balustrade stilisierter Reisgarben.

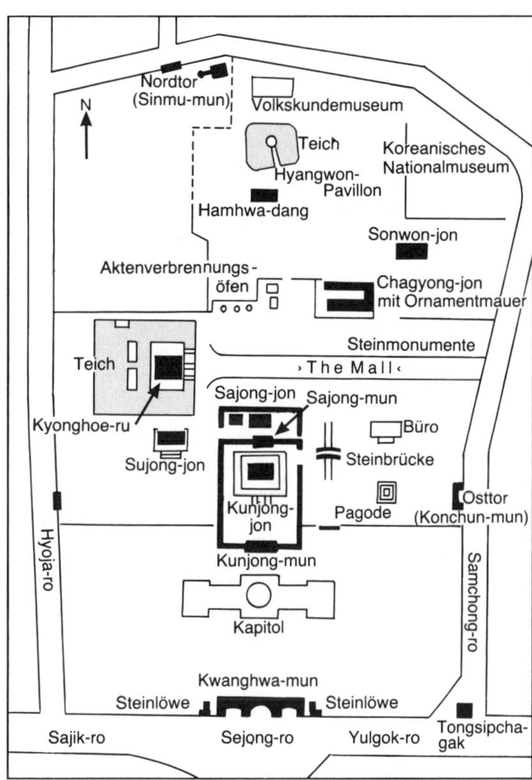

Der Kyongbok-Palast mit dem National- und dem Volkskundemuseum

Es folgt der weiträumige, gepflasterte **Zeremonialhof** mit umlaufenden Wandelgängen. An der Nord-Süd-Achse von der Thronhalle zum Tor des Südkorridors markiert eine Doppelreihe von Steinpfeilern den Standplatz hoher Zivil- und Militärwürdenträger bei großen Zeremonien. Der Mitteldurchgang des dreiteiligen **Kunjong-Tores** war dem König vorbehalten, die seitlichen Sonnen- und Mondtore den Militär- und Zivilbeamten. Der Zutritt zum Palastbezirk erfolgte ursprünglich durch den repräsentativsten Eingang, das **Südtor oder ›Tor der Verwandlung im Licht‹ (Kwanghwa-mun).** Dieses dreiteilige Steintor mit gestaffeltem Holzdach wurde zwar wieder an den früheren Standort übertragen, die Eingangsachse ist aber durch den Einbau des Kapitols verfälscht. Zwei steinerne Hundelöwen sollen vor Feuer schützen, da man nach alten Weissagungen einen Ausbruch des Kwanak-san am südlichen Han-Ufer befürchtete. Die Figuren stammen noch aus der Entstehungszeit des ersten Palastes (1394) und werden in einem Bericht des chinesischen Botschafters aus dem 15. Jh. als Meisterwerke des Bildhauers Yi Se-uk erwähnt.

Majestätisch erhebt sich die **Regierungs- und Thronhalle,** ein vorzügliches Beispiel der späten Yi-Architektur. In der ›Halle der Regierung in Ehrerbietung‹ (Kunjong-jon) verwaltete der Herrscher das Mandat des Himmels. Das gestaffelte Dach und die doppelte Steinterrasse zeigen den hohen Rang des Gebäudes an. Plattform und Hof dienten als Zeremonialraum bei großen Empfängen und Feierlichkeiten. Die Balustrade in Form stilisierter Reis- und Getreidegarben mit Lotosblättern unterstellt das Gedeihen des Landes dem Schutz des Himmels, Skulpturen der zwölf Tierkreiszeichen auf den Pfeilern symbolisieren den Kosmos und den Jahreslauf. Der mit Ranken reliefierte und von Schutzbestien begleitete Mittelteil der Treppe war dem Herrscher vorbehalten. Seine Drachensänfte wurde über Medaillons eines Phönixpaares getragen. Der König vertritt als Himmelssprößling zwar einerseits das Yang-Prinzip, steht aber selbst zum Firmament in untergeordneter Yin-Position (Phönix).

Das **Innere der Thronhalle** besticht durch edle Proportionen und prächtig bemalte Gebälkschnitzerei. Unter einem Schnitzbaldachin, dem Sinnbild des Himmelsgewölbes, empfing der Herrscher auf dem Drachenthron die Huldigungen der Würdenträger des Reiches sowie ausländische Gesandtschaften. In der 1592 zerstörten Halle wurden zwischen 1398 und 1567 sieben Yi-Könige gekrönt. Der Lackschirm zeigt das taoistische Paradies mit fünf heiligen Bergen, rotstämmigen Kiefern, meerwärts stürzenden Bächen und Sonne und Mond als Zeichen der großen Harmonie von Yin und Yang.

An der Ost-, West- und Südseite umlaufen **offene Wandelgänge** den großen Hof. Die geschlossene Nordseite diente zur Aufbewahrung von Zeremonialgerät und -gewändern.

In den offenen Passagen sind kunst- und kulturgeschichtliche Denkmäler aus allen Landesteilen ausgestellt: Buddhistische Stein- und Gußeisenplastiken der Silla-, Koryo- und Yi-Zeit, eine rostige Kanone und Inschriften aus fast eineinhalb Jahrtausenden. Die berühmte Stele (NS 3) ließ König Chinhung im Jahre 568 als Grenzstein zwischen Silla und Koguryo auf dem Pi-bong nördlich von Seoul aufrichten. Ein kleiner Steinpfeiler aus dem Jahre 1871 kündete im Zentrum von Hanyang vom Ausländerhaß des Prinzregenten (Taewon-gun).

Hinter der Thronhalle fehlt die östliche ›Tausend-Frühling-Halle‹. Die mittlere Sajong-Halle war der Sitz des Staatsrats. In der westlichen ›Tausend-Herbst-Halle‹ (Chonchu-jon) hielt der König Privataudienzen ab.

Anstelle der Bibliothek des Königs Sejong (Chiphyon-jon, die ›Halle der verdienstvollen Persönlichkeiten‹), wo ein Gelehrtenkollegium im 15. Jh. das Hangul entwickelte, steht jetzt die Sujong-Kabinettshalle des Königs Kojong.

Der **›Pavillon der glücklichen Begegnungen‹ (Kyonghoe-ru),** eine Fest- und Bankketthalle an einem quadratischen Lotosteich, leitet in den Palastgarten und den Vergnügungsbereich über. Das Holzdach ruht auf 48 (6 mal 8) Steinstützen, die außen als Symbol des irdischen Yin-Prinzips viereckig und innen als Zeichen der himmlischen Yang-Kraft rund sind.

Von den königlichen Privatgemächern wurde ein Teil in den Changdok-Palast übertragen. Nur Chagyong-jon, der **Witwensitz der Königin Cho,** blieb in seiner ursprünglichen Lage erhalten. Hwamun-Dam, die **Ornamentmauer** im Westen der Gebäudegruppe, trägt reizvolle Ziegel- und Terrakottamotive: Symbole des langen Lebens, Vögel, Wolken, Kiefern, Bambus, Orchideen, Pflaumenblüten, Päonien usw. Dekorierte Ziegelmauern waren ein wichtiger Bestandteil der von China inspirierten Gartenarchitektur der Yi-Zeit. Ähnliche symbolhaltige Muster zieren auch die nahen, rund 3 m hohen, sich verjüngenden **Ziegelschornsteine.** Sie

Die Marmorpagode des Kyongchon-sa (NS 86), heute im Gelände des Kyongbok-Palastes. Sie wurde 1348 anläßlich der Hochzeit einer koreanischen Prinzessin in Referenz der Mongolen-Kaiser Chinas in Auftrag gegeben und stellt das einzige Beispiel dieser Zeit in Korea dar. Der Marmor dürfte aus China stammen. In ihrer säulenartigen Schlankheit erinnert sie unmittelbar an Pagoden im Yangtse-Gebiet oder an die Stufenpagode aus Yent-tscho-fou, Provinz Shantung (10. Jh.). Eine rund hundert Jahre jüngere Kopie steht im Pagodenpark in Seoul.

dienten als Aktenverbrennungsöfen, denn nach konfuzianischer Tradition durfte das geschriebene Wort, das geradezu als ›heilig‹ galt, nicht wie gewöhnlicher Abfall weggeworfen, sondern mußte zu Rauch verflüchtigt werden.

Im **Hamhwa-dang** hielt König Kojong Privataudienzen ab, die Sonwon-jon diente als Hilfsgebäude des königlichen Ahnenschreines. Eine rote Bogenbrücke führt über den reizvollen Lotosteich zum sechseckigen **›Pavillon des weitduftenden Wohlgeruchs‹ (Hyangwon-jong)** (Farbt. 41).

Im offenen Palastbezirk stellt das Nationalmuseum die große Sammlung von Steinmonumenten aus allen Landesteilen von der Alt-Silla- bis zur Yi-Zeit aus. Außer den Objekten in den Wandelgängen des Zeremonialhofes, einigen Steinsärgen und Nachgeburtsurnen (Taeshil), überwiegen buddhistische Stockwerkpagoden, Kleinreliquiare, Stelen und Laternen.

Gleich nach dem Eingang, zwischen Osttor und Thronhalle, ragt die elegante **Kyongchon-sa-Pagode** (NS 86) aus grauweißem Marmor auf. Sie stand ursprünglich auf dem Puso-san nahe der Koryo-Hauptstadt Songdo (Kaesong in Nordkorea), wurde 1910 nach Japan verschifft und fand endgültig Aufstellung an diesem Platz. In Material, Form und Ausführung, ist diese ›Leuchtsäule der buddhistischen Lehre‹ außergewöhnlich für Korea: einheimische Steinpagoden sind meist aus Granit gearbeitet, der Marmor dürfte aus China stammen. Sie ist die einzige aus der Mongolen-Zeit und wurde im Jahre 1348 während der Regierung des Koryo-Königs Chungmok als Hochzeitsgeschenk einer koreanischen Prinzessin in Referenz der Mongolenkaiser Chinas in Auftrag gegeben. Ihr Aufbau leitet sich von chinesischen Stockwerkpagoden ab, deren Tradition in die Grottenkunst des 6. Jh. zurückreicht. Wie diese ahmt sie Holzkonstruktionen mit Ziegeldächern nach. Eine rund 100 Jahre jüngere Kopie der Kyongchon-Pagode steht im Pagodenpark (vgl. S. 187).

Beide Reliquiartürme werden als zehnstufig bezeichnet, was jedoch nicht stimmen kann, da alle ostasiatischen Vergleichsstücke im Sinne der Ausgewogenheit der Urkräfte Yin und Yang eine ungerade Stockwerkanzahl aufweisen. Dreizehngeschossig ist wegen des dreiteiligen Aufbaues aller Pagoden ebenfalls unrichtig: über der Gesimstriade des Sockels erheben sich vielmehr als zweite Zone die drei Stockwerke des Pagodenkörpers und darüber als dritter Abschnitt ein siebenstufiger Aufsatz mit bekrönendem Kopfjuwel.

Die kunstvoll gearbeiteten **Reliefs** von Buddhas, Bodhisattvas und Himmelselfen, Welthütern, Schutz- und Fabelwesen zwischen Lotosblüten veranschaulichen Buddha-Paradiese, Himmelssphären oder Erleuchtungsstufen.

Die meisten buddhistischen Monumente stehen an der mittleren Ost-West-Achse, der sogenannten ›Mall‹. An ihnen läßt sich die Entwicklung der koreanischen Steinmetzkunst hervorragend ablesen. Sie reicht von der schmucklosen frühen Silla-Pagode (S 99) über prächtig reliefierte, oktogonale Formen der Spät-Silla-Zeit (NS 104, 105) zu Beispielen aus der Übergangsphase von Silla zu Koryo (S 365) und zur schlichten siebenstufigen Koryo-Pagode (NS 100). Das reich verzierte Kleinreliquiar des Priesters Chingwan (NS 101), das fünfteilige Erinnerungsmal im Gorinto-Typ für den Zenmeister Hongpop (NS 102; vgl. S. 112), beide aus dem 11. Jh., und zwei Schildkrötenstelen beschließen die reichhaltige Sammlung.

Im Norden des Palastgartens liegen das Koreanische Nationalmuseum (National Museum of Korea) und das Nationale Volkskundemuseum (National Folklore Museum).

Koreanisches Nationalmuseum

Im Jahre 1945 übernahm man von den abziehenden Japanern aus Depots und Kleinausstellungen rund 13 000 Einzelstücke. Heute präsentiert das Nationalmuseum mit einem Bestand von etwa 100 000 Exponaten das nationale Kulturerbe. Nach langen Jahren beengter Provisorien konnte 1972 ein angemessener Neubau eröffnet werden. Der kubisch-funktionale Baukörper erfuhr eine geschickte Auflockerung durch eine vorgeblendete Sockelimitation des Pulguk-Tempels in Kyongju und aufgesetzte Nachbildungen der fünfstöckigen Pagode des Popchu-sa, der Maitreya-Halle mit dreifach abgesetztem Dach des Kumsan-sa und der ›Halle des erwachenden Kaisers‹ mit gestaffeltem ›Doppeldach‹ des Hwaom-sa.

Nationales Volkskundemuseum

Während der japanischen Kolonialzeit und der blutigen Unterdrückung aller national-koreanischen Bestrebungen blieb etlichen reicheren Familien als einzig erlaubte Form des Patriotismus die Sammlung historischer Gebrauchsgegenstände. Sie stellten alten Hausrat, Ackergerät,

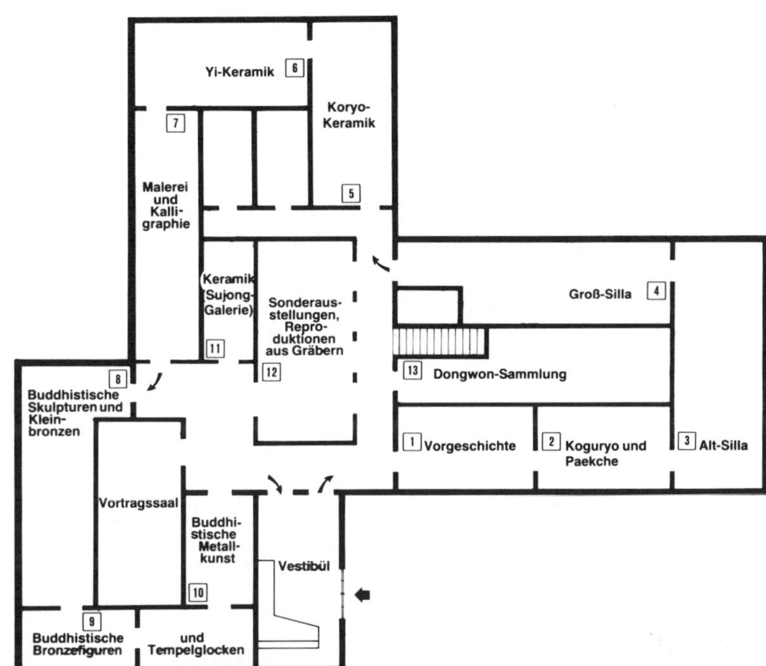

Koreanisches Nationalmuseum

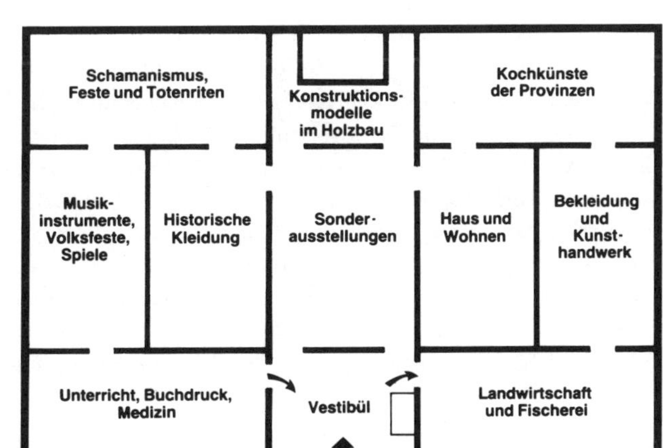

Nationales Volkskundemuseum

Handwerkszeug, Kostüme und Kunstgewerbearbeiten zu kleinen Ausstellungen zusammen, die inzwischen zumeist in die regionalen Museen zurückkehrten. Von den zwei größten Sammlungen blieb das Folklore Museum in Onyang (vgl. S. 257) erhalten, ein anderes in Seoul wurde während des Korea-Krieges zerstört. 1966 richtete die Regierung in der Sujong-Halle des Kyongbok-Palastes eine kleine volkskundliche Galerie ein, aus der 1975 in einem eigenen Gebäude des nördlichen Palastbezirks das sehr reichhaltige Nationale Volkskundemuseum hervorging. In neun Räumen erhält auch ein eiliger Besucher durch die mehr als 5000 Exponate einen umfänglichen Eindruck zu Themenbereichen wie Ackerbau, kunstgewerblicher Hausrat, Kochkünste, Hausbau und Wohnen, Holzarchitektur, schamanistische Feste, Bekleidung, Musik und Spiele, Bildung und Medizin. (Weitere Museen und Öffnungszeiten s. S. 394 f.)

Der Changdok-Palast

Geschichte: Gleichzeitig mit dem offiziellen Kyongbok-Palast begann König Yi Taejo im Jahre 1394 mit dem Bau des Changdok Palastes, eines östlichen Wohnpalastes, der 1405 unter König Taejong vollendet wurde. Auch dieses Gebäude brannte 1592 während der japanischen Invasion ab, wurde aber bereits 1607 erneuert, erlitt allerdings 1623 durch den Mandschu-Einfall erneut große Schäden. In der zweiten Hälfte des 17. Jh. verband König Sukchong den mittlerweile restaurierten Komplex mit dem im Osten anschließenden Changgyong-Palast.

Von 1609 bis 1867, als der Kyongbok-Palast in Ruinen lag, diente der ›Palast der erlauchten Tugend‹ als offizieller Regierungs- und Wohnsitz der Yi-Dynastie. 1907, nach der Abdankung Kaiser Kojongs, zog dort dessen Sohn und Nachfolger Sunjong ein.

Durch das dreiteilige **›Tor der machtvollen Verwandlung‹ (Tonhwa-mun),** einem wichtigen Beispiel der frühen Yi-Architektur von 1412, betritt man von Süden den Palastbezirk. Eine Glocke im Obergeschoß des Holztores läutete einst die Morgen- und Abendstunden ein.

Der Weg biegt scharf nach Osten (rechts) zur **Kumchon-Brücke** aus dem Jahre 1411 ab. Nach reizvollen, roten Ziegeldekormauern auf Steinfundamenten öffnet sich hinter dem Imjong-Tor der **Zeremonialhof.** Die deutlich dem Kyongbok-Palast nachempfundene Anlage ist kleiner in den Ausmaßen und wirkt daher intim. Auch in diesem Hof markieren Steinpfeiler zu beiden Seiten der Nord-Süd-Mittelachse die Position hochrangiger Militär- und Zivilbeamter während der Staatsakte. Über den mit Phönix- und Lotosmotiven verzierten Mittelteil der Steintreppe wurde die Drachensänfte des Königs getragen. Anders als die Thronhalle des Kyongbok-Palastes steht die **›Halle der wohlwollenden Regierung‹ (Injong-jon)** nicht frei im Hof, sondern ist in den Nordkorridor eingebunden. Sie stammt noch aus dem Jahre 1611 und wurde in diesem Jahrhundert restauriert. Auch die **Innenausstattung** gleicht weitgehend der des Kyongbok-Palastes. Ein Schnitzbaldachin, das Symbol des Himmelsgewölbes, überspannt den Drachenthron, hinter dem ein geschnitzter Wandschirm mit Päonienblüten und anschließender Drachen- und Phönixmalerei Reichtum und Harmonie verströmen soll. Das Hintergrundgemälde gewährt einen Blick in das taoistische Paradies mit fünf heiligen Gipfeln, meerwärts stürzenden Bächen, rotstämmigen Kiefern, Sonne- und Mondscheibe.

Der Changdok-Palast mit dem Geheimen Garten (Pi-won), der Changgyong-Palast und Vergnügungspark und Chongmyo, der königliche Ahnenschrein. ▷

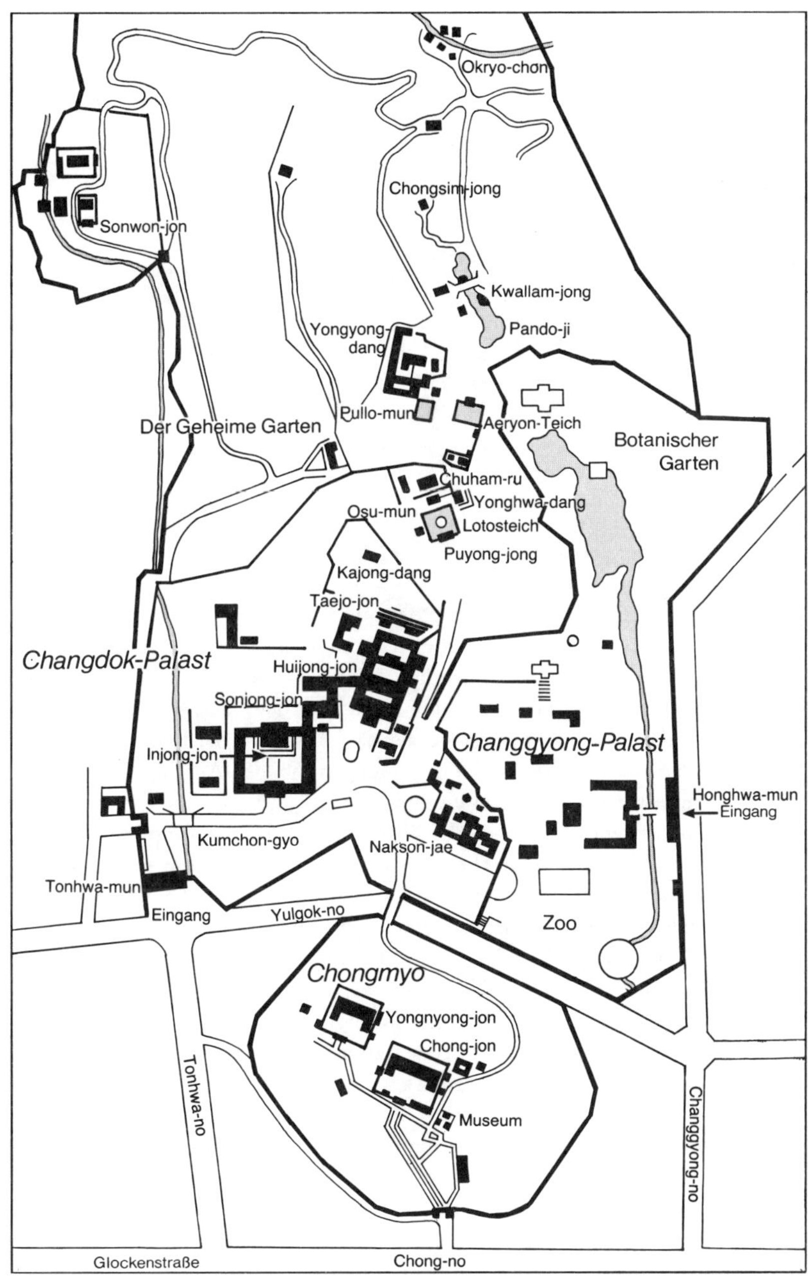

Okryo-chon
Chongsim-jong
Sonwon-jon
Kwallam-jong
Pando-ji
Yongyong-dang
Pullo-mun
Aeryon-Teich
Der Geheime Garten
Botanischer Garten
Chuham-ru
Yonghwa-dang
Osu-mun
Lotosteich
Puyong-jong
Kajong-dang
Taejo-jon
Changdok-Palast
Huijong-jon
Sonjong-jon
Injong-jon
Changgyong-Palast
Honghwa-mun
Eingang
Kumchon-gyo
Nakson-jae
Tonhwa-mun
Eingang
Yulgok-no
Zoo
Chongmyo
Yongnyong-jon
Chong-jon
Museum
Tonhwa-no
Changgyong-no
Glockenstraße
Chong-no

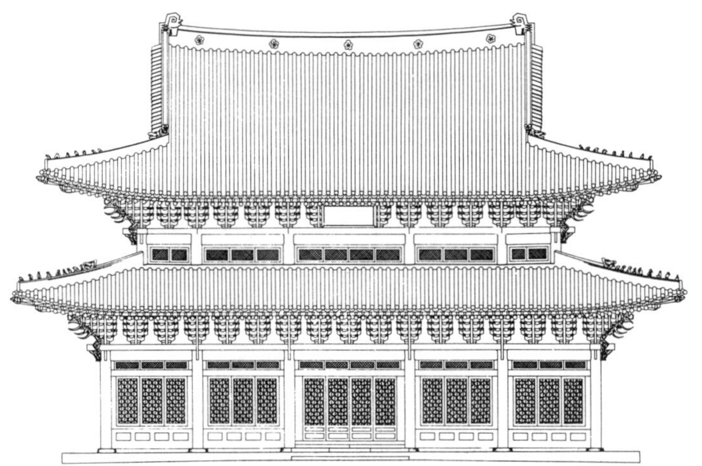

Die Thronhalle (Injong-jon) des Changdok-Palastes aus dem Jahre 1611. Ein ›Doppeldach‹ ist hochrangigen Gebäuden vorbehalten.

Östlich von der Thron- und Audienzhalle schließt sich die **Sonjong-Halle** für Ratsversammlungen und kleinere offizielle Empfänge an. Die seltenen, blauglasierten Dachziegel waren der Königsfamilie vorbehalten.

Die **Huijong- und Taejo-Halle** wurden aus dem Kyongbok-Palast übertragen und mit den übrigen Privaträumen, dem königlichen Krankentrakt, der Leibarztstation und der Apotheke, verbunden. Das Dach über dem königlichen Schlafgemach (Huijong-jon) trägt keinen Firstaufsatz, da der Herrscher als Himmelssohn von keinem der Hausgötter, auch nicht vom obersten, der im Firstbalken wohnt, überragt werden darf. Nach Norden bildet die **Kajong-Laube,** in der sich der König ausruhte oder kleine Einladungen gab, den Abschluß des Privatbereichs.

Die kulturgeschichtlich interessante Sammlung von Wohn- und Gebrauchsgegenständen aus der Jahrhundertwende dürfte in absehbarer Zeit wieder zugänglich gemacht werden. Das Mobiliar ist dem damaligen Geschmack entsprechend koreanisch, chinesisch (Perlmutt, Lack) und europäisch gemischt, die chinesisch inspirierten Malereien bevorzugen Landschaftsidyllen und Symbole des langen Lebens, so vor allem Kraniche.

Südöstlich der königlichen Privatgemächer liegt eingebettet in einem zauberhaften Garten **Nakson-jae,** das ›Haus der Freude‹, der Witwensitz der Königinnen aus dem 19. Jh. Ornamentierte Ziegelmauern, zierliche Tür- und Fenstergitter und ein rundes Tor verleihen dem kleinen Palast zusätzlichen Reiz. Nach dem Tode Kaiser Sunjongs im Jahre 1926 zog sich dessen Witwe, Königin Yun, in diese Gemächer zurück und lebte hier mit Kronprinz Yi Un und seiner Gemahlin Yi Pangja (die japanische Prinzessin Masako) bis zu ihrem Tod im Jahre 1966. Noch heute dient das noble Anwesen den Nachkommen der Herrscherfamilie als Wohnsitz.

Nördlich des Palastbezirks erstreckt sich der etwa 20 ha große **›Geheime Garten‹ (Pi-won),** im Jahre 1405 mit Teichen, Bachläufen und Brücken begonnen, 1623 mit rund vierzig Gebäuden – Pavillons, Landhäusern und Lauben – bereichert und 1912 für die Öffentlichkeit freigegeben (Farbt. 40, Abb. 1). Der Pi-won entspricht den Idealvorstellungen eines chinesischen Landschaftsgartens der konfuzianischen Gesellschaft der Yi-Zeit, die Muße und Vergnügen mit Malerei, Poesie und Kalligraphie in freier Natur verband. Dem offiziellen Charakter des Königsgartens trugen die zeitweiligen Prüfungen des Yangban-Adels in diesen drei, mit der Erlangung der höchsten Staatsämter verbundenen Schönen Künsten Rechnung.

Auf dem Pfad entlang der Mauer des Changgyong-Palastes erreicht man zunächst den großen Lotosteich (Puyong-ji), wo die Könige gerne fischten. Bei der langgestreckten Yonghwa-Laube wohnten die Könige den Prüfungen des Yangban bei. Durch das Fischwassertor (Osu-mun) an der Nordseite des Lotosteiches führt der Weg neben dem Vierquellen-Pavillon zum Chuham-ru, der Privatbibliothek des Königs, deren Obergeschoß als Banketthalle diente.

Weiter nach Norden erreicht man durch das steinerne Tor des Nichtalterns oder der ewigen Jugend (Pullo-mun) – benannt nach dem Unsterblichkeitspilz der taoistischen Mythologie – den kleinen Lotosteich. Im Aeryon-jong versuchten sich die Könige in der Dichtkunst.

Das Goldpferdtor (Kumma-mun) öffnet das Haus der glücklichen Ereignisse (Yongyong-dang). Für diesen zeitweiligen Sommersitz wählte die Königsfamilie absichtlich Maß und Ausstattung – nur 99 Kan Gebäudelänge, ungepflasterte Höfe und blanke Wände – eines Anwesens des niederen Landadels. In einer ›Zurück-zur-Natur‹-Anwandlung, die an abendländische Schäferidyllen des Rokoko erinnert, erfreuten sich die Mitglieder des Herrscherhauses am einfachen Landleben. Beim Halbinselteich (Pando-ji), der den Konturen Koreas nachgebildet ist, pflegte der König im Kwallam-Pavillon bei seinen langen Spaziergängen Rast einzulegen.

Ornamentierte Ziegelmauer mit einem Rundtor im ›Haus der Freude‹ (Nakson-jae), dem Witwensitz der Königinnen im Changdok-Palast

Nahe der Nordmauer luden mehrere, teils strohgedeckte Pavillons mit poesievollen Namen – wie Wolkenschatten oder Jadequelle (Okryo-chon) – zur Erfrischung bei heilkräftigem Wasser oder Tee ein. Auf einer Stele setzte König Sukchong seinem literarischen Wirken ein Denkmal.

Im **Sonwon-jon,** einem ummauerten Komplex mit mehreren Höfen aus dem 18. Jh. im Nordwesten des Gartens, sind zwölf Porträts der wichtigsten Yi-Könige eingeschreint. Ihnen sind auch die zwölf Kiefern geweiht, die nachts den Geistergesprächen der verblichenen Herrscher lauschen und Beifall zollen sollen.

Der Changgyong-Palast

Geschichte: Die Koryo-Könige verbrachten seit dem frühen 12. Jh. die warme Jahreszeit gerne in ihren Lustpavillons und -gärten am Fuße des Pukak-san. Einen dieser Sommerpaläste bezog König Yi Taejo im Jahre 1392 bis zur Fertigstellung des Kyongbok-Palastes. Bald nach seiner Übersiedlung verfiel die Anlage,

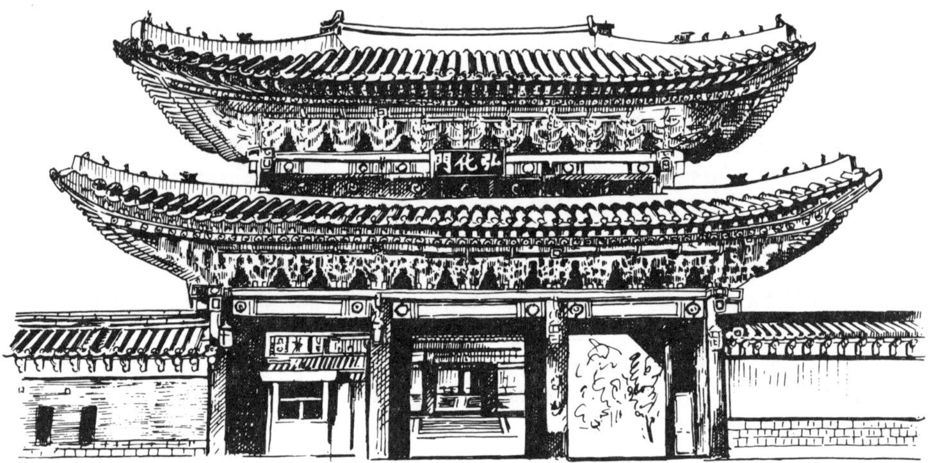

Honghwa-mun, das prächtige Eingangstor zum Changgyong-Palast. Nach chinesischem Vorbild leiten drei Türen in das Innere: die mittlere war (fiktiv) dem König vorbehalten, die seitlichen Sonnen- und Mondtüren dienten dem Zivil- und Militäradel, den ›Säulen‹ des konfuzianischen Staates.

die König Songjong erst 1485 erneuern ließ. Die meisten Gebäude brannten 1592 während der japanischen Invasion ab, der heutige Palast stammt nach wechselhaftem Schicksal großteils aus dem vorigen Jahrhundert.

Der ›Palast der Wunderbaren Segnungen‹ wurde nur kurzfristig von dem Dynastiegründer Yi Taejo bewohnt, er diente aber oft als Residenz der Königinnen und zu Beginn dieses Jahrhunderts des Thronfolgers Sunjong.

Wie alle Koryo-Anlagen ist der Palast nach Osten ausgerichtet und folgt nicht dem chinesischen Leitbild der Yi-Paläste in der Nord-Süd-Achse. Durch das **Honghwa-mun** führt der ›königliche Weg‹ auf der Jade- oder Juwelenbachbrücke aus dem 15. Jh. über den ›königlichen Fluß‹. Das Myongjong-Tor leitet in den Hof mit umlaufenden Wandelgängen. Wie alle Königshallen steht auch die **›Halle der strahlenden Regierung‹ (Myongjong-jon)** auf einer doppelten Steinterrasse, sie trägt aber kein gestaffeltes Dach. Als einziges Gebäude soll sie beim Brand von 1592 verschont geblieben sein und wäre damit die älteste noch erhaltene Audienz- und Thronhalle. Poesievolle Namen bezeichnen die übrigen Bauwerke als ›Glückshalle‹, ›Frühlingshalle‹, ›Halle der leuchtenden Gedanken‹ usw.

Ein botanischer Garten und ein beliebter Vergnügungspark mit Wasserläufen, Teichen, Pavillons, Restaurants, Kinderspielplatz und einem Zoo schließen sich an.

Der Toksu-Palast (Deogsu-gung)

Die alte nord-süd-orientierte Palastanlage läßt sich am besten noch im Bereich der Thronhalle erkennen. Das nicht mehr vorhandene Haupttor stand im Süden an der Stelle des heutigen Justizministeriums. Große bauliche Veränderungen erfuhr der Palast durch die Errichtung der neoklassizistischen Steinhalle (Sokcho-jon). 1904 vernichtete ein Brand fast alle Holzgebäude.

Geschichte: In der zweiten Hälfte des 15. Jh. als Wohnsitz des Prinzen Wolsan errichtet. Nach der Zerstörung des Kyongbok-Palastes im Jahre 1592 zog König Sonjo in diesen ›Palast des guten Glücks‹ (Kyongun-gung) oder Westpalast (So-gung), seine Nachfolger übersiedelten in den mittlerweile erneuerten Changdok-Palast. Erst König Kojong erkor nach seiner Rückkehr aus der russischen Botschaft im Jahre 1897 dieses Gebäude zur Residenz. Auch nach seiner Abdankung im Jahre 1907 als Kaiser von Groß-Han wohnte er weiterhin in dem Palast, den sein Sohn, Kaiser Sunjong, in Ehrerbietung seines Vaters den ›Palast der tugendhaften Langlebigkeit‹ (Toksu-gung) nannte.

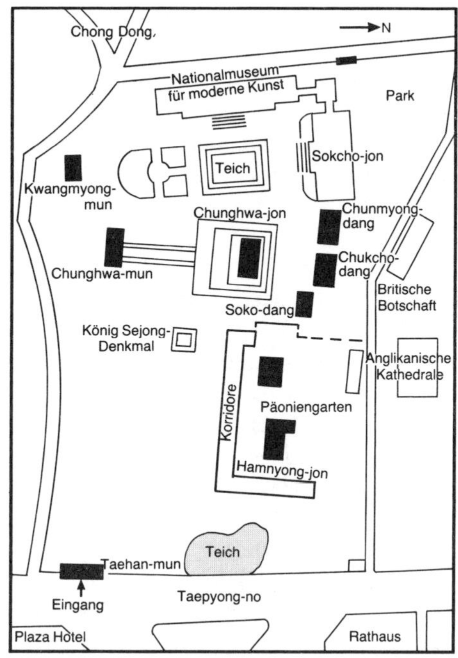

Der Toksu-Palast mit dem Nationalmuseum für Moderne Kunst

Heute betritt man das Palastgelände von Osten durch das **Groß-Han-Tor (Taehan-mun),** das frühere ›Tor des großen Friedens‹ (Taean-mun). Rechts, zwischen langen Wandelgängen und einem Päoniengarten, gruppieren sich die Privatgemächer Kaiser Kojongs. In der **›Halle des vollkommenen Friedens‹ (Hamnyong-jon)** lebte er bis zu seinem Tode im Jahre 1919.

Ein zeitgenössisches Bronzedenkmal ehrt König Sejong (1418–1450), den größten Yi-Herrscher und Initiator der Hangul-Schrift.

Die **Thron-und Audienzhalle** (Chunghwa-jon, die ›Halle der unmittelbaren Harmonie‹) mit dem gleichnamigen Tor, Steinpfeilern zur Markierung des Standplatzes der Militär- und Zivilbeamten, Doppelterrasse und Treppen mit Phönixmedaillons und Schutztieren, ähnelt den Haupthallen im Kyongbok- und Changdok-Palast. Wie alle Vergleichsbauten trug die Halle einst ein abgesetztes ›Doppeldach‹, das durch ein einfaches Walmdach ersetzt wurde. Im Inneren überspannt ein Baldachin den Drachenthron des Kaisers.

Die **›Alte königliche Halle‹ (Soko-dang),** an dem gestaffelten Dach als hochrangiges Bauwerk erkennbar, stammt noch aus dem 15. Jh. und diente später König Sonjo als Wohnsitz.

Das **›Tor des strahlenden Lichts‹ (Kwangmyong-mun)** führte früher zu den Privatgemächern Kaiser Kojongs. Die große Bronzeglocke im chinesischen Stil ließ König Yi Taejo 1396 zu Ehren seiner Gattin Kang im Hungchon-Tempel aufhängen. Die Wasseruhr von 1536, eine der ältesten der Welt, kam aus dem Westtor des Kyongbok-Palastes. Zu beiden Seiten des

Tores gruppieren sich buddhistische Steinmonumente, z.B. eine Löwenlaterne und einige Grabwächter.

Die **neoklassizistische Steinhalle (Sokcho-jon)** wurde im Jahre 1900 nach Plänen des englischen Architekten Davidson als Repräsentationsbau des Kaiserreiches Taehan errichtet. Heute bildet dieses monumentale Gebäude mit dem anschließenden Museumstrakt die Ost- und Westgalerie des **Nationalmuseums für Moderne Kunst** (National Museum of Modern Art, vgl. S. 394).

Stätten der konfuzianischen Tradition

Während des neu-konfuzianischen Choson-Reiches (1392–1910) galten vier Arten von Gedenk- und Opferstätten als besonders verehrungswürdig: Aufbewahrungsplätze von Ahnentafeln, vor allem der Königsfamilie, Altäre zum Vollzug der Staatsriten, Schreine zur Verehrung des Konfuzius und seiner Schüler sowie des Kriegsgottes mit seinen Generälen und Gräber, vor allem die der königlichen Familie.

König Taejo eröffnete 1395 **Chongmyo,** den **königlichen Ahnenschrein,** als erste Halle zur Aufbewahrung der königlichen Ahnentafeln in Hanyang. Die gegenwärtigen Gebäude stammen aus dem Jahre 1608. In der langgestreckten **Haupthalle** sind in neunzehn Abteilungen die Geisttafeln jener Könige eingeschreint, deren Sohn die Thronfolge antrat. Die Ahnengalerie beginnt links mit Yi Taejo, der dritte Säulenzwischenraum ist dem großen König Sejong (1418–1450) und seinen unmittelbaren Familienangehörigen gewidmet. Auch seine Lieblingsbücher und sein Siegel werden dort aufbewahrt.

In der zweiten, etwas kleineren **›Halle des ewigen Friedens‹** stehen in fünfzehn Interkolumnien die Tafeln jener Herrscher, die keinen regierenden Erben zeugten, oder denen der Königstitel erst posthum verliehen wurde. In den mittleren vier Abschnitten – unter dem erhöhten Dach – wird der Vorfahren des Yi Taejo aus vier Generationen gedacht.

Im **Kongshim-dang,** einem kleinen Schrein gegenüber der Haupthalle, wird der Geist von rund achtzig hohen Würdenträgern und Mitbegründern des Choson-Staates verehrt. Die **Nebengebäude** dienen zur Aufbewahrung von Zeremonialgerät und -gewändern, Küche und Brunnen zur Bereitung von Opferspeisen und -tränken und rituellen Reinigungen.

Nach konfuzianischem Glauben wohnt der Geist eines Verstorbenen in langen, schmalen Holzlatten, die nach dem Begräbnis im Palast (oder Haus) aufgestellt und mit Speise-, Trank- und Rauchopfern ernährt und geehrt werden. Mit Ablauf der Trauerzeit werden die **Geisttafeln** bestattet – die königlichen in dem Rasenstreifen zwischen Hallen und Mauer, der nicht betreten werden darf. Kopien der Tafeln werden im Ahnenschrein aufbewahrt. Auf diese Kastanienholzbrettchen sind Name, Lebensdaten und Verdienste der Toten eingekerbt. Ein umlaufendes Lochmuster soll den allumfassenden Herrschaftsanspruch der Könige versinnbildlichen. Die letzte Beisetzung einer königlichen Geisttafel fand im Jahre 1967, nach dem Tod der Königin Yun statt.

Während der Königsherrschaft zelebrierten die Herrscher nicht nur Beisetzungs- und Gedenkfeiern ihrer Familienangehörigen, sondern auch Staatsakte im Frühjahr und Herbst. Aus allen Landesteilen kamen die Erstlings- und Erntegaben an Saatgut, Früchten, Getreide, Honig und Tieren.

Heutzutage werden am ersten Sonntag im Mai um 10 Uhr Gedenkzeremonien für die Herrscherfamilien abgehalten. Geisttafeln und Opfergaben werden auf Tischen im Korridor aufgebaut. Das Orchester nimmt auf der Musikterrasse (Tungga) und im Hof Platz. 64 Tänzer in roten Roben und mit schwarzen Kappen schreiten in Achterreihen zu den Klängen von Glocken- und Steinspiel, Trommeln, Zimbeln, Holzklappern und Flöten.

Der Chilgung-Schrein

Lage: Hinter dem Kyongbok-Palast, nahe dem Sitz des Staatspräsidenten, dem ›Blauen Haus‹.

König Yongjo ließ zu Ehren seiner 1718 verstorbenen Mutter Choe Sukbin einen Schrein errichten (vgl. Pogwang-sa). 1908 veranlaßte Kaiser Sunjong die Schließung einiger Ahnenschreine und die Übertragung von sieben Geisttafeln königlicher Konkubinen, deren Söhne den Thron bestiegen hatten. Seither heißt der Gedenkschrein der Choe Sukbin die ›Sieben Paläste‹ (Chilgung).

Sajik-tan (Erd- und Erntealtar)

Bereits bei der Erhebung von Hanyang zur Hauptstadt im Jahre 1394 erkor König Yi Taejo mit Geomanten einen Platz zur Errichtung von zwei großen Steinaltären unter freiem Himmel am Fuße des Inwang-san. Im Namen des Volkes vollzogen die Herrscher der Yi-Dynastie auf dem **östlichen Erdaltar (Sa-tan)** und dem **westlichen Erntealtar (Jik-tan)** die Frühlings- und Herbstriten, die aus uralten chinesischen Überlieferungen, wie dem Ziehen der ersten Furche und Erntedankopfern, schöpften. Außerdem kamen die Könige zu bestimmten Anlässen, beispielsweise zur Pflanzzeit oder bei langanhaltender Dürre zum Regengebet. Als Untertanen des chinesischen Kaisers waren ihnen bis 1897 nur Opfer an die Geister der Erde und Ernte, nicht aber an den Himmel erlaubt. Die Opfertiere suchte der König mit dem Ritualmesser aus, die Tötung vollzogen die den ›verächtlichen‹ Berufen angehörenden Schlächter.

Heute finden beim Sajik-tan alljährlich am 3. Oktober, dem ›Tag der Öffnung des Himmels‹, Gedenkfeiern an die Gründung des ersten koreanischen Staates Choson im Jahre 2333 v. Chr. statt. Im nahen **Sajik-Park** erfreut sich die Bevölkerung an Bogenschießen, einst Kriegshandwerk und später beliebte Sportart des Hofes und der buddhistischen Mönche.

Der Himmelstempel

Unweit des Toksu-Palastes, beim Choson-Hotel, erhebt sich der sogenannte Himmelstempel, der reizvolle **achteckige Pavillon Palgak-dang** mit dreifach geschwungenem Dach, auf einer dreischichtigen, runden Plattform mit umlaufender Marmorbalustrade. Formen und Zahlen auch dieses Tempels sind voller Symbolik. So bedeutet die Kreisanlage der Terrasse höchste Harmonie und Vollendung, die neun Stufen sind ein Synonym für Ewigkeit und den Himmel.

Erst nach der Proklamation Koreas zum Kaiserreich Taehan im Jahre 1897 waren dem Herrscher Himmelsopfer im ›Tempel des kaiserlichen Firmaments‹ (Hwanggung-u) erlaubt. Zur Errichtung dieses Himmelsaltars wählte König Kojong einen seit vielen Generationen als segenverheißend geltenden Platz, der im Volksmund ›kleines Prinzessinnendorf‹ nach der Residenz einer Tochter König Sejongs hieß. Bis 1910 vollzogen König Kojong und sein Nachfolger Sunjong hier die kaiserlichen Himmelsriten.

Tongmyo – der Ostschrein des Kriegsgottes

Von ursprünglich fünf Verehrungsstätten des chinesischen Kriegs- und Literaturgottes Kuan Ti steht nur noch der Ostschrein Tongmyo nahe dem Großen Osttor (Tongdae-mun). Vom Südschrein (Nammyo) blieb nur ein Tor erhalten.

Während des Imjin-Krieges soll der Kriegsgott in allen fünf Himmelsrichtungen – Nord, Ost, Süd, West und Mitte – über Hanyang erschienen sein und das baldige Ende des Elends vorausgesagt haben. Bald nach Kriegsschluß ließ König Sonjo daher den Südschrein errichten, 1602 übersandte der chinesische Kaiser eine große Geldsumme zur Erbauung des Ostschreines.

Nach chinesischem Muster schirmt ein **Mauergeviert** die Gebäude zur Außenwelt ab. Dem Eingangstor folgt das Zeremonialtor, vor dem der König auf der Steinplattform Staatszeremonien leitete. Das **Hauptgebäude** verbindet in der Dachform zwei Stilrichtungen: Die Vorhalle folgt chinesischen Vorbildern, auf dem Hauptraum ruht ein weit vorkragendes Dach nach koreanischer Tradition.

Der **Innenraum** beherbergt Figuren des Kriegsgottes und seiner Gefolgsleute. In der Mitte thront, flankiert von einem Dienerpaar, der Totengeist des Kuan-Ti mit fahlem Antlitz, langem Bart und gelbem Umhang, vor zwei Wandschirmen. Zeitweise wird seine ›irdische‹ Form mit grimmigem, rotem Gesicht ausgestellt. Vor ihm stehen buntgefaßte Statuen seiner vier wichtigsten Generäle.

Kuan Ti, der im 2. Jh. n. Chr. lebte, wurde in China als Förderer von Literatur und Gerechtigkeit verehrt, der nicht Kriege entfachte, sondern sie als Kulturbringer zu verhindern suchte. Er stieg vom einfachen Soldaten zum großen General Kuan Yun-Chang auf, der verraten und von einem Rivalen beseitigt wurde. Bald nach seinem Tod erlangte er göttliche Ehren, die während der Qing (Mandschu)-Zeit und in Korea seit dem japanischen Krieg ihren Höhepunkt erreichten. Kuan Ti nimmt mit seinen Generälen auch einen festen Platz im schamanistischen Pantheon ein, in buddhistischen Tempeln werden sie den göttlichen Kriegern der fünf Himmelsrichtungen gleichgesetzt.

Songgyungwan (Sunkyunkwan) – die konfuzianische Universität

1398 ließ König Yi Taejo nördlich des Geheimen Gartens (Pi-won) die erste Nationalschule (Kukhak) in seiner neuen Hauptstadt errichten. Die Gebäude von Songgyungwan, der einzigen konfuzianischen Universität des Landes, wurden durch mehrere Brände zerstört. Drei Hallen im koreanischen Stil, Gedenkstelen berühmter Gelehrter und eine Allee der von Konfuzius bevorzugten Gingko-Bäume vermitteln noch traditionelle Atmosphäre. In den Hallen der großen Vollendung und der großen Weisen finden im Frühling und Herbst und zum Geburtstag des Konfuzius im August Feierlichkeiten mit Rauch-, Trank- und Speiseopfern und Schreittänzen in farbenprächtigen, rot-schwarzen Roben statt. Früher waren die Zeremonien Männern vorbehalten, heute nehmen auch Mädchen daran teil.

Königs- und Kaisergräber der Yi-Dynastie

Monumentale Gräber sollten den Angehörigen des Herrscherhauses ein standesgemäßes Leben im Jenseits sichern. Königsgräber heißen im allgemeinen Nung, bei größeren Anlagen sind auch Familienmitglieder und Konkubinen beigesetzt. Die Beisetzungsstätten liegen häufig in reizvollen waldigen Hügellandschaften oder in Kiefernhainen, die an Feiertagen gerne von der Seouler Bevölkerung aufgesucht werden.

Seit der Groß-Silla-Zeit verband die Anlage der Königsgräber den altüberlieferten Erdhügel mit der chinesischen Kosmologie und Symbolik. Die Kreisform des Grabhügels, Zodiakreliefs und ›Sternsteine‹ an Steinzäunen und Mauereinfriedungen, die Zahlen Fünf, Neun und Zwölf, stehen für das Universum und den Jahreslauf, die Himmelsabkunft und den allumfassenden Herrschaftsanspruch des Königs. Die Ausgewogenheit der Urkräfte Yin und Yang – versinnbildlicht durch Phönix und Drache, auf- und absteigende Fabelwesen, Schafe und Tiger, Pfeilerpaare oder das abstrakte Taeguk-Zeichen – soll die gedeihliche Herrschermacht verströmen und Dämonen unschädlich machen. Zeichen des langen Lebens – immergrüne Bäume (Kiefern, chinesischer Wacholder), Reliefs von Kranichen, Päonien, Unsterblichkeitspilz oder -kraut (Pullocho), Schildkrötenstelen – verheißen Glück und Unsterblichkeit.

Gräber folgen wie Paläste der segensvollen Nord-Süd-Achse. Kurven, Achsenknickungen und Brücken sollen Geister abhalten, die nach dem Volksglauben nur geradeaus laufen und kein Wasser überwinden können. Als ideal gilt die Anlage des Tumulus auf einem hohen Hügel im Norden, die mehrmalige Krümmung der Wege und ›empfindliches‹ Wasser als Barriere im Süden.

Nahe dem Eingang oder rechts vom Schreinhaus steht ein dreiräumiges **Wächterhaus** zur Aufbewahrung und Ankleidung von Zeremonialroben und -geräten. Ein **Brunnen,** ›Königliches Wasser‹, dient rituellen Reinigungen. Große Zeremonien fanden am 1. und 15. Tag eines Monats, während der Trauerzeit oder zum Sterbegedenktag statt.

Das **Große Rotpfeiltor** scheint schamanistischen Ursprungs und in Form, Farbe und Material (Holz) den japanischen Shinto-Torii verwandt zu sein. Zwischen den Pfeilspitzen des bekrönenden Querbalkens ragt das Yin-Yang-Zeichen auf. Nach dem Rotpfeiltor ist eine kleine, quadratische **Steinplattform** zur Niederwerfung der Besucher und als Standplatz des ›Erdbeamten‹ und Zeremonienmeisters bestimmt.

Der ansteigende, gepflasterte **Weg der Seelen** leitet zum Schreinhaus. Die prächtigsten Geisteralleen führen zu den kaiserlichen Ming-Gräbern bei Peking, in Korea – in bescheidenerem Maße – zu den Kaisergräbern von Kumgok.

Das **Schreinhaus** dient zur Aufbewahrung der Geisttafeln der Verstorbenen und von Räucherkesseln und Opfertischen, die bei Zeremonien auf die Plattform vor dem Gebäude getragen werden. Schreinhäuser sind im allgemeinen T-förmig, nur bei den Kaisergräbern von Kumgok sind sie rechteckig. Im **Monumentpavillon** stehen die Grabstelen der Verstorbenen mit Namen, Daten und Verdiensten. Auf einer kleinen Steinplattform oder einem Opfertisch werden der im Grabhügel wohnende Berggeist und der Himmelsgott und Herr des höchsten Lebensglücks mit Reiswein und Speisegaben geehrt. Links vom Schreinhaus dient eine **gemauerte Grube** als Verbrennungsplatz von Schriftstücken. Nach konfuzianischem Glauben

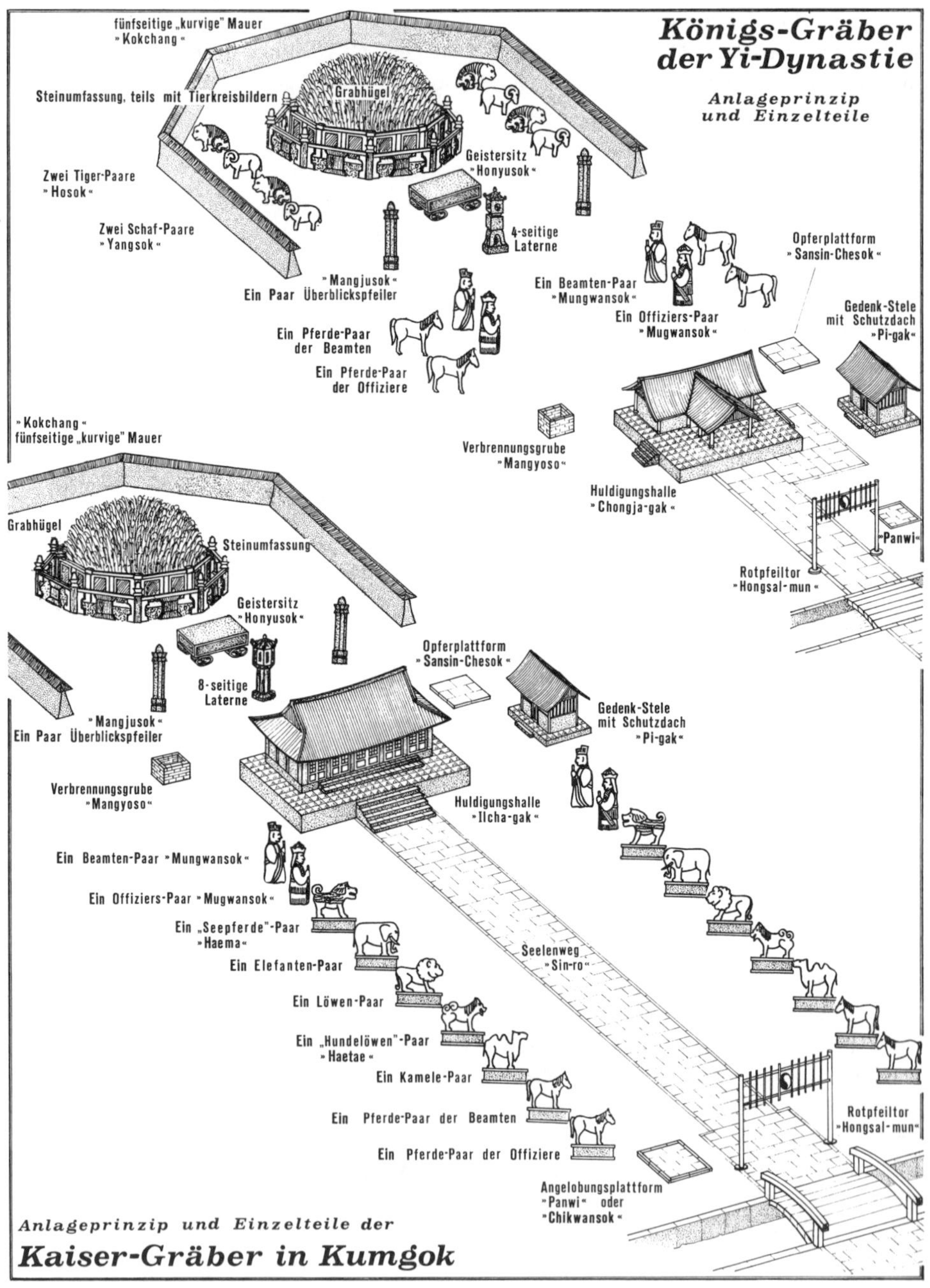
Königs-Gräber der Yi-Dynastie
Anlageprinzip und Einzelteile
fünfseitige „kurvige" Mauer »Kokchang«
Steinumfassung, teils mit Tierkreisbildern
Grabhügel
Zwei Tiger-Paare »Hosok«
Zwei Schaf-Paare »Yangsok«
Geistersitz »Honyusok«
4-seitige Laterne
»Mangjusok« Ein Paar Überblickspfeiler
Ein Pferde-Paar der Beamten
Ein Pferde-Paar der Offiziere
Ein Beamten-Paar »Mungwansok«
Ein Offiziers-Paar »Mugwansok«
Opferplattform »Sansin-Chesok«
Gedenk-Stele mit Schutzdach »Pi-gak«
»Kokchang« fünfseitige „kurvige" Mauer
Verbrennungsgrube »Mangyoso«
Huldigungshalle »Chongja-gak«
»Panwi«
Rotpfeiltor »Hongsal-mun«
Grabhügel
Steinumfassung
Geistersitz »Honyusok«
8-seitige Laterne
»Mangjusok« Ein Paar Überblickspfeiler
Opferplattform »Sansin-Chesok«
Gedenk-Stele mit Schutzdach »Pi-gak«
Verbrennungsgrube »Mangyoso«
Huldigungshalle »Ilcha-gak«
Ein Beamten-Paar »Mungwansok«
Ein Offiziers-Paar »Mugwansok«
Ein „Seepferde"-Paar »Haema«
Ein Elefanten-Paar
Seelenweg »Sin-ro«
Ein Löwen-Paar
Ein „Hundelöwen"-Paar »Haetae«
Ein Kamele-Paar
Ein Pferde-Paar der Beamten
Ein Pferde-Paar der Offiziere
Rotpfeiltor »Hongsal-mun«
Angelobungsplattform »Panwi« oder »Chikwansok«
Anlageprinzip und Einzelteile der
Kaiser-Gräber in Kumgok

trägt der aufsteigende Rauch die Aufzählungen von Opfergaben, Grüßen und Gedenkriten an die Verstorbenen ins Jenseits.

Beim ›klassischen‹ Königsgrab der Yi-Zeit halten vor dem Grabhügel je zwei Statuen von Militär- und Zivilbeamten mit ihren Pferden Totenwacht (vgl. Konwon-nung bei den Neun Ostgräbern, Yong-nung in Yoju, Hon-nung südlich des Han usw.). Die Zivilbeamten umfassen lattenartige Rangabzeichen. Die beiden Generäle tragen Rüstungen und stützen sich auf ihre Schwerter. Kraniche, Zeichen des langen Lebens, schmücken oft die Rückenbahnen von Beamtenroben und Rüstungen.

Unmittelbar vor dem Grabhügel steht ein **tischartiger ›Geisterspielstein‹**, auf dem die Totengeister während der Nacht Platz nehmen. Vier oder fünf Trommelsteine als Stützen und Reliefs von Dämonenfratzen sollen das Plauderstündchen von bösen Einflüssen ungestört halten. Manche Gelehrte vermuten den Ursprung des Geistersitzes in prähistorischen Dolmen (vgl. S. 60).

Vor dem Geistersitz ragen eine **Steinlaterne** und ein **Steinpfeilerpaar** auf. Herkunft und Bestimmung dieser seit der Silla-Zeit bekannten Pfeiler sind unklar. Eine volkstümliche Legende nennt sie ›Überblickspfeiler‹ und sieht in ihnen Totenwächter oder -leuchten. Sie entsprechen in mancher Hinsicht den am Anfang chinesischer Seelenwege stehenden Pfeilerpaaren, sind aber wohl eher von den einheimischen Geisterpfählen phallischen Ursprungs abzuleiten. Ein auf- und abkriechendes Erdhörnchenpaar hat die gleiche Bedeutung wie himmel- und erdwärtssteigende Drachen.

Um den Tumulus, manchmal auch schon am Seelenweg, stehen abwechselnd **Schaf- und Tigerskulpturen,** die sich im Gegensatz zu den anderen Wächtern vom Grabhügel abwenden. Sie verkörpern gegensätzliche Temperamente und ›Elemente‹ – so der hitzige Tiger das Yang-Prinzip und das Feuer, das sanfte Schaf die Yin-Kraft und das Wasser.

Der **Grabhügel** soll den höchsten Punkt im Norden krönen. Königen und Königinnen steht ein Erdhügel auf kreisrundem Grundriß als Zeichen der Vollkommenheit und des Himmels zu. Bei Familienangehörigen und Konkubinen ist ein kleiner Rasenfortsatz, ein ›Schwanz‹, nach hinten vorgeschrieben. Eine zwölfeckige, manchmal reliefgeschmückte niedrige Stützmauer am Ansatz des Grabhügels und ein umlaufender, gleichfalls zwölfeckiger Steinzaun mit Zodiakreliefs sind Königen und ihren Gattinnen als Zeichen des allumfassenden Herrschaftsanspruches vorbehalten.

Zur Rückseite schirmt eine fünfseitige, rund 1 m hohe **Ziegelmauer** den Grabhügel vor Dämonen ab. Eingemauerte runde Steine versinnbildlichen das Firmament, Dachziegel mit eingepreßtem Drachen- und Phönixdekor die geschlossene Yang-Yin-Polarität.

Die Toten wurden in Seide gehüllt in lackierten Särgen bestattet und mit Grabbeigaben – Möbel, Musikinstrumente, Eß-und Trinkschalen, persönliche Utensilien, Bürsten, Kosmetikdosen, Papier, Schreibzeug usw. – versorgt.

Nicht nur der Leichnam mußte standesgemäß ruhen, sondern auch Nachgeburt und Nabelschnur von Mitgliedern der Königsfamilie. Diese wurden in **Steinurnen** gefüllt und mit Schrifttafeln markiert auf Placenta-Friedhöfen, beispielsweise bei den Drei Westgräbern (So Sam Nung), beigesetzt.

Östlich von Seoul, in Richtung Chunchon, liegen beim **Goldtal (Kumgok)** die beiden einzigen **Kaisergräber** (vgl. S. 178; Abb. 62) Koreas, die wegen ihrer Ausdehnung und der zahlreichen Wächterfiguren die bedeutendsten Yi-Gräber sind. Im Hong-nung wurde 1919 Kaiser Kojong mit seiner Gemahlin Myongsong aus der Min-Sippe beigesetzt. Nach ihrer Ermordung 1895 war sie ursprünglich im Hong-nung im Nordosten von Seoul bestattet worden. Das Yu-nung birgt die sterbliche Hülle des letzten koreanischen Kaisers Sunjong und seiner beiden Gemahlinnen Min und Yun.

Koreanische Kaisergräber orientieren sich an chinesischen Vorbildern, vor allem an den Ming-Gräbern bei Peking. Im Gegensatz zu Königsgräbern sind das Hong-nung und das Yu-nung völlig von einer Mauer umgeben. Außer einem Wächterhaus vor dem Eingang hat jedes Grabmal noch ein Wächter- und Zeremonienhaus mit eigenem Hof innerhalb der Umwallung. Das sonst T-förmige Schreinhaus zur Aufbewahrung der Geisttafeln ist hier langgestreckt und heißt Ilcha-gak. Neben den üblichen Statuen der Militär- und Zivilbeamten halten zahlreiche Tiere und Fabelwesen Totenwacht. Der **Seelenweg** beginnt mit vier Pferden, gefolgt von einem Kamelpaar, von Hundelöwen, Löwen, Elefanten und Haema/Yangma, dem mythologischen Pferd, das als Glückszeichen die Geburt großer Persönlichkeiten, besonders von Generälen, ankündigt, denen es dann zeitlebens folgt und dient.

Der Totenbezirk **Tonggu-nung, die Neun Ostgräber,** besteht aus neun Königsgräbern und mehreren Grabhügeln von Mitgliedern des Herrscherhauses vom 14.–19. Jh. Im **Konwonnung,** einer ›klassischen‹ Anlage mit Wächterskulpturen von vier Beamten mit ihren Pferden, vier Tigern und vier Schafen, ruht der 1398 gestorbene König Taejo.

Am nordöstlichen Stadtrand von Seoul wurde im **Tae-nung** die 1565 gestorbene Königin Munjong, im nahen Doppelgrab **Kang-nung** ihr Sohn, König Myongjong mit seiner Gemahlin beigesetzt.

In der besonders idyllischen **Kwang-nung-**Anlage nahe dem Pongson-sa ist Sejo, der 1468 gestorbene siebte Yi-König begraben. Er war einer der größten Herrscher, hatte jedoch den Thron usurpiert und seinen Neffen, den rechtmäßigen Kind-König Tanjong und dessen Getreue, die Sechs Patrioten, verbannen und ermorden lassen (vgl. Yongwol S. 241).

Chong-nung

Im Stadtteil Chongnung Dong am Fuße des Pukak-san liegt das älteste Yi-Grab, in dem Königin Sindok aus der Kang-Sippe, die zweite Gemahlin des Taejo, ihre letzte Ruhe fand. 1396 war sie auf Geheiß ihres Gatten entgegen den Gepflogenheiten innerhalb der Stadtmauern beigesetzt worden. Der Stadtteil Chong Dong östlich des Toksu-Palastes erinnert noch an diese ursprüngliche Grabstätte, die ihr Stiefsohn, König Taejong, aufbrechen, die Gebeine exhumieren und am gegenwärtigen Platz in einem bescheideneren Grabmal bestatten ließ (vgl. Sinhung-sa und Pongguk-sa).

Im **Westen Seouls** liegen zwei große Friedhöfe, die **Fünf Westgräber (So O Nung),** in denen drei Könige, u. a. der 1720 gestorbene König Sukchong, sowie sechs Königinnen ruhen, und die **Drei Westgräber (So Sam Nung)** mit einer Plazenta- (Taeshil)-Anlage.

Südlich des Han-Flusses befindet sich die Grabanlage **Son-Chong-nung** für den 1494 verschiedenen König Songjong und den 1544 bestatteten König Chungjong.

Auf dem Weg zur Südhan-Bergfestung ist das eindrucksvolle **Doppelgrab Hon-nung** für den 1418 gestorbenen dritten Yi-König Taejong und seine Königin zu sehen. Wie das Grabmal des Dynastiegründers Taejo ist auch das Hon-nung eine ›klassische‹ Frühanlage mit Skulpturen von je vier Beamten, Pferden, Tigern und Schafen. Im nahen **In-nung** ist der 1834 gestorbene König Sunjo bestattet, die beiden Anlagen werden daher oft als Hon-In-nung bezeichnet.

Buddhistische Heiligtümer

Da die konfuzianische Regierung innerhalb der Stadtmauern keine buddhistischen Tempel duldete, sind in der Innenstadt von Seoul mit Ausnahme des Chogye-sa, einer Gründung dieses Jahrhunderts, keine Klöster anzutreffen. Von den zahlreichen Heiligtümern in den Außenbezirken, am Stadtrand und in der näheren Umgebung verdienen folgende besondere Beachtung:

Chogye-sa

Lage: Einziger Großtempel der Innenstadt.
Geschichte: Gründung im Jahre 1910 als Taego-sa in Referenz des großen Nationallehrers Taego in der zweiten Hälfte des 14. Jh. Als Hauptsitz der Chogye-Sekte für Südkorea wurde das Gelände um große Verwaltungsgebäude erweitert und 1959 umbenannt. Die Chogye-Schule verbindet als führende Lehrrichtung Elemente der verschiedenen Zweige des meditativen Zen-Buddhismus und der einst bedeutenden Avatamsaka-Schule. Regierungsangaben zufolge unterstehen der Sekte heute rund 1225 Tempel, 9000 Mönche, 3000 Nonnen und 80% der Buddhisten.

Durch eine Straße mit zahlreichen Devotionalienläden gelangt man zum Hof mit Glockenpavillon, Pagode und einer rund 500 Jahre alten chinesischen Kiefer, die in Korea nach ihrer Rinde Weißhaut-, Tigerhaut- oder Schlangenhautkiefer heißt und der auch die nahe ›Schule der weißen Kiefer‹ ihren Namen verdankt.

Die **Haupthalle** war ursprünglich ein Palastgebäude mit prachtvollen, buntgefaßten Schnitztüren.

Exkurs: Während der japanischen Kolonialzeit blühte in der Provinz Nord-Cholla der magisch-mystische ›Kult des universalen Himmels‹ (Pochon-gyo), in dessen Mittelpunkt Gesundbeterei und Kommunikation mit Toten stand. Ihr Führer war Cha Kyong-sok, der sich Himmelssohn (Chonja) nannte und zum König eines künftigen Reiches im Hühnerdrachen (Kyeryong)-Gebirge proklamierte. Die Japaner inhaftierten ihn kurzfristig, 1935 starb Chonja. Seine ›Königshalle‹ wurde nach Seoul übertragen und dient nun als Haupthalle des Chogye-sa.

In einer Nische thront eine goldlackierte Plastik des historischen Buddha Shakyamuni aus dem Tokap-sa. Das farbige Hintergrundbild zeigt Shakyamuni in Erdberührungsgeste, flankiert von den Erleuchtungswesen Kshitigarbha mit seinem Rasselstab und dem weißgewandeten Avalokiteshvara – die zusammen Himmel/Ewigkeit, Unterwelt/Zukunft und Erde/Gegenwart verkörpern. Buddha-Jünger, darunter der jugendliche Ananda und der greise Kashyapa, Bodhisattvas, Arhats und Welthüter bilden das Gefolge.

Zwei große rotgrundige Bilder schöpfen aus der berühmten Erzählung des Wunders von Shravasti, wo sich Shakyamuni nach allen Richtungen hin vervielfältigte. Tausend Buddhas sollen als Synonym der verborgenen Buddhaschaft in allen Geschöpfen verstanden werden. An der rechten Hallenwand schützen Bilder göttlicher Generale den Buddha, die Lehre, den Tempel und die Gemeinde.

Chingwan-sa (Jinguan-sa)

Lage: Nahe der nordwestlichen Stadtgrenze, an den Westabhängen der Nordbergfestung. Im Dorf Chingwan sollen noch mehrere Schamaninnen aktiv sein.

Der Nonnentempel brannte 1950 bis auf den Siebengeist-Schrein ab. An der Haupthalle verdienen die Schnitztüren, an der Halle der Buddha-Jünger Außenmalereien von Heiligenlegenden und taoistischen Unsterblichen Beachtung.

Hungguk-sa

Lage: Nahe der nordöstlichen Stadtgrenze.
Geschichte: 599 vom Mönch Wonkwang unter dem Namen Surak-sa gegründet. Während der Yi-Zeit hieß das Kloster zuerst Hungdok-sa und seit dem 17. Jh. Hungguk-sa, was ungefähr ›Tempel des gedeihlichen Landes‹ bedeutet. 1818 vernichtete ein Brand den Großteil der alten Gebäude, dennoch ist der Hungguk-sa eines der sehenswertesten Heiligtümer in einer reizvollen Gartenanlage mit exotischen Pflanzen.

Wohn- und Kultbezirk sind – wie sehr oft in Klöstern der Hauptstadt – durch eine oder mehrere Terrassen voneinander getrennt. In der **Haupthalle** thront unter einem Schnitzbaldachin eine Figur des Shakyamuni mit zwei Bodhisattvas. Glanzstück der Ausstattung ist eine prächtige, seltene Schnitzwand hinter dieser Figurentriade. Sie zeigt das Paradies des Amitabha Buddha, anbetende Himmelswesen auf Lotosblüten und die Erleuchtungswesen Manjushri auf einem Löwen und Samantabhadra auf einem Elefanten. Rankenwerk und Flammenaureole erinnern an den Nimbus des Shakyamuni im Taeung-jon des Kumsan-sa. An der Rückwand befindet sich ein Gemälde der göttlichen Generäle als Schützer der Lehre, an der rechten Seitenwand ein Höllengericht sowie die Darstellung Kshitigarbhas, des Herrn der Unterwelt, an der linken Seitenwand der Siebensterngeist bzw. Gamlo-tan.

Links und rechts vom Hauptgebäude stehen die **Halle der Buddha-Jünger** und die **Gerichts- oder Höllenhalle.** Kleine Schreine sind dem Einsiedlergeist und dem Berggeist geweiht. Ungewöhnlich ist die sechseckige **Vollmondhalle** zu Ehren des Medizin-Buddha aus dem 17. Jh.

Hwagye-sa

Lage: Nördlich der Innenstadt in Suyu Dong, an den Ostabhängen des Pukhan-san, Zwillingstempel zum Chingwan-sa an der Westseite.
Geschichte: 1522 vom Mönch Sinwol gegründet, nach Bränden Erneuerungen im 17. und 19. Jh. Der Hwagye-sa besitzt Handschriften des Taewon-gun und bedeutender Kalligraphen des vorigen Jahrhunderts. Sehenswert ist die Gerichts- oder Höllenhalle.

Malereien aus dem Leben des Shakyamuni zieren die Wände der **Haupthalle.** Im Inneren wird eine Figurentriade von Shakyamuni mit zwei Bodhisattvas verehrt. Aus der **Halle der Tausend Buddhas** wanderten mehrere der kleinen Steinfiguren wohl in Hausaltäre. Der **Dreigeistschrein** ist dem Berg-, Einsiedler- und Siebensterngeist geweiht.

Die **Gerichts- oder Höllenhalle** (Abb. 39) stammt aus dem 19. Jh., beherbergt aber berühmte Figuren, die der Mönch Naong (vgl. Silluk-sa S. 227) vor fast 800 Jahren in zwanzigjähriger Arbeit angefertigt haben soll. Obwohl jüngeren Datums, sind die prächtig buntgefaßten Plastiken, die einst den Songang-Tempel in der nordkoreanischen Provinz Hwanghae schmückten, sehr eindrucksvoll. Kshitigarbha, der gütige Herr der

Unterwelt, wird von seinen legendären Eltern, grimmigen Wächtern, reizvollen kleinen ›Herolden‹ und den zehn Richterkönigen der Höllen umgeben. Gemälde schildern Gericht und Strafe, die die Sünder im Fegefeuer erwarten.

Kyongguk-sa

Lage: Nördlich der Innenstadt, in Songbuk Ku, an den Ostabhängen des Pukak-san.
Geschichte: Gründung unter König Munmu von Silla (661–681), Erweiterung während der Koryo-Zeit, Erneuerung großteils im 19. Jh. Wegen der kunstvollen Ausstattung zählt der Kyongguk-sa zu den sehenswertesten Klöstern Seouls.

Vorbei an einer dreistufigen Pagode zwischen zwei Bodhi-Bäumen, zwei großen Wohnkomplexen und der Gerichts- oder Höllenhalle mit schaurigen Gemälden der Höllentorturen gelangt man zu den terrassiert angelegten Kulthallen.

Die **Haupt- oder Paradieseshalle** ist dem Licht-Buddha Amitabha und seinen traditionellen Begleitern, den Erleuchtungswesen Avalokiteshvara und Mahasthamaprapta geweiht. Ähnlich wie im Hungguk-sa zeigt eine Schnitzwand das Lotosparadies des Amitabha.

An der Rückwand befinden sich acht Bilder – zweimal vier – aus dem Leben des Buddha Shakyamuni, an der rechten Seitenwand eine Darstellung des himmlischen Generals Veda und des Unterwelt-Bodhisattvas Kshitigarbha, an der linken Seitenwand sieben Buddhas.

Schräg rechts von der Haupthalle steht der **Dreigeistschrein,** der aber nicht – wie sonst üblich – den Berg-, Einsiedler- und Siebensterngeist beherbergt, sondern drei weiße Buddhas, im Volksmund Sambul Chesok genannt, worunter drei Formen des Himmelsgottes Chesok (Vergangenheit – Gegenwart – Zukunft oder Himmel – Erde – Unterwelt) verstanden werden. Das Gemälde zeigt drei kosmische Ebenen bzw. drei Lebens- und Weltzeitalter. Im Himmel erscheinen Sonnen- und Mondlicht, der Siebensterngeist und buddhistische Erleuchtungswesen. In der Mittelwelt, der gegenwärtigen Erde, vertreten Buddha-Jünger, darunter Ananda als Jüngling und Kashyapa als Greis, die Menschheit. Die Unterwelt wird durch die Richterkönige der Hölle veranschaulicht.

Der kleine **Sansin-gak** dient zur Verehrung des Berggeistes. Die **Heilige Berghalle** ist dem historischen Buddha Shakyamuni im Kreise seiner achtzehn Hauptjünger gewidmet.

Pogwang-sa

Lage: Nordwestlich des Stadtgebietes in ländlicher Umgebung.
Geschichte: Gründung während der Regierung der Silla-Königin Chinsong (887–897), zerstört durch die Mongolen im 13. Jh. Nach dem Wiederaufbau um 1400 fiel der Pogwang-sa der japanischen Invasion im Jahre 1592 zum Opfer. Die Restaurierung förderte Choe Sukbin, die Konkubine König Sukchongs und Mutter König Yongjos, der den Tempel nach ihrem Tod im Jahre 1718 mit reichen Stiftungen bedachte. Choe Sukbin wurde in der Nähe verbrannt und ihre Geisttafel im Kloster eingeschreint. Als zusätzliche Gedenkstätte errichtete ihr dankbarer Sohn den Chilgung-Schrein in Seoul (vgl. S. 175).

Ältere Malereien von Wächterfiguren, Fabelwesen und Drachen zieren die Außenwände der **Haupthalle.** Im Inneren überspannt ein Schnitzbaldachin die goldfarbene Triade der Buddhas Shakyamuni – Amitabha – Bhaishajyaguru mit den stehenden Bodhisattvas Manjushri und Samantabhadra, die Weisheit und Meditation verkörpern.

An der Rückseite befinden sich Gemälde des Siebensterngeistes, Szenen aus dem Leben des Shakyamuni und acht Bodhisattvas, an der linken Seitenwand der Himmelsgeneral Veda, an der rechten Seitenwand Amitabha sowie drei Bodhisattvas als Personifizierungen von Vergangenheit, Gegenwart und Zukunft.

Besonders eindrucksvoll ist auch die **Gerichts- oder Höllenhalle.** In der Mitte thront der vergoldete Kshitigarbha, begleitet von seinem legendären Vater und Sohn. Die prächtig buntgefaßten zehn Höllenrichter wirken geradezu freundlich, sie lächeln teilweise, fassen mit der Hand an ihre Beamtenkappe oder ihren Bart. Zwei Botschaftsgeister, zwei grimmige Torhüter und kleine Vasallen mit Lotoshütchen bilden das Gefolge. Gemälde schildern Gericht und Strafen der Höllen. Ein Schrein ist dem Berggeist, eine Halle den Buddha-Jüngern geweiht.

Pomun-sa

Lage: Pomun Dong, nordöstlich vom Changgyong-Vergnügungspark.
Der größte Nonnentempel von Seoul zählt gegenwärtig rund 130 Angehörige. 1116 vom Koryo-König Yejong an den Abhängen des Samgak-san gegründet, wurde er während der Yi-Zeit an den gegenwärtigen Ort verlegt. Die Klostergebäude stammen aus diesem Jahrhundert. Die als künstliche Höhle gebaute **Haupthalle** ahmt die berühmte Sokkuram-Grotte bei Kyongju nach.

Pongun-sa

Lage: Südlich des Han im Stadtteil Samsong Dong.
Geschichte: Die Legende schreibt die Gründung dem Silla-König Hyoso (692–702) zu. Nach Beendigung seines unsteten Lebenswandels soll er einen Tempel zu Ehren seiner Eltern errichtet haben. Urkundlich belegt ist ein bedeutendes Zen-Kloster mit 500 Mönchen im Jahre 794 unter König Wonsong. Nach mehreren Zerstörungen erfreute sich das Heiligtum Mitte des 16. Jh. der besonderen Gunst der Königin Munjong. Sie regierte acht Jahre lang für ihren Sohn Myongjong und wurde im Tae-nung am nordöstlichen Stadtrand von Seoul beigesetzt. Das Kloster erhielt seine heutige Form während des Wiederaufbaus im Jahre 1941 und besitzt eine bedeutende Sammlung von Blockdrucken.

Das Tor der Vier Himmelskönige ist mit plumpen Plastiken und Außenmalereien von zwölf himmlischen Generälen versehen. Die **Haupthalle** schmücken Außenmalereien von Zen-Heiligen, im Inneren thronen die drei Buddhas Shakyamuni – Amitabha – Bhaishajyaguru unter einem Schnitzbaldachin. Gemälde zeigen eine Bodhisattva-Triade, Höllenrichter, Gamlo-tan (sieben Buddhas) und Totenbilder. Zu **weiteren Gebäuden** gehören die Gerichts- oder Höllenhalle, die Heilige Berghalle für Shakyamuni und seine sechzehn Hauptjünger, der Dreigeistschrein für Berg-, Einsiedler- und Siebensterngeist und ein Druckplattenlager.

Pongwon-sa (Bongweon-sa)

Lage: Im Westen, nahe dem Unabhängigkeitstor.
Geschichte: 889 errichtete der prophetisch begabte Nationallehrer Toson während der Regierung der Königin Chinsong die Panya-Einsiedelei, aus der ein Tempel an der Stelle der heutigen Yonsei-Universität hervorging, der im 18. Jh. einem Palast weichen mußte und an den gegenwärtigen Ort übertragen wurde. Das sehr interessante Kloster ist Hauptsitz der nicht zölibatären, ›orthodoxen‹ Taego-Sekte, deren Ordensmitglieder wegen ihres roten Umhanges die ›roten Mönche‹ genannt werden.

Die wichtigsten Gebäude gruppieren sich auf einer Terrasse über einem großen Platz. Beachtung verdient die Drachenschnitzerei am Konsolgebälk der **Haupthalle.** Im Inneren wird

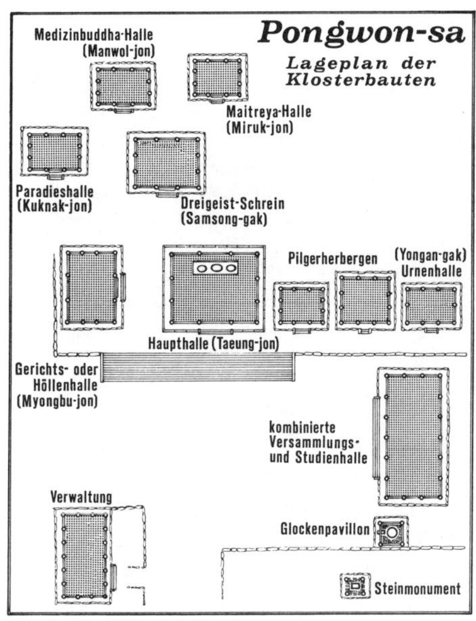

die Figurentriade Shakyamuni mit den Erleuchtungswesen Manjushri und Samantabhadra verehrt. Die Malereien zeigen Shakyamuni und acht Bodhisattvas, an der Rückwand Gericht und eine Bodhisattva-Triade, an der rechten Seitenwand den Berggeist, Schützer der Lehre, links Gamlo-tan. Sehenswert ist auch die 300 Jahre alte Glocke.

Der Wolken- und Wasserpavillon dient heute als Gästehaus, im Yongan-gak werden die Urnen bedeutender Äbte und Gelehrter aufbewahrt. Die **Gerichts- oder Höllenhalle** zeichnet sich durch besonders lebendige, buntgefaßte Plastiken aus. Im Zentrum thront der vergoldete Kshitigarbha, flankiert von seinem Sohn und seinem legendären Vater, der ein Kästchen mit den Paradiesschlüsseln hält. Die meist recht freundlichen Höllenrichter, Vasallenbotschafter und grimmige Wächter mit Dreizackhellebarden bilden das Gefolge des gütigen Herrn der Unterwelt (Abb. 44, 45). Schrifttafeln erläutern offenbar das Sündenregister, Drohungen der Höllenstrafen und Verheißungen der Seligkeit.

Treppen führen zum **Dreigeistschrein** zur Verehrung von Berg-, Einsiedler- und Siebensterngeist. Die **Paradieseshalle** ist dem Reinen Lotosland des Amitabha geweiht, in das die Gläubigen mit Hilfe der Erleuchtungswesen Avalokiteshvara und Mahasthamaprapta – diese Figuren sind hier eingeschreint – gelangen.

In der **Vollmondhalle** suchen die Gläubigen Genesung beim weißen Medizin-Buddha Bhaishajyaguru. Dieser volkstümliche ›König der Heilmittel‹ ist meist von Naturgottheiten umringt, so vom Siebengestirn, Berg- und Einsiedlergeist, die von einem kriegerischen Schützer der Lehre bewacht werden. Ein neuer Schrein ist Maitreya, dem Buddha des kommenden goldenen Weltzeitalters geweiht.

Sinhung-sa und Pongguk-sa

Lage: Im Stadtteil Songbuk Dong, nahe dem Grab der Königin Kang (Chong-nung).
Geschichte: 1396 als Geisttempel für Königin Kang, der zweiten Gemahlin des Yi Taejo, gegründet und ›Tempel des himmlischen Gedeihens‹ (Hungchon-sa) genannt. 1409 ließ König Taejong das Grab seiner verhaßten Stiefmutter im Stadtzentrum öffnen, ihre Gebeine weiter nordwärts bestatten und den Tempel in Sinhung-sa, ›göttliches Gedeihen‹ umbenennen. Konfuzianische Hetzkampagnen erzwangen rund hundert Jahre später die Umwandlung des Klosters in den königlichen Pferdestall. König Chongjo rief 1794 ein Heiligtum mit dem ursprünglichen Namen ins Leben, aber der Volksmund blieb der Bezeichnung Sinhung-sa treu. In dem Kloster inmitten eines Parks wirken rund zwanzig verheiratete Mönche der Taego-Sekte, in der nahen Chokjo-Einsiedelei ungefähr zehn Angehörige der zölibatären Chogye-Schule. Als Schutztempel des Grabmals liegt nördlich davon Pongguk-sa, ein ehemaliger Tempel des Medizin-Buddha Yaksa.

In der dem Shakyamuni geweihten **Haupthalle** des Sinhung-sa besitzt vor allem die rechte Plastik auf dem Figurensockel Seltenheitswert: Sie zählt zu den wenigen tantrischen, das heißt übernatürlichen Bildwerken Koreas. Vierzig Arme, eingesetzt im Dienste der Barmherzigkeit, überwuchern fast den Körper des mitleidvollen Bodhisattvas Avalokiteshvara. Die älteren Malereien widmen sich dem Paradies des Amitabha und Schützern der Lehre an der Rückwand rechts und links, sowie Höllenrichtern und dem Seelenretter Kshitigarbha. Im kleinen **Palsangjon** sind Gemälde aus dem Leben des historischen Buddha Shakyamuni und zwei weiße Buddhas, wohl Shakyamuni und der ›König der Heilmittel‹ zu sehen. Figuren und Gemälde der **Gerichts- oder Höllenhalle** sollen die Gläubigen zugleich erschrecken und trösten. Über Treppen gelangt man zu einem kleinen Schrein, in dem der Siebenstern- und der Berggeist verehrt werden.

Sungga-sa

Lage: Im Norden der Stadt an den Abhängen des Monumentgipfels (Pi-bong). Die nahe Segom-Straße erinnert an ein ehemaliges Militärübungsgelände (›Schwertwaschplatz‹) während der Yi-Zeit.
Geschichte: Um 700 zog sich der chinesische Mönch Sungga in eine Höhle in den schroffen Felswänden zurück. Ihm zu Ehren ließ König Kyongdok von Silla rund 50 Jahre später ein Felsrelief meißeln und einen kleinen Tempel errichten. Erweiterung im 11. Jh., derzeit Neubau der Haupthalle. Im Kloster leben ungefähr zehn Nonnen.

Beginnend an der Segomstraße, dem einstigen Papierschöpferviertel, führt der Weg vorbei an alten ›Geisterbäumen‹ und mit schönen Ausblicken auf Seoul bergan. Zum **Felsrelief** (S 215) gelangt man über Treppen links von der Baustelle der Haupthalle. Es zeigt Shakyamuni im Lotossitz, die rechte Hand zur Geste der Erdberührung geformt. Das Werk entstand zwar zeitgleich mit der Sokkuram-Grotte bei Kyongju, aber Beziehungen scheinen wegen der wesentlich geringeren Kunstfertigkeit der Steinmetze eher unwahrscheinlich. Über dem Relief ragt der bizarre ›Hasenfelsen‹ und westlich davon der Monumentgipfel (Pi-bong) auf, wo König Chinhung von Silla die berühmte Inschriftenstele zur Markierung der Grenze seines Reiches gegen Koguryo im Jahre 568 aufstellen ließ. Das Original (NS 3) befindet sich im Nationalmuseum Seoul, eine Kopie wurde hier aufgestellt.

Toson-sa

Lage: Im Norden von Seoul, Tobong Ku, Uidong.
Geschichte: Im Jahre 862 erschien dem Nationalpriester Toson über den Felszinnen des Weißwolkengipfels (Paegun-dae) Maitreya und gebot ihm die Errichtung eines Klosters. Die Stelle der Maitreya-Vision markiert ein großes **Felsrelief,** vor dem eine Mauer einen heiligen Bezirk bildet. Eine Votivhöhle birgt unzählige

weiße und einige größere, goldlackierte Buddha-Figuren, die den Eindruck einer Tausend-Buddha-Halle erwecken. Die Tempelgebäude stammen aus dem 19. und 20. Jh. und bieten keine kunsthistorischen Attraktionen. In der **Haupthalle** wird eine Buddha-Triade verehrt, zahlreiche Tische mit Lampen dienen dem Totengedenken. Der Toson-sa ist sehr populär, vor allem für Votivfeiern, Seelenmessen und zu Buddhas Geburtstag, wenn Kerzen und Lampions die neue, dreistöckige Betonhalle erhellen.

Der Weiße Buddha

Lage: Unterhalb des Pi-bong in Segom Dong, im Flußtal nahe dem Wassertor (nicht zu verwechseln mit dem verschwundenen Wassertor der Stadtmauer).

Eine volkstümliche Legende erzählt, König Yi Taejo habe, als er noch Koryo-General war, stets eine Buddha-Statuette bei sich getragen. Nachdem er König geworden war, ließ er im Jahre 1395 ein Votivrelief des gnadenreichen Bodhisattvas Avalokiteshvara anfertigen, das der Volksmund wegen der Übermalung den ›Weißen Buddha‹ nennt. Das kleine Heiligtum ist besonders bei Frauen, die sich einen Sohn wünschen, sehr beliebt. Der nahe Jadeflußtempel (Okchon-sa) ist rund sechzig Jahre alt.

Wongak-sa-Pagode und Pagodenpark

Der kleine Pagodenpark liegt an der Stelle des ehemaligen Hungbok-Klosters aus der Koryo-Zeit, dem zeitweiligen Hauptquartier der Chogye-Sekte. Zu Beginn des konfuzianischen Yi-Staates wurde der Tempel auf Empfehlung der chinesischen Ming-Kaiser vernichtet. Auf diesem Gelände ließ König Sejo als Sühne für den Mord an seinem Neffen im Jahre 1464 das große Wongak-Kloster errichten. Zwei Jahre später stiftete er die prachtvolle **Granit-Marmorpagode.** Bald nach 1500 übergab der halbverrückte König Yonsan die Tempelhallen zunächst Gesellschaftsdamen und ließ sie dann zerstören. Die Pagode lag in Stücken vergraben unter der Erde und wurde 1945 gehoben und als Nationalschatz 2 aufgestellt.

Die Reliefs folgen der gleichen Thematik wie die feiner gearbeitete und rund hundert Jahre ältere Marmorpagode des Kyongchon-sa (NS 86), die heute im Gelände des Kyongbok-Palastes steht (vgl. S. 165). In den einzelnen Stufen wird die Reise der Seele durch verschiedene Himmelssphären und Buddha-Paradiese, z.B. zum künftigen Buddha Maitreya, zum Medizin-Buddha im Osten, zum Licht-Buddha Amitabha im Westen, zum Schatz-Buddha und historischen Buddha Shakyamuni geschildert. Eine **Schildkrötenstele** ist als Schatz 3 registriert (Abb. 64).

Der Pagodenpark spielt in der neueren koreanischen Geschichte als Ausgangspunkt der sogenannten Samil-Bewegung eine bedeutende Rolle, der alljährlich am Unabhängigkeitstag, dem 1. März (Samil), gedacht wird. Vor den Trauerfeierlichkeiten für den abgedankten Kaiser Kojong verlasen am 1. März 1919 33 Patrioten im Pagodenpark ein Memorandum zur Befreiung Koreas von der japanischen Kolonialherrschaft. Der Aufstand erfaßte das ganze Land, wurde von den Japanern blutig niedergeschlagen und führte zur Bildung einer Exilregierung in Shanghai unter Syngman Rhee. Ein Pavillon, reliefierte Bronzetafeln und ein Denkmal schildern die einzelnen Begebenheiten. Der Park befindet sich im Umbau, so daß Veränderungen zu erwarten sind.

Verschiedene Besichtigungen und Ausflüge

Schon bei der ursprünglichen Planung durchzog eine breite Straße vom Großen Osttor zum – nicht mehr vorhandenen – Großen Westtor als Hauptgeschäftsader die Stadt. Knapp südlich davon verlief parallel ein später überdeckter Kanal – die heutige **Chonggye-ro.** Der Wohnbezirk des Ziviladels erstreckte sich vornehmlich nördlich des Kanals bis zum Königspalast, hohe Militärs residierten im Süden.

Schamanistische Zeremonialinstrumente – Fächer und Rassel – lassen oft den synkretistischen Charakter des Volksglaubens erkennen: Die Drei Geister (Samsin) sind zwischen buddhistischen Lotosblüten und einer Pagode und taoistischen Zeichen des langen Lebens – Kiefern, Hirsche, Sonne und Mond – zu sehen. Der Inwang-san in Seoul ist noch heute ein Zentrum schamanistischer Aktivitäten und volkstümlicher Mischkulte.

Später wurde die Handelsstraße **Chong-ro** nach der großen **Stadtglocke** benannt, die König Taejo 1395 zur Markierung des Stadtzentrums und als Signal der Öffnung und Schließung der Tore hatte aufhängen lassen. Am Morgen läutete sie 33 mal – nach dem Himmel der 33 altindischen und in den Buddhismus integrierten Götter und Geister der Dreiwelt, des Himmels, des Luftraums und der Erde – und am Abend 28 mal nach den Hauptsternen, die das Volk beschützen und mit langem Leben beschenken sollen.

Die alte Glocke wurde im japanischen Krieg 1592 eingeschmolzen. Im langgestreckten Glockenpavillon (Posin-gak, Abb. 50) hängt heute eine rund 2,5 m hohe Glocke aus der Mitte des 15. Jh., die König Sejo für den ehemaligen Wongak-sa (vgl. Wongak-sa-Pagode im Pagodenpark S. 187) gestiftet hatte.

An der Kreuzung Chong-ro/Sejong-Straße ließ Kaiser Kojong im Jahre 1902 ein Denkmal anläßlich seines fünfjährigen Regierungsjubiläums als Kaiser von Taehan setzen. Gleichzeitig sollte seiner 1895 ermordeten Gattin Min gedacht werden. In den **Monument-Pavillon (Pi-gak,** Abb. 51) führt ein schönes Steinbogentor mit Rankenreliefs und zwei Hundelöwen als Wächter und Feuerschützer. Eine Stele gibt die Entfernungen zu verschiedenen Landesteilen in chinesischen Li (rund 440 m) an.

Auf einer Verkehrsinsel der breiten Sejong-Straße, die zum Kyongbok-Palast führt, steht das imposante Denkmal für den großen **Admiral Yi Sun-sin** (vgl. Onyang und Chungmu S. 256 und 345).

Bis 1895 stand an der alten Peking-Straße das Yongun-mun, das ›Tor der willkommenen Gnade‹, wo alljährlich die chinesischen Gesandtschaften vom Hof empfangen werden mußten. Im Vertrag von Shimonoseki anerkannte der chinesische Kaiser als Folge des chinesisch-japanischen Krieges von 1894/95 die Selbständigkeit Koreas. 1896 ließ der Unabhängigkeitsclub das Yongun-mun bis auf zwei mächtige Steinpfeiler niederreißen und durch das **Unabhängigkeitstor (Tongnip-mun)** nach Plänen eines russischen Architekten und dem Muster europäischer Triumphbögen ersetzen. Das Unabhängigkeitstor war der einzige Ort, an dem während der japanischen Kolonialherrschaft das koreanische Nationalemblem angebracht bleiben durfte.

Der Titel Kuksa wird großen Lehrmeistern vom König verliehen. Auf dem Nam-san, dem beliebten Hausberg der Innenstadt, stand der **Kuksa-dang** zu Ehren des buddhistischen Mönches Muhak, der als Ratgeber des Königs Yi Taejo bei der Stadtgründung von Hanyang mitwirkte. Der Schrein diente volkstümlichen Mischkulten aus buddhistischen, schamanistischen, taoistischen und konfuzianischen Elementen. Königin Min, die Gattin des Königs Kojong, förderte hier eine Ausbildungsstätte für Schamaninnen, die sich im konfuzianischen Yi-Staat als Wahrsagerinnen auch im Palast großer Beliebtheit erfreuten. 1925 mußte dieses Volksheiligtum einem japanischen Shinto-Schrein weichen. Der Kuksa-dang wurde auf den **Inwang-san** nahe den zwei riesigen ›Meditationsfelsen‹ (Son Pawi) übertragen. Dieser Berg im Westen der Stadt ist noch heute Zentrum schamanistischer Aktivitäten, wo besonders am 1. und 15. der Mondmonate Rituale stattfinden. Der Kuksa-dang beherbergt zahlreiche farbenprächtige Kultbilder und -figuren von Buddha-Jüngern, dem Siebenstern- und Berggeist, dem Drachenkönig, den Höllenrichtern und Botschaftsgeistern bis zu Konfuzius und seinen vergöttlichten Generälen und dem Kuksa Muhak.

Der rund 660 m hohe **Kwanak-san** südlich des Han ist ein beliebtes Wander- und Klettergebiet, das ›Kleines Diamantgebirge‹ genannt wird. In den Tälern des Kwanak-san gründete der exzentrische Silla-Mönch Wonhyo im 7. Jh. einige teilweise heute noch bestehende Einsiedeleien. Am Fuße des Kwanak liegt die Seoul National University.

Die Provinz Kyonggi

Von Seoul-Mitte benötigt die Schnellbahn etwa 40 Minuten für 30 km bis **Inchon,** der mit mehr als 800 000 Einwohnern fünftgrößten Stadt Koreas mit dem drittgrößten Hafen des Landes. Der schon 1413 urkundlich erwähnte Fischerort geriet in die Weltpresse, als dort 1866 einige französische Missionare hin-

Die ›Hauptstadt‹-Provinz Kyonggi und die Provinz Kangwon

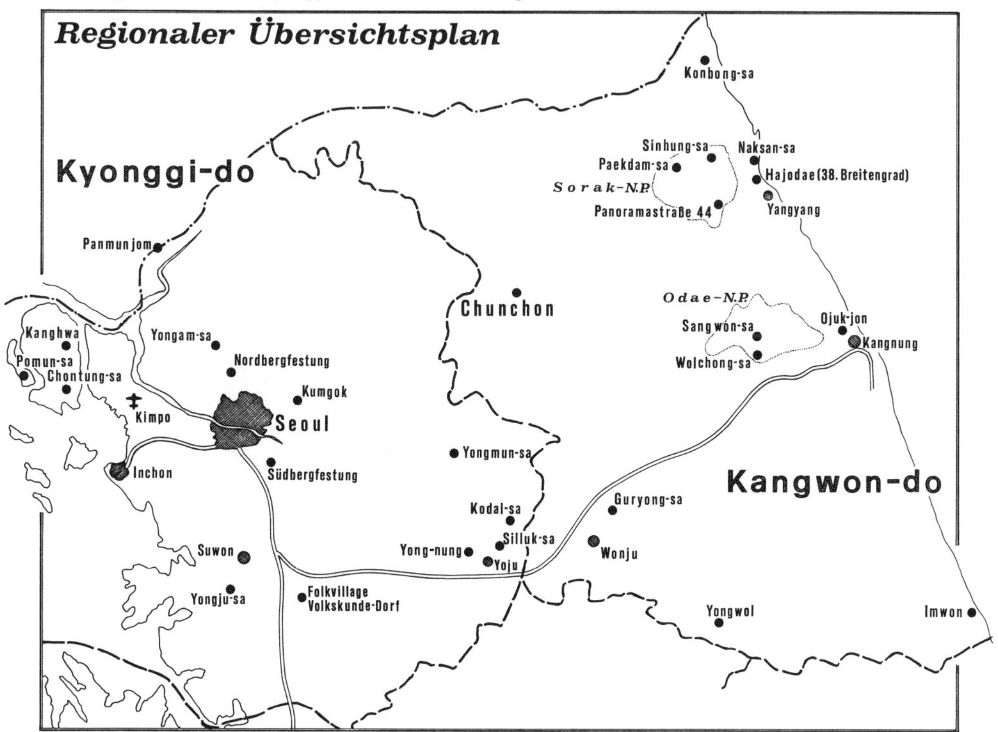

gerichtet wurden. 1871 wurde Inchon in einer Racheaktion für den in Pyongyang gefallenen General Sherman zweimal von amerikanischen Schiffen beschossen, 1882 gewährte man Ausländern das Niederlassungsrecht. Im Korea-Krieg gelang hier den Amerikanern unter General Mac Arthur mit einer überraschenden Landeoperation im Rücken der Nordkoreaner die entscheidende Wende.

Die Inseln Kanghwa und Songmo

Durch die schmale Yomha-Straße nur wenige Kilometer vom Festland getrennt und heute durch eine Brücke verbunden, liegt **Kanghwa-do,** die fünftgrößte Insel Koreas, vor der Westküste. Landschaftliche Schönheit vereint sich mit einer mehr als 4000jährigen Geschichte, deren Zeugen auf so engem Raum wie sonst nirgendwo im Lande dem Besucher fast ›beiläufig‹ verständlich werden.

Geschichte: Tangun soll im Jahre 2333 v. Chr. auf dem Mani-san seinen himmlischen Ahnen geopfert haben. Einige Dolmen künden von der Besiedlung der Insel schon während der Jungsteinzeit. Die älteste Festung geht auf das Koguryo-Reich im 4. Jh. n. Chr. zurück.

In diesem Jahrtausend gewann Kanghwa zweimal als Exilort des Königshofes besondere Bedeutung. 1232 flüchtete der Koryo-König Kojong auf die Insel, die fast vierzig Jahre lang Schutz vor den schiffsunkundigen

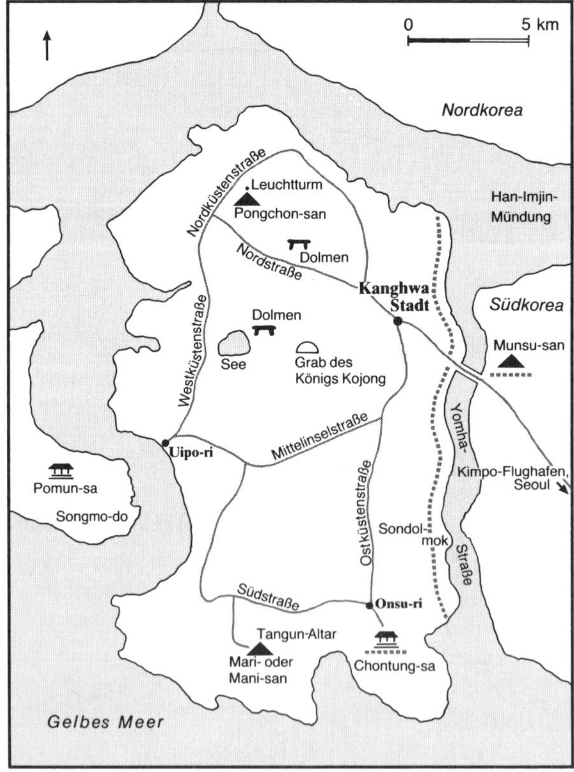

Die Inseln Kanghwa und Songmo

Mongolen bot. Beinahe wie ein Wunder muten die großen Kunst- und Kulturschöpfungen jener Zeit an: Während das Festland unter der Mongolenherrschaft litt, ließ der König zur ›Feindabwehr‹ den gesamten buddhistischen Kanon in mehr als 80 000 Holztafeln schneiden (vgl. Tripitaka Koreana, Haein-sa S. 349f.). Gleichzeitig lieferten die besten Brennöfen das berühmte ›eisvogelfarbene‹ Seladon, dem sogar China Bewunderung zollte.

1270, nach dem Friedensschluß mit den Mongolen, wurde Kanghwa stärker befestigt. Die Überfahrt bewachte jenseits der Wasserstraße eine Burg auf dem Munsu-san.

Zum zweitenmal flüchtete der Königshof in den Jahren 1636/37 vor den Mandschu auf die Insel. Damals erlitten die Bastionen schwere Schäden, die unter König Sukchong um 1700 behoben wurden. Im späten 18. Jh. zählte Kanghwa mit Suwon, Songdo (Kaesong), der Südhan-Bergfestung (Namhan-sansong) und Chunchon in der Provinz Kangwon zu den fünf Zitadellen (O-do) zum Schutz der Hauptstadt Hanyang. 1866 beschossen die Franzosen als Rache für die vom Prinzregenten befohlene Ermordung ihrer Missionare die Insel. Zehn Jahre später erzwang Japan im ›Freundschaftsvertrag‹ von Kanghwa die Öffnung des ›Einsiedlerkönigreiches‹ Korea nach Westen.

Kanghwa-Stadt wurde früher auch ›Klein-Hanyang‹ genannt, weil es wie die ›große Schwester‹ von einem Nord- und einem Südberg (Puk-san und Nam-san) begrenzt ist und von einem gewaltigen Mauergeviert umschlossen war. Von den ursprünglich vier Stadttoren stehen noch zwei, das Süd- und das eindrucksvollere **Westtor.** Wie in Seoul markierte eine **Stadtglocke** – die jetzige stammt aus der Zeit König Sukchongs um 1700 (S 11) – die Öffnung und Schließung der Tore. Nahe dem Glockenpavillon gedenkt eine **Stele** der Königstreuen während der Mandschu-Invasion im Jahre 1636. Der Konfuzius-Schrein wurde in die Songgyungwan-Universität in Seoul übertragen. An die **Königsresidenz** aus der Koryo-Zeit erinnern nur mehr Fundamentreste.

Die interessante, kleine **Kam Tok Kyohwe-Kirche** – auf einem Hügel oberhalb des Marktes – wurde um die Jahrhundertwende von Bischof Charles Corfé als älteste Bischofskirche Koreas im nationalen Stil erbaut (Abb. 56). In ihr verbinden sich christliche, taoistische und buddhistische Elemente. So steht im Hof ein Bodhi-Baum, den der Bischof aus Indien brachte. Ein Schrein ist König Choljong (1849–1864) gewidmet, der hier geboren wurde und möglicherweise auch seine Kindheit verbrachte.

Die Fahrt nach Süden beginnt beim Südtor und zweigt bei Onsu-ri zur **Samnang-Festung** ab. Alte Mythen und Sagen schreiben die Erbauung dieser ›Burg der drei Jugendblumen‹ den drei Söhnen des Tangun zu. Historisch gesichert erscheint die Gründung unter dem Koguryo-König Sosurim in der zweiten Hälfte des 4. Jh. n. Chr.

Chontung-sa (Jeondeung-sa)

Lage: Innerhalb des rund 1½ Kilometer langen, eindrucksvollen Festungsrings.

Geschichte: Im Jahre 381 (oder 382) gründete der chinesische Mönch Ado, der in Koguryo den Buddhismus eingeführt hatte, das älteste noch bestehende Kloster Koreas mit dem Namen Chinchong-sa. Im Paekche-Reich geht der Kap-sa (vgl. S. 250) auf Ado zurück, in Alt-Silla scheiterten allerdings seine Missionierungsversuche. Während des Exils der Koryo-Könige im 13. Jh. war das Kloster wesentlich größer und sehr populär. In ihm wurde der buddhistische Kanon (Tripitaka

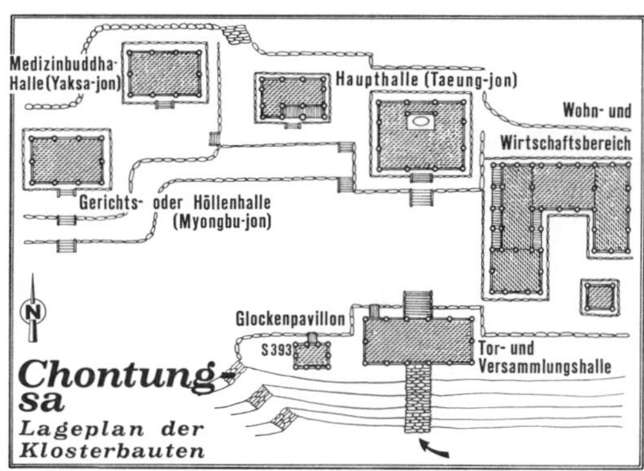

Koreana; vgl. Haein-sa S. 349f.) fertiggestellt und aufbewahrt. Von den ehemaligen Lagerhallen der 80000 Holzdruckplatten blieb nichts erhalten.

Seit 1281 trägt das Kloster den jetzigen Namen, ›Tempel der vererbten Lampe‹, nach einer kostbaren Jadeleuchte, die Cheonghwa, die Gattin des Königs Chungnyol (1274–1308) stiftete.

Der malerische Weg führt bergan durch Steintore der alten Festung. In einem Pavillon, links von der Eingangs- und Lehrhalle, hängt die rund 1,80 m hohe **Bronzeglocke** aus dem Jahre 1097, die als einzige im chinesischen Stil in die Liste der koreanischen Kunstschätze aufgenommen wurde (S 393).

Die 1621 vollendete **Haupthalle** (Abb. 52, 53; S 178), besticht im Inneren durch erlesenes, bemaltes Schnitzwerk an Konsolgebälk, Figurensockel, Baldachin und Decken. Drachen, Phönixe, Wolken, Blüten schweben scheinbar durch die Lüfte, die Kassetten füllen gemalte Lotosmandalas mit Keimsilben. Dagegen fällt die Qualität der Kultfiguren und -bilder ab. Im Altarschrein thronen die Drei Juwelen des Buddhismus, verkörpert in den drei Buddhas Shakyamuni (Mitte), Amitabha und Bhaishajyaguru (Farbt. 14). Auch im Hintergrundbild ist diese Figurentriade dargestellt, angereichert durch ein Gefolge von Bodhisattvas, Arhats und Lokapalas. An der rechten Rückwand dienen Regale zur Aufbewahrung von Holzdruckplatten.

Ein großes Gemälde an der rechten Seitenwand zeigt Schützer der buddhistischen Lehre. Im Mittelpunkt steht die in Korea seltene tantrische – mehrköpfige und vielarmige – zornvolle Form des Mahakala (die buddhistische Manifestation des Hindugottes Shiva) auf einem Flammenrad und behängt mit Schädelketten. Er waltet hier als ›Göttlicher General des Blütengirlanden-Sutra‹ (Hwaom Sinchang). Sein Gefolge bilden gekrönte Erleuchtungswesen, darunter Sonnen- und Mondlicht mit rotem und weißem Ball, Himmelselfen, der Gott des Südpolarsterns und langen Lebens mit kahlem Turmschädel, ein flammenumloderter Lichtkönig, der zackenbärtige Küchengott, der Drachenkönig und der General Veda mit goldblinkendem Schwert (Farbt. 36). Die **Halle des Medizin-Buddha** (S 179), ein kleiner, eleganter Bau aus der mittleren Yi-Zeit (1621), zeigt im Inneren ähnlich qualitätvolle Malereien und Schnitzereien wie die Haupthalle, betont aber Schling- und Flechtornamente, Blumen und fliegende Musikantinnen. Auf dem Figurensockel thront der Buddha der Heilkunst, auch das Hintergrundbild zeigt ihn inmitten von Sonnen- und Mondlicht, Buddha-Jüngern und Welthütern.

Der Mani- oder Mari-san

Unweit der Südküste erhebt sich der höchste Berg der Insel, der rund 500 m hohe Mani-san, der heiligste Gipfel Südkoreas. Obwohl nur zwei Spitzen gegen Himmel ragen, verklären die Koreaner diese gerne zu einem Dreigipfel (Sam-bong), dem Königsemblem der Dreireichszeit und glückverheißenden Paradieseszeichen. Nach rund einstündigem Aufstieg erreicht man den Doppelgipfel, von dem sich eine prachtvolle Aussicht bietet. Auf dem Himmels- oder Ahnen-

1 KWANCHOK-SA Der Zukunftsbuddha Maitreya, der sogenannte Unjin Miruk, 10. Jh. ▷

3 KUMSAN-SA Maitreya-Halle, frühes 17. Jh.
◁ 2 Bauernbegräbnis nach geomantischen Regeln in der Nähe des Kamun-sa bei Kyongju
4 PULGUK-SA Fassade mit den Brücken der Weißen und Blauen Wolke

5 CHIKCHI-SA Aufziehen eines Großrollbildes zu Buddhas Geburtstag

6 HAEIN-SA Mönch beim Anschlagen der Klosterglocke

7 CHONTUNG-SA Meditierender Mönch

금연

8 SEOUL Schamanenfest im Korea-Haus

10 SEOUL Zwei Schamaninnen und ihr Gehilfe

9 SUWON Bauerntänze im Folkvillage

11 MAI-SAN Der Pferdeohrenberg bei Chinan

13 Geister- und Ahnenpfähle beim Folkvillage

12 Ginsengfeld auf der Insel Kanghwa

天下大將軍
天下大將軍
地下大將軍
地下大將

14 CHONTUNG-SA Triade der Drei Juwelen: Shakyamuni zwischen Amitabha und Bhaishajyaguru

16 KUMSAN-SA Maitreya-Halle, Vision des kommenden irdischen Heilsreiches ▷

15 PULGUK-SA Haupthalle, Triade der Drei Weltzeitalter und Buddhas Lieblingsjünger

17 SILLUK-SA Höllenhalle, Kshitigarbha zwischen Mudokkwi Wang und Tomyong

19 Sokkuram-Grotte, Shakyamuni in der Rotunde, Mitte 8. Jh.

18 POPCHU-SA Palsang-jon, Shakyamuni und sein Gefolge

20 PUSAN Hafenszenerie

21 PUSAN Straßenmarkt

22 Naktong-Schleife bei Hahoe

23 Malerisches Dorf am Han-Fluß ▷

24 SINHUNG-SA Konsolgebälk der Haupthalle

26 UNMUN-SA Halle des Heiligen Berges, Versammlung der Buddha-Jünger

25 TONGHWA-SA Lotosgebälk der Haupthalle

28–30 HAEIN-SA Volkstümliche Malereien im Dreigeist-Schrein:
Der Berggeist (Sansin) mit seinen Tigern

29 Der Einsiedlergeist (Toksong)

◁ 27 PULGUK-SA Tor der Vier Himmelskönige, der Ostkönig Dhritarashtra mit seiner Laute und der Südkönig Virudhaka mit dem Schwert

30 Der Drachenkönig (Yongwang) mit dem Ostmeer

31 YONGAM-SA bei Seoul Volkstümliche Gamlo-Malerei: oben die Himmelsregion mit 5 stehenden Buddhas, begleitet von den Bodhisattvas Kshitigarbha (links), Mahasthamaprapta und dem weißgekleideten Avalokiteshvara (rechts), darunter zwei grimmige Schutzgötter und Alltagsszenen der Menschenwelt

32 KYONGJU Die sogenannten Drei Buddhas (Sambul) am westlichen Nam-san, 6.–7. Jh.

34 YONGMUN-SA Reich geschnitzte ›Dreh-Bibliothek‹ (Sutren-Sammlung)

33 SONAM-SA Die ›Regenbogenbrücke‹, 17. Jh.

35 TAEHUNG-SA Tausend-Buddha-Halle mit der Triade Shakyamuni, Manjushri und Samantabhadra

37 UNJU-SA Steinpagoden im Tal der ›Tausend Buddhas und Pagoden‹ ▷

36 CHONTUNG-SA Haupthalle, Schützer des Lotos-Sutra mit Hwaom Sinchang im Zentrum und dem flügelhelmbewehrten Tongjin

38 Kirschblüte Mitte April bei Kyongju

40 SEOUL Changdok-Palast, Pavillon im Geheimen Garten (Pi-won) [

39 Jungsteinzeitlicher Dolmen auf der Insel Kanghwa

altar, einer Steinaufschichtung mit Ringmauer, soll im Jahre 2333 v. Chr. Tangun seinen himmlischen Vorfahren geopfert haben. Alljährliche Feiern am ›Tag der Öffnung des Himmels‹, dem 3. Oktober, gedenken der Staatengründung von Choson.

Beim Westtor in Kanghwa-Stadt beginnt die **Route nach Norden und Westen;** zuerst zweigt eine Sackstraße nach Südwesten (links) ab. Ein Fußweg führt weiter zum Hügelgrab des 1259 gestorbenen **Königs Kojong,** der einzigen bedeutenden Beisetzungsstätte der Koryo-Zeit. Landeinwärts liegen einige kleine buddhistische Klöster und nahe der Ostseite des Stausees ragt ein Dolmen auf (Farbt. 39). Ein wesentlich günstiger zu erreichender Steintisch ist bei der Hauptstraße nach Nordwesten zu sehen. Dieser bekannteste **Dolmen** (Koin-dol) der Insel erinnert an westeuropäische Steinsetzungen: Auf zwei Trageblöcken ruht die gewaltige, rund 5 m lange Deckplatte. Vermutlich diente er als Sonnenaltar und/oder Fürstengrab und stammt aus der Einwanderungszeit altaischer Stämme um 2000 v. Chr.

Unweit des Dolmen gelangt man nach rund halbstündiger Wanderung zu einem Kiefernhain mit einer **fünfstufigen Steinpagode** (S 10), dem Rest eines Koryo-Tempels. Weiter aufwärts führt der Weg zum ›Feuerberg‹ (Pongchon-san) mit den Ruinen eines **Leuchtturms.** Eine ganze Kette von Leuchtfeuerstationen – von 700 während der Yi-Zeit ist manchmal die Rede – ermöglichte die rasche Signalvermittlung über die Berge in alle Landesteile. Vom Leuchtturm bietet sich eine prachtvolle Aussicht auf die Han-Imjin-Mündung in das Gelbe Meer bis nach Nordkorea jenseits der Wasserstraße.

Pomun-sa (Bomun-sa) auf der Insel Songmo

Lage: Vom kleinen Fischerdorf Uipo (Uepo) an der Westküste wird in 10 Min. Überfahrt die kleine Insel Songmo erreicht. Nach rund 45 Min. Busfahrt und etwa 10 Min. Fußweg lohnt der Besuch des Klosters.
Geschichte: Die Legende erzählt, ein armer Fischer habe einst um einen guten Fang gebetet, aber nur kleine Steinfiguren im Netz gefunden, die er enttäuscht wieder in die Fluten warf. Ein Traum deutete den Fund als Heilige aus Indien. Am nächsten Morgen zog er wieder 22 Figuren aus dem Meer, die er nun aufbewahrte. Im Jahre 636, zur Zeit der weisen Silla-Königin Sondok, kam der Mönch Hyegong nach Songmo-do und barg die kleinen Skulpturen in einer Höhle, der Keimzelle des späteren Klosters. Hinter dieser frommen Legende steckt die Überwindung eines alten Kultes der ›Geistmutter‹ (Songmo), der das Eiland seinen Namen verdankt, durch die buddhistische Lehre.

Der Zugang führt vorbei am Glockenpavillon zu einer **langgestreckten Halle** mit Außenmalereien der zen-buddhistischen Rinderparabel und von Lokalgöttern, u. a. des Berggeistes vom Nagga-san, von dessen Grat über dem Kloster einst ein Felssturz die Entstehung der Kulthöhle auslöste. Im Mittelteil der Halle wird eine Figur des Avalokiteshvara verehrt.

Die **Haupthalle** liegt in der legendenumwobenen Höhle, die 1928 vergrößert wurde. Der malerische Zugang bei alten Wacholder- und Gingkobäumen führt durch drei Arkaden in den rechteckigen Innenraum und über Treppen zu einer apsisartigen Halbrundnische mit einem Altartisch. In umlaufenden, kleinen Wandvertiefungen sind dem Volksglauben zufolge die

◁ 41 SEOUL Kyongbok-Palast, der ›Königliche Pavillon des duftenden Wohlgeruchs‹

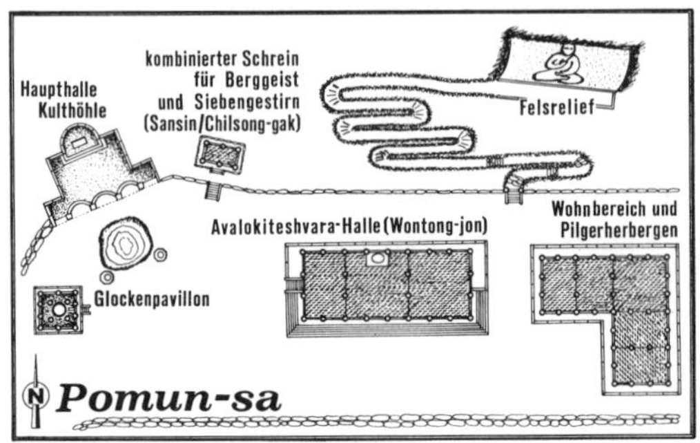

Wunderfiguren aus dem 7. Jh., eine Buddha-Triade und neunzehn Buddha-Jünger eingeschreint. Ein kleines Gebäude rechts von der Höhle ist dem Berg- und Siebensterngeist geweiht.

Serpentinen führen hinauf zum sogenannten **›Augenbrauen-Buddha‹** (Abb. 57), den ein Mönch vor einigen Jahrzehnten aus der nach innen gekrümmten Felswand meißelte. Das rund 11 m hohe und 4 m breite, grobe Relief trägt auf der Brust ein Hakenkreuz, auf dem Kopf ein kappenartiges Diadem und auf dem Schoß eine Lebenswasservase. Diese volkstümlich variierten Symbole und Attribute könnten sowohl für Avalokiteshvara als auch auf Maitreya zutreffen.

Wie einst der Buddha der Sokkuram-Grotte in Kyongju Feinde vom Ostmeer abwehren sollte, so blickt dieses Relief schützend über das Gelbe Meer.

Kodal-sa

An den **Kodal-sa,** einen bedeutenden Koryo-Tempel rund 15 km von Yoju, erinnern nur noch eindrucksvolle Steinmonumente auf freiem Feld.

Panmunjom

Von einer Garküche und einem kleinen Weiler ohne kulturgeschichtliche Bedeutung an der Brücke über das Flüßchen Sacheon blieb nur der Name. Heute wird hier, 15 km östlich der Koryo-Hauptstadt Kaesong (Gaeseong), die alte transkoreanische Fernstraße 1 von der entmilitarisierten Zone durchtrennt. In einem mehrfach umzäunten Barackenkomplex wurde am 27. 7. 1953 der Waffenstillstandsvertrag unterzeichnet.

Silluk-sa

Lage: Etwa 5 Minuten Fahrt von Yoju, am Nordufer des Han.
Geschichte: 580 unter dem Alt-Silla-König Chinpyong erstmals als Poun-sa erwähnt. Erweiterung 1197 durch den Abt Towon und unter den Yi-Königen Sejong und Songjong im 15. Jh., Wirkungsstätte berühmter Mönchsgelehrter.

Bei der Han-Brücke stehen **zwei dreistufige Steinpagoden** (S 91 und 92), die aus nahegelegenen Dörfern übertragen wurden. Der Zugang zum Kloster führt am Pavillon mit den Ritualinstrumenten und der offenen Lehrhalle vorbei. Die **neunstöckige Steinpagode** (S 225) mit Blumenranken und Lotosreliefs auf dem Sockel birgt die Reliquien des Abtes Towon. Der Figurensockel der **Haupt- und Paradieseshalle** trägt qualitätvolle Darstellungen des thronenden

Amitabha mit seinen stehenden Begleitern Avalokiteshvara (Abb. 32) und Mahasthamaprapta. An der linken Seitenwand stellen Gemälde den Unterwelts-Bodhisattva Kshitigarbha mit seinem Gefolge dar. Die Rückwand zeigt über dem Totengedenktisch sieben stehende Buddhas mit Schriftrollen in himmlischer Wolkenlandschaft, darunter kleinteilige Szenerien des Erdenlebens (Gamlo-tan). Ein weiteres Gemälde ist dem Himmelsgeneral Veda, umringt von Himmelswesen, Bodhisattvas, Beamten und Kriegern gewidmet.

Besonders reizvoll ist die Ausstattung der **Gerichts- und Höllenhalle:** Im Zentrum thront Kshitigarbha, umringt von seinem legendären Vater König Mudokkwi von Silla und seinem Sohn Chonja Tomyong sowie den zehn Richterkönigen der Hölle mit reichem Gefolge (Farbt. 17). Gemälde zeigen das Totengericht und die Höllentorturen.

Der Dreigeistschrein dient der Verehrung des Berg-, Einsiedler- und Siebensterngeistes.

In der **Abtsgalerie** (S 180), einer Laube aus dem Jahre 1468, erinnert eine Plastik an den Abt Naong, das Hintergrundbild zeigt ihn mit Muhak, dem Berater König Yi Taejos und Mitbegründer von Hanyang, und dem Mönch Chigong.

Über Treppen rechts vom Chosa-dang gelangt man zum **glockenförmigen Stupa,** der 1376 zur Aufnahme der Aschen der Äbte Naong und Songak errichtet wurde (S 228). Die

Ziegelpagode (S 226) aus der Koryo-Zeit im Silluk-sa. Im Gegensatz zu China kommen Ziegelbauten äußerst selten vor; Korea bevorzugte Stein und Japan Holz zur Errichtung von Pagoden.

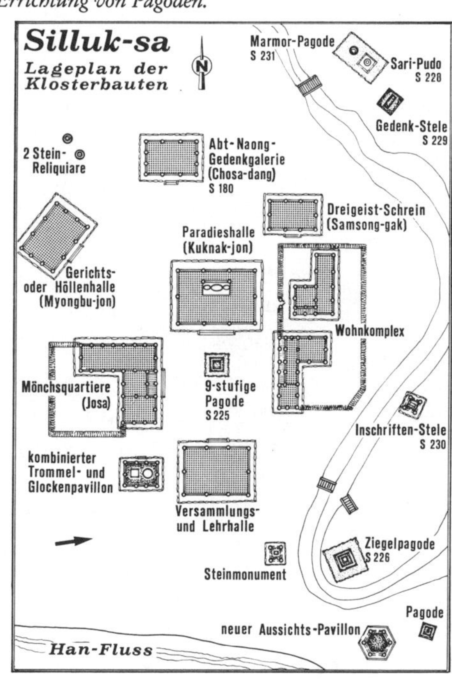

Anlage ähnelt den gleichfalls ›indischen‹ Stupas im Kumsan-sa und im Tongdo-sa. Eine oktogonale **Steinlaterne** aus grauem Marmor (S 231) und eine **Stele** (S 229), verfaßt und geschrieben von berühmten konfuzianischen Gelehrten, vervollständigen den Ort des Totengedenkens.

Östlich des Klosters erhebt sich ein Hügel mit einer der seltenen **Ziegelpagoden** Koreas (S 226). Sie wurde während der Koryo-Zeit zu Ehren des berühmten Silla-Mönches Wonhyo errichtet, der im 7. Jh. im Silluk-sa wirkte. Auf einem dreistufigen quadratischen Granitpodest ragen die sieben Ziegelstockwerke mit vereinzelt eingepreßtem Floraldekor rund 9,5 m hoch auf. Eine Inschriftenstele des späten 14. Jh. (S 230) mit Wolkenmotiven erinnert an die Übertragung des Tripitaka Koreana in den Haein-sa. Den prachtvollen Gingko-Baum am Fuße des Hügels soll Naong im 14. Jh. gepflanzt haben, seinen Meditationsplatz am Han-Ufer markiert ein Pavillon neben einer kleinen Pagode.

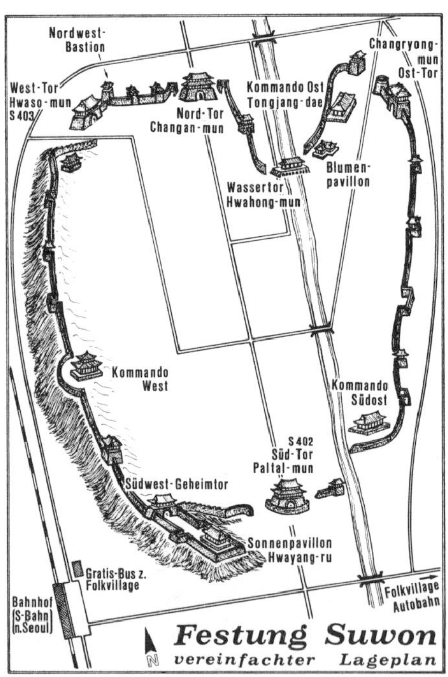

Suwon

Geschichte: Anlaß zur Stadtgründung war eines der schaurigsten Kapitel in den Annalen Koreas. König Yongjo (1724–1776), ein lang regierender Herrscher, verfiel in hohen Jahren in Starrköpfigkeit und Altersschwachsinn. Seine Tochter schmiedete ein Komplott, um ihrem Gatten zum Thron zu verhelfen und verleumdete ihren Bruder, den Kronprinzen. Der König befahl, seinen einzigen Sohn, Prinz Sado oder Jangjo in einer Holzkiste zu ersticken. Als Chongjo, der Sohn des ›Sargkönigs oder Reiskistenprinzen‹, 1776 den Thron bestieg, ließ er seinen Vater exhumieren und mit allen königlichen Ehren beisetzen. Die Konfuzianer priesen Chongjo als Ideal an Tugend und Kindesliebe. Er wählte die quellenreiche Ebene östlich des Paltal-san zur Errichtung der Königsgräber, des Yongju-Klosters und seiner Residenzstadt, die er zwischen 1794 und 1796 mit gewaltigen Bastionen ummanteln ließ. Ihm folgten die acht reichsten Yangban-Familien des Landes in die ›Blumenfestung‹ – wie Suwon ursprünglich hieß.

Suwon, die Hauptstadt der Provinz Kyonggi, ist Koreas eindrucksvollste Festungsstadt. Trotz mancher Veränderungen und teilweisen Verfalls wirken die rund 3,5 km langen Mauerzüge – anfangs maßen sie fast 6 km – und Tore noch sehr eindrucksvoll. Im Stadtzentrum erhebt sich das monumentale **Südtor oder Paltal-mun** (S 402; Abb. 48). Nordwestlich davon steht der mauerumschlossene, kleine Palast König Sunjos, den er in einen **Ahnenschrein** verwandelte und die ›Halle des erhabenen kaiserlichen Drachens‹ (Hwangryong-jon) nannte.

Das **Osttor** mit seiner vorgelagerten Ringmauer gewährt einen Einblick in die exakte Steinbearbeitungs- und Festungsbautechnik des späten 18. Jahrhundert. In nördlicher Richtung blieb vom ehemaligen Militärübungsgelände der **Kommandostand,** ein langgestreckter Pavillon, erhalten.

Das malerische **Regenbogen- oder Blumenflußtor** (Hwachon-mun) im Norden der Stadtmauer überspannt mit sieben Bögen den Fluß. Vom achtgiebeligen **›Blumenbeobachtungs-Pavillon‹** (Panghwa-suryu-jong) genießen besonders die ehrwürdigen ›Großväter‹ – die traditionell weißgekleideten Herren mit schwarzen Roßhaarhüten – Blicke auf den Drachenkopfteich.

Im Gegensatz zu Seoul hat Suwon ein eindrucksvolles, restauriertes **Nordtor** (Changanmun), da aus dieser Richtung der König kam und nicht – wie in der Hauptstadt – der Feind zu befürchten war. Das pittoreske **Westtor** (Hwaso-mun) mit halbmondförmigem Mauerkranz und dem einzigen erhaltenen **Turm** der Kyonggi-Provinz (S 403) bietet den bekanntesten Blick auf die Stadt.

Das Wassertor in Suwon, auch Regenbogen- oder Blumenflußtor (Hwahong- oder Hwachon-mun) genannt

Im Südwesten von Suwon, nahe dem Yongju-sa, ließ König Chongjo für sich und seinen Vater eine **Doppelgrabanlage** mit Statuen von Militär- und Zivilwächtern, Schaf- und Tigerskulpturen errichten. Im Yung-nung ruht der ›Sargkönig‹ Prinz Jangjo mit seiner Gemahlin Prinzessin Hong. Das Kon-nung deckt die sterbliche Hülle von König Chongjo und seiner Gattin aus der Kim-Sippe.

Yongju-sa

Die Klosteranlage erinnert in manchen Zügen an konfuzianische Komplexe. Eine Allee von Gingkos, den Lieblingsbäumen des Konfuzius, leitet zum Eingangstor mit gemalten Wächterfiguren. An diese im Mauergeviert eingebundene Pforte schließen sich Wohnzellen, vermutlich Gästezimmer, an. Unheilabwehrende ›Grenzsteine‹ schützen die **fünfstöckige Steinpagode** aus der Koryo-Zeit vor dämonischen Einflüssen. Die Torhalle bildet mit großen Mönchsquartieren zu beiden Seiten eine geschlossene Fassade. Im **Glockenpavillon** hängt eine der drei Glocken Koreas, die als Nationalschätze (NS 120) ausgewiesen sind. Sie stammt aus der Übergangsphase vom Geeinten Silla- zum Koryo-Reich (9./10. Jh.) und ist mit feinen Reliefs – Rankenbändern, Lotosblüten, Himmelselfen, Buddhas, Inschriften – verziert.

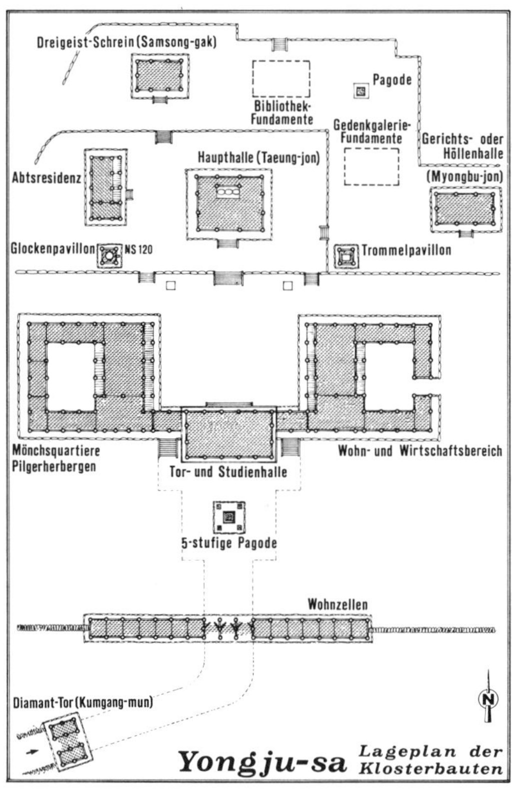

Yongju-sa Lageplan der Klosterbauten

Lage: In der Ebene südwestlich von Suwon, nahe den Königsgräbern.

Geschichte: 854, während der Regierung des Silla-Königs Munsong, unter dem Namen Kalyang-sa gegründet und später zerstört. Als König Chongjo (1776–1800) auf der Suche nach einer segenverheißenden Begräbnisstätte für seinen Vater, den ›Sargkönig‹ Jangjo, in den Klosterruinen übernachtete, hatte er einen Traum: Aus dunklem Gewölk blinkte ein schillernder Drache mit einer goldenen Glückskugel auf. Nach diesem Himmelsomen ließ der König den ›Tempel des Drachenjuwels‹ in dem ehemaligen Klostergelände erbauen, der 1790 als Hauptsitz der Chogye-Sekte viele Mönche beherbergte. Der Yongju-sa wird besonders zu Buddhas Geburtstag von zahlreichen Gläubigen aufgesucht und erstrahlt dann im Glanze von Kerzen und Lampions.

Die **Haupthalle** trägt Außenmalereien von Szenen aus dem Leben des historischen Buddha Shakyamuni. Im Inneren thronen Figuren der Drei Juwelen, verkörpert von Shakyamuni, Amitabha und Bhaishajyaguru. Die Drachen des prächtigen Schnitzbaldachins beziehen sich auf die Gründungslegende. Blüten – Lotos, Chrysanthemen, Päonien –, Drachen und Phönixe schmücken die Kassettendecke.

Besondere Beachtung verdient das **Hintergrundbild:** Als einziges Gemälde eines koreanischen Tempels wird es dem bekannten Künstler Kim Hong-do, genannt Tanwon (geb. 1760, vgl. S. 94), zugeschrieben. Dieser größte Maler Koreas kannte bereits die aus Europa überlieferte Hell-Dunkel (Chiaroscuro)-Technik zur Erzielung von Licht- und Schattenwirkungen. Thematisch folgt er überlieferten Vorlagen: Die goldene Figurentriade wird farbig wiederholt und durch ein Gefolge von Bodhisattvas, Buddha-Jüngern und Welthütern erweitert.

Seltenheitswert hat das **Gemälde hinter dem Figurensockel:** Goldlinien auf Blau umreißen eine Vision von tausend Buddhas, die alle Welten in Lotosparadiesen bevölkern. Aus dem historischen Buddha Shakyamuni entfalten sich die Triade der Drei Juwelen – Buddha, Lehre,

Gemeinde – und weiter aufsteigend Buddha-Reihen, die in den geheimnisvollen Drei Körpern des Ur-Buddha Vairocana gipfeln.

Die übrigen Gemälde entsprechen der allgemein verbreiteten Tempelausstattung: An der Rückwand rechts eine Bodhisattva-Triade als Verkörperung von Vergangenheit, Gegenwart und Zukunft, an der linken Rückwand das barmherzige Erleuchtungswesen Avalokiteshvara, an der rechten Seitenwand Gamlo-tan bzw. Siebengestirn und an der linken Seitenwand Schützer der Lehre.

Gerichtshalle und Dreigeistschrein dienen dem Volksglauben. Nahe einer zweiten Pagode standen früher ein Gedächnisschrein für König Chongjo und eine Bibliothek, die einem Brand zum Opfer fielen.

Das Volkskundedorf

Rund 10 km von Suwon entfernt erstreckt sich in einem waldigen Flußtal das 1974 eröffnete und später durch die Übertragung originaler Bauerngehöfte und Adelsanwesen bereicherte **Volkskundedorf (Korean Folk Village).** Es bietet einen ausgezeichneten Einblick in die traditionelle Lebensweise der Bevölkerung von Yangban-Adligen bis zu einfachen Kleinbauern, Handwerkern oder Fischern. Rund 240 originale oder liebevoll rekonstruierte Gebäude veranschaulichen Baukunst und Innenausstattung. Handwerkern und ›Hausfrauen‹ in farbenfrohen Trachten kann man bei der Herstellung von Keramiken, Schnitzereien, Lackwaren, Seiden- und Baumwollgeweben und -stickereien, Kupfer- und Messinggefäßen, Roßhaar- und Bambusgeflechten, Pfeifen oder beim Papierschöpfen, der Arznei-, Kimchi- oder Reisweinbereitung zusehen. Regelmäßige Vorführungen zeigen altes Brauchtum, Feste und religiöse Zeremonien (Farbt. 3, Abb. 25).

Schuhladen im alten Korea. Das Volkskundedorf vermittelt einen ausgezeichneten Einblick in altüberlieferte Sitten und Bräuche.

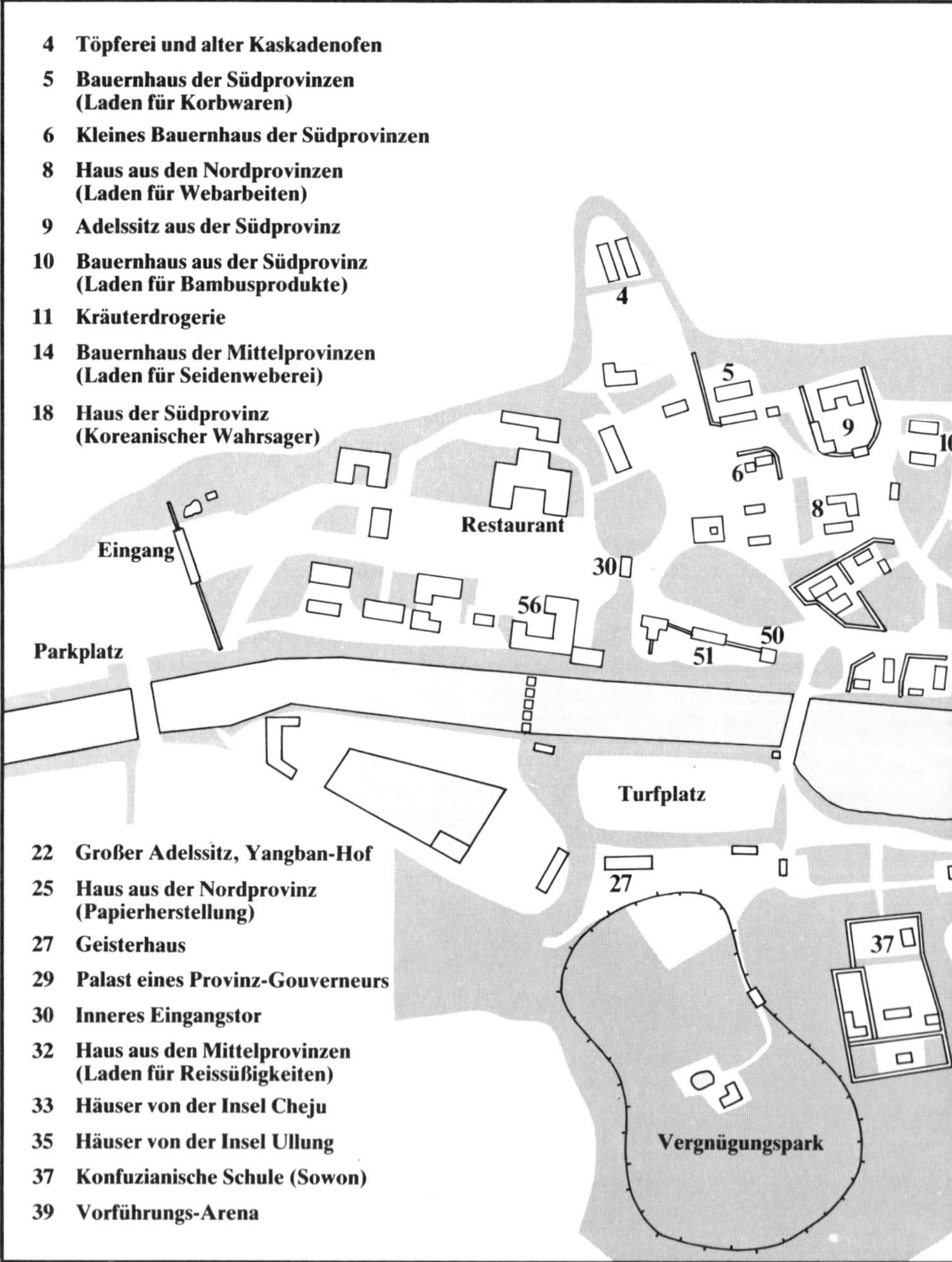
4 Töpferei und alter Kaskadenofen
5 Bauernhaus der Südprovinzen (Laden für Korbwaren)
6 Kleines Bauernhaus der Südprovinzen
8 Haus aus den Nordprovinzen (Laden für Webarbeiten)
9 Adelssitz aus der Südprovinz
10 Bauernhaus aus der Südprovinz (Laden für Bambusprodukte)
11 Kräuterdrogerie
14 Bauernhaus der Mittelprovinzen (Laden für Seidenweberei)
18 Haus der Südprovinz (Koreanischer Wahrsager)
4
5
9
10
6
8
Restaurant
Eingang
30
56
50
51
Parkplatz
Turfplatz
27
37
Vergnügungspark
22 Großer Adelssitz, Yangban-Hof
25 Haus aus der Nordprovinz (Papierherstellung)
27 Geisterhaus
29 Palast eines Provinz-Gouverneurs
30 Inneres Eingangstor
32 Haus aus den Mittelprovinzen (Laden für Reissüßigkeiten)
33 Häuser von der Insel Cheju
35 Häuser von der Insel Ullung
37 Konfuzianische Schule (Sowon)
39 Vorführungs-Arena

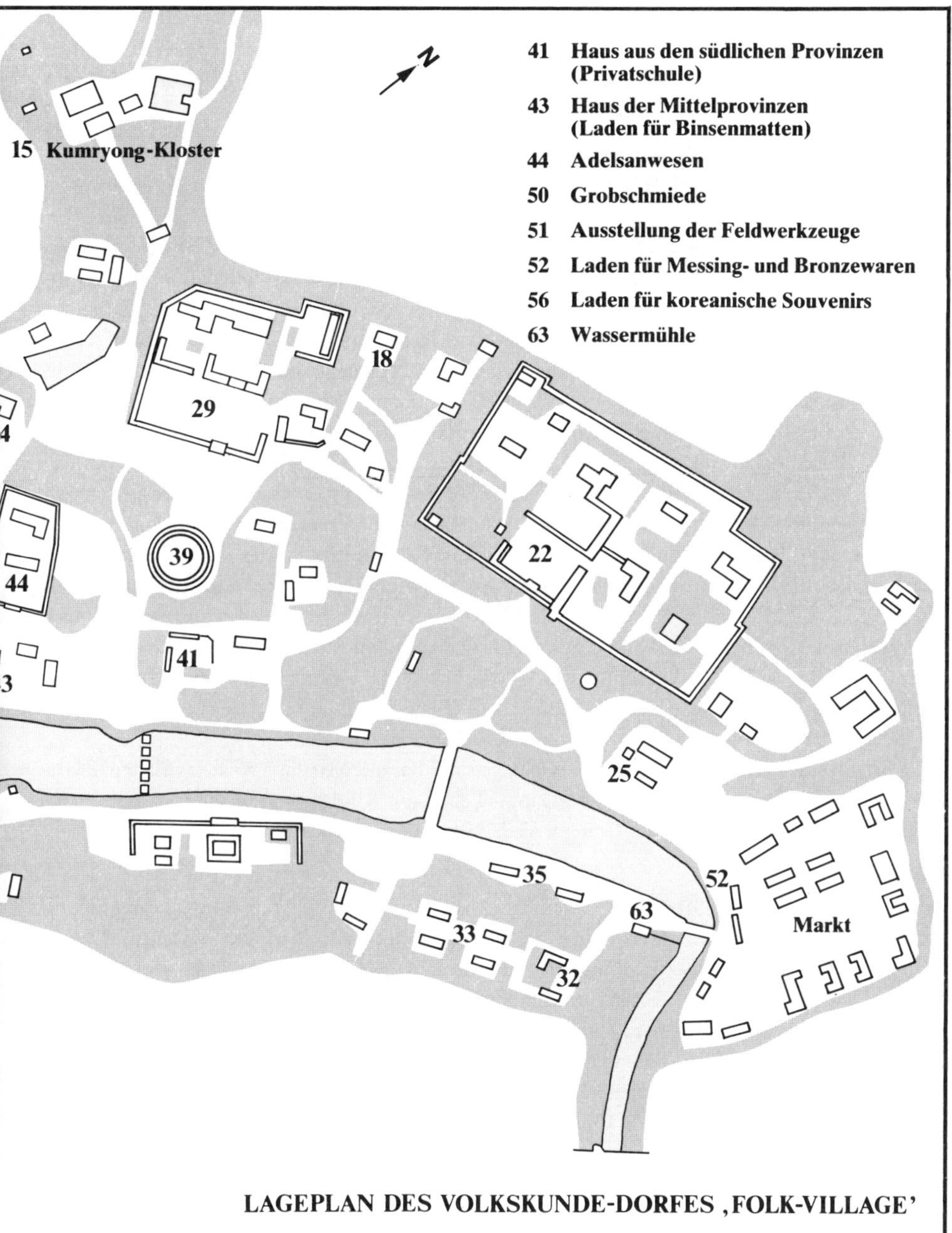

LAGEPLAN DES VOLKSKUNDE-DORFES ‚FOLK-VILLAGE'

Der äußere Bezirk bietet mit Restaurants, Teestuben, Geschäften, Post usw. alle modernen touristischen Einrichtungen. Ein dreifaches, strohgedecktes Tor, flankiert von **zwei Geisterpfählen,** dem rot-weißen männlichen ›General über der Erde‹ und der blau-weißen ›Generalin unter der Erde‹, führt in den Museumsbereich.

Das Kumryong-Kloster (Geumryeong-sa) im Folk Village
Nach klassischem Vorbild ist das Kloster als Viereranlage konzipiert: zu beiden Seiten der axial angeordneten Haupt- und Lehrhalle gruppieren sich die Wohngebäude. Wie üblich ist die Lehrhalle als doppelgeschossiger Torbau ausgebildet. Die **Haupt- oder Paradieseshalle** trägt an den Außenwänden Gemälde der zen-buddhistischen Rinderparabel. Auf dem Figurensockel im Inneren thront der goldlackierte **Licht-Buddha Amitabha** vor aufgetürmten Opfergaben. In den Gemälden spiegelt sich die Verquickung von volkstümlichem Buddhismus, Zaubertaoismus, Schamanismus und Konfuzianismus wider: Das **Hintergrundbild** zeigt Shakyamuni, umringt von seinen Lieblingsjüngern Ananda und Kashyapa, weiteren Arhats, Bodhisattvas und den seitlich abschließenden Himmelskönigen oder Welthütern. An der Rückwand links sind **acht Gemälde** (Abb. 41, 42) aus dem Legendenkranz des historischen Buddha Shakyamuni zu sehen, rechts **Kshitigarbha** im Regenbogennimbus mit langem Rasselstab, begleitet von seinem legendären Vater und seinem Sohn, von Erleuchtungswesen, zweimal fünf Richterkönigen der Hölle mit ihrem Beamtenstab und vier Welthütern. An der rechten Seitenwand folgt **Gamlo-tan** – im Himmel sieben Buddhas, volkstümlich das Siebengestirn, der weißgewandete Avalokiteshvara, Kshitigarbha und Himmelswesen, in der unteren Ebene die Menschenwelt mit Mönchen, Musikanten, Schamanen, Tigern, Gnomen usw. An der linken Seitenwand sieht man die **Große Versammlung göttlicher Generäle** mit Veda in der Mitte, die als Schützer der buddhistischen Lehre walten. Anschließend kommen Bilder des Einsiedlergeistes, der Geistmutter anstelle des Berggeistes und eines Mönches.

Im **Schrein des Siebensterngeistes** – rechts von der Paradieseshalle – wird das Siebengestirn verehrt, das vor Krankheiten schützt und langes Leben mit Kindersegen beschert. Ein rotgrundiges Bild zeigt den himmlischen General Veda mit seinem Gefolge.

Yoju (Yeoju), Yong-nung
Rund 3 km westlich der Stadt liegt die eindrucksvolle Grabanlage Yong-nung. König Sejong (1418–1450) wurde ursprünglich südlich des Han bestattet. Hofastrologen bestimmten rund zwanzig Jahre später die Übertragung seiner Gebeine in die Nähe der Heimatstadt seiner Mutter Min. Im Yong-nung liegt der König nun gemeinsam mit seiner Gemahlin in einem Hügelgrab, vor dem – wie bei allen frühen Yi-Anlagen – Skulpturen von vier Beamten mit ihren Pferden, vier Schafe und vier Tiger Totenwacht halten (Abb. 58). Zum Gedenken an den größten Yi-Herrscher und die von ihm geleitete Schaffung der phonetischen koreanischen Schrift finden alljährlich am Hangul-Tag, dem 9. Oktober, Feiern statt.

In dem rund 500 m entfernten zweiten Grabmal ruht der 1659 gestorbene König Hyojong und in einem eigenen Tumulus seine Gattin. Als Besonderheit hat die Grabanlage eine Küche (Surakan), in der beim Besuch der Könige rituelle Speisen zubereitet wurden. Das Originalgebäude wurde 1977 erneuert.

Yongam-sa/Yongmi-ri

Lage: Außerhalb des nordwestlichen Stadtgebietes von Seoul, Richtung Pogwang-sa.

Eine Legende erzählt, Königin Wonsin, die kinderlose Gattin des Koryo-Königs Sonjong (1083–1094), habe nach der Stiftung der ›zwei Miruk von Yongmi-ri‹ zwei gesunde Knaben geboren. Angesichts der Kolossalstatuen (Abb. 27) – die höhere mißt rund 17,5 m – fühlt sich der Betrachter an ins Gigantische übersteigerte Geisterpfähle erinnert, denen der Volksglaube auch die Verströmung von Fruchtbarkeit und langem Leben zuschreibt. Über der rechten Schulter der kleineren, als weiblich angesehenen Figur, ragt eine dritte, vergleichsweise winzige Skulptur auf. Die siebenstöckige Pagode stifteten Wallfahrer erst vor rund 30 Jahren.

Die einzelne oder paarweise Aufstellung solcher Monumentalplastiken in freier Natur entsprang dem während der Koryo-Zeit weitverbreiteten Kult des Maitreya, der ein Weltzeitalter des Friedens und der Gerechtigkeit einleiten soll. Sein Leitbild schrieb sich die revolutionäre Minjung-Bewegung landloser Bauern und Sklaven auf das Banner (vgl. Unju-sa S. 284).

Unterhalb der Felsskulpturen errichteten Mönche während der Yi-Zeit den Drachenfels-Tempel, da Miruk im tiefsten Unterbewußtsein der Koreaner als Archetyp des Drachen lebt.

In der **Haupthalle** des kleinen Klosters wird der historische Buddha Shakyamuni verehrt. Die Außenwände zeigen wichtige Stationen seines Lebens, im Inneren erscheint er mit acht Bodhisattvas; ein Gamlo-Gemälde ist Kshitigarbha gewidmet (Farbt. 31). Im **Dreigeistschrein** sind der Berg-, Siebenstern- und Einsiedlergeist beheimatet. Das Mittelfenster gewährt einen Blick hinauf zu dem Miruk-Paar.

Yongmun-sa

Im Drachentor-Gebirge bei Yongmun-Stadt am Nord-Han liegt das einst bedeutende Drachentor-Kloster **Yongmun-sa.** Sehenswert ist nur der tausendjährige, als Naturwunder (NS 30) gepriesene riesenhafte Gingko-Baum, der als ältester noch früchtetragender seiner Gattung gilt.

Die Provinz Kangwon (Nordosten)

(vgl. Karte S. 189)

Chunchon, die heutige Hauptstadt der Provinz Kangwon, wurde im Korea-Krieg fast völlig zerstört. Ihre reizvolle Lage zwischen Bergen und mehreren Stauseen trugen ihr den Ruf als ›Stadt der Seen‹ ein.

Guryong-sa

Die einstige Bedeutung des Neun-Drachen-Klosters **Guryong-sa** nahe dem Expreßway Seoul – Kangnung, des Himmel- und Phönix-Klosters **Konbong-sa** nahe der nordkoreanischen Grenze und des **Paekdam-sa** im Nordwesten des Sorak-Nationalparks läßt sich heute nur noch erahnen.

Ein Abend am Lotosteich, Albumblatt, Tusche und leichte Farbe auf Seide, von Sin Yun-bok, Mitte 18. Jh. Mit seinen reizvollen Genrebildern schuf er äußerst wertvolle kulturhistorische Dokumente. Yangban-Traditionen leben noch besonders in Kangnung und seiner Umgebung und in der Provinz Nord-Kyongsang um die Stadt Andong.

Kangnung (Gangneung)

In Kangnung und Umgebung blieben alte schamanistische, buddhistische und konfuzianische Traditionen erhalten. Am 5. Tag des 5. Mondmonats (ungefähr Juni) ist die Stadt alljährlich Schauplatz des berühmten Tano-Frühlingsfestes mit Maskenumzügen und -tänzen.

Rund 6 km nördlich liegt der von bizarren Kliffen durchsetzte Sandstrand von Kyongpo und landeinwärts die gleichnamige **Lagune** mit Aussichtspavillons. Als eine der schönsten Landschaftsszenerien der ganzen Provinz wird die Anhöhe mit dem rot-blauen **Kyongpo-Pavillon** aus dem 14. Jh. gepriesen. Yangban-Adlige ließen sich hier während der Pflaumenblüte zu Gedichten und Rollbildern inspirieren.

Weiter nach Westen steht das **Geburtshaus** (›Drachentraum-Haus‹) **des Yi I,** genannt Yulgok (›Kastaniental‹, 1536–1584). Dieser berühmteste konfuzianische Gelehrte aus dem Gebiet von Kangnung war der führende Literat seiner Zeit, Rektor der Nationalakademie, Kriegsminister und Poet, der u. a. die ›Neun Gesänge des Ko-san‹ verfaßte. Seine Mutter, ›Madam‹ Sin Saimdang, ging als Malerin und Kalligraphin in die koreanische Kunstgeschichte ein. Museum und Gedächtnishalle zu Ehren des Yulgok werden Ojuk-jon, ›Schwarzer Bambus-Schrein‹, genannt.

Ungefähr einen Kilometer entfernt, gewährt eine ehemalige **Yangban-Residenz** einen guten Einblick in den Lebensstil der gehobenen Gesellschaft der Yi-Zeit. Stadteinwärts befindet sich eine **konfuzianische Erziehungsanstalt** aus dem 15. Jh. mit einer ›Halle großer Geister‹. **Kaeksa-mun** (NS 51), das Holztor eines Regierungsgebäudes der Koryo-Zeit, blieb von der alten Stadt im Zentrum erhalten.

Naksan-sa (Nagsan-sa)

Lage: An der Ostküstenstr. Nr. 7, etwa 20 km südlich von Sokcho. Im Gegensatz zur Wald- und Berglage der meisten Klöster zeichnet sich der Naksan-sa durch seine prachtvolle Küstenszenerie aus.
Geschichte: Zahlreiche Legenden rankten sich um die bizarren Klippen über dem Ostmeer. Der Drachenkönig soll hier dem berühmten Mönch Uisang ein flammendes Wunschjuwel geschenkt haben, das von Buddhisten als Zeichen des Sieges der neuen Lehre über den bodenständigen Glauben verstanden wurde. Uisang betete 27 Tage lang vergeblich um eine Vision des Bodhisattvas der Barmherzigkeit. Enttäuscht

Bootsfahrt von Yangban-Adligen und Kisaengs. Albumblatt, Tusche und Farbe auf Seide, von Sin Yun-bok, Mitte 18. Jh.

sprang er durch einen Felsspalt in die Fluten, dann erschien Avalokiteshvara, überreichte ihm einen Rosenkranz aus Kristall und gebot ihm die Errichtung eines Tempels. Einer anderen Version zufolge soll Uisang nach seiner Erleuchtung durch den Zukunfts-Buddha Maitreya aus der Felsspalte direkt in den Tushita-Himmel aufgefahren sein. Vom Firmament fiel ein großer Amethyst, dem noch heute Wunderkräfte zugeschrieben werden.

Drei Tore führen zum Klosterhof. Das halbmondförmige steinerne **Honghwa- oder Hongyemun** wurde 1465 nach der Wallfahrt des Königs Sejo (vgl. Popchu-sa S. 243) erbaut. 26 Beamte der damaligen Grafschaften der Nordostprovinz stifteten die rechteckigen Granitblöcke. Das **Tor der Vier Himmelskönige** stammt aus der späten Yi-Zeit. Die mehr als 4 m hohen, thronenden Himmelskönige oder Welthüter gebieten über die Haupthimmelsrichtungen und die Jahreszeiten und schützen den Buddha, den Tempel und die Gemeinde. Malereien der zwei grimmigen Torhüter auf dem **dritten Tor** sollen das Kloster vor Unheil bewahren.

Im Trommel- und Glockenpavillon (Pom-jong) vor der Tempelmauer hängt eine prächtige **Bronzeglocke** (S 479) aus dem 15. Jh. mit eleganten Buddha-Reliefs und Wolkenbändern. Inschriften geben Stifter, Künstler und Widmung wieder. Im Hof erhebt sich auf kubischem Unterbau eine **siebenstöckige Steinpagode** (S 499) aus der Koryo-Zeit.

Seltenheitswert besitzen die blau glasierten Dachziegel auf der **Wontong (bo) -Halle.** Außenmalereien zeigen die acht wichtigsten Lebensstationen des historischen Buddha Shakyamuni. Auf dem Figurensockel thront **Avalokiteshvara** vor einem Gemälde seines geistigen Vaters, des Licht-Buddha Amitabha, mit großem Gefolge. Weitere Gemälde zeigen an der Rückwand links den Einsiedlergeist, rechts den Siebensterngeist. An der rechten Seitenwand sieht man den Berggeist sowie ein großes Gemälde göttlicher Generäle. In der Mitte fährt der zornvolle, dreigesichtige und flammenumloderte Schützer des Blütengirlanden-Sutra (Hwaom Sinchang) auf einem Feuerwagen. Seine vielen Hände schwingen verschiedene Attribute, die im Dienste der Erleuchtung und Erkenntnis eingesetzt werden. Diese tantrische Gestalt ist eine Abwandlung des Mahakala, der buddhistischen Form des Hindugottes Shiva. Rechts von ihm steht der General Veda. Das Gefolge bilden himmlische Krieger, Erleuchtungswesen, Buddha-Jünger und Götter des Volksglaubens. An der linken Seitenwand sieht man den Himmelskönig Chesok mit Sonnen- und Mondlicht, den Siebensterngeist, den Südpolarstern und Gott des langen Lebens mit kahlem Turmschädel usw.

Von dem reizvollen, **sechseckigen Pavillon** über dem Ostmeer bieten sich zauberhafte Ausblicke. Etwa 300 m nach Norden, direkt über den Klippen, überspannt die **Hongryeon-Einsiedelei** den Felsspalt, in den Uisang der Legende zufolge sprang. Zur Erinnerung an seine Vision wurde 1977 eine 15 m hohe **Statue des Avalokiteshvara,** ein Werk des Bildhauers Kwon Chong-hwan aus Pusan, errichtet. Die Darstellung in langem Schleiergewand auf einer Lotosblüte und mit der Lebenswasserflasche in der Hand floß aus der Zen-Kunst in den Volksglauben ein. In dieser Form geleitet er die Seelen der Verstorbenen über den Ozean in das westliche Paradies des Licht-Buddha Amitabha.

Sangwon-sa

Lage: Im Odae-Nationalpark, rund 8 km nördlich vom Wolchong-sa.
Geschichte: Gründung 646 durch Chajang. Im 14. Jh. soll Taejo, der erste Yi-König, bei einer nahen Quelle von schwerer Krankheit geheilt worden sein. Die Klostergebäude stammen großteils aus der Mitte des vorigen Jahrhunderts. Sehenswert ist die **Bronzeglocke** (NS 36) aus dem Jahr 725, die älteste und zweitgrößte des Landes. Höchste Meisterschaft verraten die eleganten Reliefs musizierender Himmelselfen, die mit Mundorgeln und Harfen auf Wolkenbänken schweben.

In der Versammlungshalle des großen, rechtwinkligen **Mehrzweckgebäudes** verkörpern zwei Figuren der Erleuchtungswesen Manjushri (Abb. 46) und Samantabhadra die Tugenden der Weisheit und Willenskraft. Die **Haupthalle** erhebt sich weiter rechts hinter einer Steinmauer. In der mittleren Glasvitrine thront eine Buddha-Triade: Der historische Shakyamuni vertritt das gegenwärtige Weltzeitalter, sein Vorläufer Dipankara die Vergangenheit und Maitreya die Zukunft. Kleine Gipsfiguren der 16 Hauptjünger des historischen Buddha und zwei gekrönte Erleuchtungswesen bilden das Gefolge. Die Malereien geben übliche Themen wieder: Buddha mit seiner ›Familie‹, den Himmelsgeneral Veda und Lokalgötter, wie den Berg- und Einsiedlergeist.

Sinhung-sa

Lage: Am Eingang zum Sorak-Nationalpark vor bizarren Felswänden des Sorak-Gebirges.
Geschichte: Name, Standort und Sektenzugehörigkeit des Klosters wechselten oft. Als Gründer werden u. a. Chajang, der Ahnherr der Yul-jong (Vinaya-Sekte) im Jahre 652 und Uisang, der Initiator der Hwaom-Schule genannt. Von einem 2 km östlich gelegenen Kloster blieb nur eine dreistöckige Steinpagode (S 443) erhalten. Nach wiederholten Zerstörungen Wiederaufbau an der gegenwärtigen Stelle als ›Kloster des göttlichen Gedeihens‹ unter König Injo im Jahre 1644.

Auf einem etwa 1 km langen Weg gelangt man durch das Einsäulentor, vorbei an zahlreichen Reliquienbehältern und Gedenkmalen von Zen-Mönchen, zum Tempelgelände. Hinter dem Tor der Vier Himmelskönige und der doppelgeschoßigen Studienhalle öffnet sich der Hof.

Die **Haupt- oder Paradieseshalle** ist abweichend von der üblichen Nord-Süd-Achse gegen Osten orientiert. Außenmalereien zeigen die zen-buddhistische Rinderparabel (vgl. S. 131) und

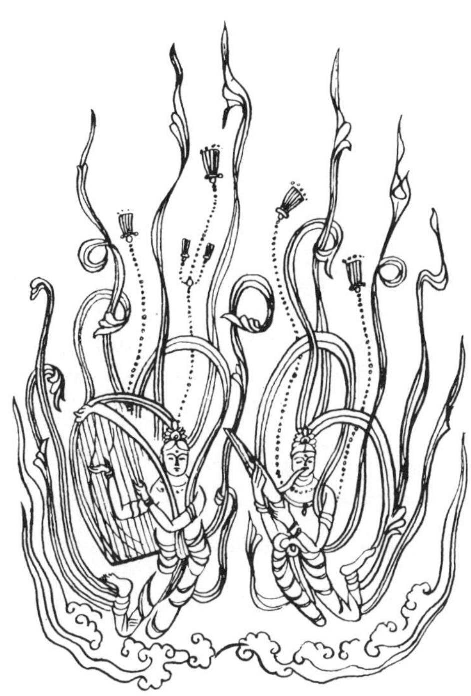

Mundorgel- und harfespielende Himmelselfen = Apsaras. Relief auf der Bronzeglocke (NS 36) im Sangwon-sa, der ältesten und zweitgrößten des Landes.

Legenden berühmter Buddha-Jünger und Zen-Meister. Unter einem grellrot bemalten Baldachin mit gelben Drachen thront der Licht-Buddha Amitabha, begleitet von den Erleuchtungswesen Avalokiteshvara (Abb. 33) und Mahasthamaprapta. Das Hintergrundbild ist Shakyamuni mit seinen Lieblingsjüngern, dem greisen Kashyapa und dem jugendlichen Ananda, Bodhisattvas, Buddha-Jüngern und den vier Welthütern an den Ecken gewidmet. Auf einem großen Gemälde an der Nordwand rechts sind Schützer der buddhistischen Lehre zu sehen: Im Zentrum steht der Himmelsgeneral Veda, begleitet vom überirdischen Hofstaat mit Beamten, Richterkönigen, Bodhisattvas, Lokalgöttern, wie dem zackenbärtigen Küchengott mit einem Rehgeweih in der Hand, göttlichen Kriegern mit Schwertern, Hellebarden, Dreizack und Eisenkugeln.

Rechts von der Haupthalle steht der **Glockenpavillon,** ein gutes Beispiel der Yi-Architektur. Die **fünfstöckige Steinpagode,** eine qualitätvolle zeitgenössische Arbeit, trägt Sockelreliefs von acht Wächtern und im ersten Stockwerk Darstellungen von Bodhisattvas und paarweisen Torhütern.

Die **Gerichts- oder Höllenhalle** ist dem gütigen Herrn der Unterwelt geweiht: Der goldfarbene Kshitigarbha thront in der Mitte des Figurensockels und wird von buntgefaßten Statuen seines legendären Vaters und Sohnes flankiert. Das Hintergrundbild zeigt Chijang mit Wächtern. Deckenfelder, Wände und Giebel sind mit Motiven des Zaubertaoismus bemalt. Bei kürzlichen Instandsetzungsarbeiten fand man unter dem Fußboden interessante Holzdruckplatten.

Der **Dreigeistschrein** – zwischen Haupt- und Gerichtshalle – enthält Gemälde des Berggeistes mit einem Drachen (links), des Einsiedlergeistes und des Himmelsgottes Chesok oder Herrn des Siebengestirns in der Mitte. Ähnlich wie sonst der Medizin-Buddha wird Chesok von Sonnen- und Mondlicht, dem Siebengestirn, dem Herrn des Südpolarsterns und langen Lebens mit kahlem Turmschädel und einem großen himmlischen Hofstaat umringt.

In den umliegenden Wäldern und Bergen gehören einige idyllische **Einsiedeleien** zum Kloster, die teilweise noch auf Chajang zurückgehen. Er stammte aus höchstem Silla-Adel, lehnte jedoch alle Staatsämter ab und ging zum Studium nach China. Nach seiner Rückkehr zog er sich in die Einsamkeit des Odae- und Sorak-Gebirges zurück und gründete im 7. Jh. mehrere Klöster und Einsiedeleien, u. a. die **Kejo-am** (Gyejo-am) an den schroffen Ulsan-Felsen. Vor der Klause liegt der berühmte, etwa 2,5 m hohe **Wackelstein** aus Granit. Die **Bongjeon-Einsiedelei** mit einer fünfstöckigen Steinpagode aus dem 7. Jh. schmiegt sich gleichfalls an bizarre Felsabstürze.

Wolchong-sa (Weoljeong-sa)

Lage: In einem weiten Waldtal des Odae-Nationalparks, rund 10 km nördlich des Expreßway Seoul – Kangnung.

Geschichte: Das Samguk-Yusa, die ›Geschichte der drei Königreiche‹, erzählt, der Bodhisattva Manjushri sei als chinesischer Mönch verkleidet dem Silla-Priester Chajang erschienen und habe ihm nach drei Tagen Finsternis die Stelle zur Errichtung eines Klosters im Odae-Gebirge gezeigt. Nach der Gründung im Jahre 645 erlebte der Tempel ein wechselhaftes Schicksal und mehrere Erneuerungen. Dem Wolchong-sa unterstehen heute noch neun Klöster, u. a. Sangwon-sa und zahlreiche, bis in das 8. Jh. zurückreichende Einsiedeleien im Odae-san. Die Klausen sind vorwiegend nach Erleuchtungswesen benannt, so Kwanseum-am, Miruk-am, Chijang-am, nach den Botschaftsgeistern der Unterwelt Saja-am oder dem Wunder der Tausend Buddhas Chonbul-am.

Die größte Kostbarkeit des Wolchong-sa sind die Steindenkmäler aus der Koryo-Zeit: Die **neunstufige Pagode** (NS 48) übernahm als einzige in Süd-Korea die während der Song-Zeit in China (960–1280) beliebte Achteckform; die Tang-Ära hatte quadratische Grundrisse bevorzugt. Seltenheitswert besitzt auch die vor der Pagode kauernde Skulptur des zukünftigen **Buddha Maitreya** mit einem tiara-artigen Hut (NS 139). Von dem gleichen Auftraggeber und Steinmetz dürfte eine ähnliche Figur beim ehemaligen Sinbok-sa in Kangnung stammen.

Die **Haupthalle** zeichnet sich durch den ungewöhnlichen Dachschmuck blauglasierter Ziegel aus. An der Hallenrückwand sollen Gemälde der zen-buddhistischen Rinderparabel den Erkenntnisweg veranschaulichen. Auf dem Figurensockel thront eine goldlackierte Plastik des Shakyamuni, die rechte Hand zur Geste der Erdberührung gesenkt. Das Hintergrundbild zeigt ihn mit großem Gefolge. An der rechten Seitenwand ist eine Versammlung göttlicher Generäle mit dem flügelhelmbewehrten Veda in der Mitte dargestellt, an der linken Seitenwand ein Totengericht.

Außenmalereien an der Lehrhalle zeigen Tierkreiszeichen und die Bodhisattvas Manjushri und Samantabhadra, die Weisheit und Meditation verkörpern (Abb. 36, 37).

Besonders sehenswert ist der **Schrein der Drei Geister** (Abb. 43): Der Berggeist rechts, der Einsiedlergeist links und der Siebensterngeist werden nicht nur – wie sonst üblich – gemalt, sondern auch plastisch dargestellt. Die farbenfrohen Malereien zeigen den Berggeist in rotem Gewand in phantastischer Kiefernlandschaft mit seinem Tiger und den Einsiedlergeist als kahlköpfigen Weisen ebenfalls in einer zauberhaften Naturidylle. In der Mitte thront der Himmelsgott Chesok und Herr des Siebengestirns in roten Gewändern vor einer Regenbogenscheibe mit Sonnen- und Mondlicht an seiner Seite. In seinem großen Gefolge fällt der Gott des langen Lebens, der ›Alte des Südpolarsterns‹ mit seinem kahlen Turmschädel auf.

Yongwol

In der Distriktshauptstadt Yongwol und ihrer näheren Umgebung erinnert vieles an den **Kind-König Tanjong.** 1452 bestieg er im Alter von elf Jahren den Thron, wurde aber von seinem Onkel Sejo zur Abdankung gezwungen und mit seinen Anhängern nach Yongwol verbannt. Zwei Jahre später ließ Sejo, der mittlerweile als siebter Yi-König die Herrschaft an sich gerissen hatte, seinen Neffen mit mehreren Gefolgsleuten ermorden. Tanjongs Leiche wurde in einen Fluß geworfen, jedoch heimlich geborgen und bestattet. König Sukchong erhob um 1700 die Ruhestätte seines Vorgängers offiziell zum Königsgrab. Diese **Changnung** genannte Anlage, einige Kilometer von der Stadt entfernt, entspricht dem Konzept aller Yi-Königsgräber, liegt aber als einziges außerhalb der Provinz Kyonggi. Ein naher **Gedächtnisschrein** ehrt die zehn Hofdamen, die sich beim Tod des Königs vom ›Fels der fallenden Blumen‹ in den Fluß stürzten.

Die Provinz Nord-Chungchong (Chungchong Puk-do)

Chungang-Pagode

Ungefähr 20 km westlich von Chungju, am Westufer des Süd-Han-Flusses, ließ der Silla-König Wonsong im Jahre 797 die eindrucksvolle, rund 14,5 m hohe siebenstufige ›Zentrum‹-Pagode (NS 6) errichten, um den Mittelpunkt seines Reiches zu markieren.

Miruk Sokbul und Chungsoktap, Maitreya-Statue und Pagode

Beim Dorf Mirung, etwa 30 km südlich von Chungju an der Fernstraße 3, blieben als eindrucksvolle Steinmonumente des ausklingenden Silla-Reiches die fünfstufige Pagode (S 95) und eine mehr als 10 m hohe Maitreya-Statue aus mehreren Granitblöcken (S 96) innerhalb einer mit 6 m ungewöhnlich hohen Umfassungsmauer aus Hausteinen erhalten.

Popchu-sa (Popju-sa, Beobju-sa)

Lage: 12 km nordöstlich von Poun im Sokni-Nationalpark.
Geschichte: 533 von Uisin-Chosa unter dem Patronat des Silla-Königs Chinhung gegründet. Im 7. Jh. Einführung der Hwaom-Schule. Rund hundert Jahre später beherbergte das ›Kloster des lebenden Gesetzes‹ 3000 Mönche unter dem großen Abt Chinpyo (Yinpyo)-Yulsa. Erweiterungen und riesiger Landbesitz unter der Koryo-Dynastie, Zerstörungen im Imjin-Krieg 1592, Wiederaufbau 1624 unter König Injo. Heute Sitz der Chogye-Sekte mit rund 80 Mönchen, Hauptkloster von Chungchong Puk-do, dem 27 Tempel und Einsiedeleien unterstehen. Eines der ältesten, interessantesten und populärsten Klöster Koreas in einem beliebten Ausflugs- und Wandergebiet.

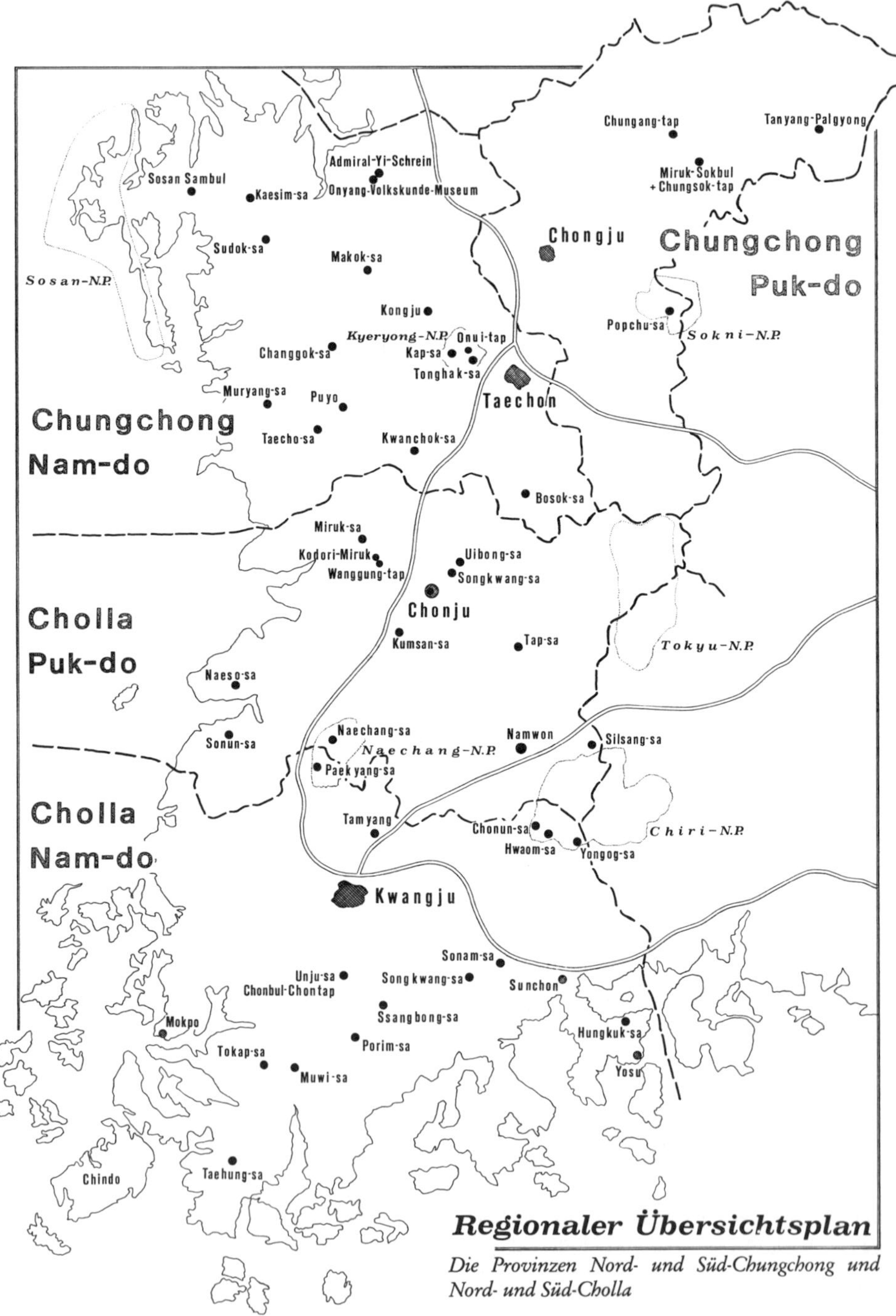

Regionaler Übersichtsplan

Die Provinzen Nord- und Süd-Chungchong und Nord- und Süd-Cholla

Rund 2 km vor dem Eingang zum Klosterbezirk steht neben der Straße ein rund 600 Jahre alter **Kiefernbaum.** Die Legende besagt, er habe einst vor König Sejo (1455–1468) die Äste tief in Ehrfurcht geneigt. Hinter dieser Geschichte verbirgt sich Schuld und Reue des Königs: Er war der zweite Sohn des großen Königs Sejong und selbst einer der bedeutendsten Yi-Herrscher, hatte aber den Thron durch die Ermordung seines jugendlichen Neffen Tanjong (vgl. Yongwol S. 241) an sich gerissen. Im Alter suchte Sejo in den Wäldern des Sokni-san Heilung von seiner schweren Hautkrankheit – vielleicht Lepra – und im Popchu-sa Sühne von Blutschuld. Dabei begegnete ihm eine junge Frau mit zwei Knaben, die ihn ›Großvater‹ riefen. Es war seine Tochter Uisuk, die vor ihrem Vater hatte fliehen müssen, als sie um Gnade für die Getreuen des Tanjong bat. Uisuk verliebte sich in den Wäldern des Sokni-san in einen vermeintlichen Bauernburschen – in Wirklichkeit war er der Sohn eines von Sejo verbannten Generals – und lebte mit ihm und ihren Söhnen in einer Hütte. Der König bat seine Tochter um Verzeihung und lud sie ein, in den Palast zurückzukehren. Aber die Prinzessin zog ihr bescheidenes, glückliches Leben vor und floh mit ihrer Familie weit nach Süden.

Vom Parkplatz führt ein etwa 15minütiger, idyllischer Waldweg durch drei Tore zum Kloster. Dem **Einsäulentor** folgt nach der Brücke das **Haetal-mun oder Erlösungstor.** Zwei grimmige Torhüter halten mit Schwert und Dreizack Unheil vom Heiligtum fern. Die beiden Erleuchtungswesen Manjushri auf seinem Tiger und Samantabhadra auf seinem Elefanten stehen für die Tugenden der Weisheit und Meditation.

Hinter dem Tor ragen auf der linken Seite zwei Granitpfeiler aus dem 11. Jh. auf, die einst eine hohe Stange für das Tempelbanner hielten. Zu Buddhas Geburtstag wird alljährlich ein großes Rollbild aufgezogen. In einem Pavillon auf der rechten Seite steht ein riesiger **Eisentopf** mit rund 2,70 m Durchmesser. Er stammt aus dem Jahre 720 und diente zur Verköstigung von 3000 Mönchen mit Reis oder zur Speisung von Pilgern bei Festen.

Im dritten Eingangsbau, dem **Tor der Vier Himmelskönige,** bewachen die prächtig gerüsteten Welthüter das ›Buddha-Land‹. In der indischen Mythologie schützen sie das Paradies des Götterkönigs Indra in den Hauptwindrichtungen, als Hüter der Lehre, der Gemeinde und des Tempelbezirks wurden sie in den Buddhismus aufgenommen. Der König des Ostens hält seine Laute, der Westkönig den Juwelendrachen, der Südkönig das Schwert und der Nordkönig die Schatzpagode. – Im **Glocken- und Trommelpavillon** hängt eine besonders prächtige, mit Wolken und gehörnten Drachen bemalte Riesentrommel (Umschlagvorderseite).

Die **fünfstufige Holzpagode** (NS 55) wird nach Darstellungen aus dem Leben des historischen Buddha auch **›Halle der acht Gemälde‹** genannt. Der ursprüngliche Bau aus dem Jahre 553 diente rund fünfzig Jahre später als Vorbild für den Horyu-ji in Nara. Während dort die ältesten Holzbauten erhalten blieben, brannte die Originalpagode des Popchu-sa 1592 ab. Der gegenwärtige Palsang-jon stammt aus dem Jahre 1624. Eine Kopie dieser einzigen fünfstufigen Holzpagode Koreas befindet sich im Nationalmuseum Seoul. Bei der Renovierung fand man in Bronzeschatullen gefaßte Reliquien. Fischförmige Windglöckchen auf den sich verjüngenden Dachkränzen sollen ähnlich wie Fahnen im Himalaya Gebete in die Lüfte tragen. Dämonenfratzen (Tokkaebi) auf den Stirnziegeln gelten als unheilabwehrend.

Das prächtige Schnitzgebälk ist mit qualitätvoller Bemalung verziert. Um den zentralen ›Herzpfeiler‹ sollen die Gläubigen die rituelle Rechtsumwandlung vollziehen (vgl. Stupa S. 108 f.). Auf dem umlaufenden Sockel konzentrieren sich die Kultfiguren um vier **goldlackierte Plastiken des Shakyamuni** (Farbt. 18) in verschiedenen Posen: Im Süden ist seine rechte Hand

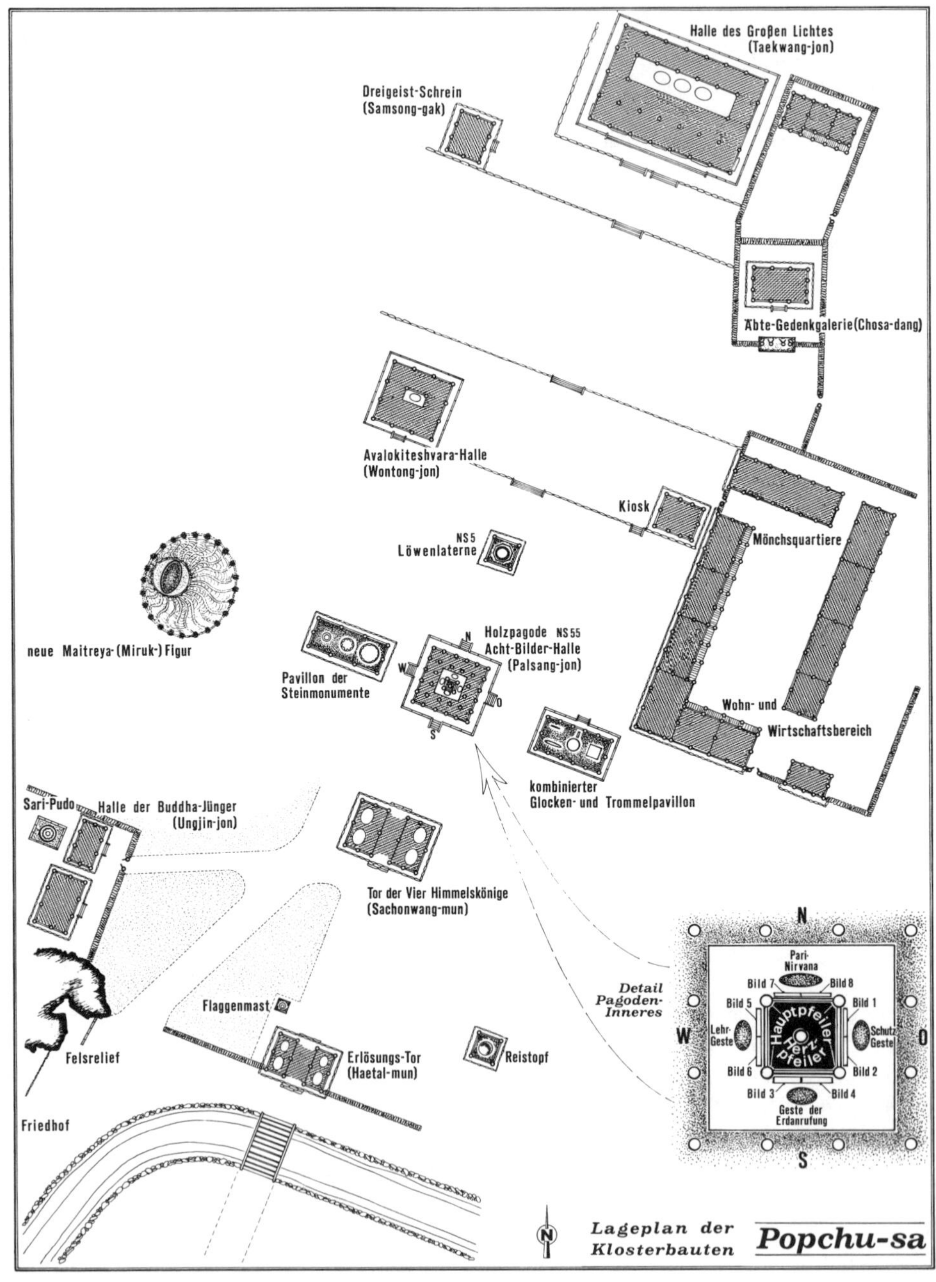
Halle des Großen Lichtes
(Taekwang-jon)
Dreigeist-Schrein
(Samsong-gak)
Äbte-Gedenkgalerie (Chosa-dang)
Avalokiteshvara-Halle
(Wontong-jon)
Kiosk
NS 5
Löwenlaterne
Mönchsquartiere
neue Maitreya-(Miruk-)Figur
Holzpagode NS 55
Acht-Bilder-Halle
(Palsang-jon)
N
W
O
S
Pavillon der
Steinmonumente
Wohn- und
Wirtschaftsbereich
kombinierter
Glocken- und Trommelpavillon
Sari-Pudo
Halle der Buddha-Jünger
(Ungjin-jon)
Tor der Vier Himmelskönige
(Sachonwang-mun)
Detail
Pagoden-
Inneres
Pari-
Nirvana
Bild 7
Bild 8
Bild 5
Bild 1
Hauptpfeiler
Herz-
pfeiler
Lehr-
Geste
Schutz-
Geste
Bild 6
Bild 2
Bild 3
Bild 4
Geste der
Erdanrufung
Flaggenmast
Erlösungs-Tor
(Haetal-mun)
Reistopf
Felsrelief
Friedhof
N
Lageplan der
Klosterbauten
Popchu-sa

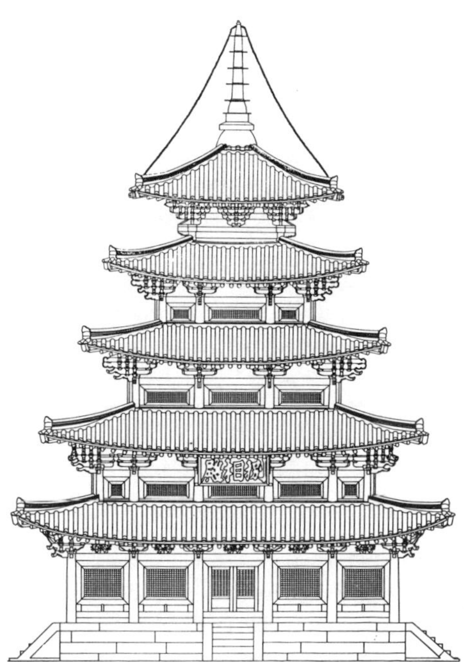

Die fünfstufige Holzpagode (NS 55) im Popchu-sa überdauerte als einziges Beispiel ihrer Art – die Pagode im Ssangbong-sa ist dreigeschossig – mehrere Jahrhunderte. Der Originalbau diente im Jahre 607 als Vorbild für die noch bestehende Pagode des Horyu-ji in der japanischen Kaiserstadt Nara. Der gegenwärtige Bau stammt aus dem Jahre 1624.

zur Geste der Erdberührung gesenkt, im Osten hält er sie zur Schutzgewährung erhoben und im Westen formt sie das Rad der Lehre. Sehr selten findet man in Korea hingegen die vierte Variante, den liegenden Shakyamuni bei seinem Eingang in das höchste Nirvana vor. Sein Gefolge bilden buntgefaßte (sonst goldene) Erleuchtungswesen mit kappenartigen Diademen und Arhats, seine Jünger und deren Nachfolger, darunter auch einige weibliche. 340 kleine weiße Buddhas sind als Synonym für unendlich viele Erleuchtete zu allen Zeiten und in allen Weltsystemen zu verstehen. Auch diese Figuren werden oft als Buddha-Jünger bezeichnet, sie tragen aber die Merkmale eines Buddha (Erleuchtungserhöhung, Schneckenhaar, langgezogene Ohren usw.).

Über dem Figurensockel hängen die **acht Bilder** (s. S. 132) aus der Buddha-Legende, denen die Pagode ihren Namen verdankt. Diese wichtigsten Lebensstationen des Shakyamuni sind chronologisch teilweise vertauscht.

In der offenen Halle links vom Palsang-jon gruppieren sich **Steinmonumente** aus dem Geeinten Silla-Reich (8. Jh.): Die interessante, rund 2 m hohe **Frauengestalt** mit einem Gefäß über dem Kopf könnte aus der Erzählung vom Bauernmädchen Sujata abgeleitet sein, das Buddha mit einer Schale Milch labte. Der Volksmund nennt sie ›Göttin der Barmherzigkeit‹. Die etwa 4 m hohe **Königslaterne** auf einem Lotossockel, achteckigem Pfeiler und Lotospodest (S 15) ist zwischen den schmalen Lichtschlitzen mit eleganten Reliefs der Vier Himmelskönige verziert. Das **Wasserbecken** (NS 64) in Form einer halbgeöffneten Magnolienblüte mit Lotosmotiven stand vor der nicht mehr vorhandenen Maitreya-Halle. Als Symbol eines Lotosteiches im Paradies des künftigen Buddha war es mit Wasserlilien und Fischen belebt.

Zwischen der Halle der acht Gemälde und der Haupthalle steht die großartige, rund 3,3 m hohe **Löwenlaterne** (NS 5) aus dem Jahre 720. Ein aufgerichtetes Löwenpaar stützt mit den Vorderpfoten den Lichtbehälter. Löwenlaternen sind sehr selten in Korea.

Mit mehr als 30 m Höhe ist die **Statue des Maitreya** die größte in Korea. Sie wurde anstelle einer früheren Maitreya-Halle im Jahre 1939 begonnen und 1964 vollendet. Als Herr eines kommenden Friedensreiches trägt Maitreya über dem aus der klassischen Bildsprache entlehnten Buddha-Haupt noch seinen für Korea charakteristischen Herrscherhut. Seine rechte Hand formt die Geste der Schutzgewährung, die linke gewährt Gnade.

Wontong-jon, die Halle des Bodhisattva Avalokiteshvara, wurde 1624 erneuert und zeigt Malereien thronender Buddhas am Gebälk und an der gestaffelten Kassettendecke. Auf dem Figurensockel wird eine sehr schöne Kwanseum-Plastik mit dem Bildnis seines geistigen Vaters Amitabha im Diadem, zwei Adoranten und einem kleinen Löwen an der Seite, verehrt. Das Hintergrundbild zeigt den beliebtesten Nothelfer im Regenbogennimbus. Im Gemälde an der rechten Seitenwand ist der Himmelsgeneral Veda mit großem Gefolge dargestellt.

Die **Haupthalle** – die ›Halle des Großen Lichts‹ oder Pop-tang, die ›Gesetzeshalle‹ – mit einem gestaffelten Dach zählt zu den größten Klostergebäuden Koreas. Auf dem Figurensockel thront die esoterische Triade der Avatamsaka-Schule (Abb. 73): In der Mitte der **Ur-Buddha Vairocana,** die Hände zu seiner charakteristischen Geste der allumfassenden Einheit geformt, rechts sein himmlischer Reflex **Lushena** mit der Geste des Lehrens und links der historische **Buddha Shakyamuni** mit der rechten Hand die Erde berührend. Der Dreikörperlehre zufolge (vgl. S. 118 f.) offenbart sich der Ur- oder All-Buddha auf drei kosmischen Ebenen in verschiedenen Körpern: In der Region der Formlosigkeit als transzendenter Leib des Gesetzes = Dharmakaya/Vairocana, in Himmelssphären als meditativ ›schaubarer‹ Strahlungsleib = Sambhogakaya/Nosana und in der irdisch-grobstofflichen Erdenwelt als fleischgewordener Verwandlungsleib = Nirmanakaya/Shakyamuni.

Hinter den goldlackierten Großfiguren wiederholen **drei Tafelbilder** die Buddha-Triade mit einem Gefolge von Bodhisattvas und Arhats – darunter Ananda und Kashyapa. Shakyamuni und Lushena/Nosana sind als Verkörperungen der emanierten, geteilten Weisheit des Ur-Buddha mit Regenbogennimben, Vairocana hingegen vom Weiß des Absoluten umhüllt. Je zwei Himmelskönige oder Welthüter beschließen auf den zwei äußeren Tafelbildern die eindrucksvolle Buddha-›Familie‹.

Im großen Gemälde an der linken Seitenwand thront eine Bodhisattva-Trias über einem himmlischen Hofstaat von Erleuchtungswesen, Schutzgöttern, Beamten in konfuzianischer Gelehrtentracht und Geistern des Zaubertaoismus, z. B. dem Gott des langen Lebens mit kahlem Turmschädel und dem zackenbärtigen Drachenkönig. Die drei Erleuchtungswesen sind als Allegorie verschiedener kosmischer Ebenen und Weltzeitalter zu verstehen: In der Mitte verkörpert Chesok das Firmament und die Ewigkeit, Avalokiteshvara – rechts – die Erde und die Gegenwart und Kshitigarbha die Unterwelt sowie das künftige Leben.

An der **rechten Seitenwand** ist die Große Versammlung himmlischer Generäle, die als Schützer der buddhistischen Lehre walten, dargestellt. Der zornvolle, dreigesichtige ›Göttliche General des Avatamsaka-Sutra‹ (Hwaom Sinchang) ist von Mahakala, der buddhistischen Form des Hindugottes Shiva bzw. vom Bodhisattva Vajrapani abgeleitet.

Der **Dreigeistschrein** mit reicher Drachenschnitzerei beherbergt die Gemälde der beliebtesten Götter des Volksglaubens: Links ist der Berggeist mit seinem Tiger dargestellt, rechts der kahlköpfige, weise Einsiedlergeist und in der Mitte der Himmelsgott Chesok, der wie der Medizin-Buddha von Sonnen- und Mondlicht, vom Siebensterngeist und einem Gefolge ohne Nimbus umringt wird.

Auf dem Weg zurück zum Eingang erreicht man nahe dem Tor der Vier Himmelskönige die 1624 erbaute, mauerumschlossene **Halle der Buddha-Jünger.** Auf dem Figurensockel thront der goldfarbene Ur-Buddha Vairocana mit den farbig gefaßten Buddhas Shakyamuni – links – und Lushena/Nosana. Bunte Figuren der sechzehn Hauptjünger des Shakyamuni mit ›Spieltieren‹, z.B. einem Leoparden, schließen sich an (Abb. 38). Das Gemälde hinter der Triade zeigt Shakyamuni mit seinen Lieblingsjüngern Kashyapa und Ananda und den vier Erleuchtungswesen Avalokiteshvara, Mahasthamaprapta, Manjushri, Samanthabhadra. Fünf idyllische Nahan-Szenen und der Himmelsgeneral Veda beschließen die Gemäldefolgen.

Hinter der Ungjin-jon ließ König Kongmin (1351–1374) anläßlich seines Besuches im Popchu-sa einen **Reliquienbehälter** im fünfteiligen ›Elementen‹-Aufbau des Gorinto-Typs (vgl. S. 112) errichten, in dem angeblich Gebeine des historischen Buddha aus dem Tongdo-sa eingeschreint wurden.

In der Nähe des Haetal-mun führt der Weg westlich am Bach entlang zum **›herabgefallenen Fels‹** mit interessanten Reliefs und Gravuren. Das Flachrelief des lehrenden Maitreya (S 216) in ›europäischer Pose‹ auf einer Lotosblüte thronend und mit flatternden Gewandbahnen ist stilistisch dem ausklingenden Silla-Reich im 9. Jh. zuzuordnen. Schräg gegenüber bilden Ritzlinien die Darstellung eines Mannes mit einem beladenen Pferd und einer sich duckenden Kuh. Nach einer Legende soll es sich um den großen Mönch Chinpyo handeln, der im 8. Jh. mit buddhistischen Schriften aus China zurückkehrte und damit heimische Kulte – die zusammengeschreckte Kuh – besiegte. Weitere Gravuren führen verschiedene Namen und Formen Buddhas auf.

Vorbei an Kleinreliquiaren und Gedenkstelen bedeutender Mönche erreicht man nach ungefähr 150 m die **Kristalleinsiedelei (Sujo-am),** ein Nonnenkloster unterhalb der gleichnamigen Felswand. Malereien grimmiger Wächter mit Flügelhelmen schützen die Eingänge zu den Gebetshallen. Im Zentrum der **Paradieseshalle** wird Amitabha verehrt. Ein rotgrundiges Gemälde vereint den historischen Buddha Shakyamuni mit seinen Jüngern, darunter Ananda und Kashyapa, und Erleuchtungswesen, u.a. Manjushri, Samantabhadra und den weißgewandeten Avalokiteshvara, der die Seelen über den Ozean in das Glücksland seines geistigen Vaters Amitabha geleitet.

Dem Popchu-sa sind zahlreiche **Einsiedeleien** (Am) in herrlicher Wald- und Bergeinsamkeit angeschlossen, wie z.B. die 720 gegründete Sang Hwan-am vor einer großartigen Felskulisse.

Etwa 3 km östlich vom Popchu-sa erinnern eine monumentale **Granitschildkröte** und eine **Stele** an König Sunjo (1800–1834).

Tanyang (Danyang) – Palgyong

Unter den konfuzianisch elitären Gelehrten der Yi-Zeit galt es als Tugend, landschaftlich reizvolle Plätze aufzuspüren und sie in Wort und Bild zu preisen. Dabei wurden die anerkannt schönsten Orte jeder Provinz unter der Glückszahl Acht zu Gruppen zusammengefaßt, unter denen die **acht Landschaftsperlen** um Tanyang den höchsten Ruf genießen:

1) ›Die drei Kliffe‹ (Dodam sambong) inmitten des Süd-Han-Flusses, rund 12 km nördlich von Tanyang, sind wohl die eindrucksvollste Szenerie und ein beliebtes abendliches Photomotiv.
2) ›Das Steintor‹ (Song-mun), 3 km weiter östlich, wird ein gewaltiger, natürlicher Felsbogen am südlichen Flußufer genannt.
3) ›Der Verborgene Mann‹ (Sainam) heißt ein Steilfelsen, 15 km südlich von Tanyang, westlich der Straße 5.
4) ›Der untere schöne Fels‹ (Hasonam),
5) ›Der mittlere schöne Fels‹ (Chungsonam) und
6) ›Der obere schöne Fels‹ (Sangsonam) sind markante Felsgruppen, die man südlich von Tanyang über die Schotterstraße 975 nach 6, 10 und 13 km erreicht.
7) ›Der Schildkrötenfels‹ (Kudambong) ragt 8 km westlich von Tanyang steil über einem kleinen Teich auf.
8) ›Der Jadeknospenfels‹ (Oksunbong) bezeichnet eine stark zerklüftete Felswand am Hang, 9 km westlich von Tanyang.

Die Provinz Süd-Chungchong (Chungchong Nam-do)

(vgl. Karte S. 242)

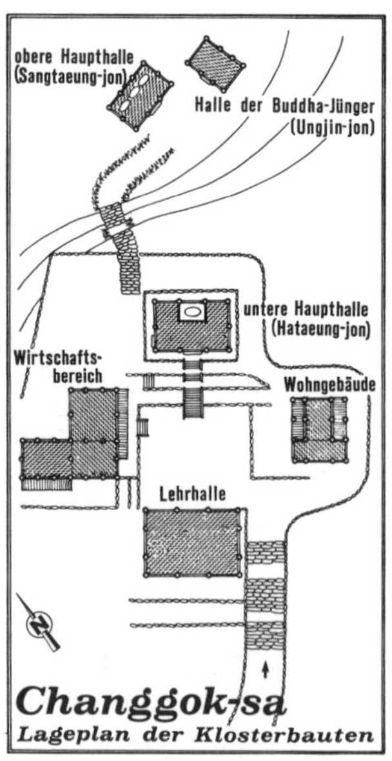

Changgok-sa (Janggog-sa)

Lage: 10 km südöstlich von Chongyang (Jeongyang).
Geschichte: Gründung im Jahre 600 unter dem Paekche-König Pop, Erweiterung 850. Ein abgelegenes, sehr idyllisches Mönchs- und Nonnenkloster mit bedeutenden Kunstschätzen.

Nach einer rund halbstündigen Wanderung durch Reisfelder erreicht man das an einem Waldhang gestaffelte Kloster. Über Treppen – und vorbei an der Lehrhalle – öffnet sich der kleine Hof. Die **Haupthalle** (S 162) aus dem 17. Jh. beherbergt eine wundervolle, goldlackierte Figur des **Medizin-Buddha Bhaishajyaguru** (S 337) aus der frühen Koryo-Zeit. Seine rechte Hand formt das Rad der Lehre, die linke hält eine Arzneibüchse. Edle Körperhaltung und Gesichtszüge sowie elegante, weich fließende Gewandbahnen erinnern an die ungefähr zeitgleich entstandenen Plastiken des Kshitigarbha (S 280) im Sonun-sa und des Medizin-Buddha (S 41) im Silsang-sa, übertreffen aber beide Werke an Kunstfertigkeit. Auf dem Hintergrundbild wird Yaksha von einem großen Gefolge umringt, Malereien an der Rückseite und der rechten Seitenwand der Halle zeigen den Siebenstern- und den Berggeist, Richterkönige der Hölle und den Himmelsgeneral Veda.

Hinter der Haupthalle führen Treppen zu zwei weiteren Gebäuden. **Sangdaeung-jon** (S 181) ist die Verehrungshalle der Triade Shakyamuni (links), Vairocana (Mitte) und Bhaishajyaguru (rechts). Der **Ur-Buddha Vairocana** (S 174) und der noch bedeutendere **Medizin-Buddha** (NS 58) sind seltene Beispiele von Gußeisen-Plastiken aus der Mitte des 9. Jh. auf Steinsockeln. Ein lotosverzierter Holznimbus ersetzt den ursprünglichen steinernen Heiligenschein. Die Halle der Buddha-Jünger ist Shakyamuni und 83 seiner Jünger geweiht.

Kaesim-sa (Gaesim-sa)

Lage: Rund 20 km östlich von Sosan.
Geschichte: Gründung im Jahre 653. Heute ein kleines, kunsthistorisch bedeutendes Kloster.

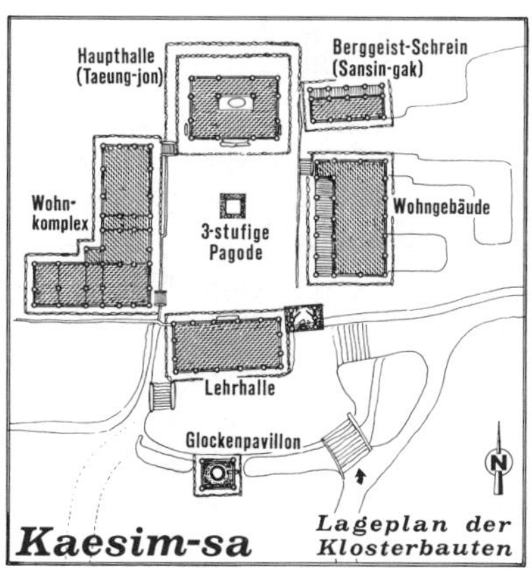

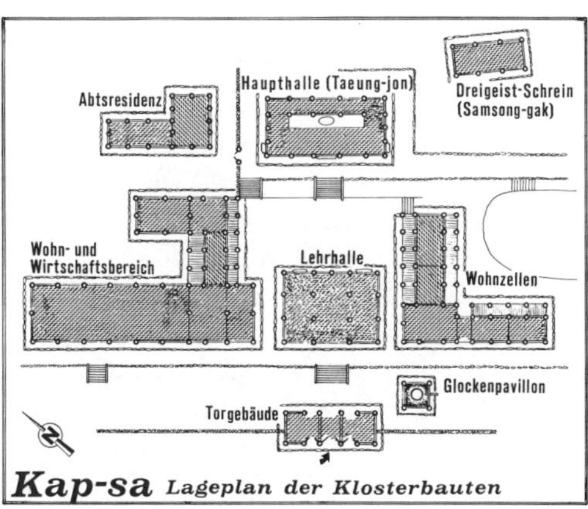

Terrassenförmig über einem Flußlauf liegt die Viereranlage um einen leicht schrägen Hof mit einer fünfstufigen Steinpagode, vermutlich aus der Mitte des 7. Jh. Die **Haupthalle** (S 143) zeichnet sich durch ein prachtvolles, vorherrschend rot-grün bemaltes Gebälk mit Blüten, Drachen- und Wolkenmotiven, einen Schnitzbaldachin mit eleganten Vögeln und bemerkenswerten

Plastiken aus. Auf dem Figurensockel verkörpert die Triade Shakyamuni in der Mitte die Ewigkeit und den Himmel, der reich geschmückte Bodhisattva Avalokiteshvara – mit einem Bild seines geistigen Vaters Amitabha im Diadem – die Erde und das gegenwärtige Leben, Kshitigarbha als Mönch mit seinem Rasselstab die Unterwelt und die Zukunft. Das Hintergrundbild zeigt über Wolken das Paradies des Amitabha mit Lebensbäumen und Palästen und davor Shakyamuni mit einem großen Gefolge von Bodhisattvas, Arhats und Welthütern. An der Rückwand ist der Himmelsgott mit dem Siebengestirn zu sehen, links der Himmelsgeneral Veda und weitere Schützer der Lehre. Rechts wird eine Figur des Medizin-Buddhas verehrt, im Gemälde ist er mit großem Gefolge dargestellt.

Kap-sa (Gab-sa)

Lage: 12 km südlich von Kongju, im Kyeryong (Hühnerdrachen)-Gebirge, auf beliebten Wanderpfaden mit dem Nonnenkloster Tonghak verbunden.
Geschichte: Als einer der ältesten Tempel Koreas im Jahre 420 vom berühmten Mönch Ado unter dem Patronat des Paekche-Königs Kuisin gegründet. Im 7. Jh. führte Uisang die Hwaom-Lehre ein. Das einst sehr bedeutende Kloster beherbergte früher rund 3000 Mönche, die 1592 den Japanern Widerstand leisteten, jedoch die Zerstörung nicht verhindern konnten. Aus der Zeit des Wiederaufbaus im 17. Jh. blieben einige Gebäude erhalten.

Dem Bachlauf folgend gelangt man durch einen Torbau zum Glockenpavillon, in dem eine **Glocke** aus dem 16. Jh. mit Sanskrit-Buchstaben und Reliefs hängt. Das Kloster-Geviert folgt der klassischen Nord-Süd-Achse. Um den engen Hof gruppieren sich die Haupthalle, gegenüber die doppelgeschossige Torhalle und zu beiden Seiten Wohngebäude.

Gebälk und Kassettendecke der **Haupthalle** tragen schöne, ältere Bemalungen. Auf dem Figurensockel thronen die ›Drei Juwelen des Buddhismus‹, verkörpert durch Shakyamuni, Amitabha und Bhaishajyaguru. Zwei stehende Bodhisattva-Paare veranschaulichen verschiedene Tugenden: Avalokiteshvara die Barmherzigkeit, Mahasthamaprapta die Willensstärke, Manjushri die Weisheit und Samantabhadra die Meditation. Auf der linken Seitenwand zeigen Malereien den Himmelsgeneral Veda und Höllenkönige. Das Kloster verwahrt Druckstöcke aus dem 15. Jh. mit koreanischen und chinesischen Schriftzeichen und ein großes Rollbild des Shakyamuni aus dem 17. Jh., das alljährlich an dessen Geburtstag feierlich enthüllt wird.

Jenseits des Baches führt der Weg vorbei an Kleinreliquiaren und Steinfiguren zum früheren Klostergelände. Das sogenannte **Kap-sa-Pudo** (S 257) ist an der Basis mit Löwen- und auf dem achteckigen Körper mit Himmelskönigsreliefs geschmückt. Das geschwungene Dach, eine Ziegelimitation, schließt mit einer Lotosknospe. Die Legende schreibt die Errichtung dem Mönch Uisang im 7. Jh. zu – der reiche figürliche Zierat und die achteckige Form weisen jedoch in die Koryo-Zeit, etwa im 10. Jh. Im **Pyochung-jon** sind Porträts heldenhafter Mönche, darunter des Yongju, eingeschreint. Auf dem Steilpfad ins Tal blieb die mehr als 16 m hohe Metallstange für das Tempelbanner zwischen zwei steinernen Flaggenmasten (S 256) erhalten.

Kongju (Geongju)

Kongju, das alte Ungchon oder Ungjin, war zwischen 475 und 538 die Hauptstadt von Paekche. Das erste Zentrum dieses Königsreiches lag seit der Zeitenwende im Gebiet von Seoul.

475 zogen die Puyo-Stämme vor den Angriffen Koguryos weiter nach Süden, wo König Munju die zweite Hauptstadt in Ungjin gründete. 538 wurde schließlich Sabi (Puyo) die dritte und letzte Hauptstadt Paekches.

Über dem Goldfluß (Kum-gang), auf dem Kong-san, erhob sich die königliche Burg **Kong-san-song,** von der nur noch Mauerreste und die während der Yi-Zeit erneuerten Tore, besonders das eindrucksvolle Südtor, erhalten blieben. Innerhalb des Mauerringes stehen einige Pavillons sowie ein Schrein für drei chinesische Generäle, die den Koreanern während des Imjin-Krieges gegen die Japaner zu Hilfe kamen.

Auf dem Songni-san sind von **sechs Hügelgräbern** drei zu besichtigen. Die bedeutendste Anlage barg die sterbliche Hülle des Königs Munyong (Muryeong), 501–523, und seiner Gemahlin. Zwei Epitaphe, die bisher in koreanischen Königsgräbern fehlten, gaben wertvollste historische Aufschlüsse. Die Entdeckung des **Munyong-Grabes** war eine Sternstunde der koreanischen Archäologie. 1971 stieß man auf ein unterirdisches Gewölbe, das mit Dekorziegeln vermauert war. Der äußere Zugang führte über vier Schwellen aus unbehauenen Steinen, an den sich der in undekorierten Ziegeln gearbeitete ›Geisterweg‹ – der von Sterblichen nicht betreten werden darf – mit einem darunter verlaufenden Kanal anschloß. (Dieser Geisterweg ist nicht identisch mit dem Seelenweg chinesischer oder koreanischer Kaiser- und Königsgräber, vgl. S. 177ff.) Durch einen Rundbogen betritt man einen niedrigen, tonnengewölbten Korridor und die rechteckige, gleichartig gewölbte Grabkammer. Beide Räume sind in wundervollen, blaugrün glasierten Reliefziegeln mit Lotosdekor ausgeführt. Flammenförmige Nischen dienten zum Aufstellen von Öllämpchen während der Begräbniszeremonie. Anlage und Wandschmuck des Munyong-Grabes sind einzigartig in Korea und weisen auf unmittelbare Vorbilder in Mittelchina. Das Grabgut ist teilweise chinesischer Herkunft oder chinesisch beeinflußt, stammt jedoch auch aus heimischen Werkstätten, die besonders bei der Gold- und Silberbearbeitung hohe Meisterschaft erreicht hatten.

Das 1972 eröffnete **Nationalmuseum** besitzt rund 6800 Objekte, von denen fast die Hälfte aus dem Grab des Königs Munyong geborgen wurde.

Goldenes Blütenornament (NS 155), Höhe rund 22 cm, aus dem 523 datierten Grab des Königs Munyong, Nationalmuseum Kongju. Dieses Schmuckstück gehörte der Königin, das des Königs war noch zusätzlich mit Goldflitter besetzt. Alte chinesische Quellen berichten, daß Könige und Adlige des Paekche-Reiches Goldblüten auf Reifen oder Seidenkappen trugen.

Das rund 47 cm lange, etwa 30 cm hohe steinerne **Fabeltier** (NS 162; s. S. 63) ist der einzige Wächter, der *in* einem Grab gefunden wurde. Über dem Kopf mit offenem Maul und hervorquellenden Augen sitzt ein Horn oder eine stilisierte Geweihstange aus Eisen. An den Flanken züngeln stilisierte Flügel- oder Flammenzungen empor. Spuren von Bemalung sind noch erkennbar. Auch die **dreiteilige Weinschale** (Teller, Schale, Deckel) aus Silber und Gold mit ziseliertem Dekor im Stil der Drei Königreiche stammt aus dem Königsgrab. Die dreiteiligen Bergformen, Bäume, Wolken, Drachen, Lotosrosetten stimmen mit gemaltem Lotosdekor in Koguryo-Gräbern überein. Auch **Edelmetallschmuck** wurde gefunden: ein Armreifenpaar (NS 160), Haarnadeln aus getriebenem Goldblech (NS 159), herzförmige und teilweise granulierte Schmuckgehänge (NS 156) und grün-weiß-melierte Krummjaden mit Goldkappen. Die häufig als Ohrringe bezeichneten Gehänge dienten wohl als Gewandschmuck. Mit runden Goldplättchen ist das **flammenförmige Goldornament** des Königs (NS 154) übersät, das schlanker und rhythmischer als das der Königin ist (NS 155). Wandmalereien aus Koguryo zeigen, daß die Noblen dieses Reiches sich mit Federn schmückten. Von Paekche wissen wir aus chinesischen Quellen, daß die Adligen goldene und silberne Blüten auf Seidenkappen trugen. **Bronzespiegel** chinesischer Herkunft sind mit Zodiakreliefs und Jagdszenen (NS 161) geschmückt. Auf hölzernen **Nackenstützen** (NS 164, 165) blieben Goldrosetten und Reste der Bemalung erhalten.

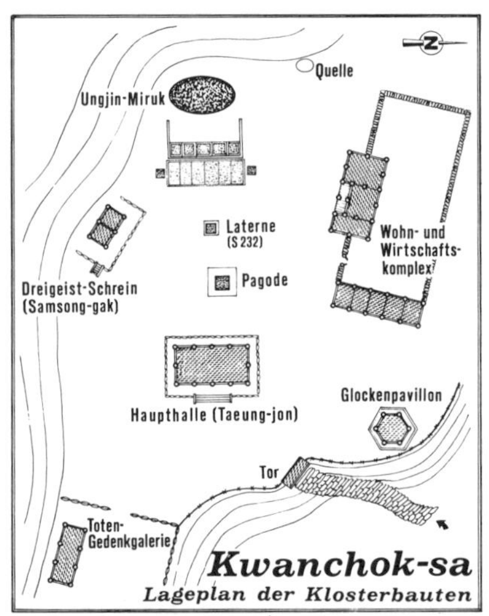

Kwanchok-sa (Gwanchog-sa)

Lage: 5 km südöstlich von Nonsan.

Geschichte: An einer alten Stätte des Volksglaubens ließ der Koryo-König Kwangjong im Jahre 968 vom Mönch Hyemyong das ›Kerzenlichtkloster‹ errichten. Als Attraktion einer überregionalen Wallfahrtsstätte wurde eine Monumentalskulptur des ›Göttlichen Erbarmens‹ begonnen, die später zum zukünftigen Buddha Maitreya umgewandelt wurde.

Durch ein Steintor erreicht man das kieferngesäumte Hügelplateau. Die Ausstattung der kleinen **Klostergebäude** entspricht einem einfachen Dorftempel: In der Haupthalle hängt ein Gemälde des Himmelsgenerals Veda, der Dreigeistschrein dient der Verehrung des Berg-, Einsiedler- und Siebensterngeistes sowie zweier Mönche im rechten Teil. Eine Totengedenkhalle beschließt die Kultgebäude.

Die Bedeutung des Kwanchok-sa liegt in seinen Steinbildwerken: Die ursprünglich wohl **fünfstufige, quadratische Pagode** soll noch aus der Paekche-Zeit (7. Jh.) stammen. Ungefähr zeitgleich mit der Kolossalstatue, Mitte des 10. Jh., entstand die doppelstufige, meisterliche **Laterne** (S 232). Ein **Granitpodest** mit prächtigen Lotosreliefs dient als Anbetungs- und Opferstein des Maitreya. Der rund 18 m hohe, ostwärts schauende sogenannte **Unjin-Miruk** (S 218) zählt zu den größten Statuen Ostasiens (Farbt. 1). In 37 Jahre dauernder Arbeit soll sie aus drei Teilen gemeißelt und aneinandergefügt worden sein. Der Kopf ist unverhältnismäßig groß – ein Ohr mißt rund 3 m – das Gesicht trägt koreanische Züge, ein Zeichen des nationalen Stils der Koryo-Zeit. Vermutlich wurde die Monumentalskulptur als Avalokiteshvara begonnen. Von seinem Haupt soll einst eine goldene Buddha-Figur gestrahlt haben. Als im 11. und 12. Jh. der Kult des Maitreya als Buddha eines kommenden irdischen Heilsreiches immer mehr an Popularität gewann und sich revolutionäre Bewegungen unter seinem Banner versammelten (vgl. Unju-sa S. 284), scheint die Statue verändert worden zu sein – die Annalen sprechen daher von einer Fertigstellung erst um 1006. Schon von weitem sollte Miruk erkennbar sein und wohl aus diesem Grunde wurden die ursprünglichen Locken zu dem hohen, stupaartigen Erleuchtungsauswuchs mit dem landestypischen Herrscherhut verwandelt. Der Unjin-Miruk beeindruckt durch seine lebensnahen, beinahe warmen und dennoch hoheitsvollen Züge (vgl. Taecho-sa, S. 261).

Makok-sa (Magog-sa)

Lage: 20 km nordwestlich von Kongju.
Geschichte: 640 vom Mönch Chajang unter der Herrschaft der Königin Sondok von Silla gegründet. Kurze Zeit später Einführung der Hwaom-Schule durch Uisang. Der ›Flachstal-Tempel‹ verwaltet als Hauptkloster der Süd-Chungchong-Provinz etwa 70 Klöster und Einsiedeleien und ist eines der interessantesten und schönsten Heiligtümer Koreas.

Nach 10 Minuten Wanderung durch ein waldiges Flußtal gelangt man zum ersten großen Tor, dem **Haetal-mun,** mit eindrucksvollen, bunten Figuren der zwei grimmigen Torhüter. Die beiden Erleuchtungswesen Manjushri auf seinem Löwen und Samantabhadra auf seinem Elefanten verkörpern Weisheit und Meditation, die den Erkenntnissuchenden im Kloster erwarten. Im zweiten Eingangsbau, dem **Tor der Vier Himmelskönige,** thronen die prächtig gerüsteten und gewandeten Weltenhüter der Haupthimmelsrichtungen und Jahreszeiten: Der König des Nordens hält die Schatzpagode, der König des Ostens die Laute, der Südkönig das Schwert und der Westkönig den Juwelendrachen.

Links von diesen beiden Toren erstreckt sich der **äußere Klosterbezirk** mit Wohngebäuden, Versammlungs- und Andachtshallen. Die **Halle der Tausend Buddhas** (Abb. 34) trägt auf einer schönen, älteren Kassettendecke gemalte Lotosmandalas. Auf dem Figurensockel reihen sich sieben Manushi-Buddhas aneinander – der mittlere Shakyamuni ist erhöht –, die zu verschiedenen Weltzeitaltern die Heilslehre auf Erden verkündeten. Zwischen ihnen stehen weiße oder buntgefaßte Buddha-Jünger. Der Gnaden-Bodhisattva Avalokiteshvara, der sich an der rechten Seite anschloß, fehlt derzeit. Hinter den Haupt-Buddhas gruppieren sich 1000 kleine, weiße Buddha-Figuren. An der linken Seitenwand hängt ein großes Gemälde der göttlichen Generäle mit Veda in der Mitte.

In der **Gerichts- oder Höllenhalle** scharen sich um Kshitigarbha zehn eindrucksvolle, thronende Höllenrichter, Wächterfiguren, Vasallen und berittene Botschaftsgeister, die im Lande Erkundigungen über die Sünder einholen. Tafelbilder schildern Gerichtsszenen

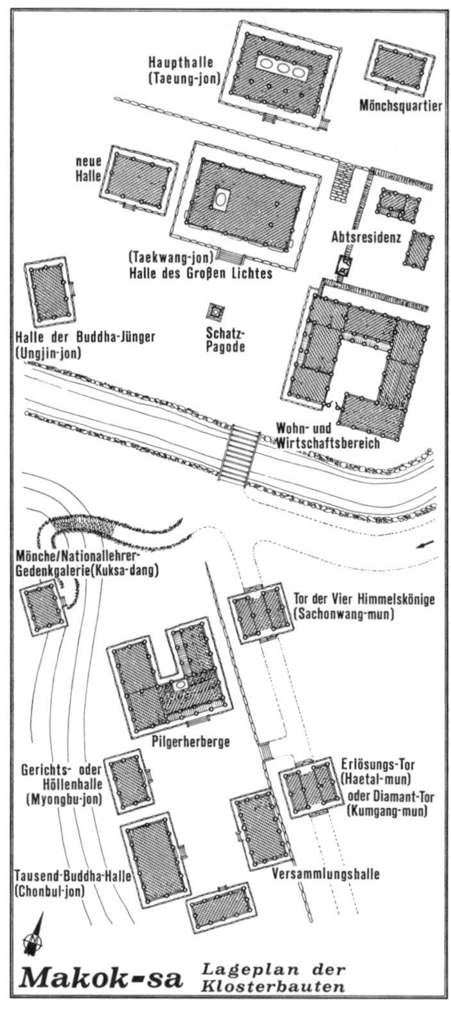

Makok-sa Lageplan der Klosterbauten

und Torturen in den einzelnen Höllenregionen.

In der **Halle der Nationalpriester** hängen die Porträts großer Mönche und Äbte, u.a. des Klostergründers Chajang Yulsa, und ein Bild des Berggeistes.

Über die Brücke erreicht man den **Hauptbezirk.** Im Hof türmt sich eine **fünfstufige Steinpagode** mit kleinen Reliefs aus der späten Koryo-Zeit (13./14. Jh.) auf. Bei Instandsetzungsarbeiten wurden ein Räuchergefäß und Sutrentexte gefunden. Die ›Pagode vieler Schätze‹ gilt als symbolischer Behälter geistiger Kleinodien, der heiligen Schriften, und als Sitz des ›Schatzbuddha‹ Prabhutaratna (Tabo Yorae). Seltenheitswert besitzt in Korea die Bronzespitze, deren fünfteilige Form der ›Elementensymbolik‹ lamaistischer Stupas (tib. Tschörten) entspricht.

In der nördlichen **Veranda** des großen Mönchsquartiers – östlich von der Pagode – hängt ein Tafelbild des Himmelsgenerals Veda mit großem Gefolge.

Die **Halle des Großen Lichts** stammt in der heutigen Form aus dem 17. Jh. Sie war ursprünglich, bevor die Hwaom-Lehre mit anderen Lehrrichtungen verschmolz, die Haupthalle des Klosters. Ungewöhnlich ist die Blickrichtung der Kultfigur auf dem Sockel: Der **Ur-Buddha Vairocana** schaut nach Osten, der südlichen Eingangsseite abgekehrt. Das Hintergrundgemälde zeigt Shakyamuni mit großem Gefolge von Bodhisattvas, Arhats und Lokapalas. Weitere Bilder sind dem Medizin-Buddha Bhaishajyaguru mit seiner ›Familie‹ – an der Rückwand – und dem Himmelsgeneral Veda gewidmet.

In der **Halle der Buddha-Jünger** wird Shakyamuni im Kreise seiner achtzehn Hauptschüler verehrt. Die Erleuchtungswesen Manjushri und Samantabhadra tragen nicht den üblichen fürstlichen Schmuck, sondern mützenartige Diademe.

Die elegante **Haupthalle** mit gestaffeltem Dach stammt aus der Mitte des 17. Jh. Gebälk und Stützen des Innenraums tragen bemerkenswerte Bemalungen. Die qualitätvolle Figurentriade

Shakyamuni, Amitabha und Bhaishajyaguru vertritt die exoterische Dreieinigkeit von Buddha, Lehre und Gemeinde. Auch das Hintergrundbild zeigt diese Figurentrias, angereichert durch Bodhisattvas, Arhats, Lokapalas und Himmelselfen. An der rechten Seitenwand ist Shakyamuni mit zehn Jüngern sowie der Siebensterngeist zu sehen. Links erscheint der Himmelsgeneral Veda mit seinem Gefolge.

Muryang-sa

Lage: 10 km östlich von Taechon (Daechon).
Gründung: im 7. Jh. – ein stimmungsvolles Zen-Kloster.

Durch das Tor der Vier Himmelskönige und vorbei an Mönchsquartieren gelangt man zur eleganten, **fünfstufigen Granitpagode** (S 185) und der **Laterne** (S 233) im Stil des Geeinten Silla, spätes 7. Jh. Rechts erhebt sich die Gerichts- oder Höllenhalle. Die **Haupt- oder Paradieseshalle** (Abb. 72; S 356), ein harmonischer Bau mit gestaffeltem ›Doppeldach‹, zählt zu den wichtigsten Zeugen der mittleren Yi-Architektur im 17. Jh. In der Mitte des Figurensockels thront Amitabha mit seinen traditionellen Begleitern, den Erleuchtungswesen Avalokiteshvara und Mahasthamaprapta.

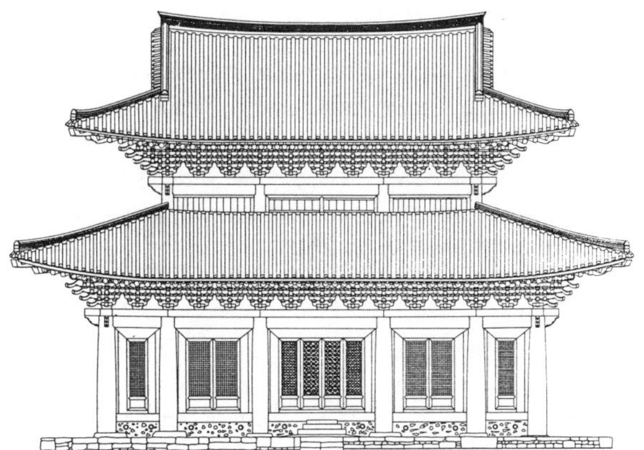

Die Haupt- oder Paradieseshalle (Kuknakjon) im Muryang-sa, ein bedeutendes Denkmal der Yi-Architektur, 17. Jh.

Die **Abtsresidenz** – links von der Haupthalle – trägt an den Außenwänden Malereien der zenbuddhistischen Rinderparabel. In der **Halle der Buddha-Jünger** wird Shakyamuni mit seinen beiden Lieblingsjüngern Kashyapa und Ananda im Kreise von 500 Arhats verehrt. In einem kleinen Tal und jenseits des Baches erreicht man den volkstümlichen **Dreigeistschrein,** in dem Gemälde des Berg-, Einsiedler- und Siebensterngeistes zu sehen sind.

Rund 2 km nordwestlich des Nonnenklosters Tonghak-sa ragen die zwei interessanten Granitpagoden **Onui-tap** auf, die der Volksmund ›Bruder und Schwester‹ nennt. Die fünfstufige Schwesterpagode ist im Paekche-Stil erbaut und dürfte aus der ersten Hälfte des 7. Jh. stammen, die siebenstufige Bruderpagode wurde 724 im Silla-Stil errichtet.

Onyang

Ungefähr 6 km nördlich der kleinen Stadt Onyang liegt an einem bewaldeten Berghang **Hyonchung-sa,** die bedeutendste aller Erinnerungsstätten an **Admiral Yi Sun-sin,** einen der größten Helden der koreanischen Geschichte. 1706 ließ König Sukchong dort, wo der Admiral seine Jugendjahre verbrachte, einen Schrein errichten; die Kalligraphie über dem Eingang entwarf er selbst. In einem kleinen Museum sind Erinnerungsstücke ausgestellt, darunter die Kopien der ›Acht Kaiserlichen Geschenke‹, die der chinesische Kaiser zum Zeichen seiner Wertschätzung dem Admiral übersandte (Die Originale werden in Chungmu aufbewahrt).

Yi Sun-sin wurde 1545 in Hanyang geboren und konfuzianisch erzogen. Während des Imjin-Krieges konnte er mit nur wenigen Schiffen die japanische Nachschubflotte mehrmals zerstören. Hofintrigen verbannten ihn einige Jahre aus dem öffentlichen Leben. An der Südküste Koreas ließ er jedoch weiter seine Schiffe bauen und war daher beim zweiten Großangriff im Jahre 1597 gerüstet. Durch den Einsatz seiner berühmten ›Schildkrötenboote‹ (Kobukson), den ersten eisengepanzerten Schiffen der Welt, rettete er Korea vor dem Untergang, fiel jedoch in der Schlacht an der Straße von Noryangjin nahe der Insel Namhae. Admiral Yi Sun-sin wurde hochgeehrt und gilt noch heute im ganzen Lande als Verkörperung von Tapferkeit, Loyalität und Patriotismus.

Die ›Schildkrötenboote‹ waren tief im Wasser liegende, etwa 35 m lange Galeeren, deren Besatzung durch eine lanzenbestückte, schildkrötenartige Überdachung aus Eisenplatten entersicher geschützt war. Von seitlichen Lucken wurde der Feind angegriffen und aus dem Drachenkopf mit Feuer beworfen. Wegen ihres Gewichts nicht besonders hochseetüchtig, waren die Boote jedoch in küstennahen Gewässern den vollbeladenen japanischen Segeldschunken bei Flaute ein unüberwindbarer Gegner.

Das hervorragende **Volkskundemuseum** (Folk Museum), ungefähr 500 m südlich des Yi-Schreins, dokumentiert mit rund 7000 Exponaten den ländlichen Lebensstil. In mehreren Ausstellungsräumen und einem Diorama werden tägliche Gebrauchsgegenstände, Zeremonialinstrumente, Spiele, Werkzeuge und Waffen gezeigt. Eine Halle dient verschiedenen Wechselausstellungen. Im Freigelände steht eine große Sammlung steinerner Wächterfiguren und Changsung-Pfähle.

Puyo (Buyeo)

Die kleine Stadt liegt malerisch zwischen dem Goldfluß (Kum-gang) oder Weißpferdfluß (Paekma-gang) und dem 106 m hohen, bewaldeten Puso-san. Ihre Blütezeit erlebte sie als dritte und letzte Hauptstadt des Paekche-Reiches zwischen 538 und 660. König Song (523–554) verlegte die Hauptstadt von Ungjin, dem heutigen Kongju, nach Puyo, das früher Sabi hieß.

Im Zentrum der schachbrettartig angelegten Stadt erinnert ein **Reiterdenkmal** des Generals Kyebaek an die letzten Tage Paekches, als das Reich den Truppen Sillas unterlag.

Die **fünfstufige Granitpagode** (NS 9), ein rund 8,40 m hoher, schlichter und formschöner Reliquiarturm aus dem frühen 7. Jh., zählt zu den wenigen erhaltenen Beispielen dieser Art aus der Dreireichszeit. Über einem quadratischen Sockel steigen die Dächer der einzelnen Geschosse verjüngend auf. Leichtigkeit verleiht ihnen die Schwingung und nicht eine – für Silla-Pagoden typische – treppenartige Konsolzone. Die Pagode stand ursprünglich vor der Goldenen Halle eines Tempels, der während der Koryo-Zeit Chongnim-sa hieß und nach dem sie benannt wurde. General Su Ting Fang ließ bei der Unterwerfung der Stadt im Jahre 660 im ersten Stockwerk eine Inschrift einkerben, die ihr fälschlicherweise den Ruf einer ›Eroberungspagode‹ einbrachte. Sie wurde aber nicht anläßlich des chinesischen Sieges gestiftet, sondern nur

Die fünfstufige sogenannte ›Paekche‹-Pagode (NS 9), frühes 7. Jh., die schönste der seltenen Reliquientürme dieser Zeit. Ihr zweiter Name leitet sich von dem zerstörten Tempelbezirk Chongnim-sa ab. Pagoden des Paekche-Reiches zeichnen Schlichtheit und edle Maßverhältnisse aus; besonderes Kennzeichen sind leicht geschwungene Dächer (Silla-Pagoden tragen keine aufgeworfenen, sondern fünffach nach unten getreppte Dachkränze).

mit diesen Lettern ›entehrt‹. Vermutlich wegen dieses ›Schandflecks‹ vergrub man die Pagode und entdeckte sie erst viel später wieder. Der nahe **Stein-Buddha** in Lotoshaltung (S 108) stammt aus der Koryo-Zeit und war in einer der Hallen des Chongnim-sa eingeschreint. In seinem Antlitz glaubte man die Züge des chinesischen Generals zu erkennen.

Am östlichen Stadtrand steht eine zweite, elegante **fünfstufige Pagode** mit Erneuerungen an Sockel und Spitze.

Der ehemalige **königliche Lustgarten** zwischen Hwaji-san und Gungnam-ji bot mit künstlichen Teichen, Pavillons, exotischen Pflanzen und seltenen Tieren den reizvollen Rahmen für prächtige Hoffeste. Auf dem als ›Meer‹ empfundenen Gungnam-Teich trieben dann Drachenboote mit singenden und musizierenden Hofdamen. An dieses Schauspiel erinnert noch der Manghae-jong, der ›Pavillon des Fernblicks aufs Meer‹.

Am Fuße des stadtbeherrschenden Puso-san erhebt sich der originelle Bau des 1971 eröffneten **Nationalmuseums,** dessen ›japanischer‹ Stil nicht die ungeteilte Begeisterung der Koreaner hervorrief. Die Schauräume beherbergen rund 5000 Fundstücke von der prähistorischen bis zur Paekche-Zeit. Aus bronzezeitlichen Gräbern (4. und 3. Jh. v. Chr.) sind Schamaneninstrumente und Hellebarden mit Schraffierungen, trompetenförmige Objekte und Dolche ausgestellt. Die **Paekche-Ära** (18 v. Chr.–660 n. Chr.) ist vor allem mit Töpfererzeugnissen, der eierschalenfarbenen, weichen Keramik in üppig schwellenden Formen, hart gebranntem, grau-braunem Steinzeug und Dekorfliesen mit Landschaftsidyllen vertreten. Eines der wenigen Schriftdenk-

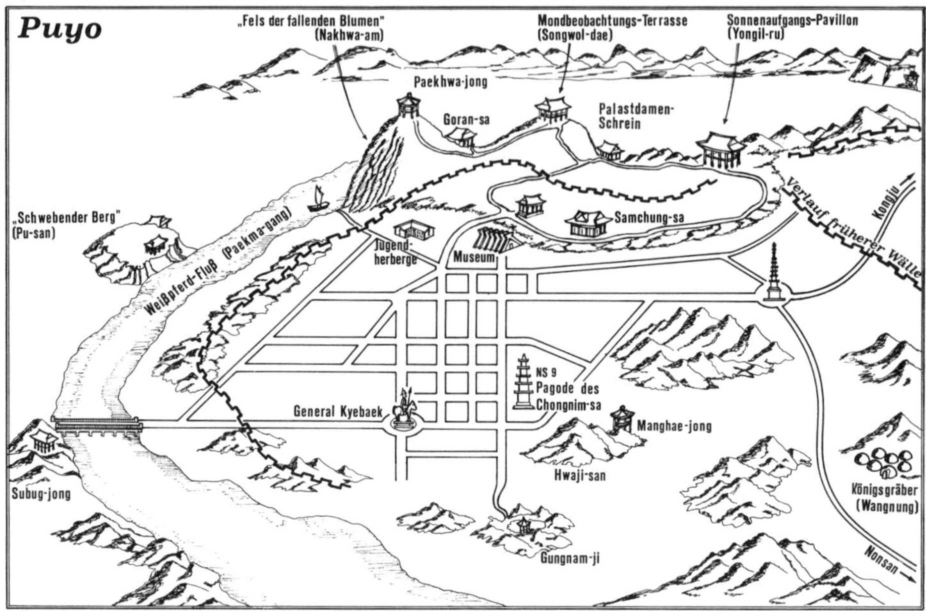

Puyo – das frühere Sabi oder Saja-song –, die dritte und letzte Hauptstadt des Paekche-Reiches, die im Jahre 660 von den mit China verbündeten Truppen Alt-Sillas erobert wurde.

mäler, die Sateajijok-Stele aus dem Jahre 641, gibt ein Gedicht über die Unzulänglichkeiten des Lebens wieder. Von rund zehn buddhistischen Statuetten sei ein stehender Avalokiteshvara (S 330), vergoldete Bronze, aus der zweiten Hälfte des 6. Jh. beispielhaft hervorgehoben.

Eine Wanderung über den Stadtberg mit der einstigen königlichen Festung **(Puso-sansong)** bietet reizvolle Ausblicke über die Stadt und ihre Umgebung bis zum Kyeryong-Gebirge. In der Nähe des Museums wurde 1920 **Samchung-sa,** ein Gedenkschrein für die drei loyalsten Gefährten des letzten Königs errichtet.

Etwa 150 m westlich des doppelgeschossigen **›Sonnenaufgangs-Pavillons‹** (Yongil-ru) blieben Teile der Erdumwallung der alten Zitadelle und des Getreidespeichers erhalten. Der **Palastdamen-Schrein** (Kungnyo-sadang) ehrt die 3000 ›Blumen von Paekche‹, die bei der Eroberung der Stadt durch die Truppen Sillas vom ›Fels der fallenden Blumen‹ in den Fluß sprangen. Gemälde im Inneren zeigen drei dieser Damen in farbenprächtigen Kostümen mit kunstvollen Lackperücken und Frisuren. Vorbei am **›Mondbeobachtungs-Pavillon‹ (Songwol-dae oder Sabi-ru)** kommt man zum **Koran-sa.** Könige und Hofgesellschaft sollen dereinst von der Koracho-Pflanze, die in den Wäldern des Puso-san wuchs, gesundet sein. Ihr verdankt der buddhistische Tempel, den die Könige anstelle eines alten Quellheiligtums stifteten, den Namen. Im Laufe der Zeit wurde diese volkstümliche Andachtsstätte oft erneuert, heute

Hofdame mit zwei Dienerinnen, Gemälde im Palastdamen-Schrein (Kungnyo-sadang) auf dem Puso-san in Puyo. Die kleine Laube pflegt das Andenken der 3000 ›Blumen von Paekche‹ – so hießen die Hofdamen, die sich bei der Eroberung der Stadt im Jahre 660 in den Fluß gestürzt haben sollen.

besteht sie nur aus einer Halle, zu der eine Glasveranda leitet. Auf dem Figurensockel wird Amitabha zwischen den beiden Erleuchtungswesen Avalokiteshvara und Mahasthamaprapta verehrt. Die Bilder verbinden buddhistische und einheimische Genien: den historischen Buddha Shakyamuni, den Siebenstern-, Einsiedler- und Berggeist und Erleuchtungswesen. Interessant ist die seltene Darstellung des elfköpfigen, tausendarmigen Avalokiteshvara, den das Volk als ›Göttin der Barmherzigkeit‹ versteht. Seine übernatürlichen Kräfte, versinnbildlicht durch zahlreiche Köpfe und Arme, setzt er zur Erlösung der Kreaturen ein. Auf dem Gipfel des Puso-san erinnert der sechseckige **›Pavillon der Blumen von Paekche‹** (Paekhwa-jong) noch einmal an den Tod der 3000 Palastdamen.

Vom jenseitigen Ufer taucht der **›Schwebende Berg‹** (Pu-san) auf, der bei Überflutung der Reisfelder im Frühjahr im Wasser zu schwimmen scheint. Unterhalb der Steilklippen besiegte einer Legende zufolge der chinesische General Su Ting Fang mit dem Kopf eines Schimmels den Wasserdrachen des Goldflusses, da nach einer alten Weissagung die Stadt erst nach Tötung ihres Schutzgeistes erobert werden konnte. Im alten China und Korea galt ein weißer Pferdekopf als besonders dämonenabschreckend. Seither heißt der Wasserlauf auch Weißpferdfluß.

An der Straße nach Nonsan liegen sieben **Königsgräber (Wang-nung)**, von denen eines mit Sondergenehmigung zugänglich ist. Die rechteckige, granitverkleidete Totenkammer wurde schon früh ausgeraubt. Lotosrosetten und Wolkenköpfchen der Originalbemalung aus dem 6. Jh. gleichen dem Schmuck in Koguryo-Gräbern.

Sosan Sambul

In einem Tal bei Sosan entdeckte man erst vor einigen Jahrzehnten Sosan Sambul (Die Drei Buddhas von Sosan; NS 84), das vermutlich älteste Felsrelief Koreas aus dem späten 6. Jh.

Die Dreiergruppe zeigt die vom chinesischen Wei- und Liang-Stil beeinflußte Kunst Paekches auf dem Höhepunkt.

In der Mitte steht der überlebensgroße, rund 2,8 m hohe Shakyamuni mit dem zauberhaften ›Lächeln von Paekche‹, einem scheibenförmigen Kopfnimbus aus Lotosblättern und darüber einem kielbogenartig zugespitzten Flammenkranz. Sein Gewand fließt in weichen Bahnen und Schüsselfalten herab, die rechte Hand ist zur Geste der Schutzgewährung erhoben. Zu seiner Linken begleitet ihn der gleichfalls friedvoll lächelnde Avalokiteshvara. Rechts sitzt Maitreya in seiner charakteristischen ›nachdenklichen Haltung‹ mit angewinkeltem rechten Bein. Diese Pose kommt zwar bei Einzeldarstellungen, in Bronze oder Holz, sehr häufig vor (vgl. S. 89), aber nicht in Konfigurationen.

Die volkstümlich als Drei Buddhas bezeichneten Gestalten sind als Allegorien verschiedener Lebensstadien zu verstehen: Shakyamuni verkörpert die Vergangenheit, Avalokiteshvara die Gegenwart und Maitreya verheißt ein künftiges Friedensreich.

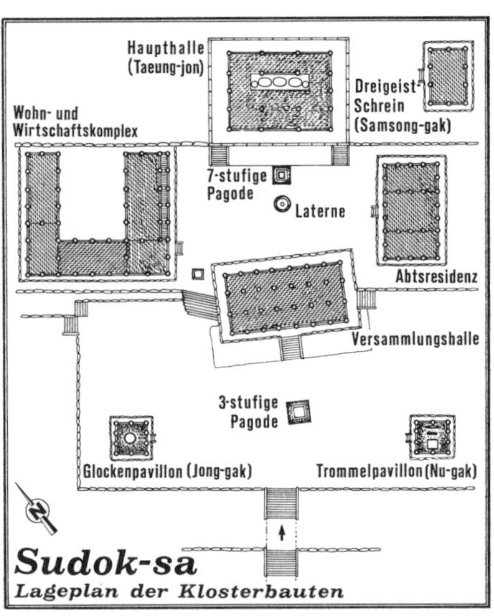

Sudok-sa (Sudeog-sa)

Lage: 10 km westlich von Sapkyo, in dem vielbesuchten Wandergebiet des Kaya-Gebirges.

Geschichte: Viele Legenden ranken sich um die Entstehung des Klosters. Historisch gesichert scheint die Gründung um das Jahr 600 durch den Mönch Chimpyong Popsa unter dem Paekche-König Pop. Während der Regierung des Silla-Herrschers Munmu (661–681) führte der Mönch Wonhyo die Dharmata (Popsong)-Schule ein. Wonhyo ging als brillanter Denker, Verfasser philosophischer Schriften und Exzentriker in die Geschichte des koreanischen Buddhismus ein. Mit der Silla-Prinzessin Yusok zeugte er einen Sohn, den großen konfuzianischen Gelehrten Sol Chong.

Durch das drachengeschmückte Einsäulentor aus Granit erreicht man den idyllischen, terrassierten Klosterkomplex. Vor der schräg aus der Achse gerückten alten Versammlungshalle steht eine **dreistufige Silla-Pagode** aus der zweiten Hälfte des 7. Jh. Im Hof ragt eine zweite, etwas ältere **siebenstöckige Granitpagode** mit leicht geschwungenen Dächern im späten Paekche-Stil zu Beginn des 7. Jh. auf. Die Laterne wurde erst in diesem Jahrhundert hinzugefügt.

In der **Haupthalle** (S 49) soll die Triade Shakyamuni – Amitabha – Bhaishajyaguru die Drei Juwelen des Buddhismus vergegenwärtigen. Zwei Erleuchtungswesen, Manjushri und Samantabhadra, vertreten die Tugenden der Weisheit und Meditation. Die Legende schreibt die ältere

Ornamentmalerei an Gebälk, Decken und Stützen dem Koguryo-Meister Unhwi zu. Volkstümliche Gemälde zeigen an der Rückwand den Drachenkönig, Kshitigarbha mit den Richterkönigen der Höllen, an der rechten Seitenwand den Berg-, Einsiedler- und Siebensterngeist und den Himmelsgeneral Veda.

Eine 15-minütige Wanderung führt bergauf zu einer schroffen Felswand, vor der von einer Steinplattform eine rund 10 m hohe **Granitstatue des künftigen Buddha Maitreya** aufragt. Er trägt einen fußlangen Mantel und den für ihn charakteristischen hohen Hut mit einer kleinen Pagode.

Taecho-sa (Daejo-sa)

Lage: 17 km südlich von Puyo an der Str. 29.

Geschichte: Eine Legende erzählt, ein alter Mönch habe im Traum einen mächtigen Vogel auf einem Fels aus Indien daherschwebend gesehen – gemeint war damit die Lehre des künftigen Buddha Maitreya. Während der von Kriegen und sozialen Unruhen erschütterten Koryo-Zeit gewann dieser Volksglaube bei landlosen Bauern und Sklaven viele Anhänger. Sie hofften auf ein kommendes Reich des Friedens und der Gerechtigkeit auf Erden und meißelten zahlreiche Kolossalskulpturen in einsame Berg- und Waldgebiete. Eine dieser Verehrungsstätten des Miruk wurde nach Unterdrückung der Bauernunruhen im 11. und 12. Jh. in ein Heiligtum des königstreuen Glaubensbuddhismus verwandelt. Der Herrscher stiftete das ›Kloster des großen Vogels‹ und ließ dort die goldfarbenen Gestalten des überirdischen Lotosparadieses – Amitabha, Avalokiteshvara und Kshitigarbha – verehren. Dieser Amitabha-Glaube erzog das Volk zu loyalen Untertanen, versprach ihnen jedoch kein irdisches Heilsreich, sondern vertröstete sie auf das Jenseits.

Vorbei an einer einst fünf- und heute nur noch vierstufigen **Pagode** und einem Mehrzweckgebäude mit einer Andachtshalle des Avalokiteshvara gelangt man über Treppen auf einen kieferngesäumten Hügel. Im Osten befinden sich ein Schrein für den Berg- und Einsiedlergeist und eine Totengedenkhalle mit einer Figur des Unterweltsherrn Kshitigarbha und Malereien des Drachenkönigs.

Der kunsthistorische Wert des Klosters liegt in der großartigen, archaisch wirkenden **Maitreya-Statue** (S 217). Mit rund 14 m Höhe ist sie zwar kleiner als der Unjin-Miruk des nahen Kwanchok-sa, aber wesentlich feiner ausgearbeitet. Beide Skulpturen blicken nach Osten und sind wohl auch zeitgleich – an der Wende vom 10. zum 11. Jh. – entstanden.

Taechon (Daejeon)

Die Stadt ›Großes Feld‹ in einem flachen Becken an der Nordseite der Sikyong-Berge verdankt ihre rasche Entwicklung vor allem der Lage am Schnittpunkt der wichtigsten koreanischen Straßen- und Bahnverbindungen. Erst 1932 bauten die Japaner ein schachbrettartiges Straßennetz in der dörflichen Landschaft aus und verlegten die Provinzregierung von Kongju hierher. Mit 126 000 Einwohnern erlangte die Siedlung 1949 Stadtrecht, heute leben hier 500 000 Menschen. Nach dem Ende des Korea-Krieges erwuchs eine sehr moderne Stadt mit Industrie und überdurchschnittlichen Verdienstmöglichkeiten, jedoch ohne kulturgeschichtlich bedeutsame Bauten. Um die Thermalquellen im westlichen Vorort Yusong entwickelt sich mit wachsendem Wohlstand ein Heilbad.

Der 20 km entfernte und mit Stadtbussen erreichbare Nationalpark um das **Hühnerdrachen (Kyeryong)-Gebirge** dient als Erholungsgebiet und religiöses Reservat: nach alten Weissagungen und geomantischen Bedingungen gilt dieses Gebiet als besonders segensverheißend.

Die Provinz Nord-Cholla (Cholla Puk-do/Jeonra Bug-do)

(vgl. Karte S. 242)

Chonju (Jeonju)

Die Hauptstadt der Provinz liegt in einem weiten Reisanbaugebiet. Von vier ehemaligen Stadttoren blieb im Zentrum das eindrucksvolle **Pungnam-mun** (NS 308) aus dem Jahre 1767 erhalten. Der Hanyong-Pavillon am Taka-Fluß wurde erstmals um 1400 errichtet.

Chonju ist die Heimat des letzten koreanischen Königshauses der Yi, das seinen Stammbaum bis in die Silla-Zeit zurückführt. Im Kyonggi-jon, einem Schrein im Park nahe dem kleinen Provinzmuseum, wird das Porträt des ersten Yi-Herrschers Taejo aufbewahrt. Geisttafeln sind im Pilyong-dang eingeschreint. Das Grabmal des Sippenahnen Yi Han liegt nördlich der Stadt.

Kodori-Miruk

Lage: 2 km südlich von Kumma im Iksan-Distrikt, westlich der Straße 1.

Auf zwei künstlichen, durch das ›Jadeflüßchen‹ getrennten Hügeln steht ein Paar etwa 4,2 m hoher einfacher Granitfiguren mit Gelehrtenhut. Ihre paarweise Aufstellung leitet sich von der Glaubenspraxis von Stein- oder Holzpfählen als Dämonenwächter ab. Unter buddhistischem Einfluß übernahm der künftige Buddha Maitreya diese Funktion. Die beiden Skulpturen dürften im 11. oder 12. Jh. entstanden sein, als das von inneren Unruhen und Fremdeinfällen erschütterte Koryo-Reich auf ein goldenes Weltzeitalter des Miruk hoffte. Lange Zeit waren die

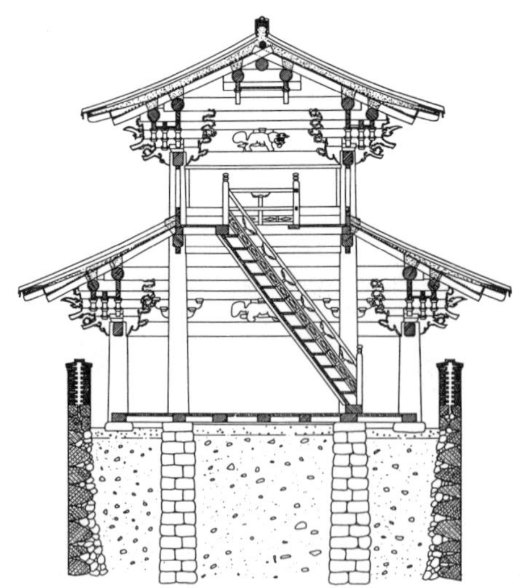

Schnitt durch das Pungnam-mun (NS 308) in Chonju, Mitte 18. Jh. Dieses eindrucksvolle Tor blieb als einziges von der Stadtmauer erhalten.

Statuen vergraben und wurden erst im vorigen Jahrhundert wieder aufgerichtet. An der Rückseite ragen volkstümliche, buntbemalte Changsung-Pfähle auf.

Kumsan-sa (Geumsan-sa)

Lage: 29 km südwestlich von Chonju, Straße 712.
Geschichte: Gründung im Jahre 599. Erneuerung 766 als ›Goldbergkloster‹ durch den Mönch Chinpyo Yulsa, der nach seiner Rückkehr aus China auf Geheiß des Silla-Königs Hyegong die Lehre eines kommenden Heilsreiches des Buddha Maitreya in den Klöstern Kumsan-sa, Popchu-sa und Tonghwa-sa einführte.

Im frühen 10. Jh. war der Kumsan-sa Schauplatz der Auseinandersetzungen des Generals Kyon Hwon, der sich zum König von Neu-Paekche mit der Hauptstadt Chonju ausgerufen hatte, mit seinem ältesten Sohn Singom. Nach einer Blütezeit während der Koryo-Ära erlitt das Goldbergkloster im Imjin-Krieg schwere Schäden. Der rund 40 Jahre dauernde Wiederaufbau begann 1625. Der Kumsan-sa zählt zu den interessantesten und bedeutendsten Klöstern Koreas mit erlesenen Kunstschätzen.

Nach einfachen Toren, darunter dem steinernen Diamanttor, und einer prächtigen 150 m langen Kirschbaumallee öffnet sich der weiträumige Klosterplatz.

Beherrschend erhebt sich die großartige **Maitreya-Halle** (Farbt. 3; NS 62) aus dem frühen 17. Jh. mit ihrem dreifach gestaffelten Dach – dem einzigen dieser Art in Korea –, von dem im Koreanischen Nationalmuseum in Seoul eine Kopie existiert. Reste von Außenmalereien lassen Erleuchtungswesen, Himmelselfen und Wächter erkennen.

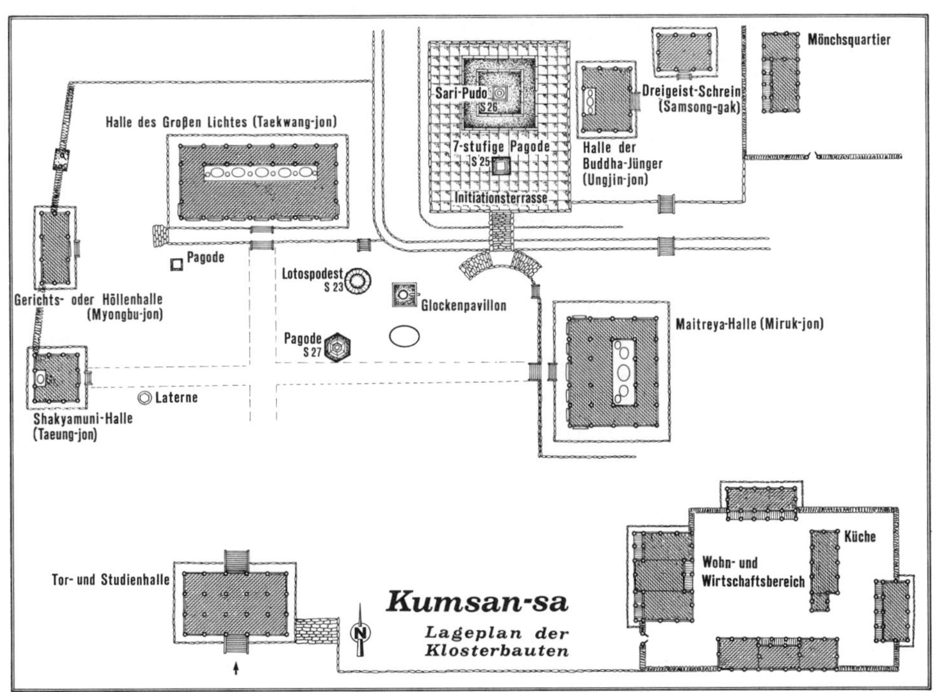

Nicht nur das dreifache Dach der Halle, sondern auch die **Innenausstattung** besitzt Seltenheitswert: Die ursprüngliche, monumentale Gußeisenfigur des Maitreya wurde während der japanischen Invasion 1592 eingeschmolzen. Die 9 bis 12 m hohen, goldlackierten Statuen zeigen eine Vision vom kommenden Heilsreich des Maitreya zwischen den reich geschmückten Erleuchtungswesen Taemyo Sang und Pophwarim (Farbt. 16). Zu beiden Seiten begleiten die buntgefaßten Himmelskönige Indra und Brahma diese Triade. Gläubige, besonders Frauen, küssen die Füße des Miruk, von dem sie unter anderem auch Kindersegen erbitten. An der rechten Seitenwand hängt ein Gemälde des Himmelsgenerals Veda.

Die **Haupthalle des Großen Lichts** überwältigt durch den Reichtum an Großplastiken auf dem Figurensockel (Abb. 28). Die sonst übliche Triadenkonstellation ist hier zu einer Pentade erweitert: Die **Drei Juwelen** – verkörpert in Shakyamuni, Amitabha und Bhaishajyaguru –

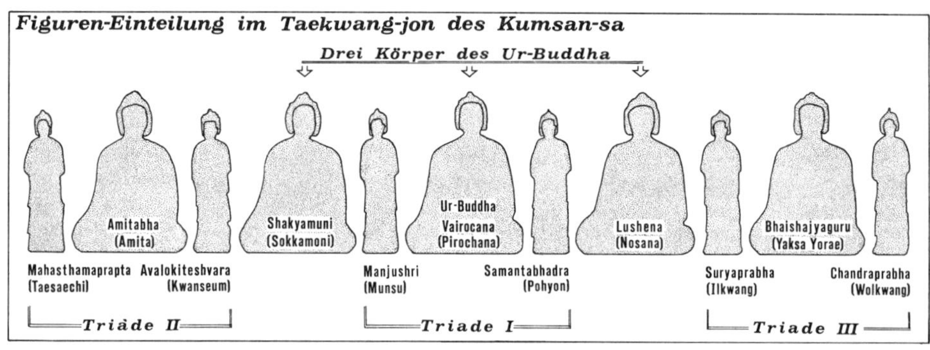

wurden mit den Leibern des Ur-Buddha auf drei kosmischen Ebenen – Vairocana, Lushena/Nosana, Shakyamuni, wie die esoterische **Dreikörperlehre** der Avatamsaka-Schule sie verkündete – verbunden. Diesen fünf mehr als 2,5 m hohen, thronenden Buddhas sind sechs stehende Erleuchtungswesen zugeordnet. Damit ergibt sich von links nach rechts folgende **Figurenreihe:** Mahasthamaprapta – Amitabha – Avalokiteshvara – Shakyamuni – Manjushri – Vairocana in der Mitte – Samatabhadra – Lushena – Suryaprabha – Bhaishajyaguru – Chandraprabha. Vairocana und Shakyamuni sind als Verkörperung des Ur-Buddha und seines irdischen Erscheinungsleibes im gegenwärtigen Weltzeitalter durch einen Baldachin, dem Symbol des Himmelsgewölbes, hervorgehoben. Vor den Großplastiken versammeln sich kleine weiße Gipsfiguren von Buddha-Jüngern.

Westlich von der Haupthalle steht die **Gerichts- oder Höllenhalle** und anschließend die quadratische **Shakyamuni-Halle.** Außenmalereien der Erleuchtungswesen Manjushri auf einem blauen Löwen und Samantabhadra auf einem weißen Elefanten sollen Weisheit und Willensstärke gewähren. Eine der prächtigen Schnitztüren mit Blumenmotiven stammt noch aus dem 17. Jh. Im Inneren befindet sich eine qualitätvolle Plastik des historischen Buddha Shakyamuni auf einem Lotospodest, die rechte Hand zur Geste der Erdanrufung gesenkt, umgeben von einem besonders schön geschnitzten Blütennimbus mit einer Flammenaureole. An seiner Seite stehen die bunten Figuren seiner Lieblingsjünger Ananda und Kashyapa.

In der **Halle der Buddha-Jünger** wird Shakyamuni von Ananda und Kashyapa und sechzehn Hauptjüngern umringt. Die Decke schmücken Malereien von Musikanten und Himmelswesen.

Im **Dreigeistschrein** sind Gemälde der Volksgötter zu sehen: In der Mitte der Siebensterngeist, rechts der Berggeist mit seinem Tiger und links der Einsiedlergeist, der ausnahmsweise auch plastisch dargestellt ist.

Der Kumsan-sa besitzt ausgezeichnete und seltene **Steinbildwerke:** Eine sechseckige Pagode (S 279) mit elf Scheiben, die Erleuchtungsstadien oder Himmelssphären symbolisieren. Das Lotospodest (S 23) mit Blüten- und Löwenreliefs trug einst eine Skulptur.

Über Treppen erreicht man die große **Initiationsterrasse** für die Mönchsweihe aus dem frühen 12. Jh. Die fünf- oder siebenstufige, etwa 10 m hohe quadratische **Granitpagode** (S 25) stammt aus der Übergangsphase von der Spät-Silla- zur Koryo-Zeit (9./10. Jh.). Sie ist ein typisches Beispiel der in Korea vereinfachten Form chinesischer Stockwerkpagoden mit einem kugelförmigen Kopfjuwel unter der Flamme, dem Zeichen der Vollendung des Erleuchtungsweges. Der Ursprung ostasiatischer Pagoden im halbkugeligen indischen Stupa blieb viel deutlicher in dem glockenförmigen, rund 2,2 m hohen **Reliquienbehälter** (S 26) auf doppelter Plattform mit Schildkröten- und Drachenköpfen an der Basis erhalten. Dieser Stupa birgt die Asche von Äbten und Mönchen. Wächterstelen und -steine begrenzen den heiligen Bezirk. Weitere Steinmonumente, beispielsweise eine Schildkrötenstele für Hyedok Wansa (S 24) aus dem 11. Jh., und Flaggenpfeiler finden sich im Klosterbezirk verteilt oder auf dem Friedhof (Abb. 30). Bei der Simwon-Einsiedelei steht die kleine dreistufige Pagode (S 29).

Miruk-sa

Lage: 6 km westlich von Kumma (Goldpferd), nördlich der Str. 722.

Geschichte: In den ersten Regierungsjahren des Königs Mu von Paekche – zwischen 600 und 610 – als Wanghung-sa (›Tempel des königlichen Gedeihens‹) von Chimyong Popsa gegründet und während der Silla-Herrschaft in Miruk-sa umbenannt.

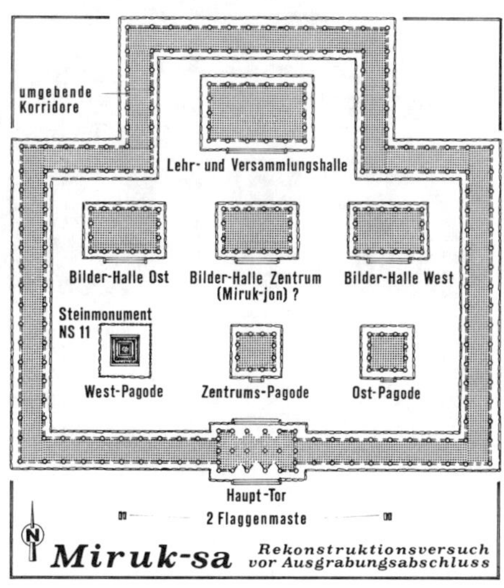

1910 begannen japanische Archäologen mit Grabungs- und Restaurierungsarbeiten. Rekonstruktionsversuche des ursprünglichen Tempelplanes erwiesen sich mittlerweile als überholt. Neuere Forschungen legten Fundamente einer interessanten Anlage frei, die sich vermutlich von Koguryo-Tempeln – dem Chongamri Taesa – ableitet. Dieses Schema von drei Goldenen oder Bilder-Hallen – einer mittleren, einer östlichen und einer westlichen – wirkte bis nach Japan und wurde auch beim Grundriß des Kofuku-ji in Nara um 700 angewandt. Paekche hatte bereits knapp hundert Jahre vorher dieses Leitbild beim Miruk-sa aufgegriffen, allerdings die östliche und westliche Goldene Halle nicht im rechten Winkel zur mittleren gestellt, sondern alle drei Gebäude nebeneinander aufgereiht.

Die Lehr- und Versammlungshalle stand wie beim klassischen Tempelplan hinter den Bilderhallen. Vor den Fundamenten der westlichen Goldenen Halle erhebt sich die Steinpagode, Basissteine vor der Osthalle lassen auf einen zweiten Reliquiarbau schließen. Dieses Pagodenpaar könnte wie beim Pulguk-sa in Kyongju als Behälter von Reliquien des historischen Buddha und der ›Vielen Schätze‹ seines mystischen Vorläufers Prabhutaratna (Tabo) konzipiert gewesen sein. Vor der mittleren Goldenen Halle stand vermutlich der Glocken- und Trommelturm.

Die Westpagode (NS 11) im Miruk-sa, erbaut zwischen 600 und 610, die älteste und mit rund 14 m die höchste der erhaltenen koreanischen Steinpagoden. Nach der Eroberung von Paekche (660) wurde die außergewöhnliche Tempelanlage dem Zukunftsbuddha Maitreya (Miruk) geweiht. Dieses Patronat läßt auf eine Schule der nationalen Erziehung des Elitekorps der Blütenjunker (Hwarang) aus Silla schließen.

Die **Pagode** (NS 11) ist die älteste und mit rund 13,5 m auch die höchste der noch existierenden koreanischen Steinpagoden. Sechs der ursprünglich sieben oder neun Stockwerke blieben an der Nordostseite erhalten, von denen sich noch immer die Herkunft vom Holzbau, die hervorragende Steinbearbeitung und die ausgewogenen Proportionen ablesen lassen. Grabungsarbeiten förderten u. a. eine goldene Inschriftenplatte sowie zwei rund 5 m hohe Flaggenstützen aus Granit für das Tempelbanner (S 236) zutage.

Naechang-sa (Naejang-sa)

Im Naechang-Nationalpark, auf Wanderpfaden mit dem Paekyang-sa in Süd-Cholla verbunden, liegt Naechang-sa, ein im 7. Jh. gegründetes und 1938 erneuertes Kloster.

Naeso-sa

Lage: 30 km westlich von Chonju.
Geschichte: Gründung 633, Erneuerung im 13. Jh. und während der Regierung des Königs Injo im Jahre 1633.

Nach rund 1 km Waldwanderung erreicht man das idyllisch vor 500 m hohen Steilfelsen auf Terrassen angelegte und kunsthistorisch bedeutende Kloster. Im Glockenpavillon hängt eine rund 80 cm hohe **Bronzeglocke** (S 277) aus der ersten Hälfte des 13. Jh. mit feinen Reliefs von Buddhas, Lotosblüten und Blattranken. Vor der Haupthalle ragt eine schlichte, **dreistufige Granitpagode** im Silla-Stil aus dem 7. Jh. auf.

Die **Haupthalle** (NS 291) aus dem Jahre 1633 zeichnet sich durch ausgewogene Proportionen und ein prachtvolles Konsolgebälk mit Spuren älterer Bemalung aus. Sehr reizvoll sind auch die blütendurchsetzten Schnitztüren, die jenen des Chogye-sa in Seoul ähneln. Unter dem Konsolgebälk läuft ein Fries mit Buddha-Bildnissen, die Kassettendecke zieren Malereien koreanischer Musikinstrumente. Auf dem Figurensockel wird eine Triade des Amitabha mit seinen Erleuchtungswesen Avalokiteshvara und Mahasthamaprapta verehrt. Als Seelengeleiter, in seiner weißgewandeten Form, ist Kwanseum an der Rückseite der Figurentriade zu sehen.

Schräg neben der Haupthalle dient der **Dreigeistschrein** zur Verehrung der beliebten Volksgenien, des Berggeistes, des Einsiedlergeistes und des Siebensterngeistes.

Namwon

Die kleine Stadt Namwon in der Nähe des Chiri-Gebirges ist in ganz Korea als Schauplatz der berühmtesten Liebesgeschichte, der ›Erzählung von Chunhyang‹, bekannt. Dieses Hohelied der Treue schildert die sozialen Mißstände der mittleren Yi-Zeit im 16. Jh. und bot den Stoff für unzählige Novellen, Romane, Balladen, Volksopern (Pansori) und Filme.

Die Heldin Chunhyang, ›Duftender Frühling‹, war die Tochter einer Kisaeng, die in der konfuzianischen Yi-Zeit wie buddhistische Mönche zu den ›verächtlichen Menschen‹ zählte. Der Held Mong-yong (oder Doryung) aus der vornehmen Yi-Sippe gehörte hingegen zur höchsten Gesellschaftsklasse, den Yangban-Aristokraten. Eines Tages besuchte Mong-yong mit seinem Vater, dem Stadtpräfekten, das Frühlingsfest im Park von Namwon und sah beim Schaukelwettbewerb die schöne Chunhyang. Sie verliebten sich sofort ineinander, eine Heirat war jedoch ausgeschlossen, Mong-yong hätte das Mädchen nur als Konkubine, als ›kleine Gattin‹, neben einer standesgemäßen Frau in sein Haus nehmen können. Die beiden heirateten heimlich. Bald danach wurde jedoch der junge Gatte von seinem Vater zum Studium nach Hanyang (Seoul) entsandt. Mittlerweile hatte ein neuer Präfekt, ein Wüstling und Unterdrücker, von der Geschichte erfahren und begehrte Chunhyang zu seiner Geliebten. Die standhafte Frau wurde eingekerkert und sollte als ›Höhepunkt‹ der Geburtstagsfeier des Präfekten erdrosselt werden. Inzwischen hatte Mong-yong alle Prüfungen glänzend bestanden und wurde zum Revisor seiner Heimatprovinz bestellt. Freudig eilte er nach Hause, wo er von dem traurigen Los seiner Geliebten erfuhr. Als Bettler verkleidet betrat er in dem Augenblick den Bankettsaal, als Chunhyang gesenkten Hauptes vorgeführt wurde. Erst als er zum Entsetzen der Gesellschaft ein Gedicht bitterer sozialer Anklage vortrug, erkannte sie ihn. Wutentbrannt gab der Präfekt den Befehl zur Verhaftung des vermeintlichen Bettlers, worauf dieser sein königliches Siegel mit fünf Pferden aus dem Gewand zog. Nach einem Bericht an den König wurde der Präfekt verbannt, sein Vermögen eingezogen und Chunhyang in den Adelsstand erhoben. Unter Beteiligung der ganzen Stadt fand nun eine glanzvolle, offizielle Hochzeit statt und die beiden ›lebten glücklich bis an ihr Ende‹. Leider entbehrt die Erzählung der Wirklichkeit – sie entsproß süßem Wunschdenken.

In Namwon werden mehrere Stätten mit dieser Geschichte in Verbindung gebracht. Am 8. Tag des 4. Mondmonats feiert man hier weniger Buddhas Geburtstag, sondern das Chunhyang-Fest. Im Süden der schachbrettartig angelegten Stadt schmiegt sich jener Park, wo im doppelgeschossigen **Kwanghan-ru** das Festbankett abgehalten wurde, in die Flußschleife. Dieser Pavillon blieb als einziges Gebäude der ehemaligen Residenz des Stadtpräfekten erhalten und wurde im 17. Jh. erneuert. Bei der reizvollen, 500 Jahre alten **›Elsternbrücke‹** (Ojak-kyo) und dem nahen **›Vollmondpavillon‹** (Abb. 71; Manwol-jong) trafen sich die Liebenden heimlich. Im Norden des Parks steht der **Chunhyang-gak,** ein Gedenkschrein für das Mädchen ›Duftender Frühling‹. Ein Gemälde über dem Türsturz schilderte das berühmte Märchen vom weißen und weisen Hasen, der auf einer Schildkröte reitet. Seine Leber sollte den kranken Drachenkönig heilen, der Hase behielt jedoch durch Klugheit das Leben. Im Inneren des Schreins hängt ein Gemälde der Chunhyang im traditionellen koreanischen Chima-jogori.

Ungefähr 15 km nördlich von Namwon erinnert ein doppelstöckiger **Pavillon am ›Teich der Tränen‹** an den Abschied der Liebenden.

Silsang-sa

Lage: 35 km östlich von Namwon, dann 8 km südlich der Straße 24.
Geschichte: 828 während der Regierung des Königs Hungdok vom Mönch Hongchok als einer der größten Silla-Tempel gegründet. Das stille Dorfkloster bewahrt bedeutende Kunstschätze aus der Entstehungszeit.

Nach etwa 1 km Wanderung in einem weiten Flußtal, vorbei an zwei steinernen Dämonenwächtern, die seit der Einführung des Buddhismus als Statuen des künftigen Buddha Maitreya gelten, gelangt man durch eine einfache Pforte zum Klostergelände. Fundamentreste lassen noch die einstige Größe erahnen.

Eine der beiden eleganten, **dreistufigen Pagoden** (S 37) im typischen Silla-Stil des 9. Jh., soll Buddha-Reliquien enthalten haben, die der Mönch Hongchok aus China brachte. Die Steinlaterne (S 35), gleichfalls aus dem 9. Jh., ist ein bedeutendes Beispiel des im Südwesten verbreiteten Typus der trommelförmigen Lichtkammer mit langen, schmalen Schlitzen und geschwungenem Dach. Von der Stele des Klostergründers Hongchok (S 29) blieben die Schildkrötenbasis und der Drachenaufsatz erhalten.

Die Ausstattung der meisten Klostergebäude – Haupthalle mit einer Shakyamuni-Figur, Gerichtshalle und Siebengeistschrein – entspricht einem Dorftempel.

Die **Halle des Buddhas der Heilkunst** beherbergt hingegen eine bedeutende Plastik des Medizin-Buddha (S 41; Abb. 66). Sie wurde im 9. Jh. aus etwa 2,5 Tonnen Eisen gegossen und stellt ein herausragendes Beispiel des strengen, edlen Spät-Silla-Stils dar. Ein volkstümliches Wandgemälde zeigt den Medizin-Buddha Bhaishajyaguru im Kreise seiner ›Familie‹.

Bei der zum Silsang-sa gehörenden **Paekjang-Einsiedelei** verdienen die vorzügliche dreistufige Steinpagode mit figürlichen und ornamentalen Reliefs und eine Steinlaterne aus dem 9. Jh. Beachtung.

Songkwang-sa (Songgwang-sa)

Im Songkwang-sa, 10 km östlich von Chonju auf der Str. 26, dann 2 km nach Norden, sind die Malereien in der Haupthalle bemerkenswert. Sie zeigen vorwiegend bodenständige Götter und gelten als wichtiges Beispiel der Volkskunst der späten Yi-Zeit im 19. Jh.

Sonun-sa (Seonun-sa)

Lage: 35 km südwestlich von Chonju an der Str. 22.
Geschichte: Noch während des Paekche-Reiches im Jahre 581 gegründet, Erweiterungen im 14. und 15. Jh. Brandkatastrophe im japanischen Krieg 1592 und Wiederaufbau 1614. Ein kleiner, interessanter Tempel mit bedeutenden Kunstschätzen.

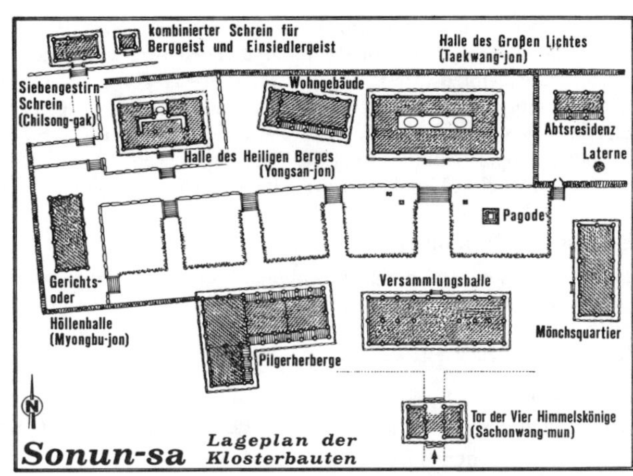

Durch das Tor der Vier Himmelskönige – mit Plastiken im Erdgeschoß und der Tempelglocke im ersten Stock – und durch eine Torhalle gelangt man zu einer Rasenanlage mit zwei Laternen und einer siebenstufigen Pagode.

Die **Halle des Großen Lichts** (S 290) aus dem Jahre 1614 zählt zu den bedeutendsten Bauwerken der mittleren Yi-Zeit. Kassettendecke und Gebälk sind mit prächtigen Drachen, Vögeln und Blumen verziert; Beachtung verdient auch ein sehr schöner Gong. Auf dem Figurensockel thront die Triade der Avatamsaka-Schule, der Ur-Buddha Vairocana und seine Emanationen: Lushena, sein himmlischer Strahlungsleib, und Shakyamuni, sein irdischer Erscheinungsleib zur Verkündung der Heilslehre im gegenwärtigen Weltzeitalter. Das Hintergrundgemälde zeigt eine Triade mit dem Erleuchtungswesen Avalokiteshvara im Zentrum, an der rechten Seitenwand sind Geister des Volksglaubens (Berg-, Einsiedler- und Siebensterngeist) und mehr als hundert Buddha-Jünger zu sehen.

Die **Halle des Heiligen Berges** erinnert an Buddhas Lehrreden auf der Geierkuppe von Rajagriha. Shakyamuni thront zwischen Manjushri und Samantabhadra sowie sechzehn Hauptjüngern. Zu den schönsten Plastiken des Landes zählt der vergoldete **Bodhisattva im Lotossitz** (S 279) mit eng anliegender Kappe, elegantem Kollier und feingliedrigen Fingern, aus dem 15./16. Jh., vermutlich Manjushri, die Verkörperung der Weisheit. In der Halle werden interessante Holzdruckplatten mit figürlichen Legenden aufbewahrt.

Die Reihe erlesener Kunstwerke setzt sich fort in der **Gerichts- oder Höllenhalle:** In der Mitte thront eine vorzügliche Plastik des Unterweltsherrn **Kshitigarbha** (S 280) aus der frühen Koryo-Zeit (10. Jh.). Sie ist stilistisch dem Medizin-Buddha (S 41) im Silsang-sa verwandt. Bunte und volkstümlich lebendige Figuren – stehend Chijangs legendärer Vater und Sohn und sitzend die Richterkönige – schließen sich an. Ein Knabe trägt den Rasselstab des Kshitigarbha, mit dem dieser den Seelen den Weg aus der Finsternis der Unterwelt weist.

Tap-sa (Tab-sa)

Vier Kilometer südlich von Chinan (Jinan) ragt der bizarre **›Pferdeohrenberg‹** (Mai-san, Farbt. 11) mit dem höheren ›männlichen Ohr‹ (Sut Mai) und dem ›weiblichen Ohr‹ (Am Mai) auf. Am Südeinschnitt des kahlen Doppelgipfels türmte der Einsiedler Yi Kap-yong vor einigen Jahrzehnten als Lebenswerk etwa 80 Steinsetzungen auf. Die primitiven, kleinen Steinnadeln erinnern an schamanistische Praktiken, die kegelförmigen ›Pagoden‹ erreichen mit ihren Spitzen rund 10 m Höhe und trugen der Anlage den Namen ›Pagoden-Tempel‹ (Abb. 70) ein. Eine Figur des eifrigen Mönches wird in einem kleinen Tempel am Fuße des Mai-san verehrt. Um den kuriosen Berg liegen noch mehrere Einsiedeleien.

Uibong-sa (Wibong-sa)

Lage: Etwa 26 km von Chongju im Uibong-Gebirge, auf Wanderpfaden mit dem Songkwang-sa verbunden.
Geschichte: 604 vom Mönch Soam unter dem Patronat des Königs Mu von Paekche errichtet und Mitte des 14. Jh. erneuert. Das einst bedeutende Kloster mit 28 Gebäuden lag inmitten der Uibong-Bergfestung, von der nur noch Mauerreste künden.

Nach rund 45 Minuten Wanderung auf steilem Weg durch die herrliche Waldlandschaft des Uibong-san erreicht man die Ruinen der Uibong-Burg, die den kleinen, malerischen Klosterkomplex mit einem hübschen Garten umgeben.

Die **Haupthalle** (S 608) ist mit qualitätvollen Schnitzereien, Gemälden und Figuren ausgestattet. Zu beiden Seiten des Eingangs wachen Statuen von je zwei Torhütern und Botschaftsgeistern der Höllenkönige. Links beginnt nach Kshitigarbha eine umlaufende Figurenreihe von Buddha-Jüngern. Auf dem zentralen Sockel thront Shakyamuni, begleitet von Avalokiteshvara und Mahasthamaprapta. Über dieser Triade spannt sich ein prächtiger Schnitzbaldachin mit Drachen-, Wolken- und Lotosmotiven. Die Malereien zeigen Shakyamuni im Regenbogennimbus mit reichem Gefolge, bei dem die lebhaften Charakterköpfe seiner Jünger auffallen. An der Rückseite hängt eine Darstellung des Kwanseum.

Im **Mönchsquartier** ist eine Andachtshalle Kwanseum, dem beliebtesten aller Nothelfer, geweiht. Hinter dem Wohn- und Wirtschaftsgebäude steht der **Dreigeistschrein** zur Verehrung des Siebenstern- und Einsiedlergeistes.

Wanggung-tap oder die sogenannte Iksan-Pagode

Lage: 3 km südlich von Kumma (Goldpferd), östlich der Str. 1.

Zur Geschichte dieser eleganten **fünfstufigen Granitpagode** von rund 9 m Höhe und 3 m Basisbreite existieren mehrere Versionen. Die Legende bringt sie mit einem buddhistischen Kloster in Verbindung, das auf Fundamenten eines uralten Palastes der Mahan-Zeit errichtet worden war. Das Gebiet der Mahan-Stämme reichte um die Zeitenwende bis zum Goldfluß (Kum-gang) und umfaßte ungefähr die heutigen beiden Cholla-Provinzen. Aus den Mahan und nachdrängenden Puyo-Stämmen festigte sich im 5. Jh. das Paekche-Reich in seinen endgültigen Grenzen. Diesem legendenumwobenen Sitz der Mahan-Fürsten verdankt die ›Königspalast-Pagode‹ wahrscheinlich ihren Namen.

Als Musterbeispiel des späten Paekche-Stils dürfte sie in der ersten Hälfte des 7. Jh. entstanden sein und wäre damit etwas jünger als die Westpagode des Miruk-sa. Eine Deutung der Pagode als ›Siegesturm‹ des ersten Koryo-Königs Wang Kon ist fraglich. Die Bezeichnung Wanggung könnte allerdings (auch) mit ihm in Verbindung stehen.

Bei der Restaurierung kamen einzigartige Funde ans Licht: Eine Goldschatulle mit Lotosblütendekor, eine Reliquienflasche aus dunkelgrünem Glas auf einem geöffneten Goldlotos und neunzehn gehämmerte Goldblechplatten mit einem Kapitel des Diamant-Sutra, der wichtigsten Lehrschrift des esoterischen Diamant-Buddhismus. Diese großartigen Sarira (NS 123) stammen aus der Zeit des Geeinten Silla (8. Jh.) und sind im Koreanischen Nationalmuseum von Seoul zu bewundern.

Die Provinz Süd-Cholla (Cholla Nam-do/Jeonra Nam-do)

(vgl. Karte S. 242)

Chindo (Jindo)

Die größte Insel der Südwestküste zählt mit den benachbarten kleineren Inseln und Eilanden schätzungsweise 85 000 Einwohner. Auf der teilweise gebirgigen ›Juweleninsel‹ blieben altertümliche Bräuche lebendig, wie die in ganz Korea bekannte Zeremonie zur ›Auswaschung des Todes‹ (Sikkim kut) oder farbenprächtige Frauentänze, die besonders zum Erntemond (Chusok) und Neujahrsvollmond (Taeborum) aufgeführt werden. Die Bewohner rühmen sich ihrer heroischen Vergangenheit und huldigen ihren Ahnen vor steinernen Wächterstatuen, wie es sie auch auf Cheju gibt.

Berühmt sind die schäferhundähnlichen beige oder braunen Chindo-Hunde (Chindo-kae), deren Domestizierung bis in die Jungsteinzeit zurückreichen soll. Sie werden nur auf Chindo gezüchtet, genießen Artenschutz und werden alljährlich bei einer großen Hundeschau präsentiert.

Hungkuk-sa (Heungguk-sa)

Lage: Im waldigen Hügelland nahe der inselreichen Südküste, 30 km südöstlich von Sunchon.
Geschichte: 1195 vom Zen-Meister Pojo gegründet. Brandschatzung während der Mongolen- und Japanerinvasion im 13. und späten 16. Jh. Erneuerung im Jahre 1624 unter König Injo.

Ein etwa 300 m langer, leicht ansteigender Weg führt über eine malerische Bogenbrücke zu dem idyllischen Zen-Kloster. Im **Tor der Vier Himmelskönige** thronen die prächtig gerüsteten und geschmückten Welthüter. Torbau, zwei Versammlungshallen und die Haupthalle liegen axial gestaffelt. Vor den Mönchsquartieren im Hof steht eine alte Steinlaterne auf einer Schildkrötenbasis.

Der Innenraum der **Haupthalle** (S 396) zeichnet sich durch eine prächtige, u. a. mit Buddhas, Heiligen, Dämonenmasken und Drachen bemalte und geschnitzte Kassettendecke aus. Unter dem Schnitzbaldachin thront Shakyamuni in der Geste der Erdberührung zwischen Manjushri und Samantabhadra. Auch das Hintergrundgemälde zeigt diese Konfiguration und bereichert sie mit dem großen Gefolge der Buddha-›Familie‹, bei dem die eigenartig türkisfarbenen Nimben der Himmelskönige auffallen. An der Rückwand stellen Gemälde die wichtigsten Stationen im Leben des Shakyamuni dar, über dem Totengedenktisch ist Kshitigarbha zu sehen, das übrige Bildprogramm widmet sich Schützern der buddhistischen Lehre, dem volkstümlichen Siebensterngeist usw.

Zwischen der Haupt- und der Gerichtshalle führen Treppen zu einem **Schrein** mit Außenmalereien der zen-buddhistischen Rinderparabel und Bildern von 108 Buddhas – eine Allegorie der 108 Lehrreden des Shakyamuni – im Innenraum. Die **Halle der Buddha-Jünger** beherbergt ältere Holzfiguren des Shakyamuni und seiner sechzehn Schüler, von Erleuchtungswesen und Wächtern. In der obersten Halle wird wieder Shakyamuni verehrt.

Hwaom-sa

Ein gewundener Weg, der Geister abhalten soll, die dem Volksglauben zufolge nur geradeaus laufen können, führt durch das Einsäulentor, das Erleuchtungstor und das Tor der Vier Himmelskönige zum Hof. Die Anlage folgt dem seit der Silla-Zeit verbreiteten Zweipagodentyp mit der Haupt- und der Lehrhalle in der Nord-Süd-Achse.

Die beiden **fünfstufigen Granitpagoden** (S 132 und 133) errichtete Toson Kuksa (vgl. Toson-sa, Seoul) im Jahre 875. Die schmucklose östliche ›Schatzpagode‹ gilt als symbolischer Behälter ›Vieler Kostbarkeiten‹, die der ›Buddha vieler Schätze‹ seinem Nachfolger Shakyamuni nach einer Erzählung im Lotos-Sutra übergab (vgl. Pulguk-sa S. 324). Die linke **Westpagode** trägt reichen Reliefschmuck am doppelten Sockel und ersten Geschoß: Tierkreiszeichen, acht göttliche Generäle der übernatürlichen Wesen und vier Himmelskönige oder Welthüter.

Die **Haupthalle** aus dem Jahre 1630 zählt als wichtiges Beispiel der mittleren Yi-Architektur zu den Kunstschätzen des Landes (S 299). Im Zentrum des Figurensockels thront der Ur-Buddha Vairocana. Unmittelbar aus ihm erfließt sein himmlischer Reflex Lushena, den geistig Gereifte als ›Strahlungsleib‹ während der Versenkung wahrnehmen können. In der grobstofflichen Erdenwelt offenbart sich der Ur-Buddha als menschlicher ›Verwandlungsleib‹ zur Verkündung der Heilslehre, in diesem Weltzeitalter als Shakyamuni.

Die **Gerichts- oder Höllenhalle** ist in üblicher Weise mit drastischen Malereien der Höllentorturen ausgestattet.

Wontong-jon, die Halle des Avalokiteshvara, trägt eine schöne Kassettendecke mit älterem Floraldekor. Über der Kultfigur des barmherzigen Nothelfers spannt sich ein Schnitzbaldachin mit Lotosblüten – das Gewölbe des westlichen Lotosparadieses. Wandmalereien zeigen fliegende Himmelselfen und beliebte Volksgötter. In Regalen werden ältere und bedeutende Holzdruckplatten aufbewahrt.

An der Westseite erhebt sich die majestätische ›**Halle des Erwachenden Kaisers**‹ (NS 67). Dieses größte Klostergebäude ist an dem gestaffelten ›Doppel‹-Dach als besonders hochrangig zu erkennen; die Legende schildert eine Stiftung des chinesischen Kaisers. Die 1703 errichtete Halle zählt zu den großartigsten Originalbauten des Landes, eine Kopie ist im Koreanischen Nationalmuseum Seoul zu sehen.

Bemalung und Schnitzwerk der schrägen Kassettendecke, u.a. mit Lotosmandalas und Keimsilben, stammen aus dem vorigen Jahrhundert. In der Mitte des Figurensockels thront Shakyamuni, links Amitabha und rechts Prabhutaratna, der Buddha vieler Schätze, der die Stelle des

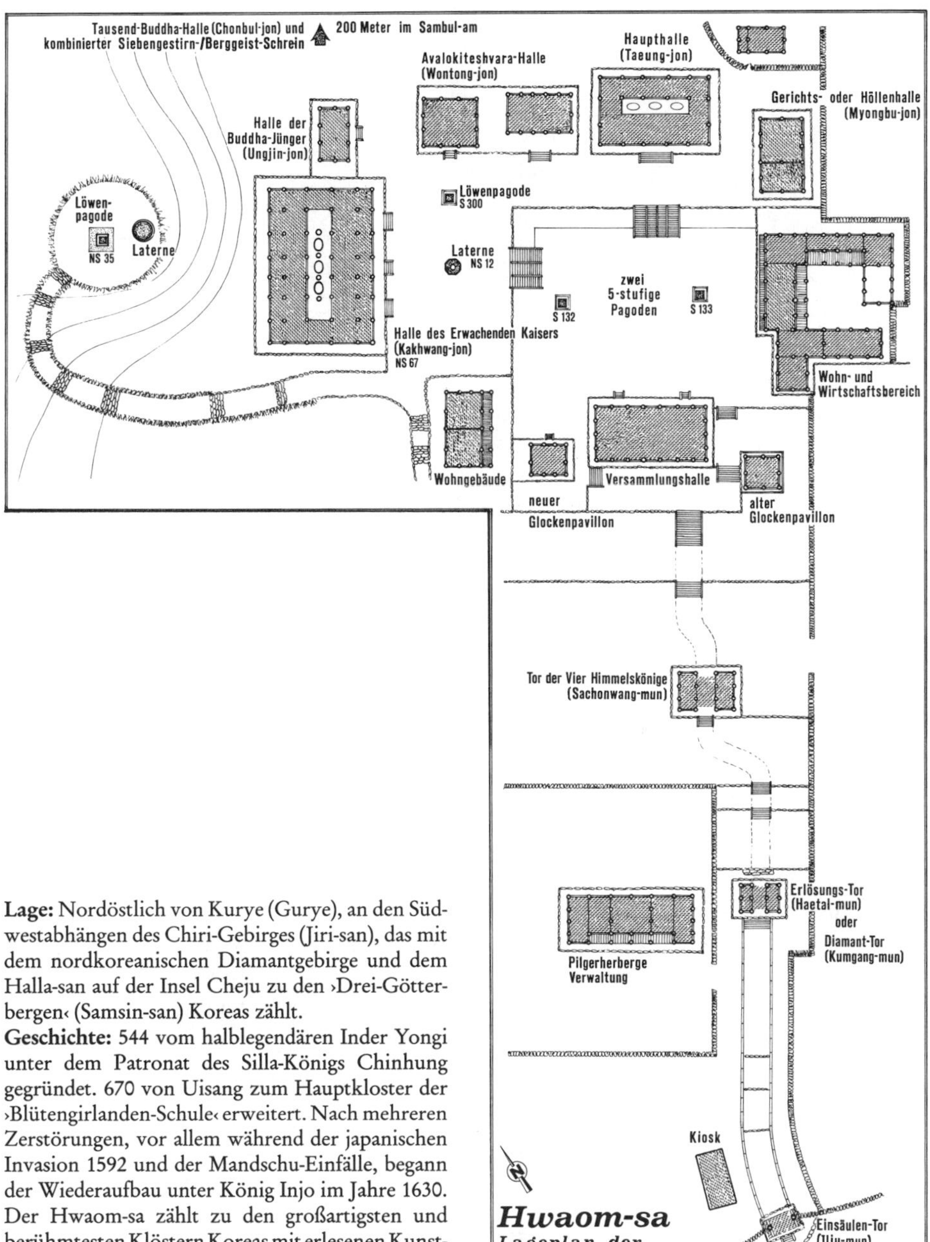

Lage: Nordöstlich von Kurye (Gurye), an den Südwestabhängen des Chiri-Gebirges (Jiri-san), das mit dem nordkoreanischen Diamantgebirge und dem Halla-san auf der Insel Cheju zu den ›Drei-Götterbergen‹ (Samsin-san) Koreas zählt.
Geschichte: 544 vom halblegendären Inder Yongi unter dem Patronat des Silla-Königs Chinhung gegründet. 670 von Uisang zum Hauptkloster der ›Blütengirlanden-Schule‹ erweitert. Nach mehreren Zerstörungen, vor allem während der japanischen Invasion 1592 und der Mandschu-Einfälle, begann der Wiederaufbau unter König Injo im Jahre 1630. Der Hwaom-sa zählt zu den großartigsten und berühmtesten Klöstern Koreas mit erlesenen Kunstwerken.

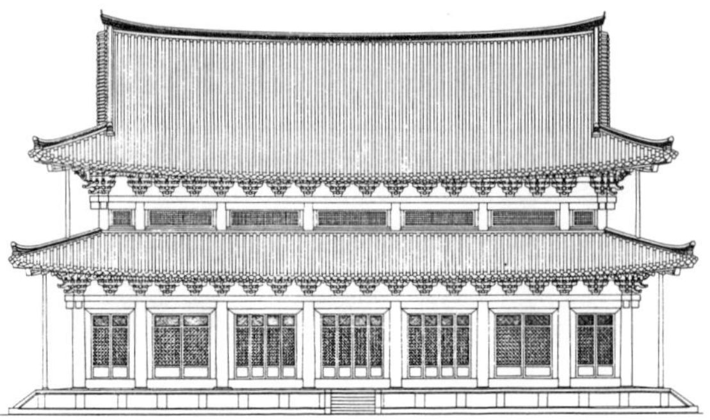

Nationalmuseum Kwangju, Erdgeschoß ▷ und Obergeschoß

Die Halle des Erwachenden Kaisers (Kakhwang-jon; NS 67) aus dem Jahre 1703 zählt zu den bedeutendsten Klosterbauten des Landes. Im Nationalmuseum Seoul steht eine Kopie.

Medizin-Buddha einnimmt. Die stehenden, rund 3,5 m hohen Erleuchtungswesen sind die traditionellen Begleiter des Shakyamuni und Amitabha: Manjushri und Samantabhadra – rechts und links von Shakyamuni, Avalokiteshvara und Mahasthamaprapta. Diese reiche und seltene Konfiguration verbindet Züge der Hwaom- und Zen-Schule mit dem volkstümlichen Glaubensbuddhismus, wie der Mönch Kyepa sie vertrat.

Vor der Halle befinden sich zwei bedeutende Steinmonumente, die Uisang im Jahre 670 stiftete: Die mehr als 6 m hohe **Laterne** (NS 12) – die größte ihrer Art in Korea –, und die **Löwenpagode** (S 300). Vier sitzende Löwen, aus deren Gesichtsausdruck man verschiedene Gemütsregungen abzulesen glaubt, stützen einen würfelförmigen Pagodensockel.

Eine zweite **Löwenpagode** aus dem 7. Jh. (NS 35) ragt am Berghang hinter der ›Halle des Erwachenden Kaisers‹ auf. Vier sitzende Löwen auf einem reliefierten Sockel tragen das elegante Granitreliquiar, dessen Dachkränze im typischen Silla-Stil nach unten gestuft sind. Die Legende deutet die zwischen den Trägerlöwen betende Gestalt als Mutter des Tempelgründers Yongi. Er selbst soll unter der eigentümlichen **Steinlaterne** kauern und Tee reichen.

Ein Pfad hinter der Haupthalle führt nach rund 150 m zur **Einsiedelei der Drei Buddhas (Sambul-am).** In der Tausend-Buddha-Halle thront die Triade des Shakyamuni, Amitabha und Bhaishajyaguru inmitten von Erleuchtungswesen mit mützenartigen Diademen – darunter Sonnen- und Mondlicht mit einem roten und einem weißen Ball – und einer Versammlung von tausend weißen Buddha-Figuren. Schreine für den Siebensterngeist und den Berggeist, eine zerstörte Pagode und Mönchsquartiere vervollständigen den Komplex.

Wanderwege verbinden den Hwaom-sa mit einem alten Kirschbaum (Olpon-namu), der Einsiedelei des Medizin-Buddha (Yaksha-am) und dem etwa 10 km entfernten ›Kloster des Verborgenen Flusses‹ (Chonun-sa).

Kwangju (Gwangju)

Die Hauptstadt der Provinz Cholla Nam-do liegt in der Honam-Ebene vor der eindrucksvollen Kulisse des fast 1200 m hohen Mudung-san, des ›Unvergleichlichen Gebirges‹. Mit mehr als 1 Million Einwohnern ist sie kulturelles und wirtschaftliches Zentrum des Südwestens. Das Umland, Koreas größte Ebene, liefert Reis, Baumwolle, Seidenkokons und den berühmten Tee der Sorte ›Früher Frühling‹. Mit Chonju, der Hauptstadt der Nord-Cholla-Provinz, wetteifert Kwangju um den Ruf der besten Küche des Landes.

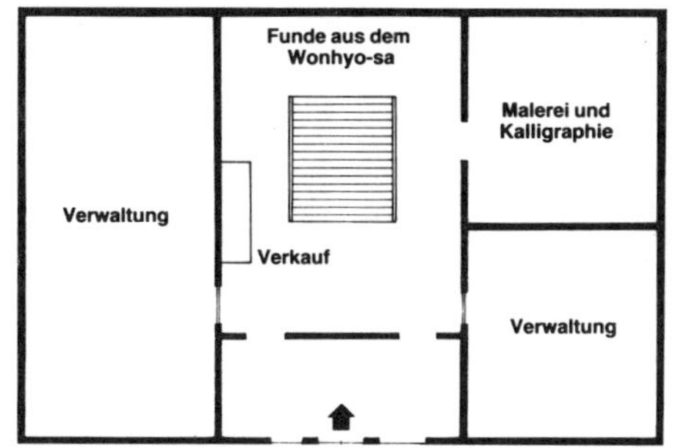

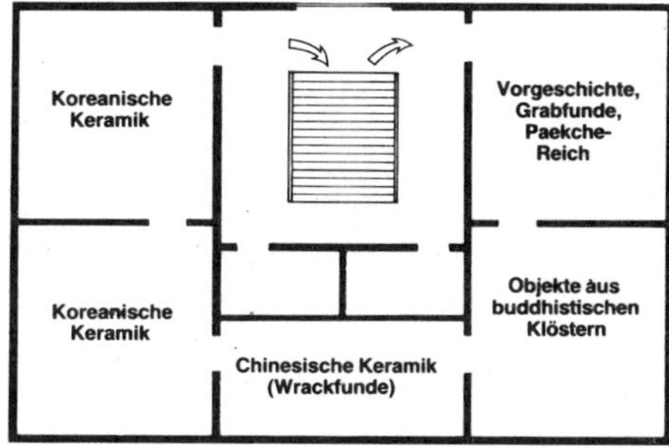

Die Stadt besitzt außer dem 1978 eröffneten **Nationalmuseum** an der Nordausfahrt zur Autobahn keine touristischen Sehenswürdigkeiten. In zwei Geschossen bietet das Museum einen interessanten Überblick der kulturellen Entwicklung von der prähistorischen Zeit bis zur Gegenwart mit seltenen Exponaten aus der Mahan-Epoche.

Den Stolz des Museums bildet die reichhaltige **Sammlung chinesischer Keramiken** aus einem Schiff, das Mitte des 14. Jh. – vermutlich auf dem Weg nach Japan – bei der Insel Sinan vor der Hafenstadt Mokpo sank. Während der Song-Zeit (960–1279) und der Yüan-Zeit (1280–1368) wurde chinesisches Porzellan zwar bis nach Europa exportiert, hier handelt es sich allerdings um den größten Einzelfund. Von 1330 geborgenen Objekten sind rund 260 ausgestellt: dunkel- und hellgrünes Seladon aus Lungchuan, weißes Porzellan (Ding Yao) der Song- und Yüan-Zeit, bläulich schimmerndes weißes Porzellan (Qing Bai/Chingpai), unglasiertes Steingut, schwarze Ware (Jian, jap. Temmoku) aus den Provinzen Chekiang und Fukien und etwa 20 Münzen der Song-Zeit.

Muwi-sa

Lage: In einem weiten, flachen Reistal, 15 km südlich von Yongam.
Geschichte: 597 unter dem Silla-König Chinpyong als Kwanseum-sa gegründet. Um 650 führte der Mönch Wonhyo die Dharmata-Lehre ein. Nach einer wechselhaften Geschichte – Zerstörungen, Erneuerungen und Umbenennungen – ist der Muwi-sa heute ein kleines, aber sehr sehenswertes Kloster.

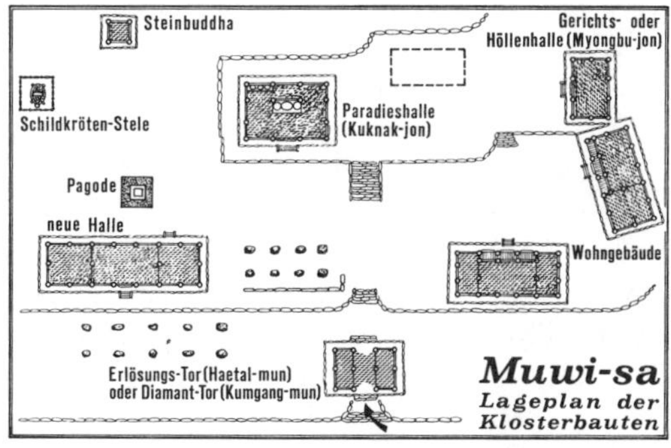

Durch das Haetal-mun und vorbei an Mönchsquartieren gelangt man zur einzigen älteren Klosterhalle, der **Paradieseshalle** (NS 13), aus der Mitte des 15. Jh. Wunderschön sind die Malereien an Gebälk und Kassettendecke und die elegante, zauberhaft lächelnde Figurentriade vor dem bedeutenden Hintergrundgemälde. Amitabha thront zwischen Avalokiteshvara, der eine

Lebenswasserflasche auf dem Schoß hält und Kshitigarbha mit einer enganliegenden Kappe und seinem typischen Rasselstab. Sie verkörpern Ewigkeit/Himmel, Gegenwart/Erde und Zukunft/Unterwelt. Das Hintergrundbild – eines der ältesten im Lande – zeigt Amita in einer prächtigen, rot-goldenen Robe, begleitet von Kwanseum und Chijang und einem reichen Gefolge von weiteren Bodhisattvas, Buddha-Jüngern und Welthütern in wolkigen Himmelshöhen. Auf der Rückseite ist der weißgewandete, bärtige Kwanseum mit dem Lebenselixier – die beliebte Form des Seelengeleiters in das Paradies des Licht-Buddha im Westen – zu sehen.

Figuren des historischen Buddha Shakyamuni mit zwei Erleuchtungswesen – an der Rückwand – und Bilder seiner 16 Hauptjünger, des Einsiedler- und Siebensterngeistes – links –, des Berggeistes, des Himmelsgenerals Veda und der Höllenrichter an der rechten Seitenwand ergänzen die Ausstattung.

Von der **alten Klosteranlage** blieben noch ein Steinbuddha in einem kleinen Schrein, eine Schildkrötenstele, eine Laterne und eine Pagode erhalten.

Paekyang-sa (Baegyang-sa)

Lage: An der nördlichen Provinzgrenze östlich der Autobahn, am Südfuß des Naechang-Gebirges und durch einen dreistündigen Wanderpfad mit dem Naechang-sa verbunden.
Geschichte: 632 unter dem Patronat des Königs Mu von Paekche gegründet, Erneuerungen, Erweiterungen und Umbenennung im 11. und 16. Jh.

Dem Flußlauf folgend erreicht man nach etwa zehnminütiger Wanderung das malerisch im Talende liegende, sehr sehenswerte Zen-Kloster. Über eine Brücke und durch das Tor der Vier Himmelskönige führt der Eingang von Osten in den Klosterkomplex. Hinter einem Meditationszentrum öffnet sich der Hof, in dem ein Bodhi-Baum wächst.

In der **Haupthalle** stehen drei goldlackierte Figuren: Shakyamuni wird von Manjushri und Samantabhadra begleitet, die als Verkörperungen von Weisheit und Meditation in Zen-Klöstern hohe Verehrung genießen. Statuen als Hauptkultbilder sind äußerst selten! Das Hintergrundgemälde zeigt Shakyamuni, aus dessen Erleuchtungserhöhung drei weiße Strahlen hervorbrechen, im Kreis seiner Jünger und von Bodhisattvas und Welthütern. Weitere Malereien widmen sich Schützern der Lehre, dem Einsiedlergeist und Avalokiteshvara.

Eine ungewöhnliche **Pagodenanlage** (Abb. 63) hinter der Haupthalle gibt symbolisch den Erkenntnisweg und die Lehre Buddhas wieder. Acht etwa 50 cm hohe Steine formen das Speichenrad des altindischen Stupa, das den ewigen Weltenlauf, das Sonnen- und Lebensrad und die acht wichtigsten Stationen im Erdenwandel des Shakyamuni versinnbildlicht. In der Mitte dieses heiligen Kreises ragt auf vier Säulen eine achtstufige Pagode mit flachen Dächern auf. Die Säulen sollen die Vier edlen Wahrheiten von der Leidentstehung und -überwindung, die Geschosse den achtfachen Erlösungspfad veranschaulichen, den Shakyamuni bei seiner ersten Predigt im Gazellenhain von Sarnath lehrte. In ihrer Gesamtheit steht diese Pagode für den stufenweisen Erkenntnisweg, der in der Befreiung von Wiedergeburt gipfelt, die mit dem Nirvana gleichzusetzen ist.

Der linke (westliche) Teil der **Zen-Galerie** dient dem Gedenken von Äbten und Mönchen des Klosters, der rechte ist als Ahnengalerie des Zen-Buddhismus eingerichtet. In der Mitte thront eine goldfarbene Figur des lehrenden Shakyamuni, auf den die Zen-Patriarchen ihren geistigen Stammbaum zurückführen. Ananda und Kashyapa, den die Legende als ersten Zen-Patriarchen beschreibt, und dessen Nachfolger in bunten Gelehrtenroben schließen sich an.

Eine Halle des künftigen Buddha Maitreya mit Malereien des Drachenkönigs und Berggeistes und die Gerichts- oder Höllenhalle vervollständigen die Kulthallen.

Porim-sa (Borim-sa)

Lage: In der Hügellandschaft 16 km von Posong (Boseong).
Geschichte: 860 als Einsiedelei gegründet und zehn Jahre später vom Nationalpriester Pojo zu einem Kloster der Hwaom-Schule erweitert. Alle Holzgebäude, bis auf das Tor der Vier Himmelskönige, brannten 1950 ab. Ein Besuch des stimmungsvollen Landklosters lohnt sich wegen der Nationalschätze.

Das Einsäulentor und das Tor der Vier Himmelskönige führen zur einzigen Klosterhalle. **Zwei dreistufige Granitpagoden** im Silla-Stil (2. Hälfte 9. Jh.) lassen das ursprüngliche Klosterkonzept als Zweipagodentyp erkennen. Bei Restaurierungsarbeiten fand man die Asche des Klostergründers. Zu diesen beiden Reliquienbehältern (NS 44) gehört die zierliche **Laterne.**

Die Halle des Großen Lichts beherbergt die vorzügliche Gußeisenplastik – eine der schönsten ihrer Art in ganz Korea – des **Ur-Buddha Vairocana** aus dem Jahre 870. Steinsockel und -nimbus gingen verloren.

Sonam-sa (Seonam-sa)

Lage: Ungefähr 20 km nordwestlich von Sunchon, auf der Ostseite des Chogye-Berges.
Geschichte: 529 gründete der zweite Mönch Ado eine Einsiedelei zu Ehren des Ur-Buddha Vairocana. Erweiterung zu einem Zen-Kloster Mitte des 9. Jh. durch den berühmten Nationallehrer Toson. Zerstörung während der japanischen Invasion 1592, Wiederaufbau seit 1660. Der Sonam-sa zählt zu den 31 Haupttempeln Koreas und ist Sitz der Taego-Sekte, der verheirateten sogenannten ›Rotmönche‹.

Über die **Regenbogenbrücke** (NS 400) aus dem Jahre 1698, eine der größten und schönsten Steinbrücken des Landes (Farbt. 33), erreicht man nach rund 10 Minuten Wanderung das Klostergelände. Im Klostergeviert blieben **zwei dreistufige Steinpagoden** aus der Silla-Zeit (8. Jh.) erhalten. In der **Haupthalle** ist eine Figur des historischen Buddha Shakyamuni eingeschreint. Malereien zeigen Buddha-Jünger, Erleuchtungswesen und Schützer der buddhistischen Lehre.

Auf der nächsten Terrasse steht die **Halle der fünfzig Buddhas** und einige Treppen höher die Halle des Avalokiteshvara. Der Klosterkomplex schließt mit einem Totengedenkschrein und der **Halle der Buddha-Jünger,** die sich durch qualitätvolle Gemälde des Shakyamuni, seiner 18 Hauptjünger, zwei Bodhisattvas und eine schöne Kassettendecke auszeichnet.

Songkwang-sa (Songgwang-sa)

Lage: Südöstlich von Hwasun an den Abhängen des Chogye-Berges, auf Wanderpfaden mit dem Sonam-sa verbunden.
Geschichte: Im 9. Jh. gründete Hyerin Taesa ein Kloster der Avatamsaka-Schule mit dem Namen Kilsang-sa. 1204, unter dem Koryo-König Huijong, Erweiterung durch den berühmten Zen-Meister Pojo zu einer Niederlassung der Zen-Schule. Später Umbenennung nach dem Symbol der immergrünen Kiefer. Im japanischen Krieg 1592 gingen fast alle Gebäude in Flammen auf, der Wiederaufbau begann im 17. Jh. Kurz

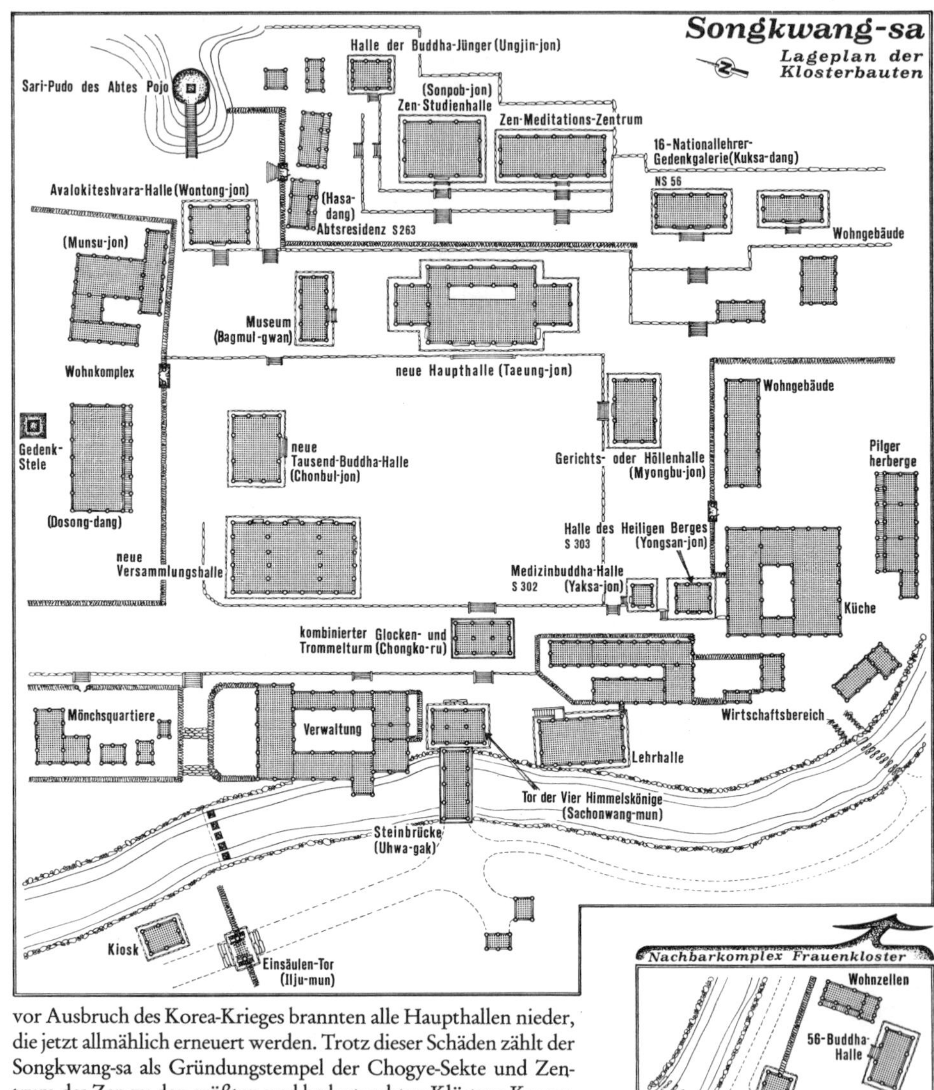

vor Ausbruch des Korea-Krieges brannten alle Haupthallen nieder, die jetzt allmählich erneuert werden. Trotz dieser Schäden zählt der Songkwang-sa als Gründungstempel der Chogye-Sekte und Zentrum des Zen zu den größten und bedeutendsten Klöstern Koreas. In der Symbolsprache der ›Drei Juwelen des Buddhismus‹ gilt der Tongdo-sa als Kloster des Buddha, der Haein-sa als Tempel der Lehre und der Songkwang-sa als ›Behälter‹ der Gemeinde. Aus ihm gingen große Gelehrte, sechzehn Nationallehrer und berühmte Zen-Meister, so der kürzlich verstorbene Abt Kusan (›Neun Berge‹), hervor. Ein Nonnenkloster und ein Zen-Zentrum, das auch ausländische Studenten aufnimmt, sind angeschlossen.

Nach etwa 1 km leicht ansteigendem Fußweg erreicht man durch das Einsäulentor den Eingang. Über den idyllischen Bachlauf spannt sich eine holzüberdachte, steinerne **Bogenbrücke,** die mit dem Tor der Vier Himmelskönige und einer Versammlungshalle direkt am Wasser ein pittoreskes Ensemble bildet, das zu den reizvollsten Klosteransichten Koreas zählt. Hinter dem doppelgeschossigen Glockenpavillon öffnet sich ein weiträumiger Platz, auf dem bis 1951 die Hauptkulthallen standen. Der Wiederaufbau, die Errichtung einer Tausend-Buddha-Halle und die Neuausstattung des Museums lassen große Veränderungen erwarten. Die **Haupthalle** beherbergte – offenbar als Zwischenlösung bis zum Neubau – eine goldfarbene Plastik des Ur-Buddha Vairocana (Abb. 67), rotgrundige Gemälde des Shakyamuni mit dem weißgewandeten Avalokiteshvara und Kshitigarbha und polychrome Bilder aus dem Leben des Shakyamuni und von Religionsschützern.

Das **Museum** bewahrt kostbare Schriften, u. a. des Koryo-Königs Kojong, und liturgische Geräte. Hervorzuheben ist ein holzgeschnitztes **Triptychon** (S 42), in dessen Mittelschrein Shakyamuni, umringt von seinen Jüngern und Erleuchtungswesen, auf Blütenranken thront. Auf den Flügeln reiten Manjushri und Samantabhadra als Allegorien von Weisheit und Meditation.

Holzgeschnitztes Triptychon (S 42), vermutlich aus der Abtskapelle, im Museum des Songkwang-sa. Im Mittelteil thront der historische Buddha Shakyamuni im Kreise seiner Jünger, auf den Flügeln reiten die Erleuchtungswesen Manjushri (Munsu) und Samantabhadra (Pohyon), die Verkörperungen von Weisheit und Meditation, auf einem Löwen und einem Elefanten.

In der **Gerichts- oder Höllenhalle** stellen Wandgemälde mit kleinteiligen Figurengruppen und Landschaften Gericht, Urteil und Qualen der einzelnen Höllenregionen dar (vordere Umschlagklappe), von denen Kshitigarbha befreit.

Nahe der Gerichtshalle verdienen zwei kleine Gebäude aus dem 17. und 18. Jh. Aufmerksamkeit: Im **Yaksha-jon** (S 302) thront unter einem besonders schönen Gebälk der vergoldete Medizin-Buddha Bhaishajyaguru. Das Hintergrundbild zeigt ihn im Regenbogennimbus, begleitet von Sonnen- und Mondlicht und einem reichen Gefolge von Erleuchtungswesen, Arhats und Himmelskönigen. In der **Halle des Heiligen Berges** (S 303) wird eine goldlackierte Figur des historischen Buddha Shakyamuni verehrt. Acht Bilder, beginnend an der rechten Seitenwand, schildern die wichtigsten Stationen seines halblegendären Erdenwandels.

Die **Halle der Nationallehrer** (NS 56) überstand als einziges Bauwerk den Brand von 1592. In diesem ältesten Klostergebäude sind Tafelbilder von sechzehn Nationallehrern eingeschreint, die im Songkwang-sa wirkten. Pojo, dem 1210 gestorbenen großen Zen-Meister und Klostergründer, ist das achte Bild von rechts gewidmet. Seine Reliquien wurden in der **Steinpagode** auf dem Hügel hinter dem Wontong-jon beigesetzt. Dieser Sarira-Behälter folgt der fünfteiligen ›Elementen‹-Symbolik des Gorinto-Typs (vgl. S. 112). Die Inschrift der **Gedenkstele** verfaßte Kim Su, der Sohn des konfuzianischen Gelehrten und Autor des Samguk Sagi, Kim Pusik.

Das Kloster besitzt noch weitere interessante Kleinreliquiare in Glocken-, Oktogon- und Kugelformen von Mönchen und Äbten sowie ein zeitgenössisches **Buddhismus-Monument,** einen hohen, achteckigen Granitpfeiler mit einem bekrönenden Löwen, der die Macht des Geistes versinnbildlicht.

Die kleine **Abtsresidenz** (Hasa-dang, S 263), die **Halle der Buddha-Jünger** und einige Versammlungshallen bilden einen eigenen Gebäudekomplex auf einer Terrasse.

Die **Halle des Avalokiteshvara** (Wontong-jon) dient vor allem den religiösen Bedürfnissen der Bevölkerung des Umlandes. Mehrere Gemälde gruppieren sich um die Kultfigur des beliebtesten Nothelfers: Die Triade Chesok – Kwanseum – Chijang soll drei kosmische Ebenen und Lebensabschnitte, die Ewigkeit und den Himmel, die Erde und Gegenwart, die Unterwelt und Zukunft, veranschaulichen. Der Berg-, Einsiedler- und Siebensterngeist und der flügelhelmbewehrte Veda ergänzen die Gemäldefolge.

Etwa 300 m vom Hauptkloster entfernt liegt jenseits des Baches das ummauerte, kleine **Nonnenkloster** mit drei – meist geschlossenen – Kultschreinen. Im mittleren Taeung-jon werden Figuren des Shakyamuni und zweier Erleuchtungswesen sowie ein großes Rollbild mit Darstellungen der Himmelsregionen mit Scharen von Bodhisattvas und Arhats aufbewahrt. Nach Norden schließt sich eine Buddha-Halle mit schönen, älteren Malereien an, u. a. die Buddha-Trias Shakyamuni – Dipankara – Maitreya und mehr als fünfzig Vorläufer des historischen Buddha. Im rechten Schrein sind Darstellungen des Ur-Buddha Vairocana und des kindlichen Shakyamuni (oder Manjushri) gemalt.

Ssangbong-sa

Lage: In einem Reisanbaugebiet 15 km nördlich von Boseong.
Geschichte: Gründung in der 2. Hälfte des 9. Jh., erweitert im 11. Jh. unter König Munjong. Wegen der einzigartigen Holzpagode lohnt sich der Besuch des abgelegenen, bescheidenen Dorfklosters.

Nach rund 4 km Wanderung erreicht man den kleinen Komplex mit der axial angeordneten Haupthalle und Pagode, einer Gerichts- oder Höllenhalle mit älteren Holzfiguren und einem Wirtschafts- und Wohngebäude hinter schönen, alten Steinmauern.

Die **dreigeschossige Stockwerkpagode** (NS 163) stammt aus dem Jahre 1680 oder 1697. Mit dem fünfstufigen Palsang-jon des Popchu-sa (vgl. S. 243) blieb sie als einzige der einst großartigen koreanischen Holzpagoden erhalten und stellt – auch dank ihrer edlen Maßverhältnisse und meisterlichen Zimmermannsarbeit – eine kunsthistorische Kostbarkeit ersten Ranges dar. Auf einem quadratischen Steinpodest steht der schmale Pagodenkörper, über dem sich weit vorkragende, geschwungene Dächer auf kunstvollen Konsolrahmen türmen. Im viereckigen,

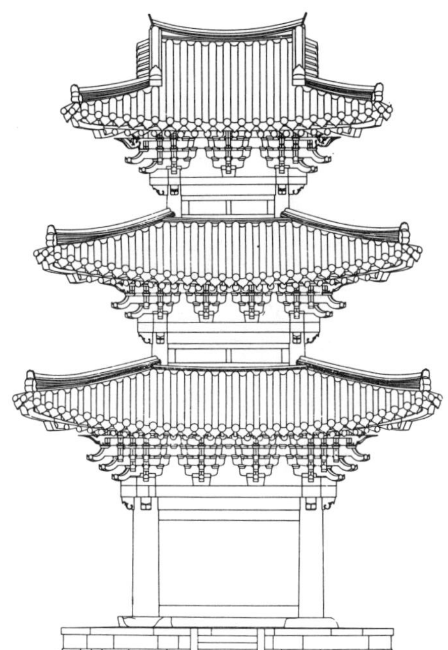

Die dreistufige Holzpagode (NS 163) im Ssangbong-sa, erbaut 1680 oder 1697. Neben dem fünfgeschossigen Reliquiarturm im Popchu-sa blieb sie als einzige von einst zahlreichen, teils monumentalen Holzpagoden erhalten. Edle Proportionen und kunstvolles Konsolgebälk erheben sie neben ihrem Seltenheitswert zu den Nationalschätzen des Landes.

durch eine Laternendecke erhöhten Andachtsraum wird der historische Shakyamuni zwischen Ananda und Kashyapa verehrt.

In der **Haupthalle** begleiten zwei Bodhisattvas den historischen Buddha. Die Kassettendecke trägt ältere Ornamentalmalereien.

Taehung-sa (Daeheung-sa)

Lage: Im Südwesten der Provinz, 15 km südlich von Haenam, an den waldigen Hügeln des Taedun-Berges.
Geschichte: Gründung im Jahre 546 durch den zweiten Mönch Ado zu Ehren der Mutter des Königs Chinhung von Silla. In dem alten Kloster wirkten bedeutende Mönchsgelehrte wie Uisang und Wonhyo im 7. Jh. und die Mönchsgeneräle Sosan und Samyong.

Der Weg gabelt sich nach einem interessanten Mönchsfriedhof und dem Tor der Vier Himmelskönige. Links gelangt man zum Hauptkomplex und rechts zur Mittel-, und von dort weiter zur Südgruppe.

Der Weg zum Hauptkomplex führt über eine Brücke und durch eine langgestreckte Torhalle zur **Haupthalle** (S 125). Auf dem Figurensockel thront Shakyamuni zwischen Amitabha und Bhaishajyaguru, die zusammen die ›Drei Juwelen des Buddhismus‹ verkörpern. Die Hintergrundbilder wiederholen diese Trias, jeweils mit ihren zwei wichtigsten Erleuchtungswesen und einem weiteren Gefolge von Buddha-Jüngern und Welthütern. Shakyamuni sind Manjushri und Samantabhadra zugeordnet, Amitabha wird von Avalokiteshvara und Mahastha-

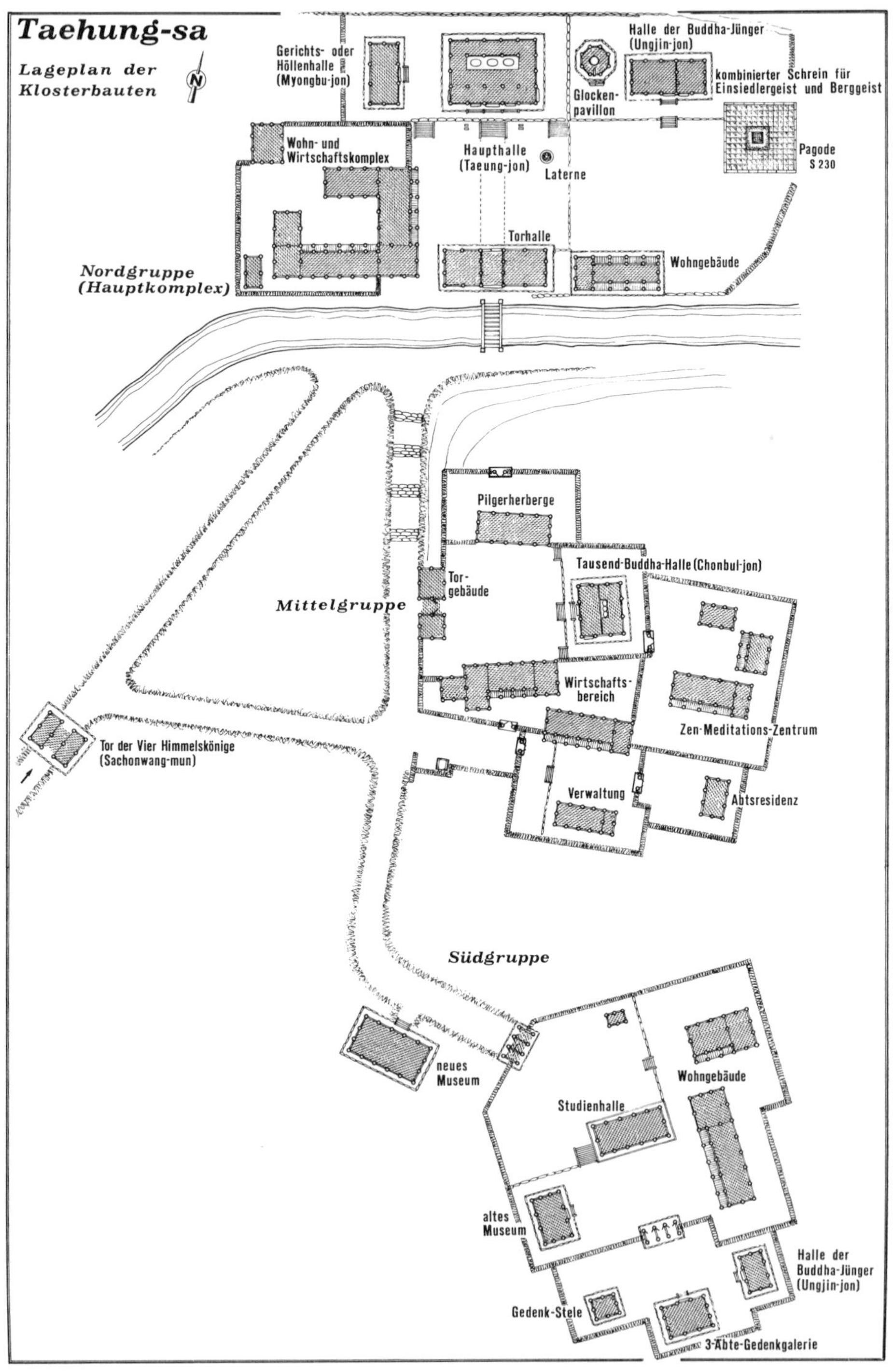

Taehung-sa
Lageplan der Klosterbauten
N
Gerichts- oder Höllenhalle (Myongbu-jon)
Halle der Buddha-Jünger (Ungjin-jon)
kombinierter Schrein für Einsiedlergeist und Berggeist
Glocken-pavillon
Wohn- und Wirtschaftskomplex
Haupthalle (Taeung-jon)
Laterne
Pagode S 230
Torhalle
Wohngebäude
Nordgruppe (Hauptkomplex)
Pilgerherberge
Tausend-Buddha-Halle (Chonbul-jon)
Tor-gebäude
Mittelgruppe
Wirtschafts-bereich
Zen-Meditations-Zentrum
Tor der Vier Himmelskönige (Sachonwang-mun)
Verwaltung
Abtsresidenz
Südgruppe
neues Museum
Wohngebäude
Studienhalle
altes Museum
Halle der Buddha-Jünger (Ungjin-jon)
Gedenk-Stele
3-Äbte-Gedenkgalerie

maprapta begleitet, den Medizin-Buddha Bhaishajyaguru flankieren Sonnen- und Mondlicht. Wandmalereien zeigen u. a. Kshitigarbha, sieben Buddhas, volkstümlich als Siebensterngeist verstanden, und Schützer der buddhistischen Lehre.

Zu beiden Seiten des Hauptgebäudes schließen sich die **Gerichts- oder Höllenhalle** und ein Pavillon mit der Glocke (S 88) an. In der **dreistufigen Granitpagode** (S 320) aus der Silla-Zeit wurde unter anderem die Bronzefigur eines Bodhisattva entdeckt.

Zentrales Bauwerk der Mittelgruppe ist die im 17. Jh. errichtete und im vorigen Jahrhundert erneuerte **Halle der Tausend Buddhas** (Farbt. 35). Außenmalereien der zen-buddhistischen Rinderparabel beginnen mit Samantabhadra und enden mit Manjushri. Im Zentrum der Halle thront Shakyamuni mit diesen zwei Bodhisattvas vor tausend kleinen, weißen Buddha-Figuren, die mit gelben Stoffbahnen wie Mönche rituell bekleidet wurden.

Das Museum auf dem Weg zur Südgruppe ist bis heute geschlossen. Hauptgebäude dieses dritten Klosterkomplexes sind die **Halle der Buddha-Jünger** für die 16 Hauptschüler des Shakyamuni und die **Gedenkgalerie,** die König Chongjo im Jahre 1788 in Ehrerbietung des heldenhaften Einsatzes der Mönchsarmee während des japanischen Einfalls 1592 errichten ließ.

Zum Kloster gehören einige Einsiedeleien, darunter die des zukünftigen Buddha Maitreya.

Tamyang (Damyang)

Die kleine Provinzstadt und ihre Umgebung sind für die traditionelle Herstellung von Bambusartikeln bekannt (Abb. 20). Im Flußtal findet an Tagen mit den Endzahlen 2 und 7 ein landestypischer **Bambusmarkt** statt.

Tokap-sa (Dogab-sa)

Lage: An einem waldigen Berghang 8 km südwestlich von Yongam.
Geschichte: Mitte des 9. Jh. vom Nationallehrer Toson gegründet. Das Kloster besitzt einige bedeutende Originalbauwerke der frühen Yi-Zeit (spätes 14. und 15. Jh.).

Der Komplex ist in der seltenen Ost-West-Achse angelegt. Das **Erlösungstor** (NS 50) aus dem Jahre 1473 gilt als eines der bedeutendsten Beispiele früher koreanischer Holzbaukunst. Die vergleichsweise kleine, aber sehr komplizierte Konstruktion zeigt stilistische Ähnlichkeiten mit

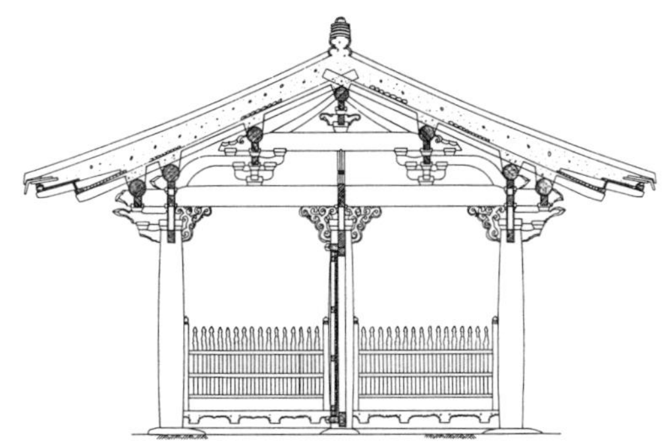

Das Erlösungstor (Haetal-mun; NS 50) im Tokap-sa, erbaut im Jahre 1473, zählt zu den bedeutendsten Beispielen früher koreanischer Holzbaukunst.

dem Chosa-dang im Pusok-sa. Vor der Haupthalle stehen zwei unterschiedliche **Steinpagoden,** von denen die fünfstufige Südpagode aus dem späten 14. Jh. stammt.

In der **Haupthalle** thront die seltene Triade Vairocana (Mitte) – Shakyamuni – Bhaishajyaguru. Die Gerichts- oder Höllenhalle aus dem Jahre 1456 verwendet altüberlieferte Bauformen der Yi-Kunst.

Hinter der Haupthalle führt ein stark gewundener und verwachsener Pfad durch den Bach auf den Berghang zur **Maitreya-Einsiedelei,** die als besondere Kostbarkeit einen Granit-Buddha mit sparsamem Faltenwurf und bootförmigem Nimbus aus dem 13./14. Jh. bewahrt.

Unju-sa und Chonbul-Chontap

Lage: 25 km südlich von Hwasun öffnet sich ein von bewaldeten Hügeln gesäumtes Tal mit Reis- und Hirsefeldern: ein ›Geheimtip‹ für kunst- und religionsgeschichtlich interessierte Besucher.
Geschichte: Während der Regierung des Königs Hungdok (826–836) gründete der Nationallehrer Toson das Unju-Kloster, von dem vermutlich noch der einzigartige, hausähnliche **Steinschrein** (Abb. 31) erhalten blieb. Zwei hohe, schmale Nischen nach Norden und Süden bergen Skulpturen eines archaisch wirkenden Buddha und eines Asketen – wohl des fastenden Shakyamuni. Das bescheidene **Nonnenkloster,** etwa 200 m nördlich, wird von der Bevölkerung des Umlandes häufig zu Totenzeremonien aufgesucht (Abb. 60).

Fragend steht der Besucher vor rund fünfzig **Skulpturen, Bruchstücken, Torsi und Pagoden,** die dem Tal die Bezeichnung Chonbul – Chontap ›Tausend Buddhas und tausend Pagoden‹ eintrugen (Farbt. 37). Teilweise schief, abgebrochen oder versunken, ragen sie aus den Feldern auf oder erheben sich aus Höhlen, Gräben und Felsspalten. Diese rätselhaften Steinmonumente wurden von der revolutionären Minjung hinterlassen, einer Vereinigung landloser Bauern und Sklaven, die nach ihrer Unterdrückung im 11. und 12. Jh. aus dem Gebiet des alten Paekche-Reiches nach Süden flohen, um in diesem abgeschiedenen Tal ihr Werk fortzusetzen. Tausend Buddhas und ebensoviele Pagoden wollten sie aus den Felsen meißeln, erst dann werde nach einer alten Weissagung Maitreya als Friedenskönig ein Zeitalter der Gerechtigkeit auf Erden einleiten. Während der orthodoxe Buddhismus, König und Adel ihren loyalen Dienern und Sklaven goldglänzende Buddhas in Tempeln und Klöstern präsentierte und ihnen ein Paradies nach dem Tode versprach, sahen die Minjung ihre Hoffnungen und ihr Ziel auf das Diesseits gerichtet. Zahllose Steintürme künden noch heute von ihnen – teilweise in seltsamen Formen, wie die ›Melonen-, Kürbis- oder Topf-Pagode‹, scheibenförmige Aufschichtungen oder die 12 m hohe, säulenartig schlanke neunstufige Ogari-Pagode mit spärlichem Blüten- oder Rhombendekor. Zwei 10 und 12 m hohe Kolossalskulpturen blieben als Hochrelief unvollendet auf dem Berggrat liegen.

Yongog-sa (Yeongog-sa)

Den Yongog-sa, östlich von Kurye im Chiri-Gebirge, rund 10 km nördlich der Str. 19, gründete im Jahre 544 der Inder Yongi (vgl. Hwaom-sa). Ein Besuch des bescheidenen Dorftempels lohnt sich wegen der großartigen Steindenkmäler, besonders der prächtig reliefierten Ost- und Nordpagode (NS 53 und 54) aus der Silla- und frühen Koryo-Zeit.

Kyongju und die Provinz Nord-Kyongsang (Kyongsang Puk-do)

Kyongju (Gyeongju) mit der näheren Umgebung

Geschichtlicher Überblick

Kyongju, noch bis in unser Jahrhundert ein verschlafenes Landstädtchen im Südostwinkel der koreanischen Halbinsel, kannten wohl nur wenige Europäer. Als in den zwanziger Jahren die ersten Königsgräber geöffnet wurden, horchte die Fachwelt auf: Sensationelle Goldfunde rechtfertigten plötzlich den alten Namen **Kumsong, die ›Goldfestung‹**; die kleine Stadt erlangte mit ihren Kunstschätzen Weltruhm. Heute zieht Koreas ›Museum ohne Mauern‹ alljährlich zahllose Besucher aus allen Erdteilen an.

Fast ein Jahrtausend war Kyongju Mittelpunkt eines anfänglich kleinen, aber später mächtigen, gesamtkoreanischen Staates. Dieses Reich **Kerim (Kyerim) oder Sorabol, das spätere Silla,** wurde von Schamanenkönigen regiert. Seit dem 4. Jh. wurde die Herrscherwürde im Kim-Klan erblich. Die Kim (Kim oder Kum = Gold) beuteten die Goldminen ihres Landes aus, bauten die Goldfestung (Kumsong) und geboten über eine streng konservative, ›goldflimmernde‹ Schamanenwelt.

Nach der offiziellen Annahme des Buddhismus im Jahre 527, mehr noch seit der Reichseinigung 668, öffnete sich das ›barbarische‹ Silla dem chinesischen Kulturstrom – Weltbild und Herrscherideologie wandelten sich. In China geschulte Denker formten einen mit taoistischen und konfuzianischen Elementen durchsetzten Buddhismus als Staatslehre und Moralregel. Das Samguk Yusa, die Überlieferung der Drei Königreiche, schildert den Luxus der damaligen Zeit: Für eine Buddha-Figur im Yongmuyo-sa wurde im Jahre 764 Gold im Gegenwert von fast 1,5 Millionen Kilogramm Reis aufgewendet.

Verwaltung und Regierung orientierten sich am chinesisch-konfuzianischen Vorbild, hohe Ämter blieben jedoch der führenden Adelsschicht vorbehalten, die nur Ehen innerhalb der vornehmen Familien erlaubte. Aus dieser ›Gebein‹-Linie (Kolpum) rekrutierte sich auch das Elitekorps der Blütenjunker.

Sillas Hauptstadt wurde nach dem Vorbild der Tang-Metropole Changan, der Stadt des ›Ewigen Friedens‹ (dem heutigen Xian), zu einem der größten und glanzvollsten Kulturzentren mit kosmopolitischer Atmosphäre ausgebaut. Koreaner studierten in China sowohl buddhistisches wie klassisches Schrifttum. Gesandte, Künstler, Gelehrte und Händler aus vielen Ländern gingen in Kyongju aus und ein – die stärkste Ausländerkolonie bildeten die Chinesen. Ginseng, Reispapier, Pelze, Seiden und Pferde waren Sillas begehrteste Ausfuhrartikel. Über innerasiatische Karawanenwege gelangten Luxusgüter vom Mittelmeer und aus Persien in den äußersten Fernen Osten.

Während seiner Blütezeit im 7. und 8. Jh., als es über 1 Million Einwohner zählte, war Kyongju fast zehnmal größer als heute. Alte Reiseberichte erzählen von 180 000 Gebäuden und 35 ›großen Häusern‹, womit Königspaläste, Adelsanwesen und Klöster gemeint waren. Der Reichtum blieb auf die privilegierten Familien und die Klöster beschränkt, das Volk mußte sich mit dem Nötigsten bescheiden.

Ab 770 brachen Machtkämpfe innerhalb der herrschenden Kim-Sippe aus, im 9. Jh. löste sich die dekadente Gesellschaft Sillas auf. Wang Kon (Taejo), der erste Koryo-König, empfing jedoch Sillas abgedankten König Kyongsun im Jahre 935 mit allen Ehren und vermählte ihn mit seiner Tochter. Dadurch blieb Sillas Hauptstadt verschont und viel Wertvolles erhalten. Der Schleier des Vergessens senkte sich über die alte ›Goldfestung‹. Erst in diesem Jahrhundert gewährten die großartigen Funde einen Blick in eine versunkene, rätselhaft magisch-mythische Welt.

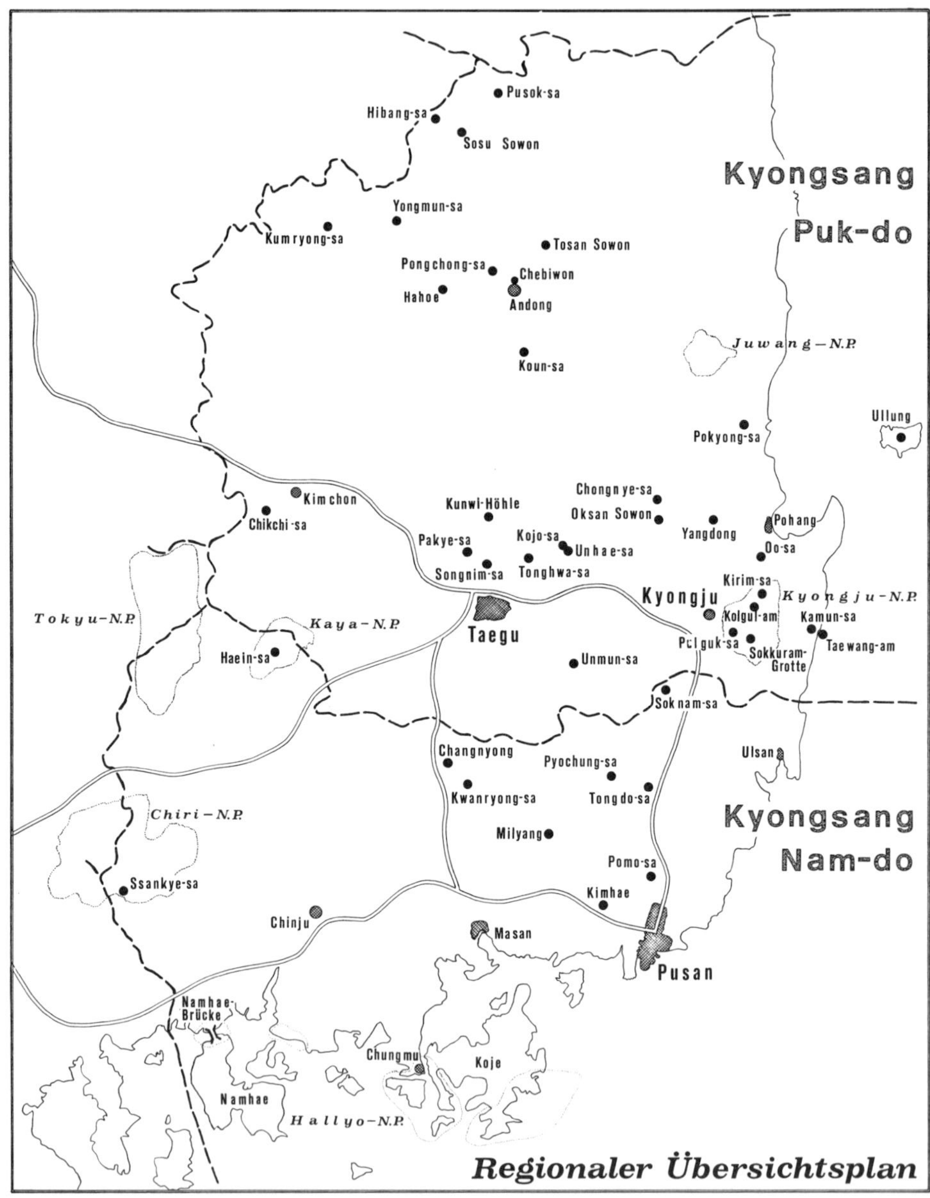

Kyongju und die Provinzen Nord- und Süd-Kyongsang

Zeittafel

Alt-Silla 57 v. bis 668 n. Chr.

57 v. Chr.	Hyokkose aus der Pak-Sippe gründet das Reich Kerim oder Sorabol
57–80 n. Chr.	Talhae, erster König aus der Sok-Sippe. Herrscherwürde bis in das 3. Jh. abwechselnd im Pak- und Sok-Klan
262–284	Michu erster König aus der Kim-Sippe
307	König Kirim nennt sein Reich Silla, die neue, gedeihliche ›Umhüllung‹ des Volkes im Schutze der Herrschermacht
356–402	Mit König Naemul beginnt die ununterbrochene Reihe von Herrschern aus der Kim-Sippe bis 912
417–457	König Nulchi. Die buddhistische Mission der Mönche Ado und Mukhoja im Jahre 424 scheitert
514–540	Pophung, der ›Dharmaerheber‹, führt den chinesischen Königstitel Wang ein und anerkennt 527 offiziell den Buddhismus
540–576	König Chinhung erobert 562 Kaya und markiert die Ausdehnung seines Reiches mit vier Stelen
579–632	Chinpyong, der Silla-König mit der längsten Regierungszeit
632–647	Sondok, die erste von drei Silla-Königinnen, fördert Wissenschaft und Kunst, baut Schulen, Tempel, Klöster und die sogenannte Sternwarte. (Die beiden anderen Königinnen waren Chindok, Nachfolgerin der Sondok, reg. 647–654, und Chinsong, reg. 887–897)
654–661	König Muyol beginnt mit Hilfe des Generals Kim Yu-sin die Reichseinigung und erobert mit Tang-China im Jahre 660 Paekche
661–681	König Munmu setzt das Werk seines Vaters fort, unterwirft Koguryo und vereint alle Drei Königreiche im Jahre 668 zum ersten gesamtkoreanischen Staat

Groß-Silla 668–892 (als Silla bis 935)

682	König Sinmun gründet die erste konfuzianische Staatsuniversität. Sol Chong, der führende konfuzianische Gelehrte des 7. Jh., entwickelt das Idu-System zur Niederschrift Ländlicher Lieder (Hyangga)
742–765	König Kyongdok. Höhepunkt der buddhistischen Kunst
ab 892	Zerfall des Groß-Silla-Reiches in drei kurzlebige Staaten
912–927	Nach 400 Jahren wieder Herrschaft der Pak-Familie
927–935	Kyongsun aus der Kim-Sippe als Marionettenkönig geduldet. Silla geht friedlich im Koryo-Reich (seit 918) auf

Abstammungsmythen, Gräber und Gedenkstätten der drei Königssippen Pak, Sok und Kim

Manche Mythen verraten den archaischen Glauben an die Herkunft der Koreaner von der Sonne. Reichsgründer und Sippenahnen wurden nach himmlischen Vorzeichen – Purpurwolken, weißen Pferden, Hähnen und Elstern – aus Goldeiern oder Goldschatullen geboren. In alten Zeiten hieß Silla Kyerim oder Kerim, was Hahn- oder Hühnerwald bedeutet. Als Herold der Morgenstunde war der Hahn mit der Sonne verbunden. Chinesische Reisende erwähnten ein ›Hühnervolk‹, dessen Schamanen und Priester große Flügel und Federn auf dem Kopf tragen und den Berggeistern Reis und Kuchen unter begleitendem Hühnergeschrei opfern.

Als die sechs Dorfältesten der Chinhan-Stämme am Fuße des Südberges beisammensaßen, erschien – so erzählt die Legende – plötzlich ein Zeichen zwischen den Wolken, das die Gestalt eines weißen Pferdes annahm. Geleitet von diesem Himmelsomen fanden sie einen eiförmigen Goldkürbis, dem ein strahlender Knabe entstieg. Sie nannten ihn Hyokkose und nach dem Kürbis Pak und erkoren ihn zu ihrem künftigen Herrscher. Als er zwölf Jahre alt war (57 v. Chr.), tauchte am Firmament ein Hühnerdrache (Kyeryong) auf, der aus seiner Seite ein Mädchen entließ. Bei einem Bad im nahen Hain – von dem sich die Bezeichnung ›Hühnerwald‹ ableitet – streifte sie ihren Schnabel ab; die schöne Aryong wurde die Gattin des Pak Hyokkose und erste Königin von Kyerim. Nach sechzigjähriger Regierungszeit entschwebte der erste König wieder in den Himmel, seine sterbliche Hülle fiel zur Erde herab.

Der Südberg (Nam-san) und der Südfluß (Nam-chon) sind eng mit der Reichsgründung und der ersten Herrscherfamilie Pak verbunden. **O-nung,** die **Fünf Königsgräber,** heißt eine Gruppe von gewaltigen Rasenkuppen in einem Kiefernhain am Südufer des Südflusses, in denen das erste Herrscherpaar und drei Nachfolger – Namhae, Norye und Pasa (80–112 n. Chr.) – bestattet wurden. Einer Riesenschlange, die einst die Begräbniszeremonien störte, verdankt die Anlage ihren zweiten Namen: Sa-nung, das Schlangengrab.

Den ummauerten **Sungdok-Schrein** ließ der Yi-König Yongjo Mitte des 18. Jh. zum Andenken an die Gründung Sillas errichten.

An die Geburtsstätte des tausendjährigen Silla-Reiches erinnert der kleine, ummauerte **Na-jong** unter Kiefernbäumen am Fuße des Südberges in der Nähe der Fünf Königsgräber. Hier sollen die sechs Dorfältesten der Chinhan den Goldkürbis entdeckt haben, dem der erste König Pak Hyokkose entstieg. Ein zweiter Schrein markiert jene Stelle, wo sie am Himmel das weiße Pferd wahrnahmen.

Der Straße an den Westabhängen des Nam-san nach Süden folgend, erreicht man die **Drei Königsgräber (Sam-nung),** in denen drei Herrscher aus der Pak-Sippe bestattet sind.

Weiter südlich ragt das **Einsamkeits- oder Einzelgrab (Tok-nung)** des Königs Kyongae (924–927) auf, der sich bei einem Überfall auf den Palastgarten Posok-jong in sein eigenes Schwert stürzte.

Talhae, der vierte König und Sippenahne des Sok-Klans, soll von den 28 Drachenkönigen von Wanha-kuk (Cheju) abstammen und auf wundersame Weise aus fremdem Land über das Meer gekommen sein. Um seine Geburt und Ankunft auf dem Festland, seine Versuche zur Eroberung Kayas und die Erlangung der Herrscherwürde von Kyerim rankten sich zahlreiche Legenden. Seine Mutter soll zum Entsetzen des Hofes ein großes Ei gelegt haben, das sie in Seide wickelte und in einem Kästchen auf dem Ostmeer aussetzte. Elstern, die Glücksboten der Götter, verkündeten in Kyerim die Strandung des Muscheleies, aus dem ein schöner Knabe erwuchs, der nach den Elstern Sok genannt wurde.

Die Wundererzählungen um Sok Talhae weichen von den ursprünglichen, ›festländischen‹ Mythen, Sagen und Legenden der Koreaner ab und weisen in einen fremden Kulturkreis, wahrscheinlich nach Japan oder Südchina.

An die Sok-Sippe erinnert nur noch der bescheidene **Tumulus des Königs Talhae** (57–80 n. Chr.) jenseits des Nordflusses an den Westabhängen des Kleinen Diamantgebirges (Sokumgang-san).

47 Südhan-Bergfestung (Namhan-sansong) bei Seoul, Torbau

48 SUWON Südtor oder Paltal-mun

49 SEOUL Hauptbahnhof im japanischen Kolonialstil

51 SEOUL Tradition und Moderne: Der Monumentpavillon (Pi-gak) spiegelt sich in der Glasfassade des Kyobo-Hochhauses an der Sejong-Straße

50 SEOUL Pavillon der Stadtglocke (Posin-gak) an der Glockenstraße (Chong-ro)

52 CHONTUNG-SA Haupthalle, Kassettendecke mit Lotosmandalas

54 KUNWI-HÖHLE Shakyamuni zwischen Avalokiteshvara und Mahasthamaprapta, 5./6. Jh.

53 CHONTUNG-SA Haupthalle, Schnitzbaldachin mit Drachen, Phönix, Lotos und Wolken

55 SSANKYE-SA Reliquienstupas (Pudos) und Gedenkstelen für Mönche

57 POMUN-SA auf der Insel Songmo vor Kanghwa, Felsrelief des sogenannten ›Augenbrauen-Buddha‹

56 KANGHWA-STADT Kirche im koreanischen Stil

59 Ahnenverehrung vor einem Grabhügel bei Chinan

◁ 58 YOJU Grabmal des größten Yi-Königs Sejong, gest. 1450

60 Verbrennung der Totenmitgift beim Unju-sa

61 Weihe eines Gedenkstupa (Gorinto-Typ) für den Abt des Taego-sa in der Nordhan-Bergfestung (Pukhansansong) bei Seoul

62 KUMGOK Kaisergräber: Rotpfeiltor, Seelenweg und Ilcha-gak

63 PAEKYANG-SA Achtstufige Pagode und Steinlaterne

64 SEOUL Pagodenpark, Gedenkstele mit Schildkrötenbasis und Drachenhaube

65 HAEIN-SA Mönch mit einer Holzdruckplatte des Tripitaka Koreana in der großen Lagerhalle

66 SILSANG-SA Yaksa-jon, der Medizin-Buddha Bhaishajyaguru (Yaksa Yorae), Gußeisen, 9. Jh.

67 SONGKWANG-SA Haupthalle (im Umbau), der Ur-Buddha Vairocana (Pirochana) in seiner typischen Geste der allumfassenden Einheit

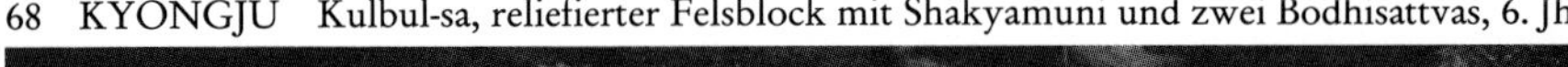

68 KYONGJU Kulbul-sa, reliefierter Felsblock mit Shakyamuni und zwei Bodhisattvas, 6. Jh.

69 PUYO Sonnenaufgangspavillon auf dem Puso-san

70 TAP-SA Kuriose Steinsetzungen im sogenannten Pagoden-Tempel

71 NAMWON Vollmondpavillon, ein Schauplatz der berühmten Chunhyang-Geschichte

72 MURYANG-SA Haupthalle, 17. Jh., und fünfstufige Granitpagode, 7. Jh.

In der Nähe des Talhae-Grabes wurde der ›**Grasschrein**‹ **Pyo-am** zu Ehren der letzten koreanischen Königsfamilie Yi errichtet. Sie stammte zwar aus Chonju in der Nord-Cholla-Provinz, führte aber ihre Herkunft auf einen der sechs legendären Dorfältesten zurück, die vor der Zeitenwende den ersten Silla-König erkoren.

Sillas bedeutendstes Herrschergeschlecht waren die Kim, aus dem 38 Könige hervorgingen und deren Stammvater **Kim Alchi** aus einem Goldkästchen geboren worden sein soll. Wie die Legende erzählt, sah König Sok Talhae im Jahre 67 über dem Si-Wäldchen eine prächtige Purpurwolke. Er folgte einem weißen Hahn, der ihn zu einem Baum führte, auf dem eine Goldschatulle hing, aus der ein glänzender Knabe auftauchte. Der König adoptierte das Wunderkind und nannte die Baumgruppe ›Hahnwäldchen‹. Kim Alchi wurde der Ahnherr des Geschlechts der Kim, deren erster König Michu im 3. Jh. war.

Gedenkstätten und Gräber der ersten Kim-Könige konzentrieren sich im Herzen von Kyongju zwischen dem Nord-, Süd- und Westfluß. An die Geburt des Sippenahnen Kim Alchi erinnert ein kleiner ummauerter **Schrein im Kyerim-Wäldchen.** Rund 100 m entfernt ragt der **Tumulus des Königs Naemul** (356–402) auf, mit dem die ununterbrochene Reihe der Kim-Herrscher bis 912 beginnt.

Im Süden des **Tumuli-Parks** – heute nahe dem Eingang – ließ der Yi-König Yongjo Mitte des 18. Jh. den **Sunghye-Schrein** in ›Ehrerbietung der Weisheit‹ für drei Kim-Könige errichten. Außer den Geisttafeln ist ein Bild des Königs Michu in langwallender rot-grüner Robe eingeschreint. Michu wird als erster Herrscher seiner Familie verehrt, Munmu als Reichseiniger (668) und Kyongsun als letzter Kim-König, mit dem gleichzeitig das tausendjährige Silla-Reich endete. Das zweite Gebäude des ummauerten Schreinkomplexes erinnert an die wunderbare Geburt des Sippenahnen **Kim Alchi.** Bronzene Hühnerfiguren beziehen sich auf das Geschehen im Hühnerwäldchen, Symbole des langen Lebens, vor allem Hirsche und Kraniche, stammen aus der taoistischen Mythologie.

Das sogenannte **Bambusgrab des Königs Michu** (262–284) fällt innerhalb des Tumuli-Parks wegen seiner Mauerumwallung auf. Michu genoß als Schützer des Reiches einst hohe Verehrung. Der Legende zufolge eilte der Geist des Königs den Silla-Truppen bei einem Barbareneinfall mit bambusverhüllten Gespenstersoldaten zu Hilfe.

Schamanistische Alt-Silla-Gräber

Könige und Aristokraten Sillas wurden in gewaltigen **Hügelgräbern** beigesetzt. In und um Kyongju ragen zahlreiche, bis zu 25 m hohe Rasenkuppen auf, die Einheimische teilweise für natürliche Erhebungen hielten. Die Öffnung der ersten Tumuli begann im Jahre 1921 eher zufällig, da viele Erdaufschüttungen abgetragen und die Geröllsteine zum Mauerbau verwendet wurden. Als spielende Kinder eigentümliche Glasperlen fanden, setzten die ersten Grabungen ein, die Reste eines Silla-Grabes erkennen ließen. Systematische Forschungen brachten und bringen noch immer großartige Funde zutage, über deren Zuordnung wegen fehlender Inschriften nur gerätselt werden kann. Die meisten Gräber wurden daher nach dem Hauptfundobjekt benannt, wie das 1921 als erster Tumulus geöffnete Goldkronengrab.

◁ 73 POPCHU-SA Haupthalle, die drei Körper des Ur-Buddha (Vairocana zwischen Shakyamuni und Lushena)

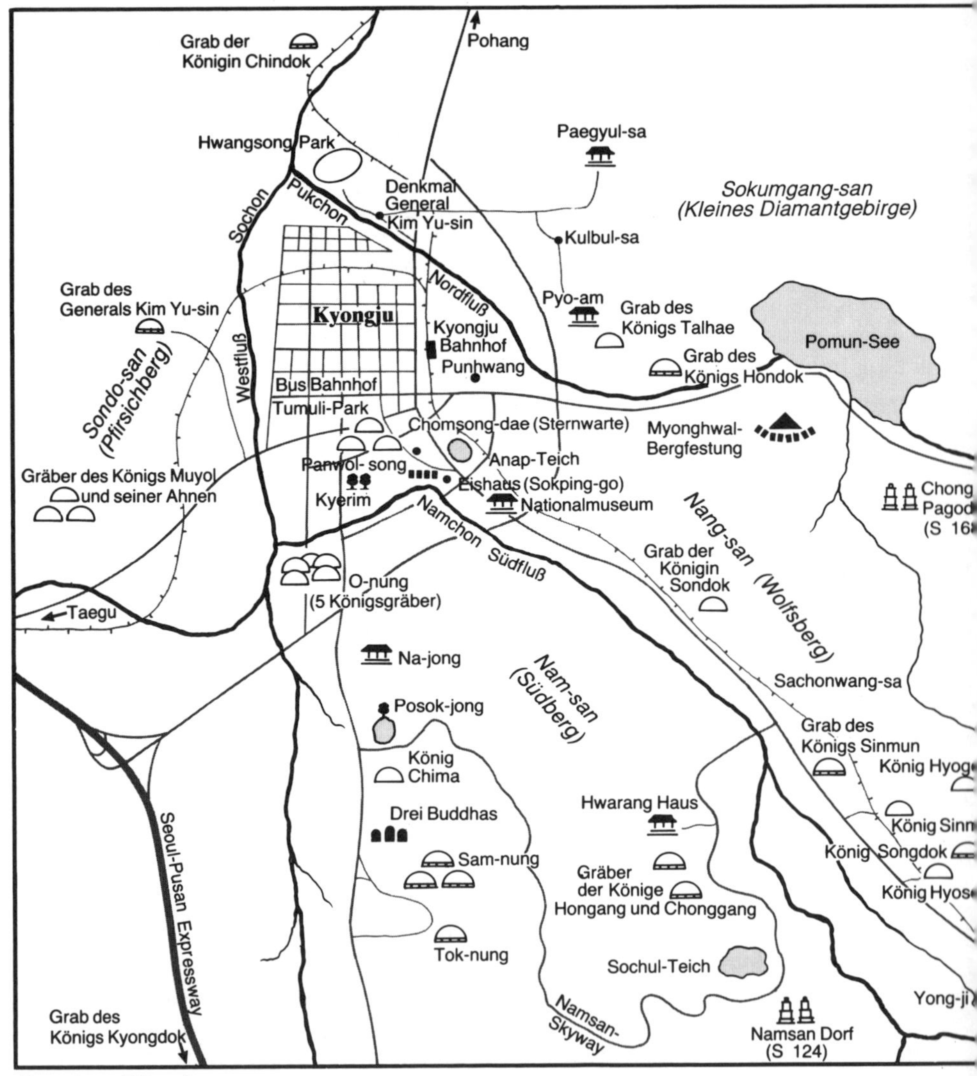

Kyongju und Umgebung

Die prachtvollen Goldfunde, für die es keine Vergleichsbeispiele in Ostasien und China, wohl aber bei den altaischen Skythen und in Südrußland gibt, stammen ausschließlich aus dem Alt-Silla-Reich vor der offiziellen Anerkennung des Buddhismus (527). Das reiche und originelle Grabgut – Alltags- und Zeremonialgegenstände – ist eng mit dem schamanistischen Welt-

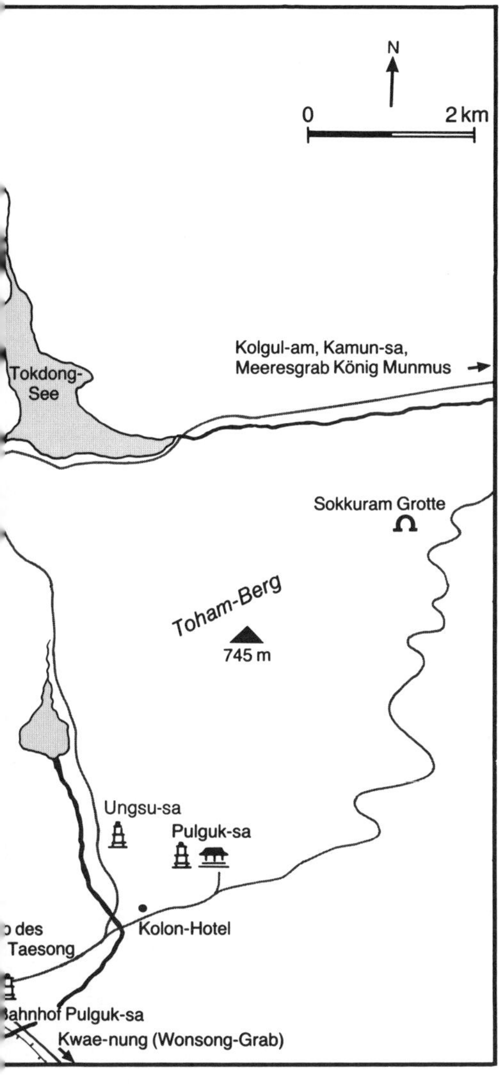

bild verbunden. Begehrt scheinen außerdem Luxusgüter aus fernen Landen, vor allem Gläser und Edelmetallschalen, vermutlich syrischer, römischer und iranischer Herkunft, gewesen zu sein. Die Anlage der Alt-Silla-Gräber – eine hölzerne Grabkammer unter Geröllsteinen und riesigen Erdaufschüttungen – begünstigte die Bewahrung des Grabgutes über rund 1500 Jahre. Sie erlaubte zwar nur Einmalbestattungen, verhinderte aber durch das Fehlen von Gängen und das Einsacken der Holzkammern Grabraub (vgl. S. 81).

Die früh erforschten Gräber – das Goldkronengrab (Kumgwan-chong), das Goldglockengrab (Kumnyong-chong), das Grab des Glücklichen Phönix (Sobong-chong) und der größte Grabhügel im Stadtzentrum, die Terrasse des Kaiserlichen Phönix (Ponghwang-dae), ragen zwischen Häusergruppen auf und sind nicht zugänglich.

Eine Gruppe von etwa 20 Grabhügeln verschiedener Größe, in denen vermutlich Könige, Familienangehörige und Aristokraten beigesetzt sind, wurde 1975 nach umfänglichen Grabungen als **Tumuli-Park** für das Publikum freigegeben. Links vom Eingang steht der Sunghye-Doppelschrein zum Gedenken der drei Kim-Könige Michu, Munmu und Kyongsun. Innerhalb des Parks fällt das mauerumgürtete, sogenannte Bambusgrab des ersten Kim-Königs Michu aus dem 3. Jh. auf (vgl. S. 305).

Der einzige zugängliche Tumulus, das **Grab des Himmlischen Pferdes (Chonma-chong),** gibt einen ausgezeichneten Einblick in die Anlage der Alt-Silla-Gräber. Man sieht die rekonstruierte Holzkammer und den Überbau aus Steinen, deren Lehmbindung dem Geröll Halt verlieh und das Eindringen von Regenwasser verhinderte. Der Großteil des reichen Grabgutes – u. a. eine goldene Zeremonialkrone mit Krummjaden (NS 188), ein Flügeldiadem (S 627), Silbergürtel und Goldschmuck wird im Nationalmuseum Kyongju verwahrt, rund 100 Fundgegenstände sind in Glasvitrinen im Grab ausgestellt.

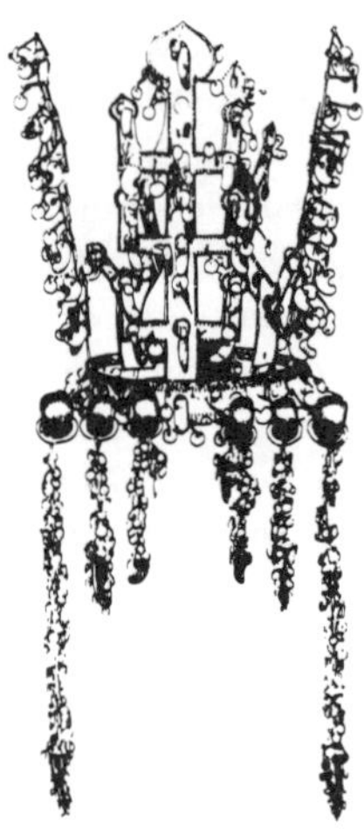

Krone mit sechs Gehängen (NS 191), Goldblech mit Goldflitter und grünlichen Kommajaden, Höhe rund 27 cm, Alt-Silla, frühes 6. Jh., aus dem Nordtumulus des Doppelhügelgrabes Nr. 98.
Bisher wurden insgesamt fünf ähnliche Kronen, eine Besonderheit des Alt-Silla-Reiches, entdeckt. Sie waren vermutlich kein Zeichen der Königswürde, sondern schamanistische Zeremonialkronen. Schon vom Namhae (4–23 n. Chr.), dem zweiten Alt-Silla-Herrscher, ist überliefert, daß er Schamane war, aber die Riten weitgehend seiner Schwester übertrug.

Berühmtheit erlangte das Grab durch Malereien des Himmelspferdes auf zwei Paar rechteckigen, ungefähr 70 × 53 cm großen Schabracken aus mehreren, mit Leder vernähten Schichten weißer Birkenrinde. Der galoppierende Schimmel stellt wohl das mythische Gründungspferd Sillas oder die Jenseitsreise des Bestatteten – vermutlich eines Königs – in überirdische Gefilde dar. Auf die Himmelfahrt der Seele deuten auch andere Grabbeigaben, vor allem flügelförmige Stirnmasken.

Stilistisch ist das Pferd mit den Freskengräbern Koguryos vergleichbar. Die Bordürenmotive – Palmetten, Ranken, Wein- und Geißblätter – weisen hingegen in den Nahen Osten und gelangten in variierten Formen bis nach China, Korea und Japan.

Im Nordosten des Tumuli-Parkes wurde das vermutlich aus der zweiten Hälfte des 5. Jh. stammende Große Grab von Hwangnam (Hwangnam tae-chong), das **Doppelhügelgrab Nr. 98,** untersucht. Die Grabkammer war keine Holzkiste, sondern – in Korea einmalig – eine Blockhütte. Beachtenswert ist, daß die Goldkrone und den prächtigeren Schmuck nicht der im Südhügel bestattete Mann – wohl ein König, wahrscheinlich Soji, reg. 479–500 –, sondern die im höheren Nordhügel einige Jahre später beigesetzte Frau, vermutlich seine Gattin, trug. Da die erste Herrscherin erst für das 7. Jh. überliefert ist, kann die Bestattete jedoch keine regierende Königin gewesen sein. Dadurch verstärkte sich die Vermutung, die Silla-Kronen seien nicht das übliche Zeichen der Königswürde, sondern schamanistische Zeremonialkronen gewesen. Ein mitbestattetes Mädchen läßt auf Menschenopfer schließen, die erst 502 von König Chijung verboten wurden.

Chinesisch inspirierte Grabanlagen

Seit der offiziellen Annahme des Buddhismus im Jahre 527 änderten sich Grabanlagen und -beigaben grundlegend. Mit den schamanistischen Ritualen versiegte auch der prächtige Totenschmuck, da gläubige Buddhisten nach dem Tode ein Paradies erhofften, so daß sie keiner

Alltags-, Zier- und Zeremonialgegenstände bedurften. Man baute – wie schon früher in Koguryo und Paekche – steinerne Grabkammern mit Zugängen, die Mehrfachbestattungen erlaubten. Der traditionelle Erdhügel wurde äußerlich aufwendiger und mit Zeichen der chinesischen Kosmologie und Schutzfiguren angereichert. Unheil abwehrende Gegenstände lagen nun nicht mehr in magischen Amuletten gespeichert *im* Grab, sondern die Dämonenabwehr und das Wohlbefinden der Toten sollte durch die Wahl des Bestattungsortes im Einklang mit den Naturgesetzen sowie durch die Aufstellung ziviler und militärischer Wächterstatuen erzielt werden. Bis in das frühe 6. Jh. wurden Grabhügel bevorzugt in der Ebene angelegt, dann erkor man nach geomantischen Erwägungen Berghänge, da ansteigende Gelände mit schützenden ›Rücken‹ gedeihlich auf die Verteilung des Erdfluidums wirken und böse Geister abwehren.

An den Westabhängen des langgestreckten Wolfsberges, nahe dem Zentrum der alten Stadt zwischen Nord- und Südfluß, ragt eine Reihe königlicher Tumuli auf. Sie beginnt mit dem schlichten, eindrucksvollen Grabhügel der **Königin Sondok** (632–647), der ersten von drei Silla-Herrscherinnen. Die ›Süße Tugend‹ pflegte enge Beziehungen zu Tang-China, förderte Künste und Wissenschaft, besonders die Astronomie. Zwölf aufrechte Steine an ihrem Grabhügel ersetzten möglicherweise Zodiakreliefs.

Sondoks Vater, **König Chinpyong** (579–632), ruht in einem einfachen Tumulus in der Nähe des Dorfes Pomun im Nordwesten des Nang-san.

Nungji-tap bezeichnet die Reste einer Pagode, die über dem vermeintlichen Verbrennungsplatz des Königs Munmu errichtet wurde. In die lose aufgeschichtete Umfassungsmauer sind noch einige Tierkreisreliefs eingelassen.

Südlich des Sondok-Grabes erhebt sich der Tumulus für **König Sinmun** (681–692). Der älteste Sohn und Nachfolger des Reichseinigers Munmu ließ die erste konfuzianische Staatsuniversität (Kukhak) erbauen. Sein Grabmal zeichnet sich durch eine seltene Umfassungsmauer mit 44 Stützen aus. Im chinesischen Weltbild gelten die Vier und alle von ihr abgeleiteten Zahlen als Synonym erdgebundener Kräfte, während Könige stets kosmische Zahlen – 5, 9 oder 12 – bevorzugten. Pfeiler ummanteln auch das Grab des Königs Minae (838–839) im Westen von Kyongju.

Die Reihe der Königsgräber am Nang-san setzt sich nach Süden mit den Rasenkuppen der Könige Hyogong (897–912) und Sinmu, fort. Ihnen folgt in einem gemeinsamen Kiefernhain die Doppelanlage der königlichen Brüder **Hyoso** (692–702) und **Songdok** (702–737). Das aufwendigere Hügelgrab des Königs Songdok wurde nach dem Vorbild der Ruhestätte seines Vaters Sinmun von einer Stützmauer mit dreieckigen Pfeilern umringt. Seltenheitswert besitzen die vollplastischen Figuren des Tierkreises, bis zur Oberkante der Stützmauer aufragende, uniformierte Menschenkörper mit Tierköpfen. Bis auf den Hahn sind die meisten stark entstellt, die besterhaltene Statue, der Affe, wird im örtlichen Museum verwahrt. Reste des Steinzaunes, von Wächterstatuen und eindrucksvolle Löwenplastiken blieben jedoch in situ.

Jenseits des Südflusses, an den Ostabhängen des Nam-san, sind die Tumuli für **König Hongang** (875–886) und dessen Bruder, **König Chonggang** (886–887), zu sehen.

An der Abzweigung zum Pulguk-sa liegt das ungewöhnliche **›Quadratische‹ Grabmal des Kim Taesong** (vgl. Pulguk-sa und Sokkuram-Grotte) aus drei Schichten langer Granitsteine mit senkrechten Stützen unter einer flachen Rasenkuppe. Zwölf Pfeiler sind als Zodiakreliefs ausgebildet, deren Qualität sich am besten an der Pferdedarstellung nahe dem Eingang ablesen läßt; ein niedriger Gang leitet zur Grabkammer mit einem Steinsarg.

Rund 14 km südlich von Kyongju-Stadt, an der alten Straße nach Pusan, befindet sich das **Grabmal des Königs Wonsong,** das lange Zeit als Ruhestätte des Reichseinigers Munmu galt. Erst nachdem das Unterwassergrab vor der Ostküste entdeckt wurde, vermutet man im ›Hängenden Grab‹ **Kwae-nung** den Beisetzungsort für König Wonsong (785–799). Der Name leitet sich von einem vermeintlichen unterirdischen See ab.

Die Skulpturenreihe des prächtigsten Silla-Grabes beginnt nahe dem Eingang mit einem Steinpfeilerpaar, dessen Ursprung in Geister- und Ahnenpfählen oder in phallischen Kulten vermutet wird. Im Volksmund heißen sie Sehnsuchts- oder Überblickssteine (Mangjusok) nach einer Legende, die erzählt, eine Fischersfrau habe während eines Sturmes so lange nach ihrem Mann Ausschau gehalten, bis sie aus Gram starb. Mitleidige Nachbarn setzten den Seelen des Ehepaares zwei Steinpfeiler, die zum Vorbild für ähnliche Gedenksteine wurden.

Eindrucksvolle Statuen von Zivil- und Militärbeamten und Löwenfiguren halten beiderseits des Weges Totenwacht. Den Grabhügel schützen Reliefs der **zwölf Tierkreiszeichen.** Sie beginnen im Norden mit der Ratte, die Mitternacht, den Winter und die erdgebundene Yin-Kraft versinnbildlicht. Ihr folgen im Uhrzeigersinn Büffel, Tiger und Hase. Im weiter aufsteigenden Yang-Prinzip schließen sich Drache und Schlange an. Das Pferd verkörpert Mittag, den Sommer und den Höhepunkt des himmlischen Yang. Im langsam erwachenden Yin stehen Schaf, Affe und Hahn. Mit ihm wird der Westen, der Herbst und der späte Nachmittag erreicht. Hund und Schwein beschließen den Tierkreis.

Ähnlich meisterhafte Wächterstatuen und Zodiakreliefs wie das Kwae-nung besitzt auch das **Grabmal des Königs Hungdok** (826–836) und seiner Gemahlin, ungefähr 21 km von Kyongju entfernt, nördlich von Angang.

Sehenswerte Tierkreisreliefs schmücken auch das **Grabmal der Königin Chindok** (647–654), rund 6 km nordwestlich von Kyongju, und des **Königs Kyongdok** (742–765) in einem Kiefernhain im Südwesten der Stadt.

Exkurs: Zum chinesischen Tierkreis

Die Geschichte des Tierkreises reicht in die Shang-Zeit, etwa 2000 Jahre vor der Zeitenwende zurück. Während der Han-Ära wurde er mit der Yin- und Yang-Theorie und den ›Fünf Antrieben‹ – Holz, Metall, Wasser, Feuer, Erde – verbunden. Daraus entwickelte sich der bis heute in ganz Ostasien populäre Sechzigjahreszyklus, nach dem auch alle Herrscherchroniken und Reichsannalen abgefaßt sind.

Über die Rangordnung des Tierkreises berichten einige Mythen und Legenden. Vor langer Zeit soll der Jadekaiser oder der historische Buddha Shakyamuni alle Tiere zu sich eingeladen haben, aber nur zwölf folgten seinem Ruf. Einige unterschätzten die Entfernung und begaben sich erst spät auf den Weg. Daher führte nicht etwa das schnelle Pferd oder der stolze Drache die Tiere an, sondern der langsame, aber ausdauernde Büffel. Unterwegs holte ihn die Ratte ein und bat ihn, sie doch ein Stückchen des Weges auf dem Rücken mitzunehmen. Kurz vor dem Ziel sprang die schlaue Ratte vom Büffel und war als erste am Ziel. Der Jadekaiser – oder Buddha – schenkte jedem Tier nach seiner Ankunft ein Jahr und benannte es nach ihm.

Gräber im Norden und Westen

Die geomantisch unheilvolle Nordlage wurde als Beisetzungsort eines Königsmörders erkoren: Hondok (809–826) und sein Bruder und Nachfolger Hungdok rissen die Herrschaft durch

Der altchinesische Tierkreis, bei dem jede Figur eine Himmelsposition, einen Monat und zwei Tagesstunden im Wechselspiel der Urkräfte Yin und Yang verkörpert. Die Ratte symbolisiert den Norden, den Winter und Mitternacht. Im aufsteigenden Yang-Prinzip folgen ihr Ochse (oder Büffel), Tiger und Hase, der den Osten, den Frühling und den Vormittag markiert. Nach dem Drachen und der Schlange kommt das Pferd, das für Süden, Sommer, Mittag und den Höhepunkt des himmlischen Yang steht. Mit dem Schaf und dem Affen beginnt das Yin-Prinzip; der Hahn vertritt den Westen, den Herbst und den Spätnachmittag. Nach dem Hund und dem Schwein geht der Jahres- und Tageslauf zur Neige, mit der Ratte endet das irdische Yin und erwacht erneut das überweltliche Yang.

den gewaltsamen Tod ihres Neffen, König Aejang, an sich. Das große **Grabmal des Königs Hondok** liegt unweit der Punhwang-Pagode, am Nordufer des Nordflusses. In die etwa 1 m hohe Umfassungsmauer sind Tierkreisreliefs eingelassen.

König Muyol (654–661), trotz seiner kurzen Regierungszeit einer der größten Silla-Regenten, ruht westlich der Stadt am Fuße des Pfirsichberges (Sondo-san) in einem gewaltigen, schmucklosen Erdhügel, wie sie zur Alt-Silla-Zeit üblich waren. Berühmtheit erlangte seine **Gedenkstele** (NS 25) mit der schönsten Schildkrötenbasis und Drachenkrone des Landes. Die wolken- und blütenverzierte Schildkröte symbolisiert die Yin-Kraft, die Drachenhaube mit je drei geneigten Reliefköpfen vertritt das Yang. Zwischen den Drachenfüßen auf der Rückseite ist die Widmung als ›Königsgrab des großen Ahnen‹ (Taejong Wang-nung) eingekerbt. Muyol gilt als ›Vater‹ von Groß-Silla, da er 660 mit der Eroberung von Paekche die Reichseinigung einleitete.

Hinter dem Erdhügel des Königs Muyol ragen **vier riesige Tumuli** auf, deren größter mehr als 200 m Umfang hat. In ihnen vermutet man die Ruhestätte der Ahnen des Königs Muyol.

Gegenüber vom Eingang zum Muyol-Grabmal bergen **zwei Tumuli** die sterbliche Hülle von Angehörigen der Königsfamilie: **Kim In-mun,** der zweite Sohn Muyols, und **Kim Yang,** der im 9. Jh. als Staatsmann wirkte, wurden hier begraben. Von der Gedenkstele für Prinz Kim In-mun blieb nur die künstlerisch wertvolle Schildkrötenbasis (S 70) erhalten.

Nördlich der monumentalen Ahnengräber König Muyols ruhen in drei kleineren Hügeln vier Könige: **Honan** (857–861), **Chinji** (576–579) gemeinsam mit **Munsong** (839–857) und **Chinhung** (540–576). Nahe den vier Tumuli ragt eine dreistufige Pagode (S 65) vom ehemaligen Yonggyong-Tempel auf.

Chinhungs Vorgänger, König **Pophung** (514–540), der den chinesischen Königstitel Wang annahm und den Buddhismus offiziell anerkannte, ruht in einem sehr bescheidenen Grabhügel an den Westabhängen des Sondo-san. Der ›Dharma-Erheber‹ wurde Mönch, vermutlich im Aegong-sa, von dem die dreistufige Pagode (S 67) erhalten blieb.

Schildkrötenbasis und Drachenhaube (NS 25) der Gedenkstele für König Muyol (654–661). Als Landtier gilt die Schildkröte als ›klassischer‹ Träger und Verkörperung der erdgebundenen Yin-Kraft. Der Wolkendrache symbolisiert das geistige, himmlische Yang.

Gleichfalls im Westen des Sondo-san, an der alten Straße nach Taegu, wurde ein großer Tumuli-Friedhof angelegt, den der Volksmund nach einer alten Legende **Kumchok, ›Goldmaß‹**, nennt.

Das Grabmal des Kim Yu-sin

Eine der eindrucksvollsten Grabanlagen, an den Ostabhängen des Songhwa-san mit schönem Blick auf die Stadt, ist keinem König, sondern dem bedeutendsten Silla-General **Kim Yu-sin** (595–673) gewidmet. Der vergleichsweise kleine Hügel besitzt die besten Tierkreisreliefs, wie üblich eine Kombination von Menschenkörpern mit Tierköpfen, aber in der seltenen Ziviltracht. Ähnlich wie beim Kwae-nung des Königs Wonsong halten einige Statuen Totenwacht.

Das Meeresgrab des Königs Munmu

Eine kleine Insel, der **›Fels des großen Königs‹ (Taewang-am),** 200 m vor der Ostküste am Ende der Straße 4 südöstlich von Kyongju, birgt ein einzigartiges Grab. Bei niedrigem Wasserstand taucht inmitten einer meerwassergefüllten Vertiefung eine etwa 4 m lange Steinplatte auf, unter der man die sterblichen Reste des Königs Munmu vermutet.

Munmu (661–681) ging als größter Silla-Herrscher in die Geschichte ein. Während seiner Regierung wurde 668 das mächtige Koguryo-Reich erobert und mit Silla und Paekche zum ersten gesamtkoreanischen Staat vereint. Der Reichsgründer erkor eine ungewöhnliche Ruhestätte, um sein Land vor den Japanern schützen zu können. Seine Leiche wurde verbrannt, die Asche in das Meer gestreut und mit einer Steinplatte bedeckt. Im Volksglauben lebte Munmu als Drachenkönig des Ostmeeres weiter.

Festungen, Stadtanlage, Paläste und Staatskult

Eine fruchtbare Schwemmlandebene an drei Flüssen, dem Nord-, Süd- und Westfluß, im klimatisch begünstigten Südostkorea, bot die wirtschaftliche Voraussetzung zur Gründung von Kumsong, der Hauptstadt des Silla-Reiches. Wie in der japanischen Kaiserstadt Heian (Kyoto) bildeten Bergketten mittlerer Höhe auf drei Seiten einen Schutzwall. Auf ihnen thronten Festungen, die sich von der Haupttorburg (Kwanmun-song) im Südosten, zur Bruderburg im Norden, zur Elsternburg und der großen Pusan-Festung im Westen zogen. Ein innerer Zitadellenring reichte von der Westgipfelfestung auf dem Sondo-san über die Myonghwal-Bergfestung im Nordosten bis zur Südbergfestung auf Nam- oder Kumo-san. Der Wolfsberg (Nang-san) nahe dem Stadtzentrum und das Kleine Diamantgebirge (Sokumgang-san) im Norden waren als heilige Berge und Sitz des Staatsrates nicht befestigt. Von der ältesten, noch erhaltenen Bastion, der **›Bergfestung der Strahlenden Erneuerung‹ (Myonghwal-sansong),** die dem Schutz der Ostseite in Richtung Küste diente, künden noch Steinbasen und Lehmmauern von rund 1 km Länge.

Sillas Hauptstadt war quadratisch nach Süden ausgerichtet und nach geomantischen Richtlinien nordwärts abgeschirmt. Von der gewaltigen Stadtmauer mit ihren 20 Toren blieb kaum etwas erhalten. 25 Straßenzüge von Norden nach Süden und 20 von Osten nach Westen durchschnitten die Stadt schachbrettartig. Im Zentrum am Südfluß (Nam-chon) lag die königliche **Halbmondfestung (Panwol-song),** an deren Wehrmauern, acht Tore und zwanzig Gebäude nur noch spärliche Erdwälle erinnern. Um so mehr Aufmerksamkeit verdient das interessante **›Eishaus‹ (Sokping-go,** S 66), eine tonnengewölbte, unterirdische Steinkammer von rund 15,5 m Länge und fast 4 m Spannweite zur Aufbewahrung von Eis während der Sommermonate. Die erste Anlage entstand unter König Chijung (500–514).

Aus dem Samguk Sagi erfahren wir, daß König Munmu aus Anlaß der Reichseinigung (668) die Halbmondfestung durch einen prächtigen Nebenpalast (Pyol-gung) erweitern ließ. Nach dem Muster der berühmtesten Landschaftsgärten der Tang-Zeit wurde ein großer Weiher ausgehoben. Der **›Teich der Enten und Gänse‹ (Anap-ji)** in der Form des Silla-Reiches, konnte von keinem Standort völlig überblickt werden, so daß der Eindruck von Weite entstand. Das wichtigste Gebäude wurde daher die **›Halle am Meer‹ (Imhae-jon)** oder Vollmondfestung (Manwol-song) genannt. Am Nordufer erhoben sich die ›Zwölf Gipfel des Schamanengebirges‹ (Mu-san), aus dem kuriose Drachen- und Schildkrötenfelsen und drei Inseln aufragten. Seltene Pflanzen, Vögel und Fische wurden gezüchtet und in einem Zoo Bären und Raubkatzen gehalten.

1975 begonnene Ausgrabungen förderten kunst- und kulturgeschichtlich interessante Funde zutage. Ungefähr 15 000 Objekte wie Lack- und Metallgegenstände, Dekorfliesen, Keramiken, Würfel mit übermütigen Trinksprüchen, kostbare Buddha-Statuetten und Holzphalli geben Aufschluß über den luxuriösen Lebensstil und schamanistisch-buddhistische Mischkulte.

Im Herzen der alten Stadt erhebt sich nahe dem ehemaligen Königspalast ein rätselhafter, flaschenförmiger Steinturm, **Chomsong-dae** (NS 31), die **›Terrasse zur Betrachtung der Sterne‹.** Die Deutung dieses berühmten Bauwerkes als ältestes Observatorium Ostasiens wird aber von namhaften Wissenschaftlern, namentlich von Mathematikern, bezweifelt und widerlegt. Unstrittig dürfte eine Verbindung mit kosmologischen Beobachtungen zur Festlegung der

Fußbodenfliese, Steinzeugrelief, Groß-Silla, 7./8. Jh., ausgegraben im Palastbezirk Imhae-jon und Anap-ji in Kyongju. Das Blütenmedaillon, das sogenannte ›Kostbare Antlitz‹ (Posang), war ein beliebtes Dekor der Tang-Zeit. Zahlreiche Kleinfunde bezeugen den luxuriösen, chinesisch beeinflußten Lebensstil des Silla-Reiches.

Chomsong-dae, die ›Terrasse zur Betrachtung der Sterne‹ (NS 31) in Kyongju, errichtet im Jahre 634 unter Königin Sondok. Die sogenannte ›Sternwarte‹ war vermutlich ein königlicher Zeremonialturm zum Vollzug der Staatsriten nach altchinesischer Sitte, besonders der Frühlings- und Herbstopfer, und der Sitz der Hofastrologen zur Berechnung des bäuerlichen Kalenders.

Jahreszeiten, des Saat- und Erntekalenders und zur Prophezeiung der Landesgeschicke sein. Seit der Anerkennung des Buddhismus und der Hinwendung zu China waren die archaischen Zauberrituale versiegt. Die Staatsschamanen wurden Hofastrologen, die dem Herrscherhaus weiterhin die Abhängigkeit der Untertanen sicherten.

Auftraggeberin des ›Sternenturms‹ war Königin Sondok (632–647), die buddhistische Klöster, konfuzianische Schulen und das taoistisch-schamanistisch gefärbte Hwarang-Korps förderte, aber gleichzeitig im Vollzug der Staatszeremonien den königlichen Machtanspruch dokumentierte. Die sogenannte Sternwarte dürfte kaum für exakte astronomische Berechnungen geeignet gewesen sein, sondern wird vielmehr als Sitz der Sterndeuter und als königlicher Zeremonialturm gedient haben.

Der Turm steckt voller mikro-makrokosmischer Geheimnisse und Zahlensymbole. Dreimal vier Fundamentsteine repräsentieren die zwölf Monate und vier Jahreszeiten. Die quadratische Basis gilt als Zeichen der Yin-Kraft, die aufsteigende Kreisform als Sinnbild des Yang-Prinzips. 365 Granitblöcke beziehen sich auf die Anzahl der Jahrestage, ihre 27 Schichten auf Sondok, die 27. Silla-Regentin. Zweimal zwölf Steinreihen von der Basis bis zum Einstieg und von der Fensteroberkante bis zur Spitze veranschaulichen die 24 Stunden des Tages. Drei Schichten in Fensterhöhe könnten das Baujahr, das dritte Regierungsjahr der Sondok, festgehalten haben. Die Luke diente anscheinend als Einstieg, auf die bekrönende Plattform führte dann wohl eine zweite Leiter oder eine Treppe.

An den Westabhängen des Nam-san ließen die späten Silla-Könige den Lustgarten **Posok-jong,** den **›Pavillon der muschelförmigen Steine‹**, errichten, der seinen Namen einem schlangenartig gewundenen Wasserlauf aus Granit verdankt. Nach altchinesischer Sitte versammelte sich der Königshof anläßlich des Frühlingsfestes zu Gedichtwettbewerben um den ›Muschelstein‹. Dabei wurden in dem aus Bambusröhren gespeisten Kanal gefüllte Weinschalen ausgesetzt, von denen kein Tropfen vergossen werden durfte. Während Palastdamen auf der kleinen Insel tanzten, reimten König, Gäste und Höflinge abwechselnd Verse. Blieb eine der Schalen hängen, so mußte sofort weitergedichtet oder ausgetrunken werden.

Der Lustgarten war oft Schauplatz von Festen, bei denen eines Nachts, zur Regierungszeit König Hongangs (875–886), der Berggeist vom Nam-san tanzte und den Untergang des Silla-Reiches verkündete. Seine düsteren Weissagungen sollten sich erfüllen: Im Jahre 927 überfiel der Rebell Kyon Hwon, der sich zum König von Neu-Paekche ausgerufen hatte, die Hofgesellschaft und zwang König Kyongae zum Selbstmord.

Vor einigen Jahren wurde an der Ostseite des Nam-san ein großes Gebäudegeviert mit Versammlungshallen und Wohnzellen im traditionellen Stil errichtet, eine Nachbildung der ehemaligen **Hwarang-Akademie,** die heute als patriotisches Schulungsheim dient.

Die Blütenjunker oder Nationalgenien waren ein Elitekorps des Silla-Reiches, dem fast alle großen Staatsmänner und Generäle in ihrer Jugend angehörten.

Aus dem Samguk Sagi erfahren wir, daß schöne Tanzmädchen unter König Chinhung (540–576) von Jungmännerbünden abgelöst wurden, die Schamanenpraktiken weiterführten und mit Rittertugenden und Kriegshandwerk verbanden.

Zum Hwarang-Korps wurden adelige Jünglinge im Alter von 15 bis 16 Jahren erkoren, die in Etikette, Sport und musischen Tätigkeiten unterwiesen wurden. Sie zogen hinaus in die Berge, um rituelle Tänze und Gesänge aufzuführen und mit den Berggeistern zu kommunizieren oder sie wirkten als Organe nationaler Erziehung. Im Ernstfall waren die eleganten, zum Teil nach Frauenart gekleideten und geschminkten Jünglinge gefürchtete Krieger, die wesentlich zur Vorherrschaft Sillas und zur Reichseinigung beitrugen. Auch der große General Kim Yu-sin begann seine Laufbahn als Blütenjunker.

Allmählich entwickelten die Hwarang einen Ehrenkodex, der an den japanischen ›Weg des Ritters‹ (Bushi-do) oder an mittelalterliche Ritterknappen Europas erinnert. Grundlage ihrer Ideologie waren die aus buddhistischen, taoistischen und konfuzianischen Elementen gebildeten Fünf Gebote des Mönches Wonkwang. Wonhyo, Sillas brillantester Denker, propagierte den Zukunftsbuddha Maitreya als Leitbild.

Von den **konfuzianischen Gedenkstätten** verdient Soak-Sowon, eine Literaturakademie aus dem 16. Jh. nahe dem Grabmal des Königs Muyol, Beachtung. Hier sind die Geisttafeln der führenden Silla-Gelehrten Sol Chong, dem Schöpfer der Idu-Schrift, und Choe Chiwon, des ›Vaters der koreanischen Literatur‹ sowie des Generals Kim Yu-sin eingeschreint. An Choe Chiwon (geb. 857) erinnert auch Sangso-jang, sein Wohnsitz an den Nordhängen des Nam-san, und Tokso-dang, seine Studienhalle am Fuße des Nang-san.

Buddhistische Sehenswürdigkeiten

Keines der städtischen Großklöster Sillas überdauerte die Zeiten. Die Gründung des ersten Tempels im Jahre 424 wird dem Mönch Ado zugeschrieben. Von diesem, nach dem Radsymbol **Hungnyun-sa** genannten Bauwerk künden nur noch Fundamentreste nördlich der Fünf Königsgräber sowie ein Dachziegel mit einem seltsam lächelnden Antlitz im Museum. Ado, der den Buddhismus in Koguryo einführte, wird oft mit dem ›Schwarzen Barbaren‹ Mukhoja – vermutlich einem Inder – verwechselt. Nach diesen ersten Missionsversuchen wurde die fremde

Lehre im schamanistischen Alt-Silla verfolgt und versiegte schließlich. Auf dem alten Tempelgelände hausten Tiger, die im Volksglauben als wohlwollende Botschafter oder als Verkörperung des Berggeistes gelten. Erst rund hundert Jahre später (527) erkannte König Pophung offiziell die neue Lehre an. Sein Nachfolger Chinhung (540–576) gründete den größten Staatstempel, den **Hwangryong-sa.**

Ausgrabungen brachten Flaggenmasten für das Tempelbanner, Fundamentsteine, einen übermannshohen Firstendziegel (Eulenschwanz), Bodenfliesen mit Blütendekor, eine goldene Sarira-Schatulle und vieles mehr zutage. Königin Sondok (632–647) begann mit dem Bau einer Riesenpagode von 68 m Höhe, zu der ein Meister aus Paekche namens Abiji berufen wurde. Jedes der neun Stockwerke symbolisierte ein feindliches Volk, das Silla unterworfen und dem Einfluß des Buddhismus zugeführt hatte.

Das Samguk Yusa preist den ›Leuchtturm der Lehre‹ mit folgenden Worten:
Geister des Himmels und der Erde
schützen die königliche Hauptstadt mit heiligen Schwüren,
über den goldenen Wänden hängen Windglöckchen von geschwungenen Dächern herab;
die neuen Feinde neigen ihre Häupter vor Sillas unbesiegbarer Macht,
Friede herrscht unter der Sonne durch Buddhas göttliches Licht.

Nach mehreren Zerstörungen und Erneuerungen brannte die gewaltigste Pagode Koreas im 13. Jh. während der Mongoleninvasion ab.

Unweit des Hwangryong-sa, einer Niederlassung der strengen Vinaya-Sekte des Chajang, ließ Königin Sondok im Jahre 634 den von ihr besonders geschätzten ›Tempel des Berühmten Kaisers‹ als Sitz der Dharmata-Schule (Popsong-jong) des Wonhyo errichten. Trotz seiner außergewöhnlichen philosophischen Begabung verstand er es, den Buddhismus in Form religiöser Lieder und Tänze auch volkstümlich zu gestalten.

Vom **Punhwang-sa** blieb nur die einzigartige **Steinpagode** (NS 30) erhalten, in der ein Meister aus Paekche chinesische Ziegel in Steinplatten nachahmte. Auch die vier Wächterlöwen an

Die Steinpagode (NS 30) im ehemaligen Punhwang-sa in Kyongju ahmt Ziegel nach. Auftraggeber war Königin Sondok (632–647). Im Erdgeschoß liegt eine Kapelle, in einem der ursprünglichen 7 (oder 9) Stockwerke waren Reliquien und Schmuckschatullen eingemauert.

den Ecken der großen Terrasse folgen Tang-chinesischen Vorbildern. Von den ursprünglich 7 (oder 9) Stockwerken der quadratischen Pagode stehen noch drei, deren Dachkränze im Silla-Stil nach unten getreppt sind. Sehr eindrucksvolle, in Hochrelief ausgeführte **Wächterfiguren** flankieren paarweise die Steintüren in den vier Himmelsrichtungen. Sie entsprechen dem klassischen Bildtyp der Torhüter, die im Gegensatz zu den ritterlich gerüsteten Welthütern und Himmelskönigen als halbnackte, grimmige Athleten dargestellt werden. Bei Restaurierungsarbeiten entdeckte man zwischen dem zweiten und dritten Stockwerk einen Reliquienkasten mit Juwelen, Nadeln und anderen Utensilien, die vielleicht Königin Sondok gehörten. Der vergoldete Medizin-Buddha, den König Kyongdok Mitte des 8. Jh. stiftete, ging verloren und wurde durch ein jüngeres Werk ersetzt, das noch heute als Kultfigur der kleinen Tempelhalle dient.

Nach der Reichseinigung im Jahre 668 leitete König Munmu das Goldene Zeitalter des Buddhismus mit der Stiftung von drei Tempeln im Zweipagodentyp (vgl. S. 106) ein. **Sachonwang-sa,** der ›Tempel der Vier Himmelskönige‹ diente dem militanten Kult der Vier Welthüter, der damals auch in Japan verbreitet war (Shitenno-ji in Osaka). Die gewaltigen Himmelskrieger sollten die Tang-Armee abhalten, die König Munmus Bruder Kim In-mun gefangenhielt. Wie durch ein Wunder – in Wirklichkeit durch einen Taifun – blieb Silla verschont. Von der einst bedeutenden Klosteranlage am Fuße des Nang-san künden nur noch Fundamentsteine und Bruchstücke von Skulpturen der Himmelskönige, die als Meisterwerke im tang-chinesischen Stil im Museum Kyongju aufbewahrt werden.

Vom gegenüberliegenden **Mangdok-Tempel** blieb noch weniger erhalten. Basissteine lassen die Lage der zwei dreizehnstöckigen Pagoden erkennen. Die Zwillingstürme des Kamun-sa, des dritten Tempels, ragen nahe der Ostküste auf (vgl. S. 321f.).

An die Blütezeit des Buddhismus im 7. und 8. Jh. erinnern mehrere Ruinenstätten im Südosten von Kyongju. Erlesene Bildwerke, besonders reliefierte Pagoden, des Kamsan-sa, des Sungbok-sa und des Wonwon-sa kamen in die Museen von Seoul und Kyongju.

Kim Taesong, der Stifter des Pulguk-sa, ließ an den Abhängen des Toham-Berges Changsu-sa den ›Tempel des langen Lebens‹ errichten, bei dem der einzige Bärenkopf aus Lehm gefunden wurde, von dem sich der zweite Name **Ungsu-sa,** der ›Bärentempel‹ ableitet.

Steinmonumente auf dem Südberg (Nam-san)

Nach Anerkennung des Buddhismus bot sich der alte Schamanensitz als wahrer Skulpturenberg an. In seinen Tälern, auf Anhöhen und Abhängen sollen einst fünfzig Tempel gestanden haben, von denen sich nur noch wenige lokalisieren lassen. Rund sechzig Plastiken, Reste von vierzig Pagoden und Kleinreliquiaren und zahllose Bruchstücke wurden bisher entdeckt und noch immer gibt der heilige Berg des Buddhismus Funde frei.

An der Nordostseite, im Miruk-tal (nahe dem Hwarang-Haus), erinnern Pagodenfragmente und ein großartiger, **thronender Buddha** auf doppeltem Lotossockel an das im 9. Jh. gegründete **Kloster Pori.** Dieser Shakyamuni (S 136) zählt mit seinen edlen Gesichtszügen und elegant fließenden Gewandbahnen, vor allem wegen seines mit Wolken-, Blüten- und Buddha-Reliefs verzierten, bootförmigen Körpernimbus zu den Meisterwerken Sillas. An der Rückseite ist von ungelenker Hand der Medizin-Buddha dargestellt. Im kleinen Pori-sa leben heute einige Nonnen. Die Haupthalle des Klosters beherbergt eine Figurentriade der ›Drei Juwelen‹, verkörpert in den Buddhas Shakyamuni, Amitabha und Bhaishajyaguru. Etwas südlich befindet sich ein

Felsrelief, das einen lächelnden Buddha, vermutlich Shakyamuni, darstellt. Rund 1 km nördlich des Pori-sa war einst der Drachenfelstempel dem Amitabha geweiht. Sein Erbe hütet nun die Juwelendrachen-Einsiedelei (Okryong-am). Sehenswert ist eine **reliefierte Felswand** (S 201) mit Buddhas, Bodhisattvas, Arhats, einem Baum der Erleuchtung, einem Fabelwesen – vermutlich ein fliegendes Pferd – und einer seltenen siebenstufigen Pagode, die Holzbauwerke nachahmt.

Das nahe **Buddha-Tal** verdankt seinen Namen einem vollplastischen, thronenden Shakyamuni (S 198) in einer tiefen Nische.

Rund 9 km südlich von Kyongju, nahe dem Sochul-Teich, ragen beim **Dorf Namsan** zwei dreistufige Granitpagoden (S 124), vermutlich Reste eines Tempels auf, von denen die östliche Ziegel vortäuscht und die westliche Reliefs der acht Geistgeneräle trägt.

Ein pittoresker Pfad führt in rund eineinhalb Stunden, vorbei an kleinen Schreinen lokaler Gottheiten, hinauf zu einer der bedeutendsten und stimmungsvollsten Sehenswürdigkeiten von Kyongju, dem **Felsen der Sieben Buddhas (Chilbul-am).** Die Steinbildwerke (S 200) entstanden ungefähr Mitte des 8. Jh. und gelten als die besten nach der Sokkuram-Grotte. Aus dem Felsen wurde eine Triade gemeißelt: In der Mitte thront auf einem Lotospodest ein etwa 2,70 m hoher Buddha (Shakyamuni oder Amitabha), an seiner Seite stehen Avalokiteshvara und Mahasthamaprapta. Vor dieser Figurenwand liegt ein gewaltiger Felskubus, der auf allen vier Seiten Reliefs thronender Buddhas trägt, von denen der östliche an seiner Arzneibüchse als Medizin-Buddha erkennbar ist. Ihre Anordnung in allen Himmelsrichtungen entspricht den Lehren der Avatamsaka-Schule von der Allgemeinheit der Buddha-Natur. Ähnliche Reliefkuben sind noch vom Kulbul-sa und vom Kumgok-sa bei Angang überliefert. Von Chilbul-am kann man in rund zehn Minuten Aufstieg ein weiteres **Felsrelief** erreichen, von dem sich eine prächtige Aussicht über Kyongju und seine gebirgige Umgebung bietet. Der im Lotossitz thronende Bodhisattva (S 199) mit strengen Gesichtszügen stellt entweder Avalokiteshvara oder – wegen seiner Blüte – den künftigen Buddha Maitreya dar.

Vom Dorf Namsan führt die aussichtsreiche **Namsan-Höhenstraße (Namsan Skyway)** zu einigen buddhistischen Fundstätten und den Resten der von König Chinpyong im Jahre 591 erbauten Südbergfestung. Im Gelände des ehemaligen Yongjang-sa, den König Kyongdok Mitte des 8. Jh. stiftete, blieben drei Steinmonumente erhalten: Ein Buddha-Relief, eine dreistufige Pagode (S 186) und ein kopfloser Buddha (S 187) auf einem eigentümlichen, pagodenartigen Scheibenpodest. Nahe der Festung verdient ein Triadenrelief Beachtung, das Buddhas im Lotossitz – vermutlich Shakyamuni und zweimal den Medizin-Buddha mit seiner Arzneibüchse – zeigt. Die Straße mündet beim Posok-jong und dem gegenüberliegenden **Grabhügel des Königs Chima** (112–143), einem der frühen Herrscher aus der Pak-Familie.

Zu den bekanntesten buddhistischen Denkmälern zählen drei Statuen, die im Sungbang-Tal am westlichen Nam-san entdeckt und zu einer Triade (S 63) vereint wurden (Farbt. 32). Von ihrer volkstümlichen Bezeichnung **Sambul, ›Drei Buddhas‹**, leitet sich der Name eines kleinen Klosters ab. Die vermutlich ältesten Skulpturen von Kyongju sollte man am Vormittag besuchen, wenn die Sonne den grauen Granit in weiches Licht taucht. Ein aufmerksamer Betrachter

Chilbul-am, der ›Felsen der sieben Buddhas‹, auf dem Nam-san in Kyongju, Mitte 8. Jh. Neben einem vierseitig reliefierten Felskubus ist eine Triade angeordnet: Ein Buddha – Shakyamuni oder sein himmlischer Reflex Amitabha – thront zwischen den Erleuchtungswesen Avalokiteshvara (Kwanseum) und Mahasthamaprapta (Taesaechi), die Barmherzigkeit und Willenskraft verkörpern.

erkennt sofort, daß die drei Figuren unterschiedlichen Stilphasen entstammen. Die mittlere und die rechte Statue verraten in ihren massigen Körpern, plumpen Füßen und großen Köpfen, ihrem sparsamen Faltenwurf und einfachem Dekor Einflüsse aus Koguryo und Paekche. Charakteristisch für die Frühzeit der buddhistischen Kunst – wohl aus dem späten 6. Jh. – ist das friedvolle ›Lächeln von Paekche‹. Der zentrale Buddha wird von einem bootförmigen Körpernimbus ummantelt und hält seine rechte Hand zur Geste der Schutzgewährung empor. Die vielleicht ältere rechte Statue trägt die für Avalokiteshvara typische Lebenswasservase. Die linke, wesentlich detaillierter ausgearbeitete und mit Diadem, Kollier und fußlanger Girlande geschmückte Statue auf einem Lotossockel dürfte im 7. Jh. entstanden sein. Besonders erlesen ist der Kopfnimbus mit fünf Buddha-Reliefs, die Einflüsse der im 7. Jh. weit verbreiteten Avatamsaka-Schule vermuten lassen. Diese dritte Figur wird meistens auch als Avalokiteshvara interpretiert, aber der Kopfnimbus trifft eher auf den von meditativen Schulen geschätzten Weisheits-Bodhisattva Manjushri zu, der einer Legende zufolge in diesem Tal erschienen war.

Bei Wanderungen in den **Tälern des Südberges,** besonders im Kat-Tal und bei den Drei Königsgräbern (Sam-nung), stößt man immer wieder auf Fundstücke aus der Blütezeit des Buddhismus.

Fundstätten im Norden und Westen von Kyongju

Am Fuße des Kleinen Diamantgebirges (Sokumgang-san) steht ein **vierseitig reliefierter Felsblock** (Abb. 68), der im Jahre 586 in Seide gehüllt vor den Augen König Chinpyongs vom Himmel gefallen sein soll. Im Volksmund heißt das Gebirge ›Vier Buddha-Berg‹ (Sabul-san) und der vermutlich im 6. Jh. bearbeitete Steinklotz Samyon Sokbul, der ›Vierseitige Steinbuddha‹. Stilistisch entspricht er den beiden älteren Statuen der Sambul-Gruppe am Nam-san. Die Westseite des Felsblocks zeigt einen stehenden Buddha – Shakyamuni oder Amitabha – in Hochrelief mit vollplastisch überragendem Kopf. Seine beiden, teilweise arg verstümmelten Begleiter, wohl Avalokiteshvara und Mahasthamaprapta, scheinen Zufügungen zu sein, entstanden aber in derselben Periode. Eine Arzneibüchse weist das ostseitige Relief als Medizin-Buddha aus, von den Nord- und Südwänden treten weitere Buddha- und Bodhisattva-Reliefs hervor. Der ›Vierseitige Steinbuddha‹ vom Kleinen Diamantgebirge soll längere Zeit vergraben gewesen und Mitte des 8. Jh. nach himmlischen Vorzeichen von König Kyongdok wiederentdeckt worden sein, der daraufhin **Kulbul-sa,** den ›Tempel der skulptierten oder ausgegrabenen Buddhas‹ errichten ließ.

Auf malerischem Pfad, über zahlreiche Steinstufen, erreicht man den **Kastanientaltempel (Paegyul-sa),** den König Sinmun um 685 stiftete. Eine Gedenktafel erinnert an die Auffindung der Leiche des Ichadon (Yi Chadon), dessen Martyrium im Jahre 527 die Anerkennung des Buddhismus bewirkte. In der Haupthalle des kleinen Klosters wird Shakyamuni mit den beiden Erleuchtungswesen Manjushri und Samantabhadra verehrt. Das großartige, vergoldete Bronzestandbild des Medizin-Buddha (NS 24) wird im Nationalmuseum von Kyongju verwahrt, das neben der buddhistischen Tongguk-Universität in Seoul auch die wichtigsten Steinfunde des Tempels und seiner Umgebung erhielt. Im Klosterhof ist noch ein kleines Lapidarium mit den Reststücken ausgestellt.

Unermüdliche Wanderer können den Gipfel erklimmen, die herrliche Aussicht genießen und eine **Buddha-Triade** an den Felswänden besichtigen.

Am Fuße des Sondo-san, des ›Berges des Pfirsichs der Unsterblichen‹ in der Schleife des Westflusses, standen einst zwei Tempel, der **Aegong-sa** und der **Yonggyong-sa,** von denen nur zwei dreistufige Pagoden (S 65 und 67) erhalten blieben. Unterhalb des Gipfels erreicht man eine beschädigte, aber eindrucksvolle **Felstriade** (S 62) aus dem 6. Jh. und **Songmo-gak,** ein wundertätiges Heiligtum der ›Geistmutter‹.

Der weiter nördlich gelegene **Tansok-san** steht in enger Verbindung mit den Blütenjunkern. In einem sehr interessanten **Grottenheiligtum** mit Buddha- und Bodhisattva-Reliefs verehrten sie den Zukunftsbuddha Maitreya, den sie Sinson, das ›Übernatürliche Wesen‹ nannten. Auf ihre synkretistische Ideologie deutet ein Zug von Adoranten mit seltsamen Spitzmützen, Pluderhosen und Schnabelschuhen, die Wünschelruten und Räuchergefäße, anscheinend zur Herbeizauberung von Regen und zur Verehrung des Berggeistes, tragen.

Tempel und Pagoden in Richtung Ostküste

Seit im Jahre 413 Rauchzeichen über dem Wolfsberg (Nang-san) emporstiegen, galt dieser Höhenrücken nahe dem alten Stadtzentrum den Buddhisten als heilig. Von einigen Tempeln blieben nur Fundamentreste, Felsreliefs, Flaggenmasten, Teile der Nungji-Pagode, die über dem vermeintlichen Verbrennungsplatz König Munmus aufgetürmt wurde, und das Gelände des Hwangbok-Klosters erhalten. Die **dreistufige Pagode des Hwangbok-sa** (NS 37), die König Songdok im Jahre 706 errichten ließ, gilt als eine der schönsten des Silla-Reiches. Bei Restaurierungsarbeiten fand man einen Reliquienbehälter mit Goldfiguren, Sutratexten, Inschriften und anderen Kostbarkeiten.

Der Straße in Richtung Ostküste folgend, erreicht man am Ostende des Pomun-Sees beim Dorf Chongun (›Tausend Soldaten‹) **zwei dreistufige Pagoden** (S 168) im Stil des 8. Jh. Ein ähnlicher Reliquiarturm und eine Schildkrötenbasis beim Dorf Amgok östlich des Tokdong-Sees sind unter dem Tempelnamen **Mujang-sa** (S 125, 126) bekannt. Bei der Erweiterung des Tokdong-Sees mußte die dreistufige, mit Relieftüren verzierte **Pagode** (NS 38) des ehemaligen Koson-sa in das Museum von Kyongju übertragen werden.

Von der Hauptstraße zweigt vor Andong die Straße rechts über den Taejong-Fluß ab. Beim Dorf Tapchong ragen die beiden einzigen, bisher entdeckten **fünfstufigen Pagoden** (NS 39) des Silla-Reiches auf. Sie sind aus porösem, gelblichem Stein gearbeitet und tragen im ersten Stockwerk Reliefs der acht Geistgeneräle halbgöttlicher Wesen als Wächterfiguren.

Kolgul-am

Vom Dorf Andong zweigt ein rund 1 km langer Weg zur ›Knochenhöhlen-Einsiedelei‹ ab, die ihren Namen den bizarren, gelblich-bleichen Felsnadeln des Umlandes verdankt. Die Felswand über der kleinen Gebäudegruppe trägt eines der besten **Buddha-Reliefs** des 8. Jh. (Abb. 35). Das majestätische Antlitz ist beinahe vollplastisch hervorgehoben, wolkenähnliche Ranken und die Gewandfalten wirken hingegen skizziert.

Kirim-sa (Girim-sa)

Lage: Vom Dorf Andong in Richtung Hamwol-san.
Geschichte: Gründung als ›Waldquell-Tempel‹ im Jahre 643 unter Königin Sondok, vom Mönch Wonhyo in ›Tempel des Ehrwürdigen Waldes‹ umbenannt. Der Großteil der Gebäude stammt aus dem 18. Jh., derzeit werden einige Neubauten aufgeführt.

Nach kurzem Anstieg betritt man den Klosterkomplex durch das Tor der Vier Himmelskönige. In der **Haupthalle des Großen Lichts** wird die esoterische Triade der Avatamsaka-Schule, der Ur-Buddha Vairocana in der Mitte mit Shakyamuni und Lushena an der Seite, verehrt. Auch die Hintergrundbilder zeigen diese Trias, angereichert durch ein großes Gefolge. Wandbilder stellen an der rechten Seite eine Bodhisattva-Triade als Verkörperung von drei Weltzeitaltern und kosmischen Ebenen – Himmel/Ewigkeit, Erde/Gegenwart, Unterwelt/Zukunft – und links Schützer der Lehre dar. Zwei gekrümmte Querbalken in Kopfhöhe verleihen dem Raum besonderen Reiz.

In der **Halle des Heiligen Berges** sind 500 weiße Figuren der Buddha-Jünger stufenweise aufgetürmt. Eine kleine Halle ist dem Medizin-Buddha Bhaishajyaguru geweiht. Dahinter befindet sich die mauerumgürtete **Halle des Avalokiteshvara** mit einer goldlackierten Holzplastik aus dem Jahre 1501 (S 415). Ihre spielerische Haltung mit baumelndem rechten Bein läßt auf Avalokiteshvara schließen. Stilistisch entspricht die reich geschmückte Figur dem Bodhisattva (S 279) im Sonun-sa (vgl. S. 269).

Die Gerichts- oder Höllenhalle und die Mönchsquartiere stehen abseits vom Hauptkultbezirk in westlicher Richtung.

Kamun-sa

König Munmu befürchtete auch nach der Reichseinigung im Jahre 668 einen japanischen Überfall vom Ostmeer. Zum Schutze seines Landes bestimmte er daher sein Grab in den Fluten (vgl. Taewang-am S. 312) und die Errichtung des Kamun-sa, des ›Tempels des Wohltäters‹, an der Küste. Ausgrabungsarbeiten bestätigen eine Stelle im Samguk Sagi, nach der König Munmu verfügte, am östlichen Fundament der Haupthalle ein Loch freizulassen, damit er als Drachengeist in Zeiten der Gefahr eindringen könne. An dieser ›Terrasse des Wunders‹ wurde auch ein ungewöhnlicher Stein mit dem altchinesischen Yin- und Yang-Zeichen und geometrischen Mustern entdeckt, der rege astronomische und mathematische Forschungtätigkeiten im Kloster vermuten läßt. König Sinmun vollendete das Werk seines Vaters und stiftete die **zwei großen Pagoden** (NS 112), die als einzige Bauwerke erhalten blieben. Mit fast 5 × 5 m Basis und einer Höhe von mehr als 14 m sind sie die größten Zwillingspagoden Koreas und Prototypen der Reliquientürme des Geeinten Silla-Reiches. Charakteristisch ist – wie auch schon bei älteren Exemplaren – die nach unten gekehrte Treppung der Dachkränze. Bei Restaurierungsarbeiten kamen kostbare Funde, u. a. ein bronzenes Reliquienkästchen mit meisterlichen Darstellungen der Vier Himmelskönige zutage, das im Nationalmuseum Seoul (vgl. S. 86) aufbewahrt wird.

Pulguk-sa (Pulkuk-sa, Bulgug-sa)

Lage: Südöstlich von Kyongju, am Fuße des Toham-san.

Geschichte und Bedeutung: Im Jahre 528 (oder 535) ließ der fromme König Pophung einen Gebetstempel für seine Gattin Podo erbauen. Später geriet dieses kleine Heiligtum in Vergessenheit und verfiel. Kim Taesong, der mächtige Premierminister des Königs Kyongdok, erkor im Jahre 751 das alte Tempelgelände zur Errichtung des ›Buddha-Land-Klosters‹. Vom Stifter wird erzählt, er sei der Sohn einer armen Witwe im Dorf Moryang gewesen, die eifrig zu Buddha um Heilung ihres kranken und seltsamen Kindes betete. Ihr Flehen ward erhört und der Knabe kam noch einmal im königlichen Kim-Klan zu Welt. Bei seiner Geburt stand sein persönliche Name Taesong, was ›Große Festung oder Mauer‹ bedeutet, in goldenen Lettern in der Hand. Begnadet mit diesen himmlischen Vorzeichen begann er seine glänzende Karriere, die er mit der Stiftung einiger Tempel krönte. Den ›Buddha-Land-Tempel‹ widmete er seinen Eltern aus der Kim-Familie und die Sokkuram-Grotte den Seelen seiner ersten Eltern.

Feuersbrünste, Erdbeben und Kriege zerstörten den Pulguk-sa im Laufe der Jahrhunderte. Erst vor einigen Jahrzehnten begann die Rekonstruktion der Holzgebäude, heute ist der ›Buddha-Land-Tempel‹ Koreas bekanntestes Heiligtum. Im 8. Jh. zählte er keineswegs zu den führenden Klöstern Sillas – die Staatstempel übertrafen den Pulguk-sa an Größe und Pracht bei weitem. Der besondere Wert liegt einerseits in den großartigen originalen Steinteilen – zwei Pagoden und die Fassade mit den beiden Brücken – und zwei vergoldeten Bronze-Buddhas (Vairocana und Amitabha) und andererseits in der Möglichkeit, eine sonst nicht mehr vorhandene klassische Tempelanlage zu besichtigen.

Das ›Buddha-Land‹ wird als irdische Entsprechung eines friedvollen Heilsreiches verstanden, wo einst nur erlöste, den materiellen Fesseln enthobene Wesen – Buddhas, Bodhisattvas und Arhats – sowie deren Schützer wohnten. Erst allmählich wurden volkstümliche Kulte einheimischer Götter integriert.

Der Rundgang sollte beim alten Südeingang beginnen und beim tiefer gelegenen, neuen Parkplatz im Westen enden. Auf diesem Weg erreicht man zunächst das **Tor der Vier Himmelskönige** mit prächtig-bunten Statuen der Welthüter (Farbt. 27). Der dunkelgesichtige, lachende König des Nordens und des Winters hält die Pagode empor, der Herr des Westens und der sommerlichen Regenzeit den Schlangendrachen, der die Glücksperle zu erhaschen sucht, der König des Südens und Frühlings das Schwert und der würdige, weißbärtige Hüter des Ostens, der Erntezeit und des Wetters die Laute.

Nach Überquerung des Baches öffnet sich der Blick auf die einzigartige **Fassade,** die – abgesehen von Balustradenergänzungen – aus dem 8. Jh. erhalten blieb. Der repräsentative Aufstieg über die beiden Steintreppen wurde gesperrt; die Besucher betreten den großen Hof durch einen Seiteneingang im Osten. Die höhere, rechte der beiden Steintreppen (NS 23) leitete zum Haupt- oder Purpurnebeltor (Chaha-mun). Im unteren Abschnitt heißt sie die ›Brücke der

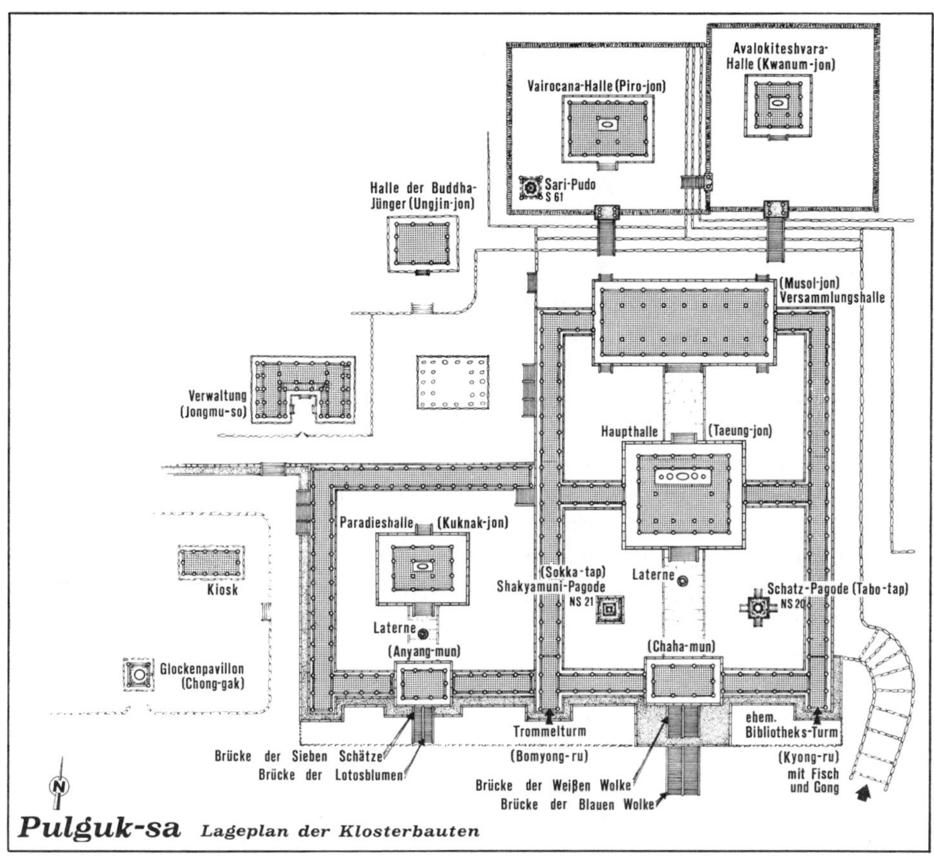

Pulguk-sa *Lageplan der Klosterbauten*

Blauen Wolke‹, im oberen Teil ›Brücke der Weißen Wolke‹ (Farbt. 4). Nach der buddhistischen ›Elementen‹-Symbolik versinnbildlicht Blau das Wasser, den Antrieb des Lebens, und Weiß den feinstofflichen Äther und die reine Geistigkeit. Dreiunddreißig Stufen stehen für die altindisch-vedischen Götter der Dreiwelt, des Himmels, des Luftraumes und der Erde.

Die kleinere, linke Treppe (NS 22) führte über 17 Stufen durch das Anyang-mun zum Westkomplex, der dem Reinen Land oder Lotosparadies des Amitabha in Richtung Sonnenuntergang geweiht ist. Sie beginnt mit der ›Lotosblumenbrücke‹ und mündet in die ›Brücke der Sieben Schätze‹, mit der geistige Kostbarkeiten, wie heilige Schriften oder die Erlösergnade des Amitabha gemeint sind.

Beim Betreten des **großen Hofes** bietet sich dem Betrachter der klassische, aus China überlieferte Klosterplan. Leicht abweichend von diesem ragt die Haupthalle nicht freistehend, sondern eingebunden in die Wandelgänge auf. Die Südostecke dieser umlaufenden Korridore war ursprünglich als Sutren- oder Bibliotheksturm ausgebildet; heute hängen hier Gong und Holzklopffisch. Der südwestliche Eckpavillon dient als Trommelturm, während der Glockenpavillon außerhalb des engeren Tempelbezirks, im Westen der Gesamtanlage, angeordnet ist. Direkt hinter der Haupthalle, flankiert vom Nordkorridor, steht die Versammlungs- oder Studienhalle, mit 4 × 9 Längsstützen das größte Tempelgebäude.

Der Pulguk-sa folgt dem seit der Reichseinigung verbreiteten Zweipagodentyp: Beide Reliquiartürme stehen paarig zur nordsüdwärts gerichteten Hauptachse. Sie stammen wie die trommelförmige Laterne noch aus dem Jahre 751 und werden einem Künstler namens Asadal aus Paekche zugeschrieben, mit dem sich die traurige Geschichte von der ›Schatten- und der schattenlosen Pagode‹ verbindet. Sie erzählt von der Gattin des Meisters, der – wie allen weiblichen Wesen – während der Bauarbeiten der Zutritt zum Tempel verwehrt war. Daher beobachtete sie das Wachsen der Pagoden in einem Weiher, konnte aber nur das Spiegelbild *eines* Turmes sehen. Als ihr Mann nicht erschien, stürzte sie sich ins Wasser und ertrank. Asadal fand nach Vollendung der zweiten, ›schattenlosen‹ Pagode am ›Schattenteich‹ (Yong-ji) nur einen Stein, der sich in einen Buddha verwandelte. Tieftraurig zog er fort und ward nie mehr gesehen. Bei Instandsetzungsarbeiten der Pagoden entdeckte man verschiedene Kleinfunde, Holz- und Silberplatten mit Sutratexten und eine Sarira-Schatulle.

Die schlichte, rund 7,40 m hohe **Shakyamuni-Pagode** (NS 21) soll Reliquien des historischen Buddha bewahrt haben. Auf dem quadratischen Sockel erheben sich drei Stockwerke mit der für Silla typischen abwärtsgerichteten Treppung der Dachkränze. Ihre elegante Spitze wurde nach der Pagode des Silsang-sa (vgl. S. 268) erneuert. Acht Lotossteine um den Sockel trugen entweder einen Steinzaun oder verehrende Bodhisattva-Figuren. Lotosblüten sollen alles Weltliche von den Reliquien abschirmen – der ›Schatz-Buddha‹ ließ dereinst Lotosknospen vom Himmel regnen. Acht symbolisiert den Achtfachen Erlösungspfad, wie Shakyamuni ihn bei seiner ersten Predigt lehrte.

Die außergewöhnliche **›Schatzpagode‹ (Tabo-tap,** NS 20) zählt zu den bedeutendsten Kunstwerken der buddhistischen Welt. ›Pagoden vieler Kostbarkeiten‹ leiten sich von einer Stelle im Lotos-Sutra ab, die besagt, daß der vorweltliche ›Buddha vieler Schätze‹ = Prabhutaratna (Tabo Yorae) in einem reich geschmückten Stupa erschienen sei und dem historischen Buddha einen Platz an seiner Seite eingeräumt habe. Dieses Buddha-Paar vertritt die ›offene‹, allgemein zugängliche Lehrrichtung des Buddhismus im Gegensatz zum esoterischen Diamant-Buddhismus für Eingeweihte und meditativ Gereifte.

Vorbilder der komplizierten Pagodenkonstruktion sind in der frühbuddhistischen Kunst Nordwestindiens (Gandhara) zu suchen, wo – möglicherweise unter Einwirkung vorderasiatischer Stufenpyramiden und vermittelt durch die iranischen Parther – vierseitige Treppentürme entstanden. Ähnliche Stupas auf kreuzförmigem Grundriß findet man auch in Mittelasien und an den Seidenstraßen (der sogenannte Kanischka-Stupa in Peshawar/Pakistan, Rawak-Vihara in Khotan/Chinesisch Turkestan, Top-i-Rustam-Stupa in Balkh/Afghanistan).

Bei der Schatzpagode des Pulguk-sa leitet in jede Himmelsrichtung eine Treppe mit neun Stufen – Neun gilt in Ostasien als Synonym für Ewigkeit und Himmel – zum ersten Stockwerk. Auf der quadratischen Plattform, dem Zeichen des Yin-Prinzips, ragen vier massive Eckstützen

Die beiden Granitpagoden (NS 20 und 21) im Pulguk-sa, Mitte 8. Jh. Links der dreistufige Reliquienbehälter des historischen Buddha Shakyamuni (Sokka-tap), eine ›klassische‹ Silla-Pagode mit fünffach nach unten getreppten Dachkränzen. Rechts die einzigartige ›Schatzpagode‹ (Tabo-tap) zu Ehren seines mystischen Vorläufers Prabhutaratna (Tabe Yorae). Diese komplizierte Konstruktion bezieht sich auf eine Stelle im Lotos-Sutra = Saddharmapundarikasutra und übersetzt das buddhistische Weltbild, die Ur-Einheit der Zwillingsgegensätze Yin und Yang und den stufenweisen Erleuchtungsweg in Stein.

und ein zentraler ›Herzpfeiler‹ auf. Diese Fünfersymbolik liegt auch Mandalas, mystischen Kosmo- und Psychogrammen, zugrunde. Über dem viereckigen Dach mit gleichförmigem Zaun geht der Turm in ein Achteck über, das in dem schwer zu bearbeitenden Granit den Kreis, das Sinnbild der Yang-Kraft, vertritt. Der Reliquienbehälter mit den heiligen Schriften war vermutlich zwischen dem Lotosblütenkranz und dem achteckig aufschwingenden Dach eingebettet. Bekrönende Scheiben versinnbildlichen Erleuchtungsstadien oder Himmelssphären und weisen in die höchste Geistigkeit, die mit der Beendigung des Erlösungsweges und dem Nirvana gleichzusetzen ist. Um die Pagode bildeten ›Grenzsteine‹ und Wächterlöwen, von denen nur einer erhalten blieb, einen heiligen Bezirk.

Beide Pagoden sind auf den historischen Buddha Shakyamuni und dessen Vorläufer Prabhutaratna bezogen. Die Ausstattung der Haupthalle folgte einst den Lehren der Avatamsaka-Schule und beherbergte als Hauptkultbild den Ur- oder All-Buddha Vairocana, der nun im Piro-jon eine neue Heimstatt fand. Die 1959 rekonstruierte **Haupthalle** mit verzierter Kassettendecke und reicher Gebälkschnitzerei folgt einem populären Bildprogramm. Auf dem Figurensockel thront der lehrende Shakyamuni, an seiner Seite stehen die reich geschmückten Erleuchtungswesen Maitreya und Dipankara. Sie verkörpern drei Weltzeitalter – Dipankara die Vergangenheit, Shakyamuni die Gegenwart und Maitreya die Zukunft – und gleichzeitig den Buddha als geistiges Prinzip, das sich periodisch eines irdisch-grobstofflichen Leibes zur Verkündigung der Heilslehre bedient (Farbt. 15). An die goldgefaßte Trias schließen sich Buddhas Lieblingsjünger Kashyapa und Ananda als buntgefaßte Statuetten an. Die beiden vertreten die Mönchsgemeinde, Kashyapa zusätzlich den elitären Zen-Buddhismus und Ananda den Glaubensweg der breiten Volksmassen. Das Hintergrundbild zeigt Buddha mit einem großen Gefolge von Bodhisattvas, Arhats, Welthütern und Wächtern. An der rechten Seitenwand ist Veda (Tongjin), der Schützer des Lotos-Sutra, zu sehen.

An die Hauptgruppe schließt sich der **Westkomplex,** ein vielleicht zwanzig oder dreißig Jahre später zugefügtes, kleineres Hofgeviert an, das Amitabha geweiht ist. Die **Paradieseshalle** birgt eine meisterliche vergoldete Bronzeplastik des Amitabha (NS 27) aus dem 8. Jh. Das grellbunte Hintergrundbild zeigt den Licht-Buddha inmitten seines Himmelsgefolges, in dem einige Bodhisattvas – Avalokiteshvara mit einem Amitabha-Bild im Diadem oder der kahlgeschorene Kshitigarbha mit seinem Rasselstab – sowie Buddha-Jünger, Kashyapa und Ananda, auffallen.

Bei der Erneuerung des Pulguk-sa wurde die klassische Klosteranlage um einige Anbetungshallen erweitert. In der **Avalokiteshvara-Halle** steht eine goldgefaßte Statue des beliebtesten Nothelfers, die auf Vorbilder des 10. Jh. zurückgeht. Seltenheitswert besitzt das in Blau-Beige-Grün-Schattierungen gehaltene Hintergrundgemälde des übernatürlichen Kwanseum mit tausend radförmig angeordneten Armen und zahlreichen Attributen, die er im Dienste seines Erlösungswerkes einsetzt. Zwei der vierzig Hauptarme hält er in Verehrungsgeste vor der Brust gefaltet. Seine elf Häupter leiten sich von der berühmten Erzählung ab, daß sein Kopf beim Anblick der leidenden Geschöpfe in der Unterwelt zerbarst und sein geistiger Vater Amitabha aus den Teilen zehn Gesichter formte, die er mit seinem eigenen Bildnis krönte.

Die **Vairocana-Halle** entstand 1973 zur Aufnahme der vergoldeten Bronzeplastik (NS 26), die zeitgleich mit dem Amitabha (NS 27) in der Paradieseshalle Mitte des 8. Jh. im tang-chinesischen Stil gegossen wurde. Der in Diamanthaltung thronende Vairocana hält die Hände in seiner charakteristischen ›Geste der allumfassenden Einheit‹, die ihn als Ur-Buddha oder Allegorie des Absoluten ausweist. Das Hintergrundgemälde zeigt ihn flankiert von Manjushri und Samantabhadra, die Weisheit und Willenskraft verkörpern, inmitten des üblichen Gefolges von Bodhisattvas, Arhats und Welthütern.

An der Südwestecke der Umfassungsmauer verdient ein mehr als 2 m hoher, prachtvoll reliefierter **Reliquienbehälter** (S 61) Aufmerksamkeit. Stilistisch entspricht er der Übergangsphase des ausklingenden Silla-Reiches zum erstarkenden Koryo-Staat (9./10. Jh.). Von einer achtseitigen, lotosgeschmückten Basis ragt ein wolkenverzierter Schaft auf, der über einem Lotosblätterkranz das faßförmige Reliquiar mit Buddha- und Bodhisattva-Darstellungen trägt. Es soll die Asche einer Nonne, vermutlich der Tochter König Hongangs, bergen. Der Volksglaube schreibt dem Sari-Pudo Wunderkräfte zu, und nicht selten werden Münzen über den Zaun geworfen. Aber nur der Spender, dessen Geldstück direkt auf dem Denkmal liegenbleibt, wird höchste Glückseligkeit erlangen.

Westlich des eigentlichen Kultbezirks wurde in jüngster Zeit die **Halle der Buddha-Jünger** errichtet, in der einige Figuren aus der Haupthalle – Shakyamuni, zwei Bodhisattvas und die sechzehn Arhats – Aufnahme fanden. Volkstümliche Malereien zeigen den Himmelskönig Chesok, der von Sonnen- und Mondlicht, dem Siebensterngeist und einem großen Hofstaat mit den Richterkönigen der Höllen und deren Botschaftern umringt wird.

Im Glockenpavillon nahe des Westeingangs hängt eine verkleinerte Nachbildung der berühmten Emille-Glocke. Auf dem Rasen gegenüber der Eingangsfront zum Westkomplex wurden Steinreste aus dem 8. Jh., u. a. die Flaggenmasten für das Tempelbanner und ein Steintrog, zusammengetragen. Die Mönchsquartiere liegen abgesondert vom Kultbezirk nördlich des Berghanges.

Sokkuram (Sokkul-am)

Lage: Südöstlich von Kyongju, auf dem Toham-Berg, über eine Straße oder in rund 45 Minuten Aufstieg vom Pulguk-sa erreichbar.

Geschichte: Die ›Felshöhlen-Einsiedelei‹, eine künstliche Grotte mit großartigem Skulpturenprogramm, zählt zu den herausragenden Kunstwerken der buddhistischen Welt.

Kim Taesong, der mächtige Premierminister König Kyongdoks, ließ im Jahre 751 ein Felsheiligtum zu Ehren seiner Mutter sowie den Pulguk-sa für seine zweiten Eltern errichten. Die Widmung eines so außergewöhnlichen und kostspieligen Bauwerkes ausschließlich als Seelentempel für eine einfache Frau scheint als Erklärung nicht erschöpfend. Aus koreanischen Geschichtswerken erfahren wir des öfteren, daß der Buddhismus für patriotische Zwecke eingesetzt wurde, und daß Könige und Adelige Klöster, Pagoden, Bildwerke und heilige Schriften zur geistigen Feindabwehr stifteten. In ähnlicher Weise dürfte die Sokkuram-Grotte als Schutztempel bestimmt gewesen sein. Ihre Lage auf dem Toham-san, dem östlichen von fünf heiligen Bergen Sillas, und die Blickrichtung gegen das Ostmeer unterstreichen die Annahme, daß sie Feinde aus diesem Einfallswinkel, besonders japanische Piraten, abwehren sollte. Die Japaner kamen dennoch – allerdings erst im Jahre 1592. Zu dieser Zeit dürfte die Höhle schon aufgelassen gewesen sein, denn das neukonfuzianische Choson-Reich verbannte den Buddhismus in den Untergrund. Erdmassen, Bäume und Sträucher begruben und überwucherten den Eingang, Gewölbeteile stürzten ein, so daß das Heiligtum in Vergessenheit geriet und erst 1909 wieder entdeckt wurde.

1913 begannen die japanischen Kolonialherren mit der teilweise unsachgemäßen Restaurierung und Überkuppelung der Steinwölbung mit Beton und Stahl. Vor rund 25 Jahren bemühten sich die Koreaner um eine annähernde Wiederherstellung des ursprünglichen Raumeindruckes, Klimaregulierungen und Schutzbauten sollen die Erhaltung garantieren. Dem Eingang wurde eine Holzveranda vorgeblendet, eine Glaswand verschließt den Zutritt. Diese Veränderungen verhindern leider den natürlichen Lichteinfall. Ursprünglich war die Felskammer so ausgerichtet, daß an bestimmten Tagen die Strahlen der aufgehenden Sonne das Antlitz des Buddha in rosig-goldenen Schimmer tauchten und zu einer überirdischen Vision verklärten.

Bei der Sokkuram-Grotte verbinden sich in einzigartiger Weise eine künstliche Höhlenkonstruktion mit einem tiefgründigen und seltenen kosmischen Bildprogramm zu virtuoser Steinmetztechnik. Auftraggeber und Künstler gingen dabei von Grundbegriffen der buddhistischen Symbolsprache, von **Berg und Höhle,** aus. Der Berg wird als irdische Entsprechung der Welt- und Verbindungsachse der ›Dreiwelt‹ – der irdisch-grobstofflichen Region der Begierde, der feinstofflichen Himmelssphären ›reiner Formen‹ und der nicht mehr vorstellbaren Zone reiner Geistigkeit und Formlosigkeit – verstanden. Die Höhle gilt als ›Mutterschoß‹, aus der unsere vielfältige Erscheinungswelt hervorgeht. In einem mühsamen Erkenntnis- oder Glaubensweg löst sich ein Lebewesen aus den Fesseln der materiellen Welt der Begierde und erklimmt stufenweise geistige Reifegrade oder Himmelssphären, die mit den Schichten des Weltberges identisch sind. Ziel ist das Nirvana, das Absolute, der Ur-Buddha oder das ›Namenlose‹, das die Menschen mit ihrer Denkkraft zu ergründen suchen, aber die Erfahrung der höchsten Weisheit bedeutet.

Berg und Höhle waren in der buddhistischen Welt zur symbolischen Darstellung des geheimnisvollen Weltbildes und stufenweisen Heilsweges begehrt. Eine Kette von Grottenheiligtümern zieht sich von Indien über das heutige Afghanistan und entlang der Seidenstraßen bis

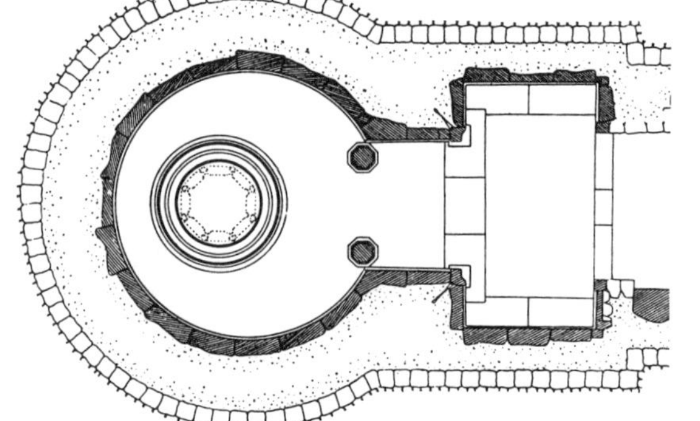

Grundriß und Längsschnitt der Sokkuram-Grotte bei Kyongju, Mitte 8. Jh. Der Eingang wurde mittlerweile verändert: Den gekappten Mauern der äußeren Vorhalle wurde eine schützende Holzveranda vorgeblendet. In der inneren, rechteckigen Vorhalle wurden zwei Reliefplatten rechtwinkelig gedreht und dadurch mit den anderen sechs aufgereiht. Dem Vestibül folgt ein kurzer Korridor; nach zwei Achteckpfeilern öffnet sich die Rotunde mit dem Lotospodest für den zentralen Buddha.

nach China. Korea und sein ›verlängerter Arm‹ Japan besitzen dagegen nur wenige kleine Höhlentempel (Kunwi-Höhle bei Taegu, Usuki auf Kyushu), da natürliche Felswölbungen fehlen und in beiden Ländern Holzbauten vorherrschen. Korea blieb allerdings der seit der Jungsteinzeit überlieferten Felsbearbeitung treu: Pagoden und Monumentalskulpturen bezeugen das Weiterleben archaischer Steinkulte und -bearbeitungen. Darüber hinaus verstanden es die Koreaner meisterhaft, dem Mangel an natürlichen Höhlen abzuhelfen: Sie schufen in der Sokkuram-Grotte die großartigste **künstliche** Grotte der buddhistischen Welt.

In der Abfolge der Räume verbirgt sich ein tief durchdachtes **metaphysisches Konzept.** Die Höhlenkonstruktion aus exakt behauenen Granitblöcken verbindet die begrenzten ›irdischen‹ Formen Quadrat und Rechteck mit der Vollkommenheit des Kreises. **Vorhalle und Korridor** dienen dem Schutz dieses ›heiligen‹ Kreises und der Einstimmung der Gläubigen. In ihnen stehen Götter und Schutzgeister, die zwar über Dämonenscharen, Halbgötter und Himmelsrichtungen gebieten, aber noch dem Gesetz der wirkenden Tat = Karma unterliegen, das sie an den Kreislauf von Geburt, Tod und Wiedergeburt fesselt. Daher werden sie so lange wiedergeboren, bis sie zum höchsten Heilsstand, dem Nirvana oder der Buddhaschaft herangereift sind.

Aus dem Reich der Sinnenwelt und Begierde betritt man in der **Rotunde** die Sphäre erlöster Wesen – Arhats, Bodhisattvas und Buddhas –, die verschiedene Wege und das Ziel der Heilssuche veranschaulichen. Arhats stehen für das Mönchsideal des älteren Buddhismus. Erleuchtungswesen verkörpern das Leitbild des Mahayana, das mehrere Möglichkeiten zur Vollendung anbietet. Gerade diese ›Erlösungshilfe von außen‹, die Gnade der Buddhas und die Barmherzigkeit der Bodhisattvas, öffneten den Laien die Tore des Heils. Alle Erlösungswege führen letztlich zu demselben Ziel: dem Nirvana, das mit dem Buddhawesen identisch ist. Die Verkörperung dieses ewigen Weltprinzips thront unter dem ›Himmelsgewölbe‹ der Rotunde frei im Raum: Buddha soll zum Zeichen der Verehrung im Uhrzeigersinn umkreist werden. Durch diese **Rechtsumkreisung = Pradakshina** wandelt der Gläubige im Pfade der ewigen Weltgesetzlichkeit = Dharma, die sich den Menschen der Frühzeit am eindringlichsten im täglichen Sonnenlauf und seit dem Erscheinen des Buddha auf Erden in seiner Lehre offenbarte.

Stilistisch folgt die Sokkuram-Grotte der chinesischen Tang-Kunst, die das Erbe der indischen Gupta-Klassik weiterentwickelte. Die Figuren werden zunehmend natürlicher und ragen in tänzerischen und kämpferischen Stellungen über ihren imaginären Zirkel hinaus. Gewand- und Körperlinien gewinnen einen fließenden und dennoch ausgewogenen Rhythmus, dessen Reiz durch ornamentalen Reichtum erhöht wird. Im Gegensatz zur Eleganz der Reliefs bewahrt der zentrale Buddha eine gewisse Massigkeit, die als Zeichen von Würde und Hoheit und als archaischer Ruhepol jenseits der Dynamik seines Gefolges zu verstehen ist.

Die Gestalten der Vorhalle und des Korridors sind altindischen Ursprungs und wurden als Schützer des Buddha, der Lehre, der Heiligtümer und der Mönchs- und Laiengemeinde in den

Einer die Vier Welthüter = Lokapalas oder Himmelskönige (Sachonwang), Relief im Korridor der Sokkuram-Grotte. Die machtvollen Himmelskrieger tragen prächtige, zentralasiatisch inspirierte Rüstungen der Tang-Ära. Sie walten als Schützer des Heiligtums und des Buddha und treten Feinde der Lehre und Erdgnomen nieder.

Buddhismus integriert. Das Figurenprogramm beginnt im Vestibül mit acht Reliefplatten der **Geistergeneräle,** die zentralasiatisch-chinesische Trachten und Rüstungen der Tang-Zeit, Pluderhosen und Flügelhelme tragen. Sie gebieten über verschiedene niedere Regionen des Weltberges Sumeru oder Meru und deren Dämonenscharen. Der dreigesichtige unter ihnen führt kampfbesessene Titanen und Feinde der Götter = Asuras an, die anderen leiten Fruchtbarkeitsgnomen = Yakshas, Schlangengeister = Nagas, Vogeldämonen = Garudas, Himmelsmusikanten = Gandharvas, Vogelmenschen oder Sirenen = Kinnaras, niedere Götter = Devas und dickbäuchige, boa-ähnliche Kobolde = Mahoragas.

An der Einschnürung zum Korridor wacht das **Torhüterpaar,** halbnackte Heroen mit grimmigen Gesichtern und drohenden Gebärden. In Ostasien zählen sie zu den Göttern und verkörpern im esoterischen Diamant-Buddhismus die polaren Urkräfte Geist und Materie, Eigenschaften, die sie in den Kreis der Initiationsgenien und ›Wohlwollenden Könige‹ rücken.

Im kurzen Gang stehen die **Vier Himmelskönige oder Welthüter,** die auf dem Gipfel des Weltberges Sumeru das Paradies des Götterkönigs Indra nach allen vier Himmelsrichtungen schützen. Die rechte Nordseite wird vom Ostkönig Dhritarashtra und vom Nordkönig Vaishravana oder Kubera, die Südwand vom Westkönig Virupaksha und vom Südkönig Virudhaka eingenommen. In prächtigen Rüstungen mit flatternden Gewandbahnen treten sie in tänzerischer Pose unter ihren Füßen Gnomen, die Feinde der Lehre, nieder. Drei von ihnen führen ihr Schwert an die Schulter. Der Nordkönig trägt seine charakteristische Pagode, den geheimnisvollen Eisernen Turm, aus dem der indische Gelehrte Nagarjuna von den Schlangengeistern die Schriften der transzendenten Weisheit als Grundlage des philosophischen Mahayana empfing.

Zwei mächtige, aus Lotosbasen aufragende Achteckpfeiler leiten zur **Hauptkammer** mit dem zentralen Buddha über, der von fünfzehn, ungefähr 1,90 m hohen Relieffiguren und acht Nischenfiguren umringt ist.

Zu beiden Seiten des Einganges beginnt die Reliefreihe mit den zwei altindischen Göttern Indra und Brahma, die als einzige nicht-erlöste Wesen in das Buddha-Gefolge der Rotunde aufgenommen wurden. Sie vertreten die höchste Götterklasse und sind als Synonym für die buddhistische Überzeugung zu verstehen, daß auch Götter dem sinnlichen Begehren (vor allem dem Stolz) unterliegen und daher wiedergeboren werden müssen. Himmelssphären und Paradiese sind daher nur Vorstufen zum höchsten Heilsstand, aber nicht das Ziel.

Indra oder Shakra, der im Volksglauben als Himmelsgott **Chesok** verehrt wird, hält sein Hauptattribut, den Donnerkeil, der ihn als Gewitter- und Himmelsgott und Führer des altindischen Kriegeradels kennzeichnet. **Brahma (Taebom),** der in Korea kaum Bedeutung gewann, trägt als Schöpfergott und Verkörperung des Priester- und Gelehrtenstandes einen Opferkrug. Fliegenwedel aus Yakschweifhaar weisen die beiden als dienende Gottheiten aus, die dem Buddha – wie schon bei seiner Geburt im Hain von Lumbini – huldigen. Der Perlenkranz um das Haupt unterscheidet sie von erlösten Wesen und Initiationsgottheiten (den zwei Torhütern), die – allem irdischen Tand enthoben – schmucklose Scheiben oder Lotosblätter als Nimben tragen.

An die höchsten altindischen Götter schließen sich buddhistische Heilsgestalten, beginnend mit den Erleuchtungswesen **Manjushri** und **Samantabhadra** an. Ihre elegante, nach indischer

Art dreifach geschwungene und feminin wirkende Erscheinung soll ihre zwischen Mann und Frau ›schwebende‹ Wesensnatur unterstreichen. Als Allegorien von Weisheit und Willenskraft setzen sie die Eigenschaften und Funktionen der Götter Indra und Brahma in buddhistisches Denken um: Statt Brahmas Opferkrug hält Manjushri eine Schale mit Weisheitsessenz in der rechten Hand empor, Samantabhadra führt mit seiner Linken eine Palmblatthandschrift zur Schulter und veranschaulicht mit dieser Geste die Überwindung physischer Kräfte durch die Macht der Denkkraft. Im Sinne der Wesensgleichheit der polaren Urkräfte vertritt Samantabhadra den Erlösungsweg und Manjushri das Ziel – die Meditation als Voraussetzung zum Nirvana.

Für die Sokkuram-Grotte wählten die Auftraggeber aus den vielen Erscheinungsformen **Avalokiteshvaras** – allein 108 Hauptmanifestationen sind bekannt – eine übernatürliche mit elf Köpfen (Elfgesicht = Ekadashamukha, vgl. S. 120), die er als Zeichen seiner universellen Geistigkeit und Präsenz im Dienste seines Erlösungswerkes einsetzt. In der linken Hand trägt er eine Lebenswasservase mit einem blühenden Lotoszweig als Symbol der Reinheit und geistigen Erneuerung.

Im Gegensatz zu den überirdisch verklärten Erleuchtungswesen werden Buddhas zehn ›große‹ Jünger als lebensnahe Gestalten mit interessanten Charakterköpfen dargestellt. In langen Kutten, mit kahlgeschorenem Haupt und einigen ›Berufsabzeichen‹ vertreten sie den **Typus des Arhats,** das Leitbild des älteren Buddhismus oder Hinayana. Verschiedene Entwicklungsstufen und Lehrrichtungen messen ihnen unterschiedliche Bedeutung zu. So schätzte der historische Buddha den Arhat Shariputra vor allem wegen seines Scharfsinns und seiner dialektischen Fähigkeiten, die ihn als geistigen Vater des philosophischen Mahayana und des tibetischen Gelbmützenordens auszeichnen. Maudgalyayana wird hingegen als Ahnherr des magisch-okkulten Zweiges des Diamant-Buddhismus und der Rotmützensekten verehrt. Der koreanische Buddhismus bevorzugt hingegen (Maha-) Kashyapa, den Ahnherrn der meditativen Zen-Schule, und Buddhas gütigen Vetter Ananda, der beim ersten Konzil die Lehrreden des Meisters rezitierte und sich besonders um die Laiengemeinde und Unterweisung der Frauen bemühte. Von den anderen Arhats seien noch Upali, der die Mönchsregeln formulierte, und Buddhas einziger Sohn Rahula, den die Schriften wegen seines Gehorsams rühmen, hervorgehoben.

Die **zehn Bogennischen (Kamshil)** über den Reliefs bergen acht der ursprünglich zehn, ungefähr 85 bis 95 cm hohe Figuren. Aus der Gruppe der Acht Großen Wesen = Mahasattvas sind noch sieben vorhanden. Sechs von ihnen sind an ihrem Diadem zwar als Bodhisattvas erkennbar, aber wegen fehlender Attribute kaum zu unterscheiden. Nur Kshitigarbha, der Patron der Pilger, Reisenden und Wandermönche an den Seidenstraßen ist an seiner Mönchskutte, dem kahlgeschorenen Haupt und einem Flammenjuwel in der linken Hand deutlich zu identifizieren. Zwei Nischen waren Kirchenlehrern vorbehalten, von denen die Skulptur des Mahayana-Philosophen Nagarjuna verlorenging. Eine lebhaft argumentierende Gestalt mit seltsamer Zipfelmütze stellt den Weisen Vimalakirti, einen Sondertyp innerhalb der buddhistischen Kunst, dar. Er verkörpert den Grundsatz, daß auch ein Laie im weltlichen Leben zur höchsten Erkenntnis heranreifen kann. Nach dem berühmten Buch vom Weisen Vimalakirti erwies sich dieser in einem philosophischen Streitgespräch sogar dem Weisheits-Bodhisattva Manjushri überlegen, indem er die Erfahrung der Buddha-Natur als ›Schweigen wie ein Donnerschlag‹ bezeichnete und damit jene Paradoxa vorwegnahm, derer sich die Zen-Meister gerne zur Erlangung der Vollendung bedienen.

Die Anlage der Sokkuram-Grotte ist auf den majestätischen, rund 3,5 m hohen, im Lotossitz **thronenden Buddha** ausgerichtet (Farbt. 19). Seine linke Hand ruht im Schoß, mit seiner rechten ›nimmt er die Erde zur Zeugin‹ seines Sieges über den Versucher Mara, der Verkörperung der Sinnenwelt. In dieser Haltung verharrte der historische Buddha Shakyamuni während seiner Erleuchtung. Dem Zeitgeist des 8. Jh. entsprechend, wurde der Buddha der Sokkuram-Grotte auch als Vairocana oder gar als Amitabha gedeutet. Namen und Formen sind jedoch unwesentlich, denn Buddha soll weniger als einmalige Persönlichkeit verstanden werden, sondern als ewiges Weltprinzip, das zur Verkündung der Heilslehre periodisch auf Erden erscheint oder das – im mahayanischen Sinne – verborgen in jedem Lebewesen ruht.

Das Nationalmuseum

Im Jahre 1975 wurde das neue Nationalmuseum von Kyongju mit der nach dem Koreanischen Nationalmuseum in Seoul bedeutendsten Kunstsammlung eröffnet. Acht Schauräume des Hauptgebäudes beherbergen Funde aus vorgeschichtlicher Zeit sowie aus dem Alt-Silla- und Groß-Silla-Reich. Im Nebengebäude sind Objekte aus dem Grab des Himmlischen oder Fliegenden Pferdes (Nr. 155), dem Großen Grab von Hwangnam (Doppelhügelgrab Nr. 98) und dem Palastbezirk Anap-ji ausgestellt.

Die Grabbeigaben Alt-Sillas erschließen eine phantastische Schamanenwelt, aus der Koreas eigenständigste und reizvollste Kunstwerke schöpfen: Alltags-, Gebrauchs- und Zeremonialgegenstände, vor allem die jadebesetzten Goldkronen (NS 188 und 191). Im 7. Jh. überwiegen buddhistische Tempel- und Klosterschätze, Palastfunde und Grabwächter: Das Pfeilerdenkmal des Ichadon mit einer Reliefdarstellung seines kopflosen Rumpfes, aus dem Milchstrahlen aufspritzen, Plastiken in Stein, Ton und Metall, u. a. der großartige Medizin-Buddha vom Paegyul-sa aus vergoldeter Bronze (NS 28), Reliquiare, glasierte Urnen und Tierkreisskulpturen.

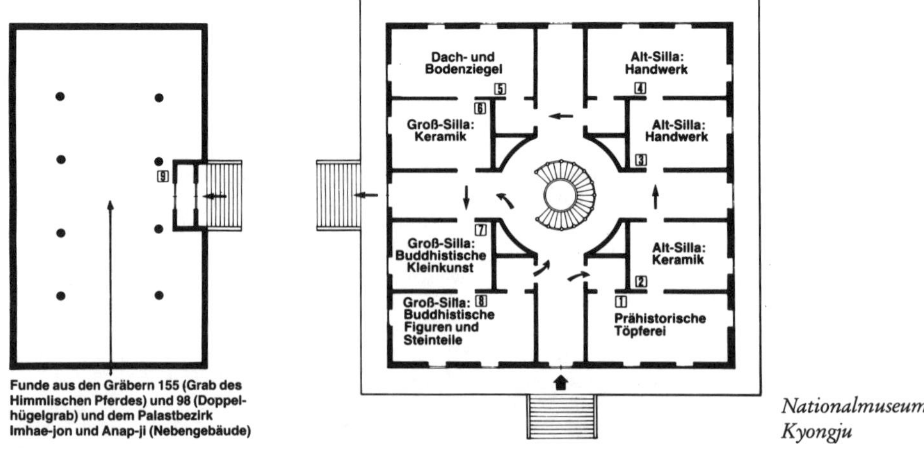

Funde aus den Gräbern 155 (Grab des Himmlischen Pferdes) und 98 (Doppelhügelgrab) und dem Palastbezirk Imhae-jon und Anap-ji (Nebengebäude)

Nationalmuseum Kyongju

Im Hof steht eine Nachbildung der Schatzpagode des Pulguk-sa mit vier Wächterlöwen (beim Original blieb nur einer erhalten). Das große Lapidarium beinhaltet Buddha-, Bodhisattva- und Wächterskulpturen, Schildkrötenstelen, Tierkreisreliefs, Laternen, Kleinreliquiare und Pagoden.

In einem Pavillon hängt die sogenannte **Emille-Glocke,** die größte und schönste des Landes (rund 3,75 m hoch, 2,30 m Durchmesser). König Kyongdok stiftete sie zum Andenken an seinen Vater Songdok. Im Jahre 771 ließ sie sein Nachfolger Hyegong im Pongdok-sa, dem königlichen Familientempel, weihen. Die Emille-Glocke zeigt die koreanische Glockengießerkunst auf dem Höhepunkt – besonders feine Ranken, Lotosrosetten und graziöse Himmelselfen = Apsaras verliehen ihr Weltruhm.

Der Name der Glocke leitet sich von einer bekannten Legende ab. Sie berichtet, daß der Guß Schwierigkeiten bereitet habe und einige Male mißlang. Wahrsager rieten dem König, im Lande nach einem wirklich großen Opfer Ausschau halten zu lassen. Freudig habe das Volk seine Kostbarkeiten für das hehre Anliegen gespendet. Als die königlichen Botschafter zu einer armen Witwe kamen, schenkte sie ihr einziges Kind, ein kleines Mädchen. Unter Weihrauchqualm, Mönchsgesängen und Segensverheißungen für eine Wiedergeburt im Lotosparadies wurde das Kind in die glühende Bronzemasse gestürzt. Nun gelang der Guß, aber die Glocke erhielt einen wehmütig klagenden Ton, aus dem man den Ruf ›Mutter, Mutter‹ zu vernehmen glaubt.

Die Provinz Nord-Kyongsang (Kyongsang Puk-do)

(vgl. Karte S. 286)

Die Bevölkerung des Gebiets von **Andong** und **Yongju** gilt als sehr traditionsbewußt. Hier leben noch mehrere Yangban-Familien, die ihre altüberlieferte konfuzianische Lebensweise pflegen. In den Straßen begegnet man den ehrwürdigen ›Großvätern‹ in der Nationaltracht. Kurios nimmt sich im Stadtbild von Andong das dichte Nebeneinander des roten Backsteinbaues der katholischen Songdang-Kirche und des buddhistischen Taewon-Tempels aus.

Rund 3 km nördlich von Andong lohnt sich ein Besuch des **Felsheiligtums Chebi-won.** Der ungefähr 12 m hohe Buddha – Shakyamuni oder Amitabha – entspricht stilistisch dem Groß-Silla-Reich (8./9. Jh.). Sein vollplastisches Haupt hebt sich in eigentümlicher Weise von den gravierten Körperlinien und Gewandbahnen ab.

Rund 2 km östlich von Andong befindet sich eine der seltenen **Ziegelpagoden** (NS 16), ein siebenstufiger Reliquiarturm aus der Koryo-Epoche um 1300. Eine ähnliche Ziegelpagode besitzt das Songnim-Kloster im Palgong-Gebirge nördlich von Taegu.

Chikchi-sa (Jigji-sa)

Lage: 10 km westlich von Kimchon (Gimcheon).
Geschichte: Als einer der ältesten Tempel vom Mönch Ado, der 424 erstmals in Silla missionierte, gegründet. Erneuerung unter dem Patronat der Königin Sondok im Jahre 645 durch den großen Mönch Chajang. In dem ehrwürdigen und bedeutenden Kloster wirkten viele Gelehrte und Ratgeber der Könige. Während des japanischen Krieges 1592 gingen fast alle vierzig Gebäude in Flammen auf. Wegen der Verdienste der Mönchsarmee unter der Führung des Abtes Samyong wurde der Chikchi-sa bald nach Kriegsende im Jahre 1602 unter König Sonjo wieder aufgebaut.

Nach dem Einsäulentor und dem Diamanttor mit Torhütern erreicht man den größten Eingangsbau, das Tor der Vier Himmelskönige mit vier mächtigen, thronenden Welthütern. Vor

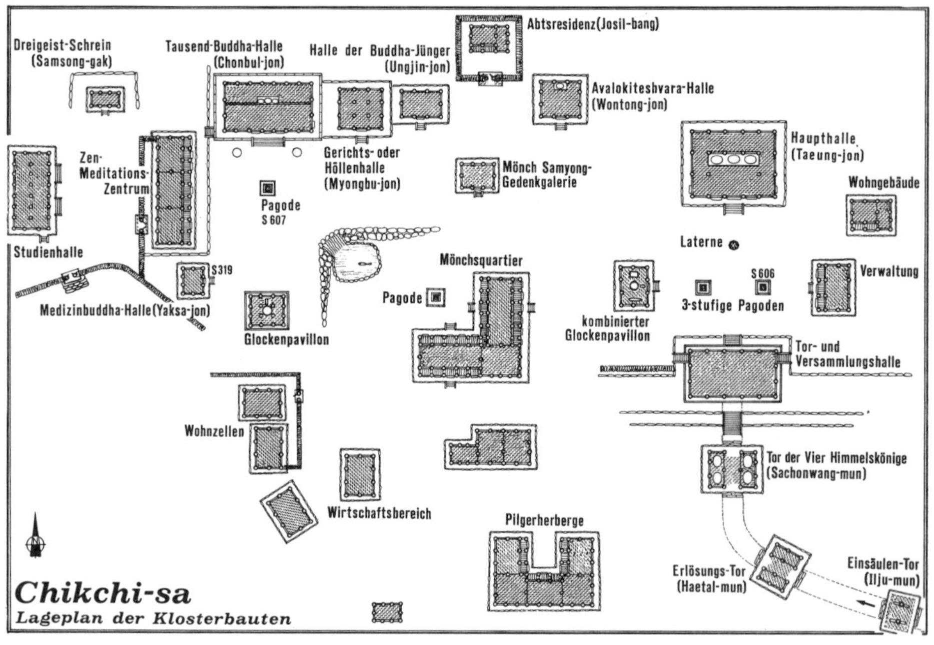

der Torhalle auf halbhohen Granitstützen öffnet sich der Hof mit zwei dreistufigen, teilweise erneuerten Pagoden aus dem Groß-Silla-Reich.

In der **Haupthalle** thronen die Drei Juwelen, verkörpert in Shakyamuni, Amitabha und Bhaishajyaguru, vor älteren Rollbildern. An den Seitenwänden widmet sich das Bildprogramm buddhistischen Heilsgestalten – einer Bodhisattva-Triade und Schützern der Lehre – und Geistern des Volksglaubens – dem Einsiedler- und Berggeist (links) und dem Siebensterngeist (rechts).

Nach Westen erstreckt sich ein **zweiter, großer Klosterkomplex** mit Mönchsquartieren, der Abtsresidenz, einem Meditationszentrum und mehreren Kultgebäuden. An die Avalokiteshvara-Halle schließt sich ein **Gedenkschrein für Samyong-Taesa** an. Er war Koreas bedeutendster Mönchsgeneral, kehrte 1602 mit 3000 Gefangenen aus Japan zurück und starb 1610 im Haein-sa. Vor der **Tausend-Buddha-Halle** ragt die dreistufige Pagode (S 607) auf. Im Inneren staffeln sich kleine, weiße Buddha-Figuren hinter einer zentralen, goldgefaßten Buddha-Trias. Der mittlere Vairocana verkörpert die Region der Formlosigkeit und den absoluten ›Gesetzesleib‹, Lushena die Zone der himmlischen, reinen Formen und Shakyamuni den irdischen Erscheinungsleib. Beachtung verdient auch der reich mit Blumen und Tieren verzierte Schnitzsockel.

Rechts von der Tausend-Buddha-Halle folgt die **Gerichts- oder Höllenhalle** mit zweimal fünf Höllenkönigen, je drei Vasallenbotschaftern und zwei Torhütern als Gefolge des Kshitigarbha. Die **Halle der Buddha-Jünger** beherbergt reizvolle Arhat-Figuren. In der kleinen **Halle des Medizin-Buddha** wird die künstlerisch wertvollste Plastik des Klosters, ein ›König der Heilmittel‹ (S 319), aus der Silla-Zeit verehrt.

Chongnye-sa (Jeongnye-sa)

Lage: 22 km nördlich von Angang über Oksan Sowon.

Von einem Tempel aus der Spätsilla-Zeit (9. Jh.) steht nur noch die berühmte **dreizehnstufige Pagode** (NS 40; vgl. S. 111), die einzige dieses Typs in Korea. Das erste Geschoß ist als 2 m hohe, kubische Kapelle ausgebildet, die ursprünglich wohl ein Kultbild barg. Darüber türmen sich die Kranzgesimse der anderen Stockwerke bis zu einer Höhe von rund 6,5 m.

Hahoe

Lage: 7 km südwestlich von Pungsan an der Straße 34.

In einer Schwemmlandebene (Farbt. 22) des Naktong-Bogens liegt Hahoe, Koreas schönstes Dorf und Schauplatz vieler historischer Filme. Manche Gebäude, strohgedeckte Lehmhäuser und Rittergüter in Holz-Ziegelbauweise, sind fast 500 Jahre alt (Abb. 22). Während der Yi-Zeit kamen aus dem Gebiet um Hahoe bedeutende Literaten und Heerführer. In Hahoe und dem nahen Dorf Pyongsan ziehen zu bestimmten Festtagen farbenprächtige Maskentänze viele Besucher an. Sie sind meist schamanistischen Ursprungs, wie Pyolsin-Kut zur Geistbeschwörung des Generals Choe Yong, oder satirischen Inhalts. Die wertvollsten Holz- und Papiermaché-Masken sind als Nationalschätze eingestuft.

Koun-sa (Goun-sa)

Lage: 22 km südlich von Andong.

Geschichte: Gründung im Jahre 666 unter König Munmu durch Uisang, den Initiator der Avatamsaka-Schule. Heute ist der Koun-sa ein stimmungsvolles Kloster mit feierlicher Atmosphäre und mehreren interessanten Hallen und Bildwerken.

Nach etwa 5 Minuten Wanderung durch ein flaches Tal führt das Einsäulentor zum Tor der Vier Himmelskönige mit eindrucksvollen Großplastiken der Welthüter. Links davon beherbergt die kleine **Halle des Medizin-Buddha** eine Steinfigur des ›Königs der Heilmittel‹ auf oktogonalem Lotospodest (9. Jh., S 246). Der Klosterbezirk erstreckt sich zu beiden Seiten des Bachlaufes.

Eine Pantomime satirischen Inhalts, in der ein Yangban-Adliger mit seinem Diener, eine Bucklige und Musikanten auftreten. Schamanistische, buddhistische und volkstümliche Tänze werden im Gebiet von Hahoe und Pyongsan teilweise noch mit alten Holz- und Papiermaché-Masken aufgeführt. Die wertvollsten Exemplare sind als Kunst- und Kulturschätze registriert.

Den sichelförmig angeordneten West- oder Hauptkomplex erreicht man über eine Brücke, zu der parallel eine schöne, alte Doppelgeschoßhalle das Wasser überspannt. Nach der Torhalle mit den Ritualinstrumenten öffnet sich das kleine Hofgeviert. In der **Paradieseshalle** wird Amitabha mit den Erleuchtungswesen Avalokiteshvara und Mahasthamaprapta verehrt. Auch das Hintergrundbild zeigt den Gnaden-Buddha mit großem Gefolge in weichen, satten Farbtönen. Seltenheitswert besitzt ein Bild an der Rückwand: Ein thronender Avalokiteshvara setzt seine vierzig Arme und zahlreichen Attribute – zwei Buddha-Figuren, Dreizack, Schwert, Lotos, Lebenswasserflasche, Sonnen- und Mondscheibe – im Dienste seines barmherzigen Erlösungswerkes für alle Geschöpfe ein.

An die Haupt- oder Paradieseshalle schließen sich noch weitere Kultgebäude, u. a. die Gerichts- oder Höllenhalle an. Im **Ostkomplex** – über eine zweite Brücke erreichbar – gruppieren sich eine Shakyamuni-Halle und Schreine für die Lokalgötter.

Kumryong-sa (Geumryong-sa)

Lage: 18 km von Jomchon.
Geschichte: Gründung im Jahre 588 unter dem Silla-König Chinpyong. Die gegenwärtigen Gebäude stammen großteils aus dem 17. Jh. Mit dem Hibang-sa, dem Taesung-sa und dem Yongmun-sa zählt das Kloster zu den versteckten Kostbarkeiten hoch im Norden der Provinz.

Nach rund 1 km Wanderung gelangt man zu der Terrassenanlage mit den üblichen Vorbauten. Das Tor der Vier Himmelskönige schmücken eindrucksvolle Gemälde der Welthüter. Haupt- und Torhalle mit beidseitig angeordneten Mönchsquartieren bilden das Hofgeviert. In der **Haupthalle** werden die Drei Juwelen verehrt. An den Dreigeistschrein für den Berg-, Einsiedler- und Siebensterngeist schließt sich eine Shakyamuni-Halle mit Gemälden von Religionsschützern und Klosteräbten an. Nach einem Wohngebäude folgt die Halle der Buddha-Jünger. Die Gerichts- oder Höllenhalle liegt außerhalb des eigentlichen Klosterkomplexes jenseits des Baches.

Die Kunwi-Höhle (Gunui-Höhle)

Lage: 25 km südlich von Kunwi im Palgong-Gebirge.

Kunst- und religionsgeschichtlich interessierten Touristen sei der Besuch der ›Höhle der drei Buddhas‹ (Sambul Sokchon, NS 109) sehr empfohlen. Im Volksmund heißt sie auch die ›zweite Sokkuram-Grotte‹, obwohl sie im Gegensatz zu dieser aus dem anstehenden Felsen geschlagen wurde und außerdem wesentlich älter ist. Die edle, strenge Schlichtheit der Skulpturen spricht für eine sehr frühe Entstehung, im Jahre 494 (damals hatte Silla den Buddhismus noch gar nicht offiziell anerkannt) oder einige Jahrzehnte später. Stilistisch verwandt ist ihnen die älteste – rechte – Figur des skulptierten Felsblocks beim Kulbul-sa in Kyongju. Das Triadenrelief bei Sosan im Paekche-Reich und zwei Figuren der Drei Buddhas (Sambul) am Nam-san von Kyongju werden später, in das ausklingende 6. Jh. datiert. Die Kunwi-Höhle bedeutet daher einen Meilenstein in der Entwicklung der koreanischen Steinmetzkunst.

Über Landstraßen von Norden kommend, erblickt man die große Felsnische schon von weitem. Unterhalb des Aufstiegs siedelten sich verheiratete Mönche der Taego-Sekte an, die auch ein pyramidal gedecktes Stein-Reliquienhaus hüten. Von der Andachtsplattform bietet sich dem Besucher ein eindrucksvoller Blick auf die erhabenen Gesichtszüge der Triade (Abb. 54). Buddha – wohl Shakyamuni – thront in Lotoshaltung und senkt die rechte Hand zur Geste der Erdberührung. Die weichen Bahnen seines schleierartig durchscheinenden Gewandes erinnern an Werke der Gandhara- und Gupta-Kunst Indiens. Auf unmittelbare Vorbilder chinesischer Grottentempel der Wei-Zeit deuten vor allem die beiden S-förmig geschwungenen Bodhisattva-Statuen mit flammenförmigem Nimbus. Ein kleines Amitabha-Bildnis in der Faltkrone und die Lebenswasserflasche weisen die rechte Figur als Avalokiteshvara aus. Die linke trägt einen Krug oder Stupa im Diadem, die sie als Mahasthamaprapta oder – wahrscheinlicher – als Maitreya kennzeichnen.

Oksan Sowon

Rund 20 km nördlich von Angang liegt die neben Tosan Sowon bei Andong wichtigste Literaturschule des heutigen Korea. Im 16. Jh. wirkte hier der große Gelehrte Yi Onjok, dessen Wohnsitz Tokrak-dang ungefähr 10 Minuten von Oksan-Sowon entfernt zu sehen ist. Beide Gebäudegruppen entgingen der Schließung oder Zerstörung, die der Taewon-gun, der Vater und Prinzregent König Kojongs, um 1860 für die meisten konfuzianischen Akademien anordnete, da er in ihnen Nester des Widerstandes gegen seine ultrakonservative Regierung befürchtete. Im Oksan Sowon wütete vor rund 70 Jahren ein Brand, den 14 Gebäude überstanden. Der ummauerte Komplex unterscheidet sich im Anlagekonzept kaum von buddhistischen Klöstern. In den Hallen sind Geisttafeln für Konfuzius, seine Schüler und große koreanische Gelehrte eingeschreint. Darüber hinaus besitzt der Sowon noch einige Kulturschätze, wie neun Kapitel der Geschichte der Drei Königreiche (Samguk Sagi) und Werke des berühmten Kalligraphen Kim Saeng.

Pokyong-sa (Bogyeong-sa)

Lage: 40 km nördlich von Pohang.
Geschichte: Gründung im Jahre 602 unter König Chinpyong. Während der Regierung König Songdoks (702–737) kehrten zwei Wandermönche mit heiligen Schriften und einem magischen Spiegel aus Indien zurück. Der Abt vergrub diesen nahe der Ostküste und nannte sein Kloster den ›Tempel des kostbaren Spiegels‹. Im ausklingenden 12. Jh. wirkte Wonjin, der Berater des Koryo-Königs Kojong und große Nationallehrer, im ›Spiegeltempel‹. Zur Zeit des japanischen Krieges verschanzte sich hier die Mönchsarmee unter Sosan Taesa und dessen Schüler Samyong. Während des konfuzianischen Choson-Reiches erfreute sich das Heiligtum der Gunst König Sukchongs, eines der wenigen buddhistenfreundlichen Yi-Herrscher.

Nach etwa 5 Minuten Weg erreicht man das Tor der Vier Himmelskönige mit originellen Plastiken der Welthüter. Das Kloster staffelt sich auf **drei Terrassen,** die unterschiedlichen Offenbarungsformen des Ur-Buddha Vairocana geweiht sind: Auf der ersten Stufe wird er in seiner kosmischen Form verehrt, auf dem zweiten Absatz als himmlischer Reflex und auf dem dritten als irdischer Erscheinungsleib.

In der **›Halle des Ruhigen Lichts‹** thront Vairocana zwischen Manjushri und Samantabhadra.

Eine Terrasse höher steht die **Paradieseshalle** mit Kultfiguren des Amitabha und seiner Begleiter Avalokiteshvara und Mahasthamaprapta. Ein Gemälde an der rechten Seitenwand zeigt Veda. Wieder einige Stufen aufwärts, ließ König Kojong eine **Schildkrötenstele** (S 252) für Wonjin Kuksa errichten, der im Alter von 7 Jahren in den Unmun-sa eintrat und 1215 Abt des Pokyong-sa wurde. Sein elegantes, sechseckiges Reliquienmal (S 430) ist ungefähr 5 Wegminuten vom Kloster entfernt.

Die oberste Terrasse ist dem historischen Buddha sowie bedeutenden Äbten und Mönchen geweiht. **Palsang-jon** beherbergt außer einer Shakyamuni-Figur acht Gemälde seiner wichtigsten Lebensstationen. In der **Halle des Heiligen Berges** wird Shakyamuni von Manjushri auf seinem Löwen und Samantabhadra auf einem Elefanten begleitet. Wandbilder zeigen die sechzehn Hauptjünger. **Wonjin-gak** bewahrt außer einer Plastik des großen Abtes noch Erinnerungen an die militanten Mönche Samyong und Sosan Taesa. Die **Gerichts- oder Höllenhalle** entspricht der üblichen Ausstattung.

Zum Kloster gehören einige Einsiedeleien, darunter Soun-am, Chongryon-am und Munsu-am. Die reizvolle Umgebung mit bizarren Felsen und zwölf Wasserfällen zählt zu den ›Acht schönsten Ansichten‹ der Provinz.

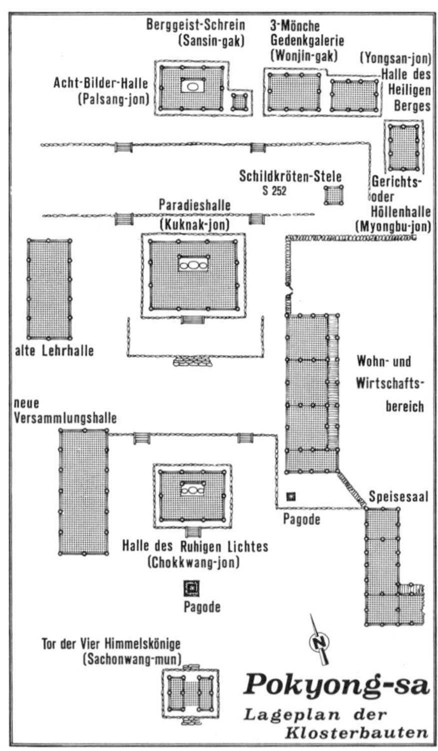

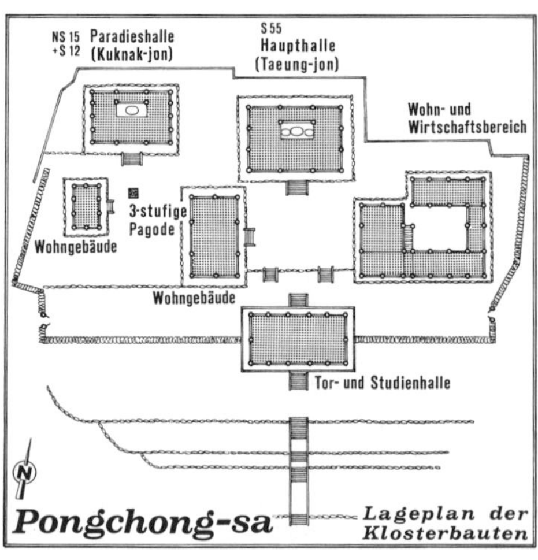

Pongchong-sa (Bongjeong-sa)

Lage: 15 km nordwestlich von Andong.
Geschichte: Im Jahre 682 von Uisang, dem Initiator der Hwaom-Lehre, während der Regierung König Sinmuns gegründet, erweitert in der Koryo-Zeit sowie Mitte des 17. Jh. Heute ein stilles, idyllisches Kloster mit bedeutenden Kunstwerken.

Nach kurzer Wanderung auf steilem Pfad und über Terrassen erreicht man die Doppelhofanlage. Im ersten Gebäudegeviert ohne Pagode wird Shakyamuni verehrt. Die **Haupthalle** (S 55) zieren prächtige Gebälkmalereien und Schnitzereien sowie eine Kassettendecke mit Drachen, Lotosmandalas, Keimsilben und kleinen Buddhas. Auf dem reichgeschnitzten Figurensockel thront Shakyamuni, die rechte Hand zur Geste der Erdberührung gesenkt, begleitet von Manjushri und Samantabhadra. Rot-Grün-Malereien zeigen den lehrenden Shakyamuni mit einem großem Gefolge von Erleuchtungswesen, Arhats, Welthütern und Wächtern. An den Wänden hängen interessante Rollbilder.

Der zweite Hof mit einer dreistufigen Pagode ist Amitabha geweiht. Die schlichte, edle **Paradieseshalle** (NS 15) aus dem Jahre 1374 gilt als ältestes erhaltenes Holzgebäude und diente als Vorbild für mehrere Hallen. Unter einem ungefaßten Holzbaldachin thront die Kultfigur, ein vorzüglicher Amitabha aus vergoldetem Gußeisen (S 12). Ein jüngeres Gemälde zeigt ihn im Regenbogennimbus mit seinen Begleitern Avalokiteshvara und Mahasthamaprapta und zwei Arhats.

Pusok-sa (Buseog-sa)

Lage: 30 km nördlich von Yongju.
Geschichte: 676 unter dem Patronat des Königs Munmu vom berühmten Mönch Uisang (625–702) als Hauptsitz der Hwaom-Schule für das nordöstliche Korea gegründet. Die Haupthalle und die Mönchsgalerie stammen aus den Jahren 1376/77, als der Pusok-sa nach mehreren Bränden erneuert wurde.

Ausgrabungen und Instandsetzungsarbeiten brachten zahlreiche Kleinfunde, u.a. 40 Buddha-Figuren und Fußbodenziegel zutage, deren beste Stücke im Nationalmuseum in Seoul zu sehen sind. Der Pusok-sa zählt zu den kunsthistorisch bedeutendsten Klöstern Koreas.

Von der **Gründungslegende** leitet sich der Tempelname Pu-sok, der ›Schwebende Fels‹, ab. Diese erzählt, daß Uisang als Jüngling ein Mädchen namens ›Zarte Blume‹ (Myohwa) geliebt habe, die aber mit anderen Jungfrauen als Geschenk des Silla-Königs an den Hof der Tang-Kaiser von Changan (Xian) auserkoren war. Während der Reise durch die Mongolei sprang Myohwa in einen Fluß, aus dem ein Fischer sie barg. Uisang war mittlerweile Mönch geworden und zog mit seinem Freund Wonhyo, dem späteren großen Gelehrten, zum Studium nach China. Unterwegs kamen sie in das Dorf, in dem Myohwa lebte. Im Zwiespalt zwischen Herzensneigung und Gelübde entschied sich Uisang für den geistlichen Stand und empfahl seiner Jugendliebe, Nonne zu werden. Nach langem Warten entschloß sich Myohwa, eine Mönchsrobe zu weben, die sie Uisang bei seiner Rückkehr überreichen wollte. Zehn Jahre später kam er wieder durch das Dorf, ging aber versonnen und achtlos an ihr vorüber. Verzweifelt stürzte sich Myohwa von einem Felsen, wurde in einen Drachen verwandelt und stieg in die Wolken auf. Als Uisang und Wonhyo eines Tages in den tiefen Wäldern des Sobaek-Gebirges meditierten, trachteten ihnen Wegelagerer nach Gut und Leben. Das Drachenmädchen löste einen gewaltigen Stein – den ›Schwebenden Fels‹ – aus den schroffen Bergwänden und schlug damit die Verbrecher in die Flucht. Uisang erkannte das Zeichen des Himmels und gründete das Kloster des ›Schwebenden Felsens‹. Das Drachenmädchen begrub sich selbst als Wächter vor der Haupthalle. Im Volksglauben lebt sie weiter in einer Quelle des Klosterbezirks.

Der Pusok-sa staffelt sich in Terrassen am Berghang – seine neun Ebenen versinnbildlichen Himmelssphären oder Erleuchtungsstufen. Über Treppen, vorbei an der Ost- und Westpagode und durch eine Torhalle erreicht man die oberste Terrasse. Vor der Haupthalle ragt eine prachtvoll reliefierte, achteckige **Steinlaterne** (NS 17) aus dem 7. Jh. auf. Muryangsu-jon, die **›Halle des Ewigen Lebens‹** (NS 18) aus dem Jahre 1376 zählt mit dem Chosa-dang und der Paradieses-

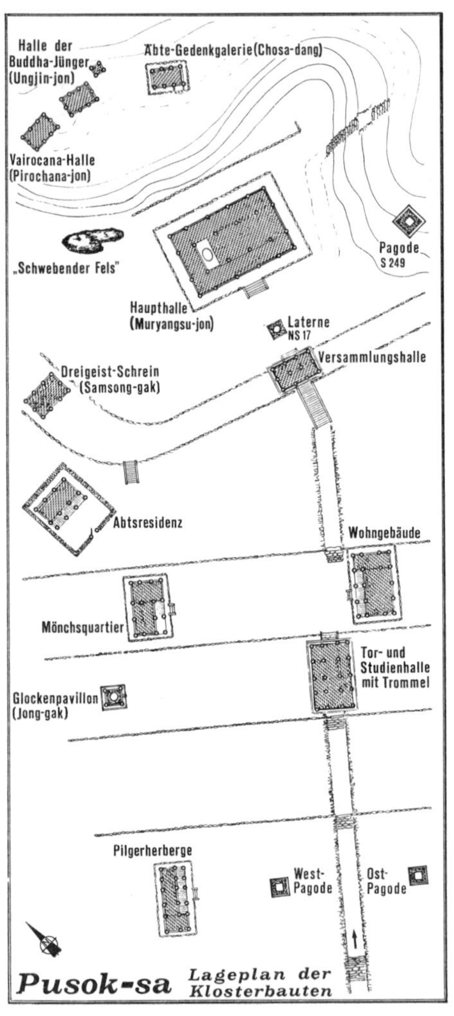

Pusok-sa Lageplan der Klosterbauten

halle des Pongchong-sa (NS 15) zu den ältesten und eindrucksvollsten Holzgebäuden Koreas. Ungewöhnlich ist die Blickrichtung der Kultfigur: Der großartige **Amitabha** (NS 45) aus der Koryo-Zeit blickt dem Eingang abgewandt nach Osten. Auf dieser Seite stehen fünf und an der Nordwand ein in Holzrahmen gefaßtes Gemälde, die aus dem Chosa-dang übertragen wurden. Diese **ältesten buddhistischen Wandmalereien Koreas** (NS 46) stammen aus dem Jahre 1377. Die in rotbraunen Farbtönen auf blaugrünem Grund gehaltenen Himmelskönige und Bodhisattvas bestechen durch einfache, zierliche Pinselstriche und harmonische Proportionen. An der linken Seitenwand zeigt eine neuere Darstellung den Schutzgenius des Lotos-Sutra.

Westlich der Haupthalle liegt der legendäre **›Schwebende Fels‹.** Aus dem Volksglauben schöpft auch der Kult des Berg-, Einsiedler- und Siebensterngeistes im **Dreigeistschrein.**

Östlich der Haupthalle ragt die dreistufige Silla-Pagode (S 249) aus dem 7. Jh. auf, bergan führt der Weg zu vier weiteren Kulthallen. **Chosa-dang** (NS 162), einer der ältesten Holzbauten aus dem Jahre 1377, dient der Verehrung des Klostergründers Uisang und anderer bedeutender Mönche und Äbte. Vor dieser Laube betet das Volk zu einem seltsamen **Wunderstrauch,** den Uisang einst aus China brachte. Ein Gitter schützt die Kindersegen verheißende Rinde vor dem Zugriff von Frauen. Zwei kleine Schreine sind Buddha-Jüngern geweiht. In dem einen ist ein Arhat mit einem Hasen, im anderen eine Sammlung simpler Gipsfigürchen zu sehen. Beachtung verdient der prächtige Gebälkdrache, der an die Gründungslegende erinnert.

In der **Halle des Ur-Buddha Vairocana** werden zwei künstlerisch wertvolle Steinplastiken des Ur-Buddha aus dem 9. Jh. (S 220 und 225) aufbewahrt, die aus einem Bergtempel östlich des Pusok-sa stammen. Besonders reich sind die beiden Steinnimben gearbeitet: Über dem Haupt des vollplastischen Vairocana schwebt je eine reliefierte Buddha-Triade, bei dem einem Nimbus sind seitlich noch vier Buddhas, bei dem anderen sechs Himmelselfen angeordnet.

Taegu (Daegu)

Außer einigen steinzeitlichen Bodenfunden bezeugen lediglich Dokumente die 2500jährige Geschichte der vermutlich nach einer bronzezeitlichen Lehmbefestigung ›Großer Hügel‹ genannten, wichtigsten Siedlung des ganzen Naktong-Beckens. Häuser und Paläste waren natürlichem Verfall oder Feuer ausgesetzt, die spätmittelalterliche Stadtmauer mit traditionsgemäß vier großen und vier kleinen Toren trugen die Bewohner seit 1907 selbst ab, die altkoreanischen Kulturstätten mit 28 Dolmen ließen die japanischen Kolonialherren einebnen. Nur eine lange Reihe von Handelsfirmen für Heilkräuter und Naturarzneien in der volkstümlich **›Medizingasse‹ (Yakchon Kolmok)** genannten Straße Namsong-ro erinnert an die ›gute alte Zeit‹. Damals war Taegu neben Pyongyang und Kaesong der bedeutendste der drei großen nationalen Märkte für Trockenpflanzen. So erklärt sich auch der heute gleichlautende Name ›Großer Markt‹. Zu Taegus Besonderheiten zählt seine Lage als im Sommer heißeste, im Winter kälteste Großstadt des Landes; außerdem war sie Ausgangspunkt des Apfelanbaus, den ein amerikanischer Presbyterianer-Missionar um 1880 begann.

Eine uralte Weissagung, daß Taegu allzeit vor Kriegsschäden bewahrt bliebe, bestätigte sich in den Augen der abergläubischen Koreaner, als auch im Korea-Krieg die Front 35 km nordwestlich der Stadt stoppte. Ein schier endloser Strom arbeitssuchender Zuwanderer aus dem bäuerlichen Umland – in manchen Jahren über 150 000 – bewirkte die Verzehnfachung der Bevölkerung von 200 000 Einwohnern im Jahre 1949 auf gegenwärtig rund zwei Millionen.

Die Stadt besitzt außer zwei Universitätssammlungen (Yongnam und Kemyong), die nur mit Sondergenehmigungen zugänglich sind, keine kunsthistorischen Sehenswürdigkeiten.

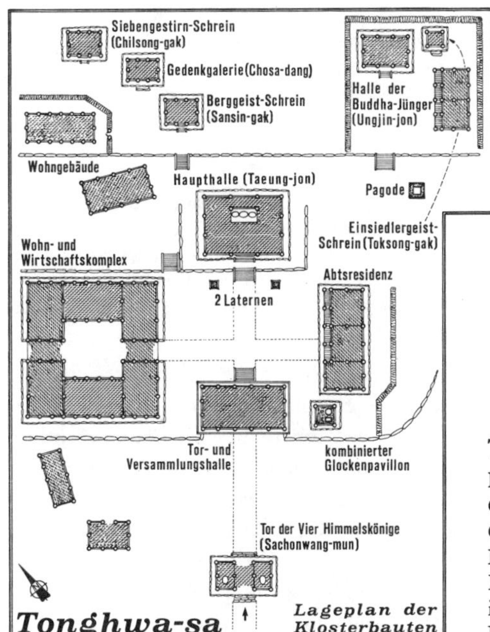

Tonghwa-sa (Donghwa-sa)

Lage: 13 km nordöstlich von Taegu im Palgong-Gebirge.

Geschichte: Im Jahre 493 gründete der Mönch Kukdal den Yuga-sa, einen der ältesten Tempel des Landes. Erweiterung 771 durch Chinpyo Yulsa und im Jahre 832. Der heutige Name leitet sich vom Blauglockenbaum ab.

Vom Parkplatz erblickt man ein Felsrelief, einen Buddha in Meditationshaltung, das der berühmte Künstler Simji im Jahre 832 schuf. Durch das Einsäulentor von 1634, ein gutes Beispiel für die Yi-Baukunst, vorbei an Flaggenmasten (S 254) und über die malerische Haetal-

Bogenbrücke erreicht man den Klosterkomplex. Das Tor der Vier Himmelskönige mit gemalten Welthütern und zwei kleinen Torwächter-Plastiken führt zur Torhalle und weiter zum Hof. Auf der **Haupthalle** (Farbt. 25) sind Außenmalereien der Rinderparabel und Heiligenlegenden zu sehen. Schnitztüren mit Blütenzierat leiten in das Innere, wo die Triade der Drei Juwelen, verkörpert in Shakyamuni zwischen Amitabha und Bhaishajyaguru, unter einem hübschen Schnitzbaldachin thront. Diese Figuren fertigte der Mönch Wangjin im Jahre 1728 an. Die Gemälde folgen der üblichen Thematik: Eine Buddha-Triade als Allegorie von drei Weltzeitaltern und kosmischen Ebenen an der linken Wand, Kshitigarbha und Schützer der Lehre auf der gegenüberliegenden Seite.

Auf einer Terrasse stehen **weitere Kulthallen:** Schreine für den Berg-, Einsiedler- und Siebensterngeist, die Halle der Buddha-Jünger mit weißen Gipsfiguren und die Mönchsgalerie.

In den **Einsiedeleien** und an den alten Pilgerpfaden des Palgong-Gebirges gibt es manche Kostbarkeiten zu entdecken, wie Felsreliefs des künftigen Buddha Maitreya, eine Vairocana-Skulptur (S 244) und eine dreistufige Pagode (S 248) im Piro-am.

Tosan Sowon (Dosan Sowon)

Lage: 30 km von Andong.

Im Jahre 1575 gründete der große Gelehrte Yi Toe-kye, dessen Bild auf der 1000-Won-Note zu sehen ist, die eindrucksvollste der heute noch bestehenden konfuzianischen Akademien. Einige gärtnerisch gestaltete, ummauerte Höfe staffeln sich zwischen Reisterrassen und nahe einem blauschimmernden Teich. Zwei Hallen blieben aus der Entstehungszeit erhalten und sind als Nationalschätze ausgewiesen.

Unhae-sa und seine Nebenklöster

Lage: 10 km nördlich von Hoyang, Bus 35 von Taegu-Bahnhof.

Geschichte: Im Jahre 809 gründete der Mönch Hyechol einen Tempel namens Haean-sa im Osten des Palgong-Gebirges, den der Mönch Cheongye im späten 16. Jh. auf das gegenwärtige Gelände verlegte. Nach Bränden Erneuerung unter König Sukchong im ausklingenden 17. Jh. Zum Unhae-sa, dem zeitweiligen Hauptsitz der Chogye-Sekte für Südostkorea, gehören einige sehr malerische Einsiedeleien mit bedeutenden Kunstwerken, vor allem Kojo-am. Wanderpfade im herrlichen Palgong-Gebirge verbinden den Unhae-sa und seine Nebenklöster auch mit dem Tonghwa-sa.

Die mauerumschlossene Klosteranlage betritt man durch das Tor der Vier Himmelskönige mit Gemälden der vier Welthüter. An der **Haupthalle** fallen seltene, türkisfarben glasierte Dachziegel auf. Außenmalereien zeigen die Rinderparabel. Den Innenraum zeichnen prächtiges Schnitzwerk und Malereien – vorherrschend Drachen- und Vogelmotive – aus. Auf dem Figurensockel thront Shakyamuni, das Hintergrundbild zeigt ihn mit zwei Bodhisattvas. An der Rückseite des Altars hängt ein älteres, qualitätvolles Rollbild. Wandmalereien an der Rückwand stellen eine große Himmelsversammlung um den Götterkönig Chesok und den Siebensterngeist dar, an der linken Seitenwand eine Triade zur Verkörperung von drei Weltzeitaltern und kosmischen Ebenen und ein Rot-Grün-Gemälde des flügelhelmbewehrten Veda.

Ungefähr 200 m westlich liegt die **Seo-Einsiedelei,** etwa gleichweit entfernt in nordwestlicher Richtung die **Paekjong-Klause,** die sich besonders volkstümlichen Riten und dem Totengedenken widmet. Hier werden Kultfiguren des Avalokiteshvara und Kshitigarbha verehrt, Wandgemälde zeigen u. a. den Himmelsgott Chesok, den Siebensterngeist, Sonnen- und Mondlicht und die Richterkönige der Hölle. Ein weiterer kleiner Schrein beherbergt Plastiken und Malereien des Berg- und Einsiedlergeistes und von Schamaninnen.

Ein Besuch des kleinen **Paekhung-Klosters** – rund 2 km nordwestlich vom Unhae-sa – lohnt sich wegen der kunstvollen Schnitzereien (S 486) und ergänzenden älteren Malereien – Drachen, Vögel, Fische, Fabeltiere, Blumen – in der Paradieseshalle. Auf dem Figurensockel thront Amitabha zwischen Avalokiteshvara und Mahasthamaprapta. In den Wandmalereien herrschen Kshitigarbha, Veda und Chesok vor. Die Gerichts- oder Höllenhalle und die Halle der Buddha-Jünger stehen im zweiten Klosterhof.

Nach ungefähr 3 km Wanderung in nordöstlicher Richtung erreicht man **Unbu-am** mit einer schönen, kleinen Halle zu Ehren des Avalokiteshvara, einem wertvollen Kupfer-Buddha und einem Schrein zur Verehrung des Berg-, Einsiedler- und Siebensterngeistes.

8 km entfernt liegt die bedeutendste Einsiedelei, das **Kojo-Kloster (Geojo-sa)** aus der Regierungszeit des Königs Kyongdok (742–765). Die langgestreckte **Halle des Heiligen Berges** (NS 14) aus der späten Koryo-Zeit, der Wende vom 14. zum 15. Jh., zählt zu den wichtigsten originalen Holzgebäuden Koreas. Harmonische Maßverhältnisse und ein kaum vorkragendes ›chinesisches‹ Dach kennzeichnen die Außenansicht. Die schlichte Schönheit des Innenraumes beleben reizvolle, teilweise buntgefaßte Arhat-Figuren mit einigen weiblichen Heiligen und Tieren für die Waldeinsiedler. Die zentrale Buddha-Triade Dipankara, Shakyamuni und Maitreya vertritt drei Weltzeitalter, die Vergangenheit, Gegenwart und Zukunft. Zu beiden Seiten schließen sich die 16 Hauptjünger des historischen Buddha und viele Arhats an. Seltenheitswert besitzen Plastiken des Einsiedlergeistes und des Religionsschützers Veda nahe beim Eingang.

Unmun-sa

Lage: 50 km südöstlich von Taegu.
Geschichte: Das ›Wolkentor-Kloster‹ wurde im Jahre 560 unter König Chinhung von Silla gegründet und im 7. Jh. vom berühmten Mönch Wonkwang erweitert. In dem ehemaligen Männerkloster leben heute Nonnen.

Der Weg führt von Osten durch einen doppelgeschossigen Torbau mit den Ritualinstrumenten zu den getrennten Wohn- und Kultbezirken. Innerhalb des Kultbereiches gelangt man zunächst zur **Halle der Buddha-Jünger,** in der Shakyamuni mit vier Erleuchtungswesen und den sechzehn großen Arhats verehrt wird. Der **Dreigeistschrein** für den Berg-, Einsiedler- und Siebensterngeist steht an der ›Grenze‹ zwischen Mönchsquartier und Andachtshallen. Vorbei an der Gerichts- oder Höllenhalle und einer Avalokiteshvara-Halle wird der kleine **Jagam-jon** mit den bedeutendsten Kunstwerken des Klosters erreicht: Der thronende **Stein-Buddha** (S 317) auf dreistufigem Podest und umhüllt von einem Dreipaßnimbus stammt aus der frühen Koryo-Zeit, 10. Jh. Seltenheitswert besitzen die wohl älteren Steinplatten (S 318) mit vorzüglichen **Reliefs der Vier Himmelskönige.** Vor der Haupthalle ragen zwei große, dreistufige Pagoden und eine Laterne (S 193), vermutlich aus dem 7. Jh., auf. Diese **Haupt- oder Goldene Halle** zieren im Inneren eine interessante, gestaffelte Kassettendecke und ältere Gebälkmalereien. Als einzige Kultfigur ruht der Ur-Buddha Vairocana in Lotos- oder Diamanthaltung. In der **Halle des Heiligen Berges** türmen sich reizvolle, bunte Figürchen der 500 Arhats (Farbt. 26), darunter einige weibliche und Waldklausner mit ihren Tieren. Die zentrale Triade Dipankara – Shakyamuni – Maitreya verkörpert Vergangenheit, Gegenwart und Zukunft und den Buddha als ewiges Weltprinzip zur Verkündung der Heilslehre auf Erden.

Yang-dong

Lage: 20 km nördlich von Kyongju und 4 km östlich von Angang.

Das Dorf aus der frühen Yi-Zeit (15. Jh.) gibt einen vorzüglichen Einblick in die Lebensweise der Yangban-Aristokraten während des konfuzianischen Choson-Reiches. Um die Jahrhundertwende existierten hier noch 300 traditionelle Gebäude, heute gehören die meisten der rund 40 erhaltenen Anwesen der Yi- und der Son-Sippe.

Yongmun-sa

Lage: 18 km von Yechon.

Der im Jahre 684 gegründete und im 9. Jh. durch den Mönch Toun erweiterte ›Drachentor-Tempel‹ gehörte zu den versteckten Kostbarkeiten im Norden der Provinz. In jüngster Zeit zerstörte ein Brand den Großteil der Bauten, einschließlich der Haupthalle. Die Bibliothek mit zwei außergewöhnlichen Kunstschätzen blieb jedoch erhalten: Eine herrliche, goldlackierte Schnitzwand mit Buddhas, Bodhisattvas und Arhats und eine **drehbare Sutren-Sammlung** (Farbt. 34) mit zierlichen Gittertüren und Schnitzblüten sind andernorts in solcher Vollendung nicht mehr zu sehen. Einzig die Schnitzwand des nahen **Taesung-sa** legt in ähnlicher Weise Zeugnis einstiger Meisterschaft klösterlicher Kunsthandwerker ab.

Die Provinz Süd-Kyongsang (Kyongsang Nam-do)

Chinju (Jinju)

Das Regionalzentrum überrascht durch seine südländisch-freundliche Atmosphäre und die offensichtlich europäischen Vorbildern nachempfundene Innenstadt mit alleegesäumten Einkaufsstraßen. An eine heroische Vergangenheit erinnert **Chinju-song oder Choksok-song,** die ›Burg des hochgetürmten Felsens‹, deren Anfänge in das Königreich Kaya und die Silla-Zeit zurückreichen. Neben Seoul, Kongju, Kwangju, Puyo und Kyongju beherbergt jetzt auch das Schloß ein weiteres Nationalmuseum. Das Schwergewicht der Sammlung liegt auf Funden aus der Dreireichszeit, besonders aus Kaya.

Während des Imjin-Krieges war Chinju eines der ersten Angriffsziele der Japaner. Nach Erstürmung der Stadt feierten sie in den Burgmauern ein ausgelassenes Fest, zu dem auch die Unterhaltungsdame Nongae gebracht wurde. Sie lockte den japanischen Oberbefehlshaber an einen Steilabfall über dem Südfluß (Nam-chon) und riß ihn mit sich in die Tiefe. An ihren patriotischen Selbstmord erinnern viele Erzählungen und ein Gedenkschrein. Der Hoguk-sa dient als Landesschutztempel und Totenmal für die gefallenen Mönche während der japanischen Invasion.

Chungmu

Entlang der stark zerklüfteten und inselreichen Südküste – sie zählt 115 bewohnte und 253 unbewohnte Inseln und Eilande – erinnern zahlreiche Schreine, Gedenkhallen und Statuen an den großen **Admiral Yi Sun-sin.** Mit seinen ›Schildkrötenbooten‹ rettete er während des Imjin-Krieges gegen die Japaner zwischen den Jahren 1592 und 1598 Korea vor der Niederlage (vgl. Onyang, S. 256). Seine Operationsbasis, die Hallyo-Wasserstraße zwischen der Insel Hansan, seinem ersten Hauptquartier, und Yosu (Yeosu), seinem späteren Flottenstützpunkt, ist heute ein nationaler Meerespark.

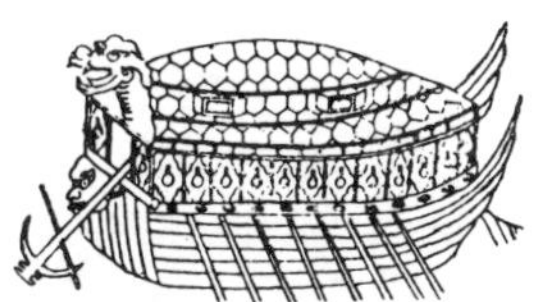

Mit ›Schildkrötenbooten‹, den ersten Panzerschiffen der Welt, verteidigte Admiral Yi Sun-sin seine Heimat 1592 und 1597 gegen die Japaner. Seine Operationsbasis war die südliche Riasküste. Die Stadt Chungmu leitet ihren Namen von einem posthumen Ehrentitel des großen Seehelden ab.

Die Stadt Chungmu leitet ihren Namen von einem posthumen Ehrentitel des Admirals ab, der Loyalität und militärische Tapferkeit bedeutet. Einen Hügel über dem Hafen krönt sein großes Standbild in ähnlicher serienmäßiger Ausführung, wie es in allen Landesteilen und im Zentrum von Seoul anzutreffen ist. Von der großen, doppelgeschossigen **Sebyong-Halle** (S 293) aus dem frühen 17. Jh., dem ehemaligen Marinekommando von drei Flottenverbänden der Südprovinzen, und dem anschließenden Gedenkschrein des Seehelden bietet sich ein reizvoller Blick über Stadt und Hafen.

Die Hauptgedenkstätte für Admiral Yi Sun-sin heißt **Chungnyol-sa,** wo die Acht Kaiserlichen Geschenke des chinesischen Herrschers, das Siegel, Flaggen, Schwerter, das Signalhorn, die Tigerkopfstandarte und andere Erinnerungsstücke aufbewahrt werden. Ein weiterer Schrein, der Changnyang-myo, steht nahe der Brücke zur **Miruk-Insel,** die ihren Namen dem Zukunfts-Buddha Maitreya verdankt. Auf ihr dienen zwei Tempel, der Yonghwa-sa und der Kwanum-sa, buddhistischen Kulten.

Haein-sa

Lage: 12 km nördlich der Autobahnausfahrt Koryong (Goryeong) im Kaya-Nationalpark.
Geschichte: Im Jahre 802 kehrten die wundertätigen Mönche Sunung und Ichong aus China zurück und gründeten eine Einsiedelei im Kaya-san. Die schwerkranke Gattin König Aejangs (800–809) pilgerte zu ihnen und erlangte Heilung. Der dankbare König stiftete daraufhin ein Kloster und lebte selbst eine zeitlang in einer Waldklause. Zu Beginn des 10. Jh. erneuerte der Mönch Heuirang die Ordensgemeinschaft im Sinne der Avatamsaka-Lehre. Da das Kloster durch zahlreiche Brände zerstört wurde, stammen fast alle Gebäude

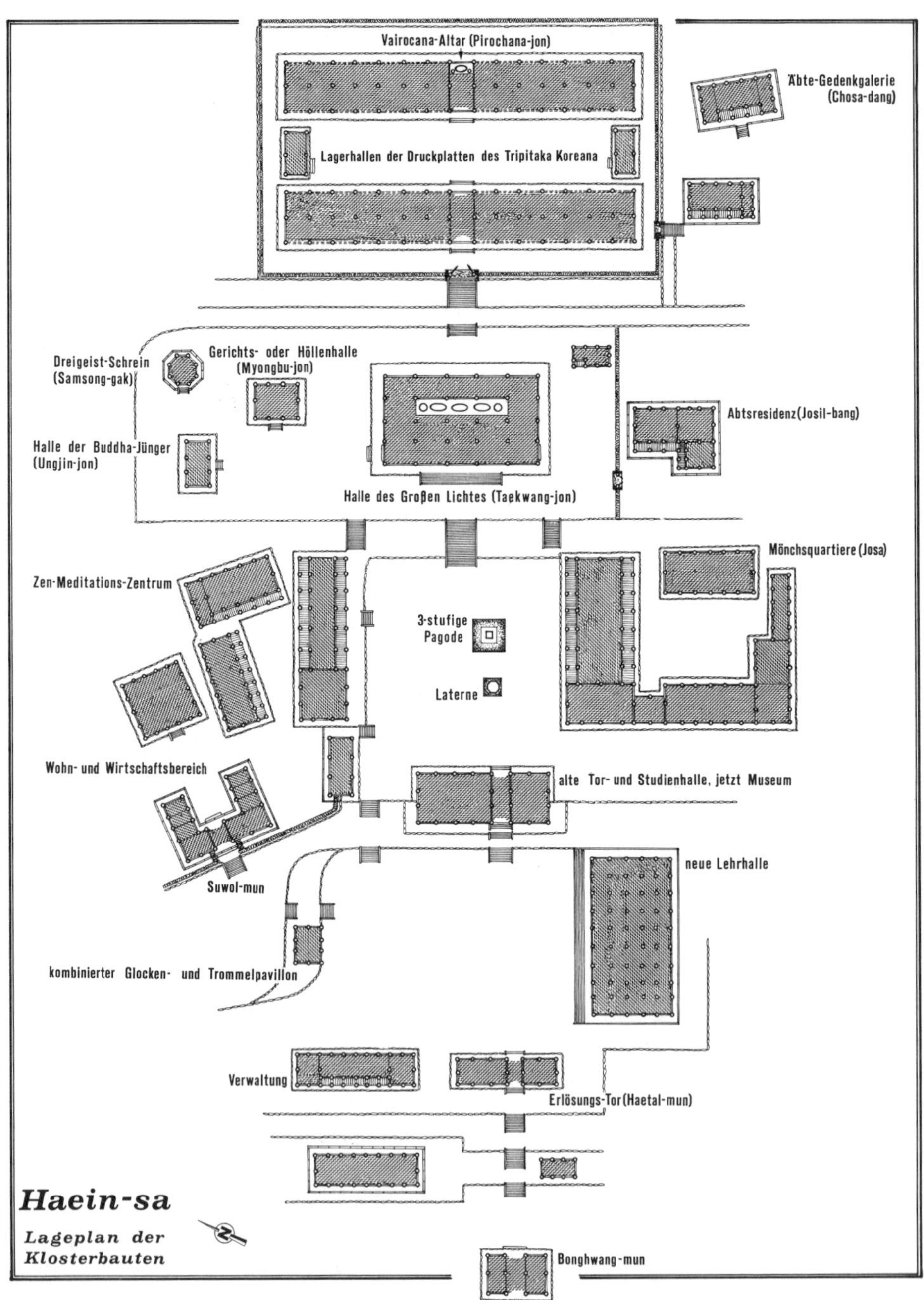

Haein-sa

Lageplan der Klosterbauten

aus dem vorigen oder diesem Jahrhundert. Wie durch ein Wunder blieb jedoch die weltberühmte Bibliothek verschont.

Im Haein-sa, einem der größten und bedeutendsten Klöster Koreas, und seinen dreizehn Einsiedeleien leben ungefähr 250 Mönche und Nonnen. Sein Name besagt, daß die Weisheit des Buddha und die Wahrheit der Sutras auf die Gläubigen so reflektieren möge, wie ein ruhiges Meer in einem Spiegel. Drei Groß-Tempel Koreas wurden zu den Drei Juwelen zusammengefaßt: Der Haein-sa gilt wegen der Aufbewahrung des gesamten buddhistischen Kanons als Kloster der Lehre = Dharma, der Tongdo-sa mit seinen Reliquien als ›Behälter‹ des Buddha und der Songkwang-sa durch seine vielen Ordensmitglieder als Symbol der Gemeinde = Sangha.

Vom Parkplatz führt ein malerischer Waldweg in rund 20 Minuten zuerst durch das Einsäulentor und weiter zum Bonghwang-mun mit Gemälden der Vier Himmelskönige. Ein kleiner Pavillon bewahrt die Gedenkstele für den Mönch Wongyong (S 128) aus dem 12. Jh. Durch den dritten Eingangsbau, das Erlösungstor, gelangt man zum **äußeren Hof.** Die Südseite der **großen Lehrhalle** – rechts – zeigt den zehnteiligen Gemäldezyklus der Rinderparabel mit dem Kreis als Symbol der allumfassenden Leerheit (vgl. S. 130 f.). Im ersten Stock der **Torhalle** befindet sich ein Museum mit liturgischen Geräten und Gewändern, Rollbildern, Schriften, Gedenkplastiken, z.B. des Abtes Heuirang, phönixgestaltigen Kerzenleuchtern, chinesischen Edelsteinblumen, einem pagodentragenden Bronzeelefanten als Duftständer und zauberhaften, lindenblattförmigen Miniaturmalereien von Buddhas und Arhats in Landschaftsidyllen aus der Mandschu (Qing) -Zeit.

Im Hof überdauerten eine bemerkenswerte, mit den Vier Himmelskönigen reliefierte Granitlaterne und eine dreistufige Pagode aus der Entstehungszeit die Jahrhunderte. Zu beiden Seiten gruppieren sich große Wohnkomplexe (Abb. 3) und Versammlungshallen mit einer Andachtshalle zu Ehren des Avalokiteshvara.

Die **Haupthalle des Großen Lichts** wurde 1928 errichtet. Türen mit Gemälden der beiden Torhüter leiten in das Innere. Auf dem Sockel thront unter Schnitzbaldachinen eine ungewöhnliche und wohl nicht originale Konfiguration: Zwei Formen des Ur-Buddha Vairocana und der Unterweltsherr Kshitigarbha mit Manjushri und Samantabhadra. Der zentrale Vairocana formt seine charakteristische Handgeste der allumfassenden Einheit, die rechte Figur, sein himmlischer Strahlungsleib Lushena (Nosana), zeigt diese Mudra abgewandelt: Mit seiner rechten Hand umschließt er den Zeigefinger der linken zum Zeichen des Aufgehens der vielfältigen Erscheinungswelt in der großen Einheit des Absoluten. Kshitigarbha – links von den beiden Vairocana-Manifestationen – ist an seinem Mönchshaupt zu erkennen; in seiner linken Hand hält er das Flammenjuwel, mit dem er den Seelen den Weg aus der Düsternis der Höllen weist. Manjushri und Samantabhadra, die Allegorien von Weisheit und Denkkraft, halten langstielige Lotosknospen.

Die **drei Hintergrundgemälde** beziehen sich auf die geheimnisvollen drei Leiber des Ur-Buddha, wie sie die Hwaom-Schule lehrt: Im Mittelbild wird der Ur-Buddha vom blauen Äthernimbus umhüllt, in den beiden Seitengemälden werden Nosana – sein Himmelsreflex – und Shakyamuni – sein irdischer Körper – von Regenbogennimben umgeben, deren farbiger Strahlenkranz für die vielfältige Erscheinungswelt steht. Das Gefolge dieser drei Manifestationen des Ur- oder All-Buddha bilden Bodhisattvas, Arhats, Himmelskönige und Welthüter.

Das Martyrium und Wunder des Ichadon (Yi Chadon) oder Yomchok, das 527 die offizielle Anerkennung des Buddhismus in Alt-Silla bewirkte. Eine Stele im Nationalmuseum Kyongju hält diese Schlüsselszene – sie öffnete das schamanistische Land als letztes der Drei Königreiche dem chinesischen Kultureinfluß – fest. Vor dem entsetzten Königshof erfüllte sich die Prophezeiung des Adligen Ichadon, sein Blut werde in Milch verwandelt und von Lotosblüten umschwebt aus seinem Rumpf hervorbrechen. Eine Variante dieses Themas ist als Gemälde im Haein-sa zu sehen.

Die **Wandgemälde** zeigen links an der **Rückwand** acht Bilder aus dem Leben des historischen Buddha Shakyamuni, rechts eine gekrönte Triade als Allegorie von drei Weltzeitaltern und kosmischen Ebenen: Der Himmelsgott Chesok vertritt den Himmel und die Ewigkeit, Avalokiteshvara die Erde und die Gegenwart, Kshitigarbha die Unterwelt und das künftige Leben. An der **linken Seitenwand** ist der Himmelsgott Chesok zwischen Sonnen- und Mondlicht dargestellt, umringt von vier Welthütern, dem Siebengestirn, Taeul oder Insong, dem kahlschädligen Gott des langen Lebens vom Südpolarstern und Himmelswesen, Göttern und Geistern des Volksglaubens. Wolken trennen die obersten Himmelsregionen von den niedersten, wo der zackenbärtige Drachenkönig mit seinem Hof- und Beamtenstaat residiert. Im Mittelbild sieht man Schützer der buddhistischen Lehre mit dem General Veda im Zentrum. Indra/Shakra und Brahma über Wolken repräsentieren höhere Himmelssphären. Unter den Bodhisattvas fallen Sonnen- und Mondlicht mit roten und weißen Bällen auf, grimmige Himmelsgeneräle – darunter der dreigesichtige Schützer des Hwaom-Sutra – gebieten über Geister- und Dämonenheere. Es folgt das Martyrium und Wunder des Ichadon, das 527 die Anerkennung des Buddhismus in Silla bewirkte – aus dem enthaupteten Rumpf spritzen Milchstrahlen, Blüten schweben durch die Lüfte. Die **rechte Seitenwand** zeigt Shakyamuni mit Kashyapa und Ananda, vier Welthüter und eine große Versammlung von Arhats, Mönchen und Bodhisattvas. – Die Decke zieren außer den üblichen Motiven Schamanentänze und koreanische Musikinstrumente.

Die 1967 erbaute **Gerichts- oder Höllenhalle** ist Kshitigarbha geweiht. Zehn thronende Richterkönige gebieten über die einzelnen Höllenregionen; ihnen dienen dreizackbewehrte Wächter, grimmige Torhüter, Vasallen und Botschaftsgeister, die im Lande umherreiten und mit Spiegel und Waage Kundschaft über das Verhalten der Menschen einholen. Die prächtigen, buntgefaßten Holzfiguren stammen aus dem Seonghung-sa, einem Tempel westlich von Masan. Qualitätvolle Gemälde schildern Gerichtsszenen und Strafen in den heißen und kalten Höllen.

In der **Halle der Buddha-Jünger** wird Shakyamuni von zwei Bodhisattvas und seinen Arhats umringt. Ein Gemälde zeigt ihn mit Kashyapa und Ananda. Zwei weitere Arhats, Shariputra und Maudgalyayana, gelten als geistige Väter des philosophischen Mahayana und des magisch-okkulten Vajrayana.

Der reizvolle, sechseckige **Schrein der Drei Geister** wurde 1940 erbaut und von einem Mönch mit volkstümlichen Malereien geschmückt (Farbt. 28, 29, 30). Die Landschaftsidyllen sind von taoistischen Paradiesesvorstellungen beeinflußt, die Tracht des Berggeistes verrät konfuzianische Herkunft. Der Einsiedlergeist – er ist in der Raummitte zu sehen – vertritt den Typ des weltentsagenden, vergnügten Waldklausners. Sein dicker Bauch ist als Zeichen der Selbstgenügsamkeit zu verstehen. Der Berggeist mit breitkrempigem Hut und Stiefeln sitzt unter Kiefern auf seinem Tiger. Ein zweiter Tiger dient ihm als Botschafter, der meist wohlwollend in die Menschengeschicke eingreift; ein Menschenpaar nähert sich mit Opfergaben. Der zackenbärtige Drachenkönig, der vergöttlichte König Munmu, thront in seinem Meerespalast. Vom Himmel stürmt der Wolkendrache hernieder, über das Ostmeer nähert sich der Weisheits-Bodhisattva Manjushri.

Die als ›**Tripitaka Koreana**‹ (NS 32) bezeichnete älteste noch erhaltene und umfangreichste Sammlung chinesischer Übersetzungen buddhistischer Schriften, eines der bedeutendsten Kulturdenkmäler Ostasiens, ist in koreanischem Besitz.

Das altindische Wort Tripitaka bedeutet ›drei Körbe‹ und bezieht sich auf die Aufbewahrungsart des im 1. Jh. v. Chr. auf Sri Lanka verfaßten buddhistischen Kanons – Palmblattmanuskripte in großen Körben. Nach der Originalsprache, dem vom Sanskrit abgeleiteten mittelindischen Pali, heißt er auch Pali-Kanon und besteht aus der Ordensregel, Buddhas Lehrreden und den metaphysisch-scholastischen Kommentaren. Dieser ursprüngliche, für die buddhistische Welt verbindliche Dreikorb, wurde in China durch zahlreiche Mahayana- und esoterische Schriften auf insgesamt 1500 Einzelwerke erweitert. Weitgereiste Mönche sammelten jahrhundertelang heilige Texte für Korea. König Hyonjong (1009–1031) ließ den ersten ›Tripitaka Koreana‹ in Holzplatten schneiden und dann als 5000-bändiges Werk drucken. Sein besonderes Anliegen war die Abwehr der Steppennomaden – Khitan, Jurchen und Mongolen bedrohten immer wieder die Nordgrenzen des Reiches und brandschatzten die Hauptstadt Songdo. Seit der Silla-Zeit waren buddhistische Schriften ebenso wie Tempel und Kunstwerke oft für patriotische Zwecke eingesetzt worden. Die im Puin-sa, einem damals bedeutenden Tempel im Palgong-Gebirge (bei Taegu), lagernden Holzdruckplatten fielen 1232 den Mongolen zum Opfer. König Kojong floh mit dem Hof auf die Insel Kanghwa und gab einen neuen Tripitaka in Auftrag. Fast zwanzig Jahre dauerte die Herstellung des gewaltigen Werkes. Drei Jahre beanspruchte allein die Vorbereitung des Holzes: Eine Birkenart von Cheju und anderen Inseln – vielleicht auch aus China – wurde zunächst in Süßwasser ausgelaugt, in Salzwasser biologisch abgetötet und dann vorsichtig in der Erde und im Schatten getrocknet. Auf dem Seeweg kamen die sorgsamst präparierten Platten nach Kanghwa, wo aus ihnen in 16 Jahre dauernder Arbeit der gesamte Kanon geschnitten und abschließend lackiert wurde. So entstanden 81258 Holzdruckplatten (nach Klosterzählung 81348) von knapp 70 cm Länge, rund 24 cm Breite und 3 cm Stärke, beidseitig mit chinesischen Schriftzeichen, zumeist in 22 Zeilen, bedeckt (Abb. 65).

Nach der Fertigstellung im Jahre 1251 fanden sie Aufnahme im Chontung-sa auf Kanghwa, 1398 wurden sie in den Chichon-sa (Jicheon-sa), einen nicht mehr vorhandenen Tempel in der neuen Hauptstadt Hanyang (Seoul) übertragen. Vor konfuzianischen Hetzkampagnen waren die heiligen Schriften bald nicht mehr sicher, so daß man den damals sehr abgelegenen Haein-sa als Versteck wählte. In wochenlangen Märschen trugen Nonnen jeweils drei schwere Holzplatten durch unwegsames Gelände bis in die Kaya-Berge, die bis heute Schutz und ein günstiges, trockenes Klima zur Konservierung boten.

Unter König Songjong entstanden im Jahre 1488 **zwei langgestreckte Lagerhallen** (NS 52), die einen ungehinderten Luftdurchzug gewährleisten. Wie durch ein Wunder überstanden sie die japanische Invasion und einen verheerenden Klosterbrand im vorigen Jahrhundert. Von den Abdrucken besitzen der Tongdo-sa und der Kumsan-sa noch je eine komplette, mehr als 162 000 Seiten umfassende Sammlung.

Als Vorbeugung gegen die große Feuergefahr ließ die Regierung ein hochmodernes, klimatisiertes Lagerhaus aus Beton erbauen, das jedoch noch immer leer steht, weil die Mönche glauben, daß irgendein Buddha die kostbaren Schriftplatten auch weiterhin schützen werde.

Zwischen den Druckplattenregalen der hinteren Lagerhalle liegt ein **Andachtsraum,** zu dem eine runde Tür führt. Der Ur-Buddha Vairocana thront zwischen Manjushri und Samantabhadra, die zwei Löwen – sonst Löwe und Elefant – reiten.

Die herrliche **Umgebung des Haein-sa,** der Nationalpark Mount Kaya, bietet eine Fülle buddhistischer Steindenkmäler – Kleinreliquiare bedeutender Mönche, Pagoden und ein fast 8 m hohes Felsrelief des Zukunftsbuddha Maitreya (S 222) aus dem 8./9. Jh. – Einsiedeleien und Kleinklöster, die von Mönchen und Nonnen bewohnt werden und teilweise dem Zen-Studium dienen. In Hongje-am starb 1610 der große Mönchsgeneral Samyong (vgl. Chikchi-sa, S. 334). Gilsang-am bewahrt Reliquien aus Sri Lanka und Thailand. Im 4 km entfernten Cheongryang-sa verdienen eine Laterne mit Wächterreliefs und eine dreistufige Pagode Beachtung.

Kimhae (Gimhae)

Dolmen und andere Steinsetzungen bezeugen eine frühe Besiedlung im Tal und Mündungsgebiet des Naktong. Im 4./3. Jh. v. Chr. stießen die tungusischen Pyonhan bis zur Südküste vor. Suro, ein Abkömmling der Kim-Sippe aus dem benachbarten Silla, vereinte im Jahre 42 fünf Pyonhan-Stämme zum kleinen Königreich Kaya, das sich beidseitig des Naktong keilförmig bis in die Kaya-Berge erstreckte.

Das **Grabmal des Königs Suro** – 2 km westlich von Kimhae – wurde während der Yi-Zeit durch Zufügung von Wächterfiguren und des Sungson-Pavillons verändert. Königin Ho und mehrere Adelige ruhen in archaischen Rasenkuppen ohne jeglichen Außenschmuck.

Das zweite Zentrum des Kaya-Reiches war **Changnyong,** wo aus Fürstengräbern des 5./6. Jh. originelle Keramiken – Trinkhörner, Tier- und Reiterfiguren – geborgen wurden. Aus dieser Zeit stammen auch die ersten Eishäuser, unterirdische Steinkammern in meisterlicher Wölbungstechnik (vgl. S. 315). Ein bedeutendes Kulturdenkmal stellt die ungefähr 1,70 m hohe Inschriftenstele dar, die König Chinhung von Silla im Jahre 562 nach der Annexion von Kaya zur Grenzmarkierung aufrichten ließ.

Die Goldfunde aus Kaya, ein Diadem (vgl. S. 64) und ein durchbrochener Sattelbogen, stammen nicht aus dem Bezirk Changnyong, sondern aus den Kaya-Bergen. **Koryong** am Südwestende der Provinz Nord-Kyongsang war die Hauptstadt von Groß-Kaya.

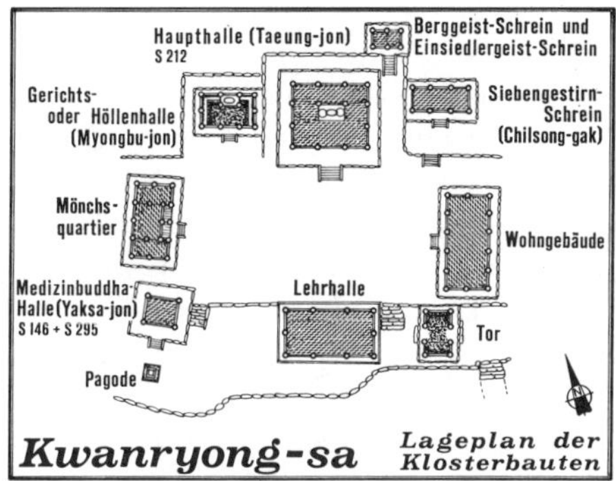

Kwanryong-sa (Gwanryeong-sa)

Lage: 7 km südöstlich von Changnyong (Changryeong).
Geschichte: Gründung im Jahre 583 während der Alt-Silla-Zeit, Zerstörung 1592 durch die Japaner, Erneuerung 1617. Eindrucksvolle Gebäude, Malereien und Skulpturen aus dem 17. und 18. Jh.

Nach rund 2 km Waldwanderung, vorbei an zwei Steinwächtern, betritt man durch einen Seiteneingang den Klosterhof. Das Innere der **Haupthalle** (S 212) zieren ältere Bemalungen der Kassettendecke und des Gebälks mit fünfblättrigen Lotosmandalas, Keimsilben und Blüten. Auf dem Figurensockel thronen die Drei Juwelen, verkörpert in Shakyamuni zwischen Amitabha und Bhaishajyaguru. Das rot-grün betonte Hintergrundbild zeigt Shakyamuni im Kreise seiner ›Familie‹, Wandbilder widmen sich den Buddha-Jüngern und Religionsschützern.

Die **Halle des Medizin-Buddha** (S 146) bewahrt qualitätvolle Malereien des 18. Jh., Vögel, Blumen, Schmetterlinge auf türkisfarbenem Grund, Friese thronender Buddhas auf Lotosblüten, und den ›König der Heilmittel‹ Bhaishajyaguru (S 295).

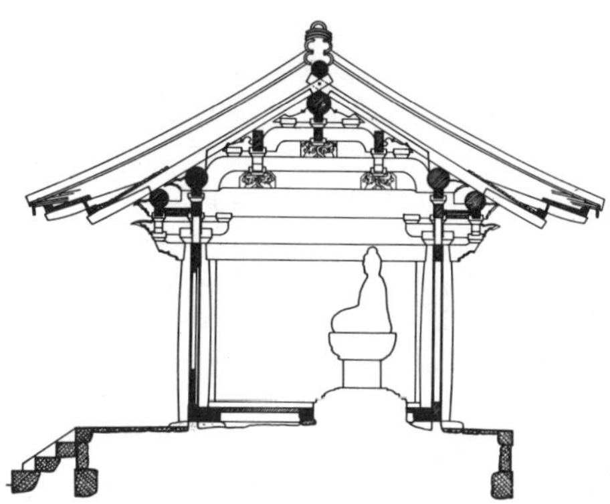

Die Halle des Medizin-Buddha (Yaksa-jon, S 146), Mitte 18. Jh. im Kwanryong-sa. Bhaishajyaguru, der ›König der Heilmittel‹, thront beherrschend im Raum.

Die Gerichts- oder Höllenhalle, Schreine für das Siebengestirn und den Berg- und Einsiedlergeist dienen dem Volksglauben.

In der Bezirkshauptstadt **Milyang** steht einer der größten Pavillons des Landes, der Yongnam-ru (S 147). Er gehörte einst zum gleichnamigen Kloster, das von den Mongolen zerstört und anschließend als Sommerpalast des Landesfürsten wiederaufgebaut wurde. Nach zahlreichen Bränden und Erneuerungen blieb nur der Pavillon aus dem Jahre 1849 erhalten.

Pomo-sa (Beomeo-sa)
Nach rund 10 Minuten Fußweg erreicht man die ungewöhnliche Folge von Eingangsbauten, die mit einer restaurierten, siebenstufigen Pagode beginnen, die erst kürzlich aus dem inneren Tempelbezirk übertragen wurde. Im **Einsäulentor** von 1614 reihen sich die Säulen einzeln aneinander, vier grob behauene Stützen, über denen eine komplizierte, reich bemalte Holzkonstruktion ruht. Das **Tor der Vier Himmelskönige** beherbergt nicht wie üblich Plastiken der vier Welthüter, sondern Malereien. Wie im Tongdo-sa beschließt das **Pur-i-mun** die Folge der Eingangsbauten, jenes Tor, mit dem alles Weltliche endet und das Buddha-Land oder die Diamantwelt beginnt.

Die Versammlungshalle zeigt Außenmalereien der in Zen-Klöstern beliebten Rinderparabel und einige Arhats. Ein doppelstöckiger, eindrucksvoller Pavillon bewahrt die Ritualinstrumente Glocke, Trommel, Fisch und Gong. Die dreistufige Granitpagode (S 250) und die Flaggenpfeiler stammen noch aus dem 7. Jh.

Über eine steile Treppe mit zwei Löwenköpfen führt der Weg zur **Haupthalle** (S 434) von 1614. Sie ist vergleichsweise klein, aber mit schönen, älteren Decken- und Gebälkmalereien verziert. Der Figurensockel und der Baldachin sind besonders prächtig mit Drachen, fliegenden Himmelselfen, Wolken, Lotosmandalas, Päonien und Chrysanthemen geschnitzt und bemalt. Die goldgefaßten Plastiken bilden mit den Gemälden der Seitenwände die Thematik der Drei Juwelen – Buddha, Lehre und Gemeinde. Auf dem Figurensockel thront Shakyamuni, die rechte Hand zur Geste der Erdberührung gesenkt, zwischen Manjushri und Samantabhadra. Das Hintergrundgemälde zeigt Shakyamuni umringt von Bodhisattvas und Arhats und die vier Himmelskönige. Auf der linken Seitenwand erscheint Amitabha als Gebieter des westlichen Lotosreiches mit Avalokiteshvara und Mahasthamaprapta. Die rechte Seitenwand ist dem Medizin-Buddha Bhaishajyaguru, dem Herrn des östlichen Paradieses, mit Sonnen- und Mondlicht gewidmet.

Im **Wontong-jon** huldigt ein Kind in Anbetungsgeste dem barmherzigen Nothelfer Avalokiteshvara als Spender von Leibesfrucht. Gemälde zeigen Schützer der buddhistischen Lehre.

Das **langgestreckte Gebäude** rechts der dreistufigen Pagode bewahrt eine goldgefaßte Plastik des Ur-Buddha Vairocana mit seiner charakteristischen Geste der allumfassenden Einheit zwischen zwei Bodhisattvas. Auch das Hintergrundbild stellt ihn in grellen Farben inmitten seiner ›Familie‹ dar.

In der **Gerichts- oder Höllenhalle** wird Kshitigarbha verehrt. Zu beiden Seiten schließen sich sein legendärer Vater und Sohn und die zehn thronenden, prächtigen Richterkönige

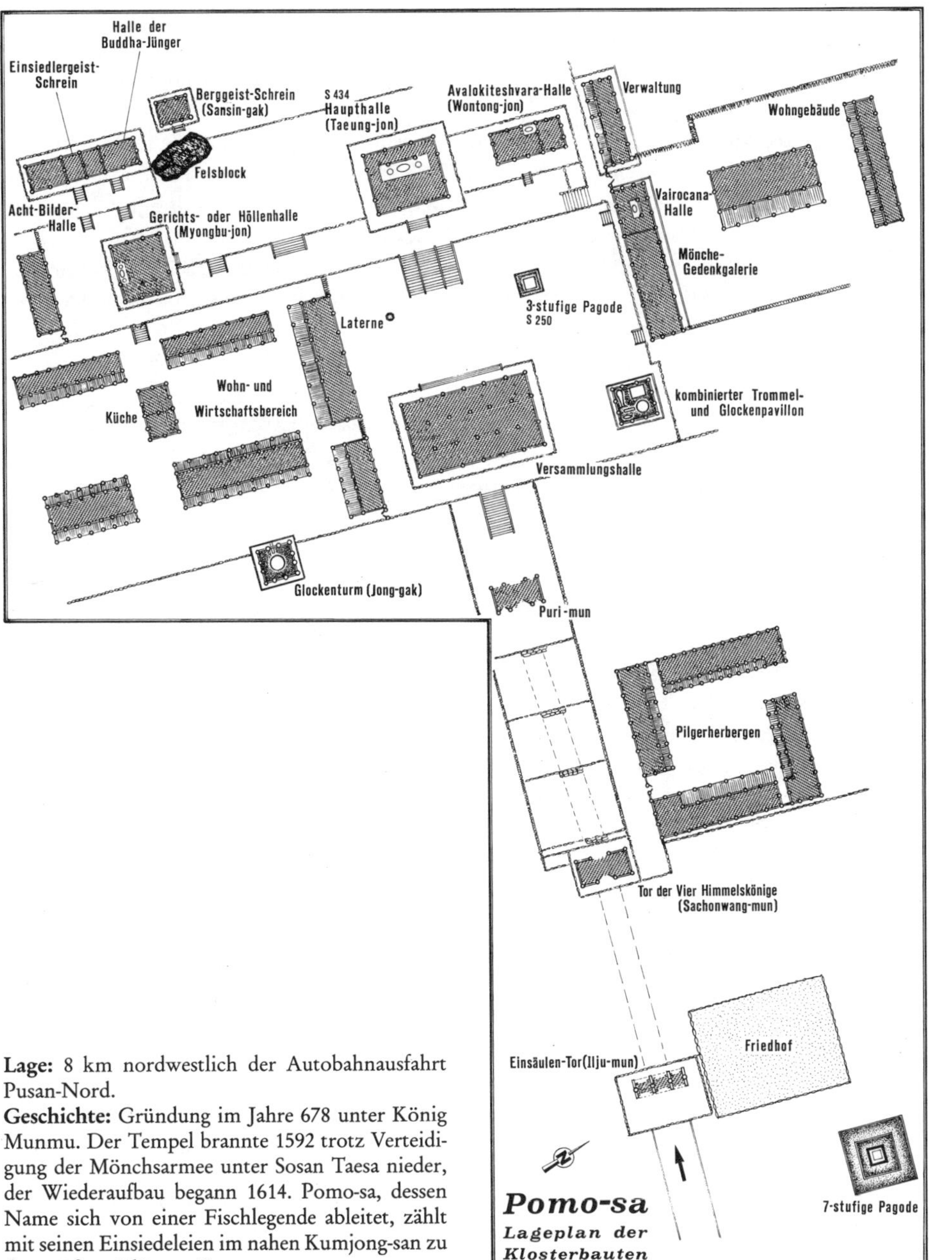

Lage: 8 km nordwestlich der Autobahnausfahrt Pusan-Nord.

Geschichte: Gründung im Jahre 678 unter König Munmu. Der Tempel brannte 1592 trotz Verteidigung der Mönchsarmee unter Sosan Taesa nieder, der Wiederaufbau begann 1614. Pomo-sa, dessen Name sich von einer Fischlegende ableitet, zählt mit seinen Einsiedeleien im nahen Kumjong-san zu den größten Klöstern Koreas.

der Höllen mit ihren Vasallen und Botschaftern an. Ältere, erzählende Tafelbilder schildern Gericht und Strafen in den heißen und kalten Höllen.

Vor dem kleinen **Schrein des Berggeistes** ragt ein Felsblock auf, der einst als Sitz dieses beliebtesten Volksgottes galt.

Ein langgestrecktes Gebäude vereint drei Andachtsräume unter einem Dach: Im **Palsang-jon** geben volkstümliche Malereien aus dem Jahre 1905 die acht wichtigsten Ereignisse aus dem Leben des historischen Buddha Shakyamuni wieder. Im türlosen **Toksong-jon** hängt ein Gemälde des Einsiedlergeistes. In der **Halle der Buddha-Jünger** sind Figuren des Shakyamuni, von zwei Erleuchtungswesen und sechzehn buntgefaßten Arhats und Tiergefährten (Tigern) zu sehen. Qualitätvolle Bilder aus der Mitte des 17. Jh. zaubern taoistisch beeinflußte Naturidyllen von Waldeinsiedlern vor den Beschauer.

Pusan (Busan)

Als kleine Hafenstadt, eigentlich als ›Gruppe von fünf Küstenplätzen‹ mit einer Bevölkerung von ›etwa 30 000 Seelen‹, die sich ›vom Fischfang und dem geringen Handel‹ ernähren, schilderte der Weltreisende Ernst von Hesse-Wartegg im Jahre 1894, kurz vor Ausbruch des chinesisch-japanischen Krieges, das alte Fusan, wie die Japaner die Siedlung nannten. Begeistert beschreibt er das reizvolle Ortsbild der japanischen Handelskolonie Nippon-matschi, die mit ihren Holzhäusern inmitten gepflegter Gärten, der Handelskammer und dem Hospital an Nagasaki und Shimonoseki erinnere. Er erwähnt kurz die chinesische Niederlassung und bedenkt die strohgedeckten Lehmhütten der Koreaner, ohne Baum, Strauch oder Garten, mit wenig schmeichelhaften Worten. Die größte Sehenswürdigkeit sei der Fischmarkt, auf dem die Koreaner das Fleisch der riesigen Haifische kauften, während die Chinesen und Japaner nur die Flossen als Delikatesse genössen.

Seit dieser Zeit hat sich sehr viel geändert: Pusan empfängt seine Besucher heute als moderne Handels- und Industriemetropole und mit 3,5 Millionen Einwohnern als zweitgrößte Stadt des Landes, die trotz des Aufstiegs von Inchon und Ulsan ihre Stellung als führender Exporthafen behaupten konnte (Farbt. 20, 21). Der Name stammt aus der Koryo-Zeit, die Berggipfel in Wassernähe gerne als ›Schwebende Berge oder Felsen‹ bezeichnete. Tatsächlich verleiht ein Hügelkranz um den zentralen **Drachenkopfberg (Yongdu-san)** dem Hafen mit seiner schildwacheartig davor aufragenden **Dracheninsel (Yong-do)** ein reizvolles Gepräge. Ausschlaggebend für den Ausbau zum Touristenzentrum waren die Verkehrslage als Tor zum Süden, die Sandstrände und Erholungsgebiete von Haeundae und Songdo, die Felsbuchten von Yongdo und die heißen Quellen im Vorort Tongnae. Ausländische Besucher finden zwar keine kunsthistorischen Sehenswürdigkeiten, wohl aber den landestypischen **Fischmarkt.** Das 1978 eröffnete **Städtische Museum (Pusan Municipal Museum)** beherbergt eine beachtliche prähistorische Sammlung, Porzellan, Kalligraphie und eine Nachbildung jener Schildkrötenboote, mit denen Admiral Yi Sun-sin zwischen 1592 und 1598 Korea gegen die Japaner verteidigte. Für die Dong-A University Collection ist eine Sondergenehmigung erforderlich. Auf dem **UNO-Friedhof** (in Richtung Haeundae), dem einzigen seiner Art, liegen 2300 Gefallene des Korea-Krieges aus 16 Nationen begraben.

Pyochung-sa

Lage: 20 km östlich von Milyang.

Geschichte: Gründung im Jahre 654 unter Königin Chindok, Erweiterung 829. In der Koryo-Zeit lebten tausend Mönche im Kloster, dessen Chronik eng mit dem Widerstand der Mönchsarmee gegen die Japaner im Jahre 1592 verbunden ist. Heute ist der Pyochung-sa ein sehr sehenswerter Tempel mit vielen Gebäuden, interessanten Gemälden und einem kleinen Museum.

Nach kurzer Wanderung an einem malerischen Bachlauf entlang erreicht man den Klosterbezirk durch ein einfaches Tor. Links erstreckt sich der teilweise ummauerte Wohnbereich, rechts gruppieren sich die Kulthallen. In der **Haupthalle** thront unter Schnitzbaldachinen die Triade Shakyamuni zwischen Amitabha und Bhaishajyaguru. Auch Hintergrundgemälde zeigen diese Trias, bereichern sie aber noch durch sehr seltene Visionen von Paradiesen eines phantastischen Kosmos in Form von Mandalas (heiligen Kreisen) mit Scharen von Buddhas. Qualitätvolle Wandmalereien stellen eine stehende, rotgewandete Triade in himmlischen Wolken – Amitabha mit Avalokiteshvara und Mahasthamaprapta – dar.

Ein großes Gemälde widmet sich kriegerischen Schützern der buddhistischen Lehre mit dem dreigesichtigen, schwarzen und flammenumloderten Schirmherrn des Avatamsaka-Sutra. In seinen zahlreichen Armen schwingt er Waffen, die er im Dienste der spontanen, welterhellenden Erkenntnis von der Wesensgleichheit der polaren Urkräfte einsetzt. Die Mann-weibliche Polaritätenvereinigung wird u.a. durch das Diamantzepter und die Glocke symbolisiert. Der in Korea als Hwaom Sinchang bezeichnete Dharmapala führt seinen Ursprung auf Mahakala (›Der große Schwarze oder die große Zeit‹), die buddhistische Form des Hindugottes Shiva, oder/und Vajrapani (›Den Halter des Diamantzepters‹), eine der mächtigsten Gestalten des Nördlichen Buddhismus, zurück.

Im **Wontong-jon** hängt ein Gemälde der tantrischen, tausendarmigen Form des Avalokiteshvara. Die **Halle der Buddha-Jünger** beherbergt Figuren des Shakyamuni mit Bodhisattvas und weißfarbenen Arhats. Schreine des Siebensterngeistes, des Berggeistes und des Einsiedlergeistes dienen volkstümlichen Kulten.

Das kleine **Museum** bewahrt ein kostbares Räuchergefäß (NS 75) aus dem Jahre 1177, Bronze mit Silberdrahtdekor – Wolken, Drachen, Lotos, Sanskrit-Keimsilben – und Erinnerungsstücke an Sosan Taesa und Samyong.

Ssankye-sa (Ssangye-sa)

Lage: 25 km nördlich von Hadong im Chiri-Gebirge.

Geschichte: Eine Legende erzählt, die Mönche Dae Bi und Sampop seien im Jahre 722 mit einem Schädelknochen des sechsten Zen-Patriarchen Huineng aus China zurückgekehrt und ein alter Mönch habe ihnen im Traum die Vorberge des Chiri-san zur Aufbewahrung der kostbaren Reliquie gezeigt. Sie fanden Blumen im Schnee und gründeten den Jadefluß-Tempel. Rund hundert Jahre später brachte der berühmte Zen-Meister Chingam Teesamen aus China, führte den Teeanbau ein und erweiterte den kleinen Reliquientempel zu einem großen Heiligtum. Das ›Zwillingstalkloster‹ leitet den Namen vermutlich von der Lage in einer Flußschleife ab. Der Ssankye-sa zählt zu den bedeutendsten Klöstern Koreas, dessen Besuch besonders während der Kirschblüte lohnt.

Vorbei an Mönchsreliquiaren (Abb. 55) erreicht man nach der Brücke drei axial aufgereihte Tore: Dem Einsäulentor folgt das Erlösungs- oder Diamanttor mit Außenmalereien von Wäch-

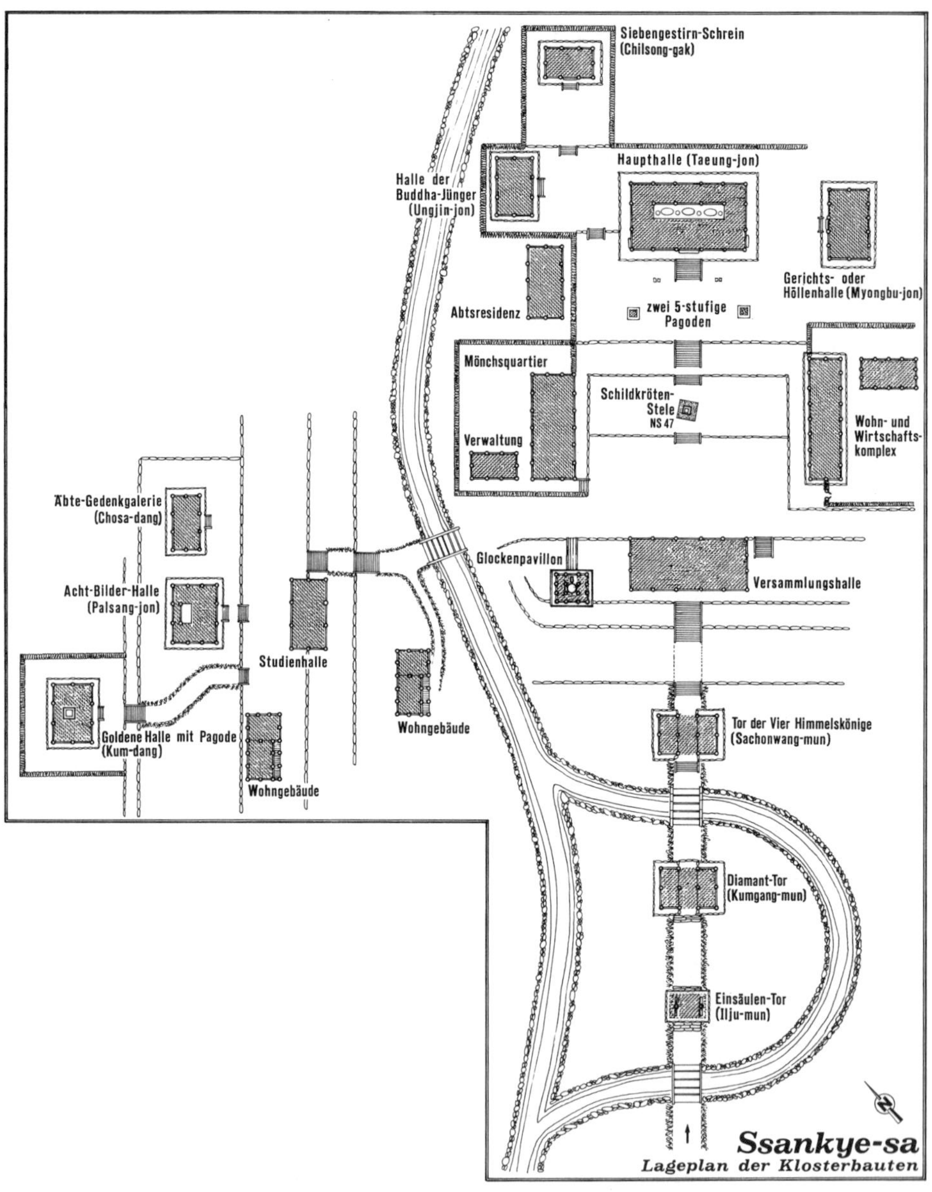
Siebengestirn-Schrein
(Chilsong-gak)
Halle der
Buddha-Jünger
(Ungjin-jon)
Haupthalle (Taeung-jon)
Gerichts- oder
Höllenhalle (Myongbu-jon)
Abtsresidenz
zwei 5-stufige
Pagoden
Mönchsquartier
Schildkröten-
Stele
NS 47
Verwaltung
Wohn- und
Wirtschafts-
komplex
Äbte-Gedenkgalerie
(Chosa-dang)
Glockenpavillon
Versammlungshalle
Acht-Bilder-Halle
(Palsang-jon)
Studienhalle
Wohngebäude
Goldene Halle mit Pagode
(Kum-dang)
Wohngebäude
Tor der Vier Himmelskönige
(Sachonwang-mun)
Diamant-Tor
(Kumgang-mun)
Einsäulen-Tor
(Ilju-mun)
N
Ssankye-sa
Lageplan der Klosterbauten

tern und Statuen der beiden Torhüter, die recht freundlich wirken. Das Tor der Vier Himmelskönige zieren Gemälde des Tierkreises. Der Hauptkomplex des Klosters staffelt sich in Terrassen am Berghang. Im Hof steht die **Gedenkstele** (NS 47) für den im Jahre 887 verstorbenen Zen-Meister Chingam, dessen Pudo (S 380) ungefähr 30 Minuten vom Kloster entfernt in den Bergen steht. Mit der Abfassung der Inschrift beauftragte Königin Chinsong den großen Gelehrten Choe Chiwon, den ›Vater der Koreanischen Literatur‹ (vgl. S. 315).

Die **Haupthalle** (S 458) wurde mehrfach, zuletzt im vorigen Jahrhundert, restauriert. Auf dem Figurensockel thronen die Drei Juwelen. Dazwischen stehen Avalokiteshvara, Mahasthamaprapta, Manjushri und Samantabhadra, die polare Tugenden zur Heilsuche vertreten.

Die Malereien stammen vom Beginn dieses Jahrhunderts. Hinter dem Figurensockel sind Gemälde der drei Buddhas mit ihrer ›Familie‹, einem Gefolge von Bodhisattvas, Arhats und Himmelskönigen zu sehen. An der rechten Seitenwand hängt ein großes Bild, das den Himmelsgott Chesok in drei Formen zeigt. Über einer Versammlung von Himmelswesen und Welthütern thront eine Triade von zwei gekrönten Bodhisattvas und einer Mönchsgestalt: Chesok gebietet über den Himmel und die Ewigkeit, Avalokiteshvara verkörpert die Erde und die Gegenwart und der barhäuptige Kshitigarbha die Unterwelt und Zukunft. Die Aufnahme volkstümlicher Gottheiten in den Buddhismus läßt sich auch an Gemälden des Berggeistes an der linken Seitenwand und des Siebensterngeistes an der Rückwand rechts ablesen.

Rechts von der Haupthalle steht die **Gerichts- oder Höllenhalle** und links die **Halle der Buddha-Jünger** mit älteren Gebälkmalereien und Figuren des Shakyamuni mit zwei Bodhisattvas und seinen sechzehn Hauptschülern.

Im **Schrein des Siebengestirns** wird der Himmelsgott Chesok wie ein Buddha dargestellt. Er fährt auf einem goldenen Himmelswagen vor der Sonnenscheibe und wird von Sonnen- und Mondlicht und mehreren Siebenergruppen begleitet, die auch wie Buddhas aussehen.

Nach diesen reizvollen Gemälden gelangt der Besucher vom Hof über eine Brücke zum **zweiten Klosterkomplex,** in dem ihn die hehre Sphäre des Buddhismus umfängt. Die **Acht-Bilder-Halle** widmet sich den wichtigsten Lebensstationen des historischen Buddha Shakyamuni. Im **Chosa-dang** werden bedeutende Äbte und Mönche verehrt. Hauptgebäude dieser Klostergruppe und Keimzelle der alten Stiftung des 8. Jh. ist die **Goldene Halle,** die kein Kultbild, sondern das Kopfreliquiar des sechsten chinesischen Zen-Patriarchen Huineng in einer fünfstufigen Steinpagode bewahrt, das die Mönche Dae Bi und Sampop aus China brachten.

Tongdo-sa

Lage: 3 km nordwestlich der Autobahnausfahrt Tongdo-sa.
Geschichte: Gründung im Jahre 646 durch den Mönch Chajang, der königlichen Geblüts war, jedoch alle hohen Ämter ablehnte und zum Studium nach China ging. Bei seiner Rückkehr erhielt er den Staatstitel Großer Nationallehrer (Tae-Kuksa) und gründete mehrere Tempel, Klöster und Einsiedeleien, darunter den Makok-sa und den Tongdo-sa, dessen Name ›die Errettung der Welt durch die buddhistische Lehre‹ bedeutet. Im Dreigestirn mit dem Haein-sa (vgl. S. 345 ff.) und dem Songkwang-sa gilt er als Tempel des Buddha, weil Chajang Reliquien als große Kostbarkeit aus China brachte.

Die meisten Gebäude des Tongdo-sa brannten 1592 nieder, der Wiederaufbau begann 1614. Heute ist er Koreas größtes Kloster mit 35 Gebäuden, davon 12 Kulthallen, im Hauptkomplex und 30 Bauwerken in 13 Einsiedeleien. Die Zahl der Ordensmitglieder wird mit 200 beziffert.

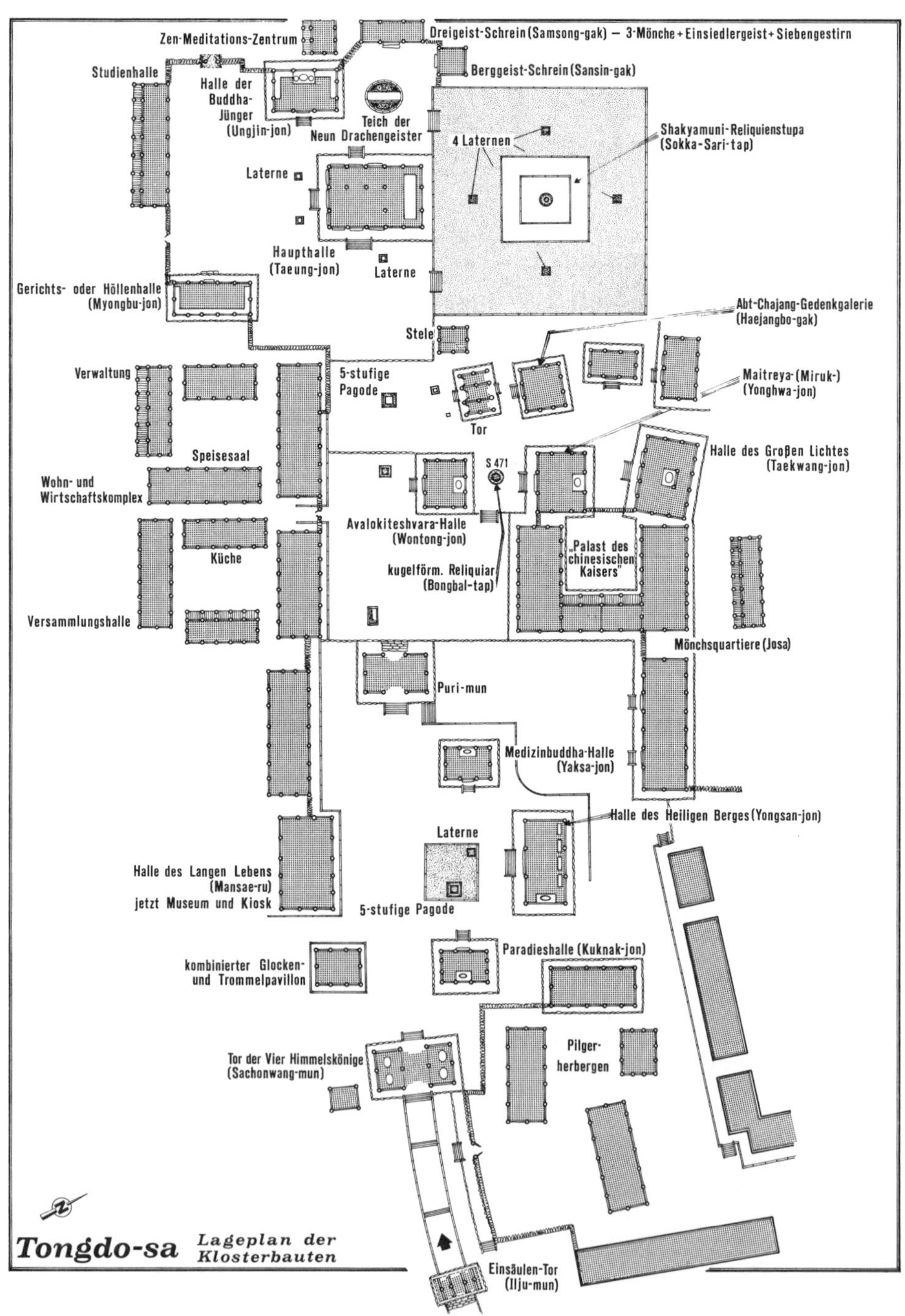
Zen-Meditations-Zentrum
Dreigeist-Schrein (Samsong-gak) – 3-Mönche + Einsiedlergeist + Siebengestirn
Berggeist-Schrein (Sansin-gak)
Studienhalle
Halle der Buddha-Jünger (Ungjin-jon)
Teich der Neun Drachengeister
4 Laternen
Shakyamuni-Reliquienstupa (Sokka-Sari-tap)
Laterne
Haupthalle (Taeung-jon)
Laterne
Gerichts- oder Höllenhalle (Myongbu-jon)
Stele
Abt-Chajang-Gedenkgalerie (Haejangbo-gak)
Verwaltung
5-stufige Pagode
Tor
Maitreya- (Miruk-) (Yonghwa-jon)
Speisesaal
Wohn- und Wirtschaftskomplex
S 471
Halle des Großen Lichtes (Taekwang-jon)
Avalokiteshvara-Halle (Wontong-jon)
Küche
kugelförm. Reliquiar (Bongbal-tap)
„Palast des chinesischen Kaisers"
Versammlungshalle
Mönchsquartiere (Josa)
Puri-mun
Medizinbuddha-Halle (Yaksa-jon)
Halle des Heiligen Berges (Yongsan-jon)
Laterne
Halle des Langen Lebens (Mansae-ru) jetzt Museum und Kiosk
5-stufige Pagode
kombinierter Glocken- und Trommelpavillon
Paradieshalle (Kuknak-jon)
Pilger-herbergen
Tor der Vier Himmelskönige (Sachonwang-mun)
Tongdo-sa Lageplan der Klosterbauten
Einsäulen-Tor (Ilju-mun)

Der Busparkplatz liegt 2 km, der Autoparkplatz 300 m vom Eingang entfernt. Der malerische Weg führt durch den ›Kiefernwald, der im Winterwind tanzt‹, an einem Bach entlang über eine steinerne Bogenbrücke zum ersten Tor, dem Einsäulentor. Diesem folgt das Tor der Vier Himmelskönige aus dem 17. Jh., in dem machtvolle, mit Flammendiademen gekrönte Welthüter den Buddha, die Lehre und die Gemeinde beschirmen. In einem doppelgeschossigen Pavillon werden die Ritualinstrumente, Glocke, Trommel, Gong und Klopffisch aufbewahrt.

Das Gelände zwang zu einer Ausrichtung des Klosterkomplexes von Osten nach Westen, die wichtigsten Kulthallen stehen jedoch in der nach geomantischen Richtlinien segensverheißenden Nord-Süd-Achse. Die Konzeption des Tongdo-sa ist einzigartig in Korea: Der Gläubige wandelt vom äußeren Klosterbezirk mit den Kulthallen der Drei Juwelen in die esoterische Diamantwelt des Ur-Buddha.

Die in Korea vorherrschende Figurentriade der Drei Juwelen wird im äußeren Hof in drei Kulthallen übersetzt. Shakyamuni in der Halle des Heiligen Berges nimmt die Mitte ein, links schließt sich die Halle des Bhaishajyaguru an, die sich nach seinem östlichen Paradies – und seiner sonstigen Triadenposition – öffnet. Rechts steht die Paradieseshalle des Amitabha mit Blickrichtung nach seinem Reinen Land im Westen.

Die **Halle des Heiligen Berges** erinnert an Buddhas Lehrreden auf der Geierkuppe von Rajagriha in Nordostindien. Gegenüber der Eingangswand hängen in vier Glasvitrinen acht Gemälde aus seinem legendär verklärten Leben. An der Ostseite thront eine goldgefaßte, rund 2 m hohe Shakyamuni-Plastik vor einem Hintergrundbild mit großem Gefolge. Beachtung verdient die blütenverzierte Kassettendecke. Die größte Kostbarkeit der um 1700 erneuerten Halle ist das in Braun-Gelb-Tönen auf schwarzem Gewölk gehaltene Gemälde des Westgiebels: In der neunstufigen ›Schatzpagode‹ räumt Prabhutaratna (Tabo Yorae), der ›Buddha vieler Schätze‹, seinem Nachfolger Shakyamuni einen Platz an seiner Seite ein. Diese Begebenheit bezieht sich auf eine Stelle im Lotos-Sutra, einem der Grundbücher des Mahayana (vgl. S. 324). Bodhisattvas und Arhats huldigen der Schatzpagode als Symbol der offenen, allgemein zugänglichen Lehre im Gegensatz zum schwer verständlichen philosophischen Mahayana oder dem esoterischen Diamant-Buddhismus für Eingeweihte.

In der **Paradieseshalle** wird Amitabha mit Avalokiteshvara und Mahasthamaprapta verehrt. Sein Reines Land im Westen gilt den breiten Volksmassen als höchstes Heilsziel, zu dem gläubige Hingabe an seine Erlösergnade und die Litanei der schlichten Gebetsformel ›Ich vertraue auf den Buddha des Unermeßlichen Lichts‹ führen. Das Hintergrundbild zeigt den Licht- und Gnaden-Buddha, umhüllt von einem Regenbogennimbus und umringt von einem großen Himmelsgefolge. – In der **Halle des Bhaishajyaguru** wird der Buddha der Heilkunst und Herr des östlichen Paradieses, das mit den seligen Gefilden des Amitabha in der Gunst des Volkes rivalisierte, angebetet.

Das **Museum** bewahrt Tempelschätze, Ritualgeräte, astronomische Instrumente, Buch- und Bildrollen, Schriften, u. a. einen kompletten Abdruck vom Tripitaka Koreana im Haein-sa. Die vajra-bekrönte Glocke soll der Klostergründer Chajang während der Liturgie verwendet haben. Ein bronzenes Räuchergefäß (S 334) ziert ein Silberdrahtdekor mit Sanskrit-Keimsilben, Sonnen- und Mondzeichen.

Durch das **Pur-i-mun,** jener Stelle, wo ›alles Irdische endet‹, betritt man den inneren Klosterbezirk und nähert sich der esoterischen Diamantwelt des Ur-Buddha.

Die **Halle des Großen Lichts** soll noch aus der späten Koryo-Zeit (14.–15. Jh.) stammen und als einziger Kultbau den Brand von 1592 überstanden haben. Auf dem Figurensockel thront eine goldgefaßte Plastik des Ur-Buddha Vairocana. Seine charakteristische Handgeste schließt symbolisch die Vielfalt der Welt im unteilbaren Absoluten ein. Über dem Figurensockel ist eine Versammlung von Erleuchtungswesen zu sehen, an der linken Seitenwand die acht Generäle überirdischer Wesen, die über Dämonenscharen und Halbgötter gebieten, und rechts der jugendliche Veda. An einem interessanten, als stilisierter Geweihbogen gearbeiteten Rahmen ist ein Gong aufgehängt.

In zwei 1725 erbauten Hallen – **Wontong-jon** und **Yonghwa-jon** – werden Avalokiteshvara und Maitreya verehrt. Zwischen diesen beiden Gebäuden steht die **›Pagode des heiligen Gefäßes‹** (S 471), ein kugelförmiges Reliquiar auf einem Pfeiler, das die Almosenschale des Shakyamuni bergen soll, die am Beginn des kommenden Weltzeitalters an seinen Nachfolger, den Zukunfts-Buddha Maitreya, übergehen wird. Westlich des Wontong-jon ragt eine fünfstufige Granitpagode mit Wächterreliefs aus der Silla-Zeit auf.

Ein dreiteiliges Tor nach der Art konfuzianischer Schreine führt zur Gedächtnishalle **Haejangbo-gak** mit dem Bildnis des Tempelgründers Chajang. Der berühmte Nationallehrer sitzt in Lotoshaltung auf einem Stuhl und trägt als Zeichen seiner Würde einen Fliegenwedel aus Yakschweifhaar. Ein weiteres Gemälde zeigt den Bodhisattva Vajrapani, den ›Träger des Diamantzepters‹, als zornvollen Religionsschützer. In einem kleinen Pavillon neben dem Gedenkschrein steht eine Stele aus dem Jahre 1706, auf der die Geschichte der Übertragung von Buddha-Reliquien aus China durch Chajang eingekerbt ist.

Die bescheidene **Gerichts- oder Höllenhalle** besitzt derzeit nur eine Plastik des Kshitigarbha. Die Wiederaufstellung früher vorhandener Figuren der Richterkönige und Malereien der Höllentorturen ist zu erwarten.

Die **Haupthalle** (S 144) stammt in der heutigen Form aus dem Jahre 1641. Der Innenraum vermittelt durch das Fehlen von zwei Stützen den Eindruck von Weite. Um so mehr kann sich der Besucher der Betrachtung der prächtig bemalten und geschnitzten, teilweise kassettierten Decke und dem kunstvollen Gebälk widmen, auf denen Chrysanthemen, Päonien, Lotosmandalas mit Keimsilben, kleine Buddhas und Drachen vorherrschen. Der reich mit Blumen durchsetzte Schnitzsockel trägt keine Kultfiguren – und das ist einmalig in Korea! Hier wird der Kernsatz der buddhistischen Lehre verwirklicht, nach dem Figuren, Bilder, Götter, Himmelswesen und Paradiese nur Durchgangsstadien, Vorstufen zur einzigen und höchsten Wahrheit sind: der allumfassenden Leerheit (von Irdischem). Der Vergleich mit jenen berühmten Zen-Bildern drängt sich auf, wo Mönche lachend die (überflüssig gewordenen) Buddha-Figuren und heiligen Schriften verbrennen und zerreißen. In diesem Sinne ist diese Halle des Tongdo-sa die großartigste in ganz Korea.

Ein lotosverzierter Steinzaun und vier Laternen schirmen das größte Heiligtum des Tongdo-sa, den **Reliquienstupa des Shakyamuni** oder Diamantaltar (Kumdang Kendan), von der Außenwelt ab. Ein Steinbogen mit Drachen- und Wolkenreliefs und steinerne Flügeltüren, auf denen schwert- und dreizackbewehrte Torhüter Wacht halten, bilden die Pforte. In dem glockenförmigen Stupa auf einer doppelten, mit Himmelswesen verzierten, quadratischen Steinplattform vermuten gläubige Buddhisten einen Schädelknochen und die Mönchsrobe des historischen Buddha Shakyamuni, die Chajang im 7. Jh. aus China brachte. Ihm wird auch die Errichtung des Stupa zugeschrieben, stilistisch entspricht dieser aber der Initiationsterrasse im Kumsan-sa (12. Jh.). Vier Welthüter schützen den Reliquienbehälter in den vier Haupthimmelsrichtungen.

Die **Halle der Buddha-Jünger** bewahrt eine goldgefaßte Triade des Shakyamuni mit den Bodhisattvas Manjushri und Samantabhadra zwischen den sechzehn Hauptschülern. Gemälde zeigen weitere Arhats und Einsiedler in Höhlen und Predigten des Shakyamuni vor dem Fürstenhof seiner Heimatstadt Kapilavastu und vor einer Menschen- und Tierversammlung.

Als der Buddhismus im 7. Jh. Fuß faßte, mußten zuerst die alten Geister des Volksglaubens überwunden und in die neue Lehre integriert werden. Chajang soll mit Hilfe des Weisheits-Bodhisattvas Manjushri neun Drachen bezwungen haben, die seither im Teich der Neun Drachengeister (Guryongsin-ji) zum Schutz der umliegenden Schreine hausen. Im **Dreigeistschrein** sind Bilder des Einsiedler- und Siebensterngeistes und drei Mönchsporträts zu sehen. Das eindrucksvollste Gemälde zeigt den goldfarbenen, regenbogenumhüllten Himmelsgott Chesok mit Sonnen- und Mondlicht inmitten seines großen Hof- und Beamtenstabes, in dem das Siebengestirn in Gestalt von sieben kleinen Buddhas auffällt.

Von den zahlreichen **Zweigklöstern** liegt die ›Weißwolken-Einsiedelei‹ (Paegun-am) aus dem 9. Jh. am höchsten im fast 1000 m aufragenden Yeonchug-Gebirge. Chajang-am bewahrt die Erinnerung an den Klostergründer. Wandermönche und Pilger halten bei einem Felsrelief stille Einkehr. Die Paradieses-Einsiedelei (Kuknak-am) aus dem 14. Jh. schmiegt sich an einen hübschen Teich, in dem sich die nahen Berge und eine ›Regenbogenbrücke‹ spiegeln. In diese Idylle zogen sich Asketen und Zen-Meister, wie der berühmte Kyongbong, zurück.

Die Inselprovinz Cheju (Cheju-do, Jeju-do)

Vor etwa zwei Millionen Jahren hob sich der majestätische Halla-san, erdgeschichtlich ein Teil der japanischen Vulkanzone, 1950 m hoch aus dem Meer. So entstand Südkoreas höchster Berg und gleichzeitig die größte Insel des Landes, die in ihrer elliptischen Ausdehnung rund 70 km Länge und 40 km Breite mißt. Mit 48, meist unbesiedelten kleinen Inseln und Eilanden, bildet Cheju eine eigene Provinz mit rund 470 000 Einwohnern. Koreaner und in zunehmendem Maße auch Japaner lieben Cheju wegen des milden Klimas und der landschaftlichen Schönheit als Ferien- und Badeinsel. Für Touristen bieten sich zwar keine kunsthistorischen Attraktionen, wohl aber ein ›anderes‹, ein vom Festland geologisch, ethnisch und kulturell deutlich unterschiedliches Korea.

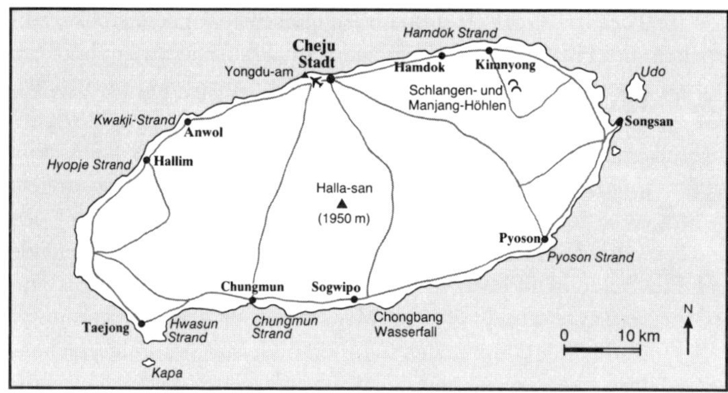

Die Inselprovinz Cheju

Das Landschaftsbild wird vom Halla-Vulkan und seinen zerklüfteten Lavaformationen und -böden bestimmt. Eine Rundfahrt an der Küstenstraße und in das Inselinnere führt zu bizarren Klippen, malerischen Meeresbuchten und feinen Sandstränden mit kristallklarem Wasser, zu Höhlen, Schluchten und Wasserfällen. Rinder, Pferde und Schafe weiden auf grünen Wiesen, die Cheju in der Werbung die Bezeichnung ›Smaragdinsel‹ eintrugen. Im Trockenbau gedeihen Gerste, Süßkartoffeln und Gemüse, der poröse Lavaboden verhindert aber den für Festlandkorea so charakteristischen Naßfeldbau von Reis. Das subtropische Klima, das mildeste des ganzen Landes, erlaubt außerdem Zitrus- und Ananaspflanzungen, denen die Insel kitschige Anpreisungen wie Hawaii oder Bali Nordasiens ›verdankt‹.

Sprichwörter nennen Cheju reich an drei Dingen – an Felsen, Wind und Frauen – und heben das Fehlen von Bettlern, Dieben und Toren hervor. Felsen und Steine soweit das Auge reicht, Klippen, Steinzäune und -wälle sowie Strohseile über den Dächern der Steinhäuser als Schutz vor dem Wind bestimmen Landschaft und Siedlungen. Vom uralten Steinkult künden Dolmen, Menhire und rätselhafte Statuen. Reste mutterrechtlicher Gesellschaftsformen leben noch in Mythen und Sagen, aber auch in der Stellung der Frau. Seit Menschengedenken holen Frauen und Mädchen Muscheln, Schellfisch und Tang, früher auch seltene schwarze Korallen aus küstennahen Meerestiefen. Früher waren die Taucherinnen (Haenya) nackt, Männern war es streng verboten, sie bei der Arbeit zu beobachten. Als Ausrüstung dienen ihnen ein Korb an einem Schulterriemen, ein kurzer Speer und weiße Kürbisse zur Signalisierung des Tauchstandortes.

Die Insellage begünstigte das Fortwirken urtümlicher Sitten und Bräuche. Im Gegensatz zum Festland zelebrieren auf Cheju männliche Geisterbeschwörer vor allem Totenrituale. Eine bekannte Schamanenfamilie führt ihren Stammbaum stolz bis in die 22. Generation zurück.

Geschichten und Geschichte

Chejus ethnische Sonderstellung offenbart sich zuerst in seiner Abstammungssage, die sich deutlich von den sibirisch-tungusischen Mythen der Festlandkoreaner unterscheidet. Nicht die Himmelsabkunft und der Sonnenheros als Kulturbringer herrschen hier vor, sondern die Verbindung zur Erde und fremden Inselreichen und Küsten, wohl Südostasien, Südchina und Japan.

In alter Zeit, so wird erzählt, sei die Insel unbewohnt gewesen, als eines Tages die Erde am Nordfuß des Halla-san aufbrach und aus drei Löchern die Geister Ko, Pu und Yang hervorkamen. Sie nährten sich von Jagd und Fischfang und kleideten sich in Häute. Eines Tages wurde ein mit Purpursiegeln verschlossener Lehmkasten angeschwemmt, in dem ein Abgesandter mit Pferden, Kälbern und Saatgut saß. Aus einer Steinkiste entstiegen drei Jungfrauen, Töchter des japanischen Kaisers, der sie aussandte, mit den drei Geistern die Insel zu bevölkern und zu kultivieren.

Der Ursprung der drei Sippen zeigt eigenartige Verwandtschaft zu biblischen Erzählungen. Der Lehmkasten entspricht der Arche und der Halla-san ihrem Landeplatz, der Abgesandte dem Noah und die drei Geister seinen Söhnen. Einige Forscher vermuten das Einsickern jüdischen Gedankenguts durch die Anwesenheit von Juden in Tamna, wie Cheju früher genannt wurde.

Eine andere Legende berichtet, der chinesische Kaiser habe Boten zur Suche nach dem Unsterblichkeitselixier ausgesandt, und bei dieser Gelegenheit hätten sich drei Seeleute mit einheimischen Frauen verbunden. Auf der benachbarten Insel Namhae sollen sie die rätselhafte Strichstrich, das Ipgu, hinterlassen haben.

In alten Schriften wird die Insel als Königreich Tamna (auch Tambulla, Damlla) erwähnt, das im Jahre 498 die Oberhoheit von Paekche anerkennen mußte, dann an Silla und Koryo Tribute zahlte und 1105 diesem Reich eingegliedert wurde. Im 13. Jh. kamen die Mongolen, die im Gesichtsschnitt und in der Sprache der heutigen Bevölkerung, in ihren Sitten und Bräuchen tiefe Spuren hinterließen. Als die Mongolen im Jahre 1259 Frieden mit dem Koryo-König schlossen und vom Festland abzogen, blieben sie weiterhin auf Cheju, züchteten Pferde, holzten die Insel zum Schiffbau ab und benutzten sie im Jahre 1274 als Ausgangsbasis für den mißglückten Angriff Kublai Khans auf Japan. Während der Yi-Zeit war Cheju Verbannungsort für politische Häftlinge. Im Abendland wurde die Insel erst bekannt, als 1653 ein holländisches Segelschiff vor der Südküste zerschellte und die Besatzung nach 13jährigem Aufenthalt in die Heimat zurückkehrte. Hendrick Hamel, einer der Heimkehrer, veröffentlichte unter dem Titel »The Dutch Come to Korea« ein berühmtes Buch. Von den Holländern stammt auch der alte Name Quelpart, der sich von einem Schiffstyp ableitet.

Einige Besichtigungen

Die Provinzhauptstadt **Cheju-si** mit rund 130 000 Einwohnern liegt ungefähr in der Mitte der Nordküste und setzt sich aus dem alten Fischerhafen und der Neustadt mit Verwaltungsgebäuden und der Universität zusammen. Am Hauptplatz steht das älteste erhaltene Gebäude der Insel, der **Kwandok-Pavillon** (S 322) aus der Mitte des 15. Jh., mit einigen der berühmten **Menhirstatuen.** Diese rätselhaften Figuren mit großen, hervorquellenden Augen unter einem spitzen Hut heißen im Volksmund ›Steinerne Großväter‹ (Tol-Harubang), ein Hinweis auf ihre Bestimmung als Ahnen- und Wächterstelen. Auf der Insel soll es noch 52 weitere geben; die Zahl der Dolmen wird mit 55 beziffert. Wie bei ähnlichen Steinsetzungen auf Chindo in der Provinz Cholla Nam-do und – im weiteren Sinne – auf den Osterinseln, auf Fiji und Tahiti – ist weder ihre Herkunft noch ihr Alter gesichert. Sie werden häufig in die Steinzeit datiert, dieser Begriff ist jedoch auf der felsigen Insel, wo Steinkulte immer lebendig waren, völlig nebulos. Mit dem Aufkommen des Buddhismus wurden sie teilweise als ›Stein-Maitreya‹ (Tol-Miruk) verehrt.

Die **drei Erdlöcher (Samsong-hyol),** denen vor rund 2700 Jahren die Geister Ko, Pu und Yang entstiegen, können in dem Park in der Nähe des KAL-Hotels besichtigt werden. Der **Samsong-Schrein** dient dem Ahnengedenken der drei Sippen, die sie begründeten.

Am Westrand der Stadt, in der Nähe des Flughafens, ragt der bizarre **Drachenkopffels (Yongdu-am)** auf.

Die **Schlangenhöhle (Sa-kol)** und die **Manjang-Höhle,** zwei Lavastollen bei Kimnyong zwischen Cheju-City und Songsanpo an der Ostküste, zählen zu den größten Sehenswürdigkeiten der Insel. Eine Legende erzählt, daß in den Höhlen eine Riesenschlange hauste, die bis in die Neuzeit Mädchenopfer forderte. Erst als während der Yi-Zeit ein neuer Gouverneur auf die Insel kam, lockte er das Ungeheuer mit Speisen und Reiswein aus seinem Versteck und durchbohrte es. Nahe dem Hafenstädtchen Sogwipo an der Südküste stürzt einer von mehreren **Wasserfällen** direkt in das Meer. In westlicher Richtung erstreckt sich der Chungmun-Strand, die bekannteste Badezone der Südküste. Bei **Mosulpo** (Taejong) gingen im Jahre 1653 die schiffbrüchigen Holländer an Land. Das Dorf Hallim erzeugt in blühender Heimindustrie Stoffe und Pullover mit irisch-schottischen Mustern. Die Schafe wurden erst vor einigen Jahrzehnten von irischen Priestern und Nonnen aus Neuseeland eingeführt.

Literaturhinweise

Adams, Edward B. Korea Guide, Kyongju Guide, Seoul 1979
Bergman, Sten. Durch Korea, Zürich 1945
Bechert, Heinz und Richard Gombrich. Die Welt des Buddhismus, München 1984
Burde, Wolfgang. (Hrsg.) Korea, Einführung in die Musiktradition, Mainz 1985
Christie, Antony. Chinesische Mythologie, Wiesbaden 1968
Chun Shin-Yong (Hrsg.). Folk Culture in Korea, Seoul 1974
Chun Shin-Yong (Hrsg.). Buddhist Culture in Korea, Seoul 1974
Clark, C. A. Religions of old Korea. New York 1932 – Seoul 1974
Covell, Alan Carter. Shamanist Folk Paintings, Seoul 1984
Covell, Jon Carter. Koreas Cultural Roots, Seoul 1981
Crane, Paul S. Korean Patterns, Seoul 1967
Dumoulin, Heinrich. Zen, Geschichte und Gestalt, Bern 1959
Eckart, Andre. Geschichte der koreanischen Kunst, Leipzig 1929
Eckart, Andre. Korea, Nürnberg 1972
Eichhorn, Werner. Die Religionen Chinas (Die Religionen der Menschheit), Stuttgart 1973
Eliade, Mircea. Schamanismus und archaische Ekstasetechnik, Zürich 1957
Eliseit, Horst. Korea, das zerrissene Lächeln, Berlin 1978
Fontein, Jan – Hempel, Rose (Hrsg.). China – Korea – Japan, Propyläen-Kunstgeschichte, Berlin 1968
Franz H. G. Pagode, Stupa, Turmtempel (Kunst des Orients), Graz 1959
Getty, Alice. The Gods of Northern Buddhism. Oxford 1914 – New Delhi 1978
Goepper, Roger. Kunst und Kunsthandwerk Ostasiens, München 1968
Gompertz, G. Korean Celadon, Korean Pottery, London, 1968[2]
Alexander Griswoldt, Chewon Kim, Pieter Pott. Burma – Korea – Tibet (Kunst der Welt), Baden-Baden 1963
Grjasnow, Michail. Südsibirien (Archaeologia mundi), Genf 1970
Huhm, Halla Pai. Kut. Korean Shamanist Rituals, Seoul 1980
Heiler, Friedrich. Die Religionen der Menschheit, Stuttgart 1959
Hesse-Wartegg, Ernst von. Korea, Dresden – Leipzig 1895
Hoffmann, Helmut. Symbolik der tibetischen Religion und des Schamanismus, Stuttgart 1967
I Ging. Das Buch der Wandlungen, Bern – München – Wien 1975
Jettmar, Karl. Die frühen Steppenvölker, Baden-Baden 1964
Kim, John K. Korean Art seen through Museums, Seoul 1979
Keilhauer, Anneliese. Der Buddhismus, Wesen – Werden – Symbolik – Ikonographie, Stuttgart 1980
Kirfel, Willibald. Symbolik des Buddhismus, Stuttgart 1959
Kleiner, Jürgen. Korea, Frankfurt 1980
Korean Overseas Information Service (Hrsg.). A Handbook of Korea, Seoul 1978/83
Kunstschätze aus Korea, Ausstellungskatalog, Hamburg/Köln 1984/85
Lautensach, Hermann. Korea, Leipzig 1945

Munsterberg, Hugo. Zen-Kunst, Köln 1978
Park Yongjun (Hrsg.). Traditional Tales of old Korea, Seoul 1974
Rowland, Benjamin. Zentralasien (Kunst der Welt), Baden-Baden 1970
Scharf, Traute. Koreanische Märchen, Frankfurt 1973
Schumann, H. W. Buddhismus, Olten 1976
Seckel, Dieter. Kunst des Buddhismus (Kunst der Welt), Baden-Baden 1962
Seckel, Dieter. Buddhistische Kunst Ostasiens, Stuttgart 1957
Sichrovsky, Harry. Korean Report, Wien 1973
Speiser, Werner: Die Kunst Ostasiens, Berlin 1956
Speiser, Werner: China (Kunst der Welt), Baden-Baden 1959
Sperl, Barbara. Tradition und Moderne in einem koreanischen Dorf. Diss. der Univ. Wien 1974
Swann, Peter S. Japan (Kunst der Welt), Baden-Baden 1965
Tae-Hung Ha (Hrsg.). Samguk Yusa, Legends and History of the Three Kingdoms, Seoul 1972
Vos, Frits. Die Religionen Koreas (Religionen der Menschheit), Stuttgart 1977
Watts, Alan. Der Lauf des Wassers (Taoismus), Bern/München/Wien 1976
Zaborowski, Hans Jürgen. Märchen aus Korea, Düsseldorf/Köln 1975

Abbildungsnachweis

Farbtafeln und Schwarzweiß-Abbildungen

Alle Farbtafeln (mit Ausnahme von 23) und Schwarzweiß-Abbildungen stammen von Anneliese und Peter Keilhauer. Die Farbtafel 23 stellte die Prenzel-IFA Bildagentur, München, zur Verfügung.

Textabbildungen

Alle Tempel- und Klosterpläne, das Königs- und Kaisergrab auf Seite 178 und die Pläne von Suwon und Puyo (Seite 228 und 258) stammen von Peter Keilhauer, Salzburg. Sie entstanden nach einer mehrmonatigen Wanderung durch Korea von Skizzen des Autors zur Erstveröffentlichung in diesem Buch.

J. Auboyer, M. Beurdeley, J. Boisselier, C. Massonaud, H. Rousset, Handbuch der Formen- und Stilkunde: Asien, Office du Livre, Fribourg/Verlag W. Kohlhammer GmbH, Stuttgart 1980 S. 63 oben, 64, 165, 172, 227 li., 266, 279, 308, 312, 316

A. B. Griswold, C. Kim, P. H. Pott, Burma, Korea, Tibet, Kunst der Welt, Holle-Verlag, Baden-Baden 1963 S. 60, 61, 86, 112, 257, 314, 325

Karl Jettmar, Die frühen Steppenvölker, Holle-Verlag, Baden-Baden 1980 S. 38, 81

Meister Yüan-Kuang, I Ging, Das Buch der chinesischen Weissagung, Otto Wilhelm Barth Verlag/Scherz Verlag, Bern, München, Wien 1951 und 1975 S. 40, 101

Dietrich Seckel, Kunst des Buddhismus, Holle-Verlag, Baden-Baden 1962 S. 109, 117

Gerda Rebensburg, Köln: Karte in der hinteren Umschlagklappe, S. 142/43

DuMont Buchverlag, Köln: Karte in der vorderen Umschlagklappe, S. 29, 163, 169, 173, 190, 232/33, 306/07, 362

Raum für Ihre Reisenotizen

Anschriften neuer Freunde, Foto- und Filmvermerke, neuentdeckte gute Restaurants, etc.

Praktische Reisehinweise

Reisen in Korea

Gestern und heute

»... nach etwa einer halben Meile mußte ich auf meinem winzigen Pferdchen einen zweiten, metertiefen Arm des Han-Flusses durchreiten, nicht ohne dabei ein Fußbad zu nehmen. Endlich erreichten wir tief ausgetretene, nach Westen führende Pfade. Das war die verkehrsreichste Hauptstraße des Königreiches! Erst am späten Vormittag gelangten wir nach Pupyong, dem einzigen Dorf auf der dreißig Meilen langen Strecke zwischen Söul (Seoul) und Chemulpo (Inchon). In der einzigen Herberge des Dorfes wurde Halt gemacht, um den Gaul füttern zu lassen. In der Zwischenzeit besah ich mir die ›Hotel-Einrichtungen‹, die übrigens im ganzen Lande ziemlich dieselben sind. Von Decken, Betten, Matratzen und dergleichen ist natürlich in den koreanischen Spelunken keine Rede, und selbst wenn solcherart Insecten-Depots vorhanden wären, so würde man sie selbstverständlich nicht benutzen. Deshalb nimmt man in der Regel eine faltbare Matratze oder ein bis zwei Decken mit, welche gleichzeitig einen weichen Sattelsitz bilden. Mit den koreanischen Lebensmitteln kann man sich eher zurechtfinden, falls die europäischen Konserven ausgehen sollten. In jedem ›Hotel‹ erhält man vortrefflichen Reis, Bohnen, Eier, Hühner, Kimtschi (das koreanische Sauerkraut), Fische und Seetang, dazu das Nationalgericht Kuksju, das sind Maccaroni aus Buchweizen. Nur bedarf es in der Regel einer guten Stunde, bevor die Dinge zubereitet sind. – Nach einstündiger Rast in Pupyong ritt ich bei heißem Sonnenbrand weiter, durch eine wunderhübsche fruchtbare Landschaft mit Reisfeldern und Obstgärten, die Höhen stellenweise mit Fichtenwald bedeckt, zwischen denen kleine Gruppen von Lehmhütten lagen.«

Reisen im alten Korea: Vornehme Gesellschaft bei einem Landausflug, Sin Yun-bok, Mitte 18. Jh.

Inzwischen sind die vom deutschen Globetrotter Ernst von Hesse-Wartegg 1894 geschilderten Reisebeschwernisse in Korea längst Vergangenheit. Heutzutage sind Reisen im ›Land der Morgenstille‹ kaum problematischer als in den meisten westeuropäischen Ländern. Mit dem Wandel des ganzen Volkes von einer isolierten Klassengesellschaft zur unabhängigen modernen Industrienation, mit dem Bau riesiger Städte und dichter Verkehrsnetze entstand auch eine durchaus zufriedenstellende touristische Infrastruktur. Angesichts guter bis luxuriöser Hotels und unterschiedlichster Restaurants, tadellos funktionierender Verkehrsverbindungen und vorbildlich hergerichteter Besichtigungsstätten ist die Behauptung erlaubt: Reisen, auch Alleinreisen in Korea können zum Vergnügen werden.

Reisende Koreaner, reisende Fremde

Das koreanische Volk macht sich auf, seine Heimat zu entdecken: Der langsam, aber stetig zunehmende Wohlstand äußert sich auch in einer jährlich wachsenden, fast unaufhaltsamen inländischen Reiselust: Im wirtschaftlichen Entwicklungsstadium, noch vor einer Massenmotorisierung gehören dazu zahllose Reisebusse mit Schüler- und Sportlergruppen, Betriebs- und Dorfgemeinschaften an allen Besichtigungsstätten und Nationalparks, überfüllte Züge und Fernbusse an den Wochenenden und Hunderttausende sommerliche Rucksackwanderer mit ihren bunten Zeltdörfern.

Dem innerkoreanischen Ausflugstourismus sehr förderlich war zudem das intensive Bemühen der Behörden, mit viel Kosten und Mühen die historischen Bauwerke und kulturellen Einrichtungen sorgfältig und liebevoll zu restaurieren, gewissermaßen um Kondensationskerne des jahrhundertelang unterdrückten koreanischen Nationalbewußtseins zu schaffen.

Aus ganz anderen, unterschiedlichen Gründen reisen die Ausländer nach und durch Korea. Dabei fallen einem abendländischen Beobachter die jährlich immerhin zwei Millionen Besucher aus ostasiatischen Ländern kaum auf, da sie sich in den Riesenstädten und den Pulks der lustig reisenden Koreaner infolge ihres gleichartigen Aussehens regelrecht verlieren. So kommen Japaner meist wegen der preisgünstigeren Vergnügungsmöglichkeiten, aber auch zum Golfspielen. Thailänder, Taiwanesen und Philippinos zieht es andererseits allgemein zunächst zum Einkauf von Geräten der Unterhaltungselektronik, modernen Haushaltswaren, Seide und vor allem Ginseng und erst danach zu Kulturexkursionen.

Für die Devisenbilanzen nachrangig und wegen höherer Ansprüche für die koreanischen Reiseagenturen weniger profitabel, doch von der Regierung als wertvolle Hilfe bei der internationalen Imagebildung hochgeschätzt ist die zahlenmäßig noch relativ kleine Gruppe der ›weißen‹ Touristen. Wo immer im Lande sie auftauchen, ist ihnen eine freundliche, oft überschwengliche Begrüßung durch die Einheimischen sicher. In einer Nationenliste dominieren mit Abstand die US-Amerikaner, die ihre Angehörigen bei den UN-Truppen besuchen oder emotionalen Beziehungen aus dem Korea-Krieg folgen.

Für die jährlich wachsende Zahl der Europäer ist das ›Land der Hohen Schönheit‹ wegen der hohen Flugpreise durchaus kein Massenreiseziel, etwa zum reinen Bade- oder Erholungsaufenthalt. Obwohl die Koreaner um ihre herrlichen Sandstrände zu beneiden sind, nutzen sie selbst diese Möglichkeiten nur wenig, weil sie wie die meisten Ostasiaten zwar reinlichkeitsbewußt, aber traditionell eben keine Freiwasserbader sind.

Die meisten europäischen Korea-Urlauber – in der statistischen Spitzengruppe Deutsche, Franzosen und Italiener – gelten naturgemäß als Studientouristen, unternehmen sie doch ihre Reise in der gezielten Absicht, fremde Lebens- und Religionsformen, Kunstschätze und Baudenkmäler kennenzulernen. Dazu bleiben sie allgemein wesentlich länger im Lande als die Ostasiaten, besuchen zur wirtschaftlichen und thematischen Ergänzung eines oder mehrere der Nachbarländer und finden den koreanischen Werbeslogan bestätigt, daß Korea immer noch zum unentdeckten Fernen Osten gehört.

Reisevorbereitungen

Auskünfte und Hilfen

Die ›Korea National Tourism Corporation‹ (KNTC) hilft gratis mit Reiseinformationen und Prospekten durch ihre Übersee-Vertretungen.

Zuständig für Deutschland
Staatliches Koreanisches Fremdenverkehrsamt
6000 Frankfurt/Main
Wiesenhütten-Platz 26, ☏ (0 69) 23 32 26

Zuständig für die Schweiz:
Staatliches Koreanisches Fremdenverkehrsamt
CH-8126 Zumikon/Schweiz
Postfach 343, ☏ (01) 9 18 08 82

Zuständig für die Niederlande:
Korea National Tourism Corporation
N-Den Haag/Nederlande
Schuytstraat 2, 2517 XE, ☏ (070) 46 13 48

Botschaften und Konsulate

In Deutschland:
Botschaft der Republik Korea
5300 Bonn
Adenauerallee 124, ☏ (02 28) 21 80 95/6

Generalkonsulat der Republik Korea
1000 Berlin 30
Ansbacherstraße 5, ☏ (0 30) 24 30 79/70

Generalkonsulat der Republik Korea
2000 Hamburg 13
Hagedornstraße 53, ☏ (0 40) 4 10 20 31/2

In Österreich:
Botschaft der Republik Korea
A-1030 Wien/Österreich
Reisnerstraße 48, ☏ (02 22) 72 58 11/2

In der Schweiz:
Botschaft der Republik Korea
CH-3006 Bern/Schweiz
Kalcheggweg 38, ☏ (0 31) 43 10 81/2

Devisenbestimmungen

Im üblichen Touristenverkehr kaum spürbar sind die koreanischen Devisenbestimmungen, deren recht weit gefaßte Höchstsätze von Touristen selten ausgenutzt werden. Devisen dürfen in unbeschränkter Höhe eingeführt werden; lediglich bei mehr als 500 000 Won in Landeswährung und/oder mehr als umgerechnet 10 000 US$ in Fremdwährungen ist eine Eintragung in den ›Foreign Exchange Record‹ nötig. Stets jedoch ist die Ausfuhr in Höhe der Einfuhr erlaubt. Ein schwarzer Devisenmarkt ist daher unbekannt.

Banknoten und Reiseschecks dürfen nur in einer ›Foreign Exchange Bank‹ oder bei anderen zugelassenen Geldwechselstellen zu den von der Staatsbank festgesetzten Einheitskursen umgetauscht werden. Auch fast alle besseren Hotels sind wechselberechtigt, doch akzeptieren in abgelegenen Regionen manche von Ausländern seltener besuchten Häuser zwar meist US$ und japanische Yen, doch kaum europäische Noten.

Wie international üblich können vor der Ausreise nicht verbrauchte Won-Beträge an den Flughafen-Wechselstellen in West-Geld, zumeist in US$ oder ostasiatische Währungen, etwa Yen oder Hongkong-Dollar getauscht werden. Nur bei Beträgen über 100 US$ Gegenwert könnte nach einem Beleg eines vorhergegangenen Won-Wechsels gefragt werden.

Einreisebestimmungen

Die koreanischen Visumbestimmungen sind theoretisch zwar sehr detailliert, in der Praxis jedoch funktioniert ein Korea-Besuch für Bürger westlicher Staaten ohne ›Papierkrieg‹, sofern sie im Lande nicht einer entgeltlichen Tätigkeit nachgehen wollen. Bilaterale Sonderabkommen befreien von der Visumspflicht, so daß z. B. Deutsche, Belgier, Niederländer, Luxemburger, Italiener und Skandinavier bis zu 60 Tagen, Österreicher bis zu 90 Tagen und Schweizer bis zu drei Monaten bleiben dürfen. Innerhalb dieser Fristen beantragte Verlängerungen werden von den koreanischen Einwanderungsbehörden allgemein rasch und unbürokratisch für weitere 30 Tage gewährt. Alle Ausländer müssen selbstverständlich einen gültigen Reisepaß mitführen.

Impfvorschriften

Frühere strenge Impfbestimmungen sind formell noch gültig, doch werden schon seit Jahren Impfbescheinigungen bei der Einreise nicht mehr kontrolliert. Nur im Falle kurz vorherigen Aufenthalts in Infektionsgebieten, insbesondere bei Cholera-Epidemien, wird der Nachweis einer Schutzimpfung verlangt.

Zollbestimmungen

Die koreanischen Zollbestimmungen entsprechen im wesentlichen denen westeuropäischer Länder und werden gegenüber Touristen allgemein sehr entgegenkommend angewandt. Daher ist ausdrücklich vor jedem Versuch zu warnen, Beamte bestechen zu wollen.

Bei der Einreise nach Korea sind pro Person
– zollfrei und normalerweise nur mündlich zu erklären alle Gegenstände und Kleidung des persönlichen Bedarfs, auch tragbare Gegenstände und Werkzeuge für beabsichtigte unentgeltliche Tätigkeiten, dabei Amateur-Foto- und Filmkameras samt angemessener Menge Filme, eine Reiseschreibmaschine, je ein mobiles Plattenabspiel-, Diktier- und Tonbandgerät, 400 Zigaretten, 50 Zigarren, 250 Gramm Tabak, 100 Gramm Pulvertabak, 100 Gramm Stangentabak, zwei Flaschen Spirituosen.
– zollfrei, doch mit Formblatt deklarations- und vor Ablauf von sechs Monaten wieder ausfuhrpflichtig alle wertvollen Gegenstände wie Juwelen, Artikel aus Edelmetall, wertvolle Uhren, Pelze und Kameras, Feuerwaffen, Messer, Schwerter u. ä.
– zollamtlich im Verwahrraum ›Customs Bond‹ aufbewahrbar alle Gegenstände, die während des Korea-Aufenthalts nicht benötigt und ohne Zollbehandlung bei der Ausreise wieder mitgenommen werden.
– von der Einfuhr ausgeschlossen
Bücher, Drucksachen, Spielfilme, Schallplatten, Skulpturen und ähnliche Artikel, die die nationale Sicherheit untergraben oder sie verletzen oder die öffentlichen Interessen gefährden, auch Artikel, die zur Spionage oder im Geheimdienst gebraucht werden, Falschgeld, Banknoten, Aktien und Wertpapiere.

Aus Korea ausführbar sind pro Person
– Antiquitäten, handwerkliche Kunstgegenstände, Gemälde und Schriftstücke nur mit schriftlicher Genehmigung des Ministers für Kultur und Information, die entweder vom Verkäufer zu beschaffen oder vom Büro für die Erhaltung kulturellen Eigentums im Regierungsgebäude nahe dem Capitol in Seoul (☏ 7 25-30 53) oder dessen Nebenstelle im Flughafen Kimpo (☏ 66-01 06) einzuholen ist.
– Naturschätze, etwa Eier oder Fleisch wilder Tiere oder ausgestopfte Tiere nur mit Genehmigung des Direktors des Forstverwaltungsamtes.
– Ginseng-Produkte in folgenden Mengen:
Roter Ginseng – 600 g Wurzeln, 900 g Extrakt, 1200 g Scheiben;
Weißer Ginseng – 600 g Wurzeln;
andere Ginseng-Produkte – 450 g Extraktpulver, 1200 g Pulver, 3000 g Tee, 1200 g Kapseln, 1200 g Tabletten, 2 Liter Getränke.

Gruppenreisen

Als einfachste, aber keineswegs billigste Reiseform werden von einem knappen Dutzend deutscher Veranstalter Studienreisen angeboten. Der Gesamtpreis kalkuliert sich aus den Kosten für die Gemeinschaftsflüge sowie zumeist über 400 DM für jeden Tag in Korea bei Vollpension in Doppelzimmern der jeweils besten Hotelkategorie, allen Nebenleistungen und der organisatorischen Begleitung durch einen deutschen Fachmann.

Individualreisen

Mit etwas Initiative und Schulenglisch braucht sich niemand vor den vermeintlich schwierigen Reiseumständen im unvertrauten Ostasien zu scheuen. Interessenten ohne Zeitdruck können sich einen preisgünstigen und erlebnisreichen Urlaub gestalten. Warum nicht einmal die Besichtigungsstätten in Kyongju mit dem Leih-Fahrrad abradeln, von Kloster zu Kloster über die Berge wandern oder auch ein, zwei Wochen gegen geringes Entgelt in einer buddhistischen Einsiedelei in den Bergen mit Meditation, Malen oder Schreiben verbringen?

Für die ersten Tage in Seoul mag wegen unvorhersagbarer Großveranstaltungen die rechtzeitige Vorausbuchung eines Hotels ratsam sein. Dann sollte es mit Hilfe der örtlich einzuholenden Informationen kaum Probleme für den weiteren Aufenthalt geben.

Jahreszeit

Entsprechend dem in Europa und Fernost gleichartigen Klimaverlauf sind für eine Korea-Rundfahrt die wärmeren Monate von April bis einschließlich Oktober zu empfehlen. Besonders reizvoll sind die Baumblütezeit im April und die Herbstlaubfärbung im sonnigen Oktober; zu meiden ist die sommerliche Regenzeit zwischen Mitte Juni und Ende Juli.

Kleidung und Gepäck

Für die Art und Auswahl von Kleidung und Gepäck während einer Korea-Reise können unverändert die bei Europa-Fahrten gemachten Erfahrungen gelten. In den erstklassigen Luxushotels gilt gemäßigtes Protokoll.

Auch für Passagiere der ›economy class‹, wird die 20-kg-Gewichtsbeschränkung der Fluggesellschaften nicht immer kleinlich angewandt; in den besseren Klassen gelten höhere Grenzen. Im Lande unterliegen Gruppenreisende allgemein keinen Beschränkungen nach Art, Menge und Gewicht des Gepäcks.

Reisedauer

Eine dreistündige Stadtrundfahrt durch Seoul wird – wie in anderen Ländern auch – kaum umfassende Eindrücke vermitteln. Ein Drei-Tage-Stop sollte in das Land möglichst bis nach Puyo führen. Erst eine Sieben-Tage-Fahrt bis nach Kyongju und Pusan erschließt die Hauptsehenswürdigkeiten. Bei zehn bis vierzehn Tagen Aufenthalt lassen sich einige wichtige Kulturstätten in abgelegenen Regionen aufsuchen. Für Spezialisten und Liebhaber beginnt nach siebzehn Tagen allgemein die Zeit der Wiederholungen und Vertiefungen.

Reisekasse

Korea darf nicht mit asiatischen Niedrigpreisländern verwechselt werden. Etliche Industrieartikel sind in Europa sogar beträchtlich billiger, die Gesamtkosten einer Korea-Tour sind jedoch ungefähr mit deutschen Preisen vergleichbar. Bei bescheidenen Ansprüchen und landesüblichem Reisestil, also per Bahn oder Bus und selten Taxi, mit koreanischer Verpflegung und Yogwan-Übernachtungen können etwa 60 DM pro Tag und Person ausreichen.

Die Wahl der geeigneten Zahlungsmittel ist sehr einfach: Schon seit zehn Jahren genügt ausschließlich deutsches Bargeld. An allen Wechselstellen der internationalen Flughäfen und in allen größeren Banken und Hotels in Seoul werden DM und Noten der wichtigeren westeuropäischen Länder rasch gewechselt. In der Provinz, außer in Kyongju, werden meist nur US$ und japanische Yen akzeptiert. Das gilt fast im ganzen Land auch für Reiseschecks und Kreditkarten, deren Anwendbarkeit sich auf die großen amerikanischen Systeme beschränkt.

Korea gehört zu den wenigen Ländern, in denen Taschendiebstahl und Straßenraub recht selten sind, dennoch sind Geld und Wertsachen sorgfältig zu verwahren.

Reisewege nach Korea

Fernflüge nach Korea

Die Republik Korea wird von zwölf internationalen Luftfahrtgesellschaften mit wöchentlich über 200 Flügen recht gut bedient. Als einzige Direktverbindung ab Deutschland fliegt die Lufthansa seit Sommer 1985 von Frankfurt Mi./Do. nach Seoul und Do./Fr. zurück mit einer Zwischenlandung in Anchorage/Alaska.

Alle anderen Polflüge erfordern mindestens eine weitere Zwischenlandung oder gar Umsteigen in einem europäischen oder fernöstlichen Nachbarland.

Nationale und einzige Fluggesellschaft Koreas ist die KOREAN AIR mit günstigen Tarifen auch zu anderen Fernostzielen.

Die KOREAN AIR erreicht Europa auf der Südasien-Route mit zwei Zwischenlandungen in Bahrein und Jeddah und Ziel Zürich zweimal pro Woche und auf der Polroute mit Ziel Paris dreimal wöchentlich, dabei einmal mit Weiterflug nach Frankfurt. Die Rückflüge nehmen jeweils den gleichen Weg.

Die Polroute ist bei gutem Wetter und den allgemein üblichen Zeitplänen in der sommerlichen Touristensaison recht reizvoll, weil während des faszinierenden Fluges über schier endlose Schnee- und Eiswüsten ständig Tageslicht herrscht, wogegen der Rückweg Korea–Europa zwei kurze Nächte enthält. Dabei muß beim Kreuzen der Datumsgrenze irgendwo zwischen Anchorage und Seoul ein ganzer Tag übersprungen werden, doch der Heimkehrtag darf zweimal gezählt werden.

Entsprechend der weiten Entfernung und der reinen Flugzeit von etwa 18 Stunden ergeben sich bei Hin- und Rückflug Preise von über 7000 DM für Vollzahler. Bei langfristiger Urlaubsplanung und Flugbuchung einen Monat im Voraus kann für einen beabsichtigten Aufenthalt zwischen 14 Tagen und drei Monaten der Holiday-Tarif von 3300 DM in der Economy-Klasse genutzt werden. Noch niedriger sind die verschiedenen Gruppenpreise, die sich über manche Veranstalter mit Geschick nutzen lassen. Recht billig wird auch ein Fernostflug mit der sowjetischen AEROFLOT über Moskau nach Japan, der Anschluß nach Korea wird jedoch vermutlich nur zum Vollpreis erhältlich sein.

Schiffsverbindungen Japan–Korea

Zwischen Shimonoseki/Japan und Pusan/Korea überbrückt täglich außer samstags ein jeweils um 17.00 Uhr auslaufendes Autofährschiff die 220 Kilometer breite Korea-Straße. Bei etwa siebenstündiger Fahrzeit und mitternächtlicher Ankunft dürfen die Benutzer der pro Person zwischen 40 bis 70 US$ teuren Kabinen bis zum Morgen an Bord bleiben, um erst dann die jeweiligen Einreisestellen zu passieren. Besonders für die Wochenenden der Hochsaison empfiehlt sich eine rechtzeitig Reservierung unter ☎ Pusan 45-31 61/9, Seoul 7 52-36 47, Tokio (03) 5 62-05 41, Osaka 3 45-22 45.

Problemlos durch Korea

Auskünfte im Lande

Stadtpläne, Broschüren und Reiseinformationen sind während der üblichen Bürozeiten, Mo. bis Fr. von 9.00 Uhr bis 18.00 Uhr und Sa. von 9.00 Uhr bis 13.00 Uhr zumeist kostenlos erhältlich von folgenden Stellen:

KNTC Information Center
im Hauptbüro des Staatlichen Koreanischen Fremden-Verkehrsamtes (KNTC = Korea National Tourist Corporation),
3. Etage im Kuktong Building 60-1, 3-ga, Chungmo-ro, Chung-gu, Seoul, ☎ 2 61-70 01/6, 2 61-70 61/3.

Auf den Internationalen Flughäfen:
Kimpo International Airport Seoul, ☎ 6 62-21 82
Kimhae International Airport Pusan, ☎ 98-11 00
Cheju International Airport Cheju, ☎ 2-40 59

Seoul Tourist Information Center
der Stadtverwaltung am nordöstlichen Straßeneck hinter dem Rathaus,
31, 1-ga, Taepyong-ro, Chung-gu, ☎ 7 22-57 65, 7 31-63 37.

Seoul Tourist Information Counter
der Stadtverwaltung an acht wichtigen Verkehrsplätzen wie dem Hauptbahnhof Seoul, dem Expressbus-Terminal Seoul-Kangnam, in der Straße Chong-ro, am Kwanghwa-Tor, im Stadtteil Myong-dong, am Namdae-Tor und am Tongdae-Tor.

Pusan Tourist Information Center
der Stadtverwaltung Pusan:
im Bahnhof Pusan, ☎ 45-49 38
am Fährschiffhafen Pusan, ☎ 44-68 62

Kyongju Tourist Information Center
der Stadtverwaltung Kyongju:
am Bahnhof Kyongju, ☏ 2-38 43
am Parkplatz des Pulguk-sa, ☏ 2-47 47.

Die öffentliche Ausländerbetreuung der innerkoreanischen Informationsstellen läßt allerlei kleine Wünsche offen. Dem häufig wechselnden Personal mangelt es an sorgfältiger Einschulung und Berufserfahrung, so daß Fragen nach täglichen Veranstaltungen, lokalen Besonderheiten, geschichtlichen Hintergründen, Verkehrswegen und -zeiten, Anschriften und Telefonnummern meist ohne klare Antwort bleiben. Angesichts der in den hauptstädtischen Zentralen auf gutes, in den Außenstellen und der Provinz auf mäßiges Englisch beschränkten Sprachtüchtigkeit der Angestellten verkümmert der Service oft auf die Ausgabe zufällig vorhandener Prospekte.

›Korea Tourist Association‹ (KTA), ein privatrechtlicher Verband koreanischer Hotels, Reisebüros, Busunternehmen und Unterhaltungseinrichtungen im Kyongun-Gebäude gibt verbandsbezogene Auskünfte:
Kyongdong 70, Chongno-gu, Seoul, ☏ 7 24-27 02.

›This Week in Seoul‹ (›Diese Woche in Seoul‹), ein in Luxushotels, Touristenzentren, Reise- und Flugbüros gratis ausliegendes, halb englisches, halb japanisches Werbeblatt der ›KTA‹ hilft ratsuchenden Touristen. Neben reichlicher Reklame enthält es Listen der Kulturereignisse, aktuelle Berichte, übersichtliche Landkarten und wechselnde Beschreibungen der Besichtigungsstätten.

Beschwerdestellen

Bei Mißverständnissen, Unannehmlichkeiten, Beschwerden über ungerechte Behandlung oder überhöhte Rechnungen empfiehlt sich ein telefonischer oder schriftlicher Bericht an das
Tourist Complaint Center
Korea National Tourism Corporation
CPO Box 903 Seoul, Korea, ☏ (02) 7 25-01 01
oder an die auf den Hotel-Telefonen genannten regionalen Zweigstellen.

Ausländische Vertretungen

Botschaft der Bundesrepublik Deutschland:
4. Etage, Daehan Fire Marine Insurance Building
51-1, Namchang-dong, Chung-gu, Seoul
am Namdae-mun, ☏ 779-3271/3

Ambassada het Koninkrijk der Nederlanden:
1-48, Tongbinggo-dong, Yongsa-gu, Seoul
☏ 7 93-06 51/2

Botschaft der Republik Österreich:
25. Etage, Samil Bldg., CPO-Box 6417 Seoul
10, Kwanchol-dong, Chong-gu, Seoul
☏ 7 22-66 49, 7 22-73 30

Botschaft der Schweizerischen Eidgenossenschaft:
32-10 Songwol-dong, Chongno-gu, Seoul
☏ 7 44-95 11/4

Beherbergungsgewerbe

Mit einem reichen Zimmerangebot unterschiedlichster Qualität ist das gutentwickelte und staatlich streng kontrollierte Fremdenverkehrsgewerbe auf jeden Geldbeutel und sämtliche Ansprüche an allen Besichtigungsstätten vorbereitet.

Hotels

In den größeren Städten und den Ferienregionen entstanden moderne Touristenhotels mit allen üblichen Einrichtungen. Insbesondere die Luxushotels in Seoul entsprechen internationalem Spitzenstandard.

Ausführliche Hotellisten sind erhältlich von den Fremden-Informationen in Korea und im Ausland, sowie von der kommerziellen ›Korea Tourist Associaton‹ in Seoul (☏ 7 24-27 02).

Beispiele 1984 ohne Steuer in US$

Klasse	Sterne	Einbett	Doppelbett Zweibett	Koreanische Einrichtung
Luxus	*****	40–55	50–75	45–95
1. Kl.	****	38–48	45–65	40–80
2. Kl.	***	33–40	40–55	35–70
3. Kl.	**	26–35	35–47	30–63

Yogwans

Die Modernisierung Koreas hat den historischen Typ der Reisenden-Herberge, den Yogwan beträchtlich aufleben lassen. In fast allen mittelgroßen Dörfern, bei jedem frequentierten Tempel, in allen Touristenregionen und in den Städten findet man unproblematisch Unterkunft. Sehr wohl schwankt dabei die Qualität von einfachen Bauernhäusern mit Waschmöglichkeiten am Hofbrunnen über stabile Betonbauten mit Gemeinschaftswaschräumen bis zu nostalgischen Traditionshäusern. Zur Vermeidung von Preisdebatten soll in jedem Zimmer eine amtlich bestätigte Gebührentafel sichtbar aushängen. In den neueren Quartieren in der Nähe der Omnibus-Terminale kann man oft wählen zwischen weichem Doppelbett westlicher Art oder ›Ondol-ba‹, Schlafen nach koreanischer Sitte auf hartem, im Winter von unten beheizten Ölpapierfußboden. Das Bettzeug besteht aus einer dünnen Matratze, dem Yo, das die Heizwärme nicht mindert, einer Steppdecke, dem Ibul, und einem etwas festen, weil mit Buchweizenspreu gefülltem Kopfpolster. In der Mehrzahl der Häuser allerdings werden Unterlagen und feinseidene Decken nicht wie in Europa mit Bettzeug bezogen oder überknöpft, sondern in Laken mit starkem Garn und großen Stichen fest eingenäht. Weil diese Prozedur allgemein keineswegs nach jedem Gast, sondern in Intervallen von schätzungsweise drei bis vier Wochen erfolgt, wird jedem Individualisten die Mitnahme eigener Wäsche geraten. Andererseits soll der abendländische Gast nicht vergessen, vor Betreten des sauberen Wohnraumbodens die Schuhe auszuziehen und in einem bereitstehenden Körbchen abzustellen.

Je nach Qualität der Yogwans kann man bei Tarifen zwischen acht bis zwanzig US$ preisgünstig durchs Land reisen. Weitere Auskünfte sind in Seoul unter ☏ 677-98 66 erfragbar.

Jugendherbergen (Youth Hostels)

Mehr theoretisch, denn nach deutscher Übung sind die sechs koreanischen Jugendherbergen in Seoul (2), Pusan, Puyo, Kyongju und Sorak Schlafstätten für unangemeldete Reisende. Häufig dienen sie größeren Jugendgruppen als Schulungsheim, Sportvereinen als Trainingslager oder jugendpolitischen Veranstaltungen. Bei Verfügbarkeit und vorheriger Anmeldung mit Bestätigung stehen Räume mit zwei bis acht Betten auch älteren Einzelreisenden für preisgünstige Übernachtungen zur Verfügung. Genaue Auskünfte erteilt in Seoul die ›Korea Youth Hostel Association‹ unter ☏ 2 66-28 96.

Die Jugendherberge ›Bando Youth Hostel‹ in Seoul befindet sich südlich des Han-Flusses, an der Teheran-Straße nahe dem U-Bahnhof Kangnam. Anschrift: 60-13 Yoksam-dong, Kangnam-ku, Seoul, ☏ 5 67-21 41/9.

Die Jugendherberge ›Academy House‹ in Seoul liegt mit städtischen Bussen leider weniger gut erreichbar weit im Norden am Südost-Abhang des Pukhan-Berges. Anschrift: San 76, Suyu-dong, Tobong-ku, Seoul, ☏ 9 93-61 81.

Klosterübernachtung

Den Mönchen der buddhistischen Orden, zumal in abgelegenen Klöstern, sind die alten Regeln, Wanderer, Pilger und Gläubige zu beherbergen und zu beköstigen immer noch hohes Gebot. Interessierte ausländische Männer werden kostenlos yogwan-artig untergebracht und mit an den Tisch der Mönche gebeten.

Privatquartiere

Eine Übernachtung in Privatquartieren und Vermittlung durch städtische Zimmerbüros ist in Korea unbekannt.

Camping

In Korea, dem Land der sommerlichen Züge hunderttausender Jugendlicher nach klassischer Wandervogelart, ist im waldigen Bergland reichlich Platz für Zeltlager ohne besondere Sanitäreinrichtungen. Die nötige Ausrüstung, wie z. B. Zelte, Rucksäcke, Kochgerät wird in vielen Spezialgeschäften preisgünstig angeboten. Große organisierte Campingplätze mit Wohnwagen und Restaurants sind unbekannt.

Gastronomie, Speisen und Getränke

In den internationalen Hotels ist die Wahl zwischen westlichen, koreanischen, chinesischen und japanischen Restaurants nicht schwer. Unternehmungslustigen Reisenden kann jedoch geraten werden, in den Gaststätten des ›kleinen Mannes‹ preisgünstig zu essen.

Problemlos geeignet sind chinesische Restaurants, die Junghwayori-jom. Ihre leicht erkennbaren Eingänge sind nach Art der deutschen Firseurteller quer zur Straße durch zwei längliche schwarze Tafeln mit roten Stoffstreifen gekennzeichnet. Einen wortlosen Hinweis auf das Gericht eines Nachbarn verstehen die Wirte sofort. Für vier bis fünf Mark sind die Portionen, etwa das aus Suppe und Nudelplatte bestehende Menü Japchaepap sehr sättigend.

In Seoul ist das Lotte-Kaufhaus jedem Korea-Neuling sehr zu empfehlen: In den oberen Etagen machen etwa zehn Restaurants mit Ausstellungsvitrinen nach japanischem Vorbild dem Gast die Speisenwahl einfach.

Koreanische Kochkunst

Die koreanische Kochkunst wird von abendländischen Reisenden bei unvermittelter Annäherung leicht mißverstanden. Auf der Basis von Klebreis, gekochtem Reis als Grundnahrungsmittel, ist sie eine tpyische Küche der Beilagenkombination, bei der die Zutaten nach Zahl, Qualität und Menge zwischen sparsamem Alltagsessen daheim oder am Straßenrand bis hin zur üppigen Festtagstafel beträchtlich variieren können. Abweichend von der europäischen Gewohnheit, die Gerichte gangweise nacheinander aufzutragen, werden in Korea meist alle Speisen gleichzeitig aufgetischt. Den Koreanern ist das gemeinsame Essen mehr als ein Bedürfnis, es erlangt den Charakter wichtiger, ja protokollarischer Gesellschaftserlebnisse. Das Eßgeheimnis am ›Auf-dem-Tisch-Buffet‹ besteht darin, aus den vielen servierten Schälchen je nach individuellem Geschmack die richtigen Nebengerichte auszuwählen.

Kimchi, eine vitaminreiche, gesalzene und stark gewürzte Kohlmarinade ist ein Hauptbestandteil fast jeder Mahlzeit und wurde als unverwechselbares Landesgericht geradezu ein Ersatzbegriff für das Volk selbst. Von den Hausfrauen wird es nach überlieferten Familienrezepten auf vielerlei Weise aus Kohl, Rüben, Rettich und Gurken mit rotem Pfeffer (Chilli) und Knoblauch zubereitet und als Wintervorrat in großen Steingutkrügen auf dem Hof oder dem Balkon konserviert.

Pulgogi, auf einer Gußeisenplatte über Gas- oder Holzkohlenfeuer gedünstete, marinierte Rindfleischstreifen, gilt unter Ausländern als bekannteste und beliebteste koreanische Hauptmahlzeit. Zum ähnlichen *Pulkalbi* werden Rinderrippchen zubereitet.

Pipimpap, ein aus Nord-Chollas Hauptstadt Chonju stammendes Gericht aus gekochtem Reis (Pap), verschiedenen Gemüsen und einem Spiegelei in einer heißen Steinschale wird vor dem Essen vermengt.

Naemgmyon, eine Schüssel kalter Nudeln mit Gemüse, Eiern und kleinen Fleischstücken ist im Sommer als erfrischende Delikatesse beliebt.

Kalbitang wird als kräftige Suppe mit viel Fleisch aus Rinderrippchen aufgekocht.

Manduguk enthält in herzhafter Suppe teigumhüllte Fleischklößchen.

Maeuntang, eine scharfe Fischsuppe mit viel Gemüse, ist nur ein Beispiel für regional recht unterschiedliche und zur Probe sehr empfohlene Fisch- und Muschelgerichte.

Sinsollo wird aus Fleisch, Gemüse, Bohnenkäse und gelegentlich auch Fisch in einer Rindfleischbrühe als Mahlzeit für mehrere Personen auf dem Tisch in einem sogenannten mongolischen Feuertopf, einer samowarähnlich mit Holzkohle von innen beheizten Ringschüssel, gekocht.

Kujolpan, eine lackierte Platte mit neun Fächern, wird bei eleganten Abendessen gerne als Vorspeisengang gereicht. Aus der Mitte der Schale entnimmt man mit den Eßstäbchen ein dünnes Teigblättchen und umhüllt damit Fleisch- und Gemüsestückchen zum Verzehr.

Die koreanische Klosterverpflegung ist als vegetarische Kost, nicht selten als Hohe Schule der Gemüsezubereitung, sehr zu empfehlen. Während das alltägliche Essen entsprechend der mönchischen Entsagungsgebote meist einfach ist, bleibt die Teilnahme an einem buddhistischen Festmahl, etwa an einem Toten-Gedenkessen, ein unvergeßliches Erlebnis.

Unter den *Getränken* ist Wasser, das städtische Leitungswasser zumal, ähnlich beschaffen und sicher wie in Europa. Insbesondere die bergig gelegenen Klöster sind stolz auf ihr unbehandeltes Trinkwasser aus Naturquellen.

Zum einfachen Essen im Privathaus oder in den Volksgaststätten erhalten die Gäste automatisch Mul, lauwarmes Wasser oder Boricha, wörtlich Gerstentee, einen hellbraunen, ersatzkaffeeartigen, durchaus trinkbaren Aufguß aus gemahlener Röstgerste.

Ausdruck sich wandelnder Trinksitten ist das reichhaltige Angebot alkoholfreier Getränke und der zwei landesweit verbreiteten Biersorten ›Crown‹ und ›OB‹. Aus konzessionsrechtlichen Gründen haben nicht alle Speisehäuser Flaschengetränke vorrätig, sind aber meist bereit, sie auf Wunsch zu holen. Gleiches gilt auch für den Schwarzen Tee und den beliebt gewordenen Bohnenkaffee, die in lizensierten Teestuben (Tabang) ausgeschenkt werden.

Immer noch reichlichen Zuspruchs erfreuen sich die traditionellen Alkoholika, deren Wirkung von Ausländern meist unterschätzt wird. Nicht umsonst gehört bei den Koreanern zum Trinken auch das Essen. *Makkolli,* ein milchigweißes, weinartig ›sanftes‹ Getränk wird aus Reis gebraut. *Soju,* wörtlich ›Branntwein‹, aus süßen Kartoffeln, ist trotz seines ›harten‹ Charakters ein wohlschmeckender, aber rasch anregender Schnaps.

Als snobistisch gelten fremdländische Spirituosen aus heimischer Produktion, etwa koreanischer Whisky.

Neben den reinen Speise-Wirtschaften unterscheidet das weit spezialisierte koreanische Gaststättengewerbe besondere Lokaltypen.

Die *Teestuben, koreanisch ›Tabang‹,* haben trotz zeitgemäßer Ausstattung mit bequemen westlichen Sitzmöbeln eine lange Tradition. Natürlich bekommt man in ihnen weiterhin Tee, zunehmend auch Kaffee und alkoholfreie Mischgetränke, aber sie dienen hauptsächlich als Treffpunkt für kleine Geschäftsbesprechungen, Familienbegegnungen, mittägliche Ruhepausen und abendliche Rendezvous. Ähnlich wie in österreichischen Cafés darf man bei nur einer Bestellung beliebig lange verweilen; Gerstentee wird gratis nachgefüllt.

Die *Bierlokale* sind als neuere Einrichtung rasch beliebt geworden. Bei volkstümlichen Preisen für Bier, Erdnüsse, Kleingebäck, Trokkenfisch und Rohgemüse werden Palaverrunden angeregt und geräuschvoll.

Die *Weinschenken,* koreanisch *›Sulchip‹,* sind die historischen Trinkhäuser der ›einfachen‹ Leute. Mit kleinen Speisen, Suppen und Pfannkuchen schmecken Makkolli und Soju erst richtig gut und selbst bei größerem Konsum wird der Abend nicht allzu teuer.

Die *Cocktailbars* sind oft als Nebenräume und Separés anderen Etablissements angegliedert. Wegen der Betreuung durch Hostessen empfiehlt sich das genaue Studium der Preisliste vor der Bestellung. Mancherorts sollte man die Getränkekarte bis zur Bezahlung stramm festhalten!

Die Zahl der *Diskotheken* nimmt auch in Korea zu, doch wird nur wenig getanzt, um so mehr produzieren sich dort allerlei Klein-Carusos mit phonstarkem Gesang.

Einige *Theaterrestaurants* in Seoul und den Großstädten versuchen nach westlichem Muster, ihre Besucher für einen Pauschalbetrag mit einem Abendessen, einigen Getränken und einer kleinen bis mittleren Revue zu erfreuen.

Die *Kisaeng-Häuser,* im alten Korea eine gesellschaftliche Institution, sind leider kaum mehr das, was sie einmal waren: Stätten des gehobenen Amüsements der gebildeten und begüterten Männer Koreas durch in Gesang, Musik, Tanz und Wortvortrag ausgebildeten Unterhaltungsdamen, den Kisaeng, den geistigen Ahnfrauen der japanischen Geishas. Inzwischen sind die meisten Häuser am raschen Verdienst interessiert, die Gastgeberinnen unterqualifiziert und das Publikum hat sich auch stark gewandelt.

Nachtclubs waren bis vor einigen Jahren nur in den größeren Hotels zugelassen, seit Aufhebung der nächtlichen Ausgangssperre nimmt ihre Zahl in den Gaststätten-Vierteln zu. In ihnen geht es bei Musik auch ausländischer Bands und Tanz ausgesprochen sittsam zu.

Sechs *Spielcasinos* in je einem internationalen Hotel in Seoul, Inchon, Sokni, Pusan, Kyongju und Cheju wurden mit Blick auf die ausländischen Touristen eingerichtet und bieten amtlich streng kontrollierte Glücksspiele wie Roulette, Blackjack, Poker und andere.

Nachrichtenwesen

Notruf-Telefone

Polizei ☎ 112
Feuerwehr und Ambulanz ☎ 119

Postdienste

Die koreanische Post ist nach internationalem Muster organisiert und sehr zuverlässig. Briefmarken sind in den großen Hotels, einigen Straßenkiosken und den Postämtern erhältlich. Luftpostgebühren 1985 nach Europa: Briefe = 470 Won, Karten = 380 Won. Auslandspäckchen und -pakete werden nur in Postämtern abgefertigt.

Rundfunk und Fernsehen

Abhängig von der jeweiligen örtlichen Besiedlungsdichte senden in Korea die staatliche und einige private Rundfunkgesellschaften eine Reihe koreanischsprachiger Programme, mit penetrant häufigen Werbeeinblendungen.

Ebenfalls in koreanischer Sprache werden je ein Fernsehprogramm der staatlichen KBS und der privaten MBC ausgestrahlt.

Im Nahbereich der Kasernen der US-Truppen können englischsprachige Rundfunk- und Fernsehprogramme des Militärsenders mit Direktschaltungen aus den USA empfangen werden.

Telefonverkehr

Die Koreaner bauten in wenigen Jahren ein modernes Telefonnetz mit inländischem Selbstwählverkehr und international halbautomatischer Durchwahl auf. Nach japanischem Vorbild dienen zahlreiche rote oder grüne Apparate in Geschäften oder halböffentlichen Gebäuden gegen Einwurf von zwei 10-Won-Münzen für je drei Minuten Sprechzeit dem Ortsverkehr. Für innerkoreanische Ferngespräche gibt es in Telefonzellen oder an stark frequentierten Durchgängen, Bahnhöfen, Busstationen und Hotels ausreichend gelbe, etwa wie in Deutschland zu bedienende Automaten. Inlandauskunft: ☎ 114.

Internationale Gespräche werden vom englisch sprechenden ›Operator‹ handvermittelt. Auskunft: ☎ 10 30, Verbindung nach Deutschland: ☎ 102, nach Österreich und in die Schweiz: 117. Die Gebühren entsprechen den internationalen Tarifen, drei Gesprächsminuten nach Mitteleuropa kosten etwa 25 DM.

Telegrammdienste

Auslandstelegramme der verschiedenen Beförderungsarten ORD (gewöhnlich), LT (Brieftelegramm) oder Urgent (dringend) werden mündlich in englischer Sprache über ☎ 115 oder schriftlich in einem ›Korea International Telecommunication Office‹ (KIT) angenommen.

Zeitungen

Neben einigen koreanischsprachigen Zeitungen mit Millionenauflage erscheinen in Korea täglich außer montags die zwei englischsprachigen Zeitungen ›Korea Times‹ und ›Korea Herald‹ mit einem Gemisch aus Regierungsverlautbarungen, Sport- und Wirtschaftsberichten und Hausfrauentratsch. In den Souvenir-Läden der großen Hotels werden die unkritischen Fernost-Ausgaben von ›Time‹ und ›Newsweek‹ sowie nach langjähriger Unterbrechung das Hamburger Nachrichtenmagazin neben anderen gängigen Auslands-Publikationen angeboten.

Personenverkehr

Das Land erfreut sich moderner, preisgünstig, schnell und in kurzen Abständen auf ausgedehnten Bahn- und Straßennetzen bis in abgelegene Winkel führender öffentlicher Verkehrsmittel. So kommen Ausländer auch ohne eigenes Fahrzeug rasch und problemlos voran.

Anhalter sind in Korea nahezu unbekannt, weil ein großer Teil der Personenkraftwagen nicht von den Eignern gelenkt wird, sondern von angestellten Fahrern, denen die Mitnahme von Fremden verboten ist. Allerdings werden in abgelegenen Gegenden ›weiße‹ Touristen schon einmal mitgenommen.

Der *Busverkehr* übernimmt den Hauptanteil am koreanischen Personentransport. Verschiedene Systeme für Orts- und Fernverkehr ergänzen sich. Ein Ausländer sollte lernen, die koreanischen Schriftzeichen der Zielangaben selbst zu lesen, um Irrfahrten zu vermeiden.

Die *Stadtbusse (Sinae-bass)* beherrschen mit schier endlosen Kolonnen fast Stoßstange an Stoßstange dahinrasender Wagen das Verkehrsgeschehen auf den zentralen Hauptstraßen der großen Städte. Die blauen Busse sind an großen Streckennummern gut erkennbar. Gezahlt wird mit speziell gelochten Münzen, den ›Token‹, die 1985 für 120 Won von kleinen Kiosken an allen größeren Haltestellen erhältlich waren. Ohne ›Token‹ wird Bargeld mit 10 Won Zuschlag angenommen. Fahrscheine werden nicht ausgegeben, Umsteigeberechtigung ist unbekannt, in jedem Bus wird erneut kassiert. Auf manchen Strecken verkehren mattgrün lackierte Schnellbusse zum Preis von genau abgezählten 350 Won.

Mißlich ist selbst für Koreaner das Fehlen langjährig gültiger Netzpläne, weil den einzelnen selbständigen Busunternehmen immer wieder neue Routen genehmigt werden. In Seoul kommt hinzu, daß die meisten Innenstadtlinien von Stützpunkten am Stadtrand ausgehen und dahin auf der Gegenspur auch zurückkehren, aber im Zentrum einen einbahnartigen Verlauf haben, so daß die Haltestelle für den Rückweg nur selten auf der gegenüberliegenden Straßenseite zu finden ist. Dann hilft es in manchen Fällen, in der bekannten Richtung weiterzufahren, wartend und hoffend, daß der Bus irgendwann zu seinem Depot zurückkehrt.

Die *Flughafenbusse (Konghang-bass)* vom Internationalen Flughafen Kimpo in die Hauptstadt verkehren zum Fahrpreis von 500 Won auf zwei Routen täglich von 5.30 Uhr bis 21.30 Uhr im Abstand von 10 Minuten.

Die Linie 600 verläuft südlich des Han-Flusses, passiert das Palace-Hotel, das Expressbus-Terminal Kangnam, die Hotels Riverside und Nam-Seoul, die KOEX-Ausstellung, das Olympia-Gelände und endet am Walker-Hill-Hotel. Die Linie 601 bedient die Innenstadt, hält an den Hotels Seoul-Garden und Koreana, am Rathaus und am Bahnhof, an den Hotels Hyatt und Shilla und endet gleichfalls am Walker-Hill-Hotel. Genauere Angaben erteilt ein Informationsschalter in der Ankunftsebene des Flughafens Kimpo am Ausgang zur Bushaltestelle.

Die *Umlandbusse (Siwi-bass)* verbinden die Städte und Regionalzentren mit der dörflichen Umgebung. Für diese Busse gibt es in den Vororten von Seoul fünf Terminale.

Die *Durchgangsbusse (Jighaeng-bass)* übernehmen den Intercityverkehr über Entfernungen bis zu 200 km und verbinden die Regionalzentren ohne Zwischenhalte. Die meist grünen Busse benutzen mit den Umlandbussen dieselben Terminale.

Die *Expressbusse (Kosog-bass)* befahren fast nur die Autobahnen und erreichen ihre Ziele in anderen Provinzen ohne Stop. Allgemein haben sie eigene Stationen, in Seoul den Kangnam-Busterminal. Nur die FD-Eisenbahnzüge sind auf einigen Strecken schneller, doch die über 1000 bequemen Fernbusse der 10 Gesellschaften starten in Abständen von fünf Minuten bis zwei Stunden. Einige Beispiele:

von Seoul nach	erste Abfahrt	letzte Abfahrt	Abstände	Fahrzeit	Preis (Won)
Taejon	6:00	21:40	10 min	2:00 Std	2200
Kyongju	7:00	18:10	60 min	4:15 Std	5000
Pusan	6:00	18:40	5 min	5:20 Std	6000
Kwangju	6:00	19:40	10 min	4:10 Std	4500
Kangnung	6:00	19:30	20 min	3:50 Std	3500

Eisenbahnverkehr

Hauptaufgabe der staatlichen ›Korean National Railroads‹ ist der Gütertransport, doch wird der Personenverkehr ständig erweitert. Prestigeobjekt war der Ausbau der Hauptstrecken für den Betrieb der Super-Expresszüge (Saema-ul) von Seoul über Taegu nach Pusan und über Kwangju nach Mokpo. Daneben wird auf allen Strecken ein Betrieb mit Express-, D- und Lokalzügen in größeren Abständen durchgeführt. Aktuelle Angaben über Fahrpläne und -preise erteilt die Bahnauskunft: unter ☎ 3 92-77 88.

Einige Beispiele 1985:

Seoul – Kyongju 4.40 Std., 13 000–16 000 Won;
Seoul – Pusan 4.50 Std., 14 500–18 500 Won;
Seoul – Mokpo 5.30 Std., 11 000–15 000 Won.

Flugverkehr – Inlandflüge

Der koreanische Zivilluftverkehr ist Monopol der KOREAN AIR. Außer bei den Flügen nach Cheju ist aber zu überlegen, ob nicht anstelle der Festlandflüge die billigeren Fahrten mit Bahn oder Bus schneller in die Zentren der Städte führen. Geradezu rigoros sind die Sicherheitskontrollen. Fotoapparate werden grundsätzlich eingesammelt und im Flugzeug in besonderen Tragetaschen mitgeführt; Herren müssen bei der Sicherheitskontrolle den Tascheninhalt vorzeigen und dürfen kein Handgepäck, Damen nur sehr kleine Handtaschen etwa in der Größe eines Theatertäschchens mitführen.

Auskünfte erteilt das Hauptbüro der Gesellschaft über ☏ 778-82 20-9 oder 7 55-22 20 (24 Stunden).

Strecke	Flüge	Dauer	Flugpreis
Seoul – Pusan	84×Woche	50 min	25 600 Won
Seoul – Cheju	58×Woche	55 min	32 700 Won
Seoul – Sokcho	14×Woche	60 min	17 400 Won
Cheju – Pusan	25×Woche	40 min	20 900 Won
Cheju – Kwangju	7×Woche	35 min	12 600 Won

Leihwagen

Seit einigen Jahren können Touristen, die älter sind als 25 Jahre, unter Vorlage von Reisepaß und Internationalem Führerschein koreanische Autos mit und ohne Fahrer zu den auch in Europa üblichen Bedingungen ausleihen. Preisbeispiele für Selbstfahrer 1985 für 24-Std.-Miete in Won: Untere Mittelklasse = 38 000, Mittelklasse = 40 000, gehobene Mittelklasse = 47 000.

Schiffsverkehr – Fährdienste

Den sogenannten *Hallyo-Wasserweg* vor der stark zerklüfteten koreanischen Südküste befahren einige Tragflügelboote. Die täglich sechs Dienste von knapp hundert Minuten Fahrzeit zwischen Pusan und Chungmu und täglich drei Weiterfahrten von nochmals hundert Minuten Dauer bis nach Yosu sind mit den jeweiligen Gegenfahrten als schnelle Verbindung recht beliebt. Für schaulustige Touristen wird die Freude allerdings stark eingeschränkt durch die Notwendigkeit, fest auf den omnibusartigen Sitzen verbleiben zu müssen und so den landschaftlichen Reiz insbesondere der Strecke zwischen Chungmu und Namhae nur blindflugähnlich erleben zu können. Leider verkehren auf dieser Route keine normalen Fährschiffe. So bleibt der Rat, in Namhae an einer Bootsrundfahrt teilzunehmen. Fahrpreise 1985: Pusan – Chungmu 6000 Won, Chungmu – Namhae 4500 Won, Namhae – Yosu 2000 Won. Reservierung in Seoul: ☏ 28-88 98, in Pusan: ☏ 44-38 51.

Zwischen *Pusan und Cheju* pendeln täglich zwei Auto-Fährschiffe im Gegenverkehr mit Abfahrt ab Pusan um 19.30 Uhr und ab Cheju um 19.00 Uhr und Ankunft im Zielhafen nach 11½ Std. Fahrzeit. Die Fahrpreise liegen zwischen 30 000 Won in der 1. Klasse und 20 000 Won in der 2. Klasse Schlafkabine.

Zwischen Mokpo und Cheju verkehrt täglich eine Autofähre mit 5½ Stunden Fahrzeit und Abfahrt ab Mokpo um 17.30 Uhr, ab Cheju um 7.50 Uhr. Die Passage kostet in der 1. Klasse 20 000 Won, in der 2. Klasse 15 000 Won.

Auskünfte und Buchungen für beide Verbindungen erteilen in Seoul: ☏ 720-73 16/7, in Pusan: ☏ 45-06 05, in Mokpo: ☏ 2-93 91 und in Cheju: ☏ 2-02 91.

Zur *Insel Ullung* fährt im Sommer eine Fähre täglich 14.30 Uhr ab Pohang und 6.30 Uhr ab Ullung-do, zwischen Oktober und April nur dreimal wöchentlich um 10.00 Uhr. Für die sechsstündige Überfahrt kostet die 1. Klasse 17 000 Won, die 2. Klasse 11 500 Won. Vertretungen in Seoul: ☏ 5 98-21 01, in Pohang: ☏ 3-18 08, auf der Insel: ☏ 26 02.

Taxifahrten – Tarifklassen

Als Ergänzung zum gut ausgebauten Netz der öffentlichen Verkehrsmittel sind die preisgünstigen Taxis bei der Bevölkerung beliebt. In den Hauptstädten der großen Städte sind allgemein genug Wagen unterwegs, so daß man selten lange warten muß. Alle Fahrzeuge sind mit geeichten und kontrollierten Taxametern ausgestattet. Das Mietwagengewerbe wird nach Tarifen und Standards in mehrere Gruppen unterteilt:

Normal-Taxis, je nach Gesellschaft gelb oder grün, starten mit einer Grundgebühr von 600 Won für die ersten zwei Kilometer und addieren weitere 50 Won für je 400 zusätzliche Meter. Trinkgelder werden nur dann erwartet, wenn zusätzliche Leistungen, etwa Gepäckarbeit, erbracht wurden. Nachts wird zwischen 0.00 bis 4.00 Uhr ein Zuschlag von 20% erhoben.

›*Call-Taxis*‹, eine Art Nobeldienst, sind allgemein beige und sollen als Ruf-Taxis theoretisch telefonisch bestellt werden, in Seoul über die Nummer 414-0150/9. Bei Mangel an freien Normal-Taxis kann man sie auch auf der Straße anhalten. Für die ersten zwei Kilometer beträgt die Grundgebühr 100 Won, für jede weiteren 400 Meter werden 100 Won addiert.

Airport-Taxis verkehren von und zum Flughafen und sind nach Tarif und Fahrzeugtyp den Call-Taxis sehr ähnlich, doch blaugrau lackiert.

Hotel-Taxis, ein besonderer Service der größeren Touristen-Hotels, sollen eigentlich nur von den Hotelgästen genutzt werden und können in Seoul vom Hotel oder über ☎ 753-1794 bestellt werden. Berechnet werden pro Stunde 7000 Won, für einen 10-Stunden-Tag 70000 Won, für vier Stunden Seoul-Umgebung 35000 Won.

U-Bahnen

Als sehr erstaunliche, nur zehnjährige Aufbauleistung entstanden in Pusan eine U-Bahnlinie von 40 km Länge und in Seoul ein 120-km-Netz mit Direktanschlüssen von zweimal 40 km bis nach Inchon und Suwon.

Die Fahrpreise richten sich nach der Länge der Fahrstrecke und begannen 1985 mit 140 Won Grundgebühr. Die Fahrkarten werden zumeist am Schalterfenster verkauft und noch an den Sperren vom ›Mann in der Wanne‹ gelocht und nach Fahrtende wieder eingesammelt.

Rundfahrten

Die Teilnahme an organisierten Besichtigungs-Touren ist auch in Korea eine Frage der Kosten und des Gemüts: Bequemere Leute entscheiden sich gerne für Pauschalangebote, Unternehmungslustigen darf in Korea durchaus zur Eigeninitiative geraten werden, was gelegentlich zeitaufwendiger, aber vermutlich billiger und sicherlich volksnaher ist.

Die drei das Geschäft der *Sight-seeing-tours* in Seoul sowie im übrigen Korea beherrschenden Veranstalter sind in den größeren Hotels vertreten oder telefonisch erreichbar:
Global Tours, ☎ 777-9921; KTB-Korea Tourist Bureau, ☎ 585-1191; Sam Hee Travel, ☎ 757-1232. Über andere kleinere Firmen gibt die ›Korea Tourist Association‹, ☎ 724-2702 Auskunft.

Seoul-Morgen- und Seoul-Nachmittags-Touren werden in unterschiedlicher Zusammenstellung für je 14 bis 18 US$ angeboten und führen bei paarweiser Buchung zu allen bedeutenden Sehenswürdigkeiten der Hauptstadt.

Seoul-bei-Nacht-Touren bieten einen Überblick auf die illuminierte Stadt und einen Besuch mit Abendessen im Korea-Haus oder westlichem Show-Theater oder Kisaeng-Haus zu Preisen zwischen 45 bis 55 US$.

Folkvillage-Touren werden ganz- oder halbtägig mit oder ohne Mittagessen und mit oder ohne Besuch von Suwon zu Preisen zwischen 33 bis 45 US$ angeboten.

Panmunjom-Touren sind mit Paß-Anmeldung rechtzeitig einige Tage im Voraus zu buchen und kosten als Ganztagesfahrt mit Mittagessen zwischen 20 bis 28 US$.

Mehrtagesfahrten nach Kyongju, Pusan und ins Sorak-Gebirge mit Hotelübernachtung und unterschiedlich umfänglicher Verpflegung zu Preisen zwischen 120 bis 220 US$ runden die Angebote ab.

Sehr großer Beliebtheit bei den in Seoul wohnenden Ausländern erfreuen sich die Veranstaltungen und meist sonntäglichen Fahrten der jetzt selbständigen koreanischen Zweigstelle der königlich-britischen ›Royal Asiatic Society‹, Seoul, CPO Box 255, ☎ 763-9483.

Mit gleicher Absicht bemüht sich die ICSK, ›International Cultural Society of Korea‹ oder ›Internationaler Kulturverband Koreas‹, ☎ 753-6466, eine privatrechtliche, gemeinnützige Organisation, mit kulturellen Veranstaltungen, Treffen und Seminaren für Ausländer um das gute gegenseitige Verständnis und freundschaftliche Beziehungen.

Sonstiges – Reisepraktisches ABC

Feiertage und Feste

Das *Neujahrsfest* am 1. 1. gilt nach ostasiatischer Tradition als wichtigstes Jahresfest und wird daher von allen Familienmitgliedern in Feiertagskleidung mit gegenseitigen Besuchen, religiösen Riten, üppigen Mahlzeiten und Feuerwerk drei Tage lang begangen.

Der *Unabhängigkeitstag* (Samiljol) am 1. 3. erinnert an den am 1. März 1919 blutig niedergeschlagenen koreanischen Versuch, von der harten japanischen Kolonialmacht die nationale Unabhängigkeit zu erbitten.

Am *Tag des Baumes* am 5.4. wird das nationale Wiederaufforstungsprogramm durch feierliche Baumpflanzungen auf dem Lande propagiert.

Buddhas Geburtstag am achten Tag des vierten Mondmonats wird als variabler Feiertag je nach Mondzyklus im Laufe des Kalender-Mai mit Zeremonien und unzähligen, abends erleuchteten Lampions in allen Tempeln sowie mit Laternenumzügen durch die Städte begangen.

Der *Kindertag* am 5. 5., ein arbeitsfreier Tag für Erwachsene, ist der Achtung der festlich gekleideten Kinder gewidmet.

Am *Heldengedenktag*, dem 6. 6., ehrt das Volk seine Kriegsgefallenen mit offiziellen Andachten auf den nationalen Friedhöfen.

Der *Verfassungstag* am 17. 7. erinnert an die Verkündung der Verfassung der Republik Korea im Jahre 1948.

Der *Befreiungstag* am 15. 8. gedenkt gleichzeitig der Befreiung der Koreaner von der japanischen Kolonialherrschaft durch die alliierten Streitkräfte im Jahre 1945 und der Proklamation der Republik Korea im Jahre 1948.

Chusok, das herbstliche Vollmondfest am 15. Tag des achten Mondmonats ist ein variabler Feiertag, der Ende September als einer der drei wichtigsten traditionellen Ereignisse mit Erntedank und Speisenopfern an den Familiengräbern begangen wird.

Der *Wehrmachtstag* am 1. 10. wird zu Ehren der Streitkräfte mit Ehrenwachen in allen Provinzen und einer Parade auf dem ›Platz des 16. Mai‹ auf der Yoido-Insel in Seoul abgehalten.

Der *Gründungstag* am 3. 10. erinnert an jenen Tag im Jahre 2333 v. Chr., als Tangun, der legendäre Ahnherr des koreanischen Volkes, das Königreich Choson gründete.

Am *Hangul-Tag*, dem 9. 10., jährt sich die Verkündung des Hanguls, der unter König Sejong Mitte des 15. Jhs. entwickelten phonetischen Schriftzeichen Koreas.

Ein *Weihnachtstag* am 25. 12. wird auch in Korea als gesetzlicher Feiertag nach westlichem Vorbild begangen.

Traditionsfeste

Das *Unsan-Ritual* wird am 27. 2. als schamanistisches Fest und registrierter Kulturbesitz Nr. 9 13 Tage lang mit verschiedenen Zeremonien und Prozessionen bei Bauernmusik zu Ehren der Berggeister und mythischer Generäle in einem Waldschrein südwestlich des Dorfes Unsan, Chungchon Nam-do begangen.

Die *Chunhyang-Festspiele* vom 17. bis 19. 5. in Namwon, Cholla Nam-do, verehren Chunhyang, die fiktive Heldin der edlen weiblichen Tugenden und ehelichen Treue mit Wettbewerben der Pansori-Vorträge, den typisch koreanischen Epen-Gesängen mit Trommelbegleitung.

Beim *Tano(Dano)-Ritual* im Juni – zur Zeit des Reispflanzens – werden die als unantastbarer Kulturbesitz Nr. 13 registrierten Schamanengebete für eine reiche Ernte vor einem Bergschrein der Stadt Kangnung, Provinz Kangwon, von längeren Tanzzeremonien und Maskenprozessionen begleitet.

Das *Silla-Kulturfest* vom 8. bis 10. 10. in der alten Silla-Hauptstadt Kyongju, Kyongsang Puk-do, ist als jüngere Schöpfung der von Tourismus lebenden Stadt ein Versuch, durch klassische Musikkonzerte, Bauernmusik-Wettbewerbe, traditionelle Ringkämpfe, Bogenschützenturniere, Foto-Ausstellungen und buddhistische Tapdori-Tänze die Kulturleistungen Alt-Koreas nachklingen zu lassen.

In den *Andong-Volksspielen* vom 6. bis 12. 5. bemüht sich die Regionalmetropole Andong, Kyong-sang Puk-do, um die Bewahrung alter koreanischer Volksbelustigungen wie den Hahoe-Maskendramen, den Brückenspielen der Mädchen und insbesondere um die traditionellen und inzwischen als unantastbarer Kulturbesitz Nr. 24 eingetragenen Neujahrswettkämpfe der Nachbardörfer (Chajonnori), bei denen zwei Jugendmannschaften mit großen A-förmigen Tragegestellen gegeneinander rennen, um die sich oben festklammernden Anführer wechselseitig herunterzuschütteln.

Im *Moyang-Burgfest* vom 1. bis 3. 10., Koreas einzigem Burgfest in der Nähe von Kochang, Cholla Puk-do, erinnern mehrere tausend Mädchen und Frauen in herrlichen Gewändern mit Bittprozessionen an ihre Vorläuferinnen, die 1435 die 3,6 Meter hohe und 1780 Meter lange Mauer fertigstellten.

Das *Kaechon-Kunst-Festival* im Oktober in Chinju, Kyongsang Nam-do, widmet sich der chinesischen Dichtung, Kalligraphie, Musik, Ausstellungen und Theaterkunst.

Das *Paekche-Kultur-Festival* vom 19. bis 22.10. ist die Gegen- oder Ergänzungsveranstaltung zum Silla-Fest. In den beiden früheren Hauptstädten Kongju und Puyo lassen meist gleichzeitig ablaufende Ehrenzeremonien, sehenswerte Prozessionen und Blumenkronentänze die glanzvollen Tage des Paekche-Reiches wiedererstehen.

Das *Halla-Kulturfest* im Oktober auf der Insel Cheju soll angesichts der festländischen Feierfreudigkeit mit Konzerten, Kunstwettbewerben und Ausstellungen die kulturelle Eigenentwicklung der Insel ausdrücken.

Film und Foto

Für fotografierende und filmende Touristen gibt es in Korea gegenüber Deutschland nur wenige Besonderheiten.

In den Fachgeschäften der großen Städte und in den 5-Sterne-Hotels sind Filme und Fotomaterial des gängigen Bedarfs allgemein 30% teurer als in Deutschland erhältlich.

Außer den meisten buddhistischen Mönchen ist die koreanische Bevölkerung durchaus fotofreudig und läßt sich bei höflicher Anfrage allgemein gerne ablichten.

Aus Gründen der Landesverteidigung fallen alle militärischen und halbmilitärischen Einrichtungen, auch Überblicke von Bergen und Hochhäusern unter ein Fotoverbot.

Unkenntnis und Übereifrigkeit verleitet immer wieder Bedienstete der hauptstädtischen Paläste, die an sich für Profikameras geltenden Filmbeschränkungen auch auf die Super-acht-Apparate der Amateure auszudehnen.

Fundbüros

Zur Wiedererlangung verlorener Sachen bietet Seoul mehrere Möglichkeiten:
›Citizen's Room‹ der ›Seoul Metropolitan Police‹ (Bürgerbüro der Hauptstadtpolizei Seoul) nordöstlich vom Großen Südtor in 17, Namdaemunro 4-ga, Chung-gu, Seoul, ☎ 775-4400.

Bei Verlusten in Taxis, Anruf bei den Rundfunkstationen KBS, ☎ 780-3311 oder MBC, ☎ 724-6151. Die Verlustmeldung wird in der Hoffnung, daß der Taxifahrer zufällig mithört, unter die Werbesendungen gemischt.

Bei Verlusten in der Eisenbahn im Bahnhof Seoul, ☎ 392-0078.

Geschäfts- und Öffnungszeiten

Wie in ganz Asien, so sind auch in Korea vorgeschriebene Ladenschlußzeiten unbekannt; jeder Händler darf sein Geschäft beliebig lange offenhalten, nicht selten bis nach 22.00 Uhr und natürlich an Sonn- und Feiertagen ohne Beschränkungen. Nur aus Organisations- und Personalgründen begnügen sich die großen Kaufhäuser auf die Zeit von 10.00–19.30 Uhr abends. Als Ausgleich für den verkaufsoffenen Sonntag schließen sie abwechselnd an einem Werktag, in Seoul das Kaufhaus Lotte am Dienstag, Sinsekye am Montag, Midopa am Mittwoch und die Häuser Saerona und Cheil am Donnerstag.

In den Verwaltungen und Ämtern dauern die Dienstzeiten abzüglich einer meist zweistündigen Mittagspause an Werktagen von 9.00–18.00 Uhr, samstags bis 13.00 Uhr. Privatfirmen sind allgemein von 8.30 bis gegen 19.00 Uhr und samstags bis 13.00 Uhr erreichbar. Banken öffnen um 9.30 Uhr und schließen ohne Mittagspause um 16.30 Uhr, samstags um 13.30 Uhr. Diplomatische Vertretungen sind an Werktagen von 9.00–16.00 Uhr oder 16.30 Uhr geöffnet, an Samstagen, Sonn- und Feiertagen sowie an den jeweiligen nationalen Feiertagen geschlossen.

Landkarten

Die koreanischen Fremdenverkehrsstellen verteilen informative Karten des Landes, von Seoul, Seoul-Umland und den wichtigsten Touristenzentren, so daß die frühere, aus angeblich militärischen Gründen auf grobe und stark verzerrte Handzeichnungen beschränkte Zeit vorbei ist.

Medizinische Versorgung

Ein traditionell stark ausgeprägtes Gesundheitsbewußtsein der Koreaner führte schon vor langer Zeit zu einer hochentwickelten Kräutermedizin, der Übernahme der chinesischen Akupunktur, der ackerbaulichen Kultivierung des fast als Unsterblichkeitselixier verehrten Ginseng und einem auch heute noch unter allen Ostasiaten höchsten pro-Kopf-Verbrauch an Chilli und Knoblauch. Die sichtlich profitablen *Apotheken (Yak)* sind oft reihenweise in den besten Geschäftslagen der Städte angesiedelt und selbst in kleinen Dörfern unübersehbar. Bei einem gegenüber Deutschland sehr viel milderem Rezeptzwang werden moderne, in Korea unter Lizenz hergestellte Medikamente verkauft, aber auch zahlreiche homöopathische Mittel nach überlieferten Rezepturen umgesetzt.

Krankenhäuser, Erste-Hilfe-Stationen und Arbeitsschutzeinrichtungen sind häufig mit einem grünen Kreuz gekennzeichnet.

In *Notfällen* wende man sich zunächst an die Hotelrezeption, eine Polizeistation oder in Seoul an folgende Krankenhäuser:
Severance Hospital, ☎ 3 22-01 61,
Seoul National University Hospital,
☎ 7 60-1 01 14,
Paik Foundation Hospital, ☎ 2 65-61 21,
St. Marys Hospital, ☎ 7 71-76 00.

Mehrwertsteuer

Eine nach englischem Vorbild gelegentlich »VAT« genannte Mehrwertsteuer von 10% ist allgemein in allen Warenpreisen und Dienstleistungen ohne besonderen Hinweis, nicht aber in den Zimmerpreisen der großen Hotels enthalten.

Museen

Nationalmuseum (National Museum of Korea)
Gelände des Kyongbok-Palastes, Zweigstellen in Chinju, Kongju, Kwangju, Kyongju und Puyo. Bedeutendste vor- und kunstgeschichtliche Sammlung.
9–17 Uhr von April–Oktober, von 9–16 Uhr von November–März, montags geschlossen.

Nationales Volkskundemuseum (National Folklore Museum)
Gelände des Kyongbok-Palastes,
5000 volks- und kulturkundliche Exponate, 9–17 Uhr von April–Oktober, 9–16 Uhr von November–März, dienstags geschlossen.

Nationalmuseum für Moderne Kunst (National Museum of Modern Art)
im Gelände des Toksu-Palastes.
Ostgalerie mit rund 800 Exponaten Malerei, Kalligraphie, Bildhauerei und Kunsthandwerk, Westgalerie für Wechselausstellungen.
Ganzjährig von 9–17 Uhr geöffnet.

Hoam Art Museum
Yongin Family Park, 34 km südöstlich von Seoul, Expressway 4 Richtung Kangnung.
Eine der hervorragendsten Privatsammlungen mit Exponaten zur prähistorischen und Dreireichs-Zeit – u. a. Golddiadem NS 138 aus Kaya, Koryo-Seladon und Metall, Yi-Malerei, Kalligraphie, Porzellan.
März–Juli, September–November 10–17 Uhr.

König Sejong-Gedächtnishalle
Seoul, Vorort Hongnung.
Zu Ehren des größten Yi-Herrschers und der Erfindung des koreanischen Alphabets. Ganzjährig von 9–18 Uhr.

Seoul besitzt mehrere bedeutende Privat- und Universitätsmuseen, für die allerdings eine vorherige (telefonische) Terminvereinbarung erforderlich ist:

Emille-Museum
206 Dungchon dong, Kangso gu, nahe Kimpo Airport. Größte Sammlung – rund 8000 Exponate – an volkstümlicher Malerei.

Handok Medico-Pharma Museum
344 Sangbong dong, Tongdae-mun gu. Traditionelle koreanisch-chinesische Medizin.

Kansong Art Gallery
Samsonkyo, Songbuk-tong, nahe der Hongik Primary School
Malerei, Kalligraphie, Seladon, Porzellan, Literatur der Koryo- und Yi-Epoche.

Korean Christian Museum
Campus der Soongjun University, Sangdo dong, südlich des Han-Flusses: Rund 6000 Objekte aus prähistorischer Zeit, christliche Sammlung, Gedenken an die Sirhak- und Samil-Bewegung.

Korean Embroidery Museum
296-11, 3 ga Eulchi-ro, Chung gu: Rund 300 Stickereiarbeiten seit dem 14. Jh.

Sokcho-won Freilichtmuseum
62 Hongji dong, Chongno gu: Buddhistische Steinbildwerke.

Songam Koso Museum
Taesong-Gebäude, 5. Stock, gegenüber der City-Hall: Alte Buchkunst.

Suk Joo Sun-Museum
Gelände der Dankuk University, Hannam dong: Kulturgeschichtliche Sammlung, Trachten, Modeartikel, Schmuck.

Ewha Womans University
Shinchon dong: Prähistorische Funde, Bronzezeit, Kulturgeschichte.

Seoul National University
Kwanak Campus südlich des Han-Flusses: Rund 6000 Objekte, historische Sammlung, Malerei, Kalligraphie.

Sejong University
Nähe Walker Hill, Kunja dong: 20 000 Objekte von der Jungsteinzeit bis zu Malerei, Kalligraphie, Keramik und Trachten der Yi-Zeit.

Tongguk (Dongguk) University
Pildong, Nordfuß des Nam-san: Buddhistische Kunst und Klosterkultur.

Stromversorgung

Das aus Sicherheitsgründen nach japanischem Vorbild mit 100-Volt-Wechselstrom betriebene Elektrizitätsnetz wird erst nach und nach auf 220 Volt umgerüstet, doch sind derzeit mit nur geringer Leistungsminderung alle auf 110 Volt Spannung umstellbare und mit amerikanischen 2-Pol-Flachsteckern oder Zwischensteckern ausgerüstete Elektrogeräte problemlos benutzbar. Passende Zwischenstecker sind in Korea selbst bei kleinen Straßenkiosken billig erhältlich.

Trinkgelder

Die Fremdenverkehrsverwaltungen und die größeren Hotels bemühen sich, die in Korea traditionell unbekannte und als Entlohnungsform an sich entwürdigende Unsitte des Trinkgeldgebens wieder auszurotten. Das Personal bezieht angemessene Gehälter und trägt häufig sogar Ansteckplaketten mit dem Hinweis ›Please, No Tipping‹, ›Bitte kein Trinkgeld‹. Den Rechnungen werden 10% Bedienungszuschlag zugezählt.

Zahlungsmittel, Währung

Die in Korea gültige Währung kennt ohne Untergliederung nur eine Einheit, den Won (₩) mit Münzen zu 1, 5, 10, 100 und 500 Won und Scheinen zu 500, 1000, 5000 und 10 000 Won. Mitte 1985 pendelte der Kurs um 280 ₩ : 1,00 DM; 100 ₩ zu 0,35 DM.

Zivilschutzübungen

Zumeist am frühen Nachmittag des 15. Tages eines jeden Monats werden zu vorher bekannt gegebener Zeit unter der Zivilbevölkerung Luftschutzübungen abgehalten. Dabei wird mit Sirenengeheul und aus den Fenstern gehängten blauen Fahnen für 20 bis 30 Minuten der Straßenverkehr, alle Geschäftstätigkeit und die Arbeit unterbrochen und die Straßenpassanten aufgefordert, einen der viel zu wenigen Luftschutzbauten, ersatzweise U-Bahn-Stationen aufzusuchen.

Souvenirs und Einkäufe

Die Kauffreude der meisten Korea-Besucher aus Europa, also Ländern mit hochentwickelter Konsumgüter-Industrie, beschränkt sich auf landestypische, handliche und nicht allzu teure Reisemitbringsel. Selbst bei geringwertigen Gelegenheitskäufen können die von der koreanischen Fremdenverkehrswerbung zur Verkaufsförderung ausgegebenen Prospekte durchaus von Nutzen sein, wenn man ein wenig zwischen den Zeilen liest.

Mit *›Wie‹-Hinweisen* auf koreanischen Handelsgewohnheiten sollten praxisnahe Einkaufsempfehlungen beginnen. Der Ratschlag, mit der Sammlung von Einkaufserfahrungen, Markt- und Preisübersichten möglichst in Seouls fünf großen Kaufhäusern mit fest ausgezeichneten Waren zu starten, folgt aus der unter Koreanern sehr verbreiteten Leidenschaft zum Handeln und der Taktik der Händler, nicht mit Preisschildern versehene Waren nach Gutdünken unterschiedlich teuer anzubieten. Nicht gerade in Buch- oder Lebensmittelläden, doch auf Wochenmärkten, vor allem aber bei Straßenhändlern und in den verschiedenen ›Antiquitäten‹-Geschäften sollte man sein Glück versuchen und heftig feilschen und sich keinesfalls von der Behauptung ›Fixed price (fester Preis) abschrecken lassen. Mit Papier und Bleistift wird es auch ohne Wortverständigung gut gehen.

Eine *›Was‹-Liste* der koreatypischen Erzeugnisse nach historischen Vorbildern enthält überwiegend Artikel, die im europäischen Haushalt nur bedingt verwendbar sein dürften. Als recht günstig gelten die schwarz- oder rotglänzenden Lackwaren mit Perlmutt-Einlagen und einem üppigen Angebot von Zigarettendöschen über Vasen und Teller bis zu wandfüllenden Schränken. Relativ preiswert sind allerlei bei uns wegen zu hoher Herstellungskosten schon lange nicht mehr üblicher Messingwaren. Das Angebot macht bisweilen einen etwas ausgesuchten Eindruck und erfordert geduldige Umschau. Das gilt leider auch für Kopien des berühmten Koryo-Seladons oder des Yi-Porzellans, deren größere, sehr teure Repräsentations-Exemplare scheinbar schon lange die Regale hüten und die Nachbestellung der kleineren, zumeist gefälligeren und billigen Mitnahme-Stücke verhindern.

Geradezu unerschöpflich dagegen ist das Angebot kunstgewerblicher Erzeugnisse, die weiterhin Bestandteil des koreanischen Alltags, der Feste oder der traditionellen Kleidung sind. Bei allgemein guter Qualität und angemessenen Preisen gehören zur Auswahl Bambuskorb- und Strohflechtwaren, Tanzmasken aus Papiermaché, einfallsreich bemalte Fächer, Trachtenpüppchen, weibliche Feiertagsgewänder (Hanbok) mit allerlei Ziergehängen, handgearbeitete Stickereien und eine bunte Palette feinster Brokate und Seidenstoffe in koreanischen Mustern.

Nur recht gering wird die Chance sein, Antiquitäten preisgünstig erstehen zu können. Ein halbes Jahrhundert japanischer Fremdherrschaft, der Korea-Krieg und kaufkräftige UN-Soldaten haben den kleinen Bestand illegal und legal stark gelichtet. So ist das Angebot knapp, sehr teuer und nur mit einer allgemein vom Verkäufer zu beschaffenden amtlichen Bescheinigung ausführbar.

Als originelle kleine Gebrauchssouvenirs gelten die Tojang, Namenssiegel, die nach chinesischem Vorbild bei gebildeten Koreanern heute noch in Gebrauch sind. Aus unterschiedlichen Materialien wie Jade, Elfenbein, Holz oder Plastik werden sie mit chinesischen oder lateinischen Schriftzeichen auch für Fremde gefertigt.

Der *›Wo‹-Wegweiser* empfiehlt zunächst den Besuch der verschiedenen Luxushotels mit den üblichen Ladenzeilen, die zwar keineswegs zu den preiswerteren Einkaufsstätten zählen, aber meistens die besten Angebote bereithalten und einen guten Warenüberblick erlauben.

Reisende mit etwas Zeit sollten die Einkaufszentren der Koreaner aufsuchen. Nach ostasiatischer Praxis konzentrieren sich die Geschäfte je nach Branchen in bestimmten Stadtteilen.

Myong-dong, ein Stadtviertel in Seoul etwas östlich der Großhotels, ist Koreas lebhaftestes Einkaufsareal mit unterirdischen Laden-Passagen, fünf Warenhäusern mit Warenpreisschildern neben anderen mehrstöckigen Einkaufsstätten, in denen sich nach dem Basar-Prinzip zahlreiche Einzelhändler mit häufig gleichartigen Artikeln unter einem Dach vereinen.

Chong-ro, Seouls wichtigste West-Ost-Durchgangsstraße, zieht mit vielen Geschäften, einigen Großhäusern, mehreren unterirdischen Passagen und den wichtigsten Buchhandlungen endlose Passantenströme an.

Insa-dong in der nördlichen Innenstadt, von den Amerikanern ›Mary's Alley‹ getauft, vereint Geschäfte mit Antiquitäten, Rollbildern, Kalligraphie und künstlerischem Hausrat zu allerdings sehr stolzen Preisen.

Tongdaemun-Markt etwas westlich des Großen Ost-Tores (Tongdae-mun) ist als wichtiger Markt für Lebensmittel, Hausrat, Konfektionskleidung und als bedeutendstes Seidenzentrum nicht nur bei den Hauptstädtern beliebt, sondern auch eine Augenweide und Fotogelegenheit der ausländischen Touristen.

Namdaemun-Markt in den Straßen östlich des Großen Südtores (Namdae-mun) bietet Lebensmittel und Hausrat zu Preisen an, die ausgehandelt werden können.

Itaewon, eine Straße südlich des Südberges (Namsan), hat sich in zahlreichen Einkaufs- und Vergnügungsstätten mit speziellen Angeboten auf die handelserfahrene Hauptkundschaft aus den benachbarten Kasernen der US-Truppen eingerichtet.

Zollfrei-Geschäfte in einigen Kaufhäuern und an anderen Plätzen der Hauptstadt zeigen nur Einzelmuster zollfrei käuflicher Waren, die bestellt und bezahlt, aber erst bei der Ausreise aus Korea im Flughafen abzuholen sind.

Theater und Konzerte

Einen guten Überblick über aktuelle Kulturereignisse vermittelt das Gratis-Blatt ›This Week in Seoul‹. Die Aufführungen im Sejong-Culture-Center, dem koreanischen Kultur-Palast, sind meist einmalige Veranstaltungen. Überraschend ist das Übergewicht abendländischer Programme über heimische Titel auch in den etwa einem Dutzend anderen Spielstätten.

Die beste Möglichkeit zur Begegnung mit der überlieferten koreanischen Unterhaltung wird Besuchern in den allabendlichen, etwa einstündigen Potpourri-Aufführungen im Korea-Haus, ☏ 266-9101, geboten. Im Unterschied zu den weltweit zumeist verkitschten Touristen-Shows zeigen die Koreaner eine ernsthafte Abfolge der verschiedenen Spielformen, eine interessante Musikinstrumenten-Kunde und farbenfreudig inszenierte Beispiele der ländlichen Feste.

›Typisch koreanisch‹

Ginseng

›Menschenwurzel‹, in unterschiedlicher Umschreibung ›jin-sheng‹ oder ›gin-seng‹, wird sie sehr treffend von den bildhaft denkenden Chinesen genannt, ›in-sam‹ von den Koreanern. Tatsächlich ist das Äußere der je nach Alter acht bis fünfzehn Zentimeter langen Wurzel durch eine obere kopfförmige Abschnürung, armartige Auswüchse an den Seiten und mehrere beinähnliche Wurzelspitzen einem Menschenkörper durchaus vergleichbar; ihr Inneres, Fleisch und Säfte, gilt in Ostasien seit vielen hundert Jahren als hochbegehrte ›Arznei der Arzneien‹, als ›Königin der Heilmittel‹.

Solche sagenhafte Kostbarkeit erlangten die Wurzeln wegen ihres sehr seltenen Vorkommens in bergig-schattigen Regionen Nordamerikas, Nordchinas und Koreas zwischen dem 30. bis 48. Breitengrad. Außerdem benötigt die nichtkletternde Pflanzenart aus der Gattung der Efeugewächse sechs Sommer bis zu nutzbaren Wurzelgrößen. Das alljährlich im April aus den Wurzelköpfen halbmeterhoch schießende Kraut aus tabakblattförmigen Blättern an langen Stilen vertrocknet im Oktober zu Laub; die Doldenblüte ab Mai des dritten Jahres verwandelt sich bis zum Juli in rote Samen.

Unter den je nach Fundorten unterschiedlichen Qualitäten genießen die koreanischen Wurzeln eine Vorzugsstellung wegen tatsächlicher und angeblicher Heilerfolge oder Vorbeugewirkungen. Die große Nachfrage, horrende Preise und Strafandrohung trieben Legionen armer Koreaner in die Berge auf die Suche nach den hochgeschätzten wilden Pflanzen.

Die Wunderwurzel gilt in koreanischen Mythen als heilige Nahrung des Berggeistes, chinesische Legenden schreiben ihre Entdekkung als Zauberdroge, gar als Lebenselixier, ein wenig unglaubhaft schon dem großen Philosophen Laotse etwa um 600 v. Chr. zu. Immerhin sind detaillierte Beschreibungen über sie in den chinesischen Aufzeichnungen vor mehr als 2000 Jahren nachweisbar. In der abendländischen Fachliteratur erschienen erste sehr vage Berichte vor etwa 300 Jahren. Die europäische akademische Bezeichnung *Panax ginseng* hat zwei Väter: Ein deutscher Botaniker kombinierte 1833 aus den griechischen Wörtern *pan* = alles und *axos* = heilen die erste Hälfte *Phanax* = Allesheiler, ein russischer Gelehrter fügte 1843 zur exakten Unterscheidung eine abgewandelte Übersetzung des chinesischen Namens an. Chemische Analysen der Wurzeln begannen 1854 und konnten inzwischen die Anteile der enthaltenen Substanzen bestimmen, doch die wissenschaftliche Erklärung der chemischen und pharmakologischen Wirkungen blieb weiterhin dürftig.

Die ackerbaumäßige Ginseng-Gewinnung war verlockend und wurde seit etwa 1000 Jahren immer wieder versucht, in der Yi-Zeit bevorzugt in den südlichen Provinzen, konnte jedoch die Qualität des wilden Ginsengs nicht erreichen. Erst systematische Förderung in diesem Jahrhundert führte in den Provinzen um Seoul zu besseren Erträgen, obwohl die Ginseng-Kultur weiterhin aufwendig und langwierig bleibt.

So ist allein die Aufbereitung der Felder in den wenigen dafür geeigneten Distrikten eine wahre Wissenschaft. Zu bevorzugen sind nach Norden oder Nordosten flach abfallende Hänge in einer offenen Landschaft mit besonderen Erdstrukturen aus Sand und Löß, die auf einer Tonschicht genug, aber nicht zuviel Feuchtigkeit halten. Ideal sind 1300 mm Jahresniederschlag und nur geringe Schneedecken. Der Boden sollte schon mindestens zehn Jahre urbar sein, in den vorhergegangenen fünf Jahren kein Gemüse getragen sowie in den letzten zwei Jahren gänzlich brach gelegen haben und nach Aufbringung bestimmter Mengen Eichen- und Kastanienlaubs als natürliches Düngemittel mehrfach sorgfältig gepflügt werden. Wegen der starken Abnahme der Bodenmineralien während der drei- bis fünfjährigen Wachstumszeit sollen die Ginseng-Plantagen mindestens 15 bis 20 Jahre ruhen und keine weitere Ginseng-Folge tragen, so daß eine Ginseng-Generation pro Anbau-Lage etwa einer Menschen-Generation entspricht.

Die Entwicklung der Wurzel beginnt stets im November mit der Samenlegung in einem besonderen Saatbeet. Nach etwa 17 Monaten werden im April die jungen Sprößlinge ausgegraben, von der staatlichen Monopolverwaltung als Pflanzgut überprüft und ausgepflanzt. Schon in diesem Stadium sind endgültiges Aussehen und voraussichtliche Erntequalität erkennbar. Die Reihen der Jungpflanzen werden mit einem wetterbeständigen, nach Norden offenen Sonnenschutz aus festen Strohmatten überdacht und während der Winter mit Erdschichten geschützt.

Unabhängig von der Ackerarbeit ist der Ginseng-Anbau ein Rechenproblem: In der bis zu sieben Jahren dauernden Wachstumszeit vermehrt sich von Jahr zu Jahr die Wurzelqualität und damit der Preis beträchtlich, andererseits aber auch die Gefährdung durch Auswinterung, Schädlingsbefall und Felddiebstahl.

Das Verkaufsangebot unterscheidet drei Hauptgruppen: Als grüner Ginseng gelten alle kurz zuvor geernteten und unbehandelten Wurzeln; sie sind nur im Direktverkauf in den Anbaugebieten erhältlich. Der weiße Ginseng soll mindestens vier bis sechs Jahre alt sein und wurde gewaschen und geschält. Der rote Ginseng gilt als höchste Wertstufe und soll sechs Jahre alt, gewaschen, geschält und als Schutzbehandlung gegen Schädlingsbefall gedämpft sein. Er ist nur in staatlichen Lizenz-Läden erhältlich.

Kalender

Schon sehr bald nach der Unabhängigkeit wurde auch von der Republik Korea offiziell der europäische Kalender übernommen. Daneben ist im Privatleben der Koreaner für die Festlegung von Traditionsveranstaltungen und den Jahresablauf der buddhistischen Klöster der alte chinesische Mondkalender in Gebrauch. Die Jahre werden aus zwölf Monaten, 29 bis 30 Tagen gebildet und etwa alle drei Jahre durch einen zusätzlichen Schaltmonat zu wechselnder Zeit ausgeglichen. Daher pendeln die Jahresanfänge zwischen dem 20. Januar und dem 20. Februar.

Die Zuordnung von zwölf Tiercharakteren zu einem ganzen Jahr und ihre Verknüpfung mit den sogenannten ›Antrieben‹, ergibt den in ganz Ostasien populären Sechzigjahreszyklus und die Basis astrologischer Spekulationen. Als Dekorationselement an Tempelwänden, Grabtafeln, auch Packpapier und anderem Gebrauchsgut posieren Ratte, Ochse oder Büffel, Tiger oder Katze, Drache, Schlange, Pferd, Ziege oder Schaf, Affe, Hahn, Hund und Schwein.

Klosteraufenthalt

Recht großer Beliebtheit bei Studenten erfreut sich die Möglichkeit, in der Ruhe der buddhistischen Klöster einen Teil der sommerlichen Semesterferien zu verbringen. Wohl wird die Einhaltung der Mahlzeiten und der Nachtruhe erwartet, nicht aber die Einordnung in den allgemeinen Ordensbetrieb. Vegetarische Kost und Gemeinschaftslogis mit koreanischen Fußbodenbetten in Pilgerherbergen kosten zwischen umgerechnet 50 bis 100 Mark pro Woche.

Die koreanischen Mönchsgemeinschaften haben sich den reinen Meditations-Buddhismus ohne subtiles ›Beiwerk‹ – wohl in Rückbesinnung auf die Urform, aber gewiß auch als Folge jahrhundertelanger staatlicher Unterdrückung – erhalten. Zur Pflege eines weltabgewandten Lebens bieten die in der Berglandschaft gelegenen Klöster und Einsiedeleien beste Bedingungen.

Keineswegs nur Mönche drängen sich zu den Son-Kursen, die ganzjährig mit nur wenigen Monaten Unterbrechung in zehn Hauptklöstern Südkoreas abgehalten werden. Auch einfache Bürger lösen sich für einige Monate oder Jahre aus ihrem Lebenskreis und suchen in der Stille der Meditation seelische Ausgewogenheit.

Bereitwillig werden von den Klöstern auch ausländische Teilnehmer zu den Kursen aufgenommen. Für Laien und kurzzeitige Besucher halten sich einige mittelgroße Klöster im Umland von Seoul bereit, für längere Meditationsunterweisungen und buddhistische Mönche aus anderen Ländern ist das Kloster Songkwang in Cholla Nam-do die richtige Adresse.

Nationalfahne

Unter allen Nationalfahnen zeichnet sich die südkoreanische gewiß durch den tiefgründigsten Symbolgehalt aus. Vor etwa 100 Jahren in patriotischen Zirkeln entworfen und 1895 erstmals gezeigt, wurde sie Ausdruck des Ringens um nationale Selbständigkeit in einer Zeit politischer, sozialer und religiöser Unruhen. Als Sinnbild des passiven Widerstandes gegen die japanische Fremdherrschaft war sie lange Zeit verboten, erstaunlicherweise überlebte in Seoul ein Flachrelief am Tongnip-mun, dem Tor der Unabhängigkeit von China. Somit spiegelt die

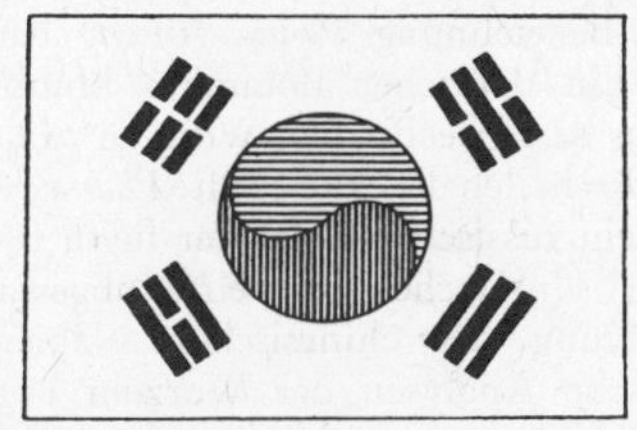

südkoreanische ›Taeguk-ki‹ = Korea-Fahne die Geschichte der Freiheit wider.

Auf weißem Untergrund repräsentiert das Yin-Yang-Emblem das ostasiatische Verständnis vom Wechselspiel des männlich-aktiven Yang mit dem weiblich-passiven Yin. Die vier Balken-Trigramme gehören zur Gruppe der acht Pakua aus dem fast 4500 Jahre alten chinesischen I Ging, dem ›Buch der Wandlungen‹. Drei ganze Stäbe stehen für den Himmel, die Vollkommenheit, zwei gebrochene und ein ganzer Stab für das Feuer, drei gebrochene Stäbe für die Erde und zwei ganze sowie ein gebrochener Stab für das Wasser. Damit kann der ideelle Grundgedanke der Taeguk-ki als Harmonie trotz allen Wandels, im weiteren Sinne als Ewiger Friede gedeutet werden.

Nationalhymne

Täglich um 17 Uhr erschallt aus allen Radios und Lautsprechern an öffentlichen Gebäuden die koreanische Nationalhymne ›Taeguk-ka. Während der gleichzeitigen Flaggeneinholung sollen alle Straßenpassanten achtungsvoll verharren.

Der vom Dichter An Chang Ho während der japanischen Besetzung verfaßte und später von einem vergessenen Komponisten vertonte Text ›Heimatliebe‹ gilt als Ausdruck der Sehnsucht nach einem selbständigen und freien koreanischen Einheitsstaat (übersetzt von André Eckardt).

Bis Ostmeer und der Päktusan
vertrocknen und vergehn
möge Gott beschützen unser Land
tausend, abertausend Jahre!

Dreitausend Li durch Hibiscus
eng verbundenes Gebiet
laßt uns Koreaner Tähan
in Einheit stets behüten!

Koreanische Redewendungen

Ja; nein	Ye; anio
Danke sehr	Kamsa hamnida
Entschuldigen Sie!	Sille hamnida
Es tut mir leid!	Mian hamnida
Guten Morgen, Guten Tag, Guten Abend	Annyong hasimnika
Auf Wiedersehen!	To mannapsida!
Leben Sie wohl!	Annyonghi kasipsiyo
Hallo!	Yoboseyo!
Sprechen Sie Englisch?	Yong-o halsu issumnika?
Sprechen Sie Deutsch?	Tok-o halsu issumnika?
Westdeutschland	So tok-il
Ich heiße …	Naui(Nawi)iruman … imnida
Verstehen Sie mich?	I hae haseyo?
Wo ist …?	… un odi issumnika?
Wie kommt man nach …?	… un odiro gamnika?
Wieviele Kilometer ist es von hier?	Yogi eso myot kilomet imnika?
Wieviel Zeit braucht man?	Olmana kollimnika?
Es dauert …	… kollimnida.
30 Minuten; 1 Stunde	samsip pun; han sikan
Wie heißt dieserPlatz, Ort, Stelle, Straße?	Yogi-nun odi imnika?
geradeaus; rechts; links	Pa-ro; u-ro; chwa-ro
Bitte hier halten	Sewo chuseyo
Einen Moment, bitte	Cham kan man kitariseyo
Flughafen; Bahnhof	Konghang; Yok
Express-Bus-Terminal	Kosok bass terminal
Postamt; Bank	Uche-guk, Unhaeng
Polzei; Polizeiwache	Kyongchal; Pachul-so
Eingang; Ausgang	Ipku; Chulku
Gute koreanische Herberge	cho-un Yogwan
Haben Sie …?	… i issumnika?
Das ist gut; Das ist schlecht	Chosumnida; Nappumnida
Wieviel kostet es?	Olma imnika?
Das ist recht teuer	Pissamnida
Wieviel Diskount geben Sie?	Discountu-rul halsu issumnika?
Korean. Restaurant; Teestube	Siktang; Tabang
Bringen Sie mir bitte …	… chom kata chuseyo
Kaffee; Bier; Trinkwasser	Kopi; Maekchu; Naeng su
Die Rechnung, bitte!	Kaesano-rul chuseyo

1; 10; 100	il; sip; paek
2; 20; 200	ie; iesip; sampaek
3; 30; 300	sam; samsip; sampaek
4; 40	sa; sasip
5; 50	o; osip
6; 60	yuk; yuksip
7; 70	chill; chillsip
8; 80	pal; palsip
9; 90	ku; kusip
1000; 2000; 3000	chon; iechon; samchon
10 000; 20 000	man; ieman
100 000	simman

Das koreanische Hangul-Alphabet und die Umschriften nach Mc Cune-Reischauer (links) und dem vom Erziehungsministerium entwickelten System (MOE = Ministery of Education).

Hangul
Koreanische Schrift

Übersetzungs-Systeme: Druck-Zeichen / handschriftlich; Mc Cune / offiziell

ㅇ Leerzeichen – unterscheidet → vokalisch anlautende Silben. Nicht mit „-ng" zu verwechseln

Hangul	Mc Cune	offiziell
ㄱ	k, g	g
ㄲ	kk	gg
ㄴ	n	n
ㄷ	t,d	d
ㄸ	tt	dd
ㄹ	l,r	l,r
ㅁ	m	m
ㅂ	p,b	b
ㅃ	pp	bb
ㅅ	s	s
ㅆ	ss	ss
ㅇ	-ng	-ng
ㅈ	ch,j	j
ㅉ	tch	jj
ㅊ	ch'	ch
ㅋ	k'	k
ㅌ	t'	t
ㅍ	p'	p
ㅎ	h	h
ㅏ	a	a
ㅐ	ae	ae
ㅑ	ya	ya
ㅒ	yae	yae
ㅓ	o	eo
ㅔ	e	e
ㅕ	yo	yeo
ㅖ	ye	ye
ㅗ	o	o
ㅘ	wa	wa
ㅙ	wae	wae
ㅚ	oe	oe
ㅛ	yo	yo
ㅜ	u	u
ㅝ	wo	weo
ㅞ	we	we
ㅟ	wi	wi
ㅠ	yu	yu
ㅡ	u	eu
ㅢ	ui	eui
ㅣ	i	i

Glossar

Vgl. auch ›Buddhistische Heilsgestalten, Götter, Geister und Gemäldezyklen‹ S. 127ff.
(Skt. = Sanskrit; Kor. = sinokoreanisch und koreanisch; Chin. = chinesisch; Jap. = japanisch; Lat. = lateinisch)

Adi-Buddha — Skt. Ur-Buddha. Vorstellung bestimmter Lehrrichtungen des tantrischen Buddhismus von einem seit Uranfang existierenden Buddha-Wesen, aus dem durch schöpferische Meditation alle Buddhas, Bodhisattvas und der Kosmos hervorgeht, der sich nicht essentiell, sondern nur im ›Feinheitsgrad‹ von ihm unterscheidet. In Ostasien wird Vairocana als Ur-Buddha verehrt.

Animismus — Lat. anima, Seele. Frühstufe menschlicher Religiosität, Glaube an die ›Beseelung‹ der Natur.

Apsaras — Skt. ›Wasserwandlerinnen‹, Nymphen im Paradies des Götterkönigs Indra.

Arhat (kor. Nahan) — Skt. Heiliger, der den von Buddha vorgezeichneten Edlen Achtfachen Pfad der Erlösung vollendet hat. Egozentrisches, auf Selbstbefreiung abzielendes Ideal des älteren Buddhismus.

Arupadhatu — Skt. Region der Formlosigkeit, Transzendenz. Eine der drei kosmischen Ebenen, vgl. Kamadhatu, Rupadhatu.

Avatamsaka-Sutra (kor. Hwaom-gyong) — Skt. ›Kranz des Buddha‹, Blütengirlanden-Sutra. Grundlegende Lehrschrift der chin. Huayen- und der kor. Hwaom-Schule.

Bodhi — Skt. Erleuchtung

Bodhisattva (kor. Posal) — Skt. Erleuchtungswesen. Leitbild des Mahayana, Verkörperung von Tugenden, Vorbild und Nothelfer der Lebewesen, geistiger ›Sohn‹ der Buddhas.

Brahma — Skt. altindischer Schöpfergott, Personifizierung des neutrischen Brahman.

Brahman — Skt. Weltseele, Weltgeist, Absolutes.

Brahmanen — Priester und Gelehrte, Hüter des heiligen Wissens (Brahman), oberster der vier Stände der indischen Gesellschaftsordnung, aus der zahllose Kasten hervorgingen.

Buddha (kor. Pul, Bul) — Skt. Erwachter, Erleuchteter. In der gegenwärtigen Weltperiode lebte der historische Buddha unter dem Namen Siddhartha Gautama aus der Volksgruppe der Shakya, daher Shakyamuni. Das Mahayana glaubt an zahllose Buddhas zu allen Zeiten in einem unendlichen Kosmos.

Cakra — Skt. Rad. Symbol für das Weltgesetz und die ihm innewohnende (buddhistische) Lehre = Dharmacakra

Changgo — Kor. Stundenglastrommel

Changsung — Kor. Geister- und Ahnenpfähle schamanistischen Ursprungs zur Dämonenabwehr. Unter taoistisch-konfuzianischem Einfluß paarweise Pfeiler des langen Lebens als ›General und Generalin über und unter der Erde‹.

Chapsang — Kor. Groteske Dachreiter (Mönch, Affe, Schwein, Fisch usw.) zur Dämonenabwehr.

Chesok — Kor. Himmelsgott und Herr der Schöpfung, Abwandlung des altindischen Götterkönigs Indra oder Shakra und des taoistischen Jadekaisers Okhwang Sangje.

Chilsong — Kor. Sieben Weise, die auf dem Siebengestirn residieren, Siebensterngeist.

Chilsong-nim — Kor. Herr des Siebengestirns, identisch mit dem Himmelsgott Chesok.

Chonbul-jon — Kor. Halle der Tausend Buddhas zum Gedächtnis des Wunders von Shravasti, wo sich Shakyamuni nach allen Richtungen vervielfachte. Synonym für zahllose Buddhas zu allen Zeiten.

Chogye-jong — Führende, zölibatäre buddhistische Sekte Koreas.

Chondo-gyo — Kor. Religiös-sozial-politische Reformbewegung im 19. Jh., hervorgegangen aus der Tonghak-Bewegung

Deva, Devi — Skt. Gott, Göttin. In den Buddhismus meist als Schützer der Lehre = Dharmapala im Bodhisattva-Rang integriert.

Dharma — Skt. Weltgesetz, kosmische Ordnung und die ihr innewohnende Vergeltungskausalität = Karma. Von Buddha verkündet, daher auch Bezeichnung der buddhistischen Lehre.

Dharmakaya — Skt. Leib der Weltgesetzlichkeit. ›Körper‹ des Ur-Buddha in der Region der Formlosigkeit, eine von drei Offenbarungsebenen (vgl. Sambhogakaya, Nirmanakaya). In Tempeln dargestellt als Buddha-Triade Vairocana, Shakyamuni, Lushena (Pirochana, Sokkamoni, Nosana).

Dharmapala (kor. Sinchang) — Skt. Schützer der (buddhistischen) Lehre, etwa himmlischer Krieger.

Dolmen — Keltisch Steintisch. Prähistorische Steinsetzung.

Drei Juwelen, dreifaches Kleinod — Skt. Triratna. Die Lehre = Dharma, der Erwachte, Erleuchtete = Buddha und die Gemeinde = Sangha der Mönche und Nonnen, später auch der Laien. In koreanischen Tempeln verkörpert in den drei Buddhas Amitabha, Shakyamuni und Bhaishajyaguru (Amita, Sokkamoni, Yaksa Yorae).

Dvarapala (kor. Inwang oder Kumgang Sinchang) — Skt. Torschützer. Paarweise Athleten oder grimmige Krieger an Tempelpforten, meist im Erlösungs- oder Diamanttor (Haetal-mun oder Kumgang-mun).

Gandhara — Ehemaliges Nordwestindien (nördliches Pakistan, östliches Afghanistan). Entwicklung des Buddhabildnisses unter hellenistisch-iranisch-römischem Einfluß.

Gandharvas — Skt. Himmelsmusikanten, Gatten der Apsaras.

Geomantik — Aus dem Griechischen: Weissagekunst der Erdkräfte.

Gorinto (kor. Pudo) — Jap. Buddhistisches Kleinreliquiar für Asche und Erinnerungsgegenstände in fünfteiliger ›Elementen‹-Form.

Hangul — Phonetische Schrift zur exakten Wiedergabe der koreanischen Sprache, entwickelt unter König Sejong (1418–1450).

Haetae — Kor. Fabelwesen, ›Hundelöwen‹ als paarweise Tor- und Grabwächter und Feuerschützer.

Hinayana — Skt. Kleines, geringes Fahrzeug (zur Erlösung). Bezeichnung des älteren Buddhismus, der als Schule der Alten = Theravada noch in Sri Lanka, Burma und Thailand volkstümlich abgewandelt lebt.

Hwaom-jong — Kor. s. Avatamsaka-Sutra und -Schule.

Hwarang — Kor. Blütenjunker, Ritterkorps der Silla-Zeit.

Hyangga — Ländliche Lieder, Anfänge der koreanischen Dichtung im 8. Jh.

Idu — Chinesische Schriftzeichen zur phonetischen Wiedergabe der koreanischen Sprache, entwickelt von Sol Chong im 7./8. Jh.

Inwang — Kor. Zwei Könige, vgl. Dvarapala, Kumgang Sinchang.

Kagok Kor. Lyrisches Kunstlied.

Kalpa Skt. Weltzeitalter. Unterteilung der Ewigkeit, des sich ständig wiederholenden Weltenlaufs in einzelne Abschnitte.

Kamadhatu Skt. Region der Begierde, Wunschsphäre. Wiedergeburtenkreislauf unerlöster Wesen je nach dem Stand ihres Karma als Gott, Halbgott (Titan), Mensch, Tier, Höllenwesen oder Hungergeist.

Karma(n) Skt. Tat. Vergeltungskausalität. Gesetz der Taten, Worte und Gedanken, nach dem jedes Lebewesen die Qualität seiner nächsten Wiedergeburt selbst bestimmt.

Kasa (Sibi Kasa) Kor. Lyrische Gedichte und ein Zyklus von 12 Kunstliedern

Kayagum Kor. Wölbbrettzither mit 12 Saiten aus dem Fürstentum Kaya.

Kisaeng Kor. Gebildete Gesellschaftsdame, Vorbild der japanischen Geishas.

Kolpum Kor. Gebeinlinie. Klansystem des Silla-Reiches, das nur Heiraten innerhalb der Aristokratie erlaubte. Unterteilt in Songgol, ›heiliger‹ Knochen, und Chingol, ›echter‹ Knochen.

Kshatriya Skt. Altindischer Kriegeradel, dem auch der historische Buddha entstammte. Rangiert hinter den Brahmanen.

Kukhak Kor. Staatsuniversität.

Kuknak-jon Kor. Klosterhalle, in der Amitabha-Buddha in seinem Paradies oder Reinen Land im Westen verehrt wird, kurz Paradieseshalle.

Kuksa Kor. Nationallehrer, vom König verliehener Titel.

Kumgang Sinchang Kor. Diamantgeneräle, himmlische Krieger zum Schutz des Buddha und seiner Lehre, der Heiligtümer und der Mönchs- und Laiengemeinde, meist paarweise im Erlösungs- oder Diamanttor (Haetal-mun oder Kumgang-mun) vgl. Inwang, Dvarapala.

Lamaismus Tibetischer Buddhismus, von tib. Lama, ein hochrangiger Mönchsgelehrter.

Lokapala (kor. Sachonwang) Skt. Welthüter. Die Vier Himmelskönige als Schützer der Haupthimmelsrichtungen auf dem Gipfel des Weltberges Meru, als machtvolle göttliche Krieger in den Buddhismus integriert. Meist plastisch im Tor der Vier Himmelskönige (Sachonwang-mun) und gemalt im Gefolge der Buddhas.

Madhyamika Skt. Mittelweg. Mahayanische Philosophenschule des Südinders Nagarjuna im 2. Jh. n. Chr.

Magatama (Kor. Gok-ok) Jap. Gekrümmte Amulette, besonders aus Jade, während der prähistorischen und Dreireichszeit.

Mahayana Skt. Großes Fahrzeug (zur Erlösung). Zweite Entwicklungsstufe des Buddhismus, etwa seit dem 1. Jh. v. Chr. Mehrere, erweiterte Möglichkeiten der Heilssuche – auch für Laien, Erlösungshilfe durch Bodhisattvas.

Mandala Skt. Kreis. Diagramm zur Wiedergabe des mystischen Weltbildes und stufenweisen Erkenntnisweges, ein Kosmo- und Psychogramm als Meditationshilfe.

Mansin Kor. 10 000 Geister, Bezeichnung für Geisterbeschwörerinnen, vgl. Mudang.

Mara Skt. Verkörperung des Bösen. Versucher, der Buddha an seiner Erlösung und der Verkündung der Lehre zu hindern trachtete.

Menhir Keltisch Langstein, prähistorische Steinsetzung.

Meru, Sumeru Weltberg der indischen Kosmographie, Götterberg.

Moricho Kor. Vasenmotiv in Tempel- und Palastmalereien.

Mudang Kor. Geisterbeschwörerin, Schamanin.

Mudra Skt. Siegel. Symbolische Handgesten, mit der bestimmte Geisteshaltungen ausgedrückt werden.

Myongbu-jon Kor. Gerichts- oder Höllenhalle in buddhistischen Klöstern mit Darstellungen der Unterwelt.

Myongbu Siwang Kor. Zehn Richterkönige der Höllen.

Nahan Kor. s. Arhat

Nimbus Lat. Wolke. Heiligenschein, im Buddhismus Zeichen der welterleuchtenden Weisheitsstrahlung, die als Lichtscheibe das Haupt, manchmal auch den Körper, von Buddhas, Bodhisattvas und Arhats umgibt.

Nirmanakaya Skt. Verwandlungskörper. Irdischer Erscheinungsleib eines Buddha, vgl. Dharmakaya, Sambhogakaya.

Nirvana Skt. Verlöschen, Verwehen der drei Grundübel Gier, Haß und Verblendung, gleichzusetzen mit der Erlösung im buddhistischen Sinne. Stillstand des Wiedergeburtenkreislaufes, volkstümlich als Paradies mißverstanden.

Ogye Kor. Fünf Moralregeln, geschaffen vom Silla-Mönch Wonkwang als Hwarang-Kodex.

Pagode Skt. port. Bezeichnung der ostasiatischen, turmartigen Weiterentwicklung des indischen Stupa.

Pali-Kanon Älteste Sammlung buddhistischer Schriften, abgefaßt in der mittelindischen Pali-Sprache auf Sri Lanka (Ceylon), vgl. Tripitaka.

Palsang Kor. Acht Bilder. Gemäldezyklus der wichtigsten Lebensstationen des historischen Buddha.

Pansori Kor. Eine Art Volksoper mit einem(r) Sänger(in), ›musikalisches Solo-Schauspiel‹ oder Epengesang mit Trommelbegleitung.

Pari-Nirvana Skt. Endgültiges Nirvana, leiblicher Tod eines Erleuchteten.

Parivara Skt. Gefolge, ›Familie‹ eines Buddha – meistens seine Jünger und deren Nachfolger = Arhats, Erleuchtungswesen = Bodhisattvas, Himmelskönige oder Welthüter = Lokapalas, verehrende und musizierende Himmelswesen = Apsaras und Gandharvas.

Pradakshina Skt. Rituelle Rechtsumwandlung eines verehrungswürdigen Gegenstandes, bes. eines Stupa oder Kultbildes. Nachvollzug des Sonnenlaufs und der Weltgesetzlichkeit.

Punchong Kor. Pudergrün. Keramikgattung der Yi-Zeit.

Rupadhatu Skt. Region der (reinen, himmlischen) Formen, vgl. Sambhogakaya.

Sachonwang Kor. Vier Himmelskönige, vgl. Lokapala.

Saddharmapundarika-Sutra Skt. Lotos des Guten Gesetzes, kurz Lotos-Sutra, eines der Grundbücher des Mahayana.

Sambhogakaya Skt. Leib der himmlischen Wonne, Genußkörper. Reflexe des Ur-Buddha und anderer Heilsgestalten, die geistig Gereifte während der Versenkung als Visionen aus Himmelssphären (Rupadhatu) wahrnehmen können.

Samguk Sagi Kor. Geschichte der Drei Königsreiche, im 12. Jh. verfaßt von Kim Pusik.

Samguk Yusa Kor. Überlieferung der Drei Königreiche, im 13. Jh. verfaßt vom Mönch Iryon (Ilyon).

Samsin oder Samsong Kor. Drei Geister oder drei Weise. Verschiedene Triaden des Volksglaubens: der altkoreanische Himmelsherr Hwanin oder Hananim, der indisch-buddhistische Chesok und der taoistische Jadekaiser Okhwang Sangje, als Hausgötter entsprechen ihnen Songjo, Chesok und Taegam, in buddhistischen Klöstern der Berg-, Einsiedler- und Siebensterngeist (Sansin, Toksong, Chilsong).

Sangnom/Sangmin Kor. Die Masse der ›Gemeinen‹, arbeitende Bevölkerung, unter denen Sklaven und verachtete Berufe rangierten.

Sansin Kor. Berggeist.

Samsara Skt. ›Umherwandern‹, karmisch bedingter Wiedergeburtenkreislauf, im Abendland als Seelenwanderung mißverstanden.

Sarira, Sharira Skt. Reliquien.

Schamanismus Aus dem Tungusischen stammende Bezeichnung archaischer Religionspraktiken sibirischer Jägerkulte: Geisterbeschwörung, Orakel, Totengeleit, Jagd- und Regenzauber, Jenseitsreisen auf dem Weltenbaum und mit Tierhilfsgeistern.

Schamane Geisterbeschwörer, Medium zum Wohle eines Stammes, einer Gemeinschaft, im Laufe der Zeit mit priesterlichen Eigenschaften ausgestattet.

Seladon Aus dem Französischem stammende Bezeichnung für hartgebranntes Steinzeug oder Porzellan mit grüner, blau-grüner oder grauer Glasur asiatischer Herkunft.

Shakti Skt. Weiblich hervorbringendes Prinzip, Schöpferkraft eines Hochgottes, besonders des Shiva.

Shakyamuni Skt. Der Shakya-Weise, Bezeichnung des historischen Buddha, der dem nordindischen Fürstenklan der Shakya entstammte.

Shunyata Skt. Leerheit als Synonym des Absoluten. Kernbegriff der Philosophenschule des Nagarjuna, vgl. Madhyamika.

Sijo Kor. Dreizeiliges Gedicht.

Sin Kor. Geist, übernatürliches Wesen.

Sinchang Kor. Geistgeneral, in den Buddhismus als Schützer der Lehre integriert.

Sinchang-tan Kor. Gemäldetyp mit einer großen Versammlung himmlischer Krieger.

Sirhak Kor. ›Praktische Wissenschaft‹. Im 18. Jh. entstandene Mischung aus westlichem Pragmatismus und neu erwachtem Patriotismus, Gegenströmung zum erstarrten Konfuzianismus.

Song Kor. Weiser, Geist.

Sowon Kor. Konfuzianische Akademie, Literaturschule.

Stupa Skt. Altindisches Hügelgrab. Ältestes buddhistisches Heiligtum, Erinnerungsmal für Buddhas und Heilige, Behälter für Reliquien, Schriften und Votivgaben, im Mahayana auch Monumentalbauten des mystischen Weltbildes und stufenweisen Heilsweges.

Sukhavati Skt. Glücksland. Westliches Reines Land oder Paradies des Amitabha-Buddha, im Volksglauben mit dem Nirvana identifiziert, aber nur eine Vorstufe zu diesem.

Sutra Skt. Leitfaden. Predigten Buddhas, Lehrschriften.

Swastika Skt. Altindisches Sonnen- und Heilszeichen, Hakenkreuz, eines der Glückzeichen des Buddha.

Taego-jong Kor. Nicht zölibatäre buddhistische Sekte.

Taejong-gyo Kor. ›Lehre des Großen Vorfahren‹. Zu Beginn des 20. Jh. entstandene Wiederbelebung der Urreligion, in deren Mittelpunkt Tangun, der halbgöttliche Ahne der Koreaner, steht; daher auch Tangun-gyo.

Taesa Kor. Höchster Rang buddhistischer Mönche.

Taeung-jon Kor. Halle des Großen Helden. Klosterhalle (meistens die Haupthalle) mit einem Kultbild des Shakyamuni.

Tanchong Kor. Rot-Blau, Gebälkmalerei in Tempeln und Palästen.

Tantra Skt. Gewebe. Lehrsystem der mikro-makrokosmischen Verwobenheit.

Tantrayana	Skt. Fahrzeug der Tantra-Texte. Magisch-okkulter Buddhismus, dritte Entwicklungsstufe der Heilslehre für Eingeweihte.
Tantrismus	Skt. Wiederaufleben altindischer Glaubenspraktiken zur Erzielung der mikro-makrokosmischen Einheit. Magie, Okkultismus, Yoga, Sexualpraktiken, Mystik. Beeinflußt alle indischen Religionen.
Tao	Chin. Weg, Bahn des Universums, Urgrund des Seins, Absolutes.
Taoismus (Daoismus)	Chin. Mystisch gefärbte Philosophie, Gegenströmung zum rationalen Konfuzianismus mit gleicher Zielsetzung: Harmonische Ausgewogenheit von Mensch und Kosmos. In volkstümlicher Form eine Zauberreligion mit einer vielschichtigen Götterwelt und farbenprächtigen Ritualen.
Tathagata	Skt. Der So-Gekommene oder So-Gegangene (wie andere Buddhas vor und nach ihm auch). Bezeichnung des Buddha als Verkörperung eines ewig wiederkehrenden Weltprinzips zur Verkündung der Heilslehre.
Toksong	Kor. Einsiedlergeist, Heiligentyp des Waldeinsiedlers.
Tonghak	Kor. ›Östliche Lehre‹. Religiös-soziale Reform- und Revolutionsbewegung im 19. Jh. Zählt heute als Chondo-gyo zu den Religionen.
Trikaya	Skt. Drei Körper. Vorstellung der esoterischen Einheit der drei Leiber des Ur-Buddha (Dharmakaya, Sambhogakaya, Nirmanakaya).
Triloka	Skt. Die altindische Dreiwelt. Im buddhistischen Sinne die Welt der Begierde = Kamadhatu, der reinen, himmlischen Formen = Rupadhatu und der Formlosigkeit oder Transzendenz = Arupadhatu.
Tripitaka	Skt. Dreikorb. Sammlung der ältesten buddhistischen Schriften in drei großen Körben. Nach der Originalsprache auch Pali-Kanon, bestehend aus den Mönchsregeln = Vinaya, Buddhas Lehrreden = Sutras und Kommentaren und Metaphysik = Abhidharma.
Triratna	Vgl. Drei Juwelen.
Tumulus	Lat. Grabhügel, alt-eurasische Bestattungsart.
Tushita	Skt. Die vierte Himmelsregion, in der künftige Buddhas ihre Herabkunft zur Erde abwarten.
Upanishaden	Skt. Geheimlehren. Die ältesten philosophischen Traktate der Inder, begonnen um 800 v. Chr. Tiefsinnige Erlösungsmystik über die Ureinheit von Individual- und Weltseele (Atman-Brahman).
Vajra	Skt. Diamantzepter. Ursprünglich Donnerkeil oder Blitzbündel des Gewitter- und Himmelsgottes Indra, dessen Funktion der frühbuddhistische Vajrapani übernahm. Im Vajrayana Symbol der diamantklaren Erkenntnis und des Absoluten. Als Ritualinstrument Zeichen des aktiven männlichen Prinzips, das sich mit der Glocke, dem Sinnbild des passiven Weiblichen, verbindet.
Vajrayana	Skt. Diamant-Fahrzeug. Wichtigster Zweig des tantrischen Buddhismus vor allem im tibetanischen Einflußbereich, in Ostasien in nicht erotisierter Form ohne Sexualdarstellung.
Veda	Skt. Wissen. Göttliche Offenbarung, Standesliteratur der Arier, zwischen 1200 und 500 v. Chr. entstanden. Am bekanntesten: der Rigveda, die Upanishaden und die Priester- und Opfertexte (Brahmanas).
Vedismus	Skt. Die Religion der (vedischen) Arier, die sich später mit volkstümlichem altindischem Glaubensgut zum Hinduismus entwickelte.
Vier Edle Wahrheiten	Inhalt der ersten Predigt des historischen Buddha im Gazellenhain von Sarnath bei Varanasi (Benares) über Ursache und Behebung des Leidens.
Vinaya	Skt. Mönchsregeln, Teil des Tripitaka.
Wonbul-gyo	Kor. ›Lehre vom runden Buddha‹. Neubuddhistische Sekte.

Wu Wei	Chin. Nichthandeln. Harmonische Einfügung des Menschen in den Lauf des Kosmos (Tao), Grundzug der Philosophie des Laotse.
Yangban	Kor. Zwei Gruppen. Der Zivil- und Militäradel, die Führungsschicht der konfuzianischen Gesellschaft.
Yin und Yang (Um und Yang)	Chin. Polare Urkräfte, die das All durchwalten. Yin das passiv hervorbringende, materielle, Yang das aktive, zeugende, geistige Prinzip. Als dunkle und helle Hälfte eines Kreises Symbole für den harmonischen Wandel des Kosmos.
Yoga	Skt. ›Anjochen‹ (der Sinne). Körperlich-ethisch-geistiger Erkenntnisweg in 8 Stufen zur Erlangung der Einheit von Mensch und Kosmos (Mikro-Makrokosmos). Als Yogacara in manchen Schulen des Diamant-Buddhismus.
Yongsan-jon	Kor. Halle des Heiligen Berges zum Gedächtnis an Buddhas Bergpredigt im Kreis der 500 Arhat.
Zen (kor. Son)	Jap. Meditation. Aus Skt. Dhyana und chin. Chan.

Register

Personen, Völker, religiöse Gestalten
(siehe auch Glossar S. 393 ff., Volksgötter S. 51 f., Ikonographie S. 117 ff. und 127 ff.)

Orte und Länder

Von Anneliese und Peter Keilhauer erschienen in unserem Verlag:

Die Bildsprache des Hinduismus
Die Götterwelt und ihre Symbole

259 Seiten mit 22 farbigen und 184 einfarbigen Abbildungen und Zeichnungen, Glossar, Literaturhinweisen, Register (DuMont Taschenbücher, Band 131)

»Das Autorenpaar, seit 15 Jahren intensiv mit den Religionen des Mittleren und Fernen Ostens beschäftigt, führt anhand zahlreicher Abbildungen in Bildsprache und Symbolik der vielgestaltigen Götterwelt des Hinduismus ein. Die vor allem auf ikonographische Aspekte gerichtete Darstellung ist für jeden am Thema interessierten Leser zugänglich.«

Informationsdienst der Einkaufszentrale für öffentliche Bibliotheken

Ladakh und Zanskar
Lamaistische Klosterkultur im Land zwischen Indien und Tibet

416 Seiten mit 52 farbigen und 105 einfarbigen Abbildungen, 207 Zeichnungen und Plänen, 20 Seiten praktischen Reisehinweisen, Literaturangaben, Register (DuMont Kunst-Reiseführer)

»Eine ausgezeichnete Einführung in die komplizierten ›Zusammenhänge und Hintergründe der lamaistischen Klosterkultur‹ bietet der vorliegende Band. Zahlreiche Fotos und Schemata erleichtern das Lesen und das Verständnis, machen die schwierige Materie anschaulich und plastisch.«

Die Zeit

Bitte beachten Sie auch folgende Veröffentlichungen aus unserem Verlag:

Japan Tempel, Gärten und Paläste
Einführung in Geschichte und Kultur und Begleiter zu den Kunststätten Japans

Von Thomas Immoos und Erwin Halpern. 268 Seiten mit 15 farbigen und 185 einfarbigen Abbildungen, 34 Zeichnungen, Karten und Plänen, 16 Seiten praktischen Reisehinweisen, Register (DuMont Kunst-Reiseführer)

»Der vorliegende Band wird nicht nur allen Wandlungen, die das Land durchgemacht hat, gerecht, es führt auch hin zu Geschichte und Literatur, zu Theater, Kunst und Architektur und weist daneben die Beschreibung von 19 Reise-Routen auf, auf denen man die wichtigsten Kunstschätze des Landes kennenlernt. Eine gute Karte und umfassende praktische Hinweise machen den Band zu einem vorbildlichen Reiseführer.«

Wiesbadener Tagblatt

»Richtig reisen«: Peking und Shanghai

Von Uli Franz. 334 Seiten mit 46 farbigen und 138 einfarbigen Abbildungen, 84 Seiten praktischen Reisehinweisen

Kleine Geschichte der japanischen Kunst

Von Renée Violet. 236 Seiten mit 14 farbigen und 91 einfarbigen Abbildungen und didaktischen Zeichnungen, Register, ausführlicher Bibliographie, Zeittafel (DuMont Taschenbücher, Band 148)

Kleine Geschichte der chinesischen Kunst

Von Anita Rolf. 340 Seiten mit 29 farbigen und 160 einfarbigen Abbildungen und Zeichnungen, 2 Karten, Register (DuMont Taschenbücher, Band 159)

DuMont Kunst-Reiseführer

Ägypten und Sinai – Geschichte, Kunst und Kultur im Niltal
Vom Reich der Pharaonen bis zur Gegenwart. Von Hans Strelocke

Algerien – Kunst, Kultur und Landschaft
Von den Stätten der Römer zu den Tuareg der zentralen Sahara. Von Hans Strelocke

Belgien – Spiegelbild Europas
Eine Einladung nach Brüssel, Gent, Brügge, Antwerpen, Lüttich und zu anderen Kunststätten. Von Ernst Günther Grimme

Bulgarien
Kunstdenkmäler aus vier Jahrtausenden von den Thrakern bis zur Gegenwart. Von Gerhard Eckert

Volksrepublik China
Kunstreisen durch das Reich der Mitte. Von Frank Rainer Scheck (Hrsg.) (Herbst '86)

Dänemark
Land zwischen den Meeren. Von Reinhold Dey

Deutsche Demokratische Republik
Geschichte und Kunst von der Romanik bis zur Gegenwart. Von Gerd Baier, Elmar Faber und Eckhard Hollmann

Bundesrepublik Deutschland

Das Allgäu
Städte, Klöster und Wallfahrtskirchen zwischen Bodensee und Lech. Von Lydia L. Dewiel

Das Bergische Land
Kultur, Geschichte, Landschaft zwischen Ruhr und Sieg. Von Bernd Fischer

Bodensee und Oberschwaben
Zwischen Donau und Alpen: Wege und Wunder im ›Himmelreich des Barock‹. Von Karlheinz Ebert

Bremen und das nördliche Niedersachsen
Kultur, Geschichte und Landschaft zwischen Unterweser und Elbe. Von Hans-Christoph Hoffmann (Herbst '86)

Die Eifel
Entdeckungsfahrten durch Landschaft, Geschichte, Kultur und Kunst. Von Walter Pippke und Ida Pallhuber

Franken – Kunst, Geschichte und Landschaft
Würzburg, Rothenburg, Bamberg, Nürnberg und die Kunststätten der Umgebung. Von Werner Dettelbacher

Hessen
Vom Edersee zur Bergstraße. Die Vielfalt von Kunst und Landschaft zwischen Kassel und Darmstadt. Von Friedhelm Häring und Hans-Joachim Klein

Köln
Stadt am Rhein zwischen Tradition und Fortschritt. Von Willehad Paul Eckert (Herbst '86)

Kölns romanische Kirchen
Architektur, Ausstattung, Geschichte. Von Werner Schäfke

Die Mosel
Von der Mündung bei Koblenz bis zur Quelle in den Vogesen. Von Heinz Held

München
Von der welfischen Gründung Heinrichs des Löwen bis zur Gegenwart: Kunst, Kultur, Geschichte. Von Klaus Gallas

Münster und das Münsterland
Ein Reisebegleiter in das Herz Westfalens. Von Bernd Fischer

Der Niederrhein
Das Land und seine Städte, Burgen und Kirchen. Von Willehad Paul Eckert

Oberbayern
Kultur, Geschichte, Landschaft zwischen Donau und Alpen, Lech und Salzach. Von Gerhard Eckert

Oberpfalz, Bayerischer Wald, Niederbayern
Regensburg und das nordöstliche Bayern. Von Werner Dettelbacher

Ostfriesland mit Jever- und Wangerland
Über Moor, Geest und Marsch zum Wattenmeer und zu den Inseln Borkum, Juist, Norderney, Baltrum, Langeoog, Spiekeroog und Wangerooge. Von Rainer Krawitz

Die Pfalz
Die Weinstraße – Der Pfälzer Wald – Wasgau und Westrich. Wanderungen im ›Garten Deutschlands‹. Von Peter Mayer

Der Rhein von Mainz bis Köln
Eine Reise durch das Rheintal. Von Werner Schäfke

Das Ruhrgebiet
Kultur und Geschichte im »Revier« zwischen Ruhr und Lippe. Von Thomas Parent

Sauerland
mit Siegerland und Wittgensteiner Land. Von Detlev Arens

Schleswig-Holstein
Zwischen Nordsee und Ostsee. Von Johannes Hugo Koch

Der Schwarzwald und das Oberrheinland
Wege zur Kunst zwischen Karlsruhe und Waldshut: Ortenau, Breisgau, Kaiserstuhl und Markgräflerland. Von Karlheinz Ebert

Sylt, Amrum, Föhr, Helgoland, Pellworm, Nordstrand und Halligen
Natur und Kultur auf Helgoland und den Nordfriesischen Inseln. Von Albert am Zehnhoff (DuMont Landschaftsführer)

Der Westerwald
Vom Siebengebirge zum Hessischen Hinterland. Von Hermann Joseph Roth

Östliches Westfalen
Vom Hellweg zur Weser. Kunst und Kultur zwischen Soest und Paderborn, Minden und Warburg. Von G. Ulrich Großmann

Württemberg-Hohenzollern
Kunst und Kultur zwischen Schwarzwald, Donautal und Hohenloher Land: Stuttgart, Heilbronn, Schwäbisch Gmünd, Tübingen, Rottweil, Sigmaringen. Von Ehrenfried Kluckert

Zwischen Neckar und Donau
Kunst, Kultur und Landschaft von Heidelberg bis Heilbronn, im Hohenloher Land, Ries, Altmühltal und an der oberen Donau. Von Werner Dettelbacher

Frankreich

Auvergne und Zentralmassiv
Entdeckungsreisen von Clermont-Ferrand über die Vulkane und Schluchten des Zentralmassivs zum Cevennen-Nationalpark. Von Ulrich Rosenbaum

Die Bretagne
Im Land der Dolmen, Menhire und Calvaires. Von Almut und Frank Rother

Burgund
Burgen, Klöster und Kathedralen im Herzen Frankreichs: Das Land um Dijon, Auxerre, Nevers, Autun und Tournus. Von Klaus Bußmann

Côte d'Azur
Frankreichs Mittelmeer-Küste von Marseille bis Menton. Von Rolf Legler

Das Elsaß
Wegzeichen europäischer Kultur und Geschichte zwischen Oberrhein und Vogesen. Von Karlheinz Ebert

Frankreich für Pferdefreunde
Kulturgeschichte des Pferdes von der Höhlenmalerei bis zur Gegenwart. Camargue, Pyrenäen-Vorland, Périgord, Burgund, Loiretal, Bretagne, Normandie, Lothringen. Von Gerhard Kapitzke (DuMont Landschaftsführer)

Frankreichs gotische Kathedralen
Eine Reise zu den Höhepunkten mittelalterlicher Architektur in Frankreich. Von Werner Schäfke

Korsika
Natur und Kultur auf der ›Insel der Schönheit‹. Menhirstatuen, pisanische Kirchen und genuesische Zitadellen. Von Almut und Frank Rother

Languedoc – Roussillon
Von der Rhône zu den Pyrenäen. Von Rolf Legler

Das Tal der Loire
Schlösser, Kirchen und Städte im ›Garten Frankreichs‹. Von Wilfried Hansmann

Lothringen
Kunst, Geschichte, Landschaft. Von Uwe Anhäuser

Die Normandie
Vom Seine-Tal zum Mont St. Michel. Von Werner Schäfke

Paris und die Ile de France
Die Metropole und das Herzland Frankreichs. Von der antiken Lutetia bis zur Millionenstadt. Von Klaus Bußmann

Périgord und Atlantikküste
Kunst und Natur im Lande der Dordogne und an der Côte d'Argent von Bordeaux bis Biarritz. Von Thorsten Droste

Das Poitou
Westfrankreich zwischen Poitiers, La Rochelle und Angoulême – die Atlantikküste von der Loiremündung bis zur Gironde. Von Thorsten Droste

Die Provence
Ein Begleiter zu den Kunststätten und Naturschönheiten im Sonnenland Frankreichs. Von Thorsten Droste

Savoyen
Vom Genfer See zum Montblanc – Natur und Kunst in den französischen Alpen. Von Ruth und Jean-Yves Mariotte

Südwest-Frankreich
Vom Zentralmassiv zu den Pyrenäen. Von Rolf Legler

Griechenland

Athen
Geschichte, Kunst und Leben der ältesten europäischen Großstadt von der Antike bis zur Gegenwart. Von Evi Melas

Die griechischen Inseln
Ein Reisebegleiter zu den Inseln des Lichts. Hrsg. von Evi Melas

Korfu
Das antike Kerkyra im Ionischen Meer. Von Klaus Gallas (Herbst '86)

Kreta – Kunst aus fünf Jahrtausenden
Von den Anfängen Europas bis zur kreto-venezianischen Kunst. Von Klaus Gallas

Rhodos
Eine der sonnenreichsten Inseln im Mittelmeer – ihre Geschichte, Kultur und Landschaft. Von Klaus Gallas

Alte Kirchen und Klöster Griechenlands
Ein Begleiter zu den byzantinischen Stätten. Hrsg. von Evi Melas

Tempel und Stätten der Götter Griechenlands
Ein Reisebegleiter zu den antiken Kultzentren der Griechen. Hrsg. von Evi Melas

---

Großbritannien

Englische Kathedralen
Eine Reise zu den Höhepunkten englischer Architektur von 1066 bis heute. Von Werner Schäfke

Die Kanalinseln und die Insel Wight
Die britischen Inseln zwischen Normandie und Süd-England. Von Bernd Rink

London
Biographie einer Weltstadt. Von Ingrid Nowel (Sommer '86)

Schottland
Geschichte und Literatur. Architektur und Landschaft. Von Peter Sager

Süd-England
Von Kent bis Cornwall. Architektur und Landschaft, Literatur und Geschichte. Von Peter Sager

Wales
Literatur und Politik – Industrie und Landschaft. Von Peter Sager

---

Guatemala
Honduras – Belize. Die versunkene Welt der Maya. Von Hans Helfritz

---

Das Heilige Land
Historische und religiöse Stätten von Judentum, Christentum und Islam in dem zehntausend Jahre alten Kulturland zwischen Mittelmeer, Rotem Meer und Jordan. Von Erhard Gorys

Holland
Ein Reisebegleiter durch Städte und Provinzen der Niederlande. Von Jutka Rona

---

Indien

Indien
Von den Klöstern im Himalaya zu den Tempelstätten Südindiens. Von Niels Gutschow und Jan Pieper

Ladakh und Zanskar
Lamaistische Klosterkultur im Land zwischen Indien und Tibet. Von Anneliese und Peter Keilhauer

---

Indonesien

Indonesien
Ein Reisebegleiter nach Java, Sumatra, Bali und Sulawesi (Celebes). Von Hans Helfritz

Bali
Tempel, Mythen und Volkskunst auf der tropischen Insel zwischen Indischem und Pazifischem Ozean. Von Günter Spitzing

---

Irland – Kunst, Kultur und Landschaft
Entdeckungsfahrten zu den Kunststätten der ›Grünen Insel‹. Von Wolfgang Ziegler

---

Italien

Apulien
Kastelle und Kathedralen im Südreich der Staufer. Von Rolf Legler (Herbst '86)

Elba
Ferieninsel im Tyrrhenischen Meer. Macchienwildnis, Kulturstätten, Dörfer, Mineralienfundorte. Von Almut und Frank Rother (DuMont Landschaftsführer)

Das etruskische Italien
Entdeckungsfahrten zu den Kunststätten und Nekropolen der Etrusker. Von Robert Hess und Elfriede Paschinger

Florenz
Ein europäisches Zentrum der Kunst. Geschichte, Denkmäler, Sammlungen. Von Klaus Zimmermanns

Gardasee, Verona, Trentino
Der See und seine Stadt – Landschaft und Geschichte, Literatur und Kunst. Von Walter Pippke und Ida Pallhuber

Ober-Italien
Kunst, Kultur und Landschaft zwischen den Oberitalienischen Seen und der Adria. Von Fritz Baumgart

Die italienische Riviera
Ligurien – die Region und ihre Küste von San Remo über Genua bis La Spezia. Von Rolf Legler

Von Pavia nach Rom
Ein Reisebegleiter entlang der mittelalterlichen Kaiserstraße Italiens. Von Werner Goez

Rom – Ein Reisebegleiter
Zweieinhalb Jahrtausende Kunst und Kultur der Ewigen Stadt. Von Heinz Joachim Fischer (Herbst '86)

Rom in 1000 Bildern
Kunst und Kultur der ›Ewigen Stadt‹ in mehr als 1000 Bildern. Von Leonard von Matt und Franco Barelli

Das antike Rom
Die Stadt der sieben Hügel: Plätze, Monumente und Kunstwerke. Geschichte und Leben im alten Rom. Von Herbert Alexander Stützer

Sardinien
Entdeckungsreisen auf einer der schönsten Inseln im Mittelmeer. Von Rainer Pauli

Sizilien
Insel zwischen Morgenland und Abendland. Sikaner/Sikuler, Karthager/Phönizier, Griechen, Römer, Araber, Normannen und Staufer. Von Klaus Gallas

Südtirol
Begegnungen nördlicher und südlicher Kulturtradition in der Landschaft zwischen Brenner und Salurner Klause. Von Ida Pallhuber und Walter Pippke

Toscana
Das Hügelland und die historischen Stadtzentren. Pisa · Lucca · Pistoia · Prato · Arezzo · Siena · San Gimignano · Volterra. Von Klaus Zimmermanns

Venedig
Die Stadt in der Lagune – Kirchen und Paläste, Gondeln und Karneval. Von Thorsten Droste

Japan – Tempel, Gärten und Paläste
Einführung in Geschichte und Kultur und Begleiter zu den Kunststätten Japans. Von Thomas Immoos und Erwin Halpern

Der Jemen
Nord- und Südjemen. Antikes und islamisches Südarabien – Geschichte, Kultur und Kunst zwischen Rotem Meer und Arabischer Wüste. Von Peter Wald

Jordanien
Völker und Kulturen zwischen Jordan und Rotem Meer. Von Frank Rainer Scheck

Jugoslawien
Kunst, Geschichte und Landschaft zwischen Adria und Donau. Von Frank Rother

Karibische Inseln
Westindien. Von Cuba bis Aruba. Von Gerhard Beese

Kenya
Kunst, Kultur und Geschichte am Eingangstor zu Innerafrika. Von Helmtraut Sheikh-Dilthey

Luxemburg
Entdeckungsfahrten zu den Burgen, Schlössern, Kirchen und Städten des Großherzogtums. Von Udo Moll

Malaysia und Singapur
Dschungelvölker, Moscheen, Hindutempel, chinesische Heiligtümer und moderne Stadtkulturen im Herzen Südostasiens. Von Anita Rolf (Sommer '86)

Malta und Gozo
Die goldenen Felseninseln – Urzeittempel und Malteserburgen. Von Ingeborg Tetzlaff

Marokko – Berberburgen und Königsstädte des Islam
Ein Reisebegleiter zur Kunst Marokkos. Von Hans Helfritz

Mexiko

Mexiko
Ein Reisebegleiter zu den Götterburgen und Kolonialbauten Mexikos. Von Hans Helfritz

Unbekanntes Mexiko
Entdeckungsreisen zu verborgenen Tempelstätten und Kunstschätzen aus präkolumbischer Zeit. Von Werner Rockstroh

Nepal – Königreich im Himalaya
Geschichte, Kunst und Kultur im Kathmandu-Tal. Von Ulrich Wiesner

Österreich

Kärnten und Steiermark
Vom Großglockner zum steirischen Weinland. Geschichte, Kultur und Landschaft ›Innerösterreichs‹. Von Heinz Held

Salzburg, Salzkammergut, Oberösterreich
Kunst und Kultur auf einer Alpenreise vom Dachstein bis zum Böhmerwald. Von Werner Dettelbacher

Tirol
Nordtirol und Osttirol. Kunstlandschaft und Urlaubsland an Inn und Isel. Von Bernd Fischer

Wien und Umgebung
Kunst, Kultur und Geschichte der Donaumetropole. Von Felix Czeike und Walther Brauneis

Pakistan
Drei Hochkulturen am Indus. Harappa – Gandhara – Die Moguln. Von Tonny Rosiny

Papua-Neuguinea
Niugini. Steinzeit-Kulturen auf dem Weg ins 20. Jahrhundert. Von Heiner Wesemann

Portugal

Portugal
Vom Algarve zum Minho. Von Hans Strelocke

Madeira
Kultur und Landschaft auf Portugals ›Blumeninsel‹ im Atlantik. Von Wendula Dahle (Herbst '86)

Rumänien
Schwarzmeerküste – Donaudelta – Moldau – Walachei – Siebenbürgen: Kultur und Geschichte. Von Evi Melas

Die Sahara
Mensch und Natur in der größten Wüste der Erde. Von Gerhard Göttler

Sahel Senegal, Mauretanien, Mali, Niger
Islamische und traditionelle schwarzafrikanische Kultur zwischen Atlantik und Tschadsee. Von Thomas Krings

Schweiz

Die Schweiz
Zwischen Basel und Bodensee · Französische Schweiz · Das Tessin · Graubünden · Vierwaldstätter See · Berner Land · Die großen Städte. Von Gerhard Eckert

Tessin
Kunst, Landschaft und Natur zwischen Gotthard und Campagna Adorna. Von Gisela Loose und Rainer Vogt

Das Wallis
Der Südwesten der Schweiz: Kunst und Kultur im Schatten der Viertausender. Von Willi und Ursula Dolder

Skandinavien – Dänemark, Norwegen, Schweden, Finnland
Kultur, Geschichte, Landschaft. Von Reinhold Dey

Sowjetunion

Kunst in Rußland
Ein Reisebegleiter zu russischen Kunststätten. Von Ewald Behrens

Sowjetischer Orient
Kunst und Kultur, Geschichte und Gegenwart der Völker Mittelasiens. Von Klaus Pander

Spanien

Die Kanarischen Inseln
Inseln des ewigen Frühlings: Teneriffa, Gomera, Hierro, La Palma, Gran Canaria, Fuerteventura, Lanzarote. Von Almut und Frank Rother (DuMont Landschaftsführer)

Katalonien und Andorra
Von den Pyrenäen zum Ebro. Costa Brava – Barcelona – Tarragona – Die Königsklöster. Von Fritz René Allemann und Xenia v. Bahder

Mallorca – Menorca
Ein Begleiter zu den kulturellen Stätten und landschaftlichen Schönheiten der großen Balearen-Inseln. Von Hans Strelocke

Südspanien für Pferdefreunde
Kulturgeschichte des Pferdes von den Höhlenmalereien bis zur Gegenwart. Geschichte der Stierfechterkunst. Von Gerhard Kapitzke

Zentral-Spanien
Kunst und Kultur in Madrid, El Escorial, Toledo und Aranjuez, Avila, Segovia, Alcalá de Henares. Von Anton Dieterich

Sudan
Steinerne Gräber und lebendige Kulturen am Nil. Von Bernhard Streck

Südamerika: präkolumbische Hochkulturen
Kunst der Kolonialzeit. Ein Reisebegleiter zu den Kunststätten in Kolumbien, Ekuador, Peru und Bolivien. Von Hans Helfritz

Südkorea
Kunst und Kultur im Land der Hohen Schönheit. Von Anneliese und Peter Keilhauer

Syrien
Hochkulturen zwischen Mittelmeer und Arabischer Wüste – 5000 Jahre Geschichte im Spannungsfeld von Orient und Okzident. Von Johannes Odenthal

Thailand und Burma
Tempelanlagen und Königsstädte zwischen Mekong und Indischem Ozean. Von Johanna Dittmar

Tunesien
Karthager, Römer, Araber. Von Hans Strelocke

USA – Der Südwesten
Indianerkulturen und Naturwunder zwischen Colorado und Rio Grande. Von Werner Rockstroh

»Richtig reisen«

»Richtig reisen«: Algerische Sahara
Reise-Handbuch. Von Ursula und Wolfgang Eckert

»Richtig reisen«: Amsterdam
Von Eddy und Henriette Posthuma de Boer

»Richtig reisen«: Arabische Halbinsel
Saudi-Arabien und Golfstaaten
Reise-Handbuch. Von Gerhard Heck und Manfred Wöbcke

»Richtig reisen«: Australien
Reise-Handbuch. Von Johannes Schultz-Tesmar

»Richtig reisen«: Bahamas
Von Manfred Ph. Obst. Fotos von Werner Lengemann

»Richtig reisen«: Von Bangkok nach Bali
Reise-Handbuch. Von Manfred Auer

»Richtig reisen«: Berlin
Von Ursula von Kardorff und Helga Sittl

»Richtig reisen«: Budapest
Von Erika Bollweg

»Richtig reisen«: Cuba
Reise-Handbuch. Von Karl-Arnulf Rädecke

»Richtig reisen«: Elsaß
Von Uwe Anhäuser (Herbst '86)

»Richtig reisen«: Finnland
Von Reinhold Dey

»Richtig reisen«: Florida
Von Manfred Ph. Obst. Fotos von Werner Lengemann

»Richtig reisen«: Friaul – Triest – Venetien
Von Eva Bakos

»Richtig reisen«: Griechenland
Delphi, Athen, Peloponnes und Inseln. Von Evi Melas

»Richtig reisen«: Griechische Inseln
Reise-Handbuch. Von Dana Facaros

»Richtig reisen«: Großbritannien
England, Wales, Schottland. Von Rolf Breitenstein

»Richtig reisen«: Hawaii
Von Kurt Jochen Ohlhoff

»Richtig reisen«: Holland
Von Helmut Hetzel

»Richtig reisen«: Hongkong
Mit Macau und Kanton. Von Uli Franz

»Richtig reisen«: Ibiza/Formentera
Von Ursula von Kardorff und Helga Sittl

»Richtig reisen«: Irland
Von Wolfgang Kuballa

»Richtig reisen«: Istanbul
Von Klaus und Lissi Barisch

»Richtig reisen«: Jamaica
Von Brigitte Geh

»Richtig reisen«: Kairo
Von Peter Wald

»Richtig reisen«: Kalifornien
Von Horst Schmidt-Brümmer und Gudrun Wasmuth

»Richtig reisen«: Kanada und Alaska
Von Ferdi Wenger

»Richtig reisen«: West-Kanada und Alaska
Von Kurt Jochen Ohlhoff

»Richtig reisen«: Kopenhagen
Von Karl-Richard Könnecke

»Richtig reisen«: Kreta
Von Horst Schwartz

»Richtig reisen«: London
Von Klaus Barisch und Peter Sahla

»Richtig reisen«: Los Angeles
Von Horst Schmidt-Brümmer

»Richtig reisen«: Madagaskar
Reise-Handbuch. Von Wolfgang Därr

»Richtig reisen«: Malediven
Reise-Handbuch. Von Norbert Schmidt

»Richtig reisen«: Marokko
Reise-Handbuch. Von Michael Köhler

»Richtig reisen«: Mauritius
Reise-Handbuch. Von Wolfgang Därr

»Richtig reisen«: Mexiko und Zentralamerika
Von Thomas Binder

»Richtig reisen«: Moskau
Von Wolfgang Kuballa

»Richtig reisen«: München
Von Hannelore Schütz-Doinet und Brigitte Zander

»Richtig reisen«: Nepal
Kathmandu: Tor zum Nepal-Trekking. Von Dieter Bedenig

»Richtig reisen«: Neu-England
Von Christine Metzger

»Richtig reisen«: Neuseeland
Von Joachim Fischer (Herbst '86)

»Richtig reisen«: New Mexico
Santa Fe – Rio Grande – Taos.
Von Horst Schmidt-Brümmer

»Richtig reisen«: New Orleans
und die Südstaaten Louisiana, Mississippi, Alabama, Tennessee, Georgia.
Von Hanne Zens, Horst Schmidt-Brümmer und Gudrun Wasmuth

»Richtig reisen«: New York
Von Gabriele von Arnim und Bruni Mayor

»Richtig reisen«: Nord-Indien
Von Henriette Rouillard

»Richtig reisen«: Norwegen
Von Reinhold Dey

»Richtig reisen«: Paris
Von Ursula von Kardorff und Helga Sittl

»Richtig reisen«: Paris für Feinschmecker
exclusiv. Von Patricia Wells

»Richtig reisen«: Peking und Shanghai
Von Uli Franz

»Richtig reisen«: Philippinen
Reise-Handbuch. Von Roland Dusik

»Richtig reisen«: Rom
Von Birgit Kraatz

»Richtig reisen«: San Francisco
Von Hartmut Gerdes

»Richtig reisen«: Die Schweiz und ihre Städte
Von Antje Ziehr

»Richtig reisen«: Seychellen
Reise-Handbuch. Von Wolfgang Därr

»Richtig reisen«: Sri Lanka
(Ceylon) Von Jochen Siemens

»Richtig reisen«: Südamerika 1
Kolumbien, Ekuador, Peru, Bolivien. Von Thomas Binder

»Richtig reisen«: Südamerika 2
Argentinien, Chile, Uruguay, Paraguay. Von Thomas Binder

»Richtig reisen«: Südamerika 3
Brasilien, Venezuela, die Guayanas. Von Thomas Binder

»Richtig reisen«: Süd-Indien
Von Henriette Rouillard

»Richtig reisen«: Texas
Von Horst Schmidt-Brümmer und Gudrun Wasmuth

»Richtig reisen«: Thailand
Von Renate Ramb und Stefan Loose

»Richtig reisen«: Toscana
Von Nana Claudia Nenzel

»Richtig wandern«: Toscana und Latium
Von Christoph Hennig

»Richtig reisen«: Tunesien
Reise-Handbuch. Von Michael Köhler

»Richtig reisen«: Venedig
Von Eva Bakos

»Richtig reisen«: Wallis
Von Antje Ziehr

»Richtig reisen«: Wien
Von Wolfgang Kuballa und Arno Mayer

»Richtig reisen«: Zypern
Von Klaus Bötig